BERNAL DÍAZ DEL CASTILLO

HISTORIA VERDADERA DE LA CONQUISTA DE LA NUEVA ESPAÑA
(TOMO II)

ERANDIQUE

COLECCIÓN

HISTORIA VERDADERA DE LA CONQUISTA DE LA NUEVA ESPAÑA (TOMO II)
BERNAL DÍAZ DEL CASTILLO

©Colección Erandique
Supervisión Editorial: Óscar Flores López
Diseño de portada: Andrea Rodríguez—Mariana Turcios
Administración: Tesla Rodas—Jessica Cordero
Director Ejecutivo: José Azcona Bocock
Primera Edición
Tegucigalpa, Honduras—Junio 2025

LA CONQUISTA DE HONDURAS

"Como Cortés tuvo nueva de que había ricas tierras y buenas minas en lo de Higüeras e Honduras —y aun lo hicieron en creyente unos pilotos que habían estado en aquel paraje, o bien cerca de él—, que habían hallado unos indios pescando en la mar, y que les tomaron las redes, y que las plomadas que en ellas traían para pescar eran de oro revuelto con cobre.

Y le dijeron que creían que había por aquel paraje un estrecho, y que pasaban por él de la banda del norte a la del sur. Y también, según entendimos, Su Majestad le encargó y mandó a Cortés que, en todo lo que descubriese, mirase y adquiriese con gran diligencia y solicitud el estrecho, o puerto, o pasaje para la Especiería."

Así se refiere Bernal Díaz del Castillo, uno de los soldados que acompañó a Hernán Cortés, a Honduras.

"Ricas tierras y buenas minas"...

Díaz del Castillo, de igual forma, se refiere a un personaje siniestro que acabaría sus días asesinado en Naco[1].

La historia "verdadera" no es tan verdadera. Es imposible que lo sea cuando quien la escribe es un soldado español. Sin embargo, eso no le quita valor, pues no estamos ante una visión lejana o de "oídas", sino frente al testimonio directo de un soldado —Bernal Díaz del Castillo— que marchó junto a Hernán Cortés.

Más allá de la aventura, el autor presenció la destrucción de ciudades y templos, los asesinatos, el saqueo, el engaño, la perplejidad de los pueblos invadidos, la crueldad de los conquistadores.

---

[1] Cristóbal de Olid fue ejecutado en Naco, una localidad situada en el noroeste de Honduras, en el actual departamento de Cortés. Este lugar fue uno de los primeros asentamientos coloniales importantes durante la conquista española en la región. La muerte de Olid ocurrió en enero de 1525, tras ser capturado por Francisco de las Casas y Gil González Dávila, quienes eran leales a Hernán Cortés. Después de un juicio sumario, fue decapitado públicamente en la plaza de Naco .Naco fue un punto estratégico durante las expediciones de conquista, y su importancia histórica radica en eventos como este, que marcaron el curso de la colonización en Centroamérica.

A Díaz del Castillo se le acusa de escribir un relato altamente subjetivo, con la idea de reivindicar su papel y el de sus compañeros.

"El texto de Díaz del Castillo debe leerse no solo como una fuente testimonial, sino como una construcción retórica en la que el autor manipula la memoria para erigirse como autoridad moral frente a otros discursos más institucionalizados", señala Rolena Adorno, especialista en literatura colonial.

La autora de El sujeto colonial y la escritura del yo agrega que:

"Cuando Bernal Díaz del Castillo escribió la Historia verdadera de la conquista de la Nueva España, confesó temer que sus lectores pudieran considerar ficticios los relatos de los noventa y tres días de batalla, pues podían parecer sacados de una novela de caballerías".

Para la académica, esto significa que Bernal Díaz del Castillo reconocía que su relato podía parecer exagerado o demasiado novelado, lo que sugiere un autodescubrimiento consciente de lo 'literario' en su estilo histórico.

Además —explica—, hay una tensión entre verosimilitud y género literario... La crónica de Díaz oscila entre el discurso histórico y estructuras propias de la narrativa de aventuras o caballerías, lo que puede añadir vivacidad, pero también suscitar dudas sobre su fidelidad factual.

Aun así, el libro (que Colección Erandique publica en dos tomos) conserva su valor testimonial y vivencial.

Pues, a diferencia de otros cronistas que no participaron en los hechos, Bernal Díaz del Castillo fue un testigo ocular y protagonista activo.

Eso le permite describir las batallas, las reuniones políticas y culturales, su visión del propio Hernán Cortés, de la Malinche, de Montezuma, de Pedro de Alvarado y de fray Bartolomé de las Casas.

En Historia verdadera de la conquista de la Nueva España, Díaz del Castillo nos ofrece descripciones detalladas de las creencias de los indígenas y de los métodos de los invasores para imponer sus creencias religiosas; de los templos, ciudades, vestimenta, alimentos y costumbres.

El lector encontrará no solo relatos de batallas, alianzas y traiciones, sino también una vívida descripción del mundo indígena.

El libro original está cargado con referencias y notas al pie de página. Hemos decidido suprimirlas con el objetivo de que la lectura de Historia verdadera de la conquista de la Nueva España sea más fluida y no detenga al lector. También titulamos los capítulos.

Aunque se conserva el espíritu de la gramática con la que Bernal Díaz del Castillo escribió el libro, se corrigieron las tildes en desuso.

No se diga más. Continúe este viaje fascinante con una de las descripciones más antiguas que hay sobre la conquista. Sorpréndase y disfrute, pero que eso no le impida hacer su propio análisis crítico de la conquista (brutal y sanguinaria), realizada por hombres que no conocieron la piedad... ni la lealtad.

ÓSCAR FLORES LÓPEZ
Editor Colección Erandique

CAPÍTULO I: SUMISIÓN Y JOYAS PARA CORTÉS

Pues como había doce días que estábamos en Tezcuco y no tenían los tascaltecas por mí ya otras veces memorados con qué se sustentar, y para que lo tuviesen tantos como eran —porque no se lo podían dar abastadamente los de Tezcuco—, y porque no recibiesen pesadumbre de ellos y también porque estaban deseosos los tascaltecas de guerrear con mexicanos y vengarse por los muchos tascaltecas que en las derrotas pasadas por mí memoradas les habían muerto y sacrificado, acordó Cortés que él, por capitán general, y con Andrés de Tapia y Cristóbal de Olí, y trece de a caballo y veinte ballesteros y seis escopeteros y doscientos veinte soldados, y con nuestros amigos los de Tascala, y con otros veinte principales de Tezcuco que nos dio don Hernando —y estos sabíamos que eran sus primos y parientes del mismo cacique y enemigos de Guatémuz, que ya le habían alzado por rey en México— fuimos camino de Iztapalapa, que estará de Tezcuco obra de cuatro leguas.

Ya he dicho otras veces en el capítulo que sobre ello habla que estaban más de la mitad de las casas edificadas en el agua y la otra mitad en tierra firme. E yendo nuestro camino con mucho concierto, como lo teníamos de costumbre, y como los mexicanos siempre tenían velas y guarniciones y guerreros contra nosotros cuando sabían que íbamos a dar guerra a algunos de sus pueblos, para luego socorrerlos, así lo hicieron saber a los de Iztapalapa para que se apercibiesen, y les enviaron sobre ocho mil mexicanos de socorro.

Por manera que en tierra firme aguardaron como buenos guerreros, así los mexicanos que fueron en su ayuda como los del pueblo de Iztapalapa, y pelearon un buen rato muy valerosamente con nosotros. Mas los de a caballo rompieron por ellos, con las ballestas y escopetas, y todos nuestros amigos los tascaltecas, que se metían en ellos como perros rabiosos, de presto dejaron el campo y se metieron en su pueblo.

Y esto fue sobre cosa pensada y con un ardid que entre ellos tenían acordado, que fuera harto daño para nosotros si de presto no saliéramos de aquel pueblo y casas que estaban en tierra firme. Y fue desta manera: que hicieron que huyeron y se metieron en canoas en el agua y en las casas que estaban en la laguna, y dellos en unos carrizales. Y como ya era noche oscura, nos dejaron aposentar en tierra firme sin hacer ruido ni muestras de guerra; y con el despojo que habíamos habido, estábamos contentos, y más con la victoria.

Y estando de aquella manera, puesto que teníamos velas y espías y rondas y aun corredores del campo, cuando no nos catamos, vino tanta agua por todo el pueblo, que si los principales que llevábamos de Tezcuco no dieran voces y nos avisaran que saliésemos presto de las casas a tierra firme, todos quedáramos ahogados, porque soltaron las acequias de agua dulce y salada y abrieron una calzada, con que de presto se hinchó todo de agua.

Y los tascaltecas nuestros amigos, como no eran acostumbrados al agua ni sabían nadar, quedaron muertos dos de ellos; y nosotros, con gran riesgo de nuestras personas, todos bien mojados y la pólvora perdida, salimos sin hato.

Y como estábamos de aquella manera, y con mucho frío y aun sin cenar, pasamos mala noche, y lo peor de todo era la burla y grita y silbos que nos ponían en cuidado, que nos daban los de Iztapalapa y los mexicanos desde sus casas y canoas.

Pues otra cosa peor nos avino: que como en México sabían el concierto que tenían hecho de nos anegar con haber rompido la calzada y acequias, estaban esperando en tierra y en la laguna muchos batallones de guerreros. Y desque amaneció, nos dieron tanta guerra, que harto teníamos de nos sustentar contra ellos para que no nos desbaratasen; y mataron dos soldados y un caballo, e hirieron a otros muchos, así de nuestros soldados como tascaltecas.

Y poco a poco aflojaron en la guerra, y nos volvimos a Tezcuco medio afrentados de la burla y ardid de echarnos el agua. Y también, como no ganamos mucha reputación en la batalla postrera que nos dieron —porque no había pólvora—, más todavía quedaron temerosos y tuvieron bien en qué entender, en enterrar y quemar muertos y curar heridos y en reparar sus casas. Donde los dejaré, y diré cómo vinieron de paz a Tezcuco otros pueblos y lo que más se hizo.

Habiendo dos días que estábamos en Tezcuco de vuelta de la entrada de Iztapalapa, vinieron a Cortés tres pueblos de paz a demandar perdón de las guerras pasadas y de muertes de españoles que mataron, y los descargos que daban era que el señor de México, que alzaron después de la muerte del gran Montezuma, que se decía Coadlavaca, que por su mandado salieron a dar guerra con los demás sus vasallos; y que si algunos teules mataron y prendieron y robaron, que el mismo señor les mandó que así lo hiciesen; y que los teules se los llevaron a México para sacrificar, y también se llevaron el oro y caballos y ropa, y que ahora piden perdón por ello; y que por esta causa no tienen culpa ninguna, por ser mandados y apremiados por fuerza para que lo hiciesen.

Y los pueblos que digo en aquella sazón vinieron se decían Tepezcuco y Otumba. El nombre del otro pueblo no me acuerdo; mas sé decir que en este de Otumba fue la nombrada batalla que nos dieron cuando salimos huyendo de México, adonde estuvieron juntos los mayores escuadrones de guerreros que ha habido en toda la Nueva España contra nosotros, donde creyeron que no escapáramos con las vidas, según más largo lo tengo escrito en los capítulos pasados que de ello hablan.

Y como aquellos pueblos se hallaban culpados y habían visto que habíamos ido a lo de Iztapalapa y no les fue muy bien con nuestra ida —y aunque nos quisieron anegar con el agua, y esperaron dos batallas campales con muchos escuadrones mexicanos—, en fin, por no hallarse en otra como las pasadas, vinieron a demandar paces antes que fuésemos a sus pueblos a los castigar.

Y Cortés, viendo que no estaba en tiempo de hacer otra cosa, les perdonó, puesto que les dio grandes represiones sobre ello, y se obligaron con palabras de muchos ofrecimientos de siempre ser contra mexicanos y de ser vasallos de Su Majestad y de nos servir, y así lo hicieron.

Dejemos de hablar de estos pueblos. Y digamos cómo vinieron luego en aquella sazón a demandar paces y nuestra amistad los de un pueblo que está en la laguna, que se dice Mezquique, que por otro nombre le llamábamos Venezuela; y éstos, según pareció, jamás estuvieron bien con mexicanos y los querían mal de corazón.

Y Cortés y todos nosotros tuvimos en mucho la venida de este pueblo por estar dentro en el agua, por tenerlos por amigos, y con ellos creíamos que habían de convocar a sus comarcanos, que también estaban poblados en el agua. Y Cortés se lo agradeció mucho, y con ofrecimientos y palabras blandas les despidió.

Pues estando que estábamos de esta manera, vinieron a decir a Cortés cómo venían grandes escuadrones de mexicanos sobre los cuatro pueblos que primero habían venido a nuestra amistad, que se decían Guautinchán o Guaxultlán; los otros dos pueblos no se me acuerda el nombre; y dijeron a Cortés que no osarían esperar en sus casas y que se querían ir a los montes o venirse a Tezcuco, adonde estamos.

Y tantas cosas le dijeron a Cortés para que les fuese a socorrer, que luego apercibió veinte de a caballo y doscientos soldados y trece ballesteros y diez escopeteros, y llevó en su compañía a Pedro de Alvarado y Cristóbal de Olí, que era maese de campo, y yo fui con él.

Y fuimos a los pueblos que vinieron a Cortés a dar tantas quejas como dicho tengo, que estarían de Tezcuco obra de dos leguas. Y según pareció, era verdad que los mexicanos les enviaban avisar con amenazas que les habían de destruir y darles guerra, porque habían tomado nuestra amistad.

Mas sobre lo que más les amenazaban y tenían contiendas era por unas grandes labores de tierras de maizales que estaban ya para coger cerca de la laguna, donde los de Tezcuco y aquellos pueblos abastecían nuestro real, y los mexicanos por tomarles el maíz, porque decían que era suyo.

Y aquella vega de los maizales tenían por costumbre aquellos cuatro pueblos de sembrarla y beneficiarla para los papas de los ídolos mexicanos; y sobre esto de los maizales se habían muerto los unos a los otros muchos indios.

Y desque aquello entendió Cortés, después de decirles que no hubiesen miedo y que se estuviesen en sus casas, les mandó que cuando hubiesen de ir a coger el maíz, así para su mantenimiento como para abastecer nuestro real, que enviaría para ello un capitán con muchos de a caballo y soldados para en guarda de los que fueren a traer maíz.

Y con aquello que Cortés les dijo quedaron muy contentos, y nos volvimos a Tezcuco. Y desde en adelante, cuando había necesidad en nuestro real de maíz, apercibíamos a los tamemes de todos aquellos pueblos, y con nuestros amigos los de Tascala, y con diez de a caballo y cien soldados con algunos ballesteros y escopeteros, íbamos por el maíz.

Y esto dígolo porque yo fui dos veces por ello, y la una tuvimos una buena escaramuza con grandes escuadrones de mexicanos que habían venido en más de mil canoas, aguardándonos en los maizales; y como llevábamos amigos —puesto que los mexicanos pelearon muy como varones— los hicimos embarcar en sus canoas. Y allí mataron uno de nuestros soldados e hirieron a doce, y asimismo hirieron a ciertos tascaltecas; y ellos no se fueron mucho alabando, que allí quedaron tendidos quince o veinte, y otros cinco que llevamos presos.

Dejemos de hablar de esto. Y digamos cómo otro día tuvimos nueva de que querían venir de paz los de Chalco y Tamanalco y sus sujetos, y por causa de las guarniciones mexicanas que estaban en sus pueblos no les daban lugar a ello, y les hacían mucho daño en su tierra y les tomaban las mujeres, y si eran hermosas, delante de sus padres o madres o maridos tenían acceso con ellas.

Y asimismo, como estaba cortada en Tascala y puesta a punto la madera para hacer los bergantines, y se pasaba el tiempo sin traerla a Tezcuco, sentíamos mucha pena de ello todos los más soldados.

Y demás de esto, vienen del pueblo de Venezuela, que se decía Mezquique, y de otros pueblos nuestros amigos a decir a Cortés que los mexicanos les iban a dar guerra porque han tomado nuestra amistad, y también nuestros amigos los tascaltecas, como tenían ya apañada cierta ropilla y sal y otras cosas de despojos y oro, y querían algunos de ellos volver a su tierra, no osaban por no tener camino seguro.

Pues viendo Cortés que para socorrer a unos pueblos de los que le demandaban socorro e ir a ayudar a los de Chalco para que viniesen a nuestra amistad no podía dar recaudos a unos ni a otros, porque allí en Tezcuco habíamos menester estar siempre con la barba sobre el hombro y muy alerta, acordó que todo se dejase atrás y que la primera cosa que se hiciese fuese ir a Chalco y Tamanalco.

Y para ello envió a Gonzalo de Sandoval y a Francisco de Lugo con quince de a caballo y doscientos soldados, y con escopeteros y ballesteros y nuestros amigos los de Tascala; y que procurase romper y deshacer en todas maneras a las guarniciones mexicanas, y que se fuesen de Chalco y Tamanalco, para que estuviese el camino de

Tascala muy desembarazado y pudiesen ir y venir a la Villa Rica sin tener contradicción de los guerreros mexicanos.

Y luego, como esto fue concertado muy secretamente con indios de Tezcuco, se les hizo saber a los de Chalco, para que estuviesen muy apercibidos para dar de día o de noche en las guarniciones mexicanas; y los de Chalco, que no esperaban otra cosa, se apercibieron muy bien.

Y como Gonzalo de Sandoval iba con su ejército, parecióle que era bien dejar en la retaguardia cinco de a caballo y otros tantos ballesteros con todos los más tascaltecas que iban cargados de los despojos que habían habido. Y como los mexicanos siempre tenían puestas velas y espías, y sabían cómo los nuestros iban camino de Chalco, tenían aparejados nuevamente —sin los que estaban en Chalco en guarnición— muchos escuadrones de guerreros, que dieron en la rezaga donde iban los tascaltecas con su hato, y los trataron mal, que no les pudieron resistir los cinco de a caballo y ballesteros, porque los dos ballesteros quedaron muertos y los demás heridos.

De manera que, aunque Gonzalo de Sandoval muy de presto volvió sobre ellos y los desbarató y mató diez mexicanos, como estaba la laguna cerca, se le acogieron en las canoas en que habían venido, porque todas aquellas tierras están muy pobladas de los sujetos de México.

Y desque les hubo puesto en huida y vio que los cinco de a caballo que había dejado con los ballesteros y escopeteros en la retaguardia, y halló dos de los ballesteros muertos y estaban los demás heridos, ellos y sus caballos, y aun con haberlo visto todo esto, no dejó de decirles a los demás que dejó en su defensa que habían sido para poco: ¡no haber podido resistir a los enemigos y defender sus personas y las de nuestros amigos.

Y estaba muy enojado con ellos, porque eran de los nuevamente venidos de Castilla, y les dijo que bien se parecía que no sabían qué cosa era guerra de indios.

Y luego puso en salvo a todos los indios de Tascala con su ropa, y también despachó unas cartas que envió Cortés a la Villa Rica, en que les daba cuenta al capitán que en ella quedó de todo lo acaecido acerca de nuestras conquistas y el pensamiento que tenía de poner cerco a México, y que siempre estuviesen con mucho cuidado velándose; y que si había algunos soldados que estuviesen en disposición para tomar armas, que se los enviase a Tascala, y que de allí no pasasen hasta estar los caminos más seguros, porque correrían riesgo.

Y despachados los mensajeros y los tascaltecas puestos en su tierra, volvió Sandoval para Chalco, que era muy cerca de allí, y con gran concierto, sus corredores del campo delante, porque bien entendió que de todos aquellos pueblos y caserías por donde iba había de tener rebato de mexicanos.

E yendo por su camino cerca de Chalco, vio venir muchos escuadrones mexicanos contra él, y en un campo llano —puesto que había grandes labranzas de maizales y magueyes, que es donde sacan el vino que ellos beben— le dieron una buena refriega de vara y flecha y piedras con hondas, y con lanzas largas para matar a los caballos.

De manera que Sandoval, desque vio tanto guerrero contra sí, esforzando a los suyos rompió por ellos dos veces, y con las escopetas y ballesteros y con los pocos amigos que le habían quedado, los desbarató; y puesto que le hirieron cinco soldados y seis caballos y muchos amigos, más tal prisa les dio y con tanta furia, que le pagaron muy bien el mal que primero habían hecho.

Y como lo supieron los de Chalco, que estaba cerca, le salieron a recibir a Sandoval al camino y le hicieron mucha honra y fiesta. Y en aquella derrota se prendieron ocho mexicanos, y tres de ellos eran personas muy principales.

Pues hecho esto, otro día dijo Sandoval que se quería volver a Tezcuco, y los de Chalco le dijeron que querían ir con él para ver y hablar a Malinche, y llevar consigo a dos hijos del señor de aquella provincia, que había pocos días que había fallecido de viruelas, y que antes que muriese había encomendado a todos sus principales y viejos que llevasen a sus hijos para verse con el capitán, y que por su mano fuesen señores de Chalco, y que todos procurasen ser sujetos al gran rey de los teules, porque ciertamente sus antepasados les habían dicho que habían de señorear aquellas tierras hombres que vendrían con barbas de donde sale el sol, y que por las cosas que han visto, éramos nosotros.

Y luego se fue Sandoval con todo su ejército a Tezcuco y llevó en su compañía a los hijos del señor, y los demás principales, y los ocho prisioneros mexicanos.

Y desque Cortés supo su venida, se alegró en gran manera, y después de haberle dado cuenta Sandoval de su viaje y de cómo venían aquellos señores de Chalco, se fue a su aposento.

Y los caciques fueron luego ante Cortés, y después de haberle hecho gran acato, le dijeron la voluntad que traían de ser vasallos de Su Majestad, según y de la manera que el padre de aquellos dos mancebos se lo había mandado, y para que por su mano les hiciese señores.

Y desque hubieron dicho su razonamiento, le presentaron en joyas ricas obra de doscientos pesos de oro. Y desque el capitán Cortés lo hubo muy bien entendido por nuestras lenguas, doña Marina y Jerónimo de Aguilar, les mostró mucho amor y los abrazó, y dio por su mano el señorío de Chalco al hermano mayor, con más de la mitad de los pueblos sus sujetos; y lo de Tamanalco y Chimalucán dio al hermano menor, con Ayocingo y otros pueblos sujetos.

Y después de haber pasado otras muchas razones de Cortés a los principales viejos y con los caciques nuevamente elegidos, le dijeron que se querían volver a su tierra y que en todo servirían a Su Majestad y a nosotros en su real nombre contra los mexicanos; y que con aquella voluntad habían estado siempre, y que por causa de las guarniciones mexicanas que habían estado en su provincia, no habían venido antes de ahora a dar la obediencia.

Y también dieron nuevas a Cortés de que dos españoles que había enviado a aquella provincia por maíz antes que nos echasen de México, que porque los culúas no los matasen, los pusieron en salvo una noche en lo de Guaxocingo, nuestros amigos, y que allí salvaron las vidas, lo cual ya lo sabíamos días había, porque el uno de ellos era el que fue a Tascala.

Y Cortés se lo agradeció mucho y les rogó que esperasen allí dos días, porque había de enviar un capitán por la madera y tablazón a Tascala, y los llevaría en su compañía y los pondría en su tierra, para que los mexicanos no les saliesen al camino; y ellos fueron muy contentos y se lo agradecieron mucho.

Dejemos de hablar en esto. Y diré cómo Cortés acordó enviar a México aquellos ocho prisioneros que prendió Sandoval en aquella derrota de Chalco, a decir al señor que entonces habían alzado por rey, que se decía Guatémuz, que deseaba mucho que no fuesen causa de su perdición ni de aquella tan gran ciudad, y que viniese de paz, y que les perdonaría las muertes y daños que en ella nos hicieron, y que no se les demandaría cosa ninguna.

Y que mirase que las guerras que al principio son buenas de enmendar, en los medios y fines son dificultosas, y que al cabo se destruirán. Y que bien sabían de las albarradas y pertrechos y almacenes de varas y flechas y lanzas y macanas y piedras rollizas y hondas y todos los géneros de guerra que continuamente están haciendo y aparejando, que para qué es gastar el tiempo en balde en hacerlo, y que para qué quiere que mueran todos los suyos y la ciudad se destruya.

Y que mire el gran poder de Nuestro Señor Dios, en quien creemos y adoramos, que él siempre nos ayuda. Y que también mire que todos los pueblos sus comarcanos tenemos de nuestro bando, pues los tascaltecas no desean sino la misma guerra para vengarse de las traiciones y muertes de sus naturales que les han hecho; y que dejen las armas y vengan de paz.

Y les prometió de hacerles siempre mucha honra, y les dijeron doña Marina y Aguilar otras muchas buenas razones y consejos sobre el caso. Y fueron ante Guatémuz aquellos ocho indios, nuestros mensajeros; mas no quiso enviar respuesta ninguna, sino hacer albarradas y pertrechos, y enviar por todas sus provincias a mandar que, si alguno de nosotros tomasen desmandados, que se los trajesen a México para sacrificar; y que cuando los enviase a llamar, que luego viniesen con sus armas; y les envió a quitar y perdonar muchos tributos, y aun a prometer grandes promesas.

Dejemos de hablar en los aderezos de guerra que en México se hacían. Y digamos cómo volvieron otra vez muchos indios de los pueblos de Guautinchán o Guaxuntlán descalabrados de los mexicanos, porque habían tomado nuestra amistad y por la contienda de los maizales que solían sembrar para los papas mexicanos en el tiempo que les servían, como otras veces he dicho en el capítulo que de ello habla.

Y como estaban cerca de la laguna de México, cada semana les venían a dar guerra, y aun llevaron ciertos indios presos a México. Y desque aquello vio Cortés, acordó de ir otra vez por su persona, y con cien soldados y veinte de a caballo y doce escopeteros y ballesteros, y tuvo buenas espías para que, cuando sintiese venir los escuadrones mexicanos, se lo viniesen a decir.

Y como estaba de Tezcuco aún no a dos leguas, un miércoles por la mañana amaneció adonde estaban los escuadrones mexicanos, y peleó con ellos de manera que presto los rompió, y se metieron en la laguna en sus canoas; y allí se mataron cuatro mexicanos y se prendieron otros tres, y se volvió Cortés con su gente a Tezcuco.

Y desde en adelante no vinieron más los culúas sobre aquellos pueblos. Y dejemos de esto. Y digamos cómo Cortés envió a Gonzalo de Sandoval a Tascala por la madera y tablazón de los bergantines, y lo que más en el camino hizo.

Como siempre estábamos con gran deseo de tener los bergantines acabados y vernos ya en el cerco de México y no perder ningún tiempo en balde, mandó nuestro capitán Cortés que luego fuese Gonzalo de Sandoval por la madera, y que llevase consigo doscientos soldados y veinte escopeteros y ballesteros, y quince de a caballo, y buena copia de tascaltecas y veinte principales de Tezcuco, y llevase en su compañía a los mancebos de Chalco y a los viejos, y los pusiese en salvo en sus pueblos.

Y antes que partiesen, hizo amistades entre los tascaltecas y los de Chalco, porque como los de Chalco solían ser del bando y confederados de los mexicanos, y cuando iban a la guerra los mexicanos sobre Tascala llevaban en su compañía la provincia de Chalco para que les ayudasen, por estar en aquella comarca, desde entonces se tenían mala voluntad y se trataban como enemigos.

Mas, como he dicho, Cortés les hizo amigos allí en Tezcuco, de manera que siempre entre ellos hubo gran amistad y se favorecieron de allí adelante los unos a los otros.

Y también mandó Cortés a Gonzalo de Sandoval que, desque estuviesen puestos en su tierra los de Chalco, que fuese a un pueblo que allí cerca estaba en el camino, que en nuestra lengua le pusimos por nombre el Pueblo Morisco, que era sujeto a Tezcuco, porque en aquel pueblo habían muerto a cuarenta y tantos soldados de los de Narváez, y aun de los nuestros, y muchos tascaltecas, y robado tres cargas de oro, cuando nos echaron de México; y los soldados que mataron eran los que venían de la Veracruz a México cuando íbamos en el socorro de Pedro de Alvarado.

Y Cortés le encargó a Sandoval que no dejase aquel pueblo sin buen castigo, puesto que más merecían los de Tezcuco, porque ellos fueron los agresores y capitanes de aquel daño, como en aquel tiempo eran muy hermanos en armas con la gran ciudad de México, y porque en aquella sazón no se podía hacer otra cosa, se dejó de castigar en Tezcuco.

Y volvamos a nuestra plática. Y es que Gonzalo de Sandoval hizo lo que el capitán le mandó, así en ir a la provincia de Chalco —que poco se rodeaba— y dejar allí a los mancebos señores de ella. Y fue al Pueblo Morisco, y antes que llegasen los nuestros, ya sabían por sus espías que iban sobre ellos, y desampararon el pueblo y se fueron huyendo a los montes.

Y Sandoval los siguió y mató a tres o cuatro, porque hubo mancilla de ellos, mas hobieron mujeres y mozas, y prendió a cuatro principales. Y Sandoval halagó a los cuatro que prendió y les dijo que cómo habían muerto a tantos españoles.

Y dijeron que los de Tezcuco y de México los mataron en una celada que les pusieron en una cuesta por donde no podían pasar sino uno a uno, porque era muy angosto el camino, y que allí cargaron sobre ellos gran copia de mexicanos y de Tezcuco, y que entonces los prendieron y mataron; y que los de Tezcuco los llevaron a su ciudad y los repartieron con los mexicanos.

Y que eso les fue mandado, y que no pudieron hacer otra cosa; y que aquello que hicieron fue en venganza del señor de Tezcuco, que se decía Cacamatzin, que Cortés tuvo preso y se había muerto en los puentes.

Hallóse allí en aquel pueblo mucha sangre de los españoles que mataron, por las paredes, con que habían rociado con ella a sus ídolos; y también se hallaron dos caras que habían desollado y adobado los cueros como pellejos de guantes, y las tenían con sus barbas puestas y ofrecidas en uno de sus altares. Y asimismo se hallaron cuatro cueros de caballos curtidos, muy bien aderezados, que tenían sus pelos y con sus herraduras, y colgados a sus ídolos en su cu mayor.

Y halláronse muchos vestidos de los españoles que habían muerto, colgados y ofrecidos a los mismos ídolos. Y también se halló en un mármol de una casa donde los tuvieron presos, escrito con carbones: "Aquí estuvo preso el sin ventura de Juan Yuste con otros muchos que traía en mi compañía". Este Juan Yuste era un hidalgo de los de a caballo que allí mataron, y de las personas de calidad que Narváez había traído.

De todo lo cual Sandoval y todos sus soldados hubieron mancilla y les pesó; mas ¿qué remedio había ya que hacer, sino usar de piedad con los de aquel pueblo, pues se fueron huyendo y no aguardaron, y llevaron sus mujeres e hijos? Y algunas mujeres que se prendían lloraban por sus maridos y padres. Y viendo esto Sandoval, con los cuatro principales que prendió y con todas las mujeres, a todos les soltó, y envió a llamar a los del pueblo, los cuales vinieron y le demandaron perdón y dieron la obediencia a Su Majestad, y prometieron siempre ser contra mexicanos y servirnos con el amor y voluntad que les fuese posible, y muy bien.

Y preguntados por el oro que robaron a los tascaltecas cuando por allí pasaron, dijeron que a tres les habían tomado las cargas de ello, y que los mexicanos y los señores de Tezcuco se lo llevaron, porque dijeron que aquel oro había sido de Montezuma y que lo había tomado de sus templos y se lo dio a Malinche cuando lo tenía preso.

Dejemos de hablar de esto. Y digamos cómo fue Sandoval camino de Tascala, junto a la cabecera del pueblo mayor donde residían los caciques, y topó con toda la madera y tablazón de los bergantines, que traían a cuestas sobre ocho mil hombres, y venían otros tantos en retaguardia de ellos con sus armas y penachos, y otros dos mil para remudar las cargas que traían el bastimento.

Y venían por capitanes de todos los tascaltecas Chichimecatecle —que ya he dicho otras veces en los capítulos pasados que de ello hablan que era indio principal y muy esforzado—, y también venían otros dos principales que se decían Teulepile y Tiutical, y otros caciques y principales. Y a todos los traía a cargo Martín López, que era el maestro que cortó la madera y dio el gálibo y cuenta para los tablazones. Y venían otros españoles que no me acuerdo sus nombres.

Y cuando Sandoval los vio venir de aquella manera, hubo mucho placer, por ver que le habían quitado aquel cuidado, porque creyó que estaría en Tascala algunos días detenido esperando salir con toda la madera y tablazón.

Y así como venían, con el mismo concierto fueron dos días caminando, hasta que entraron en tierra de mexicanos. Y les daban muchos silbos y gritos desde las estancias y barrancas y en partes donde no les podían hacer mal ninguno los nuestros con caballos ni escopetas.

Entonces dijo Martín López, que lo traía todo a cargo, que sería bien que fuesen con otro recaudo del que hasta entonces venían, porque los tascaltecas le habían dicho que temían que en aquellos caminos saliesen de repente los grandes poderes de México y los desbaratasen, como iban cargados y embarazados con la madera y bastimentos.

Y luego mandó Sandoval repartir a los de a caballo y ballesteros y escopeteros, que fuesen unos en la delantera y los demás en los lados; y mandó a Chichimecatecle, que iba por capitán delante de todos los tascaltecas, que se quedase detrás para ir en la retaguardia juntamente con Gonzalo de Sandoval, de lo que se afrentó aquel cacique, creyendo que no lo tenían por esforzado; y tantas cosas le dijeron sobre aquel caso, que lo hubo por bueno, viendo que Sandoval quedaba juntamente con él; y le dieron a entender que siempre los mexicanos daban en el fardaje que quedaba atrás. Y desque lo hubo bien entendido, abrazó a Sandoval y dijo que le hacían honra en aquello.

Dejemos de hablar en esto. Y digamos que en otros dos días de camino llegaron a Tezcuco, y antes que entrasen en aquella ciudad se pusieron muy buenas mantas y penachos, y con atambores y cornetas, puestos en ordenanza, caminaron y no quebraron el hilo en más de medio día, que iban entrando y dando voces y silbos, y diciendo: "¡Viva, viva el Emperador nuestro señor!" y "¡Castilla, Castilla!" y "¡Tascala, Tascala!" Y llegaron a Tezcuco.

Y Cortés y ciertos capitanes les salieron a recibir con grandes ofrecimientos que Cortés hizo a Chichimecatecle y a todos los capitanes que traía. Y las piezas de maderos y tablazones y todo lo demás perteneciente a los bergantines se puso cerca de las zanjas y esteros donde se habían de labrar, y desde allí adelante tanta prisa se daba en hacer trece bergantines.

Y Martín López, que fue el maestro de los hacer, con otros españoles que le ayudaban —que se decían Andrés Núñez y un viejo que se decía Ramírez, que estaba cojo de una herida, y un Diego Hernández, aserrador— y ciertos indios carpinteros, y dos herreros con sus fraguas, y un Hernando de Aguilar que les ayudaba a machacar, todos se dieron gran prisa hasta que los bergantines estuvieron armados, y no faltaba sino calafatearlos y ponerles los mástiles y jarcias y velas.

Pues ya esto hecho, quiero decir el gran recaudo que teníamos en nuestro real de espías y escuchas y guarda para los bergantines, porque estaban junto a la laguna, y los mexicanos procuraron tres veces ponerles fuego. Y aun prendimos a quince indios de los que lo vinieron a poner, de quienes Cortés supo muy largamente todo lo que en México hacía y concertaba Guatémuz; y era que por vía ninguna habían de hacer paces, sino morir todos peleando o quitarnos a nosotros las vidas.

Quiero tornar a decir los llamamientos y mensajeros que en todos los pueblos sujetos a México hacían, y cómo les perdonaba los tributos y el trabajar, y que de día y de noche trabajaban en hacer cavas y ahondar los pasos de puentes y hacer albarradas muy fuertes, y poner a punto sus varas y tiraderas, y hacer unas lanzas muy largas para matar los caballos, engastadas en ellas de las espadas que nos tomaron la noche del desbarate, y poner a punto sus varas y tiraderas y piedras rollizas, con hondas y espadas de a dos manos, y otras mayores que espadas, como macanas, y todo género de guerra.

Y dejemos esta materia. Y volvamos a decir de nuestra zanja y acequia por donde habían de salir los bergantines a la gran laguna, y estaba ya muy ancha y honda, que podían nadar por ella navíos de razonable porte, porque, como otras veces he dicho, siempre andaban en la obra ocho mil indios trabajadores.

Dejemos esto. Y digamos cómo nuestro Cortés fue a una entrada de Saltocan.

Como habían venido allí a Tezcuco sobre quince mil tascaltecas con la madera de los bergantines y hacía cinco días que estaban en aquella ciudad sin hacer cosa que de contar sea, y no tenían mantenimientos —antes les faltaban—, y como el capitán de los tascaltecas era muy esforzado y orgulloso —que ya he dicho otras veces que se decía Chichimecatecle—, dijo a Cortés que quería ir a hacer algún servicio a nuestro gran Emperador y batallar contra mexicanos, así por mostrar sus fuerzas y buena voluntad para con nosotros como para vengarse de las muertes y robos que habían hecho a sus hermanos y vasallos, así en México como en sus tierras; y que le pedía por merced a Cortés que ordenase y mandase a qué parte podrían ir que fuesen nuestros enemigos contrarios.

Y Cortés le dijo que tenía en mucho su buen deseo, y que otro día quería ir a un pueblo que se dice Saltocan, que está de aquella ciudad cinco o seis leguas, mas que están fundadas las casas en el agua de la laguna, y que había entrada por tierra para ello.

El cual pueblo había sido llamado a venir de paz días atrás, hasta tres veces, y no quiso venir, y les volvió a enviar mensajeros nuevamente con los de Tepetescuco y de Otumba, que eran sus vecinos, y que en lugar de venir de paz no quisieron, antes trataron mal a los mensajeros y descalabraron a dos de ellos; y la respuesta que dieron fue que si allá íbamos, que no tenían menos fuerzas y fortaleza que México, y que fuese cuando quisiese, que en el campo nos hallarían; y que habían tenido aquella respuesta de sus ídolos, que allí nos matarían, y que los ídolos les aconsejaron que esa respuesta diesen.

Y a esta causa, Cortés se apercibió para ir en persona a aquella entrada, y mandó que doscientos cincuenta soldados fuesen en su compañía, y treinta de a caballo, y llevó consigo a Pedro de Alvarado y a Cristóbal de Olí, y muchos ballesteros y escopeteros, y a todos los tascaltecas y una capitanía de hombres de guerra de Tezcuco, y los más de ellos principales.

Y dejó en guarda de Tezcuco a Gonzalo de Sandoval, para que mirase mucho por ellos y por los bergantines y el real, no diesen una noche en él, porque ya he dicho que siempre habíamos de estar con la barba sobre el hombro: lo uno, por estar aguardando a la raya de México; lo otro, por estar en tan gran ciudad como era Tezcuco, y todos los vecinos de aquella ciudad parientes y amigos de los mexicanos.

Y mandó a Sandoval y a Martín López, maestro de hacer los bergantines, que dentro de quince días los tuviesen muy a punto para echar al agua y navegar en ellos, y se partió de Tezcuco para hacer aquella entrada, después de haber oído misa.

Y salió con su ejército. E yendo por su camino, no muy lejos de Saltocan, encontró con unos grandes escuadrones de mexicanos que le estaban aguardando en parte que creyeron aprovecharse de nuestros españoles y matar los caballos; mas Cortés mandó a los de a caballo, y él juntamente con ellos, después de haber disparado las escopetas y ballesteros, rompieron por ellos y mataron pocos mexicanos, porque luego se acogieron a los montes y a partes donde los de a caballo no los pudieron seguir; mas nuestros amigos los tascaltecas prendieron y mataron obra de treinta.

Y aquella noche fue Cortés a dormir a unas caserías, y estuvo muy sobre aviso con sus corredores del campo y velas y rondas y espías, porque estaba entre grandes poblazones, y supo que Guatémuz, señor de México, había enviado muchos escuadrones de gente de guerra a Saltocan para ayudarles, los cuales fueron en canoas por unos hondos esteros.

Y otro día de mañana, junto al pueblo, comenzaron los mexicanos, juntamente con los de Saltocan, a pelear con los nuestros, y les tiraban mucha vara y flechas y piedras con hondas desde las acequias donde estaban, e hirieron a diez de nuestros soldados y a muchos de los amigos tascaltecas.

Y ningún mal les podían hacer los de a caballo, porque no podían correr ni pasar los esteros, que estaban todos llenos de agua; y el camino y calzada que solían tener, por donde entraban por tierra al pueblo, en pocos días la habían deshecho, y la abrieron a mano y la ahondaron de manera que estaba hecha acequia y llena de agua; y por esta causa los nuestros no podían en ninguna manera entrarles al pueblo ni hacerles daño ninguno.

Y puesto que los escopeteros y ballesteros tiraban a los que andaban en canoas, las traían tan bien armadas de talabordones de madera, y detrás de los talabordones se guardaban bien. Y nuestros soldados, viendo que no aprovechaba en cosa ninguna y no podían atinar el camino y calzada que antes tenían, porque todo lo hallaban lleno de agua, renegaban del pueblo y aun de la venida sin provecho, y aun medio corridos de cómo los mexicanos y los del pueblo les daban grita y les llamaban mujeres, y que Malinche era otra mujer, y que no era esforzado sino para engañarlos con palabras y mentiras.

Y en este instante, dos indios de los que venían con los nuestros —que eran de Tepetescuco, y estaban muy mal con los de Saltocan— dijeron a un nuestro soldado que hacía tres días que vieron cómo abrían la calzada y la cavaban y la hacían zanja, y echaban de otra acequia el agua por ella, y que no muy lejos adelante estaba por abrir y va camino al pueblo.

Y desque nuestros soldados lo hubieron bien entendido, y por donde los indios les señalaron, se ponen en gran concierto los ballesteros y escopeteros, unos armando y otros soltando, y esto poco a poco y no todos a la par; y, el agua a vuelapié y a otras partes a más de la cintura, pasan todos nuestros soldados y muchos amigos siguiéndoles, y Cortés con los de a caballo aguardando en tierra firme, haciéndoles espaldas, porque temió no viniesen otra vez los escuadrones de México y diesen en la retaguardia.

Y cuando pasaban las acequias los nuestros, como dicho tengo, los contrarios daban en ellos como a terrero, e hirieron a muchos; mas como iban deseosos de llegar a la calzada que aún estaba por abrir, pasan adelante hasta que dieron en ella por tierra sin agua, y vanse al pueblo.

Y en fin de más razones, tal mano les dieron, que les mataron muchos y pagaron muy bien la burla que de ellos hacían, donde hubo mucha ropa de algodón y oro y otros despojos.

Y como estaban poblados en la laguna, de presto se meten los mexicanos y los naturales del pueblo en sus canoas, con todo el hato que pudieron llevar, y se van a México. Y los nuestros, desque los vieron despoblados, quemaron algunas casas, y no osaron dormir en él por estar en el agua, y se vinieron donde estaba el capitán Cortés aguardándolos.

Y allí en aquel pueblo se hubieron muy buenas indias, y los tascaltecas salieron ricos con mantas y sal y oro y otros despojos, y luego se fueron a dormir a unas caserías donde estaban unas caleras, que estaría a una legua de Saltocan, y allí se curaron los heridos, y un soldado murió de ahí a pocos días de un flechazo que le dieron por la garganta.

Y luego se pusieron velas y corredores del campo, y hubo buen recaudo, porque todas aquellas tierras estaban muy pobladas de culúas.

Y otro día fueron camino de un gran pueblo que se dice Gualtitan, e yendo por el camino, las poblaciones comarcanas y otros muchos mexicanos que con ellos se juntaban les daban gritas y silbos y voces, diciéndoles vituperios, y era en parte que no podían correr caballos ni se les podía hacer algún daño, porque estaban entre acequias. Y de esta manera llegaron a aquella población; y estaba despoblada de aquel mismo día y alzado el hato.

Y en aquella noche durmieron allí con grandes velas y rondas, y otro día fueron camino de un gran pueblo que se dice Tenayuca. A este pueblo le solíamos llamar la primera vez que entramos en México el "pueblo de las sierpes", porque en el adoratorio mayor que tenían hallamos dos grandes bultos de sierpes de malas figuras, que eran sus ídolos en quienes adoraban.

Dejemos de esto y volvamos a este propósito del camino. Y es que este pueblo hallaron despoblado como el pasado, que todos los indios naturales de él se habían juntado en otro pueblo que estaba más adelante, que se dice Tacuba, y desde allí fue a otro pueblo que se dice Escapuzalco, que sería de lo uno a lo otro legua y media, y asimismo estaba despoblado.

En este Escapuzalco solía ser donde labraban el oro y plata al gran Montezuma, y solíamos llamarle el "pueblo de los plateros". Y desde aquel pueblo fue a otro pueblo, que ya he dicho que se dice Tacuba, que es obra de media legua del uno al otro. En este pueblo fue donde reparamos la triste noche cuando salimos de México desbaratados, y en él nos mataron ciertos soldados, según dicho tengo en el capítulo pasado que sobre ello habla.

CAPÍTULO II: MUERTOS Y HERIDOS

Y tornemos a nuestra plática. Y antes que nuestro ejército llegase al pueblo, ya estaban en campo aguardando a Cortés muchos escuadrones de todos aquellos pueblos por donde había pasado, y los de Tacuba y mexicanos, porque México está muy cerca de él. Y todos juntos comenzaron a dar en los nuestros, de manera que tuvo harto nuestro capitán en romper en ellos con los de a caballo.

Y andaban tan juntos los unos con los otros, que nuestros soldados, a buenas cuchilladas, los hicieron retraer; y como era noche, durmieron en el pueblo con buenas velas y escuchas. Y otro día de mañana, si muchos mexicanos habían estado juntos el día pasado, muchos más se juntaron aquel día, y con gran concierto venían a dar guerra a los nuestros, y de tal manera, que hirieron a algunos soldados. Mas todavía los nuestros los hicieron retraer en sus casas y fortaleza, de manera que tuvieron tiempo de entrarles en Tacuba y quemar muchas casas y meterse a sacomano.

Y desque aquello supieron en México, ordenan de salir muchos más escuadrones de su ciudad a pelear con Cortés, y concertaron que, cuando peleasen con él, hiciesen que volvían huyendo hacia México y que poco a poco metiesen a nuestro ejército en su calzada, que desque los tuviesen dentro... Y así como lo concertaron, lo hicieron.

Y Cortés, creyendo que llevaba victoria, los mandó seguir hasta una puente. Y desque los mexicanos sintieron que ya tenían metido a Cortés en el garlito, pasada la puente, vuelven sobre él tanta multitud de indios —unos en canoas, otros por tierra y otros desde las azoteas— que le dan tal mano, que le ponen en tan gran aprieto que estuvo la cosa de arte que creyó ser desbaratado.

Porque a una puente donde había llegado, cargaron tan de golpe sobre él, que poco ni mucho se podía valer. Y un alférez que llevaba una bandera, por sostener el gran ímpetu de los contrarios, le hirieron muy malamente y cayó con su bandera desde la puente abajo, al agua, y estuvo en ventura de ahogarse. Y aun le tenían ya asido los mexicanos para meterlo en unas canoas, y él fue tan esforzado que se escapó con su bandera.

Y en aquella refriega mataron a Cortés cinco soldados e hirieron a muchos de los nuestros. Y Cortés, viendo el gran atrevimiento y mala consideración que había sido haber entrado en la calzada de la manera que he dicho, y sintió cómo los mexicanos le habían cebado, mandó que todos se retrujesen, y con el menor concierto que pudo, y no vueltas las espaldas, sino las caras contra los contrarios, pie contra pie, como quien hace represas.

Y los ballesteros y escopeteros, unos armando y otros tirando, y los de a caballo haciendo algunas arremetidas —mas eran tan pocas, porque luego les herían los caballos—. Y de esta manera se escapó Cortés aquella vez del poder de México; y desque se vio en tierra firme, dio muchas gracias a Dios.

Allí en aquella calzada y puente fue donde un Pedro de Ircio, muchas veces por mí memorado, dijo al alférez que cayó en la laguna con la bandera —que se decía Juan Bolante— por afrentarle (que no estaba bien con él por amores de una mujer que vino cuando lo de Narváez), le dijo que había crucificado al Hijo y quería ahogar a la

Madre, porque la bandera que traía Bolante era figurada la imagen de Nuestra Señora la Virgen Santa María.

Y no tuvo razón de decir aquella palabra, porque el alférez era un hidalgo y hombre muy esforzado, y como tal se mostró aquella vez y otras muchas; y a Pedro de Ircio no le fue muy bien por la mala voluntad que tenía a Juan Bolante.

Dejemos a Pedro de Ircio. Y digamos que en cinco días que allí en lo de Tacuba estuvo Cortés, tuvo batallas y reencuentros con los mexicanos y sus aliados, y desde allí dio la vuelta para Tezcuco, y por el camino que había venido se volvió, y le daban grita los mexicanos, creyendo que volvía huyendo. Y aun sospecharon lo cierto, y le esperaban en partes donde querían ganar honra con él y matarle los caballos, y le echaban celadas.

Y desque aquello vio, les hizo una en que hirió a muchos de los contrarios. A Cortés entonces le mataron dos caballos, y con esto no le siguieron más. A buenas jornadas llegó a un pueblo sujeto a Tezcuco que se dice Aculmán, que estará de Tezcuco dos leguas y media.

Y como supimos que había llegado allí, salimos con Gonzalo de Sandoval a verle y recibirle, acompañados de muchos caballeros y soldados y de los caciques de Tezcuco, en especial de don Hernando, principal de aquella ciudad. Y en las vistas nos alegramos mucho, porque había más de quince días que no habíamos sabido de Cortés ni de cosa que le hubiese acaecido.

Y después de darle la bienvenida y haberle hablado algunas cosas que convenían sobre lo militar, nos volvimos a Tezcuco aquella tarde, porque no osábamos dejar el real sin buen recaudo. Y nuestro Cortés se quedó en aquel pueblo hasta otro día, que llegó a Tezcuco, y los tascaltecas, como ya estaban ricos y venían cargados de despojos, demandaron licencia para irse a su tierra. Y Cortés se la dio, y fueron por parte que los mexicanos no tuvieron espías sobre ellos, y salvaron sus haciendas.

Y al cabo de cuatro días que nuestro capitán reposaba y estaba dando prisa en hacer los bergantines, vinieron unos pueblos de la costa del norte a demandar paces y darse por vasallos de Su Majestad, los cuales pueblos se llaman Tuzapán y Mascaltzingo y Nautlán, y otros pueblezuelos de aquellas comarcas, y trajeron un presente de oro y ropa de algodón.

Y cuando llegaron delante de Cortés, con gran acato, después de haber dado su presente, dijeron que le pedían por merced que los admitiera a su amistad y que querían ser vasallos del rey de Castilla. Y dijeron que cuando los mexicanos mataron a seis teules en lo de Almería, y era capitán de ellos Quezalpopoca —que ya habíamos quemado por justicia—, que todos aquellos pueblos que allí venían fueron en ayudar a los teules.

Y después que Cortés los hubo oído —puesto que sabía que habían sido con los mexicanos en la muerte de Juan de Escalante y los seis soldados que mataron en lo de Almería, según he dicho en el capítulo que de ello habla— les mostró mucha voluntad y recibió el presente y por vasallos del Emperador nuestro señor. Y no les demandó cuenta sobre lo acaecido ni se lo trajo a la memoria, porque no estaba en tiempo de hacer otra cosa, y con buenas palabras y ofrecimientos los despachó.

Y en este instante vinieron a Cortés otros pueblos de los que se habían dado por nuestros amigos a demandar favor contra mexicanos, y decían que les fuesen a ayudar, porque venían contra ellos grandes escuadrones y les habían entrado en su tierra y llevado presos muchos de sus indios, y a otros habían descalabrado.

Y también en aquella sazón vinieron los de Chalco y Tamanalco, y dijeron que si luego no los socorrían serían perdidos, porque estaban sobre ellos muchas guarniciones de sus enemigos. Y tantas lástimas decían, y traían en un paño de manta de henequén pintado al natural los escuadrones que sobre ellos venían, que Cortés no sabía qué decir ni qué responderles, ni dar remedio a los unos ni a los otros, porque había visto que muchos de nuestros soldados estaban heridos y dolientes, y se habían muerto ocho de dolor de costado y de echar sangre cuajada revuelta con lodo por la boca y narices; y era del quebrantamiento de las armas, que siempre traíamos a cuestas, y de que continuamente íbamos a las entradas, y del polvo que en ellas tragábamos.

Y demás de esto, viendo que se habían muerto tres o cuatro caballos de heridas, que nunca parábamos de ir a entrar, unos venidos y otros vueltos, la respuesta que les dio a los primeros pueblos fue que los halagó y les dijo que él iría presto a ayudarles, y que entretanto que iba, que se ayudasen de otros pueblos sus vecinos, y que esperasen en campo a los mexicanos, y que todos juntos les diesen guerra.

Y que si los mexicanos veían que les mostraban cara y ponían fuerzas contra ellos, que temerían, y que ya no tenían tantos poderes los mexicanos para darles guerra como solían, porque tenían muchos contrarios. Y tantas palabras les dijo con nuestras lenguas y les esforzó, que reposaron algo sus corazones; y no tanto, que luego demandaron cartas para dos pueblos sus comarcanos, nuestros amigos, para que les fuesen a ayudar.

Las cartas en aquel tiempo no las entendían, mas bien sabían que entre nosotros se tenía por cosa cierta que cuando se enviaban eran como mandamientos o señales que les mandábamos algunas cosas de calidad. Y con ellas se fueron muy contentos, y las mostraron a sus amigos y los llamaron, como nuestro Cortés se lo mandó, y aguardaron en el campo a los mexicanos, y tuvieron con ellos una batalla, y con ayuda de nuestros amigos sus vecinos —a quienes dieron la carta— no les fue mal.

Volvamos a los de Chalco, que viendo nuestro Cortés que era cosa muy importante para nosotros que aquella provincia y camino estuviese desembarazado de gentes de Culúa —porque, como he dicho otras veces, por allí habían de ir y venir a la Villa Rica de la Veracruz y a Tascala, y habíamos de mantener nuestro real de ella, porque es tierra de mucho maíz—, luego mandó a Gonzalo de Sandoval, que era alguacil mayor, que se aparejase para otro día de mañana ir a Chalco, y le mandó dar veinte de caballo y doscientos soldados, y doce ballesteros y diez escopeteros, y los tascaltecas que había en nuestro real, que eran muy pocos, porque, como dicho habemos en este capítulo, todos los más se habían ido a su tierra cargados de despojos.

Y también una capitanía de los de Tezcuco llevó en su compañía, y asimismo al capitán Luis Marín, que era su muy íntimo amigo; y quedó en guarda de aquella ciudad y los bergantines Cortés, Pedro de Alvarado y Cristóbal de Olí.

Y antes que Gonzalo de Sandoval vaya para Chalco, como está acordado, quiero aquí decir cómo, estando escribiendo en esta relación todo lo acaecido a Cortés de esta entrada de Saltocán, acaso estaban presentes dos caballeros muy curiosos que habían leído la historia de Gómara, y me dijeron que tres cosas se me olvidaban de escribir, que tenía escrito el cronista Gómara de la misma entrada de Cortés:

La una era que dio Cortés vista a México con trece bergantines, y peleó muy bien con el gran poder de Guatémuz, con sus grandes canoas y piraguas en la laguna; la otra era que cuando Cortés entró en la calzada de México tuvo pláticas con los señores y caciques mexicanos y les dijo que les quitaría el bastimento y se morirían de hambre; y la otra fue que Cortés no quiso decir a los de Tezcuco que había de ir a Saltocán, para que no diesen aviso.

Yo respondí a los mismos caballeros que me lo dijeron que en aquella sazón los bergantines no estaban acabados de hacer, y que cómo podían llevar por tierra bergantines, ni por la laguna los caballos, ni tanta gente —que es cosa de reír en lo que escribe—. Y que cuando entró en la calzada, como dicho habemos, que harto tuvo Cortés en escapar él y su ejército, que estuvo medio desbaratado, y en aquella sazón no habíamos puesto cerco a México para vedarles los mantenimientos ni tenían hambre, y eran señores de todos sus vasallos.

Y lo que pasó muchos días adelante, cuando los teníamos en gran aprieto, pone ahora el Gómara; y en lo que dice que se apartó por otro camino para ir a Saltocán para que no lo supiesen los de Tezcuco, digo que por fuerza fueron por sus pueblos y tierras de Tezcuco, porque por allí era el camino, y no otro. Y en lo que escribe va muy desatinado, y, a lo que yo he sentido, no tiene él la culpa, sino el que le informó, que por sublimar mucho más, le dio tal relación de lo que escribe, por ensalzar a quien por ventura le dio dineros por ello, y ensalzó sus cosas, y no se declaren nuestros heroicos hechos; le daban aquellas relaciones, y esta es la verdad.

Y desque lo hubieron bien entendido los mismos dos caballeros que me lo dijeron, y vieron claro lo que les dije ser así, juraron que habían de romper el libro e historia de Gómara que tenían en su poder, pues tantas cosas dice fuera de lo que pasó, que no son verdad.

Y dejemos esta plática y tornemos al capitán Gonzalo de Sandoval, que partió de Tezcuco después de haber oído misa, y fue amanecer cerca de Chalco. Y lo que pasó diré adelante.

Ya he dicho en el capítulo pasado cómo los pueblos de Chalco y Tamanalco vinieron a decir a Cortés que les enviase socorro, porque estaban grandes capitanías y escuadrones mexicanos juntos para venirles a dar guerra; y tantas lástimas le dijeron, que mandó a Gonzalo de Sandoval que fuese allá con doscientos soldados y veinte de caballo, y diez o doce ballesteros y otros tantos escopeteros, y nuestros amigos los de Tlaxcala y otra capitanía de los de Tezcuco. Y llevó por compañero al capitán Luis Marín, porque era su muy grande amigo. Y después de haber oído misa, en doce días del mes de marzo de mil quinientos veintiún años, fue a dormir a unas estancias del mismo Chalco, y otro día llegó por la mañana a Tamanalco, y los caciques y capitanes le hicieron buen recibimiento y le dieron de comer, y le dijeron que luego fuese hacia un gran pueblo que se dice Guaxtepeque, porque hallarían juntos todos los poderes de México en el mismo Guaxtepeque o en el camino antes de llegar a él, y que todos los de aquella provincia de Chalco irían con él.

Y a Sandoval le pareció que sería bien ir muy a punto y puesto en concierto, y fue a dormir a otro pueblo sujeto del mismo Chalco que se dice Chimaluacán, porque las espías que los de Chalco tenían puestas sobre los culúas vinieron a avisar cómo estaban en el campo, no muy lejos de allí, la gente de guerra, sus enemigos, y que había algunas quebradas y arcabuezos adonde aguardaban. Y como Sandoval era muy ardito y de buen consejo, puso a los escopeteros y ballesteros por delante, y a los de a caballo mandó que de tres en tres se hermanasen; y después que hubiesen gastado los ballesteros y escopeteros algunos tiros, que todos juntos los de a caballo rompiesen por ellos a media rienda y las lanzas terciadas, y que no curasen de alancear sino por los rostros, hasta ponerles en huida, y que no se deshermanasen. Y mandó a los soldados de a pie que siempre estuviesen hechos un cuerpo y no se metiesen entre ellos hasta que se lo mandase, porque como le decían que eran muchos los enemigos — y así fue verdad— y estaban entre aquellos malos pasos, y no sabían si tenían hechos hoyos o algunas albarradas, quería tener sus soldados enteros, no le viniese ningún desmán.

Y yendo por su camino, vio venir por tres partes repartidos los escuadrones de mexicanos, dando silbos y gritas y tañendo trompetillas y atabales, con todo género de armas, según lo suelen traer, y se vinieron como leones bravos a encontrar con los nuestros. Y desque Sandoval así los vio tan denodados, no aguardó a la orden que había dado, y dijo a los de a caballo que, antes que se juntasen contra los nuestros, que luego rompiesen. Y Sandoval delante, animando a los suyos, dijo: "¡Santiago, y a ellos!"

Y de aquel tropel fueron algunos de los escuadrones mexicanos medio desbaratados, mas no del todo, porque se juntaron luego e hicieron rostro, porque se ayudaban con los malos pasos y quebradas; y como los de a caballo, por ser los pasos muy ásperos, no podían correr, se estuvieron sin ir tras ellos. A esta causa, les tornó a mandar Sandoval a todos los soldados que con buen concierto les entrasen, los ballesteros y escopeteros delante, y los rodeleros que les fuesen a sus lados; y desque viesen que los iban hiriendo y haciendo mala obra, y oyesen un tiro de esta otra parte de la barranca, que sería señal de que todos los de a caballo a una arremetiesen a los echar de aquel sitio, creyendo que los meterían en tierra llana que había allí cerca. Y apercibió a los amigos que asimismo ellos acudiesen con los españoles; y así se hizo como lo mandó.

Y en aquel tropel recibieron los nuestros muchas heridas, porque eran muchos los contrarios que sobre ellos cargaron. En fin de más prácticas, los hicieron ir retrayendo, mas fue hacia otros malos pasos, y Sandoval, con los de a caballo, los fue siguiendo, y no alcanzó sino a tres o cuatro. Y uno de los nuestros de a caballo que iba en el alcance, que se decía Gonzalo Domínguez, como era mal camino, rodó el caballo y tomole debajo, y de allí a pocos días murió de aquella mala caída.

He traído esto aquí a la memoria de este soldado porque este Gonzalo Domínguez era uno de los mejores jinetes y esforzados que Cortés había traído en nuestra compañía, y teníamosle en tanto en las guerras, por su esfuerzo, como a Cristóbal de Olí y a Gonzalo de Sandoval, por la cual muerte hubo mucho sentimiento entre todos nosotros.

Volvamos a Sandoval y a todo su ejército, que los fue siguiendo hasta cerca del pueblo por mí memorado, que se dice Guaxtepeque, y antes de llegar a él le salen al encuentro sobre quince mil mexicanos y le comenzaban a cercar, y le hirieron muchos soldados y cinco caballos. Mas como la tierra era en partes llana, con el gran concierto que llevaba rompe los dos escuadrones con los de a caballo, y los demás escuadrones vuelven las espaldas hacia el pueblo para tornar a aguardar unos mamparos que tenían hechos; mas nuestros soldados y los amigos les siguieron de manera que no tuvieron tiempo de aguardar, y los de a caballo siempre fueron en el alcance por otras partes, hasta que se encerraron en el mismo pueblo en partes que no se pudieron haber.

Y creyendo que no volverían más a pelear en aquel día, mandó Sandoval reposar su gente, y se curaron los heridos y comenzaron a comer, porque en aquella poblazón se había habido mucho despojo. Y estando comiendo, vinieron dos de a caballo y otros dos soldados que había puesto antes que comenzase a comer —los unos como corredores del campo y los soldados por espías— y vienen diciendo: "¡Al arma, al arma, que vienen muchos escuadrones de mexicanos!"

Y como siempre estaban acostumbrados a tener sus armas muy a punto, de presto cabalgan y salen a una gran plaza, y en aquel instante vinieron los contrarios, y allí hubo otra batalla. Y después que estuvieron buen rato haciendo cara en unos mamparos, y desde allí hirieron a algunos de los nuestros, tal prisa les dio Sandoval con los de a caballo, y con las escopetas y ballestas y cuchilladas los soldados, que les hicieron salir del pueblo por otras barrancas, y por aquel día no volvieron más.

Y desque el capitán Sandoval se vio libre de aquellas refriegas, dio muchas gracias a Dios y se fue a reposar y dormir a una huerta que había en aquel pueblo, la más hermosa y de mayores edificios y cosa mucho de mirar que había visto en la Nueva España. Y tenía tantas cosas de mirar, que era cosa admirable, y ciertamente era huerta para un gran príncipe, y aun no se acabó de andar por entonces toda, porque tenía más de un cuarto de legua de largo.

Y dejemos de hablar en la huerta. Y digamos que yo no vine en esta entrada, ni en este tiempo que digo anduve esta huerta, sino de ahí a obra de veinte días, que vine con Cortés cuando rodeamos los grandes pueblos de la laguna, como adelante diré. Y la causa por que no vine en aquella sazón es porque estaba muy mal herido de un bote de lanza que me dieron en la garganta, junto del gaznate, que estuve de ella a peligro de muerte, de que ahora tengo una señal; y diéronmela en lo de Iztapalapa, cuando nos quisieron anegar.

Y como yo no fui en esta entrada, por esto digo en esta mi relación "fueron", "esto hicieron" y "tal les acaeció", y no digo "hicimos" ni "hice" ni "vi" ni "en ello me hallé"; mas todo lo que escribo acerca de ello pasó al pie de la letra, porque luego se sabe en el real de la manera que en las entradas acaecen, y así no se puede quitar ni alargar más de lo que pasó.

Y dejaré de hablar en esto y volveré al capitán Gonzalo de Sandoval, que otro día de mañana, viendo que no había bullicio de más guerreros mexicanos, envió a llamar a los caciques de aquel pueblo con cinco indios naturales de él que habían prendido en las batallas pasadas, y los dos de ellos eran principales, y les envió a decir que no hubiesen miedo y que vengan de paz, y que lo pasado se lo perdona, y les dijo otras buenas razones. Y los mensajeros que fueron trataron las paces, mas no osaron venir los caciques por miedo de los mexicanos.

Y en aquel mismo día también envió a decir a otro gran pueblo que estaba de Guaxtepeque obra de dos leguas, que se dice Acapistla, que mirasen que son buenas las paces y que no quieran guerra, y que miren y tengan en la memoria en qué han parado los escuadrones de culúas que estaban en aquel pueblo de Guaxtepeque, sino que todos han sido desbaratados: que vengan de paz y que los mexicanos que tienen en guarda y guarnición los echen fuera de su tierra; y que si no lo hacen, que irá allá de guerra y les castigará.

Y la respuesta fue que vayan cuando quisieren, que bien piensan tener con sus cuerpos y carnes buenas hartazgas, y sus ídolos, sacrificios. Y desque aquella respuesta le dieron, y los caciques de Chalco que con Sandoval estaban, que sabían que en aquel pueblo de Acapistla estaban muchos más mexicanos en guarnición para ir a Chalco a dar guerra desque viesen vuelto a Sandoval, a esta causa le rogaron que fuese allá y los echase de allí.

Y Sandoval estaba para no ir, lo uno, porque estaba herido y tenía muchos soldados y caballos heridos, y lo otro, como había tenido tres batallas, no se quería meter entonces en hacer más de lo que Cortés le mandaba. Y también algunos caballeros de los que llevaba en su compañía, que eran de los de Narváez, le dijeron que se volviese a Tezcuco y que no fuese a Acapistla, pues que estaba en gran fortaleza, no le acaeciese algún desmán.

Y el capitán Luis Marín le aconsejó que no dejase de ir a aquella fortaleza y hacer lo que pudiese, porque los caciques de Chalco decían que si desde allí se volvían sin deshacer aquel poder que estaba junto en aquella fortaleza, que así como vean o sepan que Sandoval vuelve a Tezcuco, que luego serán sus enemigos en Chalco.

Y como era el camino de un pueblo al otro obra de dos leguas, acordó de ir y apercibió sus soldados, y fue allá. Y luego, como llegó a vista del pueblo, antes de llegar a él le salen muchos guerreros y le comenzaron a tirar vara y flecha y piedra con hondas, y fue tanta como granizo, que le hirieron tres caballos y muchos soldados, sin podérseles hacer cosa ni daño ninguno. Y hecho esto, luego se suben entre sus riscos y fortalezas, y desde allí les daban voces y gritas y silbos, y tañían sus caracoles y atabales.

Y desque Sandoval así vio la cosa, acordó de mandar a algunos de a caballo que se apeasen, y a los demás de a caballo que estuviesen en el campo, en lo llano, muy a punto, mirando no viniesen algunos socorros de mexicanos a los de Acapistla entretanto que combatían aquel pueblo. Y desque vio que los caciques de Chalco y sus capitanes y muchos de sus indios de guerra que allí estaban remolineando y no osaban pelear con los contrarios, adrede para probarlos y ver lo que decían, les dijo Sandoval: "¿Qué hacéis ahí? ¿Por qué no les comenzáis a combatir y entrar en ese pueblo y fortaleza, que aquí estamos, que os defenderemos?" Y ellos respondieron que no se atrevían, que estaban en fortaleza, que por esta causa venía Sandoval y sus hermanos los teules con ellos, y con su mamparo y esfuerzo venían a echarlos de allí.

Por manera que se apercibe Sandoval de arte que él y todos sus soldados y escopeteros y ballesteros les comenzaron de entrar y subir. Y puesto que recibieron en aquella subida muchas heridas, y al mismo capitán le descalabraron otra vez y le hirieron muchos amigos, todavía les entró en el pueblo, donde se les hizo mucho daño. Y todos los más del daño que les hicieron fueron los indios de Chalco y los demás amigos tlaxcaltecas.

Y nuestros soldados, hasta romperlos y ponerlos en huida, no curaban de dar cuchillada a ningún indio, porque les parecía crueldad. En lo que más se empleaban era en buscar una buena india o haber algún despojo, y lo que comúnmente hacían era reñir a los amigos porque eran tan crueles, y por quitarles algunos indios o indias, para que no las matasen.

Dejemos de hablar de esto. Y digamos que aquellos guerreros mexicanos que allí estaban, por defenderse, se vinieron por unos riscos abajo cerca del pueblo; y como había muchos de ellos heridos, de los que se venían a esconder en aquella quebrada y arroyo, y se desangraban, venía el agua algo turbia de sangre, y no duró aquella turbieza media Avemaría.

Y aquí dice el cronista Gómara en su historia que, por venir el río tinto en sangre, los nuestros pasaron sed por causa de la sangre. A esto digo que hay y había tantas fuentes y agua clara abajo, en el mismo pueblo, que no tenían necesidad de otra agua.

Volvamos a decir que luego que aquello fue hecho, se volvió Sandoval con todo su ejército a Tezcuco, y con buen despojo, en especial de muy buenas piezas de indias.

Digamos ahora cómo el señor de México, que se decía Guatémuz, supo del desbarate de sus ejércitos. Dicen que mostró mucho sentimiento de ello, y más de que los de Chalco tenían tanto atrevimiento, siendo sus súbditos y vasallos, osar tomar armas tres veces contra ellos. Y estando tan enojado, acordó que, entretanto que Sandoval se volvía al real de Tezcuco, enviar grandes poderes de guerreros que de pronto juntó en la ciudad de México, con otros que estaban junto a la laguna. Y en más de dos mil canoas grandes, con todo género de armas, salen sobre veinte mil mexicanos y vienen de repente a la tierra de Chalco para hacerles todo el mal que pudiesen.

Y fue de tal arte y tan presto, que aún no había bien llegado Sandoval a Tezcuco ni hablado a Cortés, cuando estaban otra vez mensajeros de Chalco en canoas por la laguna demandando favor a Cortés, porque le dijeron que habían venido sobre dos mil canoas, y en ellas sobre veinte mil mexicanos, y que fuesen presto a socorrerlos.

Y cuando Cortés lo oyó, y Sandoval, que entonces en aquel instante llegaba a hablarle y a darle cuenta de lo que había hecho en la entrada donde venía, el Cortés no le quiso escuchar a Sandoval de enojo, creyendo que por su culpa o descuido recibían mala obra nuestros amigos los de Chalco. Y luego, sin más dilación ni oírle, le mandó volver, y que dejase allí en el real todos los heridos que traía, y con los sanos luego fuese muy en posta.

Y de estas palabras que Cortés le dijo recibió mucha pena Sandoval, y porque no le quiso escuchar. Y luego partió para Chalco, y como llegó con todo su ejército bien cansado de las armas y largo camino, pareció ser que los de Chalco, luego como supieron por sus espías que los mexicanos venían tan de repente sobre ellos, y cómo había tenido Guatémuz aquella cosa concertada que diese sobre ellos, según dicho tengo, sin más aguardar socorro de nosotros, enviaron a llamar a los de la provincia de Guaxocingo, que estaba cerca. Los cuales vinieron aquella misma noche muy aparejados con sus armas y se juntaron con los de Chalco, que serían por todos más de veinte mil de ellos. Ya les habían perdido el temor a los mexicanos, gentilmente los aguardaban en el campo, y pelearon como muy varones. Y puesto que los mexicanos mataron y prendieron muchos de ellos, los de Chalco les mataron muchos más y les prendieron hasta quince capitanes y hombres principales, y de otra gente de guerra de no tanta cuenta se prendieron otros muchos. Y se tuvo esta batalla entre los mexicanos por gran deshonra suya, viendo que los chalcos los vencieron, en mucho más que si los desbaratáramos nosotros.

Y como llegó Sandoval a Chalco y vio que no tenía qué hacer ni de qué temer, que ya no volverían otra vez los mexicanos sobre Chalco, da vuelta a Tezcuco, y llevó los presos mexicanos, con lo cual se holgó mucho Cortés. Y Sandoval mostró gran enojo de nuestro capitán por lo pasado y no le fue a ver ni hablar, puesto que Cortés le envió a decir que lo había entendido de otra manera, y que creyó que, por descuido de Sandoval, no lo había remediado, pues que iba mucha gente de a caballo y soldados, y no haber desbaratado a los mexicanos, se volvía.

Dejemos de hablar de esta materia, porque luego tornaron a ser amigos Cortés y Sandoval, y no veía Cortés placer que hacer a Sandoval por tenerle contento. Déjolo aquí. Y diré cómo acordamos de herrar todas las piezas, esclavas y esclavos, que se habían habido, que fueron muchas, y de cómo vino en aquel instante un navío de Castilla y lo que más pasó.

Como hubo llegado Gonzalo de Sandoval con su ejército a Tezcuco, con gran presa de esclavos y otros muchos que se habían habido en las entradas pasadas, fue acordado que luego se herrasen. Y desque se hubo pregonado que se llevasen a herrar a una casa señalada, todos los más soldados llevamos las piezas que habíamos habido para echar el hierro de Su Majestad (que era una G, que quiere decir guerra), según y de la manera que lo teníamos de antes concertado con Cortés, según he dicho en el capítulo que de ello habla, y creyendo que se nos habían de volver después de pagado el real quinto, y que las apreciarían en cuánto podían valer cada una de las piezas.

Y no fue así, porque si en lo de Tepeaca se hizo muy malamente, según otra vez dicho tengo, muy peor se hizo en esto de Tezcuco, que después que sacaban el real quinto, era otro quinto para Cortés y otras partes para los capitanes; y en la noche antes, cuando las tenían juntas, nos desaparecían las mejores indias. Pues como Cortés nos había dicho y prometido que las buenas piezas se habían de vender en la almoneda por lo que valiesen y las que no fuesen tales por menos precio, tampoco hubo buen concierto en ello, porque los oficiales del rey, que tenían cargo de ellas, hacían lo que querían, por manera que si mal se hizo una vez, esta vez peor.

Y desde allí adelante, muchos soldados que tomamos algunas buenas indias, porque no nos las tomasen como las pasadas, las escondíamos y no las llevábamos a herrar, y decíamos que se habían huido. Y si era privado de Cortés, secretamente las llevaban de noche a herrar, y las apreciaban en lo que valían, y les echaban el hierro y pagaban el quinto. Y otras muchas se quedaban en nuestros aposentos y decíamos que eran naborías que habían venido de paz de los pueblos comarcanos y de Tlaxcala.

También quiero decir que, como ya habían pasado dos o tres meses, algunas de las esclavas que estaban en nuestra compañía y en todo el real conocían a los soldados: cuál era bueno, cuál malo, y quién trataba bien a las indias y naborías que tenía, o cuál las trataba mal; y tenían fama de caballeros o de otra manera cuando las vendían en la almoneda. Si las sacaban algunos soldados que a las tales indias o indios no les contentaban, o las habían tratado mal, de presto se les desaparecían y no las veían más. Y preguntar por ellas era como quien dice buscar a Mahoma en Granada, o escribir a "mi hijo el bachiller" en Salamanca.

Y, en fin, todo se quedaba por deuda en los libros del rey, así lo de las almonedas como lo de los quintos. Y al dar las partes del oro se consumió, que ninguno, o muy pocos soldados, llevaron partes, porque ya lo debían, y aun mucho más que después cobraron los oficiales del rey.

Dejemos esto. Y digamos cómo en aquella sazón vino un navío de Castilla, en el cual vino por tesorero de Su Majestad un Julián de Alderete, vecino de Tordesillas, y vino un Orduña el Viejo, vecino que fue de la Puebla, que, después de ganado México, trajo cinco hijas que casó muy honradamente; era natural de Tordesillas. Y vino un fraile de San Francisco que se decía fray Pedro Melgarejo de Urrea, natural de Sevilla, que trajo unas bulas de señor San Pedro, y con ellas nos componían si algo éramos en cargo en las guerras en que andábamos; por manera que en pocos meses el fraile fue rico y compuesto a Castilla.

Trajo entonces por comisario, y quien tenía cargo de las bulas, a Jerónimo López, que después fue secretario en México. Y vinieron un Antonio de Carvajal, que ahora vive en México, ya muy viejo, capitán que fue de un bergantín, y vino Jerónimo Ruiz de la Mota, yerno que fue, después de ganado México, del Orduña, que asimismo fue capitán de bergantín, natural de Burgos. Y vino un Briones, natural de Salamanca; este Briones lo ahorcaron en esta provincia de Guatemala por amotinador de ejércitos, desde a cuatro años que se vino de lo de Honduras. Y vinieron otros muchos que ya no me acuerdo, y también vino un Alonso Díaz de la Reguera, vecino que fue de Guatemala, que ahora vive en Valladolid.

Y trajeron en este navío muchas armas y pólvora, y, en fin, como navío que viene de Castilla. Vino cargado de muchas cosas, y con él nos alegramos con su venida. De las nuevas que de Castilla trajo no me acuerdo bien, mas paréceme que dijeron que el obispo de Burgos ya había perdido algo y que no estaba Su Majestad bien con él desde que alcanzó a saber de nuestros muchos y buenos y notables servicios. Y como el obispo solía, escribía a Flandes al contrario de lo que pasaba y en favor de Diego Velázquez, y halló muy claramente Su

Majestad ser verdad todo lo que nuestros procuradores, de nuestra parte, le fueron a informar, y a esta causa no le oía cosa que dijese.

Dejemos esto. Y volvamos a decir que, como Cortés vio los bergantines que estaban acabados de hacer y la gran voluntad que todos los soldados teníamos de estar ya puestos en el cerco de México, y en aquella sazón volvieron otra vez los de Chalco a decir que los mexicanos venían sobre ellos y que les enviase socorro, Cortés les envió a decir que él quería ir en persona a sus pueblos y tierras y no se volver hasta que a todos los contrarios echase de aquellas comarcas. Y mandó apercibir trescientos soldados y treinta de a caballo, y todos los más escopeteros y ballesteros que había, y gente de Tezcuco. Y fue en su compañía Pedro de Alvarado, Andrés de Tapia y Cristóbal de Olí; y asimismo fue el tesorero Julián de Alderete y el fraile fray Pedro Melgarejo, que ya en aquella sazón habían llegado a nuestro real. Y yo fui entonces con el mismo Cortés, porque me mandó que fuese con él.

Y lo que pasó en aquella entrada diré adelante.

CAPÍTULO III: DSPUÉS DE MISA... ¡SED!

Como Cortés había dicho a los de Chalco que les había de ir a socorrer (porque los mexicanos no les viniesen a dar guerra, porque harto teníamos cada semana de ir y venir a favorecerlos), mandó apercibir a todos los soldados y ejército arriba memorado, que fueron trescientos soldados y treinta de a caballo, y veinte ballesteros y quince escopeteros, y el tesorero Julián de Alderete, y Pedro de Alvarado, y Andrés de Tapia, y Cristóbal de Olí. Fue también el fraile Pedro Melgarejo, y a mí me mandó que fuese con él, y muchos tlaxcaltecas y otros amigos de Tezcuco. Y dejó en guarda de Tezcuco y de los bergantines a Gonzalo de Sandoval, con buena copia de soldados y de caballos.

Y una mañana, después de haber oído misa —que fue viernes cinco días del mes de abril de mil quinientos veintiún años— fuimos a dormir a Tamanalco, y allí nos recibieron muy bien; y otro día fuimos a Chalco, que estaba muy cerca el un pueblo del otro. Allí mandó Cortés llamar a todos los caciques de aquella provincia, y se les hizo un parlamento con nuestras lenguas, doña Marina y Jerónimo de Aguilar, en que se les dio a entender cómo ahora al presente íbamos a ver si se podrían traer de paz algunos pueblos que estaban cerca de la laguna, y también para ver la tierra y sitio para poner cerco a México, y que por la laguna se habían de echar los bergantines, que eran trece, y que les rogaba que para otro día estuviesen aparejados todos sus gentes de guerra para ir con nosotros. Y desque lo hubieron entendido, todos a una, de buena voluntad, dijeron que así lo harían.

Y otro día fuimos a dormir a otro pueblo sujeto del mismo Chalco, que se dice Chimaluacán, y allí vinieron más de veinte mil amigos, así de Chalco como de Tezcuco y Guaxocingo y los tlaxcaltecas y otros pueblos. Y vinieron tantos, que en todas las entradas que yo había ido desde que en la Nueva España entré, nunca tanta gente de guerra de nuestros amigos fueron como ahora en nuestra compañía.

Ya he dicho otra vez que iba tanta multitud de ellos a causa de los despojos que habían de haber, y lo más cierto, por hartarse de carne humana si hubiese batallas, porque bien sabían que las había de haber. Y son, en manera de decir, como cuando en Italia salía un ejército de una parte a otra y le siguen cuervos y milanos y otras aves de rapiña, que se mantienen de los cuerpos muertos que quedan en el campo desque se daba una muy sangrienta batalla; así he juzgado que nos seguían tantos millares de indios.

Dejemos esta plática. Y volvamos a nuestra relación, que en aquella sazón se tuvo nueva que estaban en un llano cerca de allí, aguardando muchos escuadrones y capitanías de mexicanos y sus aliados, todos de aquellas comarcas, para pelear con nosotros, y Cortés nos apercibió que fuésemos muy alerta. Y salimos de aquel pueblo donde dormimos, que se dice Chimaluacán, después de haber oído misa, que fue bien de mañana. Y con mucho concierto fuimos caminando entre unos peñascos y por medio de dos serrezuelas, en que en ellas había fortalezas y mamparos donde estaban muchos indios e indias recogidos y hechos fuertes, y desde su fortaleza nos daban gritos y voces y alaridos; y nosotros no curamos de pelear con ellos, sino callar y caminar y pasar adelante hasta un pueblo grande que estaba despoblado, que se dice Yautepeque. También pasamos de largo y llegamos a un llano adonde había unas fuentes de muy poca agua, y a una parte estaba un gran peñol con una fuerza muy mala de ganar, según luego pareció por la obra.

Y como llegamos al paraje del peñol, porque vimos que estaba lleno de guerreros, y desde lo alto de él nos daban gritos y tiraban piedras y varas y flechas, y luego hirieron a tres soldados de los nuestros, entonces mandó Cortés que reparásemos allí, y dijo: "Parece que todos estos mexicanos que se ponen en fortalezas hacen burla de nosotros desde que no les acometemos". Y esto lo dijo por los que quedamos atrás en las serrezuelas.

Y luego mandó a unos de a caballo y ciertos ballesteros que diesen una vuelta a una parte del peñol, y que mirasen si había otra subida más conveniente y de buena entrada para poderles combatir. Y fueron y dijeron que lo mejor de todo era donde estábamos, porque en todo lo demás no había subida ninguna, que era todo peña tajada.

Y luego Cortés nos mandó que les fuésemos entrando y subiendo, el alférez Cristóbal del Corral delante y otras banderas, y todos nosotros siguiéndoles, y Cortés con los de a caballo aguardando en lo llano, por guarda de otros escuadrones de mexicanos, no viniesen a dar en nuestro fardaje o en nosotros entretanto que combatíamos aquella fuerza.

Y como comenzamos a subir por el peñol arriba, echan los indios guerreros que en él estaban tantas piedras muy grandes y peñascos, que fue cosa espantosa cómo se venían despeñando y saltando, que fue milagro que no nos matasen a todos. Y luego, a mis pies, murió un soldado que se decía Fulano Martínez, valenciano, que había sido maestresala de un señor de salva en Castilla, y éste llevaba una celada, y no dijo ni habló palabra.

Y todavía subíamos, y como venían las galgas rodando y despeñándose y dando saltos (que así llamamos en estas partes a las grandes piedras que vienen derribadas), luego mataron a otros dos buenos soldados, que se decían Gaspar Sánchez, sobrino del tesorero de Cuba, y un Fulano Bravo. Y todavía no dejábamos de subir. Y luego mataron a otro soldado harto esforzado que se decía Alonso Rodríguez, y a otros dos, y descalabrados en la cabeza y en las piernas todos los más de nosotros. Y todavía porfiar y pasar adelante.

Y yo, como en aquel tiempo era suelto, no dejaba de seguir al alférez Corral, e íbamos como debajo de unas socareñas y concavidades que se hacían en el peñol, que si por ventura me encontraba algunos peñascos entretanto que subía de socarén en socarén y concavidad, fue gran ventura no matarme.

Y estaba el alférez Cristóbal del Corral mamparándose detrás de unos árboles gruesos que tenían muchas espinas, que nacen en aquellas concavidades, y estaba descalabrado y el rostro todo lleno de sangre y la bandera rota, y me dijo: "¡Oh, señor Bernal Díaz del Castillo, que no es cosa de pasar más adelante, y mirad no nos cojan algunas lanchas o galgas! Estése al reparo de esa concavidad", porque ya no nos podíamos tener aun con las manos, ¡cuánto más poderles subir!

En este tiempo vi que, de la misma manera que Corral y yo habíamos subido de socarén en socarén, viene Pedro Barba, que era capitán de ballesteros, con otros dos soldados. Yo le dije desde arriba: "¡Ah, señor capitán, no suba más adelante, que no se podrá tener con pies y manos, no vuelva rodando!" Y cuando se lo dije, me respondió como muy esforzado, o por dar aquella respuesta como gran señor, dijo: "¿Y eso había de decir, sino ir adelante?". Y yo recibí de aquella palabra remordimiento de mi persona y le respondí: "¡Pues veamos cómo sube donde yo estoy!". Y todavía pasé bien arriba.

En aquel instante vienen tantas piedras muy grandes que echaron rodando de lo alto, que tenían represadas para aquel efecto, que hirieron a Pedro Barba y le mataron un soldado, y no pasaron más un paso de allí donde estaban.

Y entonces el alférez Corral dio voces para que dijesen a Cortés, de mano en mano, que no se podía subir más arriba, y que el retraer también era muy peligroso. Y desque Cortés lo entendió —porque allá abajo donde estaba, en la tierra llana, le habían muerto tres soldados y herido a siete del gran ímpetu de las galgas que iban despeñándose (y aun tuvo por cierto Cortés que todos los más de los que habíamos subido arriba estábamos muertos o bien heridos, porque adonde él estaba no podía ver las vueltas que daba aquel peñol)—, y luego, por señas y por voces y por más que soltaron, tuvimos arriba muestras de que nos mandaban retraer.

Y con buen concierto, de socarén en socarén, bajamos abajo, y los cuerpos de los muertos, todos descalabrados y corriendo sangre, y las banderas rotas, y ocho muertos. Y desque Cortés así nos vio, dio muchas gracias a Dios. Y luego le dijeron lo que habíamos pasado yo y Pedro Barba, porque se lo dijo el mismo Pedro Barba y el alférez Corral, estando platicando de la gran fuerza del peñol, y que fue maravilla cómo no nos llevaron las galgas de vuelo, y aun lo supieron luego en todo el real.

Dejemos cosas vacías. Y digamos cómo estaban muchas capitanías de mexicanos aguardando en partes que no los podíamos ver ni saber de ellos, y estaban esperando para socorrer y ayudar a los del peñol. Y bien entendieron lo que fue: que no podríamos subirles a la fuerza, y que, entretanto que estábamos peleando, tenían concertado que los del peñol por una parte y ellos por otra darían en nosotros; y como lo tenían acordado, así vinieron a ayudar a los del peñol.

Y cuando Cortés lo supo, mandó a los de a caballo y a todos nosotros que fuésemos a encontrar con ellos, y así se hizo. Y aquella tierra era llana: a partes había unas como vegas que estaban entre otros serrejones. Y seguimos a los contrarios hasta que llegamos a otro muy fuerte peñol, y en el alcance se mataron muy pocos indios, porque se acogían en partes que no se podían haber.

Pues vueltos a la fuerza que probamos a subir, y viendo que allí no había agua ni la habíamos bebido en todo el día —ni aun los caballos—, porque las fuentes que dicho tengo que allí estaban no la tenían, sino lodo (que, como traíamos tantos amigos, estaban sobre ellas y no las dejaban manar), a esta causa mandamos mudar nuestro real, y fuimos por una vega abajo a otro peñol, que sería de lo uno a lo otro obra de legua y media, creyendo que hallaríamos agua, y no la había, sino muy poca.

Y cerca de aquel peñol había unos árboles de moreras de la tierra, y allí paramos; y estaban obra de doce o trece casas al pie de la fuerza. Y así como llegamos, nos comenzaron a dar grita y tiran varas y galgas y flechas desde lo alto; y estaba en esta fuerza mucha más gente que en el primer peñol, y aun era muy más fuerte, según después vimos. Nuestros escopeteros y ballesteros les tiraban, mas estaban tan altos y tenían tantos mamparos, que no se les podía hacer mal ninguno; pues entrarles o subirles, no había remedio. Y aunque probamos dos veces —que por las casas que por allí estaban había unos pasos: hasta dos vueltas podíamos ir—, mas desde allí adelante, ya he dicho, peor que el primero.

De manera que, así en esta fuerza como en la primera, no ganamos mucha reputación; antes los mexicanos y sus confederados tenían la victoria. Y aquella noche dormimos en aquellas moreras bien muertos de sed. Y se acordó que para otro día, desde otro peñol que estaba cerca del grande, fuesen todos los ballesteros y escopeteros y que subiesen en el que había subida —aunque no buena— para que desde aquél alcanzaran las ballestas y escopetas al otro peñol fuerte y pudiesen combatirle.

Y mandó Cortés a Francisco Verdugo y al tesorero Julián de Alderete —que se preciaban de buenos ballesteros— y a Pedro Barba, que era capitán, que fuesen por caudillos; y que todos los más soldados hiciésemos acometimientos por los pasos y subidas de las casas que dicho tengo, como que les queríamos subir. Y así los comenzamos a entrar, mas echaban tanta piedra grande y menuda, que hirieron a muchos soldados; y además de esto, no les subíamos de hecho, porque era por demás, que aun tenernos con las manos y pies no podíamos.

Y entretanto que nosotros estábamos de aquella manera, los ballesteros y escopeteros desde el peñol que he dicho les alcanzaban con las ballestas y escopetas; y aunque no mucho, mataban algunos y herían otros, de manera que estuvimos dándoles combate obra de media hora. Y quiso Nuestro Señor Dios que acordaron de ser dar de paz, y fue por causa de que no tenían agua ninguna, que estaba mucha gente arriba en el peñol, en un llano que se hacía arriba, y se había acogido a él gente de todas aquellas comarcas, así hombres como mujeres y niños y gente menuda.

Y para que entendiésemos abajo que querían paces, desde el peñol las mujeres meneaban unas mantas hacia abajo, y con las palmas daban unas con otras, señalando que nos harían pan y tortillas, y los guerreros no tiraban vara ni piedra ni flecha. Y desque Cortés lo entendió, mandó que no se les hiciese mal ninguno, y por señas se les dio a entender que bajasen cinco principales a entenderse en las paces; los cuales bajaron y, con gran acato, dijeron a Cortés que les perdonase, que por favorecerse y defenderse se habían subido en aquella fuerza.

Y Cortés les dijo, con nuestras lenguas doña Marina y Aguilar, algo enojado, que eran dignos de muerte por comenzar la guerra; mas, pues que han venido de paz, que vayan luego al otro peñol y llamen a los caciques y hombres principales que en él están, y traigan los muertos, y que de lo pasado se les perdonaba, y que vengan de paz; si no, que habíamos de ir sobre ellos y ponerles cerco hasta que se mueran de sed, porque bien sabíamos que no tenían agua, porque en toda aquella tierra no la hay sino muy poca. Y luego fueron a llamarlos así como se les mandó.

Dejemos de hablar en ello hasta que vuelvan con la respuesta. Y digamos cómo, estando platicando Cortés con el fraile Melgarejo y el tesorero Alderete sobre las guerras pasadas que habíamos tenido antes que viniesen, y en la del peñol; y asimismo del gran poder de mexicanos y las grandes ciudades que habíamos visto después que vinimos de Castilla, decían que si el Emperador nuestro señor fuese informado de la verdad (el obispo de Burgos le escribía al contrario), que nos enviara a hacer grandes mercedes; y que no se acuerdan que otros mayores servicios haya recibido ningún rey en el mundo que los que Cortés y nosotros le habíamos hecho en ganar tantas ciudades sin ser sabedor de cosa ninguna.

Dejemos otras muchas pláticas que pasaron. Y digamos cómo mandó Cortés al alférez Corral y a otros dos capitanes —que fueron Juan Jaramillo y Pedro de Ircio—, y a mí, que me hallé allí con ellos, que subiéramos al peñol y viésemos la fortaleza qué tal era, y si estaban muchos indios heridos o muertos de saetas y escopetas, y qué gente estaba recogida. Y cuando aquello nos mandó, dijo: "Mirad, señores, que no les toméis ni un grano de maíz". Y según yo entendí, quisiera que nos aprovecháramos, y para aquel efecto nos envió, y me mandó a mí que fuese con los demás.

Y subidos al peñol por unos malos pasos, digo que era más fuerte que el primero, porque era peña tajada. Y ya que estábamos arriba, para entrar en la fuerza era como quien entra por una abertura no más ancha que dos bocas de silo o de horno. Y ya puestos en lo más alto y llano, estaban grandes anchuras de prados y todo lleno de gente, así de guerra como de muchas mujeres y niños, y hallamos hasta veinte muertos y muchos heridos. No tenían gota de agua que beber, y tenían todo su hato y hacienda hechos fardos, y otros muchos líos de mantas, que eran del tributo que daban a Guatémuz.

Y como así vi tantas cargas de ropa y supe que eran del tributo, comencé a cargar a cuatro tlaxcaltecas, mis naborías que llevé conmigo, y también eché a cuestas de otros cuatro indios de los que lo guardaban otros cuatro fardos, y a cada uno le eché una carga. Y como Pedro de Ircio lo vio, dijo que no lo llevase; y yo porfiaba que sí. Y como era capitán, hízose lo que mandó, porque me amenazó que se lo diría a Cortés. Y me dijo Pedro de Ircio que bien había visto que dijo Cortés que no les tomásemos un grano de maíz; yo dije que así es verdad, que por esas mismas palabras quería llevar de aquella ropa; por manera que no me dejó llevar cosa ninguna.

Y bajamos a dar cuenta a Cortés de lo que habíamos visto y a lo que nos envió. Y dijo Pedro de Ircio a Cortés, por revolverme con él, lo pasado, pensando que le contentaba mucho. Después de darle cuenta de lo que había visto, dijo: "No se les tomó cosa ninguna, aunque ya había cargado Bernal Díaz del Castillo de ropa a ocho indios; si no se lo estorbara, ya los traía cargados".

Entonces dijo Cortés, medio enojado: "¿Pues por qué no los trajo? ¿También os habíais de quedar vos allá con la ropa e indios?" Y dijo: "Mirad cómo me entendieron, que los envié para que se aprovechasen, y a Bernal Díaz, que me entendió, le quitaron el despojo que traía de estos perros, que se quedarán riendo con los que nos han muerto e herido".

Y desque aquello oyó Pedro de Ircio, dijo que se quería tornar a subir a la fuerza. Entonces les dijo que ya no había coyuntura para ello, y que no fuesen allá en ninguna manera.

Dejemos de esta plática y digamos cómo vinieron los del otro peñol y, en fin de muchas razones que pasaron sobre que les perdonasen lo pasado, todos dieron la obediencia a Su Majestad. Y como no había agua en aquel paraje, nos fuimos luego camino de un buen pueblo, otras veces por mí memorado en el capítulo pasado, que se dice Guaxtepeque, adonde está la huerta que he dicho que es la mejor que había visto en toda mi vida; y así lo torno a decir, que el tesorero Alderete y el fraile fray Pedro Melgarejo y nuestro Cortés, desque entonces la vieron y pasearon algo de ella, se admiraron y dijeron que mejor cosa de huerta no habían visto en Castilla.

Y digamos cómo aquella noche nos aposentamos todos en ella; y los caciques de aquel pueblo vinieron a hablar y servir a Cortés, porque Gonzalo de Sandoval los había recibido ya de paz cuando entró en aquel pueblo, según más largamente lo he escrito en el capítulo pasado que de ello habla. Y aquella noche reposamos allí. Y otro día, muy de mañana, partimos para Cornavaca, y hallamos unos escuadrones de guerreros mexicanos que de aquel pueblo habían salido, y los de a caballo los siguieron más de legua y media hasta encerrarlos en otro gran pueblo que se dice Tepuztlán, que estaban tan descuidados los moradores de él, que dimos en ellos antes que sus espías, que tenían sobre nosotros, llegasen.

Aquí se hubo muy buenas indias y despojo, y no aguardaron ningunos mexicanos ni los naturales en el pueblo. Y nuestro Cortés les envió a llamar a los caciques por tres o cuatro veces para que viniesen de paz, y que si no venían, les quemaría el pueblo y los iríamos a buscar. Y la respuesta fue que no querían venir. Y porque otros pueblos tuviesen temor de ello, mandó poner fuego a la mitad de las casas que allí cerca estaban. Y en aquel instante vinieron los caciques del pueblo por donde aquel día pasamos —que ya he dicho que se dice Yautepeque— y dieron la obediencia a Su Majestad.

Y otro día fuimos camino de otro muy mejor y mayor pueblo, que se dice Coadlavaca (y comúnmente corrompemos ahora aquel vocablo y le llamamos Cuernavaca), y había dentro en él mucha gente de guerra, así de mexicanos como de los naturales, y estaba muy fuerte por unas cavas y un riachuelo que están en las barrancas por donde corre el agua, muy hondas de más de ocho estados abajo, puesto que no llevan mucha agua, y es fortaleza para ellos; y también no había entrada para caballos sino por unas dos puentes, y las tenían quebradas.

Y de esta manera estaban tan fuertes que no les podíamos entrar, puesto que nos llegamos a pelear con ellos desde esta parte de sus cavas, y el riachuelo en medio; y ellos nos tiraban muchas varas y flechas y piedras con hondas, que eran más espesas que granizo. Y estando en esta manera, avisaron a Cortés que más adelante, obra de media legua, había entrada para los caballos. Y luego fue allá con todos los de a caballo.

Y todos nosotros estábamos buscando paso, y vimos que desde unos árboles que estaban junto con la cava se podía pasar a la otra parte de aquella honda cava. Y puesto que cayeron tres soldados desde los árboles abajo al agua —y aun uno se quebró la pierna—, todavía pasamos, y aun con harto peligro. Porque de mí digo que verdaderamente, cuando pasaba, lo vi muy peligroso y malo de pasar, y se me desvaneció la cabeza; y todavía pasé yo y otros treinta soldados y muchos tlaxcaltecas, y comenzamos a dar por las espaldas de los mexicanos que estaban tirando piedra y vara y flecha a los nuestros.

Y cuando nos vieron, que lo tenían por cosa imposible, creyeron que éramos muchos más. Y en este instante llegaron Cristóbal de Olí y Andrés de Tapia con otros de a caballo, que habían pasado con mucho riesgo de sus personas por una puente quebrada. Y damos en los contrarios, por manera que volvieron las espaldas y se fueron huyendo a los montes y a otras partes de aquella honda cava, donde no se pudieron haber; y de allí a poco rato también llegó Cortés con todos los demás de a caballo.

En este pueblo se hubo gran despojo, así de mantas muy grandes como de buenas indias. Y aun allí mandó Cortés que estuviéramos aquel día, y en una huerta del señor de aquel pueblo nos aposentamos todos, la cual era muy buena.

Y aunque querría decir muchas veces en esta relación el gran recaudo de velas y escuchas y corredores del campo que adondequiera que estábamos o por los caminos llevábamos, es prolijidad recitarlo tantas veces, y por esta causa pasaré adelante.

Y diré que vinieron nuestros del campo a decir a Cortés que venían hasta veinte indios, y a lo que parecía en sus meneos y semblante, eran caciques y hombres principales que traían mensajes o venían a demandar paces, y eran los caciques de aquel pueblo. Y desque llegaron adonde Cortés estaba, le hicieron mucho acato y le presentaron ciertas joyas de oro, y le dijeron que les perdonase por no haber salido de paz; que el señor de México les envió a mandar que, pues estaban en fortaleza, desde allí nos diesen guerra, y que les envió un buen escuadrón de mexicanos para que les ayudasen; y que a lo que ahora han visto, no habrá cosa, por fuerte que sea, que no la combatamos y señoreemos; y que le piden por merced que los reciba de paz.

Y Cortés les mostró buena cara y dijo que somos vasallos de un gran señor, que es el emperador don Carlos; que a los que le quisieren servir, a todos les hace mercedes, y que a ellos, en su real nombre, los recibe de paz, y allí dieron la obediencia a Su Majestad. Y acuérdome que dijeron aquellos caciques que, en pago de no haber venido de paz hasta entonces, permitieron nuestros dioses a los suyos que se les hiciese castigo en sus personas y haciendas y pueblo, donde lo dejaré ahora.

Y digamos cómo otro día, muy de mañana, caminamos para otra gran poblazón que se dice Suchimilco, y lo que pasamos en el camino y en la ciudad, y los reencuentros de guerra que nos dieron, lo diré adelante, hasta que volvimos a Tezcuco.

Pues como caminamos para Suchimilco, que es una gran ciudad y toda la mayor parte de ella está fundada en la laguna de agua dulce, y estaba de México obra de dos leguas y media, fuimos por nuestro camino con gran concierto y ordenanza, como lo teníamos de costumbre. Pasamos por unos pinares, y no había agua en todo el camino. Y como íbamos con nuestras armas a cuestas y era ya tarde y hacía gran sol, nos aquejaba mucho la sed, y no sabíamos si había agua adelante. Habíamos andado cinco leguas, y tampoco teníamos certidumbre de cuánto estaba de allí un pozo que nos decían que había en el camino.

Y como Cortés así vio todo nuestro ejército cansado, y los amigos tlaxcaltecas se desmayaban, y se murió uno de ellos de sed, y un soldado de los nuestros —que era viejo y estaba doliente— me parece que también se murió de sed, acordó Cortés de parar a la sombra de unos pinares. Y mandó a seis de a caballo que fuesen adelante, camino de Suchimilco, y que viesen qué tanto había de allí a la poblazón o estancias, o al pozo del que tuvimos noticia que estaba cerca, para ir a dormir allí.

Y cuando fueron los de a caballo —que eran Cristóbal de Olí, un Valdenebro, Pero González de Trujillo y otros muy esforzados varones— acordé yo de apartarme en parte que no me viese Cortés ni los de a caballo, con tres naborías míos tlaxcaltecas, bien esforzados y sueltos, y fui en pos de ellos hasta que me vieron ir tras ellos, y me aguardaron para hacerme volver, no hubiese algún rebato de guerreros mexicanos donde no me pudiese valer. Yo todavía porfié en ir con ellos, y Cristóbal de Olí, como era yo su amigo, dijo que fuese, y que aparejase los puños a pelear y los pies a ponerme en salvo, si había reencuentro de mexicanos.

Y era tanta la sed que tenía, que aventuraba mi vida por hartarme de agua. Y pasando obra de media legua adelante, había muchas estancias y caserías de los de Suchimilco en unas laderas de serrezuelas. Entonces los de a caballo se apartan para buscar agua en los caminos, y la hallaron y se hartaron de ella; y uno de mis tlaxcaltecas me sacó de una casa un gran cántaro (que así los hay, grandes cántaros, en aquella tierra) de agua muy fría, de la que me harté yo y ellos.

Y entonces acordé desde allí volverme donde estaba Cortés reposando, porque los moradores de aquellas estancias ya se comenzaban a apellidar y nos daban grita y silbos; y traje el cántaro lleno de agua con los tlaxcaltecas, y hallé a Cortés que comenzaba a caminar con su ejército. Y desque le dije que había agua en unas estancias muy cerca de allí, que había bebido y que traía agua en el cántaro —la cual traían los tlaxcaltecas muy escondida para que no me la tomasen, porque a la sed no hay ley—, de la cual bebió Cortés y otros caballeros, se holgó mucho y todos se alegraron y se dieron prisa a caminar, y llegamos a las estancias antes de que se pusiera el sol.

Y por las casas hallaron agua, aunque no mucha; y con la sed y hambre que traían, comían algunos como cardos, que a algunos soldados se les dañaron las lenguas y la boca. Y en este instante volvieron los de a caballo y dijeron que el pozo estaba lejos, y que ya estaba toda la tierra apellidando guerra, y que era bien dormir allí.

Y luego pusieron velas y espías y corredores del campo, y yo fui uno de ellos que pusieron por vela. Y paréceme que llovió aquella noche un poco, o que hizo mucho viento. Y otro día, muy de mañana, comenzamos a caminar, y obra de las ocho llegamos a Suchimilco.

¡Saber ahora yo decir la multitud de guerreros que nos estaban esperando, unos por tierra y otros en un paso de una puente que tenían quebrada, y los muchos mamparos y espadas que hubo cuando la gran matanza de los nuestros en lo de las puentes de México, y otros muchos indios capitanes, que todos traían espadas de las nuestras puestas todas en otras largas lanzas muy relucientes! Pues flecheros y varas de a dos gajos, y piedras con hondas, y espadas de a dos manos como montantes hechas de navajas... Digo que estaba toda la tierra firme llena de ellos.

Y al pasar de aquella puente estuvieron peleando con nosotros cerca de media hora, que no les podíamos entrar, que ni bastaban ballestas ni escopetas ni grandes arremetidas que hacíamos; y lo peor de todo era que ya venían otros muchos escuadrones de ellos por las espaldas dándonos guerra.

Y desque aquello vimos, rompimos por el agua y puente, medio nadando y otros a vuelapié, y allí hubo algunos de nuestros soldados que no quisieran beber por fuerza tanta agua, que al pasar de aquella puente bebieron tanta que se les hincharon las barrigas de ella.

Y volvamos a nuestra batalla: que al pasar de la puente hirieron a muchos de los nuestros, y luego les llevábamos a buenas cuchilladas por unas calles adonde había tierra firme adelante. Y los de a caballo, juntamente con Cortés, salen por otras partes a tierra firme, donde topan con más de diez mil indios, todos mexicanos, que venían de refresco para ayudar a los de aquel pueblo. Y pelean de tal manera con los nuestros, que les aguardaban con las lanzas a los de a caballo, e hirieron a cuatro de ellos.

Y Cortés, que se halló en aquella gran priesa, y el caballo en que iba —que era muy bueno, castaño oscuro, que le llamaban el Romo—, o de muy gordo o de cansado, como estaba holgado, desmayó el caballo. Y los contrarios mexicanos, como eran muchos, echaron mano a Cortés y le derribaron del caballo; otros dijeron que por fuerza lo derrocaron. Sea por lo uno o por lo otro, y en aquel instante llegaron muchos más guerreros mexicanos para ver si pudieran apañarle vivo.

Y como aquello vieron unos tlaxcaltecas y un soldado muy esforzado que se decía Cristóbal de Olea, natural de Castilla la Vieja, de tierra de Medina del Campo, de presto llegaron y a buenas cuchilladas y estocadas hicieron lugar, y tornó Cortés a cabalgar, aunque bien herido en la cabeza, y quedó el Olea muy mal herido de tres cuchilladas.

Y en aquel tiempo acudimos allí todos los más soldados que más cerca de él nos hallamos. Porque en aquella sazón, como en aquella ciudad había en cada calle muchos escuadrones de guerreros, y por fuerza habíamos de seguir las banderas, no podíamos estar todos juntos, sino pelear unos a unas partes y otros a otras, como nos fue mandado por Cortés. Mas bien entendíamos que adonde andaba Cortés y los de a caballo, que había mucho que hacer, por las muchas gritas y voces y alaridos y silbos que oímos.

Y en fin de más razones, puesto que había adonde andábamos muchos guerreros, fuimos con gran riesgo de nuestras personas adonde estaba Cortés, que ya se le habían juntado hasta quince de a caballo, y estaban peleando con los enemigos junto a unas acequias donde se mamparaban, y había albarradas. Y como llegamos, los pusimos en huida, y aunque no del todo, volvían las espaldas. Y porque el soldado Olea, que ayudó a nuestro Cortés, estaba muy mal herido de tres cuchilladas y se desangraba, y en las calles de aquella ciudad estaban llenas de guerreros, dijimos a Cortés que se volviese a unos mamparos y se curase el Cortés y Olea y el caballo Romo. Y así volvimos, y no muy sin zozobra de vara y piedra y flecha que nos tiraban de muchas partes donde tenían mamparos y albarradas, creyendo los mexicanos que volvíamos retrayéndonos; nos seguían con gran furia.

Y en este instante viene Andrés de Tapia y Cristóbal de Olí y todos los más de a caballo que fueron con ellos a otras partes, el Olí corriendo sangre de la cara y del caballo, y todos los demás, cada cual con su herida, y dijeron que habían peleado con tanto mexicano en el campo raso, que no se podían valer. Y porque cuando pasamos la puente que dicho tengo, parece ser Cortés los repartió, que la mitad de a caballo fuesen por una parte y otra mitad por otra, y así fueron siguiendo tras unos escuadrones y la otra mitad tras los otros.

Pues ya que estábamos curando los heridos, con quemarles con aceite, suenan tantas voces y trompetillas y caracoles y atabales por unas calles en tierra firme, y por ellas vienen tantos mexicanos a un patio donde estábamos curando los heridos, y tírannos tanta vara y piedra, hiriendo de repente a muchos de nuestros soldados. Mas no les fue muy bien de aquella cabalgada, que presto arremetimos con ellos, y a buenas cuchilladas y estocadas quedaron hartos de ellos tendidos; pues los de a caballo no tardaron en salirles al encuentro, que mataron muchos, puesto que entonces hirieron dos caballos. De aquella vez los echamos de aquel sitio y patio.

Y desque Cortés vio que no había más contrarios, nos fuimos a reposar a otro gran patio adonde estaban los grandes adoratorios de aquella ciudad. Y muchos de nuestros soldados subieron en el cú más alto, donde tenían sus ídolos, y desde allí vieron la gran ciudad de México y toda la laguna, porque bien se señoreaba todo; y vieron venir sobre dos mil canoas que venían de México, y en ellas llenos de guerreros, y venían derechos adonde estábamos, porque, según otro día supimos, el señor de México, que se decía Guatémuz, las enviaba para que aquella noche o de día diesen en nosotros. Y juntamente envió por tierra otros diez mil guerreros para que, unos por una parte y otros por otra, tener manera para que no saliésemos de aquella ciudad con la vida ninguno de nosotros. También había apercibido otros diez mil hombres para enviar de refresco cuando nos estuviesen dando guerra, y esto se supo otro día de cinco capitanes mexicanos que en las batallas prendimos.

Y mejor lo ordenó Nuestro Señor, porque así como vino aquella gran flota de canoas, luego se entendió que venían contra nosotros, y acordamos que hubiese muy buena vela en todo nuestro real, repartido a los puertos y acequias por donde habían de venir a desembarcar, y los de a caballo muy a punto, toda la noche ensillados y enfrenados, aguardando en la calzada y tierra firme; y todos los capitanes y Cortés con ellos, haciendo vela y ronda toda la noche. Y a mí y a otros dos soldados nos pusieron por velas sobre unas paredes de cal y canto, y tuvimos muchas piedras, ballestas, escopetas y lanzas grandes adonde estábamos, para que si por allí, en unas acequias que era desembarcadero, llegasen canoas, que los resistiésemos e hiciésemos volver; y a otros soldados pusieron en guarda en otras acequias.

Pues estando velando yo y mis compañeros, sentimos el remar de muchas canoas que venían a remo callado a desembarcar aquel puesto donde estábamos, y a buenas pedradas y con las lanzas los resistimos, que no osaron desembarcar; y uno de nuestros compañeros enviamos que fuese a dar aviso a Cortés. Y estando en esto, volvieron otra vez otras muchas canoas cargadas de guerreros y nos comenzaron a tirar mucha vara y piedra y flecha, y los tornamos a resistir; y entonces descalabraron dos de nuestros soldados. Y como era de noche y muy oscuro, se fueron a juntar las canoas con sus capitanías de la flota de canoas, y todas juntas fueron a desembarcar a otro portezuelo y acequias hondas. Y como no son acostumbrados a pelear de noche, se juntaron todos con los escuadrones que Guatémuz enviaba por tierra, que eran ya más de quince mil indios.

También quiero decir —y esto no por me jactanciar de ello— que como nuestro compañero fue a dar aviso a Cortés de cómo habían llegado allí en el puerto donde velábamos muchas canoas de guerreros, según dicho tengo, luego vino a hablar con nosotros el mismo Cortés acompañado de diez de a caballo. Y desque llegó cerca, y sin hablar, dimos voces yo y un Gonzalo Sánchez, que era de Algarbe, portugués, y dijimos: "¿Quién viene ahí? ¿No podéis hablar? ¿Quién anda y viene ahí?" Y le tiramos tres o cuatro pedradas. Y desque me conoció Cortés en la voz, a mí y a mi compañero, dijo Cortés al tesorero Julián de Alderete y a fray Pedro Melgarejo y al maestre de campo, que era Cristóbal de Olí, que le acompañaban a rondar: "No ha menester poner aquí más recaudo, que dos hombres están aquí puestos entre los que velan, que son de los que pasaron conmigo de los primeros, que bien podemos fiar de ellos esta vela, y aunque sea otra cosa de mayor afrenta." Y desque nos hablaron que mirásemos en el peligro que estábamos, así se fueron, sin más nos hablar, a requerir otros puestos. Y cuando no me cato, oímos cómo traían a dos soldados azotando por la vela, y eran de los de Narváez.

Pues otra cosa quiero traer a la memoria, y es que ya nuestros escopeteros no tenían pólvora, ni los ballesteros saetas, que el día antes se dieron tal prisa que lo habían gastado. Y aquella mesma noche mandó Cortés a todos los ballesteros que alistasen todas las saetas que tuviesen y las emplumasen y pusiesen sus casquillos, porque siempre traíamos en las entradas muchas cargas de almacén de saetas y sobre cinco cargas de casquillos hechos de cobre y todo aparejo, para dondequiera que llegásemos tener saetas. Y toda la noche estuvieron emplumando y poniendo casquillos todos los ballesteros, y Pedro Barba, que era su capitán, no se quitaba de encima de la obra, y Cortés, que de en cuando en cuando acudía.

Dejemos esto. Y digamos, ya que fue de día claro, cómo nos vinieron a cercar todos los escuadrones mexicanos en el patio donde estábamos, y como nunca nos hallaban descuidados, los de a caballo por una parte, como era tierra firme, y nosotros por otra, y nuestros amigos los tascaltecas que nos ayudaban, rompimos por ellos, y se mataron e hirieron tres de sus capitanes, que luego otro día se murieron; y nuestros amigos hicieron buena presa, y se prendieron cinco principales, de los cuales supimos lo que Guatémuz había ordenado, que fue lo por mí memorado.

En aquella batalla quedaron de nuestros soldados muchos heridos. Pues no se acabó en esta refriega, que, yendo los de a caballo siguiendo el alcance, se encuentran con los diez mil guerreros que Guatémuz enviaba en ayuda y socorro de refresco de los que de antes había enviado. Y los capitanes mexicanos que con ellos venían traían espadas de las nuestras, haciendo muchas muestras con ellas de esforzados, y decían que con nuestras armas nos habían de matar. Y cuando los nuestros de a caballo se hallaron cerca de ellos, como eran pocos, como vieron muchos escuadrones, temieron; y a esta causa se ponen en parte para no se encontrar con ellos, hasta que Cortés y todos nosotros fuésemos en su ayuda.

Y como lo supimos, en aquel instante cabalgan todos los de a caballo que quedaban en el real, aunque estaban heridos ellos y sus caballos, y salimos todos los soldados y ballesteros y con nuestros amigos los tascaltecas, y arremetemos de manera que rompimos y tuvimos lugar de nos juntar con ellos pie con pie, y a buenas estocadas y cuchilladas se fueron con la mala ventura y nos dejaron de aquella vez el campo.

Dejemos de esto. Y tornaremos a decir que allí se prendieron otros principales, y se supo de ellos que tenía Guatémuz ordenado de enviar otra gran flota de canoas y muchos más guerreros por tierra. Y dijo a sus guerreros que cuando estuviésemos cansados y muchos heridos y muertos de los reencuentros pasados, que estaríamos descuidados con pensar que no enviaría más escuadrones contra nosotros, y que con los muchos que entonces enviaría, nos podía desbaratar. Y desque aquello se supo, si muy apercibidos estábamos de antes, mucho más lo estuvimos entonces. Y fue acordado que para otro día saliésemos de aquella cibdad y no aguardásemos más batallas; y aquel día se nos fue en curar heridas y en adobar armas y en hacer saetas.

Y estando de aquella manera, pareció ser que, como en aquella cibdad eran ricos y tenían unas casas muy grandes llenas de mantas y ropa y camisas de indios de algodón, y había en ellas oro y otras muchas cosas y plumajes, alcanzáronlo a saber los tascaltecas y ciertos soldados en qué parte o paraje estaban las casas, y se las fueron a mostrar unos prisioneros de Suchimilco, y estaban en la laguna dulce, y podían pasar a ellas por una calzada, puesto que había dos o tres puentes chicas en la calzada, que pasaban a ella de unas acequias hondas a otras.

Y como nuestros soldados fueron a las casas y las hallaron llenas de ropa y no había guarda en ellas, cárganse ellos y muchos tascaltecas de ropa y otras cosas de oro y se vienen con ello al real. Y como lo vieron otros soldados, van a las mismas casas, y estando dentro sacando ropa de unas cajas muy grandes que tenían de madera, vino en aquel instante una gran flota de canoas de guerreros de México y dan sobre ellos e hieren a muchos soldados y apañan a cuatro soldados, y vivos los llevaron a México, y los demás se escaparon. Y llamábanse los que llevaron Juan de Lara y el otro Alonso Hernández, y los demás no me acuerdo sus nombres.

Pues como le llevaron a Guatémuz estos cuatro soldados, alcanzó a saber cómo éramos muy pocos los que veníamos con Cortés y que muchos estaban heridos; y todo lo que quiso saber de todo nuestro viaje, tanto supo. Y desque fue bien informado, manda cortar pies y brazos y las cabezas a los tristes nuestros compañeros, y las enviaron por muchos pueblos de los que nos habían venido de paz, y les envía a decir que antes que volvamos a Tezcuco piensa no quedará ninguno de nosotros a vida; y con los corazones y sangre ofreció a sus ídolos.

Dejemos esto. Y digamos cómo luego tornó a enviar muchas flotas de canoas llenas de guerreros, y otras capitanías por tierra, y les mandó que procurasen no saliésemos de Suchimilco con las vidas. Y porque ya estoy harto de escribir de los muchos reencuentros y batallas que en estos cuatro días tuvimos con mexicanos, no puedo dejar otra vez de hablar en ellas. Y diré que desque amaneció, vinieron esta vez tantos culúas, que son mexicanos, por los esteros y otros por las calzadas y tierra firme, que tuvimos harto que romper en ellos.

Y luego nos salimos de aquella cibdad a una gran plaza que estaba algo apartada del pueblo, donde solían hacer sus mercados. Y allí, puestos con todo nuestro fardaje para caminar, Cortés nos comenzó a hacer un parlamento cerca del peligro en que estábamos, porque sabíamos cierto que en los caminos y pasos malos estaban aguardando todo el poder de México, y otros muchos guerreros puestos en esteros y acequias. Y nos dijo que sería bien, y así nos lo mandaba de hecho, que fuésemos desembarazados y que dejásemos el fardaje y hato, porque no nos estorbase para el tiempo del pelear.

Y desque aquello le oímos, todos a una le respondimos que, mediante Dios, hombres éramos para defender nuestra hacienda y personas y la suya, y que sería gran poquedad si tal hiciésemos. Y desque vio nuestra voluntad y respuesta, dijo que a la mano de Dios lo encomendaba.

Y luego que bien se supo la fuerza y pujanza del enemigo, se puso en concierto cómo habíamos de ir: el fardaje y los heridos en medio, y los de a caballo repartidos, la mitad de ellos adelante y la otra mitad en la retaguardia, y los ballesteros también con todos nuestros amigos. Allí poníamos más recaudo, porque siempre los mexicanos tenían por costumbre que daban en el fardaje; de los escopeteros no nos aprovechamos, porque no tenían pólvora ninguna; y de esta manera comenzamos a caminar.

Y desque los escuadrones mexicanos que había enviado Guatémuz aquel día vieron que nos íbamos retrayendo de Suchimilco, creyeron que de miedo o que no les osábamos esperar —como ello fue verdad—, salen muy de repente tantos de ellos y se vienen derechos a nosotros, que hirieron a ocho soldados, y dos murieron de ahí a ocho días. Y quisieran romper y desbaratar por el fardaje; mas, como íbamos con el concierto que he dicho, no tuvieron lugar.

Mas en todo el camino hasta que llegamos a un gran pueblo que se dice Cuyuacán, que está a obra de dos leguas de Suchimilco, nunca nos faltó rebato de guerreros, que nos salían en partes que no nos podíamos aprovechar de ellos, y ellos sí de nosotros, de mucha vara y piedra y flecha; y como tenían cerca los esteros y zanjas, poníanse en salvo. Pues llegados a Cuyuacán, a obra de las diez del día, hallámosla despoblada.

Quiero ahora decir que están muchas cibdades las unas de las otras cerca de la gran cibdad de México, obra de dos leguas, porque Suchimilco y Cuyuacán y Huichilubusco y Iztapalapa y Cuedlavaca y Mezquique y otros tres o cuatro pueblos que están poblados los más de ellos en el agua, están a legua y media o dos leguas los unos de los otros; y de todos ellos se habían juntado allí en Suchimilco muchos indios guerreros contra nosotros.

Pues volvamos a decir que, como llegamos a aquel gran pueblo, y estaba despoblado y está en tierra llana, acordamos de reposar aquel día y otro, porque se curasen los heridos y hacer saetas, porque bien entendido teníamos que habíamos de haber más batallas antes de volver a nuestro real, que era en Tezcuco.

Otro día muy de mañana comenzamos a caminar, con el mismo concierto que solíamos llevar, camino de Tacuba, que está de donde salimos obra de dos leguas; y en el camino salieron en tres partes muchos escuadrones de guerreros, y todas tres les resistimos; y los de a caballo los seguían por tierra llana hasta que se acogían a los esteros y acequias.

E yendo por nuestro camino de la manera que he dicho, apartose Cortés con diez de a caballo a echar una celada a los mexicanos que salían de aquellos esteros, y salían a dar guerra a los nuestros. Y llevó consigo cuatro mozos de espuelas, y los mexicanos hacían que iban huyendo, y Cortés con los de a caballo y criados siguiéndoles; y cuando miró por sí, estaba una gran capitanía de contrarios puestos en celada, y dan en Cortés y en los de a caballo, que les hirieron los caballos; y si no dieran vuelta de presto, allí quedaran muertos o presos. Por manera que apañaron los mexicanos a dos de los soldados mozos de espuelas de Cortés, de los cuatro que llevaba, y vivos los llevaron a Guatémuz y los sacrificaron.

Dejemos de hablar deste desmán. Y digamos cómo ya habíamos llegado a Tacuba con nuestras banderas tendidas, con todo nuestro ejército y fardaje, y todos los demás de a caballo habían llegado, y también Pedro de Alvarado y Cristóbal de Olí, y Cortés no venía con los diez de a caballo que llevó en su compañía; tuvimos mala sospecha que no le hubiese acaecido algún desmán. Y luego fuimos con Pedro de Alvarado y Cristóbal de Olí en su busca, con otros de a caballo, hacia los esteros adonde le vimos apartar, y en aquel instante vinieron los otros dos mozos de espuelas que habían ido con Cortés, que se escaparon, que se decían el uno Monroy y otro Tomás de Ríjoles, y dijeron todo lo por mí memorado, y que ellos por ser ligeros escaparon; y que Cortés y los demás se vienen poco a poco, porque traen los caballos heridos.

Y estando en esto viene Cortés, con el cual nos alegramos, puesto que él venía bien triste y como lloroso. Llamábanse los mozos de espuelas que llevaron a México a sacrificar: el uno, Francisco Martín Vendaval (y este nombre de Vendaval se le puso por ser algo loco), y el otro se decía Pedro Gallego.

Pues como allí llegó, a Tacuba, llovía mucho, y reparamos cerca de dos horas en unos grandes patios, y Cortés, con otros capitanes y el tesorero Alderete (que venía malo) y el fraile Melgarejo y otros muchos soldados, subimos en el alto cu de aquel pueblo, que desde él se señoreaba muy bien la cibdad de México, que está muy cerca, y toda la laguna y las más cibdades por mí memoradas que están pobladas en el agua. Y desque el fraile y el tesorero Alderete vieron tantas cibdades y tan grandes, y todas asentadas en el agua, estaban admirados. Pues desque vieron la gran cibdad de México y la laguna, y tanta multitud de canoas, que unas iban cargadas con bastimentos y otras andaban a pescar y otras vacías, mucho más se espantaron, y dijeron que nuestra venida en esta Nueva España no era cosa de hombres humanos, sino que la gran misericordia de Dios es que nos tenía y amparaba. Y que otras veces han dicho que no se acuerdan haber leído en ninguna escritura que hayan hecho ningunos vasallos tan grandes servicios a su rey como son los nuestros, y que agora lo dicen muy mejor, y que dello harían relación a Su Majestad.

Dejemos de otras muchas pláticas que allí pasaron y cómo consolaba el fraile a Cortés por la pérdida de sus mozos de espuelas, que estaba muy triste por ellos. Y digamos cómo Cortés y todos nosotros estábamos mirando desde Tacuba el gran cu de su Huichilobos y el Tatelulco y los aposentos donde solíamos estar, y mirábamos toda la cibdad y las puentes y calzada por donde salimos huyendo. Y en este instante sospiró Cortés con una muy gran tristeza, muy mayor que la que de antes traía, por los hombres que le mataron antes que en el alto cu subiese, y desde entonces dijeron un cantar o romance:

En Tacuba está Cortés
con su escuadrón esforzado,
triste estaba y muy penoso,
triste y con gran cuidado,
una mano en la mejilla
y la otra en el costado, etc.

Acuérdome que entonces le dijo un soldado que se decía el bachiller Alonso Pérez, que después de ganada la Nueva España fue fiscal y vecino en México: "Señor capitán, no esté vuesa merced tan triste, que en las guerras estas cosas suelen acaescer, y no se dirá por vuesa merced:

Mira Nero de Tarpeya
a Roma cómo se ardía.

Y Cortés le dijo que ya vía cuántas veces había enviado a México a rogalles con la paz, y que la tristeza no la tenía por sola una cosa, sino en pensar en los grandes trabajos en que nos habíamos de ver hasta tornalla a señorear, y que, con el ayuda de Dios, que presto lo porníamos por la obra.

Dejemos estas pláticas y romances, pues no estábamos en tiempo dellos, y digamos cómo se tomó parescer entre nuestros capitanes y soldados si daríamos una vista a la calzada, pues estaba tan cerca de Tacuba, donde estábamos. Y como no había pólvora ni muchas saetas, y todos los más soldados de nuestro ejército heridos, acordándonos que otra vez, había poco más de un mes, que pasando Cortés les probó entrar en la calzada con muchos soldados que llevaba, estuvo en gran peligro, porque temió ser desbaratado, como dicho tengo en el capítulo pasado que dello habla, y fue acordado que luego nos fuésemos nuestro camino, por temor de no tuviésemos en ese día o en la noche alguna refriega con los mexicanos, porque Tacuba está muy cerca de la gran cibdad de México, y con la llevada que entonces llevaron vivos los soldados, no enviase Guatémuz sus grandes poderes.

Y comenzamos a caminar, y pasamos por Escapuzcalco y hallámosle despoblado. Y luego fuimos a Tenayuca, que era gran pueblo, que le solíamos llamar el Pueblo de las Sierpes; ya he dicho otra vez, en el capítulo que dello habla, que tenía tres sierpes en el adoratorio mayor en que adoraban, y las tenían por sus ídolos; y también estaba despoblado. Y desde allí fuimos a Gualtitán. Y en todo este día no dejó de llover muy grandes aguaceros; y como íbamos con nuestras armas a cuestas, que jamás las quitábamos de día ni de noche, y de la mucha agua y del peso dellas íbamos quebrantados, y llegamos ya que anochecía a aquel gran pueblo, y también estaba despoblado.

Y en toda la noche no dejó de llover y había grandes lodos, y los naturales dél y otros escuadrones mexicanos nos daban tanta grita de noche desde unas acequias y partes que no les podíamos hacer mal. Y como hacía muy escuro y llovía, ni se podían poner velas ni rondas, y no hobo concierto ninguno ni acertábamos con los puestos. Y esto digo porque a mí me pusieron para velar la prima, y jamás acudió a mi puesto ni cuadrillero ni rondas, y ansí se hizo en todo el real.

Dejemos deste descuido. Y tornemos a decir que otro día fuimos camino de otra gran poblazón que no me acuerdo el nombre, y había grandes lodos en él, y hallámosla despoblada. Y otro día pasamos por otros pueblos, y también estaban despoblados. Y otro día llegamos a un pueblo que se dice Aculmán, subjeto de Tezcuco. Y como supieron en Tezcuco cómo íbamos, salieron a rescebir a Cortés, y hallamos muchos españoles que habían venido entonces de Castilla, y también vino al rescebirnos el capitán Gonzalo de Sandoval con muchos soldados, y juntamente el señor de Tezcuco, que ya he dicho que se decía don Fernando.

Y se hizo a Cortés buen recibimiento, ansí de los nuestros como de los recién venidos de Castilla, y mucho más de los naturales de los pueblos comarcanos, pues trujeron de comer. Y luego esa noche se volvió a Tezcuco con todos sus soldados a poner en cobro su real. Y otro día por la mañana fue Cortés con todos nosotros camino de Tezcuco. Y como íbamos cansados y heridos, y dejábamos muertos nuestros soldados y compañeros e sacrificados en poder de los mexicanos, en lugar de descansar y curar nuestras heridas, tenían ordenada una conjuración ciertas personas de calidad de la parcialidad de Narváez, de matar a Cortés y a Gonzalo de Sandoval y a Pedro de Alvarado y Andrés de Tapia.

Y lo que más pasó diré adelante.

Ya he dicho cómo veníamos tan destrozados y heridos de la entrada por mí memorada. Pareció ser que un gran amigo del gobernador de Cuba, que se decía Antonio de Villafaña, natural de Zamora o de Toro, se concertó con otros soldados de los de Narváez, que aquí no nombro por su honor, que así como viniese Cortés de aquella entrada, que le matasen a puñaladas.

Y había de ser desta manera: que como en aquella sazón había venido un navío de Castilla, que cuando Cortés estuviese sentado a la mesa comiendo con sus capitanes, que entre aquellas personas que tenían hecho el concierto trujesen una carta muy cerrada y sellada, como que venía de Castilla, y que dijesen que era de su padre Martín Cortés. Y que cuando la estuviese leyendo, le diesen de puñaladas, así al Cortés como a todos los capitanes y soldados que cerca de Cortés nos hallásemos en su defensa.

Pues ya hecho y consultado todo lo por mí dicho, los que lo tenían concertado, quiso Nuestro Señor que dieron parte del negocio a dos personas principales —que aquí tampoco quiero nombrar— que habían ido en la entrada con nosotros, y aun a uno dellos, en el concierto que tenían, le habían nombrado por uno de los capitanes generales después que hubiesen muerto a Cortés; y a otros soldados de los de Narváez hacían alguacil mayor y alférez y alcaldes y regidores y contador y tesorero y veedor y otras cosas deste arte, y aun repartido entre ellos nuestros bienes y caballos.

Y este concierto estuvo encubierto dos días después que llegamos a Tezcuco, y Nuestro Señor Dios fue servido que tal cosa no pasase, porque era perderse la Nueva España y todos nosotros, porque luego se levantarían bandos y chirinolas.

Pareció ser que un soldado lo descubrió a Cortés, que luego pusiese remedio en ello, antes que más fuego sobre aquel caso se encendiese, porque le certificó aquel buen soldado que eran muchas personas de calidad en ello. Y como Cortés lo supo, después de haber hecho grandes ofrecimientos y dádivas que dio a quien se lo descubrió, muy presto, secretamente, lo hace saber a todos nuestros capitanes, que fueron Pedro de Alvarado, Francisco de Lugo, Cristóbal de Olí, Andrés de Tapia y Gonzalo de Sandoval, y a mí, y a dos alcaldes ordinarios que eran de aquel año, que se decían Luis Marín y Pedro de Ircio, y a todos nosotros los que éramos de la parte de Cortés.

Y así como lo supimos, nos apercibimos, y sin más tardar fuimos con Cortés a la posada de Antonio de Villafaña, y estaban con él muchos de los que eran en la conjuración, y de presto le echamos mano a Villafaña con cuatro alguaciles que Cortés llevaba, y los capitanes y soldados que con él estaban comenzaron a huir, y Cortés los mandó detener y prender.

Y desque tuvimos preso a Villafaña, Cortés le sacó del seno el memorial que tenía con las firmas de los que fueron en el concierto. Y desque lo hubo leído y vio que eran muchas personas en ello y de calidad, y por no infamarlos, echó fama que comió el memorial Villafaña y que no lo había visto ni leído.

Y luego hizo proceso contra él, y tomada la confesión, dijo la verdad; y con muchos testigos que había de fe y de creer, que tomaron sobre el caso por sentencia que dieron los alcaldes ordinarios, juntamente con Cortés y el maestre de campo Cristóbal de Olí. Y después que se confesó con el padre Juan Díaz, le ahorcaron de una ventana del aposento donde posaba el Villafaña.

Y no quiso Cortés que otro ninguno fuese infamado en aquel mal caso, puesto que en aquella sazón echaron presos a muchos por poner temores y hacer señal que quería hacer justicia de otros, y como el tiempo no daba lugar a ello, se disimuló.

Y luego acordó Cortés de tener guarda para su persona, y fue su capitán un hidalgo que se decía Antonio de Quiñones, natural de Zamora, con seis soldados, buenos hombres esforzados, y le velaban de día y de noche; y a nosotros, de los que sentía que éramos de su bando, nos rogaba que mirásemos por su persona. Y desde en adelante, aunque mostraba gran voluntad a las personas que eran en la conjuración, siempre se recelaba dellos.

Dejemos esta materia. Y digamos cómo luego se mandó pregonar que todos los indios e indias que habíamos habido en aquellas entradas se llevasen a herrar dentro de dos días a una casa que estaba señalada para ello. Y por no gastar más palabra en esta relación sobre la manera que se vendían en la almoneda, más de las que otras veces tengo dichas, en las dos veces que se herraron, si mal lo habían hecho de antes, muy peor se hizo esta vez; que, después de sacado el real quinto, sacaba Cortés el suyo, y otras treinta trancaliñas para capitanes.

Y si eran hermosas y buenas indias las que metíamos a herrar, las hurtaban de noche del montón, que no parecían hasta de ahí a buenos días; y por esta causa se dejaban de herrar muchas piezas que después teníamos por naborías.

Dejemos de hablar en esto y digamos lo que después en nuestro real se ordenó.

Como se hubo hecho justicia del Antonio de Villafana y estaban ya pacíficos los que juntamente con el eran conjurados de matar a Cortés y a Pedro de Alvarado y a Sandoval y a los que fuesemos en su defensa, según mas largamente lo tengo escrito en el capítulo pasado, y viendo Cortés que ya los bergantines estaban hechos y puestas sus jarcias y velas y remos muy buenos, y mas remos de los que habían menester para cada bergantín, y la zanja por donde habian de salir a la laguna muy ancha y hondable, envió a decir a todos los pueblos nuestros amigos que estaban cerca de Tezcuco que en cada pueblo hiciesen ocho mil casquillos de cobre, que fuesen buenos, según otros que les llevaron por muestra, que eran de Castilla.

Y asimismo les mando que en cada pueblo le labrasen y desbastasen otras ocho mil saetas de una madera muy buena, que también les llevaron muestra, y les dio de plazo ocho días para que las trujesen, así las saetas como los casquillos, a nuestro real. Lo cual trujeron para el tiempo que se los mando, que fueron mas de cincuenta mil casquillos y otras tantas mil saetas, y los casquillos fueron mejores que los de Castilla.

Y luego mando Cortés a Pedro Barba, que en aquella sazón era capitán de ballesteros, que los repartiese, así saetas como casquillos, entre todos los ballesteros, y que les mandase que siempre desbastasen almacén y las emplumasen con engrudo, que pega mejor que lo de Castilla, que se hace de unas como raíces que se dice zacotle.

Y asimismo mando al Pedro Barba que cada ballestero tuviese dos cuerdas bien pulidas y aderezadas para sus ballestas, y otras tantas nueces, para que si se quebrase alguna cuerda o saltase la nuez, que luego se pusiese otra; y que siempre tirasen al terrero y viesen a que pasos llegaba la fuga de su ballesta.

Y para ello se les dio mucho hilo de Valencia para las cuerdas, porque en el navío que he dicho que vino pocos días hacia de Castilla, y que era de Juan de Burgos, trujo mucho hilo y gran cantidad de pólvora y ballestas y otras muchas armas y herraje y escopetas. Y también mando Cortés a los de caballo que tuviesen sus caballos herrados y las lanzas puestas a punto, y que cada día cabalgasen y corriesen y les mostrasen muy bien a revolver y escaramuzar.

66

Y hecho esto, envió mensajeros y cartas a nuestro amigo Xicotenga el Viejo, que, como ya he dicho otras veces, ya era vuelto cristiano y se llamaba don Lorenzo de Vargas, y a su hijo Xicotenga el Mozo y a sus hermanos y a Chichimecatecle, haciéndoles saber que, en pasando el día de Corpus Christi, habíamos de partir de aquella ciudad para ir sobre México a ponerle cerco, y que le enviasen veinte mil guerreros de los suyos de Tascala y los de Guaxocingo y Cholula, pues todos eran amigos y hermanos en armas, y sabían el plazo y concierto (que se les hizo saber) de sus mismos indios, como siempre iban de nuestro real cargados de despojos de las entradas que hacíamos.

También apercibió a los de Chalco y Tamanalco y sus sujetos que se apercibiesen para cuando los enviásemos a llamar, y se les hizo saber cómo era para poner cerco a México y en qué tiempo habíamos de ir; y también se les dijo a don Fernando, señor de Tezcuco, y a sus principales y a todos sus sujetos, y a todos los demás pueblos, nuestros amigos. Y todos a una respondieron que lo harían muy cumplidamente, lo que Cortés les enviaba a mandar, y que vendrían; y los de Tascala vinieron pasando la Pascua de Espíritu Santo.

Esto hecho, se acordó de hacer alarde un día de Pascua, lo cual diré adelante el concierto que se dio.

CAPÍTULO IV: QUE NADIE BLASFEME CONTRA NUESTRO SEÑOR

Después que se dio la orden, así como atrás he dicho, y se enviaron mensajeros y cartas a nuestros amigos los de Tascala y a los de Chalco, y se dio aviso a los demás pueblos, acordó Cortés con nuestros capitanes y soldados que, para el segundo día de Pascua del Espíritu Santo, que fue del año de mil quinientos y veintiún años, se hiciese alarde.

El cual alarde se hizo en los patios mayores de Tezcuco, y halláronse ochenta y cuatro de a caballo y seiscientos cincuenta soldados de espada y rodela, y muchos de lanzas, y ciento noventa y cuatro ballesteros y escopeteros.

Y de estos se sacaron para los trece bergantines los que ahora diré: para cada bergantín, doce ballesteros y escopeteros —estos no habían de remar—. Y demás de esto, también se sacaron otros doce remeros para cada bergantín, por cada banda seis, que son los doce que he dicho; y más desto, un capitán para cada bergantín.

Por manera que sale cada bergantín a veinticinco soldados, con el capitán; y trece bergantines que eran, a veinticinco soldados, son doscientos ochenta y ocho, y con los artilleros que les dieron demás de los veinticinco soldados, fueron en todos los bergantines trescientos soldados, por la cuenta que he dicho.

Y también les repartió todos los tiros de fusilería y falconetes que teníamos, y la pólvora que le parecía que habían menester. Esto hecho, mandó pregonar las ordenanzas que todos habíamos de guardar.

Lo primero, que ninguna persona fuese osado de blasfemar de Nuestro Señor Jesucristo ni de Nuestra Señora, su bendita madre, ni de los santos apóstoles ni otros santos, so graves penas.

Lo segundo, que ningún soldado tratase mal a nuestros amigos, pues iban para nos ayudar, ni les tomasen cosa ninguna, aunque fuese de las cosas que ellos habían adquirido en la guerra, y aunque fuese india ni indio, ni oro, ni plata, ni chalchihuites.

Lo otro, que ningún soldado fuese osado de salir de día ni de noche de nuestro real para ir a ningún pueblo de nuestros amigos ni a otra parte a traer de comer ni otra cualquier cosa, so graves penas.

Lo otro, que todos los soldados llevasen muy buenas armas y bien colchadas, y gorjal y papahígo y antiparras y rodela, que, como sabíamos que era tanta la multitud de vara y piedra y flecha y lanza, para todo era menester llevar las armas que decía el pregón.

Lo otro, que ninguna persona jugase caballo ni armas por vía ninguna, con gran pena.

Lo otro, que ningún soldado, ni hombre de caballo ni ballestero ni escopetero, durmiese sin estar con todas sus armas vestidas y con los alpargates calzados, excepto si no fuese con gran necesidad de heridas o de estar doliente, porque estuviésemos muy aparejados para cualquiera tiempo que los mexicanos viniesen a nos dar guerra.

Y demás desto, se pregonó las leyes que se mandan guardar en lo militar, que es que al que se duerme en la vela o se va del puesto, que le ponen pena de muerte.

Y se pregonaron que ningún soldado vaya de un real a otro sin licencia de su capitán, so pena de muerte.

Lo otro, que el soldado que deja a su capitán en la guerra o batalla y huye, pena de muerte.

Esto pregonado, diré en lo que más se entendió.

Después de hecho el alarde por mí ya atrás dicho, como vio Cortés que para remar los bergantines no hallaba tantos hombres de la mar que supiesen remar, puesto que bien se conocían los que habían traído en nuestros navíos que dimos al través cuando venimos con Cortés, y asimismo se conocían los marineros de los navíos de Narváez y de los de Jamaica, y todos estaban puestos por memoria y los habían apercibido porque habían de remar; y aun con todos ellos no había recaudo para todos trece bergantines, y muchos de ellos rehusaban y aun decían que no habían de remar.

Y Cortés hizo pesquisa para saber los que eran marineros o habían visto que iban a pescar, y si eran de Palos o Moguer o de Triana o del Puerto o de otra cualquier parte adonde hay marineros, los mandaba, so graves penas, que entrasen en los bergantines; y aunque más hidalgos dijesen que eran, los hizo ir a remar. Y de esta manera juntó ciento cincuenta hombres para remar, y ellos fueron los mejor librados que nosotros, los que estábamos en las calzadas batallando, y quedaron ricos de despojos, como adelante diré.

Y desque Cortés les hubo mandado que anduviesen en los bergantines, y les repartió los ballesteros y escopeteros y pólvora y tiros y saetas y todo lo demás que era menester, y les mandó poner en cada bergantín las banderas reales y otras banderas del nombre que se decía ser en cada bergantín, y otras cosas que convenían, nombró por capitanes para cada uno de ellos a los que ahora aquí diré:

Garci Holguín; Pedro Barba; Juan de Limpias Carvajal, el Sordo; Juan Jaramillo; Jerónimo Ruiz de la Mota; Carvajal, su compañero, que ahora es muy viejo y vive en la calle de San Francisco; a un Portillo, que entonces vino de Castilla, buen soldado que tenía una mujer hermosa; a un Zamora, que fue maestro de navíos, que vivía ahora en Guaxaca; a un Colmenero, que era marinero, buen soldado; a un Lema y a Ginés Nortes; a Briones, natural de Salamanca; el otro capitán no me acuerdo su nombre, y a Miguel Díaz de Auz.

Y desque los hubo nombrado y mandado a todos los ballesteros y escopeteros y los demás soldados que habían de remar, que obedeciesen a sus capitanes que les ponía y no saliesen de su mandado, so graves penas. Y les dio las instrucciones de lo que cada capitán había de hacer y en qué puesto había de ir de las calzadas y con qué capitanes de los de tierra.

Acabado de poner en concierto todo lo que he dicho, viniéronle a decir a Cortés que venían los capitanes de Tascala con gran copia de guerreros, y venía en ellos por capitán general Xicotenga el Mozo, el que fue capitán cuando las guerras de Tascala (y este fue el que nos trataba la traición en Tascala cuando salimos huyendo de México, según otras muchas veces lo he memorado), y que traía en su compañía otros dos hermanos, hijos del buen viejo don Lorenzo de Vargas, y que traía en su compañía asimismo gran copia de tascaltecas, y que venía Chichimecatecle por capitán, y de Guaxocingo y otra capitanía de cholultecas.

Y aunque eran pocos, porque, a lo que siempre vi, después que en Cholula se les hizo el castigo ya otra vez por mí ya dicho en el capítulo que dello habla, después acá jamás fueron con los mexicanos, ni aun con nosotros, sino que se estaban a la mira, que aun cuando nos echaron de México, no se hallaron ser en campo contrario.

Dejemos esto y volvamos a nuestra relación. Que como Cortés supo que venía Xicotenga y sus hermanos y otros capitanes, y vinieron un día primero del plazo que les enviaron a decir que viniesen, salió a les recibir Cortés un cuarto de legua de Tezcuco con Pedro de Alvarado y otros nuestros capitanes. Y desque se encontraron con el Xicotenga y sus hermanos, les hizo Cortés mucho acato y les abrazó, y a todos los más capitanes.

Y venían en gran ordenanza y todos muy lucidos, con grandes devisas cada capitanía por sí y sus banderas tendidas, y el ave blanca tienen por armas, que parece águila con sus alas tendidas. Traían sus alférez revolando sus banderas y estandartes, y todos con sus arcos y flechas y espadas de a dos manos y varas con tiraderas, y otros, macanas y lanzas grandes y otras chicas y sus penachos, y puestos en concierto y dando voces y gritos y silbos, diciendo: "¡Viva el Emperador nuestro señor!" y "¡Castilla, Castilla!, ¡Tascala, Tascala!".

Y tardaron en entrar en Tezcuco más de tres horas. Y Cortés los mandó aposentar en unos buenos aposentos y les mandó proveer de todo lo que en el real había. Y después de muchos abrazos y ofrecimiento que les haría ricos, se despidió de ellos, y les dijo que otro día les daría la orden de lo que habían de hacer, y que agora venían cansados y que reposasen.

En aquel instante que llegaron aquellos caciques de Tascala que dicho tengo, entraron en nuestro real cartas que enviaba un soldado que se decía Hernando de Barrientos, desde un pueblo que se dice Chinanta, que estará de México obra de noventa leguas, y lo que en ella contenía era que habían muerto los mexicanos, en el tiempo que nos echaron de México, a tres compañeros suyos, cuando estaban en la estancia y minas donde los dejó el capitán Pizarro, que así se llamaba, para que buscase y descubriese todas aquellas comarcas si había minas ricas de oro, según dicho tengo en el capítulo que dello habla; y que el Barrientos se acogió a aquel pueblo de Chinanta donde estaba, y que son enemigos de mexicanos.

Este pueblo fue donde trujeron las picas cuando fuimos sobre Narváez, y porque no hace al caso a nuestra relación otras particularidades que decía la carta, se dejarán de decir.

Y Cortés sobre ella le escribió en respuesta, dándole relación de la manera que íbamos de camino para poner cerco a México y que a todos los caciques de aquellas provincias les diese sus encomiendas y que mirase no se viniese de aquella tierra hasta saber por carta suya lo que debía hacer, porque en el camino no le matasen los mexicanos.

Dejemos esto y digamos cómo Cortés ordenó de la manera que habíamos de ir a poner cerco a México y quién fueron los capitanes.

Mandó que Pedro de Alvarado fuese por capitán de ciento cincuenta soldados de espadas y rodela, y muchos llevaban lanzas y dalles, y de treinta de a caballo y dieciocho escopeteros y ballesteros, y nombró que fuesen juntamente con él a Jorge de Alvarado, su hermano, y a Gutierre de Badajoz y Andrés de Monjaraz. Y estos mandó que fuesen capitanes de cincuenta soldados y que repartiesen entre todos tres los escopeteros y ballesteros, tanto una capitanía como otra; y que Pedro de Alvarado fuese capitán de los de a caballo y general de las tres capitanías, y le dio ocho mil tascaltecas con sus capitanes.

Y a mí me señaló y mandó que fuese con Pedro de Alvarado y que fuésemos a poner sitio en la cibdad de Tacuba, y mandó que las armas que llevásemos fuesen muy buenas, papahigos y gorjales y antiparas, porque era mucha la vara de piedra como granizo y flecha y lanzas y macanas y otras armas de espadas de dos manos con que los mexicanos peleaban con nosotros, y para tener defensas con ir bien armados; y aun con todo esto, cada día que batallábamos había muertos e heridos, según adelante diré.

Pasemos a otra capitanía. Y dio a Cristóbal de Olí, que era maestre de campo, otros treinta de a caballo y ciento setenta y cinco soldados y veinte escopeteros y ballesteros, y todos con sus armas, según y de la manera que los soldados que dio a Pedro de Alvarado. Y le nombró otros tres capitanes, que fueron Andrés de Tapia y Francisco Verdugo y Francisco de Lugo, y entre todos tres capitanes repartiesen todos los soldados y ballesteros y escopeteros, y que Cristóbal de Olí fuese capitán general de los tres capitanes y de los de a caballo. Y le dio otros ocho mil tascaltecas y le mandó que fuese a sentar su real en la cibdad de Cuyuacán, que estará de Tacuba dos leguas.

De otra guarnición de soldados hizo capitán a Gonzalo de Sandoval, que era alguacil mayor, y le dio veinticuatro de caballo y catorce escopeteros y ballesteros, y ciento cincuenta soldados de espada y rodela y lanza, y más de ocho mil indios de guerra de los de Chalco y Guaxocingo y de otros pueblos por donde Sandoval había de ir que eran nuestros amigos; y le dio por compañeros y capitanes a Luis Marín y a Pedro de Ircio, que eran amigos de Sandoval. Y les mandó que entre los dos capitanes repartiesen los soldados y ballesteros y escopeteros, y que Sandoval tuviese a su cargo los de a caballo y que fuese general, y que se asentase su real junto a Iztapalapa, y que le diese guerra y le hiciese todo el mal que pudiese hasta que otra cosa por Cortés le fuese mandado.

Y no partió Sandoval de Tezcuco hasta que Cortés, que era capitán de los bergantines, estaba muy a punto para salir con los trece bergantines por la laguna, en los cuales llevaba trescientos soldados con ballesteros y escopeteros, porque así estaba ya ordenado.

Por manera que Pedro de Alvarado y Cristóbal de Olí habíamos de ir por una parte y Sandoval por otra. Digamos agora que los unos a mano derecha y los otros desviados por otro camino; y esto es así, porque los que no saben aquellas cibdades y laguna lo entiendan, porque se tornaban casi que a juntar.

Dejemos de hablar más en ello y digamos que a cada capitán se le dio las instrucciones de lo que era mandado. Y como nos habíamos de partir para otro día por la mañana, y porque no tuviésemos más embarazos en el camino, enviamos adelante todas las capitanías de Tascala hasta llegar a tierra de mexicanos.

Y yendo que iban los tascaltecas descuidados con su capitán Chichimecatecle y otros capitanes con sus gentes, no vieron que iba Xicotenga el Mozo, que era el capitán general de ellos. Y preguntando y pesquisando Chichimecatecle qué se había hecho o adónde había quedado, alcanzaron a saber que se había vuelto aquella noche encubiertamente para Tascala, y que iba a tomar por fuerza el cacicazgo y vasallos y tierra del mismo Chichimecatecle.

Y las causas que para ello decían los tascaltecas eran que, como Xicotenga el Mozo vio ir los capitanes de Tascala a la guerra, especialmente a Chichimecatecle, que no tenía contradictores, porque no tenía temor de su padre Xicotenga el Ciego, que, como padre, le ayudaría, y nuestro amigo Maeseescaci ya era muerto, a quien temía era a Chichimecatecle. Y también dijeron que siempre conocieron de Xicotenga no tener voluntad de ir a la guerra de México, porque le oían decir muchas veces que todos nosotros y ellos habíamos de morir en ella.

Pues desque aquello oyó y entendió el cacique Chichimecatecle, cuyas eran las tierras y vasallos que iba a tomar, vuelve del camino más que de presto y viene a Tezcuco a hacérselo saber a Cortés. Y como Cortés lo supo, mandó que con brevedad fuesen cinco principales de Tezcuco y otros dos de Tascala, amigos de Xicotenga, a hacerle volver del camino, y le dijesen que Cortés le rogaba que luego se volviese para ir contra sus enemigos los mexicanos, y que mire que si su padre don Lorenzo de Vargas, si no fuera viejo y ciego como estaba, viniera sobre México; y que pues toda Tascala fueron y son muy leales servidores de Su Majestad, que no quiera él infamarlos con lo que ahora hace; y le envió a hacer muchos prometimientos y promesas, y que le daría oro y mantas porque volviese.

Y la respuesta que envió a decir: que si el viejo de su padre y Maeseescaci le hubieran creído, que no se hubiera señoreado tanto de ellos, que les hace hacer todo lo que quiere; y, por no gastar más palabras, dijo que no quería venir. Y como Cortés supo aquella respuesta, de presto dio un mandamiento a un alguacil, y con cuatro de a caballo y cinco indios principales de Tezcuco que fuesen muy en posta y, doquiera que lo alcanzasen, lo ahorcasen. Y dijo: "Ya en este cacique no hay enmienda, sino que siempre nos ha de ser traidor y malo y de malos consejos"; y que no era tiempo para más sufrirle disimulo de lo pasado.

Y como Pedro de Alvarado lo supo, rogó mucho por él, y Cortés le dio buena respuesta, y secretamente mandó al alguacil y los de a caballo que no le quedasen con la vida. Y ansí se hizo, que en un pueblo sujeto a Tezcuco lo ahorcaron, y en esto hubo de parar sus traiciones.

Algunos tascaltecas hubo que dijeron que don Lorenzo de Vargas, padre de Xicotenga, envió a decir a Cortés que aquel su hijo era malo, y que no se confiase de él y que procurara de le matar.

Dejemos esta plática ansí, y diré que por esta causa nos detuvimos aquel día sin salir de Tezcuco.

Y otro día, que fueron trece de mayo de mil e quinientos y veinte y un años, salimos entrambas capitanías juntas, porque ansí Cristóbal de Olí como Pedro de Alvarado habíamos de llevar un camino, y fuimos a dormir a un pueblo sujeto de Tezcuco, otras veces por mí memorado, que se dice Acuilma.

Y pareció ser que Cristóbal de Olí envió adelante a aquel pueblo a tomar posada, y tenía puesto en cada casa por señal ramos verdes encima de las azoteas, y cuando llegamos con Pedro de Alvarado no hallamos dónde posar. Y sobre ello ya habíamos echado mano a las armas los de nuestra capitanía contra la de Cristóbal de Olí, y aun los capitanes desafiados; y no faltaron caballeros de entrambas partes que se metieron entre nosotros y se pacificó algo el ruido, y no tanto, que todavía estábamos todos resabiados.

Y desde allí lo hicieron saber a Cortés, y luego envió en posta a fray Pedro Melgarejo y al capitán Luis Marín, y escribió a los capitanes y a todos nosotros reprendiéndonos por la cuestión. Y como llegaron, nos hicieron amigos; mas desde allí adelante no se llevaron bien los capitanes, que fueron Pedro de Alvarado y Cristóbal de Olí.

Y otro día fuimos nuestro camino entrambas capitanías juntas, y fuimos a dormir a un gran pueblo que estaba despoblado, porque ya era tierra de mexicanos; y otro día también fuimos a dormir a otro gran pueblo que se dice Gualtitán, que otras veces ya le he nombrado, y también estaba sin gente. Otro día pasamos por otros dos pueblos que se dicen Tenayuca y Escapuzalco, y también estaban despoblados, y llegamos a vísperas a Tacuba, y luego nos aposentamos en unas grandes casas y aposentos, porque también estaban despoblados, y asimismo se aposentaron todos nuestros amigos los tascaltecas.

Y aun aquella tarde fueron por las estancias de aquellas poblaciones y trujeron de comer, y con buenas velas y escuchas y corredores del campo dormimos aquella noche, porque ya he dicho otras veces que México estaba junto a Tacuba. Y ya que anochecía, oíamos grandes gritas que nos daban desde la laguna, diciéndonos muchos vituperios y que no éramos hombres para salir a pelear con ellos. Y tenían tantas de las canoas llenas de gente de guerra y las calzadas asimismo llenas de guerreros, y aquellas palabras que nos decían eran con pensamiento de nos indinar para que saliésemos aquella noche a guerrear.

Y como estábamos escarmentados de lo de las calzadas y puentes muchas veces por mí memoradas, no quisimos salir hasta otro día, que fue domingo, después de haber oído misa que nos dijo el padre Juan Díaz.

Y después de nos encomendar a Dios, acordamos que entrambas capitanías juntas fuésemos a quebrarles el agua de Chapultepeque, de que se proveía la cibdad, que estaba desde allí de Tacuba aun no media legua. E yéndoles a quebrar los caños, topamos muchos guerreros que nos esperaban en el camino, porque bien entendido tenían que aquello había de ser lo primero en que les podríamos dañar. Y ansí como nos encontraron, cerca de unos pasos malos, comenzaron a nos flechar y tirar vara y piedra con hondas, e hirieron a tres de nuestros soldados; mas de presto les hicimos volver las espaldas, y nuestros amigos los de Tascala los siguieron de manera que mataron veinte y prendimos siete u ocho dellos.

Y desque aquellos escuadrones estuvieron puestos en huida, les quebramos los caños por donde iba el agua a su cibdad, y desde entonces nunca fue a México entretanto que duró la guerra. Y como aquello hubimos hecho, acordaron nuestros capitanes que luego fuésemos a dar una vista y entrar por la calzada de Tacuba y hacer lo que pudiésemos por les ganar una puente.

Y llegados que fuimos a la calzada, eran tantas las canoas que en la laguna estaban llenas de guerreros, y en las mismas calzadas, que nos admiramos dellos; y tiran tanto de vara y flecha y piedra con hondas, que a la primera refriega hirieron sobre treinta soldados; y todavía les fuimos entrando por la calzada adelante hasta una puente. Y a lo que yo entendí, ellos nos daban lugar a ello por meternos de la otra parte de la puente. Y desque allí nos tuvieron, digo que cargaron tanta multitud de guerreros sobre nosotros, que no nos podíamos tener con ellos, porque por la calzada, que era ocho pasos de ancho, ¿qué podíamos hacer a tan gran poderío, que estaban de la una parte y de la otra de la calzada y daban en nosotros como al terrero?

Porque ya que nuestros escopeteros y ballesteros no hacían sino armar y tirar a las canoas, no les hacíamos daño, sino muy poco, porque las traían muy bien armadas de talabordones de madera. Pues cuando arremetíamos a los escuadrones que peleaban en la misma calzada, luego se echaban al agua, y había tantos dellos, que no nos podíamos valer. Pues los de a caballo no aprovechaban cosa ninguna, porque les herían los caballos de una parte y de la otra desde el agua; ya que arremetían tras los escuadrones, echábanse al agua, y tenían hechos mamparos donde estaban otros guerreros aguardando con unas lanzas largas que habían hecho, como dalles, de las armas que nos tomaron cuando nos echaron de México, que salimos huyendo, y desta manera estuvimos peleando con ellos obra de una hora.

Y tanta piedra nos daban, que no nos podíamos sustentar contra ellos; y aun vimos que venían por otras partes una gran flota de canoas a atajarnos los pasos para tomarnos las espaldas. Y conociendo esto nuestros capitanes y todos nuestros soldados, apercibimos que los amigos tascaltecas que llevábamos nos embarazaban mucho la calzada, que se saliesen fuera, porque en el agua vista cosa es que no pueden pelear, acordamos que con buen concierto retraernos y no pasar más adelante.

Pues cuando los mexicanos nos vieron retraer e salir fuera los tascaltecas, ¡qué grita y alaridos y silbos nos daban, y cómo se venían a juntar con nosotros pie con pie! Digo que yo no lo sé escrebir, porque toda la calzada hinchieron de vara y flecha y piedra de las que nos tiraban, pues las que caían en el agua muchas más serían. Y desque nos vimos en tierra firme, dimos gracias a Dios de nos haber librado de aquella batalla, y ocho de nuestros soldados quedaron de aquella vez muertos y más de cincuenta heridos.

Aun con todo esto, nos daban grita y decían vituperios desde las canoas, y nuestros amigos los tascaltecas les decían que saliesen a tierra y que fuesen doblados los contrarios, y pelearían con ellos. Esta fue la primera cosa que hicimos: quitarles el agua y dar vista a la laguna, aunque no ganamos honra con ellos. Y aquella noche nos estuvimos en nuestro real y se curaron los heridos, y aun se murió un caballo, y pusimos buen cobro de velas y escuchas.

Y otro día de mañana dijo el capitán Cristóbal de Olí que se quería ir a su puesto, que era a Cuyuacán, que estaba legua y media de allí. Y por más que le rogó Pedro de Alvarado y otros caballeros que no se apartasen aquellas dos capitanías, sino que estuviesen juntas, jamás quiso. Porque como Cristóbal era muy esforzado, y en la vista que el día antes dimos a la laguna no nos sucedió bien, decía Cristóbal de Olí que por culpa de Pedro de Alvarado habíamos entrado desconsideradamente; por manera que jamás quiso quedar, y se fue adonde Cortés le mandó, a Cuyuacán, y nosotros nos quedamos en nuestro real.

Y no fue bien apartarse una capitanía de otra en aquella sazón, porque si los mexicanos tuvieran aviso que éramos pocos soldados, en cuatro o cinco días que allí estuvimos apartados antes que los bergantines viniesen, y dieran sobre nosotros y en los de Cristóbal de Olí, corriéramos harto trabajo e hicieran gran daño. Y de aquesta manera estuvimos en Tacuba y Cristóbal de Olí en su real sin osar dar más vista ni entrar por las calzadas, y cada día teníamos en tierra rebates de muchos escuadrones mexicanos que salían a tierra firme a pelear con nosotros, y aun nos desafiaban para meternos en parte donde fuesen señores de nosotros y no les pudiésemos hacer ningún daño.

Y dejallo he aquí. Y diré cómo Gonzalo de Sandoval salió de Tezcuco cuatro días después de la fiesta del Corpus Christi y se vino a Iztapalapa; casi todo el camino era de amigos, sujeto a Tezcuco. Y desque llegó a la población de Iztapalapa, luego les comenzó a dar guerra y a quemar muchas casas de las que estaban en tierra firme, porque las demás casas todas estaban en la laguna.

Mas no tardó muchas horas, que luego vinieron en socorro de aquella cibdad grandes escuadrones de mexicanos, y tuvo Sandoval con ellos una buena batalla y grandes reencuentros, cuando peleaban en tierra, y después de acogidos a las canoas, le tiraban mucha vara y flecha y piedra, y le herían a sus soldados. Y estando desta manera peleando, vieron que en una serrezuela que estaba allí junto a Iztapalapa en tierra firme hacían grandes ahumadas y que les respondían con otras ahumadas de otros pueblos que están poblados en la laguna, y era señal que se apellidaban todas las canoas de México y de todos los pueblos del rededor de la laguna, porque vieron a Cortés que ya había salido de Tezcuco con los trece bergantines.

Porque luego que se viene Sandoval de Tezcuco, no aguardó allí más Cortés, y la primera cosa que hizo en entrando a la laguna fue combatir un peñol que estaba en una isleta junto a México, donde estaban recogidos muchos mexicanos, ansí de los naturales de aquella cibdad como de los forasteros que se habían ido a hacer fuertes. Y salió a la laguna contra Cortés todo el número de canoas que había en todo México y en todos los pueblos que había poblado en el agua o cerca della, que son Suchimilco y Cuyuacán, Iztapalapa e Huchilibusco y Mexicalcingo, y otros pueblos que por no detenerme no nombro.

Y todos juntamente fueron contra Cortés, y a esta causa aflojó algo los que daban guerra en Iztapalapa a Sandoval. Y como todas las más de las casas de aquella cibdad en aquel tiempo estaban pobladas en el agua, no les podía hacer mal ninguno, puesto que a los principios mató muchos de los contrarios; y como llevaba gran copia de amigos, con ellos cautivó y prendió mucha gente de aquellas poblazones.

Dejemos a Sandoval, que quedó aislado en Iztapalapa, que no podía venir con su gente a Cuyuacán sino era por una calzada que atravesaba por mitad de la laguna. Y si por ella viniera, no hubiera bien entrado cuando le desbarataban los contrarios, por causa que de entrambas a dos partes del agua le habían de guerrear, y él no había de ser señor de poderse defender, y a esta causa se estuvo quedo.

Dejemos a Sandoval. Y digamos que como Cortés vio que se juntaban tantas flotas de canoas contra sus trece bergantines, las temió en gran manera, y eran de temer, porque eran más de mil canoas. Y dejó el combate del peñol y se puso en parte de la laguna para, si se viese en aprieto, poder salir con sus bergantines a lo largo y correr a la parte que quisiese. Y mandó a sus capitanes que en ellos venían que no curasen de embestir ni apretar contra las canoas hasta que refrescase más el viento de tierra, porque en aquel instante comenzaba a ventar.

Y desque las canoas vieron que los bergantines reparaban, creían que de temor de ellos lo hacían, y entonces les daban mucha prisa los capitanes mexicanos y mandaban a todas sus gentes que luego fuesen a embestir con nuestros bergantines. Y en aquel instante vino un viento muy recio y tan bueno, y con buena prisa que se dieron nuestros remeros y el tiempo aparejado, manda Cortés embestir con la flota de canoas, y trastornaron muchas de ellas y se mataron y prendieron muchos indios, y las demás canoas se fueron a recoger entre las casas que estaban en la laguna, en parte que no podían llegar a ellas nuestros bergantines.

Por manera que este fue el primer combate que se hubo por la laguna, y Cortés tuvo victoria; y gracias a Dios por todo, amén. Y desque aquello fue hecho, vino con los bergantines hacia Cuyuacán, adonde estaba asentado el real de Cristóbal de Olí, y peleó con muchos escuadrones mexicanos que le esperaban en partes peligrosas, creyendo de tomarle los bergantines. Y como le daban mucha guerra desde las canoas que estaban en la laguna y desde unas torres de ídolos, mandó sacar de los bergantines cuatro tiros, y con ellos daba guerra y mataba y hería a muchos indios. Y tanta prisa tenían los artilleros, que por descuido se les quemó la pólvora, y aun se chamuscaron algunos de ellos las caras y manos.

Y luego despachó Cortés un bergantín muy ligero a Iztapalapa, al real de Sandoval, para que trujese toda la pólvora que tenían, y le escribió que de allí donde estaba no se mudase. Dejemos a Cortés, que siempre tenía rebatos con los mexicanos hasta que se juntó en el real de Cristóbal de Olí, y en dos días que allí estuvo siempre le combatían muchos contrarios.

Y porque yo estaba en aquella sazón en lo de Tacuba con Pedro de Alvarado, diré lo que hicimos en nuestro real. Y es que, como sentimos que Cortés andaba por la laguna, entramos por nuestra calzada adelante y con gran concierto, y no como la primera vez, y les llegamos a la primera puente, y los ballesteros y escopeteros con mucho concierto tirando unos y armando otros, y a los de caballo les mandó Pedro de Alvarado que no entrasen con nosotros, sino que se quedasen en tierra firme haciendo espaldas, por temor de los pueblos por mí memorados por donde venimos no nos diesen entre las calzadas.

Y desta manera estuvimos, unas veces peleando y otras poniendo resistencia, no entrasen en tierra de la calzada, porque cada día teníamos refriegas, y en ellas nos mataron tres soldados. Y también entendíamos en adobar los malos pasos.

Dejemos desto. Y digamos cómo Gonzalo de Sandoval, que estaba en Iztapalapa, viendo que no les podía hacer mal a los de Iztapalapa, porque estaban en el agua, y ellos a él le herían sus soldados, acordó de se venir a unas casas e poblazón que estaba en la laguna que podían entrar en ellas, y les comenzó a combatir. Y estándoles dando guerra, envió Guatémuz, gran señor de México, a muchos guerreros a les ayudar e a deshacer y abrir la calzada por donde había entrado Sandoval para tornarles dentro y no tuviesen por dónde salir, y envió por otra parte muchas gentes de guerra.

Y como Cortés estaba con Cristóbal de Olí y vieron salir gran copia de canoas hacia Iztapalapa, acordó de ir con los bergantines y con toda la capitanía de Cristóbal de Olí a Iztapalapa en busca de Sandoval. E yendo por la laguna con los bergantines y Cristóbal de Olí por la calzada, vieron que estaban abriendo la calzada muchos mexicanos, y tuvieron por cierto que estaba allí en aquellas casas Sandoval. Y fueron con los bergantines y le hallaron peleando con el escuadrón de guerreros que envió Guatémuz, y cesó algo la pelea.

Y luego mandó Cortés a Gonzalo de Sandoval que dejase aquello de Iztapalapa y fuese por tierra a poner cerco a otra calzada que va desde México a un pueblo que se dice Tepeaquilla, adonde agora llaman Nuestra Señora de Guadalupe, donde hace y ha hecho muchos y santos milagros.

Digamos cómo Cortés repartió los bergantines y lo que más se hizo.

Como Cortés y todos nuestros capitanes y soldados entendíamos que sin los bergantines no podríamos entrar por las calzadas para combatir a México, envió cuatro de ellos a Pedro de Alvarado, y en su real, que era el de Cristóbal de Olí, dejó seis bergantines, y a Gonzalo de Sandoval, en la calzada de Tepeaquilla, le envió dos bergantines y mandó que el bergantín más pequeño no anduviese más en la laguna porque no le trastornasen las canoas, que no era de sustén.

Y la gente y marineros que en él andaban mandó repartir en los otros doce, porque ya estaban muy mal heridos veinte hombres de los que en ellos andaban.

Pues desque nos vimos en nuestro real de Tacuba con aquella ayuda de los bergantines, mandó Pedro de Alvarado que los dos de ellos anduviesen por una parte de la calzada y los otros dos de la otra parte. Comenzamos a pelear muy de hecho, porque las canoas que nos solían dar guerra desde el agua los bergantines las desbarataban, y ansí teníamos lugar de les ganar algunas puentes y albarradas. Y cuando con ellos estábamos peleando, era tanta la piedra con hondas y vara y flecha que nos tiraban, que por bien que íbamos armados, todos los más soldados nos descalabraban y quedábamos heridos; y hasta que la noche nos despartía, no dejábamos la pelea y combate.

Pues quiero decir el mudarse de escuadrones con sus devisas y enseñas de las armas, que los mexicanos se remudaban de rato en rato; pues a los bergantines, cuál los paraban desde las azoteas, que les cargaban de vara, flecha y piedra, porque era más que granizo. Y no lo sé aquí decir, ni habrá quien lo pueda comprender, sino los que en ello nos hallamos, que venía tanta multitud de ellas, más que granizo, que de presto cubrían la calzada.

Pues ya que con tantos trabajos les ganábamos alguna puente o albarrada y la dejábamos sin guarda, aquella misma noche la habían de tomar y tornar a ahondar, y ponían muy mejores defensas, y aun hacían hoyos encubiertos en el agua para que otro día, cuando peleásemos y al tiempo del retraer, nos embarazásemos y cayésemos en los hoyos, y pudiesen con sus canoas desbaratarnos. Porque asimismo tenían aparejadas muchas canoas para ello, puestas en partes que no las viesen nuestros bergantines, para cuando nos tuviesen en aprieto en los hoyos, los unos por tierra y los otros en el agua, dar en nosotros.

Y para que nuestros bergantines no nos pudiesen venir a ayudar, tenían hechas muchas estacadas en el agua encubiertas en partes, para que en ellas encallasen, y desta manera peleábamos cada día.

Ya he dicho otras veces que los caballos muy poco aprovechaban en las calzadas, porque si arremetían o daban algún alcance a los escuadrones que con nosotros peleaban, luego se les arrojaban al agua y a unos mamparos que tenían hechos en las calzadas, donde estaban otros escuadrones de guerreros aguardando con lanzas largas de las nuestras o dalles que habían hecho, muy largas, de las armas que tomaron cuando el gran desbarate que nos dieron en México. Y con aquellas lanzas y de grandes rociadas de flechas y vara que tiraban de la laguna, herían y mataban los caballos antes que se hiciese a los mexicanos daño (y demás de esto, los caballeros cuyos eran no los querían aventurar, porque costaba en aquella sazón un caballo a ochocientos pesos, y aun algunos costaban a más de mil, y no los había), especialmente no pudiendo alcanzar por las calzadas sino muy pocos contrarios.

Dejemos desto. Y digamos que cuando en la noche nos despartía, curábamos nuestras heridas con quemárnoslas con aceite, y un soldado que se decía Juan Catalán nos las santiguaba y ensalmaba, y verdaderamente digo que hallábamos que Nuestro Señor Jesucristo era servido darnos esfuerzo, demás de las muchas mercedes que cada día nos hacía, y de presto sanaban. Y heridos y entrapajados habíamos de pelear desde la mañana hasta la noche, que si los heridos se quedaran en el real sin salir a los combates, no hubiera de cada capitanía veinte hombres sanos para salir.

Pues nuestros amigos los de Tascala, desque veían que aquel hombre que dicho tengo nos santiguaba, todos los heridos y descalabrados iban a él, y eran tantos, que en todo el día harto tenía que curar. Pues quiero decir de nuestros capitanes y alféreces y compañeros de bandera, cuáles salíamos llenos de heridas y las banderas rotas. Y digo que cada día habíamos menester un alférez, porque salíamos tales que no podían tornar a entrar a pelear y llevar las banderas.

Pues con todo esto, ¡quizá teníamos que comer! No digo de falta de tortillas de maíz, que hartas teníamos, sino algún refrigerio para los heridos, maldito aquel. Lo que nos daba la vida eran unos quilites, que son unas yerbas que comen los indios, y cerezas de la tierra, mientras que duraron, y después tunas, que en aquella sazón vino el tiempo de ellas.

Y otro tanto como hacíamos en nuestro real, hacían en el real donde estaba Cortés y en el de Sandoval, que jamás día ninguno faltaban grandes capitanías de mexicanos, que siempre les iban a dar guerra. Ya he dicho otras veces que desde que amanecía hasta la noche, porque para ello tenía Guatémuz señalados los capitanes y escuadrones que en cada calzada habían de acudir; y el Tatelulco y los pueblos de la laguna, ya otras veces por mí nombrados, tenían señalados para que en viendo una señal en el cu mayor del Tatelulco, acudiesen unos en canoas y otros por tierra. Y para ello tenían los capitanes mexicanos señalados y con gran concierto, cómo y cuándo y a qué partes habían de acudir.

Dejemos desto y digamos cómo nosotros mudamos otra orden y manera de pelear, y es esta que diré: que como veíamos que cuantas obras de agua ganábamos de día (y sobre el ganarlas mataban de nuestros soldados, y todos los más estábamos heridos), luego lo tornaban a cegar los mexicanos, acordamos que todos nos fuésemos a meter en la calzada, en una placeta donde estaban unas torres de ídolos que les habíamos ya ganado, y había espacio para hacer nuestros ranchos; y aunque eran muy astrosos, que en lloviendo todos nos mojábamos, y no eran para más de cubrirnos del sereno.

Y dejamos en Tacuba las indias que nos hacían pan, y quedaron en su guarda todos los de a caballo y nuestros amigos los tascaltecas, para que mirasen y guardasen los pasos, no viniesen de los pueblos comarcanos a darnos en la rezaga en las calzadas mientras que estábamos peleando.

Y desque hubimos asentado nuestros ranchos adonde dicho tengo, desde allí adelante procuramos que las casas o barrios o aberturas de agua que les ganásemos, que luego lo cegásemos, y con las casas diésemos con ellas en tierra y las deshiciésemos, porque ponerles fuego tardaban mucho en quemarse, y desde unas casas a otras no se podían encender. Porque, como ya otras veces he dicho, cada casa está en el agua, y sin pasar por puentes o en canoas no pueden ir de una parte a otra. Porque si queríamos ir por el agua nadando, desde las azoteas que tenían nos hacían mucho mal, y derrocándoselas estábamos más seguros.

Y cuando les ganábamos alguna albarrada o puente o paso malo donde ponían mucha resistencia, procurábamos de la guardar de día y de noche. Y es desta manera: que todas nuestras capitanías velamos las noches juntas, y el concierto que para ello se dio fue que tomaba la vela desde que anochecía hasta medianoche la primera capitanía, y eran sobre cuarenta soldados. Y desde medianoche hasta dos horas antes que amaneciese, tomaba la vela otra capitanía de otros cuarenta hombres; y no se iban del puesto los primeros, que allí en el suelo dormíamos, y ese cuarto es el de la modorra. Y luego venían otros cuarenta soldados y velaban el alba, que eran aquellas dos horas que había hasta el día, y tampoco se habían de ir los que velaban la modorra, que allí habían de estar.

Por manera que cuando amanecía nos hallábamos velando sobre ciento veinte soldados, todos juntos, y aun algunas noches, cuando sentíamos mucho peligro, que desde que anochecía hasta que amanecía todos estábamos juntos aguardando el gran ímpetu de los mexicanos, con temor de que no nos rompiesen, porque teníamos aviso de unos capitanes mexicanos que en las batallas prendimos que el Guatémuz tenía pensamiento y puesto en plática con sus capitanes que procurasen, en una noche o de día, romper por nosotros en nuestra calzada; y que venciéndonos por aquella nuestra parte, luego eran vencidas y desbaratadas las dos calzadas donde estaba Cortés y la donde estaba Gonzalo de Sandoval.

Y también tenía concertado que los nueve pueblos de la laguna y el mismo Tacuba y Escapuzalco y Tenayuca se juntasen, y que para el día que ellos quisiesen romper y dar en nosotros, se diesen en las espaldas en la calzada, y que a las indias que nos hacían pan, que teníamos en Tacuba, y al fardaje, que las llevasen de vuelo una noche.

Y como esto alcanzamos a saber, apercibimos a los de a caballo que estaban en Tacuba que toda la noche velasen y estuviesen alerta, y también nuestros amigos los tascaltecas. Y ansí como Guatémuz lo tenía concertado, lo puso por obra: que vinieron grandes escuadrones; unas noches nos venían a romper y dar guerra a medianoche, y otras a la modorra, y otras al cuarto del alba; y venían algunas veces sin hacer rumor y otras con grandes alaridos y silbos.

Y cuando llegaban adonde estábamos velando la noche, ¡la vara y piedra y flecha que tiraban, y otros muchos con lanzas! Y puesto que herían a alguno de nosotros, como les resistíamos, volvían muchos heridos. Y otros muchos guerreros vinieron a dar en nuestro fardaje, y los de a caballo y tascaltecas los desbarataron, porque como era de noche no aguardaban mucho.

Y desta manera que he dicho velábamos, que ni porque lloviese ni vientos ni fríos, y aunque estábamos metidos en medio de grandes lodos y heridos, allí habíamos de estar. Y aun esta miseria de tortillas y yerbas que habíamos de comer, o tunas, sobre la obra del batallar, como dicen los oficiales, había de ser.

Pues con todos estos recaudos que poníamos, nos tornaban a abrir la puente o calzada que les habíamos ganado, que no se les podía defender de noche que no lo hiciesen; y otro día se la tornábamos a ganar y cegar, y ellos a la tornar a abrir y hacer más fuerte con mamparos, hasta que los mexicanos mudaron otra manera de pelear, la cual diré en su coyuntura.

Y dejemos de hablar en tantas batallas como cada día teníamos, y otro tanto en el real de Cortés y en el de Sandoval. Y digamos: ¿de qué aprovechaba haberles quitado el agua de Chapultepeque, ni menos aprovechaba haberles vedado que por las tres calzadas no les entrase bastimento ni agua? Ni tampoco aprovechaban nuestros bergantines estándose en nuestros reales, no sirviendo más de cuando peleábamos hacernos espaldas de los guerreros de las canoas y de los que peleaban desde las azoteas, porque los mexicanos metían mucha agua y bastimentos de los nueve pueblos que estaban poblados en el agua, porque en canoas les proveían de noche, y de otros pueblos sus amigos, de maíz y gallinas y todo lo que querían.

Y para evitar que no les entrase aquesto, fue acordado por todos los tres reales que dos bergantines anduviesen de noche por la laguna a dar caza a las canoas que venían cargadas con bastimentos y agua, y todas las canoas que les pudiesen quebrar o traer a nuestros reales, que se les tomase. Y hecho este concierto, fue bueno, puesto que para pelear y guardarnos hacían falta de noche los dos bergantines, mas hicieron mucho provecho en quitar que no entrasen bastimentos y agua; y aun con todo esto, no dejaban de ir muchas canoas cargadas dello.

Y como los mexicanos andaban descuidados en sus canoas metiendo bastimento, no había día que no traían los bergantines que andaban en su busca presa de canoas y muchos indios colgados de las antenas.

Dejemos desto y digamos el ardid que los mexicanos tuvieron para tomar nuestros bergantines y matar a los que en ellos andaban. Es desta manera: que, como he dicho, cada noche y en las mañanas les iban a buscar por la laguna sus canoas, y las trastornaban con los bergantines y prendían muchas de ellas. Acordaron armar treinta piraguas, que son canoas muy grandes, con muy buenos remeros y guerreros, y de noche se metieron todas treinta entre unos carrizales en parte que los bergantines no las pudiesen ver, y cubiertas de ramas.

Echaban de antenoche dos o tres canoas como que llevaban bastimentos o metían agua, y con buenos remeros; y en parte que les parecía a los mexicanos que los bergantines habían de correr cuando con ellos peleasen, habían hincado muchos maderos gruesos hechos estacadas para que ellos encallasen.

Pues como iban las canoas en la laguna mostrando señal de temerosos, arrimadas a los carrizales, salen dos de nuestros bergantines tras ellas, y las dos canoas hacen que se van retrayendo a tierra, a la parte que estaban las treinta piraguas en celada, y los bergantines siguiéndolas. Y ya que llegaban a la celada, salen todas las piraguas juntas y dan tras los bergantines, que de presto hirieron a todos los soldados y remeros y capitanes, y no podían ir a una parte ni a otra por las estacadas que les tenían puestas.

Por manera que mataron al un capitán que se decía Hulano de Portillo, gentil soldado que había sido en Italia, e hirieron a Pedro Barba, que fue otro muy buen capitán, y desde a tres días murió de las heridas; tomaron el bergantín. Estos dos bergantines eran de los del real de Cortés, de lo cual recibió gran pesar; mas desde a pocos días se lo pagaron muy bien con otras celadas que echaron, lo cual diré en su tiempo.

Y dejemos agora de hablar dellos. Y digamos cómo en el real de Cortés y en el de Gonzalo de Sandoval siempre tenían muy grandes combates, y muy mayores en el de Cortés, porque mandaba derrocar y quemar casas y cegar puentes, y todo lo que ganaba cada día lo cegaba. Y envió a mandar a Pedro de Alvarado que mirase que no pasásemos puente ni abertura de la calzada sin que primero lo tuviese cegado y que no quedase casa que no se derrocase y se pusiese fuego; y con los adobes y madera de las casas que derrocábamos cegábamos los pasos y aberturas de las puentes, y nuestros amigos de Tascala que nos ayudaban en toda la guerra, muy como varones.

Dejemos desto y digamos que, como los mexicanos vieron que todas las casas las allanábamos por el suelo y que las puentes y aberturas las cegábamos, acordaron pelear de otra manera, y fue que abrieron una puente y zanja muy ancha y honda (que nos daba el agua, cuando la pasábamos, a partes no le hallábamos pie), y tenían en ella hechos muchos hoyos que no los podíamos ver dentro en el agua, y unos mamparos y albarradas, ansí de la una parte como de la otra de aquella abertura, y tenían hechas muchas estacadas con maderos gruesos en partes que nuestros bergantines encallasen si nos viniesen a socorrer cuando estuviésemos peleando sobre tomárles aquella fuerza, porque bien entendían que la primera cosa que habíamos de hacer era deshacerles la albarrada y pasar aquella abertura de agua para entrarles en la cibdad.

Y asimismo tenían aparejadas en partes escondidas muchas canoas bien armadas de guerreros y buenos remeros. Y un domingo de mañana comenzaron de venir por tres partes grandes escuadrones de guerreros y nos acometen de tal manera, que tuvimos bien que sustentarnos no nos desbaratasen.

Ya en aquella sazón había mandado Pedro de Alvarado que la mitad de los de a caballo que solían estar en Tacuba durmiesen en la calzada, porque no tenían tanto riesgo como al principio, como ya no había azoteas y todas las más casas derrocadas, y podían correr para algunas partes de las calzadas sin que desde las canoas y azoteas les pudiesen herir los caballos.

Y volvamos a nuestro propósito; y es que de aquellos tres escuadrones que vinieron muy bravosos, los unos por una parte donde estaba la gran abertura en el agua, y los otros por unas casas de las que habíamos derrocado, y el otro escuadrón nos había tomado las espaldas de la parte de Tacuba, y estábamos como cercados. Y los de a caballo, con nuestros amigos los de Tascala, rompieron por los escuadrones que nos habían tomado las espaldas, y todos nosotros nos estuvimos peleando muy valerosamente con los otros dos escuadrones hasta hacerles retraer (mas era fingida aquella muestra que hacían que huían), y les ganamos la primera albarrada y a la otra albarrada donde se hicieron fuertes; también la desampararon.

Y nosotros, creyendo que llevábamos victoria, pasamos aquella agua a vuelapié, y por donde la pasamos no había ningunos hoyos, y vamos siguiendo el alcance entre unas grandes casas y torres de adoratorios, y los contrarios hacían que todavía se retraían, y no dejaban de tirar vara y piedra con hondas y mucha flecha.

Y cuando no nos catamos, tenían encubiertos en parte que no los podíamos ver tanta multitud de guerreros que nos salen al encuentro, y otros muchos desde las azoteas y desde las casas, y los que primero hacían que se iban retrayendo vuelven sobre nosotros todos a una y nos dan tal mano, que no les podíamos sustentar, y acordamos de nos volver retrayendo con gran concierto.

Y tenían aparejada en el agua y abertura que les habíamos ganado tanta flota de canoas en la parte por donde habíamos primero pasado, donde no había hoyos, que no pudiésemos pasar por aquel paso, que nos hicieron ir a pasar por otra parte adonde he dicho que estaba muy más honda el agua, y tenían hechos muchos hoyos.

Y como venían contra nosotros tanta multitud de guerreros y nos veníamos retrayendo, pasábamos el agua a nado y a vuelapié, y caíamos todos los más soldados en los hoyos. Entonces acudieron las canoas sobre nosotros, y allí apañaron los mexicanos a cinco soldados, nuestros compañeros, y vivos los llevaron a Guatémuz, e hirieron a todos los más.

Pues los bergantines que aguardábamos para ayudarnos no podían venir, porque todos estaban encallados en las estacadas que les tenían puestas, y con las canoas y azoteas les dieron buena mano de vara y flecha, y mataron dos soldados remeros e hirieron a muchos de los nuestros.

Y volvamos a los hoyos y abertura. Digo que fue maravilla cómo no nos mataron a todos en ellos. De mí digo que ya me habían echado mano muchos indios, y tuve manera para desembarazar el brazo, y Nuestro Señor Jesucristo, que me dio esfuerzo para que, a buenas estocadas que les di, me salvé, y bien herido en un brazo.

Y desque me vi fuera de aquella agua, en parte segura, me quedé sin sentido, sin me poder sostener en mis pies y sin huelgo ninguno, y esto causó la gran fuerza que puse para me descabullir de aquella gentecilla y de la mucha sangre que me salió.

Y digo que cuando me tenían engarrafado, que con el pensamiento yo me encomendaba a Nuestro Señor Dios y a Nuestra Señora, su bendita madre, y ponía la fuerza que he dicho, por donde me salvé. Gracias a Dios por las mercedes que me hace.

Otra cosa quiero decir: que Pedro de Alvarado y los de a caballo, como tuvieran harto en romper los escuadrones que nos venían por las espaldas de la parte de Tacuba, no pasó ninguno dellos aquella agua ni albarradas, si no fue un solo de a caballo que había venido poco hacía de Castilla, y allí le mataron a él y al caballo.

Y como vieron que nos veníamos retrayendo, nos iban ya a socorrer con otros de a caballo. Y si allá pasaran, por fuerza habíamos de volver sobre los indios; y si volvieran, no quedara ninguno dellos ni de los caballos ni de nosotros a vida, porque la cosa estaba de arte que cayeran en los hoyos. Y había tantos guerreros, que les mataran los caballos con lanzas que para ello tenían, y desde las muchas azoteas que había, porque esto que pasó era en el cuerpo de la cibdad.

Y con aquella victoria que tenían los mexicanos, todo aquel día, que era domingo, como dicho tengo, tornaron a venir a nuestro real otra tanta multitud de guerreros, que no nos podíamos valer, que ciertamente creyeron de nos desbaratar; y nosotros, con unos tiros de bronce y buen pelear, nos sostuvimos contra ellos, y con velar todas las capitanías juntas cada noche.

Dejemos desto y digamos, como Cortés lo supo, el gran enojo que tenía. Escribió luego en un bergantín a Pedro de Alvarado que mirase que en bueno ni en malo dejase un paso por cegar, y que todos los de a caballo durmiesen en las calzadas y toda la noche estuviesen ensillados y enfrenados, y que no curásemos de pasar un paso más delante hasta haber cegado con adobes y madera aquella gran abertura, y que tuviese buen recaudo en el real.

Pues desque vimos que por nosotros había acaecido aquel desmán, desde allí adelante procuramos tapar y cegar aquella abertura, y aunque fue con harto trabajo y heridas que sobre ello nos daban los contrarios, y muerte de seis soldados, en cuatro días la tuvimos cegada, y en las noches sobre ella misma velábamos todas tres capitanías, según la orden que dicho tengo.

Y quiero decir que entonces, como los mexicanos estaban junto a nosotros cuando velábamos, que también ellos tenían sus velas, y por cuartos se mudaban. Y era desta manera: que hacían grande lumbre que ardía toda la noche, y los que velaban estaban apartados de la lumbre, y desde lejos no les podíamos ver, porque con la claridad de la leña que siempre ardía no podíamos ver los indios que velaban; mas bien sentíamos cuándo se remudaban y cuándo venían a atizar su leña.

Y muchas noches había que, como llovía en aquella sazón mucho, les apagaba la lumbre y la tornaban a encender; y sin hacer rumor ni hablar entre ellos palabras, se entendían con unos silbos que daban.

También quiero decir que nuestros escopeteros y ballesteros, muchas veces, cuando sentíamos que se venían a trocar, les tiraban al bulto piedra y saetas perdidas, y no les hacíamos mal, porque estaban en parte que, aunque de noche quisiéramos ir a ellos, no podíamos, con otra gran abertura de zanja bien honda que habían abierto a mano, y albarradas y mamparos que tenían; y también ellos nos tiraban a bulto mucha piedra y vara y flecha.

Dejemos de hablar destas velas. Y digamos cómo cada día íbamos por nuestra calzada adelante peleando con muy buen concierto, y les ganamos la abertura que he dicho, adonde velaban; y era tanta la multitud de los contrarios que contra nosotros cada día venían, y la vara y flecha y piedra que tiraban, que nos herían a todos, aunque íbamos con gran concierto y bien armados.

Pues ya se había pasado todo el día batallando y se venía la tarde, y no era coyuntura para pasar más adelante, sino volvernos retrayendo. En aquel tiempo tenían ellos muchos escuadrones aparejados, creyendo que con la gran priesa que nos diesen al tiempo del retraer nos pudiesen desbaratar, porque venían tan bravos como tigres y pie con pie se juntaban con nosotros. Y como aquello conocíamos dellos, la manera que teníamos para nos retraer era esta: que la primera cosa que hacíamos, echar de la calzada a nuestros amigos los tascaltecas, porque, como eran muchos, con nuestro favor querían llegar a pelear con los mexicanos. Y como los mexicanos eran mañosos, no deseaban otra cosa sino vernos embarazados con los amigos, con grandes arremetidas que hacían por dos o tres partes para nos poder tomar en medio o atajar algunos de nosotros, y con los muchos tascaltecas que embarazaban no podíamos pelear a todas partes; y a esta causa les echábamos fuera de la calzada en parte que los poníamos en salvo.

Y desque nos víamos que no teníamos embarazo dellos, nos retraíamos al real, no vueltas las espaldas, sino siempre haciéndoles rostro: unos ballesteros y escopeteros soltando, y otros armando; y nuestros cuatro bergantines, cada dos de los lados de las calzadas, por la laguna, defendiéndonos por las flotas de canoas y de las muchas piedras de las azoteas y casas que estaban por derrocar; y aun con todo este concierto, teníamos harto riesgo cada uno con su persona hasta volver a los ranchos. Y luego nos curábamos con aceite nuestras heridas y apretallas con mantas de la tierra, y cenar de las tortillas que nos traían de Tacuba, y yerbas y tunas quien lo tenía; y luego íbamos a velar a la abertura del agua, como dicho tengo, y luego otro día por la mañana: ¡sus!, ¡a pelear! Porque no podíamos hacer otra cosa, porque por muy de mañana que fuese, ya estaban sobre nosotros los batallones contrarios, y aun llegaban a nuestro real y nos decían vituperios; y desta manera pasábamos nuestros trabajos.

Dejemos por ahora de contar de nuestro real, que es el de Pedro de Alvarado, y volvamos al de Cortés, que siempre de noche y de día le daban combates y le mataban y herían muchos soldados, y es de la manera que a nosotros los del real de Tacuba. Y siempre traía dos bergantines a dar caza de noche a las canoas que entraban en México con bastimentos y agua.

Parece ser que un bergantín prendió a dos principales que venían en una de las muchas canoas que metían bastimento, y dellos supo Cortés que tenían en celada entre unos matorrales cuarenta piraguas y otras canoas para tomar alguno de nuestros bergantines, como hicieron la otra vez. Y a aquellos dos principales que se prendieron, Cortés les halagó y les dio mantas, y con muchos prometimientos, que en ganando a México les daría tierras; y con nuestras lenguas, doña Marina y Aguilar, les preguntó que a qué parte estaban las piraguas, porque no se pusieron adonde la otra vez, y ellos señalaron el puesto y paraje que estaban, y aun avisaron que habían hincado muchas estacadas de maderos gruesos en partes, para que, si los bergantines fuesen huyendo de sus piraguas, zalabordasen y allí los apañasen y matasen a los que iban con ellos.

Y como Cortés tuvo aquel aviso, apercibió seis bergantines que aquella noche se fuesen a meter en unos carrizales apartados, obra de un cuarto de legua donde estaban las piraguas en celada, y que se cubriesen con mucha rama; y fueron a remo callado y estuvieron toda la noche aguardando.

Y otro día muy de mañana mandó Cortés que fuese un bergantín como que iba a dar caza a las canoas que entraban con bastimento, y mandó que fuesen los dos indios principales que se prendieron dentro en el bergantín, para que mostrasen en qué parte estaban las piraguas, porque el bergantín fuese hacia allá; y asimismo los mexicanos, nuestros contrarios, concertaron de echar dos canoas echadizas, como la otra vez, adonde estaba su celada, como que traían bastimento, para que se cebase el bergantín en ir tras ellas. Por manera que ellos tenían un pensamiento y los nuestros otro como el suyo, de la misma manera.

Y como el bergantín que echó Cortés disimulado vio a las canoas que echaron los indios para cebar el bergantín, iba tras ellas, y las dos canoas hacían que se iban huyendo a tierra adonde estaba en celada sus piraguas. Y luego nuestro bergantín hizo semblante que no osaba llegar a tierra y que se volvía retrayendo; y desque las piraguas y otras muchas canoas le vieron que se volvía, salen tras él con gran furia y reman todo lo que podían, y le iban siguiendo, y el bergantín se iba como huyendo donde estaban los otros seis bergantines en celada, y todavía las piraguas siguiéndole.

Y en aquel instante soltaron una escopeta, que era señal cuándo habían de salir nuestros bergantines; y desque oyeron la señal, salen con gran ímpetu y dieron sobre las piraguas y canoas, que trastornaron, y mataron y prendieron muchos guerreros; y también el bergantín que echamos para en celada, que iba ya algo a lo largo, vuelve a ayudar a sus compañeros. Por manera que se llevó buena presa de prisioneros y canoas. Y desde allí adelante no osaban los mexicanos echar más celadas ni se atrevían a meter bastimentos ni agua tan a ojos vistos como solían.

Y desta manera pasaba la guerra de los bergantines en la laguna y nuestras batallas en las calzadas.

Y digamos agora, como vieron los pueblos que estaban en la laguna poblados (que ya los he nombrado otras veces) que cada día teníamos victoria, así por el agua como por tierra, y venían a nuestra amistad, así los de Chalco y Tezcuco y Tascala y otras poblazones, y con todos les hacíamos mucha guerra y mal y daño en sus pueblos, y les cativaban muchos indios e indias. Parece ser se juntaron todos y acordaron de venir de paz ante Cortés, y con mucha humildad le demandaron perdón si en algo nos habían enojado, y dijeron que eran mandados y que no podían hacer otra cosa.

Y Cortés holgó mucho de los ver venir de aquella manera; y aun desque lo supimos en nuestro real de Pedro de Alvarado y en el de Sandoval, nos alegramos todos los soldados.

Y volviendo a nuestra plática, Cortés con buen semblante y con muchos halagos les perdonó y les dijo que eran dignos de gran castigo por haber ayudado a los mexicanos. Y los pueblos que vinieron fueron: Iztapalapa, Vichilobusco, Culuacán, Mezquique y todos los de la laguna y agua dulce. Y les dijo Cortés que no habíamos de alzar real hasta que los mexicanos viniesen de paz o por guerra los acabase, y les mandó que en todo nos ayudasen con todas las canoas que tuviesen para combatir a México, y que viniesen a hacer sus ranchos junto a Cortés y trujesen comida: lo cual dijeron que así lo harían, e hicieron los ranchos de Cortés, y no traían comida, sino muy poca y de mala gana.

Nuestros ranchos, donde estaba Pedro de Alvarado, nunca se hicieron, que así nos estábamos al agua, porque ya saben los que en esta tierra han estado que por junio, julio y agosto son en estas partes cotidianamente las aguas.

Dejemos esto. Y volvamos a nuestra calzada y a los combates que cada día dábamos a los mexicanos, y cómo les íbamos ganando muchas torres de ídolos y casas y otras aberturas y zanjas y puentes que de casa a casa tenían hechos, y todo lo cegábamos con adobes y la madera de las casas que deshacíamos y derrocábamos, y aun sobre ellas velábamos; y aun con toda esta diligencia que poníamos, lo tornaban a hondar y ensanchar y ponían más albarradas.

Y porque entre todas tres nuestras capitanías teníamos por deshonra que unos batallásemos e hiciésemos rostro a los escuadrones mexicanos y otros estuviesen cegando los pasos y aberturas y puentes, y por escusar diferencias sobre los que habíamos de batallar o cegar aberturas, mandó Pedro de Alvarado que una capitanía tuviese cargo de cegar y entender en la obra un día, y las dos capitanías batallasen e hiciesen rostro contra los enemigos; y esto había de ser por rueda: un día unos, y luego otro día otra capitanía, hasta que por todas tres capitanías volviese la andana y rueda.

Y con esta orden no quedaba casa que les ganábamos que no dábamos con ella en el suelo, y nuestros amigos los tascaltecas que nos ayudaban, y ansí les íbamos entrando en su cibdad. Mas al tiempo de retraer, todas tres capitanías habíamos de pelear juntos, porque entonces era donde corríamos mucho peligro. Y como otra vez he dicho, primero hacíamos salir de las calzadas todos los tascaltecas, porque cierto era demasiado embarazo para cuando peleábamos.

Dejemos de hablar de nuestro real y volvamos al de Cortés y al de Sandoval, que a la contina, ansí de día como de noche, tenían sobre sí muchos contrarios por tierra y flotas de canoas por la laguna, y siempre les daban guerra, y no les podían apartar de sí.

Pues en lo de Cortés, por les ganar una puente y abra muy honda (y era mala de ganar), y en ella tenían los mexicanos muchos mamparos y albarradas que no se podían pasar sino a nado, y ya que se pusiesen a pasalla, estaban aguardándole muchos guerreros con flechas y piedra con hondas, y varas y macanas y espadas de a dos manos y lanzas hechas como dalles y engastadas de las espadas que nos tomaron, y la laguna llena de canoas de guerra. Y había junto a las albarradas muchas azoteas y dellas les daban muchas pedradas, y los bergantines no les podían ayudar por las estacadas que tenían puestas.

Y sobre ganalles esta fuerza y puente y abertura pasaron los de Cortés mucho trabajo, y le mataron cuatro soldados en el combate, porque le hirieron sobre treinta soldados; y como era ya tarde cuando lo acabaron de ganar, no tuvieron tiempo de la cegar y se volvieron retrayendo con gran trabajo y peligro, y con más de treinta soldados heridos y muchos más tascaltecas descalabrados.

Dejemos esto. Y digamos otra manera que Guatémuz mandó pelear a sus capitanías y mandó apercebir todos sus poderes: y es que como para otro día era la fiesta del señor San Juan de junio (que entonces se cumplía un año puntualmente que habíamos entrado en México, cuando el socorro de Pedro de Alvarado e nos desbarataron, segund dicho tengo en el capítulo que dello habla), parece ser tenían cuenta en ello.

El Guatémuz mandó que en todos tres reales nos diesen toda la guerra con la mayor fuerza que pudiesen, con todos sus poderes, ansí por tierra como con las canoas por el agua, y manda que fuese de noche, al cuarto de la modorra; y porque los bergantines no nos pudiesen ayudar, en todas las más partes del agua de la laguna tenían hechas estacadas para que en ellas zalabordasen.

Y vinieron con tanta furia e ímpetu, que si no fuera por los que velábamos juntos, que éramos sobre ciento y veinte soldados, y acostumbrados a pelear, nos entraran en el real, y corríamos harto riesgo. Y con gran concierto les resistimos; y allí hirieron a quince de los nuestros y dos murieron de ahí a ocho días de las heridas.

Pues en el real de Cortés también les pusieron en gran aprieto y trabajo, y hubo muchos muertos y heridos, y en lo de Sandoval por el consiguiente. Y desta manera vinieron dos noches arreo, y también en aquellos reencuentros quedaron muchos mexicanos muertos y muchos más heridos. Y como Guatémuz y sus capitanes y papas vieron que no aprovechaba nada la guerra que dieron aquellas dos noches, acordaron que con todos sus poderes juntos viniesen al cuarto del alba y diesen en nuestro real, que se dice el de Tacuba; y vinieron tan bravosos, que nos cercaron por dos partes, y aun nos tenían medio desbaratados y atajados, y quiso Nuestro Señor Jesucristo darnos esfuerzo, que nos tornamos a hacer un cuerpo y nos mamparamos algo con los bergantines, y a buenas estocadas y cuchilladas, que andábamos pie con pie, les apartamos algo de nosotros; y los de caballo no estaban de balde, pues los ballesteros y escopeteros hacían lo que podían, que harto tuvieron que romper en otros escuadrones, que ya nos tenían tomadas las espaldas.

Y en aquella batalla mataron a ocho y hirieron muchos de nuestros soldados, y aun al Pedro de Alvarado le descalabraron. Y si nuestros amigos los tascaltecas durmieran aquella noche en la calzada, corríamos gran riesgo con el embarazo que ellos nos pusieran, como eran muchos; mas la ispiriencia de lo pasado nos hacía que luego los echásemos fuera de la calzada y se fuesen a Tacuba, y quedábamos sin cuidado.

Tornemos a nuestra batalla, que matamos muchos mexicanos y se prendieron cuatro personas principales. Bien tengo entendido que los curiosos lectores se hartarán de ver cada día tantos combates, y no se puede menos hacer, porque noventa y tres días que estuvimos sobre esta tan fuerte y gran cibdad, cada día y de noche teníamos guerra y combates. Por esta causa los hemos de recitar muchas veces cómo y cuándo y de qué manera pasaban, y no los pongo por capítulos de lo que cada día hacíamos porque me pareció que era gran prolijidad y era cosa de nunca acabar, y parecería a los libros de Amadís o caballerías.

Y porque de aquí adelante no me quiero detener en contar tantas batallas y reencuentros que cada día pasábamos, lo diré lo más breve que pueda. Y porque nos pareció que llevábamos vitoria e tuvimos grandes desmanes, e vuelven sobre nosotros, que estuvimos en gran peligro de nos perder en todos tres reales, como adelante verán.

Como Cortés vio que no se podían cegar todas las aberturas y puentes y zanjas de agua que ganábamos cada día, y de noche las tornaban a abrir los mexicanos y hacían más fuertes albarradas que de antes tenían hechas, y que era gran trabajo pelear y cegar puentes y velar todos juntos; demás, como estábamos todos los más heridos e se habían muerto veinte soldados, acordó Cortés de poner en pláticas con los capitanes y soldados que tenía en su real, que eran Cristóbal de Olí y Francisco Verdugo y Andrés de Tapia y el alférez Corral y Francisco de Lugo, y también nos escribió al real de Pedro de Alvarado y al de Sandoval, para tomar parecer de todos nuestros capitanes y soldados.

Y el caso que propuso era que, si nos parecía, que fuésemos entrando en la cibdad muy de golpe hasta llegar al Tatelulco, que es la plaza mayor de México, que es muy más ancha y grande que no la de Salamanca, y que llegados que llegásemos a ella, que sería bien asentar en él todos tres reales, y que desde allí podríamos batallar por las calles de México sin tener tantos trabajos al retraer, ni tener tanto que cegar ni velar las puentes.

Y como en las tales pláticas y consejos suele acaescer, hubo muchos pareceres, porque unos decíamos que no era buen acuerdo ni consideración meternos tan de hecho en el cuerpo de la cibdad, sino que nos estuviésemos como nos estábamos, batallando y derrocando y abrasando casas. Y las causas más evidentes que dimos los que éramos en este parecer fue que si nos metíamos en el Tatelulco y dejábamos las calzadas y puentes sin guarda y desmamparadas, que como los mexicanos son muchos y guerreros, y con las muchas canoas que tienen, nos tornarían a quebrar las puentes y calzada y no seríamos señores dellas, y que con sus grandes poderes nos darían guerra de noche y de día, y como siempre tienen hechas muchas estacadas, nuestros bergantines no nos podrían ayudar; y de aquella manera que Cortés decía, seríamos nosotros los cercados y ellos tendrían por sí la tierra y campo y laguna.

Y le escribimos sobre el caso para que no nos aconteciese como la pasada, que dicen el refrán de Mazagatos: cuando salimos huyendo de México.

Y desque Cortés hubo visto el parecer de todos y vio las buenas razones que sobre ello dábamos, en lo que se resumió en todo lo platicado fue que para otro día saliésemos de todos tres reales con toda la mayor pujanza, ansí los de caballo como ballesteros y escopeteros y soldados, y que les fuésemos ganando hasta la plaza mayor, que es el Tatelulco, muchas veces por mí nombrado.

Y apercebidos en todos tres reales, y a nuestros amigos los tascaltecas y los de Tezcuco y a los de los pueblos de la laguna que nuevamente habían dado la obediencia a Su Majestad, para que con sus canoas viniesen a ayudar los bergantines, un domingo de mañana, después de haber oído misa, salimos de nuestro real con Pedro de Alvarado, y también salió Cortés del suyo y Sandoval con sus capitanías. Y con gran pujanza iba cada capitanía ganando puentes y albarradas, y los contrarios peleaban como fuertes guerreros, y Cortés por su parte llevaba mucha vitoria y asimismo Gonzalo de Sandoval por la suya, pues por nuestro puesto ya les habíamos ganado otra albarrada y una puente.

Y esto fue con mucho trabajo, porque había grandes poderes del Guatémuz que la estaban guardando, y salimos della muchos de nuestros soldados heridos y uno murió luego de las heridas, y nuestros amigos los tascaltecas salieron más de mil dellos malamente descalabrados, y todavía íbamos siguiendo la vitoria muy ufanos.

Volvamos a decir de Cortés e de todo su ejército, que ganaron una abertura de agua algo honda, y estaba en ella una calzadilla muy angosta que los mexicanos, con maña e ardid, la habían hecho de aquella manera, porque tenían pensado entre sí lo que agora a Cortés le aconteció. Y es que, como llevaba vitoria él y sus capitanes y soldados y la calzada llena de amigos, e iban siguiendo a los contrarios —e aunque hacían que huían, no dejaban de tirar vara y flecha y piedra, y hacían unas paradillas como que resistían a Cortés— hasta que le fueron cebando para que fuese tras ellos.

Y desque vieron que de hecho iba siguiendo la vitoria, hacían que iban huyendo dél; por manera que la adversa fortuna vuelve la rueda, y a mayores prosperidades acuden muchas tristezas. Y como Cortés iba vitorioso y en el alcance de los contrarios, o por su gran descuido, y Nuestro Señor Jesucristo que lo permitió, él y sus capitanes y soldados dejaron de cegar la abertura de agua que habían ganado; y como la calzadilla por do iban, con maña la habían hecho muy angosta, y aun entraba en ella agua por algunas partes y había mucho lodo y cieno; y como los mexicanos le vieron pasar aquel paso sin cegar, que no deseaban otra cosa, y aun para aquel efecto tenían apercebidos muchos escuadrones de guerreros con muy esforzados capitanes y muchas canoas en la laguna, en parte que nuestros bergantines no les podían hacer daño ninguno con las grandes estacadas que les tenían puestas en que zabordasen, vuelven sobre Cortés y contra todos sus soldados tan gran furia de escuadrones mexicanos y con tales alaridos y gritas y silbos, que los nuestros no les pudieron defender su gran ímpetu y fortaleza con que vinieron a pelear contra Cortés.

Y acordaron todos los soldados con sus capitanes y banderas de volver retrayendo con gran concierto. Mas como venían contra ellos tan rabiosos contrarios, hasta que los metieron en aquel mal paso, e con los amigos que traían, que eran muchos, se desconcertaron de arte que vuelven huyendo sin hacer resistencia, vueltos las espaldas; y Cortés, desque así los vio volver e ir desbaratados, les esforzaba y decía: "¡Tené, tené, señores; tené recio! ¿Qué es esto, que así habéis de volver las espaldas?".

No los pudo detener. Y en aquel paso que dejaron de cegar y en la calzadilla, que era angosta y mala, y con las canoas le desbarataron y le hirieron en una pierna, y le llevaron vivos sobre sesenta y seis soldados y le mataron ocho caballos, y a Cortés ya le tenían engarrafado seis o siete capitanes mexicanos.

Quiso Nuestro Señor Dios ayudalle y poner esfuerzo para se defender, puesto que estaba herido de una pierna, porque en aquel instante luego llegó a él un muy esforzado soldado que se decía Cristóbal de Olea, natural de Castilla la Vieja. Y desque así le vido asido de tanto indio, peleó tan bravosamente el soldado, que mató luego a estocadas cuatro de los capitanes que tenían engarrafado a

Cortés, y también le ayudó otro muy valiente soldado que se decía Lerma; e hicieron tanto por sus personas, que le desasieron. Y por le defender, allí perdió la vida el Olea y aun el Lerma estuvo a punto de muerte; luego acudieron muchos soldados, y aunque bien heridos, echan mano a Cortés y le ayudan a salir de aquel peligro e lodo en que estaba.

Y entonces también vino con mucha presteza el maestre de campo Cristóbal de Olí, y le tomaron por los brazos y le ayudaron a salir del agua y lodo, y le trujeron un caballo en que se escapó de la muerte; y en aquel instante también venía un su mayordomo que se decía Cristóbal de Guzmán y le traía otro caballo. Y desde las azoteas los mexicanos guerreros, que andaban muy bravosos y vitoriosos, y de lo que malamente de manera que le prendieron al Cristóbal de Guzmán y vivo le llevaron a Guatémuz; y todavía los mexicanos iban siguiendo a Cortés y a todos sus soldados hasta que llegaron a su real. Pues ya aquel desastre acaescido y se hallaron en salvo, los escuadrones mexicanos no dejaban de seguilles dándoles caza y grita, y diciéndoles muchos vituperios y llamándoles de cobardes.

Dejemos de hablar de Cortés y de su desbarate y volvamos a nuestro ejército, que es el de Pedro de Alvarado, en la calzada de Tacuba. Como íbamos muy vitoriosos, y cuando no nos catamos, vimos venir contra nosotros tantos escuadrones mexicanos, y con grandes gritas y muy hermosas divisas y penachos, y nos echaron delante de nosotros cinco cabezas que entonces habían cortado de los que habían tomado a Cortés, y venían corriendo sangre, y decían: "Así os mataremos, como hemos muerto a Malinche y Sandoval y a todos los que consigo traían; y estas son su cabezas, por eso conoceldas bien".

Y diciéndonos estas palabras, se venían a cerrar con nosotros hasta nos echar mano, que no aprovechaban cuchilladas ni estocadas ni ballestas ni escopetas, y no hacían sino dar en nosotros como a terrero; y con esto, no perdíamos punto en nuestra ordenanza al retraer, porque luego mandamos a nuestros amigos los tascaltecas que prestamente nos desembarazasen las calzadas y pasos malos. Y en este tiempo ellos se lo tuvieron bien en cargo, que como vieron las cinco cabezas de nuestros compañeros corriendo sangre, y decían que ya habían muerto a Malinche y a Sandoval y a todos los teules que consigo traían, que así habían de hacer con nosotros; y los tascaltecas temieron en gran manera, porque creyeron que era verdad, y por esta causa digo que desembarazaron la calzada muy de veras.

Volvamos a decir cómo nos íbamos retrayendo. Oímos tañer del cu mayor, que es donde estaban sus ídolos Huichilobos y Tezcatepuca, que señorea el altor del a toda la gran cibdad, y tañían un atambor, el más triste sonido (en fin, como instrumento de dimonios), y retumbaba tanto, que se oyera dos leguas, y juntamente con él muchos atabalejos y caracoles y bocinas y silbos; entonces, segun despúes supimos, estaban ofresciendo diez corazones y mucha sangre a sus ídolos que dicho tengo de nuestros compañeros.

Dejemos el sacrificio, volvamos a nuestro retraer y la gran guerra que nos daban ansi por la calzada como de las azoteas y de la laguna con las canoas. Y en aquel instante vienen contra nosotros más escuadrones que de nuevo enviaba el Guatemuz, y manda tocar su corneta, que era una señal que cuando aquella tocasen habían de combatir sus capitanes y guerreros de manera que habían de hacer presa o morir sobre ello, y retumbaba el sonido que las metían en los oídos. Y desque lo oyeron aquellos sus escuadrones y capitanías, ¡saber agora yo decir con qué rabia y esfuerzo se metían en nosotros a nos echar mano, es cosa de espanto! Porque yo no lo sé aquí escrebir, que agora que me paro a pensar en ello es como si agora lo viese y estuviese en aquel trance e batalla. Mas torno a afirmar que si Nuestro Señor Jesucristo no nos diera esfuerzo, segund estábamos todos heridos. Él nos salvó, que no podíamos llegar de otra manera a nuestros ranchos; y le doy muchas gracias a Dios y loores por ello, que me escapó aquella vez y otras muchas de poder de los mexicanos.

Y volviendo a nuestra plática, allí los de a caballo hacían arremetidas, y con dos tiros gruesos que pusimos junto a nuestros ranchos, unos tirando y otros cebando, nos sosteníamos, porque la calzada estaba llena de bote en bote de contrarios, y nos venían hasta las casas, como cosa vencida, a echarnos vara y piedra; y como he dicho, con aquellos tiros matábamos muchos dellos. Y quien ayudó mucho aquel día fue un hidalgo que se dice Pedro Moreno Medrano, que vive agora en la Puebla, porque fue el artillero, porque nuestros artilleros que solíamos tener les habían dellos muerto e otros estaban heridos; y el Pedro Moreno, demás de siempre haber sido un muy esfonado soldado, aquel día nos fue grande ayuda.

Y estando que estábamos de aquella manera, bien angustiados y heridos, no sabíamos de Cortés ni de Sandoval ni de sus ejércitos si les habían muerto o desbaratado, como los mexicanos nos decían cuando nos arronjaron las cinco cabezas que traían asidas por los cabellos y de las barbas y decían que ya habían muerto a Malinche y a todos los teules, e que ansi nos habían de matar a nosotros aquel mismo día. Y no podíamos saber dellos porque batallábamos los unos de los otros cerca de media legua, y adonde desbarataron a Cortés era más lejos, y a esta causa estábamos muy penosos, y todos juntos, ansi heridos como sanos, hechos un cuerpo estuvimos sosteniendo el ímpetuo de la furia de los mexicanos que sobre nosotros estaban, que creyeron que en aquel día no quedaría roso ni velloso de nosotros, segund la guerra que nos daban.

Pues a nuestros bergantines ya habían tomado a el uno y muerto tres soldados y herido el capitán y todos los más soldados que en él venían, y fue socorrido de otro bergantín donde andaba por capitán Juan Jaramillo, y también tenían zalabordado otro bergantín en parte que no podía salir, de que era capitán Juan de Limpias Caravajal, que en aquella sazón ensordeció, que agora vive en la Puebla, y peleó por su persona tan valerosamente y esforzó a los soldados que en el bergantín remaban, que rompieron las estacadas y salieron todos bien heridos y salvaron su bergantín. Este Limpias fue el primero que rompió las estacadas, que fue harto bien para adelante.

Volvamos a Cortés, que como estaba él y toda su gente los más muertos y heridos, le iban los escuadrones mexicanos hasta su real a darle guerra y aun le echaron delante sus soldados, que resistían a los mexicanos cuando peleaban, otras cuatro cabezas corriendo sangre de los soldados que le habían llevado al mismo Cortés, y les decían que eran del Tonatio, que es Pedro de Alvarado y Sandoval y la de Bernal Diaz y de otros teules, y que ya nos habían muerto a todos los de Tacuba. Entonces dizque desmayó mucho más Cortés de lo que antes estaba y se le saltaron las lagrimas de los ojos, y todos los que consigo tenía, mas no de manera que sintiesen en él demasiada flaqueza. Y luego mandó a Cristóbal de Oli, que era maestre de campo, y a sus capitanes que mirasen no les rompiesen el real los muchos mexicanos que estaban sobre ellos y que todos juntos hiciesen cuerpo, ansi heridos como sanos, y mandó a Andrés de Tapia que con tres de a caballo muy en posta viniese por tierra, y aventurasen las vidas, a Tacuba, que es nuestro real, y que supiese si éramos vivos. Y que si no éramos desbaratados, que mirásemos que en el real hobiese buen recaudo y que todos juntos hiciésemos cuerpo asi de día como en la noche en la vela; y esto que enviaba a mandar ya lo teníamos por costumbre. Y el capitán Andrés de Tapia y los tres de a caballo que con él venían se dieron buena priesa, y aun venía herido ya el Tapia e dos de los que traía en su compañia que se decían Guillen de la Loa y a un Valdenebro y un Juan de Cuéllar, hombres esforzados. Y desque llegaron a nuestro real y nos hallaron batallando contra el poder de México, que todo estaba junto contra nosotros, se holgaron en el alma, y nos contaron lo acaescido del desbarate de Cortés y lo que nos enviaba a decir, y no nos quisieron declarar qué tantos eran muertos, sino decían que hasta veinte y cinco, y que todos los demás estaban buenos.

Dejemos de hablar en esto y volvamos a Sandoval y a sus capitanes y soldados, que andaban muy vitoriosos en la parte y calles de su conquista. Y desque los mexicanos hobieron desbaratado a Cortés, cargan sobre el Sandoval y su ejército y capitanes de arte que no se pudo valer, y le mataron seis soldados y le hirieron a todos los que traía, y a él le dieron tres heridas: y una en el muslo y la otra en la cabeza y otra en el brazo izquierdo. Y estando batallando con los contrarios, le ponen delante seis cabezas de los que mataron de Cortés y dicen que aquellas cabezas eran del Malinche y del Tonatio y de otros capitanes, y que ansi habían de hacer al Sandoval y a los que con él estaban, y le dieron muy fuertes combates.

Y el Sandoval desque aquello vio, mandó a sus capitanes y soldados que todos mostrasen mucho ánimo y no desmayasen, y que mirasen al retraer no hobiese algún desconcierto en la calzada, que es angosta. Y lo primero que hizo, mandó salir afuera de la misma calzada a sus amigos, que tenía muchos, porque no les estorbasen, y con sus dos bergantines y con sus escopeteros y ballesteros con mucho trabajo se retrujo a su estancia, y toda su gente bien herida y aun desmayada e seis muertos. Y como se vio fuera de la calzada, puesto que estaban cercados de mexicanos, esforzó sus gentes y capitanes y les encomendó mucho que todos hiciesen cuerpo así de día como de noche y que guardasen el real no les desbaratasen; y como conoscía del capitán Luis Marin que lo haría muy bien, ansi herido y entrapajado como estaba, tomó consigo otros dos de a caballo y por tierra fue muy en posta al real de Cortés.

Y desque el Sandoval vio a Cortés, le dijo:

"¡Oh, señor capitán!, ¿y qué es esto? ¿Aquestos son los consejos y ardides de guerra que siempre nos daba? ¿Cómo ha sido este desmán?"

Y Cortés le respondió, saltándosele las lágrimas de los ojos:

"¡Oh, hijo Sandoval, que mis pecados lo han permitido! Y no soy tan culpante en ello como me ponen todos nuestros capitanes e soldados, sino es el tesorero Julián de Alderete, a quien encomendé que cegase aquel paso donde nos desbarataron, y no lo hizo, como no es acostumbrado a guerrear ni a ser mandado de capitanes".

Y entonces respondió el mesmo tesorero, que se halló junto a Cortés, que vino a ver y hablar a Sandoval y a saber de su ejército si era muerto o desbaratado, y dijo que el mismo Cortés tenía la culpa, y no él. Y la causa que dio fue que, como Cortés iba con vitoria, por seguilla muy mejor decía:

"¡Adelante, caballeros!", y que no les mandó cegar puente ni paso malo; y que si se lo mandara, que su capitanía y los amigos lo hiciera, y también culpaba a Cortés en no mandar salir con tiempo de las calzadas los muchos amigos que llevaba.

Y porque hobo otras muchas pláticas y respuestas de Cortés al tesorero, que iban dichas con enojo, se dejarán de decir.

E diré cómo en aquel instante llegaron dos bergantines de los que Cortés tenía en su compañía y calzada, que no habían venido ni sabían dellos después del desbarate y, segund paresció, habían estado detenidos y zalabordados en unas estacadas y, segund dijeron los capitanes, habían estado detenidos y cercados de canoas que les daban guerra, y venían todos heridos; y dijeron que Dios primeramente que les ayudó, y con un viento y con grandes fuerzas que pusieron al remar, rompieron las estacadas: se salvaron.

De lo cual hobo mucho placer Cortés, porque hasta entonces, y aunque no lo publicaba por no desmayar los soldados, como no sabía dellos, los tenía por perdidos.

Dejemos esto y volvamos a Cortés, que luego encomendó mucho a Sandoval que luego fuese en posta a nuestro real de Pedro de Alvarado, que se dice el de Tacuba, y mirase si éramos desbaratados o de qué manera estábamos, y que si éramos vivos, que nos ayudase a poner resistencia en el real, no nos rompiesen, y dijo a Francisco de Lugo que fuese en su compañía, porque bien entendido tenía que había escuadrones mexicanos en el camino. Y les dijo que ya había enviado a saber de nosotros a Andrés de Tapia con tres de a caballo, y temía no le hobiesen muerto en el camino; y cuando se lo dijo y se despidió, fue abrazar al Sandoval y le dijo:

"Mirá, hijo, pues yo no puedo ir a todas partes, ya veis que estoy herido, a vos encomiendo estos trabajos para que pongáis cobro en todos tres reales; bien sé que Pedro de Alvarado y todos sus capitanes y hermanos y soldados que le di, esforzados, habrán batallado y hecho como caballeros; mas temo el gran poder destos perros no le hayan desbaratado, pues de mí y ejército veis de la manera que estoy".

Y en posta vino Sandoval y el Francisco de Lugo donde estábamos, y cuando llegó era a hora poco más de vísperas. Y porque, según paresció y vimos, el desbarate de Cortés fue antes de misa mayor, y cuando llegó Sandoval nos halló batallando con los mexicanos, que nos querían entrar en el real por unas casas que habíamos derrocado, y otros por la calzada y muchas canoas por la laguna, y tenían ya un bergantín zalabordado en tierra, y los soldados que en él iban a los dos habían muerto y todos los más heridos.

Y como Sandoval nos vio a mí y a otros diez soldados en el agua metidos a más de la cinta ayudando al bergantín a echalle en lo hondo, y estaban sobre nosotros muchos indios con espadas de las nuestras que tomaron en el desbarate de Cortés y otros con montantes de navajas dándonos cuchilladas, y a mí me dieron un flechazo e una cuchillada en la pierna, porque no ayudásemos al bergantín, que ya le querían llevar con sus canoas, según las fuerzas que ponían, y le tenían atado muchas sogas para llevárselo y metelle dentro a la cibdad.

Y como Sandoval nos vio de aquella manera, nos dijo:

"¡Oh, hermanos, poné fuerzas en que no lleven el bergantín!".

Y tomamos tanto esfuerzo, que luego le sacamos en salvo, puesto que, como he dicho, todos los marineros salieron heridos y dos soldados muertos.

En aquella sazón vinieron a la calzada muchas capitanías de mexicanos y nos herían ansí a los de a caballo como a todos nosotros, y aun al Sandoval le dieron una buena pedrada en la cara, y entonces Pedro de Alvarado lo socorrió con otros de a caballo; y como venían tantos escuadrones e yo y otros veinte soldados les hacíamos cara, Sandoval nos mandó que poco a poco nos retrujésemos, porque no les matasen los caballos.

Y porque no nos retraíamos de presto como quisiera, nos dijo con furia:

"¿Queréis que por amor de vosotros me maten a mí y a todos estos caballeros? ¡Por amor de mí, hermano Bernal Díaz, que os retrayáis!",

Y entonces lo tornaron a herir a él y a su caballo.

En aquella sazón echamos los amigos fuera de la calzada, y poco a poco, haciendo cara y no vueltas las espaldas, como quien hace represas, unos ballesteros y escopeteros tirando y otros cebando sus escopetas, y no soltaban todos a la par, y los caballos que hacían algunas arremetidas, y el Pedro Moreno Medrano, ya por mí memorado, con sus tiros en armar y tirar.

Y por más mexicanos que llevaban las pelotas, no los podía apartar, sino que siempre nos iban siguiendo con pensamiento que aquella noche nos habían de llevar a sacrificar.

Pues ya que estábamos retraídos cerca de nuestros aposentos, pasado ya una grande abra donde había mucha agua y no nos podían alcanzar las flechas y vara y piedra, y estando el Sandoval y el Francisco de Lugo y Andrés de Tapia con Pedro de Alvarado contando a cada uno lo que le había acaescido y lo que Cortés mandaba, tornó a sonar el atambor muy doloroso del Huichilobos, y otros muchos caracoles y cornetas y otras como trompas, y todo el sonido de ellas espantable. Y mirábamos al alto cu en donde las tañían: vimos que llevaban por fuerza las gradas arriba a nuestros compañeros que habían tomado en la derrota que dieron a Cortés, que los llevaban a sacrificar.

Y desque ya los tuvieron arriba en una placeta que se hacía en el adoratorio donde estaban sus malditos ídolos, vimos que a muchos dellos les ponían plumajes en las cabezas y con unos como aventadores les hacían bailar delante del Huichilobos; y desque habían bailado, luego les ponían de espaldas encima de unas piedras algo delgadas que tenían hechas para sacrificar, y con unos navajones de pedernal los aserraban por los pechos y les sacaban los corazones bullendo y se los ofrescían a los ídolos que allí presentes tenían, y los cuerpos dábanles con los pies por las gradas abajo.

Y estaban aguardando abajo otros indios carniceros, que les cortaban brazos y pies y las caras desollaban, y las adobaron después como cuero de guantes, y con sus barbas las guardaban para hacer fiestas con ellas cuando hacían borracheras, y se comían las carnes con chilmole. Y desta manera sacrificaron a todos los demás y les comicron las piernas y brazos, y los corazones y sangre ofrescían a sus ídolos, como dicho tengo; y los cuerpos, que eran las barrigas e tripas, echaban a los tigres y leones y sierpes y culebras que tenían en la casa de las alimañas, como dicho tengo en el capítulo que atrás dello platicado.

Pues desque aquellas crueldades vimos todos los de nuestro real y Pedro de Alvarado y Gonzalo de Sandoval y todos los demás capitanes, ¡miren los curiosos letores que esto leyeren qué lástima teníamos dellos! Y decíamos entre nosotros: "¡Oh, gracias a Dios que no me llevaron a mí hoy a sacrificar!". Y también tengan atención que no estábamos lejos dellos, y no les podíamos remediar, y antes rogábamos a Dios que nos guardase de tan cruelísima muerte.

Pues en aquel instante que hacían aquellos sacrificios, vinieron de repente sobre nosotros grandes escuadrones de guerreros, y nos daban por todas partes bien qué hacer, que ni nos podíamos valer de una manera ni de otra contra ellos, y nos decían:

"Mirá que desta manera habéis de morir todos, que nuestros dioses nos lo han prometido muchas veces".

Pues las palabras de amenazas que decían a nuestros amigos los tascaltecas eran tan lastimosas y tan malas, que les hicieron desmayar, y les echaban piernas de indios asadas y otros brazos de nuestros soldados, y les decían:

"Comed de las carnes de esos teules y de vuestros hermanos, que ya bien hartos estamos dellos, y eso que nos sobra podéis hartaros dello; y mirá que las casas que habéis derrocado que os hemos de traer para que las tornéis a hacer muy mejores y con piedra blanca y calicanto labradas; por eso ayudá muy bien a esos teules, que todos los veréis sacrificados".

Pues otra cosa mandó hacer Guatémuz: que como aquella vitoria tuvo, envió por todos los pueblos nuestros confederados y amigos y a sus parientes pies y manos de nuestros soldados y caras desolladas con sus barbas y las cabezas de los caballos que mataron, y les enviaron a decir que ya éramos muertos más de la mitad de nosotros y que presto nos acabarían, y dejasen nuestra amistad y se viniesen a México, que si luego no la dejaban, que les iría a destruir; y les envió a decir otras muchas cosas para que se fuesen de nuestro real y nos dejasen, pues habíamos de ser presto muertos por sus manos.

Y a la contina dándonos guerra ansí de día como de noche; y como velábamos todos los del real juntos, y Gonzalo de Sandoval y Pedro de Alvarado y los demás capitanes haciéndonos compañía en la vela, y aunque venían de noche grandes capitanías de guerreros, los resistíamos. Pues los de a caballo todo el día y la noche estaban mitad dellos en lo de Tacuba y la otra mitad en las calzadas.

Pues otro mayor mal nos hicieron: que cuanto habíamos cegado desde que en la calzada entramos, todo lo tornaron a abrir e hicieron albarradas muy más fuertes que de antes. Pues a los amigos de las cibdades de la laguna que nuevamente habían tomado nuestra amistad y nos vinieron ayudar con las canoas, creyeron llevar lana y volvieron tresquilados, porque perdieron muchos las vidas y más de la mitad de las canoas que traían, y otros muchos volvieron heridos; y aun con todo esto, desde allí adelante no ayudaron a los mexicanos, porque estaban mal con ellos, salvo estarse a la mira.

Dejemos de hablar más en contar lástimas y volvamos a decir el recaudo y manera que dende en adelante teníamos, y cómo Gonzalo de Sandoval y Francisco de Lugo y Andrés de Tapia e Juan de Cuéllar e Valdenebro y los demás soldados que habían venido a nuestro real les paresció que era bien volverse a sus puestos y dar relación a Cortés cómo y de qué manera estábamos.

Y se fueron en posta y dijeron a Cortés cómo Pedro de Alvarado y todos sus soldados teníamos muy buen recaudo ansí en el batallar como en el velar, y aun Sandoval, como me tenía por amigo, dijo a Cortés que me halló a mí y a otros soldados batallando el agua más de la cinta, defendiendo un bergantín que estaba zabordado en tierra, que si por nuestras personas no fuera, que mataran a todos los soldados y capitán que dentro venía; y porque dijo de mi persona otras loas de cuando me mandaba a retraer, que yo aquí no lo he de decir, porque otras personas lo dijeron y se supo en todo el real de Cortés y el nuestro, no quiero aquí recitallo.

Y desque Cortés lo hobo bien entendido del buen recaudo que teníamos en nuestro real, con ello descansó su corazón. Y desde allí adelante mandó a todos tres reales que no batallásemos poco ni mucho con los mexicanos (entiéndese que no curásemos de tomar ningún puente ni albarrada), salvo de defender nuestros reales, no nos los rompiesen, que, de batallar con ellos, aun no había bien esclarecido el día cuando estaban sobre nuestro real tirando muchas piedras con hondas y vara y flecha, y diciéndonos vituperios feos.

Y como teníamos junto a nuestro real una abertura de agua muy ancha y honda, estuvimos con ellos cuatro días arreo, que no la pasamos, y otro tanto se estuvo Cortés en su real y Sandoval en el suyo.

Y esto de no salir a batallar e procurar de ganar las albarradas que habían tornado abrir y hacer fuertes era por causa que todos estábamos muy heridos y trabajados, ansí de velas como de las armas, y sin comer cosa de sustancia. Y como faltaban del día antes sobre sesenta e tantos soldados de todos tres reales y ocho caballos, porque rescibiésemos algún alivio y para tomar maduro consejo de lo que habíamos de hacer desde allí adelante, mandó Cortés que estuviésemos quedos, como dicho tengo.

Y dejallo he aquí, y diré cómo y de qué manera peleábamos y todo lo más que en nuestro real pasó.

CAPÍTULO V: MUCHAS BATALLAS

La manera que teníamos en todos tres reales de pelear es esta: que velábamos cada noche todos los soldados juntos en las calzadas y nuestros bergantines a los lados, y los de a caballo rondando la mitad dellos en lo de Tacuba, adonde nos hacían pan e teníamos nuestro fardaje, y la otra mitad en las puentes y calzada; y muy de mañana aparejábamos los puños para batallar con los contrarios, que nos venían a entrar en nuestro real y procuraban de nos desbaratar; y otro tanto hacían en el real de Cortés y en el de Sandoval; y esto no fue sino cinco días, porque luego tomamos otra orden, la cual diré adelante.

Y digamos agora cómo los mexicanos cada noche hacían grandes sacrificios y fiestas en el cu mayor del Tatelulco, y tañían su maldito atambor y otras trompas y atabales y caracoles, y daban muchos gritos y alaridos, y tenían toda la noche grandes luminarias de mucha leña encendida, y entonces sacrificaban de nuestros compañeros a su maldito Huichilobos y Tezcatepuca, y hablaban con ellos. Y segund ellos decían, que en la mañana o aquella misma noche...

Parece ser, como los ídolos son malos, por engañarles que no viniesen de paz, les hacían en creyente que a todos nosotros nos habían de matar, y a los tascaltecas y a todos los más que fuesen en nuestra ayuda. Y como nuestros amigos lo oían, teníanlo por muy cierto, y porque nos vieron desbaratados e no batallábamos como solía.

Dejemos destas pláticas, que eran de sus malditos ídolos, y digamos cómo en la mañana venían muchas capitanías juntas a nos cercar y dar guerra, y se remudaban de rato en rato, unos de unas devisas e penachos e señales, y venían otros de otras libreas; y entonces, cuando estábamos peleando con ellos, nos decían muchas palabras, llamándonos de apocados y que no éramos buenos para cosa ninguna, ni para hacer casas ni maizales, y que no éramos sino para venilles a robar su cibdad, como gente mala que habíamos venido huyendo de nuestra tierra y de nuestro rey y señor. Y esto decían por lo que Narváez les había enviado a decir: que veníamos sin licencia de nuestro rey, como dicho tengo en el capítulo que dello habla.

Y nos decían que de ahí a ocho días no había de quedar ninguno de nosotros, porque ansí se lo prometió la noche pasada sus dioses. Y nos decían otras muchas palabras malas, y a la postre decían: "Mirá cuán malos y bellacos sois, que aun vuestras carnes son tan malas para comer, que amargan como las hieles, que no las podemos tragar de amargor". Y parece ser, como aquellos días se habían hartado de nuestros soldados y compañeros, quiso Nuestro Señor que les amargase las carnes.

Pues a nuestros amigos los tascaltecas, si mucho vituperio nos decían a nosotros, más les decían a ellos; e que los ternían por esclavos para sacrificar y hacer sus sementeras y tornar a edificar las casas que les habíamos derrocado, y que las habían de hacer de cal y canto labradas, e que sus Huichilobos se lo había prometido. Y diciendo esto, luego el bravoso pelear. Y se venían por unas casas derrocadas, y por muchas canoas que tenían nos tomaban las espaldas, y aun nos tenían algunas veces ya atajados en la calzada. Y Nuestro Señor Dios nos sustentaba cada día, que nuestras fuerzas no bastaban, mas todavía los hacíamos volver muchos dellos heridos, y otros quedaban muertos.

Dejemos de hablar de los grandes combates que nos daban. Y digamos cómo nuestros amigos los de Tascala y de Cholula y Guaxocingo, y aun los de Tezcuco e Chalco e Tamanalco, acordaron de se ir a sus tierras. E sin lo saber Cortés ni Pedro de Alvarado ni Sandoval, se fueron todos los más, que no quedó en el real de Cortés salvo Estesuchel, que después que se bautizó se llamó don Carlos, y era hermano de don Fernando, señor de Tezcuco, y era muy esforzado hombre, y quedaron con él otros sus parientes y amigos, hasta cuarenta. Y en el real de Sandoval quedó otro cacique de Guaxocingo con obra de cincuenta hombres; y en nuestro real quedaron dos hijos de don Lorenzo de Vargas y el esforzado de Chichimecatecle con obra de ochenta tascaltecas, sus parientes y vasallos.

Por manera que de más de veinte y cuatro mil amigos que traíamos, no quedaron en todos tres reales sino obra de ducientos amigos, que todos se nos fueron a sus pueblos. Y desque nos hallamos solos con tan pocos amigos, rescebimos pena. Y Cortés y Sandoval, cada uno en su real, preguntaba a los amigos que les quedaban que por qué se habían ido de aquella manera los demás; y decían que como veían que los mexicanos hablaban de noche con sus ídolos y les prometían que nos habían de matar a nosotros y a ellos, que creían que era verdad, e de miedo se iban. Y lo que le daba más crédito era que nos vían a todos heridos y nos habían muerto muchos de los nuestros, y que dellos mismos faltaban más de mil y doscientos, y que temieron no nos matasen todos.

Y también porque Xicotenga el Mozo, el que mandó ahorcar Cortés en los términos de Tezcuco, siempre les decía que sabía por sus adivinanzas que a todos nos habían de matar y que no quedaría ningún tascalteca dellos a vida; y por estas causas se fueron. Y puesto que Cortés en lo secreto mostró pesar dello, mas con rostro alegre les dijo que no tuviesen miedo, e que aquello que los mexicanos les decían que era mentira y por desmayarlos; y tantas cosas de prometimientos les dijo, con palabras amorosas, que les esforzó a estar con él; y otro tanto dijimos a Chichimecatecle y a los dos mancebos Xicotengas.

Y en aquellas pláticas que Cortés decía a Estesuchel, que ya he dicho que se dijo don Carlos, como era de suyo señor y esforzado, dijo a Cortés: "Señor Malinche, no rescibas pena por no batallar cada día con los mexicanos, sana de tu pierna, toma mi consejo, y es que te estés algunos días en tu real; y otro tanto manda al Tonatio (que era Pedro de Alvarado, que ansí le llamaban) que se esté en el suyo, y a Sandoval en Tepeaquilla, y con los bergantines anden cada noche e de día a quitar y defender que no les entren bastimentos ni agua, porque están dentro en esta gran cibdad tantos mil xiquipiles de guerreros, que por fuerza comerán el bastimento que tienen; y el agua que agora beben es media salobre, de unas fuentes que tienen hechas, y como llueve cada día, y algunas noches recogen el agua, y dello se sustentan; mas ¿qué pueden hacer si les quitas la comida y el agua, sino que es más que guerra la que ternán con la hambre e sed?"

Y como Cortés aquello entendió, le echó los brazos encima y le dio gracias por ello, y con prometimiento que le daría pueblos. Y aqueste consejo ya lo habíamos puesto en pláticas muchos soldados; mas somos de tal calidad, que no queríamos aguardar tanto tiempo, sino entralles en la cibdad. Y desque Cortés lo hobo muy bien considerado lo que el cacique dijo (puesto que ya se lo habíamos enviado a decir por nuestra parte, y sus capitanes y soldados se lo decían por otra), mandó a dos bergantines que fuesen a nuestro real y al de Sandoval a nos decir que nos manda que estuviésemos otros tres días sin les ir entrando en la cibdad. Y como en aquella sazón los mexicanos estaban vituriosos, no osábamos enviar un bergantín solo, y por esta causa envió dos.

Y una cosa nos ayudó mucho, y es que ya osaban todos nuestros bergantines romper las estacadas que los mexicanos les habían hecho en la laguna para que zabordasen. Y es desta manera: que remaban con gran fuerza, y para que mejor furia trujese el remar, tomaban desde algo atrás, y si hacía viento, con las velas y remos muy mejor;

e ansí eran señores de la laguna y aun de muchas partes de las casas que estaban apartadas de la cibdad; y los mexicanos que aquello vieron se les quebró algo de su braveza.

Dejemos esto y volvamos a nuestras batallas. Y es que, pues que no teníamos amigos, comenzamos a cegar y tapar la gran abertura que he dicho otras veces que estaba junto a nuestro real; con la primera capitanía (que venía la rueda, de acarrear adobes y madera y cegar) lo poníamos muy por la obra y con grandes trabajos, y las otras dos capitanías batallábamos; ya he dicho otra vez que ansí lo teníamos concertado y había de andar por rueda; y en cuatro días que todos trabajamos en ella la teníamos cegada y allanada. Y otro tanto hacía Cortés en su real, que tenía el mismo concierto, y aun él en persona estaba trabajando, llevando adobes y madera, hasta que quedaban seguras las puentes y calzadas y aberturas, por tenello seguro al retraer; y Sandoval, ni más ni menos en el suyo; y nuestros bergantines, junto con nosotros, sin temer estacadas; y desta manera les fuimos entrando poco a poco.

Volvamos a los grandes escuadrones que a la contina nos daban guerra y muy bravosos e vituperiosos se venían a juntar pie con pie con nosotros; y de cuando en cuando, cómo se mudaban unos escuadrones, y venían otros. Pues digamos la grita y alaridos que traían, y en aquel instante el resonido de la cornetilla del Guatémuz, y entonces apechugaban de tal arte con nosotros, que no nos aprovechaban cuchilladas ni estocadas que les dábamos, y nos venían a echar mano. Y como, después de Dios, nuestro buen pelear nos había de valer, teníamos muy reciamente contra ellos, hasta que con las escopetas y ballestas y arremetidas de los de a caballo, que estaban a la contina con nosotros la mitad dellos, y con los bergantines, que no temían ya las estacadas, les hacíamos estar a raya; y poco a poco les fuimos entrando. Y desta manera batallábamos hasta cerca de la noche, que era hora de retraer. Pues ya que nos retraíamos, ya he dicho otras muchas veces que había de ser con gran concierto, porque entonces procuraban de nos atajar en la calzada y pasos malos; y si de antes lo habían procurado, en estos días, con la vitoria pasada, lo ponían muy más por la obra. Y digo que por tres partes nos tenían tomados en medio un día; mas quiso Nuestro Señor Dios que, puesto que hirieron muchos de nosotros, nos tornamos a juntar y matamos y prendimos muchos contrarios; y como no teníamos amigos que echar fuera de las calzadas y los de a caballo nos ayudaban valientemente, puesto que en aquella refriega y combate les hirieron dos caballos, volvimos a nuestro real bien heridos, donde nos curamos con aceite y apretar las heridas con mantas, y comer nuestras tortillas con ají e hierbas e tunas, y luego puestos todos en la vela.

Digamos agora lo que los mexicanos hacían de noche en sus grandes y altos cúes, y es que tañían el maldito atambor, que digo otra vez que era el más maldito sonido y más triste que se podía inventar, y sonaba lejos tierras, y tañían otros peores instrumentos y cosas diabólicas, y tenían grandes lumbres y daban grandísimos gritos e silbos. Y en aquel instante estaban sacrificando nuestros compañeros de los que habían tomado a Cortés, que supimos que diez días arreo acabaron de sacrificar a todos nuestros soldados, y al postrero dejaron a Cristóbal de Guzmán, que vivo lo tuvieron doce o trece días, segund dijeron tres capitanes mexicanos que prendimos. Y cuando los sacrificaban, entonces hablaba su Huichilobos con ellos y les prometía vitoria y que habíamos de ser muertos a sus manos antes de ocho días e que nos diesen buenas guerras, y aunque en ellas muriesen muchos; y desta manera los traía engañados.

Dejemos de sus sacrificios y volvamos a decir que, desque otro día amaneció, ya estaban sobre nosotros todos los mayores poderes que Guatémuz podía juntar. Y como teníamos cegada la abertura y calzada y puente, y la podían pasar en seco, ¡mi fe!, ellos tenían atrevimiento a nos venir a nuestros ranchos e tirar vara e piedra e flechas, que si no fueran por los tiros, que siempre con ellos les hacíamos apartar, porque Pedro Moreno Medrano, que tenía cargo dellos, les hacía mucho daño. Y quiero decir que nos tiraban saetas de las nuestras con ballestas, cuando tenían vivos cinco ballesteros e al Cristóbal de Guzmán con ellos, y les hacían que les armasen las ballestas y les amostrase cómo habían de tirar; y ellos, o los mexicanos, tiraban aquellos tiros como cosa pensada, e no hacían mal con ellos. Y de la misma manera que nosotros, y aun más reciamente, batallaban con Cortés y el Sandoval, y les tiraban saetas, puesto que no hacían mal. Y esto sabíamoslo por saberlo los bergantines que de nuestro real iban al de Cortés, y de Cortés al nuestro e al de Sandoval. Y siempre nos escribía de la manera que habíamos de batallar y todo

113

lo que habíamos de hacer, y encomendándonos la vela y que siempre estuviesen la mitad de los de a caballo en Tacuba guardando el fardaje y las indias que nos hacían pan, y parásemos mientes que no rompiesen por nosotros una noche, porque unos prisioneros que en el real de Cortés se prendieron le dijeron que Guatémuz decía muchas veces que diesen en nuestro real de noche, pues no había tascaltecas que nos ayudasen, porque bien sabían que se nos habían ido ya todos los amigos; e ya he dicho muchas veces que poníamos gran diligencia en velar.

Dejemos desto y digamos que cada día teníamos muy recios combates y no dejábamos de les ir ganando albarradas y puentes y aberturas de agua; y como nuestros bergantines osaban ir por doquiera de la laguna y no temían a las estacadas, ayudábannos muy bien. Y digamos cómo siempre andaban dos bergantines de los que tenía Cortés en su real a dar caza a las canoas que metían agua y bastimentos, y cogían en la laguna uno como medio lama que después de seco tenía un sabor de queso, y traían en los bergantines muchos indios presos. Tornemos al real de Cortés y de Gonzalo de Sandoval, que cada día iban conquistando y ganaban albarradas y calzadas y puentes; y en aquestos trances y batalla después del desbarate de Cortés, se habían pasado doce o trece días.

Y desque Estesuchel, hermano de don Fernando, señor de Tezcuco, vio que volvíamos muy de hecho sobre nosotros y no era verdad lo que los mexicanos decían que dentro de diez días nos habían de matar, porque ansí se lo habían prometido sus Huichilobos y Tezcatepuca, envió a decir a su hermano don Fernando que luego enviase a Cortés todo el poder de guerreros que pudiese sacar de Tezcuco; y vinieron, dentro en dos días que se lo envió a decir, más de dos mil hombres de guerra. Acuérdome que vino con ellos un Pero Sánchez Farfán y Antonio de Villarroel, marido que fue de Isabel de Ojeda, porque aquestos dos soldados había dejado Cortés en aquella cibdad: el Pero Sánchez Farfán era capitán y el Villarroel era ayo de don Hernando. Y cuando Cortés vio tan buen socorro, se holgó mucho y les dijo palabras halagüeñas.

Y asimismo en aquella sazón volvieron muchos tascaltecas con sus capitanes, y venía por general dellos un cacique de Topeyanco que se decía Tecapaneca, y también vinieron otros muchos indios de

Guaxocingo y muy pocos de Cholula. Y como Cortés supo que habían vuelto, mandó que todos, ansí como venían, fuesen a su real para les hablar. Y primero que fuesen, les mandó poner guardas de guerra de nuestros soldados en el camino para defendellos, porque si saliesen mexicanos a les dar guerra. Y desque fueron delante de Cortés, les hizo un parlamento con doña Marina y Jerónimo de Aguilar y les dijo que bien habrán creído y tenido por cierto la buena voluntad que Cortés siempre les ha tenido y tiene, ansí por haber servido a Su Majestad como por las buenas obras que dellos hemos rescebido; y que si les mandó desde que venimos aquella cibdad venir con nosotros a destruir a los mexicanos, que su intento fue porque se aprovechasen y volviesen ricos a sus tierras y se vengasen de sus enemigos, y no para que por su sola mano hobiésemos de ganar aquella gran cibdad; y puesto que siempre les ha hallado buenos y en todo nos han ayudado, que bien habrán visto que cada día les mandábamos salir de las calzadas porque nosotros estuviésemos más desembarazados sin ellos para pelear; e que ya les había dicho y amonestado otras veces que el que nos da vitoria y en todo somos ayudados es Nuestro Señor Jesucristo, en quien creemos y adoramos. Y porque se fueron al mejor tiempo de la guerra eran dinos de muerte: ¡dejar sus capitanes peleando y desmamparallos!, y porque ellos no saben nuestras leyes y ordenanzas, que les perdonan. E que porque mejor lo entiendan, que mirasen que, estando sin ellos, íbamos derrocando casas y ganando albarradas; y que desde allí adelante les manda que no maten ningunos mexicanos, porque les quiere tomar de paz.

Y después que les hobo dicho este razonamiento, abrazó a Chichimecatecle y a los dos mancebos Xicotengas y a Estesuchel, hermano de don Hernando, y les prometió que les daría tierras y vasallos más de los que tenían, teniéndoles en mucho a los que quedaron en nuestro real; y ansimismo habló muy bien a Tecapaneca, señor de Topeyanco, y a los caciques de Guaxocingo y Cholula, que solían estar en el real de Sandoval. Y desque les hobo platicado lo que dicho tengo, cada uno mandó que se fuese e se fue a su real.

Y volvamos a nuestras grandes guerras y combates que siempre teníamos y nos daban, y porque cada día y de noche no hacíamos sino batallar, y en las tardes, al retraer, siempre herían a muchos de nuestros soldados, y dejaré de contar muy por extenso todo lo que pasaba. Y quiero decir cómo en aquellos días llovía en las tardes, que nos holgábamos que viniese el aguacero temprano, porque, como se mojaban, los contrarios no peleaban bravosamente y nos dejaban retraer en salvo, y desta manera teníamos algún descanso. Y porque ya estoy harto de escrebir batallas, y más cansado y herido estaba de me hallar en ellas, y a los letores les parecerá prolijidad recitallas tantas veces. Ya he dicho que no puedo ser menos, porque en noventa y tres días siempre batallamos a la contina; mas desde aquí adelante si lo pudiese escusar, no lo traeré tanto a la memoria en esta relación. Volvamos a nuestro cuento.

Y como en todos tres reales les íbamos entrando en su cibdad, Cortés por su parte, y Sandoval por la suya, y Pedro de Alvarado por la nuestra, llegamos adonde tenían la fuente, que ya he dicho otra vez que bebían el agua salobre, la cual quebramos y deshicimos porque no se aprovechasen della. Y estaban guardándola algunos mexicanos, y tuvimos buena refriega de vara y piedra y flecha y muchas lanzas largas con que aguardaban a los caballos, porque ya por todas partes de las calles que habíamos ganado andábamos, porque estaba ya llano y sin agua e aberturas, y podían correr muy gentilmente.

Dejemos de hablar en esto y digamos cómo Cortés envió a Guatémuz mensajeros rogándole por la paz, y fue de la manera que diré adelante.

Desque Cortés vio que íbamos ganando en la cibdad muchas puentes y calzadas y albarradas, y derrocando casas, como tenía presos tres principales personas, que eran capitanes de México, les mandó que fuesen a hablar a Guatémuz para que tuviese paces con nosotros. Y los principales dijeron que no osarían ir con tal mensaje, porque su señor Guatémuz les mandaría matar. En fin de palabras, tanto se lo rogó Cortés y, con promesas que les hizo y mantas que les dio, fueron.

Y lo que mandó que dijesen al Guatémuz es que, porque le quiere bien y por ser deudo tan cercano del gran Montezuma, su amigo, y casado con su hija, y porque ha mancilla que aquella gran cibdad, porque no se acabe de destruir y por escusar la gran matanza que cada día se hacía en sus vecinos y forasteros, que le ruega que vengan de paz, y que en nombre de Su Majestad les perdonará todas las muertes y daños que nos han hecho y les hará muchas mercedes, y que tengan consideración a que ya se lo ha enviado a decir cuatro veces y que él, como mancebo, o por sus consejeros, y la más principal causa, por sus malditos ídolos y papas, que les aconsejan mal, no ha querido venir, sino darnos guerra.

Y pues que ya ha visto tantas muertes como en las batallas que nos dan les ha venido, y tenemos de nuestra parte todas las cibdades y pueblos de toda aquella comarca, y que cada día nuevamente vienen más contra ellos, que se conduela de tal perdimiento de sus vasallos y cibdad. Y también les envió a decir que sabíamos que se les habían acabado los mantenimientos y que agua no la tenían; y otras muchas palabras bien dichas, que los tres principales lo entendieron muy bien por nuestras lenguas y demandaron a Cortés una carta; y ésta no porque la entendían, sino que ya sabían claramente que cuando enviábamos alguna mensajería o cosas que les mandábamos, era un papel de aquellos que llaman amales, señal como mandamiento.

Y desque los tres mensajeros parescieron ante su señor Guatémuz, con grandes lágrimas y sollozando le dijeron lo que Cortés les mandó, y el Guatémuz desque lo oyó, y sus capitanes que juntamente con él estaban, según supimos, que al principio rescibió pasión de que tuviesen atrevimiento de venilles con aquellas pláticas; mas como el Guatémuz era mancebo e muy gentil hombre, para ser indio, y de buena disposición y rostro alegre, y aun la color algo más que tiraba a blanco que a matiz de indios, que era de obra de veinte y cinco o veinte y seis años, y era casado con una muy hermosa mujer, hija del gran Montezuma, su tío, y, según después alcanzamos a saber, tenía voluntad de hacer paces.

Y para platicallo mandó juntar todos sus principales y capitanes y papas de los ídolos, y les dijo que él tenía voluntad de no tener guerra con Malinche y todos nosotros. Y la plática que sobre ello les puso fue que ya había probado todo lo que se puede hacer sobre la guerra y mudado muchas maneras de pelear; y que somos de tal manera que cuando pensaban que nos tenían vencidos, que entonces volvíamos muy más reciamente sobre ellos; y que al presente sabía los grandes poderes de amigos que nuevamente nos habían venido y que todas las cibdades eran contra ellos, e que ya los bergantines les habían rompido sus estacadas y los caballos corrían a rienda suelta por todas las calles de su cibdad.

Y les puso por delante otras muchas desventuras que tenían sobre los mantenimientos y agua, que les rogaba o mandaba que cada uno dellos diesen su parescer, y los papas también dijesen el suyo e lo que sus dioses Huichilobos y Tezcatepuca los han oído hablar e prometido; e que ninguno tuviese temor de decir la verdad de lo que sentían.

Y según pareció, le dijeron:

"Señor y nuestro gran señor, ya te tenemos por nuestro rey y es muy bien empleado en ti el reinado, pues en todas tus cosas te has mostrado varón y te viene de derecho el reino. Las paces que dices, buenas son; mas mira y piensa en ello: desque estos teules entraron en estas tierras y en esta cibdad, cuál nos ha ido de mal en peor. Mira los servicios y dádivas que les dio nuestro señor, vuestro tío el gran Montezuma, en qué paró; pues vuestro primo Cacamatcin, rey de Tezcuco, por el consiguiente; pues vuestros parientes, los señores de Iztapalapa, Cuyuacán, de Tacuba y de Talatcingo, qué se hicieron; pues los hijos de nuestro gran Montezuma, todos murieron; pues oro y riquezas desta cibdad, todo se ha consumido; pues ya ves que a todos tus súbditos y vasallos de Tepeaca, Chalco y aun de Tezcuco y todas vuestras cibdades y pueblos les han hecho esclavos y señalado las caras. Mira primero lo que nuestros dioses te han prometido, toma buen consejo sobre ello y no te fíes de Malinche y de sus palabras halagüeñas, que todo es mentira e maldades; que más vale que todos muramos en esta cibdad peleando que no vernos en poder de quien nos harían esclavos y nos atormentarán por oro".

Y los papas también en aquel instante le dijeron que sus ídolos les habían prometido vitoria tres noches arreo cuando sacrificaban.

Y entonces el Guatémuz, medio enojado, dijo:

"Pues que ansí queréis que sea, guardá mucho el maíz y bastimento que tenemos y muramos todos peleando, y desde aquí adelante ninguno sea osado a demandar paces, si no, yo le mandaré matar".

Y allí todos prometieron de pelear noches y días, o morir en defensa de su cibdad. Pues ya esto acordado, tuvieron trato con los de Suchimilco y otros pueblos que les metiesen agua en canoas, de noche, y abrieron otras fuentes en partes que tenían agua, aunque salobre.

Dejemos ya de hablar en este su concierto. Y digamos de Cortés y todos nosotros, que estuvimos dos días sin entralles en su cibdad esperando la respuesta, y cuando no nos catamos, vienen tantos escuadrones de indios guerreros en todos tres reales y nos dan tan recia guerra, que como leones muy bravos se venían a encontrar con nosotros, que creyeron llevarnos de vencida. Esto que digo es por nuestra parte de Pedro de Alvarado, que en la de Cortés y en la de Sandoval también dijeron que les llegaron a sus reales, que no los podían defender, aunque más les mataban y herían.

Y cuando peleaban tocaban la corneta del Guatémuz, y entonces habíamos de tener orden en que no nos desbaratasen, porque ya he dicho otras veces se metían por las puntas de las espadas y lanzas por nos echar mano; y como ya estábamos acostumbrados a los reencuentros, puesto que cada día herían y mataban de nosotros, teníamos con ellos pie con pie.

Y desta manera pelearon seis o siete días arreo, y nosotros les matábamos y heríamos muchos dellos; y con todo esto, no se les daba nada por morir peleando. Acuérdome que nos decían:

"¿En qué se anda Malinche cada día que tengamos paces con vosotros? Y nuestros ídolos nos han prometido vitoria y tenemos mucho bastimento y agua, y ninguno de vosotros hemos de dejar a vida. ¡Por eso no tornen a hablar sobre paces, pues las palabras son para las mujeres y las armas para los hombres!".

Y diciendo esto, viénense a nosotros como perros dañados: todo era uno; y hasta que la noche nos despartía estábamos peleando. Y luego, como dicho tengo, al retraer con gran concierto, porque nos venían siguiendo grandes capitanías dellos, y echábamos los amigos fuera de la calzada, porque ya habían venido muchos más que de antes, y nos volvíamos a nuestras chozas; y luego ir a velar todos juntos, y en la vela cenábamos nuestra pobreza de quilites, que son yerbas, como dicho tengo otras veces; y bien de madrugada, pelear, porque no nos daban más espacio. Y desta manera estuvimos muchos días.

Y estando desta manera, tuvimos otro muy malo contraste, y es que se juntaban de tres provincias, que se decían los de Mataltcingo, Malinalco y otro pueblo que se dice Tulapa (no se me acuerdan los nombres de los demás), que estaban obra de ocho a diez leguas de

México, para venir sobre nosotros y, mientras estuviésemos batallando con los mexicanos, darnos en las espaldas y en nuestros reales, y que entonces saldrían los poderes mexicanos; y los unos por una parte y los otros por la otra tenían pensamiento de nos desbaratar. Y porque hubo otras pláticas, y lo que sobre ello se hizo, diré adelante.

Y para que esto se entienda bien ha menester volver atrás, a decir desde que a Cortés desbarataron y le llevaron a sacrificar los setenta y tantos soldados, y aun bien puedo decir setenta y ocho, porque tantos fueron después que bien se contaron; y también he dicho que Guatémuz envió las cabezas de los caballos y caras que habían desollado, y pies y manos de nuestros soldados que habían sacrificado, a muchos pueblos y a Mataltcingo y Malinalco e a Tulapa, y les envió a decir que ya habían muerto más de la mitad de nuestras gentes y que les rogaba que para que nos acabasen de matar que viniesen a le ayudar, y que darían en nuestros reales de día o de noche, y que por fuerza habíamos de pelear con ellos por nos defender; que cuando estuviésemos peleando saldrían de México y nos darían guerra por otra parte, de manera que nos vencerían y ternían que sacrificar muchos de nosotros a sus ídolos y harían hartazgas con los cuerpos. De tal manera se lo envió a decir, que lo creyeron y tuvieron por cierto.

Y demás desto, en Mataltcingo e en Tulapa tenía el Guatémuz muchos parientes por parte de la madre, y como vieron las caras y cabezas de nuestros soldados que he dicho y lo que les envió a decir, luego lo pusieron por la obra de se juntar con todos los poderes que tenían e venir en socorro de México y de su pariente Guatémuz. Y venían ya de hecho contra nosotros, y por el camino donde pasaban estaban tres pueblos nuestros amigos, y les comenzaron a dar guerra y robar las estancias y maizales, e mataron niños para sacrificar. Los cuales pueblos enviaron en posta a hacérselo saber a Cortés para que les enviase ayuda y socorro, y de presto mandó a Andrés de Tapia, que con veinte de caballo e cien soldados e muchos amigos tascaltecas los socorriese muy bien; y, ansí, los hizo retirar a sus pueblos y se volvió al real, de que Cortés hobo mucho placer.

Y ansimismo en aquel instante vinieron otros mensajeros de los pueblos de Cornavaca a demandar socorro, que los mesmos de Mataltcingo y de Malinalco e de Tulapa e otras provincias venían sobre ellos, y que enviase socorro; y para ello envió a Gonzalo de Sandoval con veinte de a caballo y ochenta soldados, los más sanos que había en todos tres reales, e yo fui con él y muchos amigos; y sabe Dios cuáles quedaban, con gran riesgo de sus personas, todos tres reales, porque todos los más estaban heridos y no tenían refrigerio ninguno.

Y porque hay mucho que decir en lo que hicimos en compañía del Sandoval, que desbaratamos los contrarios, se dejará de decir más de que dimos vuelta muy de presto por socorrer a su real del Sandoval e trujimos dos principales de Mataltcingo con nosotros y los dejó más de paz. Y fue provechosa aquella entrada que hicimos: lo uno, por evitar que nuestros amigos no recibiesen más daño del recibido; lo otro, porque no viniesen a nuestros reales a nos dar guerra, como venían de hecho; y porque viese Guatémuz y sus capitanes que no tenían ya ayuda ni favor de aquellas provincias, y también cuando con los mexicanos estábamos peleando nos decían que nos habían de matar con ayuda de Mataltcingo y de otras provincias, y que sus ídolos se lo habían prometido.

Dejemos ya decir de la ida y socorro que hicimos con Sandoval, y volvamos a decir cómo Cortés envió a Guatémuz a rogalle que viniese de paz y que le perdonaría todo lo pasado, y le envió a decir que el rey nuestro señor le envió a mandar agora nuevamente que no le destruyese más aquella cibdad, y que por esta causa los cinco días pasados no les había dado guerra ni entrado batallando. E que mire que ya no tienen bastimentos ni agua y más de las dos partes de su cibdad por el suelo, y que los socorros que esperaba de Mataltcingo, que se informe de aquellos dos principales que entonces le envió cómo les ha ido en su venida, y les envió a decir otras cosas de muchos ofrescimientos; e fueron con estos dos mensajes los dos indios de Mataltcingo y seis principales mexicanos que se habían preso en las batallas pasadas.

Y desque Guatémuz vio los prisioneros de Mataltcingo y le dijeron lo que había pasado, no les quiso responder cosa ninguna más de decilles que se vuelvan a su pueblo, y luego les mandó salir de México.

Dejemos los mensajeros, que luego salieron los mexicanos por tres partes con la mayor furia que hasta allí habíamos visto y se vienen a nosotros y en todos tres reales nos dieron muy recia guerra, y puesto que les heríamos y matábamos muchos dellos, paréceme que deseaban morir peleando, y entonces cuando más recio andaban con nosotros pie con pie peleando, e nos mataron diez soldados, a los que les cortaron las cabezas e corrieron por ellos los martirios que a los demás que habían muerto, y los traían y nos las echaban delante. Entonces decían: "Tlenquitoa, rey Castilla, tlenquitoa"; quiere decir en su lengua: "¿Qué es lo que dice agora el rey de Castilla?". Y con estas palabras tirar vara y piedra y flecha, que cubrió el suelo y calzada.

Dejemos esto, que ya les íbamos ganando gran parte de la cibdad, y en ellos sentíamos que, puesto que peleaban muy como varones, no se remudaban ya tantos escuadrones como solían, ni abrían zanjas ni calzadas; mas otra cosa tenían más cierta: que al tiempo que nos retraíamos nos venían siguiendo hasta nos echar mano.

Y también quiero decir que ya se nos había acabado la pólvora en todos tres reales, y en aquel instante había venido un navío a la Villa Rica, que era de una armada de un licenciado Lucas Vázquez de Ayllón, que se perdió o desbarataron en las islas de la Florida. Y el navío aportó a aquel puerto, y venían en él ciertos soldados y pólvora y ballestas, y el teniente que estaba en la Villa Rica, que se decía Rodrigo Rangel, que tenía en guarda a Narváez, envió luego a Cortés pólvora y ballestas y soldados.

Y volvamos a nuestra conquista; por abreviar: que acordó Cortés con todos los demás capitanes y soldados que les entrásemos cuanto más pudiésemos hasta llegalles al Tatelulco, que es la plaza mayor, donde estaban sus altos cues y adoratorios; y Cortés por su parte, Sandoval por la suya y nosotros por la nuestra les íbamos ganando puentes y albarradas; y Cortés les entró hasta una plazuela donde tenían otros adoratorios y unas torrecillas. En una de aquellas casas estaban unas vigas puestas en lo alto, y en ellas muchas cabezas de nuestros españoles que habían muerto y sacrificado en las batallas pasadas, y tenían los cabellos y barbas muy crecidas, mucho mayor que cuando eran vivos, e no lo había yo creído si no lo viera: yo conoscí a tres soldados, mis compañeros. Y desque las vimos de aquella manera, se nos entristecieron los corazones. Y en aquella sazón se quedaron allí donde estaban, mas desde a doce días se quitaron y las pusimos, aquellas y otras cabezas que tenían ofrescidas a ídolos, las enterramos en una iglesia que hecimos, que se dice agora los Mártires, cerca de la puente que dicen el Salto de Alvarado.

Dejemos de contar desto y digamos cómo fuimos batallando los de la capitanía de Pedro de Alvarado. Y llegamos al Tatelulco, y había tanto mexicano en guarda de sus ídolos y altos cues, y tenían tantas albarradas, que estuvimos bien dos horas que no se lo podíamos tomar ni entralles; y como podían correr ya caballos, puesto que a todos los más los hirieron, nos ayudaron muy bien y alancearon muchos mexicanos. Y como había tanto contrario en tres partes, fuimos las dos capitanías a batallar con ellos. Y la capitanía de un capitán que se decía Gutierre de Badajoz mandó Pedro de Alvarado que les subiese en lo alto del cu del Huichilobos, que son CXIIII gradas, y peleó muy bien con los contrarios y muchos papas que en las casas de los adoratorios estaban. Y de tal manera le daban guerra los contrarios al Gutierre de Badajoz e a su capitanía, que le hacían venir diez o doce gradas abajo rodando, y luego le fuemos a socorrer y dejamos el combate en que estábamos con muchos contrarios. E yendo que íbamos, nos siguieron los escuadrones con que peleábamos e corrimos harto peligro de nuestras vidas, y todavía les subimos sus gradas arriba, que son CXIIII, como otras veces he dicho.

Aquí había bien que decir en qué peligro nos vimos los unos y los otros en ganalles aquellas fortalezas, que ya he dicho otras muchas veces que era muy alta, y en aquellas batallas nos tornaron a herir a todos muy malamente; todavía les pusimos fuego y se quemaron los ídolos, y levantamos nuestras banderas y estuvimos batallando en lo llano, después de puesto fuego, hasta la noche, que no nos podíamos valer con tanto guerrero.

Dejemos de hablar en ello y digamos que como Cortés y sus capitanes vieron otro día desde donde andaban batallando por sus partes, en otros barrios y calles lejos del alto cu, las llamaradas que el cu mayor se ardía, que no se habían apagado, y nuestras banderas que vieron encima, se holgó mucho e se quisiera hallar ya también en él, y aun dijeron que tuvo invidia, mas no podía, porque había un cuarto de legua de un cabo a otro y tenía muchas puentes y aberturas de agua por ganar. Y por donde andaba le daban recia guerra y no podía entrar tan presto como quisiera en el cuerpo de la cibdad como hecimos los de Alvarado. Mas desde a cuatro dias se juntó con nosotros así Cortés como el Sandoval, y podíamos ir desde un real a otro por las calles y casas derrocadas y puentes e albarradas deshechas y aberturas de agua, todo ciego; y en este instante ya se iban retrayendo el Guatémuz con todos sus guerreros en una parte de la cibdad dentro de la laguna, porque las casas y palacios en que vivía ya estaban por el suelo. Y con todo esto, no dejaban cada día de salir a nos dar guerra, y al tiempo del retraer nos iban siguiendo muy mejor que de antes.

Y viendo esto Cortés, e que se pasaban muchos días e no venían de paz ni tal pensamiento tenían, acordó con todos nuestros capitanes que les echásemos celadas. Y fue desta manera: que de todos tres reales nos juntamos hasta treinta de a caballo y cien soldados, los más sueltos y guerreros que conoscía. Cortés envió a llamar de todos tres reales mil tascaltecas y nos metimos en unas casas grandes que habían sido de un señor de México, y esto fue muy de mañana, y Cortés iba entrando con los demás de a caballo que le quedaban y sus soldados y ballesteros y escopeteros por las calles y calzadas peleando como solía y haciendo que cegaba una abertura y puente de agua; y entonces estaban peleando con él los escuadrones mexicanos que para ello estaban aparejados, y aun muchos más que Guatémuz enviaba para guardar la puente. Y desque Cortés vio que había gran número de contrarios, hizo como que se retraía y mandaba echar los amigos fuera de la calzada, porque creyesen que se iban retrayendo; y vanle siguiendo, al principio poco a poco; y desque vieron que de hecho hacía que iba huyendo, van tras él todos los poderes que en aquella calzada le daban guerra. Y desque Cortés vio que habían pasado algo adelante de las casas donde estaba la celada, manda tirar dos tiros juntos, que era la señal cuándo habíamos de salir de la celada, y salen los de a caballo primero, y salimos todos los soldados y dimos en ellos a placer. Pues luego volvió Cortés con los suyos, y nuestros amigos los tascaltecas hicieron gran daño en los contrarios, por manera que se mataron e hirieron muchos; y desde allí adelante no nos seguían al tiempo de retraer. Y también en el real de Pedro de Alvarado les echó otra celada, mas no fue nada. Y en aquel día no me hallé yo en nuestro real con Pedro de Alvarado por causa que Cortés me envió a mandar que para la celada fuese a su real.

Dejemos desto. Y digamos cómo ya estábamos todos en el Tatelulco, y Cortés mandó que se pasasen todas las capitanías a estar en él y allí velásemos, por causa que veníamos más de media legua desde el real a batallar. Y estuvimos allí tres días sin hacer cosa que de contar sea, porque nos mandó Cortés que no les entrásemos más en la cibdad ni les derrocásemos más casas, porque les quería tornar a demandar paces. Y en aquellos días que allí estuvimos en el Tatelulco envió Cortés a Guatémuz rogándole que se diese y no hobiese miedo, y con grandes ofrescimientos que le prometió que su persona sería muy acatada y honrada dél y que mandaría a México y todas sus tierras y cibdades como solía, y le envió bastimentos y regalos, que eran tortillas y gallinas e cerezas y tunas y cacao, que no tenía otra cosa.

Y el Guatémuz entró en consejo con sus capitanes, y lo que le aconsejaron que dijese que quería paz y que aguardarían tres días en dar la respuesta, y que al cabo de los tres días se verían el Guatémuz e Cortés y se darían el concierto en las paces; y en aquellos tres días ternían tiempo de saber más por entero la voluntad y respuesta de su Huichilobos y de aderezar puentes y abrir calzadas y adobar vara y piedra y flecha, y hacer albarradas; y envió Guatémuz cuatro mexicanos principales con aquella respuesta, e creíamos que eran verdaderas las paces. Y Cortés les mandó dar muy bien de comer y beber a los mensajeros, y les tornó a enviar a Guatémuz, y con ellos les envió más refresco, ansí como de antes; y el Guatémuz tornó a enviar otros mensajeros, e con ellos dos mantas ricas, e dijeron que Guatémuz vernía para cuando estaba acordado.

Y por no gastar más razones sobre el caso, nunca quiso venir, porque le aconsejaron que no creyese a Cortés, y poniéndole por delante el fin de su tío, el gran Montezuma, y sus parientes y la destruicion de todo el linaje noble mexicano, y dijese que estaba malo y que saliesen todos de guerra, y que placería a sus dioses, que les daría vitoria, pues tantas veces se la había prometido. Pues como estábamos aguardando al Guatémuz y no venía, vimos la malicia. Y en aquel instante salen tantos batallones de mexicanos con sus devisas y dan a Cortés tanta guerra, que no se podía valer, y otro tanto fue por la parte de nuestro real, pues en el de Sandoval lo mismo; y era de tal manera, que parescía que entonces comenzaban de nuevo a batallar.

Y como estábamos algo descuidados creyendo que estaban ya de paz, hirieron a muchos de nuestros soldados, y tres murieron muy malamente de las heridas, y dos caballos; mas no se fueron mucho alabando, que bien lo pagaron. Y desque esto vio Cortés, mandó que les tornásemos a dar guerra y les entrásemos en su cibdad en la parte adonde se habían recogido. Y como vieron que les íbamos ganando toda la cibdad, envió Guatémuz dos principales a decir a Cortés que quería hablar con él desde una abertura de agua, y había de ser que Cortés de la una parte y el Guatémuz de la otra, y señalaron el tiempo para otro día de mañana. Y fue Cortés para hablar con él, y no quiso venir el Guatémuz al puesto, sino envió principales y dijeron que su señor no osaba venir por temor que cuando estuviesen hablando le tirarían escopetas o ballestas y le matarían, y entonces Cortés les prometió con juramento que no le enojaría en cosa ninguna; y no aprovechó, que no le creyeron, e dijeron que ya conoscían sus palabras. En aquella sazón dos principales que hablaban con Cortés sacaron unas tortillas de un fardalejo que traían e una pierna de gallina y cerezas, y sentáronse muy despacio a comer, y porque Cortés lo viese y creyese que no tenían hambre; y desque aquello vio, les envió a decir que pues que no querían venir de paz, que presto les entraría en todas sus casas y verían si tenían maíz, ¡cuanto más gallinas! Y desta manera se estuvieron otros cuatro o cinco días que no les dábamos guerra, y en este instante se salían cada noche de México muchos pobres indios que no tenían qué comer y se venían a nuestro real como aborridos de la hambre. Y desque aquello vio Cortés, mandó que no les diésemos guerra, quizá se les mudaría la voluntad para venir de paz, y no venían, y aunque les enviaba a requerir con la paz.

Y en el real de Cortés estaba un soldado que decía él mismo que había estado en Italia en compañía del Gran Capitán y se halló en la chirinola de Garallano e en otras grandes batallas, e decía muchas cosas de ingenios de la guerra e que haría un trabuco en Tatelulco con que en dos días que con él tirasen a las casas y parte de la cibdad adonde Guatémuz se había retraído, que les haría que luego se diesen de paz. Y tantas cosas dijo a Cortés sobre ello, porque era muy hablador aquel soldado, que luego puso en obra de hacer el trabuco, y trujeron cal y piedra de la manera que la demandó el soldado, carpinteros y clavazón y todo lo pertenesciente para hacer el trabuco, e hicieron dos hondas de recias sogas y cordeles, y le trujeron grandes piedras, mayores que botijas de arroba. E ya que estaba hecho y armado el trabuco segund y de la manera que el soldado dio orden, y dijo que estaba bueno para tirar y pusieron en la honda, que estaba hecha, una piedra hechiza; y lo que con ella se hizo es que fue por alto y no pasó adelante del trabuco, porque allí luego cayó adonde estaba armado. Y desque aquello vio Cortés, hobo enojo con el soldado que le dio la orden para que le hiciese, y tenía pesar en sí mismo porque le creyó, e dijo conoscido tenía dél que en la guerra no era para cosa de afrenta, mas de hablar, e que no era para cosa ninguna sino parlar y que se había hallado de la manera que he dicho. Y llámase el soldado, según él decía, Hulano de Sotelo, natural de Sevilla; y luego Cortés mandó deshacer el trabuco. Y dejemos desto y digamos que como vio que el trabuco fue cosa de burla, acordó que con doce bergantines fuese en ellos Gonzalo de Sandoval por capitán general y entrase en la parte de la cibdad adonde estaba Guatémuz retraído, el cual estaba en parte que no podíamos llegar por tierra a sus casas y palacios, sino por el agua. Y luego el Sandoval apercibió todos los capitanes de los bergantines, y lo que hizo dire adelante.

Pues como dicho tengo, Cortés vio que el trabuco no aprovechó cosa ninguna, antes hobo enojo con el soldado que le aconsejó que le hiciese. Y viendo que no quería paces ningunas Guatémuz y sus capitanes, mandó a Gonzalo de Sandoval que entrase con bergantines en el sitio de la cibdad adonde estaba retraído Guatémuz con toda la flor de sus capitanes y personas más nobles que en México había, y le mandó que no matase ni hiriese a ningunos indios, salvo si no le diesen guerra; e aunque se la diesen, que solamente se defendiese y no les hiciese otro mal, y que les derrocase las casas y muchas barbacoas que habían hecho en la laguna. Y Cortés se subió en el cu mayor del Tatelulco para ver cómo Sandoval entraba con los bergantines que le estaban acompañando, y ansimismo estaban con Cortés Pedro de Alvarado y Francisco Verdugo y Luis Marín y otros soldados.

Y como el Sandoval entró con gran furia con los bergantines en aquel paraje donde estaban las casas del Guatémuz, y desque se vio cercado el Guatémuz tuvo temor no le prendiesen o matasen, y tenía aparejadas cincuenta grandes piraguas con buenos remeros para que, en viéndose en aprieto, salvarse e irse a meter en unos carrizales, y desde allí a tierra, y esconderse en otros pueblos; y ansimismo tenía mandado a sus capitanes y a la gente de más cuenta que consigo tenía en aquella parte de la cibdad que hiciesen lo mismo. Y como vieron que les entraban entre las casas, se embarca en las cincuenta canoas, e ya tenían metido su hacienda y oro y joyas y toda su familia e mujeres; e se mete en ellas y tira por la laguna adelante, acompañado de muchos capitanes. Y como en aquel instante iban otras muchas canoas, llena la laguna dellas, y Sandoval luego tuvo noticia que Guatémuz iba huyendo, mandó a todos los bergantines que dejasen de derrocar casas y barbacoas y siguiesen el alcance de las canoas e mirasen que tuviesen tino a qué parte iba el Guatémuz, e que no le ofendiesen ni le hiciesen enojo ninguno, sino que buenamente le procurasen de prender.

Y como un Garci Holguín, que era capitán de un bergantín, amigo del Sandoval, que era muy ligero e gran velero su bergantín y traía buenos remeros, le mandó Sandoval que siguiesen a la parte que le decían que iba con sus grandes piraguas el Guatémuz huyendo, y le mandó que si le alcanzase, que no le hiciese enojo ninguno más de prendello, y el Sandoval siguió por otra parte con otros bergantines que le acompañaban.

E quiso Nuestro Señor Dios que el García Holguín alcanzó a las canoas y piraguas en que iba el Guatémuz, y en el arte e riqueza dél y sus toldos y asiento en que iba le conosció que era Guatémuz, el gran señor de México, e hizo por señas que aguardasen, y no querían aguardar, e hizo como que le querían tirar con las escopetas y ballestas. Y el Guatémuz desque lo vio hobo miedo y dijo: "No me tire, que yo soy el rey desta cibdad e me llaman Guatémuz; lo que te ruego es que no llegues a cosas mías de cuantas trayo, ni a mi mujer ni parientes, sino llévame luego a Malinche." Y como el Holguín lo oyó, se gozó en gran manera y con mucho acato le abrazó y le metió en el bergantín a él y a su mujer e a treinta principales, y les hizo asentar en la popa en unos petates e mantas y les dio de lo que traían para comer, e a las canoas donde llevaba su hacienda no les tocó en cosa ninguna, sino que juntamente los llevó con su bergantín.

En aquella sazón Gonzalo de Sandoval había mandado que todos los bergantines se recogiesen, y supo que Holguín había preso al Guatémuz y que lo llevaba a Cortés; y desque aquello oyó, da mucha priesa en que remasen los que traía en el bergantín en que él iba y alcanzó a Holguín y le demandó al prisionero. Y el Holguín no se lo quiso dar, porque dijo que él le había preso, y no el Sandoval; y el Sandoval le respondió que ansí es verdad, mas que él es el capitán general de los bergantines y el García Holguín iba debajo de su mano y bandera, y que por ser su amigo le mandó que siguiese tras el Guatémuz, porque era más ligero su bergantín, y le prendiese, e que a él, como general, le había de dar al prisionero; y el Holguín todavía porfiaba que no quería.

Y en aquel instante fue otro bergantín a gran priesa a Cortés a demandalle albricias, que estaba muy cerca en el Tatelulco, mirando desde lo alto del cu cómo entraba el Sandoval; y entonces le dijeron la diferencia que traía con el Holguín sobre tomalle el prisionero. Y desque Cortés lo supo, luego despachó al capitán Luis Marín e a Francisco Verdugo que llamasen al Sandoval e al Holguín ansí como venían en sus bergantines, sin más debatir, y trajesen al Guatémuz y su mujer e familia con mucho acato, porque él determinaría cúyo era el prisionero e a quién se había de dar la honra dello. Y entretanto que le llamaron, mandó aparejar un estrado lo mejor que en aquella sazón se pudo haber con petates y mantas y asentaderos, y mucha comida de lo que Cortés tenía para sí; y luego vino el Sandoval y Holguín con el Guatémuz, y le llevaron entrambos a dos capitanes ante Cortés.

Y desque se vio delante del, le hizo mucho acato, y Cortés con alegría le abrazó y le mostró mucho amor a él y a sus capitanes; y entonces el Guatémuz dijo a Cortés: "Señor Malinche, ya he hecho lo que soy obligado en defensa de mi cibdad y vasallos, y no puedo más; y pues vengo por fuerza y preso ante tu persona y poder, toma ese puñal que tienes en la cinta y mátame luego con él". Y esto cuando se lo decía, lloraba muchas lágrimas y sollozos, y también lloraban otros grandes señores que consigo traía.

E Cortés le respondió con doña Marina e Aguilar, nuestras lenguas, muy amorosamente, y le dijo que por haber sido tan valiente y volver por su cibdad, le tenía en mucho más su persona e que no era dino de culpa ninguna, e que antes se le ha de tener a bien que a mal, y que lo que él quisiera era que, cuando iban de vencida, antes que más destruyéramos aquella cibdad ni hobiera tantas muertes de sus mexicanos, que viniera de paz y de su voluntad; e pues ya es pasado lo uno y lo otro, que no hay remedio ni enmienda en ello, y que descanse su corazón y de todos sus capitanes, e que él mandará a México y a sus provincias como de antes.

Y Guatémuz y sus capitanes dijeron que lo tenían en merced. Y Cortés preguntó por la mujer y por otras grandes señoras, mujeres de otros capitanes, que le habían dicho que venían con el Guatémuz, e el mismo Guatémuz respondió y dijo que había rogado a Gonzalo de Sandoval y a García Holguín que las dejase estar en las canoas donde venían hasta ver lo que el Malinche les mandaba. Y luego Cortés envió por ellas y a todos los mandó dar de comer lo mejor que en aquella sazón había en el real.

Y porque era tarde y comenzaba a llover, mandó Cortés que luego se fuesen a Cuyuacán, y llevó consigo a Guatémuz y a toda su casa y familia e a muchos principales, y ansimismo mandó a Pedro de Alvarado y a Gonzalo de Sandoval y a los demás capitanes que cada uno fuese a su estancia y real, y nosotros nos fuésemos a Tacuba, y Sandoval dejó a Guatémuz en poder de Cortés en Cuyoacán y se volvió a Tepeaquilla.

Prendiose a Guatémuz y sus capitanes en trece de agosto, a hora de víspera, en día de señor San Hipólito, año de mil e quinientos y veinte y un años, gracias a Nuestro Señor Jesucristo y a Nuestra Señora la Virgen Santa María, su bendita madre; amén. Llovió y relampagueó y tronó aquella tarde y hasta medianoche mucho más agua que otras veces.

Y desque se hobo preso Guatémuz, quedamos tan sordos todos los soldados como si de antes estuviera uno hombre encima de un campanario y tañesen muchas campanas, y en aquel instante que las tañían, cesasen de las tañer. Y esto digo al propósito porque todos los noventa y tres días que sobre esta cibdad estuvimos, de noche y de día daban tantos gritos y voces unos capitanes mexicanos apercibiendo los escuadrones y guerreros que habían de batallar en las calzadas; otros llamando a los de las canoas que habían de guerrear con los bergantines y con nosotros en las puentes; otros en hincar palizadas y abrir y ahondar las aberturas de agua y puentes e en hacer albarradas;

otros en aderezar vara y flecha, y las mujeres en hacer piedras rollizas para tirar con las hondas; pues desde los adoratorios y torres de ídolos, los malditos atambores y cornetas y atabales dolorosos nunca paraban de sonar.

Y desta manera, de noche y de día teníamos el mayor ruido, que no nos oíamos los unos a los otros; y después de preso el Guatémuz, cesaron las voces y todo el ruido; y por esta causa he dicho como si de antes estuviéramos en campanario.

Dejemos desto y digamos cómo Guatémuz era de muy gentil disposición, ansí de cuerpo como de faiciones, y la cara algo larga y alegre, y los ojos más parescían que cuando miraba que era con gravedad que halagüeños, y no había falta en ellos; y era de edad de veinte y seis años, y la color tiraba su matiz algo más blanco que a la color de indios morenos. Y decían que era sobrino de Montezuma, hijo de una su hermana, y era casado con una hija del mesmo Montezuma, su tío, muy hermosa mujer y moza.

Y antes que mas pasemos adelante, digamos en qué paró el pleito de Sandoval y de García Holguín sobre la prisión de Guatémuz, y es que Cortés les dijo e contó un cuento: que los romanos tuvieron otra contienda ni más ni menos que esta entre Mario y Cornelio Sila, y fue cuando Sila trujo preso a Yugurta, que estaba con su suegro el rey Bocos; y cuando entraban en Roma trunfando de los hechos y hazañas que hacían, pareció ser Sila metía en triunfo a Yugurta con una cadena de hierro al pescuezo, y Mario dijo que no le había de meter sino él, e ya que le metiese, que había de declarar que el Mario le dio aquella facultad y le envió por él para que en su nombre le trujese preso; y se le dio el rey Bocos en nombre de Mario, pues que el Mario era capitán general y que debajo de su mano y bandera militaba.

Y el Sila, como era de los patricios de Roma, tenía mucho favor; y Mario, como era de una villa cercana a Roma que se decía Arpino y venedizo, puesto que había sido siete veces cónsul, no tuvo el favor que Sila; e sobre ello hobo las guerras ceviles entre el Mario y Sila, y nunca se determinó a quién habían de dar la honra de la prisión de Yugurta.

Volvamos a nuestro hilo e propósito. Y es que Cortés dijo que él haría relación dello a Su Majestad, y a quién fuese servido hacer merced de se lo dar por armas, que de Castilla traerían sobre ello la determinación. Y desde a dos años, vino mandado por Su Majestad que Cortés tuviese por armas en sus reposteros siete reyes, que fueron: Montezuma, gran señor de México; Cacamatcin, señor de Tezcuco; y los señores de Iztapalapa y de Cuyuacán y Tacuba, y otro gran señor que era sobrino del Montezuma, a quien decían que le venía el cacicazgo y señorío de México, que era señor de Mataltcingo y de otras provincias, y a este Guatémuz, sobre que fue el pleito.

Dejemos esto y digamos de los cuerpos muertos y cabezas que estaban en aquellas casas adonde se había retraído Guatémuz. Digo que, ¡juro, amén!, que todas las casas y barbacoas de la laguna estaba llena de cabezas y cuerpos muertos, que yo no sé de qué manera lo escriba, pues en las calles y en los mismos patios del Tatelulco no había otra cosa, y no podíamos andar sino entre cuerpos y cabezas de indios muertos.

Yo he leído la destrución de Jerusalén; mas si fue más mortandad que esta, no lo sé cierto, porque faltaron en esta cibdad tantas gentes, guerreros que de todas las provincias y pueblos subjetos a México que allí se habían acogido, todos los más murieron; y como ya he dicho, así el suelo y laguna y barbacoas, todo estaba lleno de cuerpos muertos, y hedía tanto, que no había hombre que lo pudiese sufrir.

Y a esta causa luego, como se prendió Guatémuz, cada uno de los capitanes nos fuemos a nuestros reales, como ya dicho tengo, y aun Cortés estuvo malo del hedor que se le entró en las narices e dolor de cabeza en aquellos días que estuvo en el Tatelulco.

Dejemos desto y pasemos adelante. Y digamos cómo los soldados que andaban en los bergantines fueron los mejor librados y hobieron buen despojo, a causa que podían ir a las casas que estaban en ciertos barrios de la laguna, que sentían habría ropa, oro o otras riquezas, y también lo iban a buscar en los carrizales adonde lo llevaban a esconder los mexicanos cuando les ganábamos algún barrio y casas, y también porque, so color que iban a dar caza a las canoas que metían bastimento y agua, si topaban algunas en que iban algunos principales huyendo en tierra firme para se ir entre los pueblos otomíes que estaban comarcanos, les despojaban lo que llevaban.

Quiero decir que nosotros, los soldados que militábamos en las calzadas y por tierra, no podíamos haber provecho ninguno, sino muchos flechazos y lanzadas e cochilladas y vara y piedra, a causa que cuando íbamos ganando algunas casas, ya los moradores dellas habían sacado toda cuanta hacienda tenían, y no podíamos ir por agua sin que primero cegásemos las aberturas y puentes. Y a esta causa he dicho, en el capítulo que dello habla, que cuando Cortés buscaba los marineros que habían de andar en los bergantines que fueron los mejores librados, que no los que batallábamos por tierra, y ansí paresció claro, porque los capitanes mexicanos, y aun el Guatémuz, dijeron a Cortés, cuando les demandaba el tesoro de Montezuma, que los que andaban en los bergantines habían robado mucha parte dello.

Dejemos de hablar más en esto hasta más adelante. Y digamos que como había tanta hedentina en aquella cibdad, Guatémuz rogó a Cortés que diese licencia para que todo el poder de México que estaba en la cibdad se saliesen fuera por los pueblos comarcanos, y luego les mandó que ansí lo hiciesen. Digo que en tres días con sus noches (en todas tres calzadas, llenas de hombres y mujeres e criaturas), no dejaron de salir; y tan flacos y amarillos y sucios y hediondos, que era lástima de los ver. Y como la hobieron desembarazado, envió Cortés a ver la cibdad: y víamos las casas llenas de muertos, y aun algunos pobres mexicanos entre ellos que no podían salir; y lo que purgaban de sus cuerpos era una suciedad como echan los puercos muy flacos que no comen sino yerba. Y hallose toda la cibdad como arada y sacada las raíces de las yerbas buenas que habían comido, y cocidas hasta las cortezas de algunos árboles; de manera que agua dulce no les hallamos ninguna, sino salada.

También quiero decir que no comían las carnes de sus mexicanos, si no eran de las nuestras y tascaltecas que apañaban, y no se ha hallado generación en muchos tiempos que tanto sufriese la hambre y sed y continas guerras como estas.

Pasemos adelante, que mandó Cortés que todos los bergantines se juntasen en unas atarazanas que después se hicieron.

Volvamos a nuestras pláticas, que después que se ganó esta tan grande e populosa cibdad y tan nombrada en el universo, después de haber dado muchas gracias a Dios Nuestro Señor y a su bendita madre Nuestra Señora e haber ofrescido ciertas mandas a Dios Nuestro Señor, Cortés mandó hacer un banquete en Cuyuacán por alegrías de la haber ganado. Y para ello tenía ya mucho vino de un navío que había venido de Castilla al puerto de la Villa Rica e tenía puercos que le trujeron de Cuba, y para hacer la fiesta mandó convidar a todos los capitanes y soldados que le paresció tener cuenta con ellos, de todos tres reales. Y cuando fuimos al banquete no había asientos ni mesas puestas para la tercia parte de los soldados y capitanes que fuimos, e hobo mucho desconcierto, y valiera más que no se hiciera aquel banquete por muchas cosas no muy buenas que en él acaescieron, y se dieron gracias a Dios por los muchos bienes y mercedes que siempre nos hacía e a la contina ha hecho.

Dejemos de más hablar en esto, e quiero decir otras cosas que pasaron que se me olvidaban, y aunque no vengan agora dichas, sino algo atrás. Y es que nuestros amigos Chichimecatecle y dos mancebos Xicotengas, hijos de don Lorenzo de Vargas, que se solía llamar Xicotenga el Viejo y Ciego, guerrearon muy valientemente contra el gran poder de México y nos ayudaron muy bien; e ansimismo un hermano de don Fernando, señor de Tezcuco, muchas veces por mí nombrado, que se decía Estesuchel, que después se llamó don Carlos; este hizo cosas de muy valiente y esforzado varón; e otro indio capitán, que no se me acuerda el nombre, natural de un pueblo de la laguna, hacía maravillas; y otros muchos capitanes de pueblos de los que nos ayudaban, todos guerreaban muy poderosamente. Y Cortés les habló y les dio muchas gracias y loores porque nos habían ayudado, e con muchos prometimientos que les haría señorear y les daría el tiempo adelante tierras y vasallos, los despidió. Y como estaban todos ricos y cargados de oro que hobieron e despojos, se fueron a sus tierras, y aun llevaron harta carne cecinada de los mexicanos que repartieron entre sus parientes y amigos como cosas de sus enemigos: la comieron por fiestas.

Agora que estoy fuera de los combates y recias batallas que con los mexicanos teníamos de día y de noche, por lo que le doy muchas gracias a Dios que dellas me libró, quiero contar una cosa que me acontescía después que vi sacrificar y abrir por los pechos los sesenta y dos soldados que llevaron vivos de los de Cortés y ofrecelles los corazones a los ídolos. Y esto que agora diré parescerá a algunas personas que es por falta de no tener muy gran ánima para guerrear, y por otra parte, y si bien se considera, es por el demasiado atrevimiento y gran ánimo en que aquellos días había de poner mi persona en lo más recio de las batallas, porque en aquella sazón presumía de buen soldado e estaba tenido en aquella reputación. Vista cosa era que había de hacer como los que los más osados soldados eran obligados a hacer; y como cada día vía llevar a sacrificar mis compañeros y había visto cómo les aserraban por los pechos y sacalles los corazones bullendo y cortarles pies y brazos, y se los comieron a los sesenta y dos que he dicho, e de antes habían muerto DCCCL de los nuestros compañeros, temía yo que un día que otro me habían de hacer lo mismo, porque ya me habían asido dos veces para me llevar a sacrificar, y quiso Dios que me escapé de su poder; y acordándoseme de aquellas feísimas muertes y, como dice el refrán que "cantarillo que muchas veces va a la fuente", etcétera, y a este efeto siempre desde entonces temí la muerte más que nunca. Y esto he dicho porque antes de entrar en las batallas se me ponía una como grima y tristeza en el corazón e orinaba una vez o dos, y encomendándome a Dios y a su bendita madre y entrar en las batallas todo era uno, y luego se me quitaba aquel pavor.

Y también quiero decir qué cosa tan nueva les parescerá agora tener yo aquel temor no acostumbrado, habiéndome hallado en muchas batallas y reencuentros muy peligrosos de guerra, y había de estar curtido el corazón y esfuerzo y ánimo en mi persona, agora a la postre más arraigado que nunca. Porque si bien lo sé contar y traer a la memoria, desque vine a descubrir con Francisco Hernández de Córdoba e con Grijalva, e volví con Cortés, me hallé en lo de la punta de Cotoche y en lo de Lázaro, que en otro nombre se dice Campeche, y en Potonchán y en la Florida, según más largamente lo tengo escrito, cuando vine a descubrir con Francisco Hernández de Córdoba. Dejemos esto, volvamos a hablar en lo de Grijalva y en la misma de Potonchán, e agora con Cortés, en lo de Tabasco, y en la de Cingapacinga y en todas las batallas y reencuentros de Tascala y en lo de Cholula; y cuando desbaratamos a Narváez me señalaron; e me hallé cuando les fuemos a tomar el artillería, que eran diez y ocho tiros que tenían cebados con sus piedras e pelotas, los cuales les tomamos, y este trance fue de mucho peligro; y me hallé en el desbarate primero, cuando los mexicanos nos echaron de México, cuando mataron en obra de ocho días sobre ochocientos y cincuenta de nuestros soldados; y me hallé en las entradas de Tepeaca y Cachula e sus rededores; y en otros encuentros que tuvimos con los mexicanos, cuando estábamos en Tezcuco, sobre coger las milpas de maíz; e me hallé en lo de Iztapalapa, cuando nos quisieron anegar; y me hallé cuando subimos en los peñoles, que agora los llaman "las fuerzas o fortalezas, que ganó Cortés"; y en lo de Suchimilco: cuatro batallas, otros muchos reencuentros; y entré con Pedro de Alvarado con los primeros a poner cerco a México, y les quebramos el agua de Chapultepeque; y en la primera entrada que entramos en las calzadas, con el mismo Alvarado; y después, cuando nos desbarataron por la misma nuestra parte y nos llevaron ocho soldados e a mí me llevaban asido a sacrificar; y en todas las batallas por mí ya memoradas que cada día teníamos, hasta que vi, como dicho tengo, las crueles muertes que dieron delante de mis ojos a nuestros compañeros.

Ya he dicho que agora que por mí habían pasado todas estas batallas y peligros de muerte, que no lo había de temer tanto como lo temía agora a la postre. Digan aquí los caballeros que desto del militar se les entiende y se han hallado en trances peligrosos de muerte, a qué fin echarán mi temor, si es a flaqueza de ánimo o a mucho esfuerzo, porque, como he dicho, sentía en mi pensamiento que había de poner mi persona batallando en parte tan peligrosa, que por fuerza había de temer entonces la muerte más que otras veces; y por esta causa temblaba el corazón, porque temía la muerte.

Y todas estas batallas que aquí he dicho, donde me he hallado, verán en mi relación en qué tiempo y cómo y cuándo y dónde y de qué manera. Otras muchas entradas y reencuentros tuve desde allí adelante que aquí no declaro hasta su tiempo e lugar, lo cual verán adelante en esta relación. E también digo que siempre no estaba muy sano, porque muchas veces estaba mal herido, y a este efeto no podía ir a todas las entradas. Pues aun no son nada los trabajos ni riesgos de muerte que de mi persona he recontado, que después que ganamos esta grande y fuerte cibdad de México, pasé otros reencuentros con capitanes con quien salí de México, como adelante verán, cuando venga a coyuntura.

Y dejémoslo ya, y diré y declararé por qué he dicho en todas estas guerras mexicanas, cuando nos mataron a nuestros compañeros, "lleváronlos", y no digo "matáronlos". Y la causa es esta: porque los guerreros que con nosotros peleaban, aunque pudieran matar a los que llevaban vivos de nuestros soldados, no los mataban luego, sino dábanles heridas peligrosas porque no se defendiesen y vivos los llevaban a sacrificar a sus ídolos, y aun primero les hacían bailar delante del Huichilobos, que era su ídolo de la guerra; y esta es la causa porque he dicho "lleváronlos". Y dejemos desta materia y digamos lo que Cortés hizo después de ganado México.

CAPÍTULO VI: ORO PARA MANCOS, TULLIDOS, CIEGOS Y SORDOS

La primera cosa que mandó Cortés a Guatémuz fue que adobasen los caños de agua de Chapultepeque según y de la manera que solían estar, y que luego fuese el agua por sus caños a entrar en la cibdad de México, y que limpiasen todas las calles de los cuerpos y cabezas de muertos, que los enterrasen, para que quedasen limpias y sin hedor ninguno la cibdad, y que todas las puentes y calzadas las tuviesen muy bien aderezadas como de antes estaban, y que los palacios y casas las hiciesen nuevamente y que antes de dos meses se volviesen a vivir en ellas, y les señaló en qué habían de poblar y qué parte habían de dejar desembarazada para que poblásemos nosotros.

Dejemos destos mandos y de otros que ya no me acuerdo. Y digamos cómo Guatémuz y sus capitanes dijeron a Cortés que muchos soldados y capitanes que andaban en los bergantines y de los que andábamos en las calzadas batallando les habíamos tomado muchas hijas y mujeres de principales, que le pedían por merced que se las hiciesen volver; y Cortés les respondió que serían malas de haber de poder de quien las tenían, y que las buscasen y trujesen ante él, y vería si eran cristianas o se querían volver a sus casas con sus padres y maridos, y que luego se las mandaría dar; y dioles licencia para que las buscasen en todos tres reales y dio un mandamiento para que el soldado que las tuviese que luego se las diesen, si las indias se querían volver de buena voluntad. Y andaban muchos principales en busca dellas de casa en casa, y eran tan solícitos, que las hallaron, y había muchas mujeres que no se querían ir con padres ni madres ni maridos, sino estarse con los soldados con quienes estaban, y otras se escondían, y otras decían que no querían volver a idolatrar, y aun algunas dellas estaban ya preñadas; y desta manera, no llevaron sino tres, que Cortés expresamente mandó que las diesen.

Dejemos desto y digamos que luego mandó hacer unas atarazanas y fortaleza en que estuviesen los bergantines, y nombró alcaide que estuviese en ella, y parésceme que fue a Pedro de Alvarado, hasta que vino de Castilla un Salazar de la Pedrada, nombrado por Su Majestad.

Digamos de otra materia que a todos aplacía: cómo se recogió todo el oro y plata y joyas que se hobo en México, y fue muy poco, según pareció, porque todo lo demás hubo fama que lo había echado Guatémuz en la laguna cuatro días antes que le prendiésemos, y que demás desto lo habían robado los tascaltecas y los de Tezcuco y Guaxocingo y Cholula y todos los demás nuestros amigos que estaban en la guerra, y que los teules que andaban en los bergantines robaron su parte. Por manera que los oficiales de la hacienda del rey nuestro señor decían y publicaban que Guatémuz lo tenía escondido y que Cortés holgaba dello, porque no lo diesen y habello todo para sí. Y por estas causas acordaron los oficiales de la Real Hacienda dar tormento a Guatémuz y al señor de Tacuba, que era su primo y gran privado. Y ciertamente mucho le pesó a Cortés, y aun a algunos de nosotros, que a un señor como Guatémuz le atormentasen por codicia del oro, porque ya habían hecho muchas pesquisas sobre ello, y todos los mayordomos de Guatémuz decían que no había más de lo que los oficiales del rey tenían en su poder, que eran hasta trescientos y ochenta mil pesos de oro, que ya lo habían fundido y hecho barras; y de allí se sacó el real quinto y otro quinto para Cortés.

Y como los conquistadores que no estaban bien con Cortés vieron tan poco oro, y al tesorero Julián de Alderete, que ansí se decía, y los de Narváez, que tenían sospecha que por quedarse con el oro Cortés no quería que prendiesen al Guatémuz ni le prendiesen sus capitanes ni diesen tormentos. Y porque no le achacasen algo a Cortés sobre ello, y no lo pudo escusar, le atormentaron, en que le quemaron los pies con aceite, y al señor de Tacuba. Y lo que confesaron: que cuatro días antes que les prendiésemos lo echaron en la laguna, ansí el oro como los tiros y escopetas que nos habían tomado cuando nos echaron de México y cuando desbarataron agora a la postre a Cortés; y fueron adonde señaló Guatémuz que lo habían echado, y entraron buenos nadadores y no hallaron cosa ninguna. Y lo que yo vi, que fuimos con el Guatémuz a las casas en que solía vivir, y estaba una como alberca de agua, y de aquella alberca sacamos un sol de oro como el que nos dio Montezuma, y muchas joyas y piezas de poco valor que eran del mismo Guatémuz. Y el señor de Tacuba dijo que él tenía en unas casas suyas, que estaban de Tacuba obra de cuatro leguas, ciertas cosas de oro, y que le llevasen allá y diría adónde estaba enterrado y lo daría. Y fue Pedro de Alvarado y seis soldados, y yo fui en su compañía; y cuando allá llegamos, dijo el cacique que por morirse en el camino había dicho aquello y que le matasen, que no tenía oro ni joyas ningunas, y ansí nos volvimos sin ello.

Y en este estado se quedó, que no hubimos más oro que fundir. Verdad es que a la recámara de Montezuma, que después que murió poseyó y hubo Guatémuz, no se había allegado a muchas joyas y preseas de oro, que todo se tomó señaladamente para que con ello sirviésemos a Su Majestad. Y porque había muchas joyas de diversas maneras y hechuras, y tan primas, que si me parase a escribir cada cosa y hechura dello por sí, es gran prolijidad; lo dejaré de decir en esta relación. Mas digo que valía dos veces más que lo que se sacó del quinto para Su Majestad y para Cortés, todo lo cual enviamos al emperador nuestro señor con Alonso de Ávila, que en aquel tiempo vino de la isla de Santo Domingo, y en su compañía fue a Castilla Antonio de Quiñones, lo cual diré adelante cómo y de qué manera y cuándo.

Y dejemos de hablar dello. Y volvamos a decir que en la laguna adonde nos decían que había echado el oro Guatemuz, entré yo y otros soldados a zambullidas; siempre sacábamos piecezuelas de poco precio, lo cual luego nos lo demandó Cortés y el tesorero Julián de Alderete por oro de Su Majestad. Y ellos mismos fueron con nosotros adonde lo habíamos sacado, y llevaron buenos nadadores y tornaron a sacar obra de ochenta o noventa pesos en sartalejos y ánades y perrillos y pinjantes y collarejos y otras cosas de nonada, que así se puede decir, según la fama que había en la laguna que habían echado de antes.

Dejemos de hablar en ello y digamos cómo todos los capitanes y soldados estábamos algo pensativos desque vimos el poco oro y las partes tan pobres y malas. Y el fraile de la Merced y Pedro de Alvarado y Cristóbal de Oli y otros capitanes dijeron a Cortés que, pues que había poco oro, que lo que cabía de parte a todos que se lo diesen y repartiesen a los que quedaron mancos y cojos y ciegos y tuertos y sordos, y otros que se habían tullido y estaban con dolor de estómago, y otros que se habían quemado con la pólvora, y a todos los que estaban dolientes de dolor de costado, que a aquellos les diesen todo el oro; y que para estos tales sería bien dárselo, y que todos los demás que estábamos algo sanos lo habríamos por bien.

Y esto que le dijeron a Cortés fue sobre cosa pensada, creyendo que nos diera más que las partes, porque había muchas sospechas de que lo tenía escondido todo el oro y que mandó a Guatemuz que dijese que no tenía ninguno. Y lo que Cortés respondió fue que vería cómo salíamos y que en todo pondría remedio.

Y como todos los capitanes y soldados queríamos ver lo que nos cabía de parte, dábamos prisa para que se echase la cuenta y se declarase a cuántos pesos salíamos. Y después que lo hubieron tanteado, dijeron que cabía a los de a caballo ochenta pesos, y a los ballesteros y escopeteros y rodeleros a sesenta o a cincuenta pesos, que no se me acuerda bien.

Y desque aquellas partes nos señalaron, ningún soldado las quiso tomar. Entonces murmurábamos de Cortés, y decían que lo había tomado y escondido el tesorero; y el Alderete, por descargarse de lo que le decíamos, respondía que no podía más, porque Cortés sacaba del montón otro quinto como el de Su Majestad para él y se pagaban muchas costas de los caballos que se habían muerto, y que también se dejaban de meter en el montón muchas piezas de oro que habíamos de enviar a Su Majestad, y que riñésemos con Cortés y no con él.

Y como en todos tres reales y en los bergantines había soldados que habían sido amigos y paniaguados de Diego Velázquez, gobernador de Cuba, de los que habían pasado con Narváez, que no tenían buena voluntad a Cortés y le querían muy mal, como vieron que en el partir del oro no les daba las partes que quisieran, no lo quisieron recibir, lo que les daba, y decían que pareciese todo el oro en poder de quien estaba, y se desvergonzaron mucho en decir que Cortés se alzaba con el oro.

Y como Cortés estaba en Cuyuacán y posaba en unos palacios que tenían blanqucadas y encaladas las paredes, donde buenamente se podía escribir en ellas con carbones y con otras tintas, amanecía cada mañana escritos muchos motes, algunos en prosa y otros en metros algo maliciosos, a manera como masepasquines.

Y en unos decían que el sol y la luna y las estrellas y la mar y la tierra tienen sus cursos, y que si alguna vez sale más de la inclinación para que fueron criados, más de sus medidas, que vuelven a su ser; y que así había de ser la ambición de Cortés en el mandar; y que había de suceder de volver a su principio.

Y otros decían que más conquistados nos traía que la conquista que dimos a México, y que no nos nombrásemos conquistadores de la Nueva España, sino conquistados de Hernando Cortés. Otros decían que no bastaba tomar buena parte del oro como general, sino parte como rey, sin otros aprovechamientos. Otros decían: "¡Oh, qué triste está la ánima mea hasta que todo el oro que tiene tomado Cortés y escondido lo vea!".

Y otros decían que Diego Velázquez gastó su hacienda y descubrió toda la costa del norte hasta Pánuco, y la vino Cortés a gozar y se alzó con la tierra y oro. Y decían otras cosas desta manera, y aun decían palabras que no son para poner en esta relación.

Y cuando salía Cortés de su aposento por las mañanas y lo leía, y como estaban en metros y en prosas y por muy gentil estilo y consonantes cada mote y copla lo que inclinaba y a la fin tiraba su dicho, y no tan simplemente como yo aquí lo digo.

Y como Cortés era algo poeta y se preciaba de dar respuestas inclinadas para loar sus hechos grandes y notables cosas, y deshaciendo las del Diego Velázquez y Grijalva y Francisco Hernández de Córdoba y cómo prendió al Narváez, respondía también por buenas consonantes y muy a propósito en todo lo que escribía.

Y de cada día iban más desvergonzados los metros y motes que ponían, hasta que Cortés escribió: "Pared blanca, papel de necios"; y amaneció escrito más adelante: "Y aun de sabios y verdades, y Su Majestad las sabrá muy presto".

Y bien supo Cortés quién lo escribía, que fue Fulano Tirado, amigo de Diego Velázquez, yerno que fue de Ramírez el Viejo, que vivía en la Puebla; y un Villalobos que fue a Castilla; y otro que se decía Mansilla; y otros que ayudaban de buena para que Cortés sintiese a los puntos que le tiraban. Y Cortés se enojó y dijo públicamente que no pusiesen malicias, que castigaría a los ruines desvergonzados.

Dejemos desto. Que como había muchas deudas entre nosotros, que debíamos de ballestas a cincuenta y a sesenta pesos, y de una escopeta, ciento, y de un caballo, ochocientos y novecientos pesos; y otros, de una espada, cincuenta; y desta manera eran tan caras todas las cosas que habíamos comprado.

Pues un cirujano que se llamaba maestre Juan, que curaba algunas malas heridas y se igualaba por la cura a excesivos precios, y también un medio matasanos que se decía Murcia, que era boticario y barbero, que también curaba, y otras treinta trampas y tarrabusterías que debíamos, demandaban que las pagásemos de las partes que nos daban.

Y el remedio que Cortés dio fue que puso dos personas de buena conciencia, que sabían de mercaderías, que apreciasen qué podía valer cada cosa de lo que habíamos tomado fiado, lo apreciasen. Llamábanse los apreciadores Santa Clara, persona muy noble, y el otro se decía Fulano de Llerena, también noble persona, y se mandó que todo lo que aquellos dijesen que valían las cosas que nos habían vendido y las curas que habían hecho los cirujanos, que pasasen por ello; y que si no teníamos dineros, que aguardasen por ellos tiempo de dos años.

Otra cosa también se hizo: que todo el oro que se fundió echaron tres quilates más de lo que tenía de ley, porque ayudasen a las pagas, y también porque en aquel tiempo habían venido mercaderes y navíos a la Villa Rica, y creyendo que en echar los tres quilates más ayudaban a la tierra y a los conquistadores. Y no nos ayudó en cosa ninguna, antes fue en nuestro perjuicio, porque los mercaderes, viendo que para los tres quilates saliese a la cabal de sus ganancias, cargaban en las mercaderías y cosas que vendían cinco quilates más, y desta manera anduvo el oro de tres quilates más cinco o seis años. Y a este respecto se nombraba el oro de quilates "tepuzque", que quiere decir en lengua de indios "cobre".

Y ahora tenemos aquel modo de hablar, que cuando nombramos algunas personas que son preeminentes y de merecimiento, decimos "el señor don Fulano de tal nombre", o Juan, o Martín, o Alonso; y a otras personas que no son de tanta calidad les decimos su nombre, y por haber diferencia de los unos a los otros decimos: "Fulano de tal nombre, Tepuzque".

Volvamos a nuestra plática, que viendo que no era justo que anduviese el oro de aquella manera, se envió a hacer saber a Su Majestad para que se quitasen los tres quilates de más y no anduviese en la Nueva España. Y Su Majestad fue servido mandar que no anduviese más, y que todo lo que se le hubiese de pagar de almojarifazgo y penas de cámara, que se le pagase de aquel mal oro hasta que se acabase y no hubiese memoria dello; y desta manera se llevó todo a Castilla, y allá lo fundieron y lo pusieron a su ley perfecta.

Y quiero decir que en aquella sazón que esto pasó, ahorcaron a dos plateros que falsearon las marcas reales de los quilates y lo echaban a cobre puro. Mucho me he detenido en contar cosas viejas y salir fuera de mi relación; volvamos a ella.

Y digamos que como Cortés vio que muchos soldados se desvergonzaban en demandarle más partes y le decían que se lo tomaba todo para sí y lo robaba, y le pedían prestados dineros, acordó de quitar sobre sí aquel dominio y de enviar a poblar a todas las provincias que le pareció que convenían que se poblasen.

A Gonzalo de Sandoval mandó que fuese a poblar a Tustepeque y que castigase a unas guarniciones mexicanas que mataron, cuando nos echaron de México, setenta y ocho personas y seis mujeres de Castilla que allí habían quedado de los de Narváez, y que poblase una villa que se puso por nombre Medellín, y que pasase a Guazacualco y que poblase aquel puerto.

Y también mandó a un Castañeda y a Vicente López que fuesen a conquistar la provincia de Pánuco; y mandó a Rodrigo Rangel que estuviese en la Villa Rica, como de antes estaba, y en su compañía llevó a Pedro de Ircio; y mandó a Juan Álvarez Chico que fuese a Colima; y a un Villafuerte, a Zacatula; y a Cristóbal de Oli, que fuese a Michoacán.

Ya en este tiempo se había casado Cristóbal de Oli con una portuguesa que se decía doña Felipa de Arauz o Zarauz, que había entonces llegado de España; y envió a Francisco de Orozco a poblar a Guaxaca.

Porque en aquellos días que habíamos ganado a México, como lo supieron en todas estas provincias que he nombrado que México estaba destruida, no lo podían creer los caciques y señores dellas, como estaban lejanas, y enviaban principales a dar a Cortés el parabién de las victorias y a darse por vasallos de Su Majestad, y a ver cosa tan temida como de ellos fue México, si era verdad que estaba por el suelo. Y todos traían grandes presentes de oro que daban a Cortés, y aun traían consigo a sus hijos pequeños y les mostraban a México y, como solemos decir: "¡Aquí fue Troya!", se lo declaraban.

Dejemos desto y digamos una plática que es bien que se declare, porque me dicen muchos curiosos lectores que cuál es la causa que, pues los verdaderos conquistadores que ganamos la Nueva España y la fuerte y gran ciudad de México, por qué no nos quedamos en ella a poblar y nos venimos a otras provincias.

Digo que tienen mucha razón de lo preguntar, y fuera justo; quiero decir la causa por qué, y es esta que diré:

En los libros de la renta de Montezuma mirábamos de dónde le traían los tributos del oro y dónde había minas y cacao y ropa de mantas, y de aquellas partes que veíamos en los libros y las cuentas que en ellos tenía Montezuma, que se lo traían, queríamos ir, en especialmente viendo que salía de México un capitán tan principal y amigo de Cortés como fue Sandoval.

Y también, como veíamos que en los pueblos de la redonda de México no tenían oro ni minas ni algodón, sino mucho maíz y magueyales, de donde sacaban el vino; a esta causa la teníamos por tierra pobre y nos fuimos a otras provincias a poblar, y todos fuimos muy engañados.

Acuérdome que fui a hablar a Cortés que me diese licencia para ir con Sandoval, y me dijo:

"En mi conciencia, señor Bernal Díaz del Castillo, que vivís engañado. Que yo quisiera que quedardes aquí conmigo; mas es vuestra voluntad de ir con vuestro amigo Sandoval, id en buena hora; yo siempre tendré cuidado de lo que se os ofreciere, mas bien sé que os arrepentiréis por me dejar".

Volvamos a decir de las partes del oro, que todo se quedó en poder de los oficiales del rey, por las esclavas que se habían sacado en las almonedas. No quiero poner aquí por memoria que tantos de a caballo ni escopeteros ni ballesteros ni soldados, ni en cuántos días de tal mes despachó Cortés a los capitanes por mí memorados que fuesen a poblar las provincias por mí arriba dichas, porque sería larga relación. Basta que diga que pocos días después de ganado México y preso

Guatemuz, y desde ahí a otros dos meses, envió Cortés a otros capitanes a otras provincias. Dejémoslo ahora de hablar de Cortés.

Y diré que en aquel instante vino al puerto de la Villa Rica Cristóbal de Tapia con dos navíos, el cual era veedor de las fundiciones que se hacían en la isla de Santo Domingo; otros dijeron que era alcaide de la fortaleza de aquella isla, y traía provisiones y cartas misivas de don Juan Rodríguez de Fonseca, obispo de Burgos, arzobispo de Rosano, que enviaba en nombre de Su Majestad para que el Cristóbal de Tapia fuese gobernador de la Nueva España. Y lo que sobre ello pasó diré adelante.

Puesto que Cortés hubo despachado los capitanes y soldados por mí ya dichos a pacificar y poblar provincias, en aquella sazón vino un Cristóbal de Tapia, veedor de la isla de Santo Domingo, con provisiones guiadas y encaminadas por don Juan Rodríguez de Fonseca, obispo de Burgos y arzobispo de Rosano —porque así se nombraba—, para que le admitiesen a la gobernación de la Nueva España.

Y demás de las provisiones, traía muchas cartas del mismo obispo para Cortés y para otros muchos conquistadores y capitanes de los que habían venido con Narváez, para que favoreciesen al Cristóbal de Tapia. Y además de las cartas, que venían cerradas y selladas por el obispo, traía otras muchas en blanco para que el Tapia escribiese en ellas todo lo que quisiese y nombrase a los soldados y capitanes que le pareciese que convenían.

Y en todas ellas traía muchos prometimientos del obispo, que nos haría grandes mercedes si dábamos la gobernación al Tapia; y si no se la entregábamos, muchas amenazas, y decía que Su Majestad nos enviaría a castigar.

Dejemos desto, que el Tapia presentó sus provisiones en la Villa Rica delante de Gonzalo de Alvarado, hermano de don Pedro de Alvarado, que estaba en aquella sazón por teniente de Cortés, porque Rodrigo Rangel, que solía estar por alcalde mayor, no sé qué desatinos e injusticias había hecho cuando allí estaba por teniente y alcalde mayor, y le quitó Cortés el cargo.

Y presentadas las provisiones delante de Gonzalo de Alvarado, este las puso sobre su cabeza como provisiones y mandado de nuestro rey y señor; y que en cuanto al cumplimiento, dijo que se juntarían los alcaldes y regidores de aquella villa y que platicarían y verían cómo y de qué manera eran habidas aquellas provisiones, y que todos juntos las obedecerían, porque él solo era una persona, y también verían si Su Majestad era sabedor de que tales provisiones se enviasen.

Y esta respuesta no le cuadró bien al Tapia, y aconsejáronle personas que no estaban bien con Cortés que se fuese luego a México, donde estaba Cortés con todos los más capitanes y soldados, y que allá las obedecerían.

Y además de presentar las provisiones, como dicho tengo, escribió el Tapia a Cortés de la manera que venía por gobernador; y como Cortés era muy avisado, si muy buenas cartas le escribió el Tapia y vio las ofertas y ofrecimientos del obispo de Burgos, y por otra parte las amenazas, si muchas buenas palabras venían en ellas, muy mejores respuestas y más halagüeñas y llenas de cumplimientos le envió el Cortés.

Y luego rogó y mandó Cortés a ciertos de nuestros capitanes que se fuesen a ver con el Tapia, los cuales fueron: Pedro de Alvarado, Gonzalo de Sandoval, Diego de Soto, el de Toro, un Valdenebro y Andrés de Tapia, a los cuales envió Cortés luego a llamar en posta, que dejasen de poblar entonces las provincias en que estaban y que fuesen a la Villa Rica, donde estaba el Tapia. Y aun con ellos mandó que fuese un fraile que se decía fray Pedro Melgarejo de Urrea, que tenía buena expresión.

Ya que el Tapia iba camino de México a verse con Cortés, encontró con los capitanes y con el fraile ya por mí nombrados, y con palabras y ofrecimientos que le hicieron, volvió del camino para un pueblo que se dice Cempoal.

Y allí le demandaron que mostrase otra vez sus provisiones, y verían cómo y de qué manera lo mandaba Su Majestad, y si venía en ellas su real firma o era sabidor dello; y que, los pechos por tierra, las obedecerían todos ellos en nombre de Hernando Cortés y de toda la Nueva España, porque traían poder para ello.

Y el Tapia les tornó a mostrar las provisiones, y todos aquellos capitanes a una las besaron y pusieron sobre sus cabezas, como provisiones de su rey y señor. Y que, en cuanto al cumplimiento, que suplicaban dellas para ante el emperador nuestro señor, y dijeron que no era sabidor dellas ni de cosas ningunas, y que Tapia no era suficiente para gobernador, y que el obispo de Burgos era contra todos los conquistadores que servíamos a Su Majestad: andaba ordenando aquellas cosas sin dar verdadera relación a Su Majestad y por favorecer a Diego Velázquez y al Tapia, por casalle con una Fulana de Fonseca, sobrina o hija del mesmo obispo.

Y desque el Tapia vio que no aprovechaban palabras ni cartas ni ofertas ni otros cumplimientos, adoleció de enojo.

Y aquellos nuestros capitanes que nombrados tengo le escribían a Cortés todo lo que pasaba y le avisaron que enviase tejuelos y barras de oro, porque el Tapia era codicioso, y con ello le amansarían las furias; lo cual luego envió en posta. Y le compraron unos negros y tres caballos y un navío, y se volvió a embarcar y se fue a la isla de Santo Domingo, donde había salido.

Y cuando allá llegó, la Real Audiencia, que en ella residía, y los frailes jerónimos, que eran gobernadores, notaron bien su vuelta y cómo iba rico de aquella manera disconsiderada, y se enojaron con él, por causa que, de antes que de Santo Domingo saliese para venir a la Nueva España, le habían mandado expresamente que en aquella sazón no curase de venir, porque sería causa de venir daño y quebrar el hilo y conquistas de México; y no quiso obedecer, sino con favor del obispo Fonseca, que no osaban hacer otra cosa los oidores y frailes sino lo que el obispo mandaba, porque era presidente de Indias y Su Majestad estaba en aquella sazón en Flandes, que no había venido a Castilla.

Dejemos deste negocio de Tapia y digamos cómo Cortés envió luego a Pedro de Alvarado a poblar a Tututepeque, que era tierra rica de oro. Y para que bien lo entiendan los que no saben los nombres destos pueblos, uno es Tustepeque, adonde fue Sandoval, y otro es Tututepeque, adonde en esta sazón va Pedro de Alvarado. Y esto declaro porque no me acusen de que digo que fueron dos capitanes a poblar una provincia de un nombre.

Y también había enviado a poblar el río de Pánuco, porque Cortés tuvo noticia que don Francisco de Garay hacía gran armada para venir a poblarla, porque, según pareció, se la había dado Su Majestad por gobernación al Garay, según más largamente lo he dicho y declarado en los capítulos pasados, cuando hablaba de los navíos que envió adelante, que desbarataron los indios de la misma provincia de Pánuco. E hízolo Cortés porque, si viniese el Garay, la hallase poblada por él.

Dejemos desto. Y digamos cómo Cortés envió otra vez a Rodrigo Rangel por teniente a la Villa Rica y quitó a Gonzalo de Alvarado, y le mandó que luego le enviase a Cuyuacán, donde al presente estaba Cortés, al capitán Pánfilo de Narváez, que tenía preso; que en aquel tiempo estaba Cortés en Cuyuacán, que aún no había entrado a poblar a México, hasta que se edificasen las casas y palacios donde había de vivir.

Y envió por el Narváez porque, según le dijeron a Cortés, que cuando el veedor Cristóbal de Tapia llegó a la Villa Rica con las provisiones que dicho tengo, el Narváez habló con el Tapia y, en pocas palabras, le dijo:

—Señor Cristóbal de Tapia, paréceme que tan buen recaudo debéis de traer y llevaréis como yo; mirad en lo que yo he parado, trayendo tan buena armada; mirad por vuestra persona y no curéis de más perder tiempo, que la ventura de Cortés no es acabada. Entended para que os den algún oro e idos a Castilla ante Su Majestad, que allá no os faltará favor y quien os ayude, y diréis lo que acá pasa, en especial teniendo, como tenéis, al señor obispo de Burgos, y esto es lo mejor.

Dejemos esta plática. Y diré que, como Narváez fue luego camino para México y vio aquellas grandes poblaciones y ciudades, y llegó a Tezcuco, se admiró; y desque vio a Cuyuacán, mucho más, desque vio la laguna y ciudades que en ella había pobladas, y después la gran ciudad de México.

Y como Cortés supo que venía, le mandó hacer mucha honra y le mandó salir a recibir. Y llegado ante Cortés, se hincó de rodillas y le fue a besar las manos, y Cortés no lo consintió, y le hizo levantar y le abrazó y le mostró mucho amor y le mandó sentar cabe sí.

Entonces dijo el Narváez:

—Señor capitán, agora le digo la verdad: que la cosa que menos hizo vuestra merced y sus valerosos soldados en esta Nueva España fue desbaratarme y prenderme a mí; y aunque trajera mayor poder del que traje, pues he visto tantas ciudades y tierras que ha domado y sujetado a servicio de Dios y de nuestro señor el Emperador, puede vuestra merced alabarse y tener en tanta estima, que yo ansí lo digo y lo dirán todos los capitanes muy nombrados que al día de hoy son vivos, que en el universo se puede anteponer a los muy afamados e ilustres varones que ha habido; y otra tan fuerte y mayor ciudad como esta de México no la hay, y es digno que vuestra merced y sus soldados Su Majestad les haga muy crecidas mercedes.

Y le dijo otras muchas alabanzas, y son verdaderas.

Y Cortés le respondió que nosotros no éramos bastantes para hacer lo que estaba hecho, sino la gran misericordia de Dios, que siempre nos ayudaba, y la buena ventura de nuestro César.

Dejemos esta plática y de las ofertas que hizo Narváez a Cortés. Y diré cómo en aquella sazón se pasó Cortés a poblar la gran ciudad de México, y repartió solares para las iglesias y monasterios y casas reales y plazas, y a todos los vecinos les dio solares; y por no gastar más tiempo en escribir según y de la manera que ahora está poblada —que, según dicen muchas personas que se han hallado en muchas partes de la cristiandad, otra más populosa y mayor ciudad y de mejores casas y poblada de caballeros, según su calidad y tiempo que se pobló, no se ha habido en el mundo—, entiéndese con lo poblado de mexicanos.

Pues estando dando la orden que dicho tengo, al mejor tiempo que estaba Cortés algo descansando, viniéronle cartas de Pánuco que toda la provincia estaba levantada y que eran muy belicosos guerreros, porque habían muerto muchos soldados de los que había enviado a poblar, y que con brevedad enviase el mayor socorro que pudiese.

Y luego acordó el mesmo Cortés de ir en persona, porque, aunque quisiera enviar otros capitanes de los nuestros conocidos, como no los había en México, porque todos habíamos ido a conquistar otras provincias, como dicho tengo, ansí hubo de ir Cortés. Y llevó todos los más soldados que pudo, y de a caballo y ballesteros y escopeteros, porque ya habían llegado a México muchas personas de las que el veedor Tapia traía consigo y otros que allí estaban de los de Lucas Vázquez de Ayllón, que habían ido con él a la Florida, y otros que habían venido de las islas en aquel tiempo. Y dejando en México buen recaudo y por capitán del a Diego de Soto, natural de Toro, salió de México.

Y en aquella sazón no había herraje, sino muy poco, para los muchos caballos que entonces llevaba, porque pasaban de ciento y treinta personas de a caballo y doscientos y cincuenta soldados, contando entre ellos escopeteros y ballesteros, y con los de a caballo; y también llevó diez mil mexicanos. Y en aquella sazón ya había vuelto de lo de Mechuacán Cristóbal de Oli, porque la dejó de paz, y trajo consigo muchos caciques y al hijo del Cazonci, que ansí se llamaba, y era el mayor señor de todas aquellas provincias, y trajo mucho oro bajo, que lo tenía revuelto con plata e cobre.

Y gastó Cortés en aquella ida que fue a Pánuco mucha cantidad de pesos de oro, que después demandaba a Su Majestad que le pagase aquella costa, y los oficiales de la hacienda de Su Majestad no se los quisieron recibir en cuenta ni pagar cosa dello, porque dijeron que si hacía aquella entrada y gasto, que era por causa de se apoderar de aquella provincia, porque don Francisco de Garay, que la venía a conquistar, no la hubiese, porque ya tenía noticia que venía desde la isla de Jamaica con grande armada.

Volvamos a nuestra relación, y diré cómo Cortés llegó con todo su ejército a la provincia de Pánuco, y los halló de guerra, y los envió a llamar de paz muchas veces y no quisieron venir. Tuvo con ellos muchos reencuentros de guerra, y en dos batallas que le aguardaron le mataron tres soldados y le hirieron más de treinta, y mataron cuatro caballos y hubo otros muchos heridos, y murieron de los mexicanos sobre doscientos, sin más de otros trescientos heridos, porque fueron los guastecas —que ansí se llaman los indios de aquellas provincias— sobre cincuenta mil hombres cuando aguardaron a Cortés allí.

Mas quiso Dios que fueron desbaratados, y todo el campo donde se hubo estas batallas quedó lleno de muertos, y otros muchos heridos de los naturales de aquella provincia, por manera que no se tornaron más a juntar por entonces para dar guerra.

Y Cortés estuvo ocho días en un pueblo adonde fueron aquellas reñidas, que se llamaba ----, por causa que se curasen los heridos y se enterrasen los muertos, y había muchos bastimentos. Y para tornar a enviarlos a llamar de paz, envió diez caciques, personas principales, de los que se habían preso en aquellas batallas, y con doña Marina y Jerónimo de Aguilar —que siempre Cortés llevaba consigo— les hizo un parlamento y les dijo que cómo se podían defender todos los de aquellas provincias de no se dar por vasallos de Su Majestad, pues que han visto y tenido nueva que el poder de México, siendo tan fuertes guerreros, estaba asolada la ciudad y puesta por el suelo; y que vengan luego de paz y no hayan miedo, y que lo pasado de las muertes se lo perdona.

Y tales palabras les dijo con amor y otras con amenazas, y como estaban hostigados y habían muerto muchos dellos en la batalla pasada, y veían abrasados sus pueblos, vinieron de paz, y todos trajeron joyas de oro, aunque no de precio, que presentaron a Cortés, y con amor y halagos los recibió de paz.

Y desde allí se fue Cortés con la mitad de su ejército a un río que se dice Chila, que está de la mar obra de cinco leguas. Y volvió a enviar mensajeros a todos los pueblos de la otra parte del río a llamarles de paz, y no quisieron venir, porque como estaban encarnizados en los muchos soldados que habían muerto, obra de dos años había, a los capitanes que Garay había enviado a poblar aquel río, como dicho tengo en el capítulo que dello habla, ansí creyeron que hicieran a nuestro ejército.

Y como estaban entre grandes lagunas y ríos y ciénagas, que es muy gran fortaleza para ellos, la respuesta que dieron fue matar a dos mensajeros de los que Cortés les envió para hablar sobre las paces, y a otros echaron presos.

Y estuvo aguardando Cortés ciertos días a ver si mudarían su mal propósito. Y como no vinieron, mandó buscar todas las canoas que en el río pudo haber, y con ellas y con unas barcas que se hicieron de madera de navíos viejos que fueron del capitán que envió Garay, que mataron, hizo pasar de noche de la otra parte del río ciento y cincuenta soldados, y los más dellos ballesteros y escopeteros, y cincuenta de a caballo, en canoas atadas de dos en dos, de manera que pasaron muy bien.

Y como los naturales de aquellas provincias velaban sus pasos y ríos, desque los vieron, dejáronlos pasar con intención que los matarían, y estábanlos aguardando de la otra parte. Y si muchos indios guastecas —que ansí se decían— se habían juntado en las primeras batallas que dieron a Cortés, muchos más estaban desta vez juntos, y vienen como leones rabiosos a encontrarse con los nuestros, y a los primeros encuentros mataron dos soldados e hirieron sobre treinta;

también mataron tres caballos e hirieron otros quince, y muchos mexicanos. Mas tal priesa les dieron los nuestros, que no pararon en el campo, que luego se fueron huyendo, y quedaron dellos muertos y heridos gran cantidad.

Y después que pasó aquella batalla, los nuestros se fueron a dormir a un pueblo que estaba despoblado, que se habían huido los moradores del, y con buenas velas y escuchas y rondas y corredores del campo se estuvieron, y de cenar no les faltó. Y desque amaneció, andando por el pueblo vieron estar en un cue y adoratorio de ídolos colgados muchos vestidos y caras desolladas y adobadas como cuero de guantes, y con sus barbas y cabellos, que eran de los soldados que habían muerto y los capitanes que había enviado Garay a poblar el río de Pánuco.

Y muchas dellas fueron conocidas de otros soldados que decían que eran sus amigos, y a todos se les quebró los corazones de lástima de ver de aquella manera, y las quitaron de donde estaban y las llevaron para enterrar; y desde aquel pueblo se pasaron a otro lugar.

Y como conocían que la gente de aquella provincia era muy belicosa, siempre iban muy recatados y puestos en ordenanza para pelear, no les tomasen desapercibidos.

Y los descubridores del campo dieron con unos grandes escuadrones de indios que estaban en celada, para que, desque estuviesen los nuestros en las casas apeados, dar en los caballos y en ellos. Y como fueron sentidos, no tuvieron lugar de hacer lo que querían; mas todavía salieron muy denodadamente y pelearon con los nuestros como valientes guerreros, y estuvieron más de media hora que los de a caballo y escopeteros y ballesteros y los indios mexicanos no les podían hacer retraer ni apartar de sí. Y mataron dos caballos e hirieron otros siete, y también hirieron quince soldados, y tres murieron de las heridas.

Una cosa tenían estos indios: que, ya que los llevaban de vencida, se tornaban a rehacer, y aguardaron tres veces en la pelea, lo cual pocas veces se ha visto acaecer entre estas gentes. Y viendo que los nuestros les herían y mataban, se acogieron a un río caudaloso y corriente, y los de a caballo y peones sueltos fueron en pos de ellos e hirieron muchos.

Y otro día acordaron de correrles el campo e ir a otros pueblos que estaban despoblados, y en ellos hallaron muchas tinajas de vino de la tierra puestas en unos soterranos a manera de bodegas, y estuvieron en estas poblaciones cinco días corriendo las tierras; y como todo estaba sin gentes y despoblado, se volvieron al río de Achile.

Y Cortés tornó a enviar a llamar de paz a todos los mismos pueblos que estaban de guerra de aquella parte del río; y como les habían muerto mucha gente, temieron los indios que volverían otra vez sobre ellos, y a esta causa enviaron a decir que vendrían de allí a cuatro días, que buscaban joyas de oro para le presentar. Y Cortés aguardó los cuatro días que habían dicho que vendrían, y no vinieron por entonces.

Y luego mandó que a un pueblo muy grande que estaba cabe una laguna —que era muy fuerte, ansí por sus ciénagas y ríos—, que de noche oscuro y medio lloviznaba, que en muchas canoas que luego mandó buscar, atadas de dos en dos, y otras sueltas y en balsas bien hechas, pasasen aquella laguna a una parte del pueblo en paraje que no fuesen vistos ni sentidos de los de aquella población.

Y pasaron muchos amigos mexicanos y, sin ser vistos, dan en el pueblo, el cual pueblo destruyeron, y hubo gran despojo y estrago en él; y allí cargaron los amigos de todas las haciendas que los naturales del tenían. Y desque aquello vieron todos los más pueblos comarcanos, desde a cinco días todos los pueblos vinieron de paz, excepto otras poblaciones que estaban muy trasmano, que los nuestros no pudieron ir a ellas en aquella sazón.

Y por no me detener en gastar más palabras en esta relación de muchas cosas que pasaron, las dejaré de decir, sino que entonces pobló Cortés una villa con ciento y veinte vecinos, y entre ellos dejó veintisiete de a caballo y treinta y seis escopeteros y ballesteros, por manera que todos fueron los ciento y veinte; llámase esta villa Santisteban del Puerto, y está obra de una legua de Chila, y a los vecinos que en aquella villa poblaron repartió y dio por encomienda todos los pueblos que habían venido de paz, y dejó por capitán de ellos y por su teniente a un Pedro Vallejo.

Y estando en aquella villa, de partida para México, supo por cosa muy cierta que tres pueblos —que fueron cabeceras para la rebelión de aquella provincia y fueron en la muerte de muchos españoles—

andaban de nuevo, después de haber dado la obediencia a Su Majestad y haber venido de paz, convocando y atrayendo a los demás pueblos sus comarcanos, y decían que después que Cortés se fuese a México con los de a caballo y soldados, que a los que quedaban poblados que diesen un día o de noche en ellos, y que tendrían buenas hartazgas con ellos.

Y sabido por Cortés la verdad muy de raíz, les mandó quemar las casas; mas luego se tornaron a poblar.

Digamos cómo Cortés había mandado, antes que partiese de México para ir a aquella entrada, que desde la Veracruz le enviasen un barco cargado con vino y vituallas y conservas y bizcocho y herraje, porque en aquella sazón no había trigo en México para hacer pan. E yendo que iba el barco su viaje a la derrota de Pánuco, pareció ser haber recios nortes y dio con él en parte que se perdió, que no se salvaron sino tres personas, que aportaron en unas tablas a una isleta donde había unos grandes arenales.

Sería tres o cuatro leguas de tierra, donde había muchos lobos marinos que salían de noche a dormir a los arenales, y mataron de los lobos, y con lumbre que sacaron con unos palillos, como lo sacan en todas las Indias las personas que saben cómo se ha de sacar, tuvieron lugar de asar la carne de los lobos, y cavaron en mitad de la isleta e hicieron unos como pozos y sacaron agua algo salobre. Y también había una fruta que parecían higos; y con la carne de los lobos marinos y la fruta y agua salobre se mantuvieron más de dos meses.

Y como aguardaban en la villa de Santisteban el refresco y bastimento y herraduras, escribió Cortés a México a sus mayordomos que cómo no enviaban el refresco. Y desque vieron este aviso por la carta de Cortés, tuvieron por cierto que se había perdido el barco, y enviaron luego los mayordomos de Cortés un navío chico de poco porte en busca del barco que se perdió. Y quiso Dios que toparon en la isleta donde estaban los tres españoles de los que se perdieron, con ahumadas que hacían de noche y de día; y desque vieron el navío se alegraron y, embarcados, vinieron a la villa. Llamábase el uno de ellos Fulano Ceciliano, vecino que fue de México.

Dejemos esto y digamos cómo en aquella sazón que Cortés se venía ya para México, tuvo noticia que en muchos pueblos que estaban en unas sierras muy agras se habían rebelado y hacían guerra a otros pueblos que estaban de paz. Acordó de ir allá antes que entrase en México.

E yendo por su camino, los de aquella provincia lo supieron y aguardáronle en un paso malo, y dieron en la rezaga del fardaje, y le mataron ciertos tamemes y robaron lo que llevaban. Y como era el camino malo, por defender el fardaje, los de a caballo los iban a socorrer; reventaron dos caballos. Y llegados a las poblaciones, muy bien se lo pagaron, que como iban muchos mexicanos nuestros amigos, por vengarse de lo que les robaron en el puerto y camino malo, como dicho tengo, mataron y cautivaron muchos indios, y aun al cacique y a su capitán, que estos murieron ahorcados después que hubieron vuelto lo que habían robado.

Y esto hecho, Cortés mandó a los mexicanos que no hiciesen más daño, y luego envió a llamar de paz a todos los más principales y papas de aquella población, los cuales vinieron y dieron la obediencia a Su Majestad. Y el cacicazgo mandó que lo tuviese un hermano del cacique que habían ahorcado, y los dejó en sus casas pacíficos y bien castigados; y entonces se volvió a México.

Y antes que más pase adelante, quiero decir que en todas las provincias de la Nueva España, otra gente más sucia y mala y de peores costumbres no la hubo como esta de la provincia de Pánuco, porque todos eran someticos y se embudaban por partes traseras — torpedad nunca en el mundo oída—, y sacrificadores y crueles en demasía, y borrachos y sucios y malos, y tenían otras treinta torpedades. Y si miramos en ello, fueron castigados a fuego y a sangre dos o tres veces, y otros mayores males les vino en tener por gobernador a Nuño de Guzmán, que desque le dieron la gobernación los hizo casi a todos esclavos y los envió a vender a las islas, según más largamente lo diré en su tiempo y lugar.

Volvamos a nuestra relación, y diré que, después que Cortés volvió a México, en lo que entendió e hizo.

CAPÍTULO VII: TODO EL ORO PARA SU MAJESTAD

Como Cortés volvió a México de la entrada de Pánuco, anduvo entendiendo en la población y edificación de aquella ciudad. Y viendo que Alonso de Ávila, ya otras veces por mí nombrado en los capítulos pasados, había vuelto en aquella sazón de la isla de Santo Domingo, y trajo recaudo de lo que le habían enviado a negociar con la Audiencia Real y frailes Jerónimos, que estaban por gobernadores de todas las islas.

Y los recaudos que entonces trajo fueron que nos daban licencia para poder conquistar toda la Nueva España y herrar los esclavos, según y de la manera que llevaron en una relación, y repartir y encomendar los indios como en las islas Española, Cuba y Jamaica se tenía por costumbre.

Y esta licencia que dieron fue hasta en tanto que Su Majestad fuese sabedor de ello o fuese servido mandar otra cosa, de la cual luego le hicieron relación los mismos frailes Jerónimos, y enviaron un navío en posta a Castilla. Y entonces Su Majestad estaba en Flandes, que era mancebo, y allá supo los recaudos que los frailes Jerónimos le enviaban, porque el obispo de Burgos —puesto que estaba por presidente de Indias, como conocían que nos era muy contrario— no le daban cuenta de ello ni trataban con él otras muchas cosas de importancia, porque estaban muy mal con sus cosas.

Dejemos esto del obispo. Y volvamos a decir que como Cortés tenía a Alonso de Ávila por hombre atrevido, y no estaba muy bien con él, siempre le quería tener lejos de sí. Porque verdaderamente, si cuando vino el Cristóbal de Tapia con las provisiones, el Alonso de Ávila se hallara en México (porque entonces estaba en la isla de Santo Domingo, y como era Alonso de Ávila servidor del obispo de Burgos y había sido su criado y le traían cartas para él), fuera gran contraditor de Cortés y de sus cosas, y a esta causa siempre procuraba Cortés tenerle apartado de su persona.

Y desque vino de este viaje que dicho tengo, por contentarle y agradarle, le encomendó en aquella sazón el pueblo de Gualtitán y le dio ciertos pesos de oro. Y con palabras y ofrecimientos, y con el depósito del pueblo por mí nombrado —que es muy bueno y de mucha renta—, le hizo tan su amigo y servidor, que le envió a Castilla, y juntamente con él a su capitán de la guarda, que se decía Antonio de Quiñones.

Los cuales fueron por procuradores de la Nueva España y de Cortés, y llevaron dos navíos, y en ellos cincuenta y ocho mil castellanos en barras de oro. Y llevaron la recámara que llamábamos del gran Montezuma, que tenía en su poder Guatemuz.

Y fue un gran presente, en fin, para nuestro gran César, porque fueron muchas joyas y muy ricas, y perlas —tamañas algunas dellas como avellanas— y muchos chalchihuites, que son piedras finas como esmeraldas. Y aun una dellas era tan ancha como la palma de la mano, y otras muchas que, por ser tantas y no detenerme en escribirlas, lo dejaré de decir y traer a la memoria.

Y también enviamos unos pedazos de huesos de gigantes que se hallaron en un cue y adoratorio en Cuyuacán, según y de la manera que eran otros grandes zancarrones que nos dieron en Tascala, los cuales habíamos enviado la primera vez y eran muy grandes en demasía. Y llevaron tres tigres y otras cosas que ya no me acuerdo.

Y con estos procuradores escribió el cabildo de México a Su Majestad, y asimismo todos los más conquistadores escribimos juntamente con Cortés y fray Pedro Melgarejo y el tesorero Julián de Alderete. Y todos a una decíamos de los muchos buenos y leales servicios que Cortés y todos nosotros los conquistadores le habíamos hecho y a la continua hacíamos, y todo lo por nosotros sucedido desde que entramos a ganar la ciudad de México, y cómo estaba descubierta la mar del Sur, y se tenía por cierto que era cosa muy rica.

Y suplicamos a Su Majestad que nos enviase obispos y religiosos de todas órdenes que fuesen de buena vida y doctrina, para que nos ayudasen a plantar más por entero en estas partes nuestra santa fe católica. Y le suplicamos todos a una que la gobernación desta Nueva España que le hiciese merced della a Cortés, pues tan bueno y leal servidor le era, y a todos nosotros los conquistadores nos hiciese mercedes para nosotros y para nuestros hijos; que todos los oficios reales —así de tesorero, contador y factor y escribanías públicas y fieles ejecutores y alcaydes de fortalezas— que no hiciese merced de ellas a otras personas, sino que entre nosotros se nos quedase.

Y le suplicamos que no enviase letrados, porque en entrando en la tierra la pondrían en revuelta con sus libros, y habría pleitos y disensiones.

Y se le hizo saber lo del Cristóbal de Tapia: cómo venía guiado por don Juan Rodríguez de Fonseca, obispo de Burgos, y que no era suficiente para gobernar y que se perdería esta Nueva España si él quedara por gobernador. Y que tuviese por bien de saber claramente que se han hecho las cartas y relaciones que le habíamos escrito dando cuenta de todo lo acaecido en esta Nueva España, porque teníamos por muy cierto que el mesmo obispo no se las enviaba, y antes le escribía al contrario de lo que pasaba en favor de Diego Velázquez, su amigo, y de Cristóbal de Tapia, por casarle con una su parienta o hija, que se decía doña Petronila de Fonseca; y cómo presentó ciertas provisiones que venían firmadas y guiadas por el obispo.

Y que todos estábamos los pechos por tierra para las obedecer, como se obedecieron; mas viendo que el Tapia no era para guerra, ni tenía aquel ser ni cordura para gobernador, que suplicaron de las provisiones hasta informar a su real persona todo lo acaecido, como agora le informábamos y le hacíamos sabedor, como leales vasallos que somos obligados a nuestro rey y señor. Y agora, que de lo que más fuere servidor mandar, que aquí estamos pechos por tierra para cumplir su real mando.

Y también le suplicamos que fuese servido enviar a mandar al obispo de Burgos que no se entremetiese en cosas ningunas de Cortés ni de nosotros, porque será quebrar el hilo de muchas cosas de conquistas que en esta Nueva España entendíamos y en pacificar provincias, porque había mandado el mismo obispo a los oficiales que están en la Casa de la Contratación de Sevilla, que se decían Pedro de Isasaga y Juan López de Recalde, que no dejasen pasar ningún recaudo de armas ni soldados ni favor para Cortés ni para los soldados que con él estábamos.

Y también se le hizo relación cómo Cortés había ido a pacificar la provincia de Pánuco y la dejó de paz, y las muy bravas batallas que con los naturales della tuvo, y cómo era gente muy belicosa y guerrera, y cómo habían muerto los de aquella provincia a los capitanes que había enviado Francisco de Garay y a todos sus soldados por no saber darse maña en las guerras; y que había gastado Cortés en la entrada sobre sesenta mil pesos, y que lo demandaba a los oficiales de su real hacienda y que no se lo quisieron pagar.

También se le hizo sabedor cómo agora hacía el Garay una armada en la isla de Jamaica y que venía a poblar el río de Pánuco; y porque no le acaeciese como a sus capitanes, que se los mataron, que suplicábamos a Su Majestad le enviase a mandar que no salga de la isla hasta que esté muy de paz aquella provincia, porque nosotros se la conquistaremos y se la entregaremos, porque si en aquella sazón viniese, viendo los naturales de estas tierras dos capitanes que manden, tendrán diversiones y levantamientos, especial los mexicanos.

Y escribiéronsele otras muchas cosas. Pues Cortés, por su parte, no se le quedó nada en el tintero, y aun de manera hizo relación en su carta de todo lo acaecido, que fueron veintiuna plana; y porque yo las leí todas y lo entendí muy bien, lo declaro aquí como dicho tengo.

Y demás desto, enviaba a suplicar Cortés a Su Majestad que le diese licencia para ir a la isla de Cuba a prender al gobernador della, que se decía Diego Velázquez, para enviárselo a Castilla para que allá Su Majestad le mandase castigar, porque no le desbaratase más ni revolviese la Nueva España, porque enviaba desde la isla de Cuba a mandar que matasen a Cortés.

Dejemos de las cartas y digamos de su buen viaje que llevaron nuestros procuradores después que partieron del puerto de la Veracruz, que fue en veinte días del mes de diciembre de mil quinientos veintidós años. Y con buen viaje desembarcaron por la canal de Bahama. Y en el camino se les soltaron dos tigres de los tres que llevaban, e hirieron a unos marineros, y acordaron de matar al que quedaba porque era muy bravo y no se podían valer con él.

Y fueron su viaje hasta la isla de la Tercera. Y como Antonio de Quiñones era capitán y se preciaba de muy valiente y enamorado, parece ser revolvióse en aquella isla con una mujer, y hubo sobre ella cierta cuestión y diéronle una cuchillada, de que murió, y quedó solo Alonso de Ávila por capitán.

Y ya que iba con los dos navíos camino de España, no muy lejos de aquella isla topa con ellos Juan Florín, francés corsario, y toma el oro y navíos, y prende al Alonso de Ávila y llévole preso a Francia. Y también en aquella sazón robó Juan Florín otro navío que venía de la isla de Santo Domingo y le tomó sobre veinte mil pesos de oro y gran cantidad de perlas y azúcar y cueros de vaca.

Y con todo se volvió a Francia muy rico, e hizo grandes presentes a su rey y al almirante de Francia de las cosas y piezas de oro que llevaba de la Nueva España, que toda Francia estaba maravillada de las riquezas que enviábamos a nuestro gran emperador, y aun al mismo rey de Francia le tomaba codicia, más que otras veces, de tener parte en las islas y en esta Nueva España.

Y entonces es cuando dijo que solamente con el oro que le iba a nuestro César de estas tierras le podía dar guerra a su Francia; y aun en aquella sazón no era ganado ni había nueva del Perú, como dicho tengo, lo de la Nueva España y las islas de Santo Domingo, San Juan, Cuba y Jamaica.

Y entonces, dizque dijo el rey de Francia, o se lo envió a decir a nuestro Emperador, que cómo habían partido entre él y el rey de Portugal el mundo sin darle parte a él, que mostrasen el testamento de nuestro padre Adán, si les dejó solamente a ellos por herederos y señores de aquellas tierras que habían tomado entre ellos dos sin darle a él ninguna dellas; y que por esta causa era lícito robar y tomar todo lo que pudiese por la mar.

Y luego tornó a mandar al Juan Florín que volviese con otra armada a buscar la vida por la mar. Y de aquel viaje que volvió, ya que llevaba gran presa de todas ropas entre Castilla y las islas de Canaria, dio con tres o cuatro navíos recios y de armada, vizcaínos, y los unos por una parte y los otros por otra embisten con el Juan Florín, y le rompen y desbaratan, y prenden a él y a otros muchos franceses, y les tomaron sus navíos y ropa, y al Juan Florín y a otros capitanes llevaron presos a Sevilla, a la Casa de la Contratación, y los enviaron presos a la corte a Su Majestad.

Y, desque lo supo, mandó que en el camino hiciesen justicia dellos, y en el puerto del Pico les ahorcaron. Y en esto paró nuestro oro y capitanes que lo llevaron, y el Juan Florín que lo robó.

Pues volvamos a nuestra relación: y es que llevaron a Francia preso al Alonso de Ávila y le metieron en una fortaleza, creyendo haber del gran rescate, porque, como llevaba tanto oro a su cargo, guardábanle bien. Y el Alonso de Ávila tuvo tales maneras y conciertos con el caballero francés que le tenía a cargo o le tenía por prisionero, que para que en Castilla supiesen de la manera que estaba preso y le viniesen a rescatar, dijo que fuesen en posta todas las cartas y poderes que llevaba de la Nueva España y que se diesen en la corte de Su Majestad al licenciado Núñez, primo de Cortés, que era relator del Real Consejo, o a Martín Cortés, padre del mismo Cortés, que vivía en Medellín, o a Diego de Ordás, que estaba en la corte.

Y fueron a tan buen recaudo, que las hubieron a su poder y luego las despacharon para Flandes a Su Majestad, porque al obispo de Burgos no le dieron cuenta ni relación dello.

Y todavía lo alcanzó a saber el obispo y dijo que se holgó que se hubiese perdido y robado todo el oro, y dijeron que había dicho: "En esto había de parar las cosas deste traidor de Cortés", y dijo otras palabras muy feas.

Dejemos al obispo y vamos a Su Majestad, que, desque lo supo, dijeron que lo vio todo y que hubo algún sentimiento de la pérdida del oro, y por otra parte se alegró viendo que tanta riqueza le enviaban, y que sintiese el rey de Francia que con aquellos presentes que le enviábamos le podría dar guerra. Y luego envió a mandar al obispo de Burgos que, en lo que tocaba a Cortés y a la Nueva España, que en todo le diese favor y ayuda, y que presto vendría a Castilla y entendería en ver la justicia de los pleitos y contiendas de Diego Velázquez y Cortés.

Y dejemos esto. Y digamos cómo luego supimos en la Nueva España la pérdida del oro y riquezas de la recámara y prisión de Alonso de Ávila y de todo lo más aquí por mí memorado, y tuvimos de ello gran sentimiento. Y luego Cortés, con brevedad, procuró de haber y allegar todo el más oro que pudo recoger y de hacer un tiro de oro bajo y de plata, de lo que habían traído de Mechuacán, para enviar a Su Majestad; y llamóse el tiro Fénix.

Y también quiero decir que siempre estuvo el pueblo de Gualtitán que dio Cortés al Alonso de Ávila por el mismo Alonso de Ávila, porque en aquella sazón no le tuvo su hermano Gil González de Benavides hasta más de tres años adelante, que el Gil González vino de la isla de Cuba, que ya el Alonso de Ávila estaba suelto de la prisión de Francia y había venido a Yucatán por contador, y entonces dio poder al hermano para que se sirviese del, porque jamás se lo quiso traspasar.

Dejemos de cuentos viejos, que no hacen a nuestra relación, y digamos todo lo que acaeció a Gonzalo de Sandoval y a los demás capitanes que Cortés había enviado a poblar las provincias por mí ya nombradas, y entretanto, acaba Cortés de mandar forjar el tiro e allegar el oro para enviar a Su Majestad.

Bien sé que dirán algunos curiosos lectores que por qué, cuando envió Cortés a Pedro de Alvarado y a Gonzalo de Sandoval y a los demás capitanes a las conquistas y pacificaciones ya por mí nombradas, no concluí con ellos en esta mi relación lo que habían hecho en ellas y en lo que en las jornadas a cada uno acaeció, y lo vuelvo ahora a resucitar, que es volver muy atrás de nuestra relación.

Y las causas que ahora doy a ello es que, como iban camino de sus provincias a las conquistas y en aquel instante llegó al puerto de la Villa Rica el Cristóbal de Tapia —otras veces por mí nombrado—, que venía para ser gobernador de la Nueva España y para consultar Cortés lo que sobre el caso se podría hacer y tener favor y ayuda dellos, como Pedro de Alvarado y Gonzalo de Sandoval eran tan preeminentes capitanes y de buenos consejos, envió en posta a los llamar y dejaron sus conquistas y pacificaciones suspensas.

Y como he dicho, vinieron al negocio de Tapia, que era más importante para el servicio de Su Majestad, porque se tuvo por cierto que, si el Tapia quedara para gobernar, que la Nueva España y México se levantaría otra vez.

Y en aquel instante también vino Cristóbal de Oli de Mechuacán —como era cerca de México— y la halló de paz, y le dieron mucho oro y plata; y como era recién casado y la mujer moza y hermosa, apresuró su venida.

Y luego, tras esto de Tapia, aconteció el levantamiento de Pánuco y fue Cortés a lo pacificar, como dicho tengo en el capítulo pasado que dello habla, y también para escribir a Su Majestad, como escribimos, y enviar el oro y dar poder a nuestros procuradores por mí ya memorados. Y por estos estorbos, que fueron los unos tras los otros, lo torno a traer ahora aquí a la memoria, y es de esta manera que diré:

Llegado Gonzalo de Sandoval a un pueblo que se dice Tustepeque —que sería de México cien leguas—, toda la provincia le vino de paz, excepto unos mexicanos que fueron en la muerte de sesenta españoles y mujeres de Castilla que se habían quedado malos en aquel pueblo cuando vino Narváez, y era en el tiempo que en México nos desbarataron; entonces los mataron en el mesmo pueblo.

Y desde obra de dos meses que hubieron muerto a los por mí dichos, porque entonces fui con Sandoval y posé en una como torrecilla que era adoratorio de ídolos, adonde se habían hecho fuertes cuando les daban guerra, y allí los cercaron, y de hambre y sed y de heridas los acabaron.

Y digo que posé en aquella torrecilla a causa que había en aquel pueblo de Tustepeque muchos mosquitos de día; y como estaba muy alto y con el aire, no había tantos como abajo, y también por estar cerca del aposento donde posaba Sandoval.

Y, volviendo a nuestra plática, procuró Sandoval de prender a sus capitanes mexicanos, que les dio guerra y les mató y prendió al más principal dellos e hizo proceso contra él, y por justicia lo mandó quemar. Otros muchos había juntamente con él que merecían pena de muerte, y disimuló con ellos, y aquel pagó por todos.

Y desque esto fue hecho, envió a llamar de paz a unos pueblos zapotecas, que es otra provincia que estará obra de diez leguas de aquel pueblo de Tustepeque, y no quisieron venir.

Y envió a ellos para los traer de paz a un capitán que se decía Briones —que otras muchas veces ya lo he nombrado, que fue capitán de bergantines y había sido buen soldado en Italia, según él decía—, y le dio sobre cien soldados, y entre ellos treinta ballesteros y escopeteros, y más de cien amigos de los pueblos que habían venido de paz.

E yendo que iba Briones con sus soldados y con buen concierto, pareció ser que los zapotecas supieron que iba a sus pueblos y echáronle una celada en el camino, que le hicieron volver más que de paso rodando unas cuestas y laderas abajo, y le hirieron más de la tercia parte de sus soldados que llevaba, y murió uno de los heridos, porque aquellas sierras donde están poblados estos zapotecas son tan agras y malas, que no pueden ir por ellas caballos, y los soldados habían de ir a pie por unas sendas angostas, por contadero uno a uno, y siempre hay neblinas y rocíos y resbalan los caminos.

Y tienen por armas unas lanzas muy largas, mayores que las nuestras, con una braza de cuchillas de navajas y de pedernal que cortan más que nuestras espadas, y unas pavesinas que se cubren con ellas todo el cuerpo, y mucha flecha y vara y piedra, y los naturales muy sueltos y cenceños a maravilla; y con un silbo o voz que dan entre aquellas sierras, resuena y retumba la voz por un buen rato —digamos ahora como ecos—.

Por manera que se volvió el capitán Briones con su gente herida y un soldado menos, y aun él también trajo un flechazo. Llámase aquel pueblo que le desbarató Tiltepeque, y después que estuvo de paz, se dio el mismo pueblo en encomienda a un soldado que se decía Ojeda el Tuerto, que ahora vive en la villa de Santo Alonso.

Pues cuando volvió el Briones a dar cuenta al Sandoval de lo que le había acaecido y se lo contaba —cómo eran grandes guerreros—, el Sandoval, como era de buena condición, y el Briones se tenía por muy valiente y solía decir que en Italia había muerto y herido y hendido cabezas y cuerpos de hombres, le decía el Sandoval:

—¿Parécele, señor capitán, que son estas tierras otras que las donde anduvo militando?

Y el Briones respondió medio enojado y dijo que juraba a tal que más quisiera batallar contra tiros y grandes ejércitos de contrarios, así de turcos como de moros, que no con aquellos zapotecas. Y daba razones para ello que parecía que cuadraban.

Y todavía el Sandoval le dijo que no quisiera haberle enviado, pues así fue desbaratado; que creyó que pusiera otras fuerzas, como él se alababa que tanto había hecho en Italia, y que dirán ahora los zapotecas que no somos tan varones como ellos.

Dejemos desta entrada, pues no aprovechó, antes daño. Y digamos cómo el mismo Gonzalo de Sandoval envió a llamar de paz a otra provincia que se dice Xaltepeque, que también eran zapotecas y confinan con otros pueblos que se decían los minxes, gentes muy sueltas y guerreras, que tenían diferencias con los de Xaltepeque, que ahora, como digo, son los que envía a llamar.

Y vinieron de paz obra de veinte caciques y principales, y trajeron un presente de oro en joyas de muchas hechuras y diez canutillos de oro en grano que entonces habían sacado de las minas. Y traían vestidos aquellos principales unas ropas de algodón muy largas, que les daban hasta los pies, con muchas labores labradas en ellas, y eran, digamos ahora, a la manera de albornoces moriscos.

Y desque vinieron delante del Sandoval, con mucho acato se lo presentaron, y lo recibió con alegría y les mandó dar cuentas de Castilla, y les hizo honra y halagos. Y demandaron al Sandoval que les diese algunos teules —que en su lengua así nos llamaban a los españoles— para ir juntamente con ellos contra los pueblos de los minxes, sus contrarios, que les daban guerra.

Y el Sandoval, como no tenía soldados para en aquella sazón les dar ayuda como la demandaban —porque los que le llevó el Briones estaban todos heridos, y otros habían adolecido, y cuatro muertos por ser la tierra muy calurosa y doliente—, con buenas palabras les dijo que él enviaría a México a decir a Malinche —que así llamaban a Cortés— que le enviase muchos teules, y que se reportasen hasta que viniesen. Y que entretanto irán con ellos diez de sus compañeros para ver los pasos y tierra para ir a dar guerra a sus contrarios, los minxes.

Y esto no lo decía el Sandoval sino para que viniesen y viésemos los pueblos y minas donde sacaban el oro que trajeron. Y desta manera los despidió, excepto a tres dellos que mandó que quedasen para ir con nosotros.

Y luego despachó para ir a los pueblos y minas, como he dicho, a un soldado que se decía Alonso del Castillo, el de lo pensado. Y me mandó el Sandoval que yo fuese con él y otros seis soldados, y que mirásemos muy bien las minas y la manera de los pueblos.

Quiero decir por qué se llamaba aquel capitán que iba por nosotros con caudillo Castillo el de lo pensado, y es por esta causa que diré: en la capitanía que tenía el Sandoval había tres soldados que tenían por renombre Castillos. El uno dellos era muy galán y preciábase dello en aquella sazón, que era yo, y a esta causa me llamaban Castillo el Galán.

Los otros dos Castillos, el uno dellos era de tal calidad que siempre estaba pensativo, y cuando hablaban con él se paraba mucho más a pensar lo que había de decir, y cuando respondía o hablaba era una necedad o cosa que teníamos que reír; y por eso le llamábamos Castillo de los Pensamientos. Y el otro era Alonso del Castillo —que agora va con nosotros—, que de repente decía cualquier cosa y respondía muy a propósito de lo que le preguntaban, y se decía Castillo el de lo Pensado.

Dejemos de contar donaires y volvamos a decir cómo fuimos a aquella provincia a ver las minas. Y llevamos muchos indios de aquellos pueblos, y con unas como hechuras de bateas lavaron en tres ríos delante de nosotros, y en todos tres sacaron oro, e hinchieron cuatro cañutillos dello, que era cada uno del tamaño de un dedo de la mano (el de en medio), y eran poco más anchos que cañones de patos de Castilla.

Y con aquella muestra de oro volvimos donde estaba el Gonzalo de Sandoval, y se holgó creyendo que la tierra era rica. Y luego entendió en hacer los repartimientos de aquellos pueblos y provincia a los vecinos que habían de quedar allí poblados, y tomó para sí unos pueblos que se dicen Guazpaltepeque, que en aquel tiempo era la mejor cosa que había en aquella provincia, muy cerca de las minas. Y aun le dieron luego sobre quince mil pesos de oro, creyendo que el Sandoval tomaba una buena cosa. Y la provincia de Xaltepeque, donde trajimos el oro, la depositó en el capitán Luis Marín; pensaba que le daba un condado.

Y todos salieron muy malos repartimientos, así lo que tomó Sandoval como lo que dio a Luis Marín. Y aun a mí me mandaba quedar a poblar en aquella provincia y me daba muy buenos indios y de mucha renta —que plugiera a Dios que los tomara—, que se dicen Matlatlán y Orizaba, donde está ahora el ingenio del virrey, y otro pueblo que se dice Ozotequipa. Y no los quise por parecerme que ni iba en compañía del Sandoval, teniéndole por amigo, que no hacía lo que convenía a la calidad de mi persona (y el Sandoval verdaderamente conoció mi voluntad); y por hallarme con él en las guerras, si las hubiese adelante, lo hice.

Dejemos desto y digamos que nombró a la villa que pobló Medellín, porque así le fue mandado por Cortés, porque Cortés nació en Medellín, de Extremadura. Y era en aquella sazón el puerto un río que se dice Chalchocueca, que es el que habíamos puesto por nombre Río de Banderas, donde se rescató los quince mil pesos, y por aquel río se venían las barcas con la mercadería que venía de Castilla, hasta que se mudó a la Veracruz. Dejemos desto.

Y vamos camino de Guazacualco, que será de la villa de la Veracruz, que dejamos poblada, obra de setenta leguas. Y entramos en una provincia que se dice Citla, la más fresca y llena de bastimentos y bien poblada que habíamos visto, y luego vino de paz. Y es aquella provincia que he dicho, de doce leguas de largo y otras tantas de ancho, muy poblado todo.

Y llegamos al gran río de Guazacualco, y enviamos a llamar a los caciques de aquellos pueblos que eran cabeceras de aquellas provincias, y estuvieron tres días que no vinieron ni enviaban respuesta, por lo cual creímos que estaban de guerra, y aun así dizque lo tenían consultado: que no nos dejasen pasar el río.

Y después tomaron acuerdo de venir de ahí a cinco días, y trajeron de comer y unas joyas de oro muy fino, y dijeron que cuando quisiésemos pasar que ellos traerían muchas canoas grandes. Y Sandoval se lo agradeció mucho y tomó consejo con algunos de nosotros si nos atreveríamos a pasar todos juntos de una vez en todas las canoas.

Y lo que nos pareció y aconsejamos fue que primero pasasen cuatro soldados y que viesen la manera que había en un poblezuelo que estaba junto al río, y que mirasen y procurasen de inquirir y saber si estaban de guerra; y antes que pasásemos, tuviésemos con nosotros al cacique mayor, que se dice Tochel.

Y así fueron los cuatro soldados y vieron todo a lo que les enviábamos, y se volvieron a dar relación al Sandoval como todo estaba de paz. Y aun vino con ellos el hijo del mesmo cacique Tochel —que así se decía—, y trajo otro presente de oro, aunque no de mucha valía.

Entonces le halagó el Sandoval y le mandó que trajesen cien canoas atadas de dos en dos, y pasamos los caballos un día después de Pascua del Espíritu Santo. Y por acortar palabras, poblamos en el pueblo que estaba junto al río, y era muy bueno para el trato de la mar, porque está el puerto de allí cuatro leguas el abajo, y pusimos nombre a la villa del Espíritu Santo, y pusimos aquel sublimado nombre: lo uno, porque en Pascua Santa del Espíritu Santo desbaratamos a Narváez; y lo otro, porque el santo nombre fue nuestro apellido cuando le prendimos y desbaratamos; lo otro, por pasar aquel río en este mesmo día, y porque todas aquellas tierras vinieron de paz sin dar guerra.

Y allí poblamos toda la flor de los caballeros y soldados que habíamos salido de México a poblar con el Sandoval, y el mismo Sandoval y el mismo Luis Marín y un Diego de Godoy, y el capitán Francisco de Medina, y Francisco Marmolejo, y Francisco de Lugo, y Juan López de Aguirre, y Hernando de Montes de Oca, y Juan de Salamanca, y Diego Azamar, y un Mansilla, y otro soldado que se decía Mejía Rapapelo, y Alonso de Grado, y el licenciado Ledesma, y Luis de Bustamante, y Pedro Castellar, y el capitán Briones, y yo, y otros muchos caballeros y personas de calidad, que si los hubiese aquí de nombrar a todos, es no acabar tan presto.

Mas tengan por cierto que solíamos salir a la plaza a un regocijo y alarde sobre ochenta de a caballo, que eran más entonces aquellos ochenta que ahora quinientos. Y la causa es esta: que no había caballos en la Nueva España, sino pocos y caros, y no los alcanzaba a comprar sino cual a cual.

Dejemos desto. Y diré cómo repartió Sandoval aquellas provincias y pueblos entre nosotros, después de las haber enviado a visitar y hacer la discreción de la tierra y ver las calidades de todas las poblaciones.

Y fueron las provincias que repartió lo que ahora diré: primeramente Citla, Guazacualco, Guazpaltepeque, Tepeaca, Chinanta y los Zapotecas; y de las provincias que están de la otra parte del río, la provincia de Copilco y Cimatan, Tabasco y las sierras de Cachula, todos los Zoques hasta Chiapa y Cinacantán, y todos los Quilenes y Papanaguasta.

Y estos pueblos que he dicho teníamos todos los vecinos que en aquella villa quedamos poblados en repartimiento, que valiera más que yo allí no quedara, según después sucedió: la tierra pobre y muchos pleitos que tuvimos con tres villas que después se poblaron; la una fue la Villa Rica de la Veracruz, sobre Guazpaltepeque, Chinanta y Tepeaca; la otra, con la villa de Tabasco, sobre Cimatan y Copilco; la otra, con Chiapa, sobre los Quilenes y Zoques; la otra, con Santo Alonso, sobre los Zapotecas.

Porque todas estas villas se poblaron después que nosotros poblamos Guazacualco, y a nos dejar todos los términos que teníamos, fuéramos ricos. Y la causa que se poblaron estas villas que he dicho es que envió a mandar Su Majestad que todos los pueblos de indios más cercanos y comarcanos de cada villa se le señalaran por términos, por manera que de todas partes nos cortaron las haldas y nos quedamos en blanco.

Y a esta causa, el tiempo andando, se fue despoblando Guazacualco, y con haber sido la mejor población y de generosos conquistadores que hubo en la Nueva España, es ahora una villa de pocos vecinos.

Volvamos a nuestra relación. Y es que, estando Sandoval entendiendo en la población de aquella villa y llamando otras provincias de paz, le vinieron cartas como había entrado un navío en el río de Ayagualulco, que es puerto —aunque no bueno—, que estaba de allí quince leguas, y en él venían de la isla de Cuba la señora doña Catalina Juárez, la Marcaida, que así tenía el sobrenombre, mujer que fue de Cortés, y la traía un su hermano, Juan Juárez, el vecino que fue, andando el tiempo, de México.

Y venía otra señora, su hermana, y Villegas, el de México, y su mujer la Zambrana, y sus hijos, y aun la abuela, y otras muchas señoras casadas. Y aun me parece que entonces vino Elvira López la Larga, mujer que entonces era de un Juan de Palma, el cual Palma vino con nosotros; que después fue mujer de un Argeta. Y también vino un Antonio Diosdado, el vecino que fue de Guatemala, y vinieron otros muchos que no se me acuerdan sus nombres.

Y como Gonzalo de Sandoval lo alcanzó a saber, él en persona, con todos los más capitanes y soldados, fuimos por aquellas señoras y por todos los demás que traía en su compañía.

Y acuérdome que en aquella sazón llovió tanto que no podíamos ir por los caminos ni pasar ríos ni arroyos, porque venían muy crecidos, que salieron de madre. Y había hecho grandes Nortes, y con mal tiempo, y por no dar al través, entraron con el navío en aquel puerto de Ayagualulco, y la señora doña Catalina Juárez la Marcaida y toda su compañía se holgaron con nosotros. Y luego trajimos todas aquellas señoras y su compañía a nuestra villa de Guazacualco.

Y lo hizo saber el Sandoval muy en posta a Cortés de su venida, y las llevó luego camino de México. Y fueron acompañándolas el mesmo Sandoval y Briones y Francisco de Lugo y otros caballeros.

Y desque Cortés lo supo, dijeron que le había pesado mucho de su venida, puesto que no lo demostró, y les mandó salir a recibir. Y en todos los pueblos les hacían mucha honra, hasta que llegaron a México. Y en aquella ciudad hubo regocijos y juegos de cañas.

Y, dende a obra de tres meses que había llegado, oímos decir que la hallaron muerta de asma una noche, y que habían tenido un banquete el día antes y en la noche, y muy gran fiesta. Y porque yo no sé más desto que he dicho, no tocaré más en esta tecla. Otras personas lo dijeron más claro y abiertamente en un pleito que sobre ella hubo, andando el tiempo, en la Real Audiencia de México.

Dejemos de hablar desto, pues ya pasó, y digamos de lo que le acaeció a Villafuerte, el que fue a poblar a Zacatula, y a Juan Álvarez Chico, que también fue a Colima.

A Villafuerte le dieron mucha guerra y le mataron ciertos soldados, y estaba la tierra levantada, que no le querían obedecer ni dar tributos; y a Juan Álvarez Chico, ni más ni menos. Y desque lo supo Cortés, le pesó dello, y como Cristóbal de Oli había venido de lo de Mechuacán y venía rico y lo había dejado de paz, y le pareció a Cortés que tenía buena mano para ir a asegurar y pacificar aquellas dos provincias de Zacatula y Colima, acordó de le enviar por capitán, y le dio quince de a caballo y treinta escopeteros y ballesteros.

E, yendo por su camino, ya que llegaba cabe Zacatula, le aguardaron los naturales de aquella provincia muy gentilmente a un mal paso, y le mataron dos soldados e hirieron quince. Y todavía les venció, y fue a la villa donde estaba el Villafuerte, con los vecinos que en ella estaban poblados, que no osaban ir a los pueblos que tenían en encomienda porque no los capillasen, como ya le habían muerto cuatro vecinos en sus mismos pueblos. Porque comúnmente, en todas las provincias y villas que se pueblan, a los principios les dan encomenderos, y, desque les piden tributos, se alzan y matan a los españoles que pueden.

Pues desque Cristóbal de Oli vio que ya tenía apaciguada aquella provincia y le habían venido de paz, fue desde Zacatula a Colima, y hallóla de guerra. Y tuvo con los naturales della ciertos reencuentros, y le hirieron muchos soldados; los desbarató y quedaron de paz.

Juan Álvarez Chico, que había ido por capitán, no sé qué se hizo de él; paréceme que murió en aquella villa.

Pues como Cristóbal de Oli hubo pacificado a Colima, y le pareció que estaba de paz, como era casado con una portuguesa hermosa —que ya he dicho que se decía doña Felipa de Arauz o Zarauz—, dio la vuelta para México; y no se hubo bien vuelto, cuando se tornaron a levantar los de Colima y Zacatula.

Y en aquel instante había llegado a México Gonzalo de Sandoval con la señora doña Catalina Juárez "la Marcaida", y con Juan Juárez y todas sus compañías —como ya otra vez dicho tengo en el capítulo que dello habla—, acordó Cortés de le enviar por capitán para apaciguar aquellas provincias.

Y con muy pocos de a caballo que entonces le dio, y obra de quince ballesteros y escopeteros, conquistadores viejos, fue a Colima y castigó a dos caciques, y tal maña se dio que toda la tierra dejó muy de paz y nunca más se levantó. Y se volvió para Zacatula e hizo lo mismo, y de presto se volvió a México.

Y volvamos a Guazacualco y digamos cómo, luego que se partió Gonzalo de Sandoval para México con la señora doña Catalina Juárez, se nos rebelaron todas las más provincias de las que estaban encomendadas a los vecinos, y tuvimos muy gran trabajo en los tornar a pacificar. Y la primera que se levantó fue Xaltepeque, zapotecas que estaban poblados en altas y malas sierras.

Y tras esto se levantó la de Cimatan y Copilco, que estaban entre grandes ríos y ciénagas; y se levantaron otras provincias, y aun hasta doce leguas de la villa hubo pueblos que mataron a su encomendero. Y lo andábamos pacificando con grandes trabajos.

Y, estando que estábamos en una entrada con el capitán Luis Marín, y un alcalde ordinario y todos los regidores de nuestra villa, viniéronnos cartas que había venido al puerto un navío y que en él venía un Juan Bono de Quejo, vizcaíno, y que había subido el río arriba con el navío, que era pequeño, hasta la villa, y que decía que traía cartas y provisiones de Su Majestad para nos notificar, y que luego fuésemos a la villa y dejásemos la pacificación de la provincia.

Y como aquella nueva supimos, y estábamos con el teniente Luis Marín, y así alcalde y regidores, fuimos a ver qué quería. Y después de nos abrazar y dar el parabienvenido los unos a los otros —porque el Juan Bono era muy conocido de cuando vino con Narváez—, dijo que nos pedía por merced que nos juntásemos en cabildo, que nos quería notificar ciertas provisiones de Su Majestad y de don Juan Rodríguez de Fonseca, obispo de Burgos, arzobispo de Rosano, que traía muchas cartas para todos. Y, según pareció, traía el Juan Bono cartas en blanco con la firma del obispo.

Y entretanto que nos fueron a llamar en la pacificación donde estábamos, se informó el Juan Bono quiénes éramos los regidores, y las cartas que traía en blanco escribió en ellas palabras de ofrecimientos que el obispo nos enviaba si dábamos la tierra al

Cristóbal de Tapia, que el Juan Bono nunca creyó que era vuelto para la isla de Santo Domingo, y el obispo tenía por cierto que no le recibiríamos.

Y a aquel efecto envió al Juan Bono con aquellos recaudos, y traía para mí, como regidor, una carta del mismo obispo que escribió el Juan Bono.

Pues ya que habíamos entrado en cabildo y vimos sus despachos y provisiones —que nunca nos había querido decir lo que era hasta entonces—, de presto le despachamos en decir que ya el Tapia era vuelto a Castilla; que fuese a México, adonde estaba Cortés, y allá le diría lo que conviniese.

Y desque aquello oyó el Juan Bono, que el Tapia no estaba en la tierra, se paró muy triste, y otro día se embarcó y fue a la Villa Rica, y desde allí a México; y lo que allá pasó yo no lo sé, salvo que oí decir que Cortés le ayudó para la costa y se volvió a Castilla.

Y dejemos de contar más cosas, que había bien que decir, como siempre que en aquella villa estuvimos nunca nos faltaron trabajos y conquistas de las provincias que se habían levantado.

Y volvamos a decir de Pedro de Alvarado, cómo le fue en lo de Tututepeque y en su población.

CAPÍTULO VIII: PALABRAS AMOROSAS

Es menester que volvamos algo atrás para dar relación desta ida que fue Pedro de Alvarado a poblar Tututepeque. Y es así: que como se ganó la ciudad de México y se supo en todas las comarcas y provincias que una ciudad tan fuerte estaba por el suelo, enviaban a dar el parabién a Cortés de la victoria y a ofrecerse por vasallos de Su Majestad.

Y entre muchos grandes pueblos que en aquel tiempo vinieron, fue uno que se dice Tehuantepeque, zapotecas, y trajeron un presente de oro a Cortés y dijéronle que estaban otros pueblos algo apartados de su provincia que se decían Tututepeque, muy enemigos suyos, y que les venían a dar guerra porque habían enviado los de Tehuantepeque a dar la obediencia a Su Majestad, y que estaban en la costa del sur y que era gente muy rica, así de oro que tenían en joyas como de minas, y le demandaron a Cortés con mucha importunación les diese hombres de a caballo y escopeteros y ballesteros para ir contra sus enemigos.

Y Cortés les habló muy amorosamente y les dijo que quería enviar con ellos al Tonatiuh, que así llamaban a Pedro de Alvarado, y luego le dio sobre ciento y ochenta soldados, y entre ellos treinta y cinco de a caballo, y le mandó que, en la provincia de Guaxaca, donde estaba un Francisco de Orozco por capitán, pues estaba de paz aquella provincia, que le demandase otros veinte soldados, y los más dellos ballesteros.

Y así como le fue mandado, ordenó su partida y salió de México en el año de mil quinientos veintidós. Y mandóle Cortés que, de camino, fuese y viese ciertos peñoles que decían que estaban alzados, que se decían de Ulami, y entonces todo lo halló de paz y de buena voluntad. Y tardó más de cuarenta días en llegar a Tututepeque.

Y el señor del lugar y otros principales, desque supieron que ya llegaban cerca de su pueblo, les salieron a recibir de paz y les llevaron a aposentar en lo más poblado del pueblo, adonde el cacique tenía sus adoratorios y sus grandes aposentos. Y estaban las casas muy juntas unas de otras, y son de paja, porque en aquella provincia no tenían azoteas, que es tierra muy caliente.

Aconsejóse Alvarado con sus capitanes y soldados que no era bien aposentarse en aquellas casas tan juntas unas de otras, porque si ponían fuego no se podrían valer, y fue acordado que se fuesen al cabo del pueblo.

Y desque fue aposentado, el cacique le llevó muy grandes presentes de oro y buen sustento, y cada día que allí estuvieron le llevó presentes muy ricos de oro. Y como Alvarado vio que tanto oro tenían, les mandó hacer unas estriberas de oro fino de la manera de otras que les dio para que por ellas las hiciese, y las trajeron hechas.

Y, dende a pocos días, echó preso al cacique porque le dijeron los de Tehuantepeque a Pedro de Alvarado que le querían dar guerra toda aquella provincia y que, cuando le aposentaron entre aquellas casas donde estaban los ídolos y aposentos, que era por les quemar y que allí muriesen todos. Y a esta causa le echó preso.

Otros españoles de fe y de creer dijeron que fue por sacarle mucho oro, y sin justicia murió en las prisiones, y esto se tuvo por cierto.

Ahora sea lo uno o lo otro, aquel cacique dio a Pedro de Alvarado más de treinta mil pesos, y murió de enojo y de la prisión. Y quedó a un su hijo el cacicazgo, y le sacó mucho más oro que al padre.

Y luego envió a visitar los pueblos de alrededor y los repartió entre los vecinos, y pobló una villa que se puso por nombre Segura, porque los más vecinos que allí poblaron habían sido antes vecinos de Segura de la Frontera, que era Tepeaca.

Y como esto tuvo hecho y tenía ya allegada buena suma de pesos de oro y se lo llevaba a México para dar a Cortés —y también dijeron que el mismo Cortés le escribió que todo el oro que pudiese haber que lo trajese consigo para enviar a Su Majestad, por causa de que habían robado los franceses lo que se había enviado con Alonso de Ávila y Quiñones, y que no diese parte ninguna a ningún soldado de los que tenía en su compañía—.

Y ya que Alvarado se quería partir para México, tenían hecho ciertos soldados una conjuración —y los más dellos ballesteros y escopeteros— de matar otro día a Pedro de Alvarado y a sus hermanos, porque les llevaba el oro sin dar partes. Y aunque se lo pedían, no se lo quiso dar, y porque no les daba buenos repartimientos de indios.

Y esta conjuración, si no se la descubriera un soldado que se decía Trebejo, que era en la misma trama, aquella noche que venía habían de dar en ellos. Y como Alvarado lo supo —que se lo dijeron a hora de vísperas y yendo a caballo a cazar por unas sabanas, e iban en su compañía a caballo algunos de los que entraban en la conjuración—, y para disimular con ellos, dijo:

—Señores, a mí me ha dado dolor de costado; volvamos a los aposentos y llámenme un barbero que me sangre.

Y como volvió, envió a llamar a sus hermanos Jorge, Gonzalo y Gómez, todos Alvarados, y a los alcaldes y alguaciles, y prenden a los que eran en la conjuración, y por justicia ahorcaron a dos dellos, que se decía el uno Fulano de Salamanca, natural del Condado, que había sido piloto, y a otro que se decía Bernaldo, levantisco. Y con estos dos se apaciguaron los demás.

Y luego se fue para México con todo el oro y dejó poblada la villa. Y desque los vecinos que en ella quedaban vieron que los repartimientos que les daban no eran buenos, y la tierra doliente y muy calurosa, y habían adolecido muchos dellos, y las naborías y esclavos que llevaban se les habían muerto, y había muchos murciélagos y mosquitos y aun chinches, y sobre todo, que el oro no repartió Alvarado entre ellos y se lo llevó, acordaron de quitarse de mal ruido y despoblar la villa, y muchos dellos se vinieron a México y otros a Guaxaca, y se derramaron por otras partes.

Y desque Cortés lo supo, envió a hacer pesquisa sobre ello, y hallóse que por los alcaldes y regidores en el cabildo se concertó que se despoblase, y sentenciaron a los que fueron en ello a pena de muerte. Y apelaron, y fue en destierro la pena.

Y desta manera sucedió lo de Tututepeque, que jamás nunca se pobló, y aunque era tierra rica, por ser doliente. Y como los naturales de aquella tierra vieron esto, y que se habían despoblado, y lo que Pedro de Alvarado había hecho sin causa ni justicia ninguna, se tornaron a rebelar, y volvió a ellos el mismo Pedro de Alvarado y los llamó de paz, y sin darles guerra volvieron a estar de paz.

Dejemos esto. Y digamos que, como Cortés tenía ya allegados sobre ochenta mil pesos de oro para enviar a Su Majestad, y el tiro Fénix forjado, vino en aquella sazón nueva como había venido a Pánuco Francisco de Garay con grande armada; y lo que sobre ello se hizo diré adelante.

Como he dicho en otro capítulo que habla de Francisco de Garay, como era gobernador en la isla de Jamaica, y rico, y tuvo nueva que habíamos descubierto muy ricas tierras cuando lo de Francisco Hernández de Córdoba y Juan de Grijalva, y habíamos llevado a la isla de Cuba veinte mil pesos de oro, y los hubo Diego Velázquez, gobernador que era de aquella isla, y que venía en aquel instante Hernando Cortés con otra armada, tomole gran codicia de venir el Garay a conquistar algunas tierras, pues tenía mejor aparejo que otros ningunos.

Y tuvo nueva y plática de un Antón de Alaminos, que fue el piloto mayor que habíamos traído cuando lo descubrimos, como estaban muy ricas tierras y muy pobladas desde el río de Pánuco adelante, y que aquella podía enviar a suplicar a Su Majestad que le hiciese merced.

Y después de bien informado el mismo Garay del piloto Alaminos y de otros pilotos que se habían hallado juntamente con él en el descubrimiento, acordó enviar a un su mayordomo que se decía Juan Torralba a la corte, con cartas y dineros, a suplicar a los caballeros que en aquella sazón estaban por presidente y oidores de Su Majestad que le hiciesen merced de la gobernación del río de Pánuco, con todo lo demás que descubriese y estuviese por poblar.

Y como Su Majestad en aquella sazón estaba en Flandes, y estaba por presidente de Indias don Juan Rodríguez de Fonseca, obispo de Burgos y arzobispo de Rosano, que lo mandaba todo, y el licenciado Zapata y el licenciado Vargas y el secretario Lope de Conchillos, le trajeron provisiones que fuese adelantado y gobernador del río de San Pedro y San Pablo, con todo lo que descubriese.

Y con aquellas provisiones envió luego tres navíos con hasta doscientos cuarenta soldados, con muchos caballos y escopeteros y ballesteros y bastimentos, y por capitán dellos a un Alonso de Álvarez Pineda o Pinedo, otras veces por mí ya nombrado.

Pues como hubo enviado aquella armada —ya he dicho otras veces—, que los indios de Pánuco se la desbarataron y mataron al capitán Pineda y a todos los caballos y soldados que tenía, excepto obra de sesenta soldados que vinieron al puerto de la Villa Rica con un navío, y por capitán dellos a un Camargo, que se acogieron a nosotros.

Y tras aquellos tres navíos, viendo el Garay que no tenía nueva dellos, envió otros dos navíos con muchos soldados y caballos y bastimentos, y por capitán dellos a un Miguel Díaz de Arauz y a un Ramírez, muchas veces por mí memorados, los cuales se vinieron también a nuestro puerto, desque vieron que no hallaban en el río de Pánuco pelo ni hueso de los que había enviado Garay, salvo los navíos quebrados.

Todo lo cual tengo ya dicho otras veces en mi relación, mas es necesario que se torne a decir desde el principio para que bien se entienda.

Pues volviendo a nuestro propósito y relación, viendo Francisco de Garay que ya había gastado muchos pesos de oro, y oyó decir de la buenaventura de Cortés y de las grandes ciudades que había descubierto y del mucho oro y joyas que había en la tierra, tuvo más envidia y codicia y levantó más la voluntad de venir él en persona y traer la mayor armada que pudiese.

Y buscó once navíos y dos bergantines, que fueron trece velas; y allegó ciento treinta y seis caballos y ochocientos cuarenta soldados, todos los más ballesteros y escopeteros. Y bastecíolos muy bien de todo lo que hubieron menester, que era pan cazabí, tocinos y tasajos de vacas, que ya había harto ganado vacuno, que, como era rico y lo tenía todo de su cosecha, no le dolía el gasto. Y, para ser hecha aquella armada en la isla de Jamaica, fue demasiada la gente y caballos que allegó.

Y en el año de mil quinientos veintitrés años salió de Jamaica con toda su armada, por San Juan de junio, y vino a la isla de Cuba, a un puerto que se dice Jagua, y allí alcanzó a saber que Cortés tenía pacificada toda la provincia de Pánuco y poblada una villa, y que había gastado en pacificarla más de sesenta mil pesos de oro, y que había enviado a Su Majestad a suplicarle le hiciese merced de la gobernación della juntamente con la Nueva España.

Y como le decían de las cosas heroicas que Cortés y sus compañeros habíamos hecho, y cómo tuvo nueva que con doscientos sesenta y seis soldados habíamos desbaratado a Pánfilo de Narváez, habiendo traído sobre mil y trescientos soldados con ciento de a caballo y otros tantos escopeteros y ballesteros y dieciocho tiros, temió la fortuna de Cortés.

Y en aquella sazón que estaba el Garay en aquel puerto de Jagua, le vinieron a ver muchos vecinos de la isla de Cuba, y viniéronse en su compañía ocho o diez personas principales de aquella isla. Y le vino a ver el licenciado Zuazo, que había venido a aquella isla a tomar residencia a Diego Velázquez por mandado de la Real Audiencia de Santo Domingo.

Y platicando el Garay con el licenciado sobre la ventura de Cortés y que temía que había de tener diferencias con él sobre la provincia de Pánuco, le rogó que se fuese con él en aquel viaje para ser intercesor entre él y Cortés; y el licenciado Zuazo respondió que no podía ir por entonces sin dar residencia, mas que presto sería allá.

Y luego el Garay mandó dar velas y va su derrota para Pánuco, y en el camino tuvo un mal tiempo y los pilotos que llevaba subieron más arriba hacia el río de Palmas, y surgió en el propio río, día de señor Santiago, y luego envió a ver la tierra. Y a los capitanes y soldados que envió no les pareció buena, o no hubieron gana de quedar allí, sino que se viniese al propio río de Pánuco, a la población y villa que Cortés había poblado, por estar más cerca de México.

Y desque aquella nueva le trajeron, acordó el Garay de tomar juramento a todos sus soldados que no le desampararían sus banderas y que le obedecerían como a tal capitán general; nombró alcaldes y regidores y todo lo perteneciente a una villa; dijo que se había de nombrar la villa Garayana; mandó desembarcar todos los caballos y soldados de los navíos, y desembarazados, enviólos costa a costa con un capitán que se decía Grijalva, y él y todo su ejército se vino por tierra, costa a costa, cerca de la mar, y anduvo dos días por malos despoblados que eran ciénagas.

Pasó un río que venía de unas sierras que vieron desde el camino, que estaban de allí obra de cinco leguas, y pasaron aquel gran río en balsas y en unas canoas que hallaron quebradas. Luego, en pasando el río, estaba un pueblo despoblado de aquel día, y hallaron muy bien de comer: maíz y aun gallinas, y había muchas guayabas muy buenas.

Allí, en este pueblo, el Garay prendió ciertos indios que entendían la lengua mexicana y halagólos y dióles camisas; enviolos por mensajeros a otros pueblos que le decían que estaban cerca para que le recibiesen de paz.

Y rodeó una ciénaga y fue a unos pueblos que eran los mismos, y recibiéronle de paz, diéronle muy bien de comer y muchas gallinas de la tierra y otras aves como a manera de ansarones que tomaban en las lagunas.

Y como muchos de los soldados que llevaba Garay iban cansados y parece ser que no les daban de lo que los indios les traían de comer, se amotinaron algunos y se fueron a robar a los indios de aquellos pueblos por donde venían; estuvieron en este pueblo tres días.

Otro día fueron su camino con guías; llegaron a un gran río, no le podían pasar sino con canoas que les dieron los del pueblo de paz donde habían estado; procuraron de pasar cada caballo a nado y remando, con cada canoa un caballo y le llevasen del cabestro; y como eran muchos caballos y no se daban maña, se les ahogaron cinco.

Salen de aquel río, dan en unas malas ciénagas; y con mucho trabajo llegaron a tierra de Pánuco. Y ya que en ella se hallaron, creyeron tener de comer, y estaban todos los pueblos sin maíz ni bastimentos y muy alterados.

Y esto fue a causa de las guerras que Cortés con ellos había tenido poco tiempo había; y también, si alguna comida tenían, habíala alzado y puesto en cobro, porque como vieron tantos españoles y caballos, tuvieron miedo dellos y despoblaban los pueblos; y adonde pensaba Garay reposar, tenía más trabajo.

Y demás desto, como estaban despobladas las casas donde posaban, había muchos murciélagos y chinches y mosquitos, y todo les daba guerra.

Y luego les sucedió otra malaventura: que los navíos que venían costa a costa no habían llegado al puerto ni sabían dellos, porque en ellos traían muchos bastimentos, lo cual supieron de un español que les vino a ver o hallaron en un pueblo, que era de los vecinos que estaban poblados en la villa de Santisteban del Puerto, que estaba huido por temor de la justicia por cierto delito que había hecho.

El cual les dijo cómo estaban poblados muy cerca de allí, y cómo México era muy buena tierra y que estaban los vecinos que en ella vivían ricos. Y como oyeron los soldados que traía Garay al español que con ellos habló que la tierra de México era buena y la de Pánuco no era tan buena, muchos dellos se desmandaron y se fueron por los pueblos a robar, y se iban a México.

Y en aquella sazón, viendo el Garay que se le amotinaban sus soldados y no los podía haber, envió a un su capitán que se decía Ocampo a la villa de Santisteban a saber qué voluntad tenía el teniente que estaba por Cortés, que se decía Pedro de Vallejo.

Y aun le escribió haciéndole saber cómo traía provisiones y recaudos de Su Majestad para gobernar y ser adelantado de aquellas provincias, y cómo había aportado con sus navíos al río de Palmas y del mal camino y trabajos que había pasado.

Y el Vallejo hizo mucha honra al Ocampo y a los que con él iban, y les dio buena respuesta, y les dijo que Cortés holgara de tener tan buen vecino por gobernador, mas que le había costado muy caro la conquista de aquella tierra y Su Majestad le había hecho merced de la gobernación, y que venga cuando quisiere con sus ejércitos, y que se le hará todo servicio, y que le pide por merced que mande a sus soldados que no hagan injusticias ni robos a los indios, porque se le han venido a quejar dos pueblos.

Y tras esto, muy en posta escribió el Vallejo a Cortés, y aun le envió la carta del Garay, e hizo que escribiese otra el mismo Gonzalo de Ocampo, y le envió a decir qué mandaba que se hiciese, o que presto enviase muchos soldados, o viniese Cortés en persona.

Y desque Cortés vio la carta, envió a llamar a Pedro de Alvarado, a Gonzalo de Sandoval y a un Diego de Ocampo, hermano del otro Gonzalo de Ocampo que venía con Garay, y envió con ellos los recaudos que tenía, cómo Su Majestad le había mandado que todo lo que conquistase tuviese en sí hasta que se averiguase la justicia entre él y Diego Velázquez, y que se lo notificasen al Garay.

Dejemos de hablar desto. Y digamos que luego, como Gonzalo de Ocampo volvió con la respuesta del Vallejo a Francisco de Garay, le pareció buena respuesta. Se vino con todo su ejército a sujetar y a estar más cerca de la villa de Santisteban del Puerto.

Y ya Pedro de Vallejo tenía concertado con los vecinos de la villa, y con aviso que tuvo de cinco soldados que se habían ido a la villa, que eran del mismo Garay, de los amotinados, cómo estaban muy descuidados y que no se velaban, y cómo quedaban en un pueblo bueno y grande que se dice Nachapalan; y los del Vallejo sabían bien la tierra, dan en la gente de Garay y le prenden sobre cuarenta soldados y se los llevaron a su villa de Santisteban del Puerto, y ellos tuvieron por buena su prisión.

Y la causa que dijo el Vallejo por que los prendió era porque, sin presentar las provisiones y recaudos que traía, andaban robando la tierra.

Y viendo esto, Garay hubo gran pesar y tornó a enviar a decir al mismo Vallejo que le diese sus soldados, amenazándole con la justicia de nuestro rey y señor; y el Vallejo respondió que desque vea las reales provisiones, que las obedecerá y pondrá sobre su cabeza, y que fuera mejor que cuando vino Ocampo las trajera y presentara para las cumplir, y que le pide por merced que mande a sus soldados que no roben ni saqueen los pueblos de Su Majestad.

Y en este instante llegaron los capitanes que Cortés enviaba con los recaudos, y vino por capitán un Diego de Ocampo.

Y como Diego de Ocampo era en aquella sazón el alcalde mayor por Cortés en México, comenzó a hacer requerimientos a Garay que no entrase en la tierra, porque Su Majestad mandó que la tuviese

Cortés. Y en demandas y en respuestas se pasaron ciertos días, y entretanto, cada día se le iban al Garay muchos soldados, que anochecían y no amanecían en el real.

Y vio el Garay que los capitanes de Cortés traían mucha gente de a caballo y escopetas, y de cada día le venían más. Y supo que de sus navíos que había mandado costa a costa se le habían perdido dos de ellos con tormenta de norte, que es travesía, y los demás navíos, que estaban en la boca del puerto, y que el teniente Vallejo les envió a requerir que luego se entrasen dentro en el río, no les viniese algún desmán y tormenta como la pasada; si no, que los tendría por corsarios que andaban a robar.

Y los capitanes de los navíos respondieron que no tuviese Vallejo qué entender ni mandar en ello, que ellos entrarían cuando quisiesen. Y en este instante el Francisco de Garay temió la buena fortuna de Cortés; y como andaban en estos trances, el alcalde mayor Diego de Ocampo, Pedro de Alvarado y Gonzalo de Sandoval tuvieron pláticas secretas con los del Garay y con los capitanes que estaban en los navíos en el puerto, y se concertaron con ellos que se entrasen en el puerto y se diesen a Cortés.

Y luego un Martín de San Juan, lepuzcano, y un Castromucho, maestres de navío, se entregaron con sus naos al teniente Vallejo, por Cortés. Y como los tuvo por de Cortés, fue en ellos el mismo Vallejo a requerir al capitán Juan de Grijalva, que estaba en la boca del puerto, que se entrase dentro a surgir o se fuese por la mar donde quisiese, y respondióle con tirarle muchos tiros.

Y luego enviaron en una barca un escribano del rey que se decía Vicente López a requerirle que se entrase en el puerto, y aun llevó cartas para el Grijalva de Pedro de Alvarado, de Sandoval y de Diego de Ocampo, con ofertas y prometimientos de que Cortés le haría mercedes.

Y como vio las cartas y que todas las naos que habían entrado en el río, ansi hizo el Juan Grijalva con su nao capitana. Y el teniente Vallejo le dijo que fuese preso en nombre del capitán Hernando Cortés; mas luego lo soltó a él y a cuantos estaban detenidos.

Y desque el Garay vio el mal recaudo que tenía y sus soldados huidos y amotinados, y los navíos dados al través y los demás estaban tomados por Cortés, si muy triste estaba antes que se los tomasen, más lo estuvo después que se vio desbaratado.

Y luego demandó, con grandes protestaciones que hizo a los capitanes de Cortés, que le diesen sus naos y todos sus soldados, que se querían volver a poblar el río de Palmas, y presentó sus provisiones y recaudos que para ello traía, y que por no tener debates ni cuestiones con Cortés se quería volver.

Y aquellos caballeros respondieron que fuese mucho en buena hora, y que ellos mandarían a todos los soldados que estaban en aquella provincia y por los pueblos amotinados que luego se vengan a su capitán y vayan en los navíos, y le mandarán proveer de todo lo que hubiere menester, así de bastimento como de armas, tiros y pólvora, y que escribirían a Cortés que le proveyese muy cumplidamente de todo lo que hubiese menester. Y el Garay, con esta respuesta y ofrecimientos, estaba contento.

Y luego se dieron pregones en aquella villa y en todos los pueblos, y enviaron alguaciles a prender los soldados amotinados para los traer al Garay. Y por más penas que les ponían, era pregonar en balde, que no aprovechaba cosa ninguna; y algunos que traían presos decían que ya habían llegado a la provincia de Pánuco y que no eran obligados a más le seguir ni cumplir el juramento que les hubo tomado; y ponían otras perentorias: que decían que no era capitán el Garay para saber mandar ni hombre de guerra.

Y desque vio el Garay que no aprovechaban pregones ni la buena diligencia que le parecía que ponían los capitanes de Cortés en traer sus soldados, estaba desesperado.

Pues viéndose desamparado de todo, aconsejáronle los caballeros que venían por parte de Cortés que le escribiese luego al mismo Cortés, y que ellos serían intercesores con él para que volviese al río de Palmas, y que tenían a Cortés por de tan buena condición, que le ayudaría en todo lo que pudiese, y que Pedro de Alvarado y Sandoval serían fiadores dello y se lo harían cumplir.

Y luego el Garay le escribió a Cortés, dándole muy entera relación de su viaje y desdichas y trabajos, y que, si su merced mandaba, que le iría a ver y a comunicar cosas cumplideras al servicio de Dios y de Su Majestad, encomendándole su honra y estado, y que lo efetuase de manera que no fuese disminuida su honra.

Y también escribieron Pedro de Alvarado, Diego de Ocampo y Gonzalo de Sandoval, suplicando a Cortés por las cosas de Francisco de Garay y que en todo fuese ayudado, pues en los tiempos pasados habían sido grandes amigos.

Y Cortés, viendo aquellas cartas, hubo mancilla del Garay y le respondió con mucha mansedumbre, y que le pesaba de todos sus trabajos, y que se venga a México, que le promete que en todo lo que le pudiere ayudar lo hará de muy buena voluntad, y que a la obra se remite.

Y mandó que por doquiera que viniese le hiciesen mucha honra y le diesen todo lo que hubiere menester, y aun le envió al camino refresco. Y cuando llegó a Tezcuco, le tenía hecho un banquete, y llegado que fue a México, el mismo Cortés y muchos caballeros se lo ofrecieron muy de voluntad, y aun Pedro de Alvarado y Gonzalo de Sandoval le fueron buenos medianeros.

Y de ahí a tres o cuatro días que hubo llegado, se trató que se casase una hija de Cortés, que se decía doña Catalina Cortés o Pizarro, que era niña, con un hijo de Garay, el mayorazgo, que traía consigo en la armada y dejó por su capitán.

Y le mandó Cortés en dote con doña Catalina gran cantidad de pesos de oro, y que Garay fuese a poblar el río de Palmas, y que Cortés le diese todo lo que hubiere menester para la población y pacificación de aquella provincia, y aun le prometió que le daría capitanes y soldados de los suyos para que con ellos se descuidase en las guerras que hubiese.

Y con estos prometimientos y con buena voluntad que el Garay halló en Cortés, estaba muy alegre. Yo tengo por cierto que, así como lo había capitulado y ordenado, Cortés lo cumpliera.

Dejemos esto del casamiento y de las promesas. Y diré cómo en aquella sazón fue el Garay a posar en la casa de un Alonso de Villanueva, porque Cortés estaba haciendo sus casas y palacios, y eran tamaños y tan grandes y de tantos patios como suelen decir el laberinto de Creta.

Y porque el Alonso de Villanueva, según pareció, había estado en Jamaica cuando Cortés le envió a comprar caballos (que esto no lo afirmo si era entonces o después), era muy grande amigo del Garay, y por el conocimiento pasado suplicó a Cortés el mismo Garay para pasarse a las casas de Villanueva; y se le hacía toda la honra que podía, y todos los vecinos de México le acompañaban.

Quiero decir que en aquella sazón estaba en México Pánfilo de Narváez, que es el que hubimos desbaratado, como dicho tengo otras veces. Vino a ver y hablar al Francisco de Garay, y abrazáronse el uno al otro, y se pusieron a platicar cada uno de sus trabajos y desdichas.

Y como el Narváez era hombre que hablaba muy entonado, de plática en plática, medio riendo, le dijo el Narváez:

—"Señor adelantado don Francisco de Garay, hanme dicho ciertos soldados de los que se le han venido huyendo y amotinados que solía decir vuestra merced a los caballeros que traía en su armada: 'Miren que hagamos como varones y peleemos muy bien con estos soldados de Cortés, no nos tomen descuidados como tomaron a Narváez.'

Pues, señor don Francisco de Garay, a mí, peleando, me quebraron este ojo y me robaron y quemaron cuanto tenía, y hasta que me mataron al alférez y muchos soldados y prendieron mis capitanes; nunca me habían vencido tan descuidado como a vuestra merced le han dicho. Hágole saber que otro más venturoso hombre en el mundo no ha habido que Cortés, y tiene tales capitanes y soldados que se podían nombrar tan en ventura cada uno, en lo que tuvo entre manos, como Taviano; y en el vencer, como Julio César; y en el trabajar y ser en las batallas, más que Aníbal."

Y el Garay respondía que no había necesidad que se lo dijesen, que por las obras se veía lo que decían, y que ¿qué hombre hubo en el mundo que, con tan pocos soldados, se atreviese a dar con los navíos al través y meterse en tan recios pueblos y grandes ciudades a darles guerra? Y respondía Narváez recitando otros grandes hechos y loas de Cortés, y estuvieron el uno y el otro platicando en las conquistas de esta Nueva España, como a manera de coloquio.

Y dejemos estas alabanzas que entre ellos se tuvieron, y diré cómo Garay suplicó a Cortés por Narváez, para que le diese licencia para volver a la isla de Cuba con su mujer, que se decía María de Valenzuela, que estaba rica de las minas y de los buenos indios que tenía Narváez. Y además de suplicarlo el Garay a Cortés con muchos ruegos, la misma mujer de Narváez se lo había enviado a suplicar a Cortés por cartas, que le dejase ir a su marido, porque, según parece, se conocían de cuando Cortés estaba en Cuba y eran compadres; y Cortés le dio licencia y le ayudó con dos mil pesos de oro. Y desque Narváez tuvo la licencia, se humilló mucho a Cortés, con prometimientos que primero le hizo, que en todo le sería servidor; y luego se fue a Cuba.

Dejemos de más platicar de esto y digamos en qué paró Garay y su armada. Y es que, yendo una noche de Navidad del año de mil quinientos veintitrés juntamente con Cortés a maitines, después de vueltos de la iglesia almorzaron con mucho regocijo, y desde ahí a una hora, con el aire que le dio al Garay, y el que estaba de antes mal dispuesto, le dio dolor de costado con grandes calenturas; mandaron los médicos sangrarle y purgáronle. Y viendo que arreciaba el mal, le dijeron que se confesara e hiciese testamento, lo cual luego hizo. Dejó por albacea a Cortés, y después de haber recibido los santos sacramentos, dende a cuatro días que le dio el mal, dio el alma a Nuestro Señor Jesucristo, que la crio. Y esto tiene la calidad de la tierra de México, que en tres o cuatro días mueren de aquel mal dolor de costado, que esto ya lo he dicho otra vez, y lo tenemos bien experimentado de cuando estábamos en Tezcuco y en Cuyoacán, que se murieron muchos de nuestros soldados.

Pues ya muerto Garay, ¡perdónelo Dios, amén!, le hicieron muchas honras a su enterramiento, y Cortés y otros caballeros se pusieron luto. Y como algunos maliciosos estaban mal con Cortés, no faltó quien dijo que le había mandado dar rejalgar en el almuerzo; y fue maldad de los que tal le levantaron, porque ciertamente de su muerte natural murió, porque así lo juró el doctor Ojeda y el licenciado Pedro López, médicos que lo curaron. Y murió el Garay fuera de su tierra, en casa ajena y lejos de su mujer e hijos.

Dejemos de contar de esto y volvamos a decir de la provincia de Pánuco. Que como el Garay se vino a México, sus capitanes y soldados, como no tenían cabecera ni quien los mandase, cada uno de los soldados que aquí nombraré, que el Garay traía en su compañía, se querían hacer capitanes, los cuales se decían: Juan de Grijalva, Gonzalo de Figueroa, Alonso de Mendoza, Lorenzo de Ulloa, Juan de Medina el Tuerto, Juan de Ávila, Antonio de la Cerda y un Taborda; este Taborda fue el más bullicioso de todos los del real de Garay. Y sobre todos ellos quedó por capitán un hijo de Garay que quería casar

Cortés con su hija, y no le acataban ni tenían cuenta de él todos los que he nombrado, ni ninguno de los de su compañía; antes se juntaban de quince en quince y de veinte en veinte y se andaban robando los pueblos y tomando las mujeres por fuerza, y mantas y gallinas, como si estuvieran en tierras de moros: robando lo que hallaban.

Y desque aquello vieron los indios de aquella provincia, se concertaron todos a una de matarlos, y en pocos días sacrificaron y comieron más de quinientos españoles, y todos eran de los de Garay; y en un pueblo hubo que sacrificaron sobre cien españoles juntos. Y por todos los más pueblos no hacían sino a los que andaban desmandando matarlos y comer y sacrificar; y como no había resistencia ni obedecían a los vecinos de la villa de Santisteban, que dejó Cortés poblados, ya que salían a darles guerra, era tanta la multitud de guerreros, que no se podían valer con ellos. Y a tanto vino la cosa y atrevimiento que tuvieron, que fueron muchos indios sobre la villa y la combatieron de noche y de día, de arte que estuvo en gran riesgo de perderse. Y si no fuera por siete u ocho conquistadores viejos de los de Cortés y por el capitán Vallejo, que ponían velas y andaban rondando y esforzando a los demás, ciertamente les entraran en su villa. Y aquellos conquistadores dijeron a los demás soldados de Garay que siempre procurasen estar juntamente con ellos en el campo, y que allí en el campo estaban muy mejor, y que no se volviesen a la villa, y así se hizo, y pelearon con ellos tres veces; y puesto que mataron al capitán Vallejo y hirieron a otros muchos, todavía los desbarataron y mataron muchos indios de ellos. Y estaban tan furiosos todos los indios naturales de aquella provincia, que quemaron y abrasaron una noche a cuarenta españoles y mataron quince caballos, y muchos de ellos eran de los de Cortés y todos los demás fueron de Garay.

Y como Cortés alcanzó a saber estos destrozos que hicieron en esta provincia, tomó tanto enojo, que quiso volver en persona contra ellos; y como estaba muy malo de un brazo que se le había quebrado, no pudo venir, y de presto mandó a Gonzalo de Sandoval que viniese con cien soldados y cincuenta de a caballo y dos tiros y quince arcabuceros y escopeteros, y le dio ocho mil tlascaltecas y mexicanos, y le mandó que no se viniese sin que les dejase muy bien hostigados, de manera que no se tornasen a alzar.

Pues como el Sandoval era muy ardid, y cuando le mandaban cosa de importancia no dormía de noche, no tardó mucho en el camino, que con gran concierto da orden cómo habían de entrar y salir los de a caballo en los contrarios, porque tuvo aviso que le estaban esperando en dos malos pasos todas las capitanías de los guerreros de aquellas provincias. Y acordó de enviar la mitad de todo su ejército a un mal paso y él se estuvo con la otra mitad de su compañía a la otra parte, y mandó a los ballesteros y escopeteros no hiciesen sino armar unos y soltar otros, y dar en ellos hasta ver si los podía hacer poner en huida. Y los contrarios tiraban mucha vara y flecha y piedra, e hirieron a ocho soldados y a muchos de nuestros amigos.

Y viendo Sandoval que no les podía entrar, estuvo allí en aquel mal paso hasta la noche y envió a mandar a los demás que estaban al otro paso que hiciesen lo mismo, y los contrarios nunca desampararon sus puestos; y otro día por la mañana, viendo Sandoval que no aprovechaba cosa estarse allí como había dicho, mandó enviar a llamar a las demás capitanías que había enviado al otro mal paso, e hizo que levantaba su real y que se volvía camino de México como amedrentado.

Y como los naturales de aquellas provincias que estaban juntos les pareció que de miedo se iban retrayendo, salen al camino e iban siguiéndole dándole grita y diciéndole vituperios, y todavía el Sandoval, aunque más indios salían tras él, no volvía sobre ellos, y esto fue por descuidarles, para que, como habían ya estado aguardando tres días, volver aquella noche y pasar de presto con todo su ejército los malos pasos. Y así lo hizo, que a medianoche volvió y tomolos algo descuidados, y pasó con los de a caballo, y no fue tan sin peligro que no le mataron tres caballos e hirieron muchos soldados.

Y desque se vio en tan buena tierra y fuera del mal paso con sus ejércitos, él por una parte y los demás de su compañía por otra dan en grandes escuadrones que aquella misma noche se habían juntado desque supieron que volvió. Y eran tantos, que el Sandoval tuvo recelo de que no le rompiesen y desbaratasen, y mandó a sus soldados que se tornasen a juntar con él para que peleasen juntos, porque vio y entendió de aquellos contrarios que, como tigres rabiosos, se venían a meter en las puntas de las espadas. Y habían tomado seis lanzas a los de a caballo, como no eran hombres acostumbrados a la guerra, de lo cual Sandoval estaba tan enojado, que decía que valiera más que trajera pocos soldados de los que él conocía y no los que trajo.

Y allí les mandó de la manera que habían de pelear los de a caballo que eran nuevamente venidos; y es que las lanzas algo terciadas y no parasen a dar lanzadas sino por los rostros, y pasar adelante hasta que les hayan puesto en huida. Y les dijo que vista cosa es que si se parasen a lancear, que la primera cosa que el indio hace desque está herido es echar mano de la lanza; y desque los vean volver las espaldas, que entonces a media rienda los han de seguir, y las lanzas todavía terciadas; y si les echaren mano de las lanzas, porque aun con todo esto no dejan de asir de ellas, que para sacarla de presto de sus manos pongan piernas al caballo y la lanza bien apretada con la mano asida y debajo del brazo, para mejor se ayudar y sacarla del poder del contrario; y si no la quiere soltar, le traigan arrastrando con la fuerza del caballo.

Pues ya que les estuvo dando orden de cómo habían de pelear y vio a todos sus soldados y de a caballo juntos, se fue a dormir aquella noche a orilla de un río, y allí puso buenas velas y escuchas y corredores del campo, y mandó que toda la noche tuviesen los caballos ensillados y enfrenados, y asimismo ballesteros y escopeteros y soldados muy apercibidos. Y mandó a los amigos tlascaltecas y mexicanos que estuviesen sus capitanías algo apartadas de los nuestros, porque ya tenía experiencia en lo de México, que si de noche viniesen los contrarios a dar en los reales, que no hubiese estorbo ninguno en los amigos.

Y esto fue porque Sandoval temió que vendrían, porque vio muchas capitanías de contrarios que se juntaban muy cerca de sus reales, y tuvo por cierto que aquella noche los habían de venir a combatir, y oía muchos gritos y cornetas y atambores muy cerca de allí. Según entendían, le habían dicho nuestros amigos a Sandoval que decían los contrarios que para aquel día, desque amaneciese, que habían de matar a Sandoval y a toda su compañía. Y los corredores del campo vinieron dos veces a dar aviso que sentían que se apellidaban de muchas partes y se juntaban.

Y desque fue día claro, Sandoval mandó salir a todas sus compañías con gran ordenanza. A los de a caballo les tornó a traer a la memoria lo que otras veces les había dicho. Y vanse por el campo adelante hacia unas caserías adonde oían los atambores y cornetas, y no hubo bien andado medio cuarto de legua cuando le salen al encuentro tres escuadrones de guerreros y le comenzaron a cercar. Y desque aquello vio, manda arremeter la mitad de los de a caballo por una parte y la mitad por otra, y puesto que le mataron dos soldados de los nuevamente venidos de Castilla y tres caballos, todavía les rompió de tal manera que fue desde allí adelante matando e hiriendo en ellos, que no se juntaban como de antes.

Pues nuestros amigos los mexicanos y tlascaltecas hacían tanto daño en todos aquellos pueblos y prendieron mucha gente y abrasaron a todos los pueblos que por delante hallaban, hasta que Sandoval tuvo lugar de llegar a la villa de Santisteban del Puerto. Y halló a los vecinos tales y debilitados, unos muy heridos y otros dolientes, y lo peor, que no tenían maíz que comer ellos y veintiocho caballos. Y esto a causa de que de noche y de día les daban guerra, y no tenían lugar de traer maíz ni otra cosa ninguna, y hasta aquel mismo día que llegó Sandoval no habían dejado de combatirles, porque entonces se apartaron del combate.

Y después de haber ido todos los vecinos de aquella villa a ver y hablar al capitán Sandoval y darle gracias y loores por haberles venido en tal tiempo a socorrer, le contaron los del Garay que si no fuera por siete u ocho conquistadores viejos de los de Cortés, que les ayudaron mucho, que corrieran mucho riesgo de sus vidas, porque aquellos ocho salían cada día al campo y hacían salir a los demás soldados y sostenían que los contrarios no les entrasen en la villa. Y también porque como lo capitaneaban y por su acuerdo se hacía todo, habían mandado que los dolientes y heridos se estuviesen dentro en la villa y que todos los más aguardasen en el campo, y que de aquella manera se sostenían con los contrarios.

Y Sandoval los abrazó a todos y mandó a los mismos conquistadores, que bien los conocía, y aun eran sus amigos, especial Fulano Navarrete y Carrascosa y un Fulano de Alamilla y otros cinco, que todos eran de los de Cortés, que repartiesen entre ellos de los de a caballo y ballesteros y escopeteros que Sandoval traía, y que por dos partes fuesen y enviasen maíz y bastimento y a hacer guerra, y prendiesen todas las más gentes que pudiesen, en especial caciques.

Y esto mandó Sandoval porque él no podía ir, que estaba mal herido en un muslo y en la cara tenía una pedrada, y asimismo los de su compañía, y traía otros muchos soldados heridos. Y porque se curasen, estuvo en la villa tres días que no salió a dar guerra, porque como había enviado los capitanes ya nombrados y conocía de ellos que lo harían bien, y vio que de presto enviaron maíz y bastimento, con esto se estuvo los tres días. Y también le enviaron muchas indias y gente menuda que habían preso y cinco principales de los que habían sido capitanes en las guerras.

Y Sandoval les mandó soltar a todas las gentes menudas, excepto a los principales, y les envió a decir que desde allí adelante que no prendiesen sino fuese a los que fueron en la muerte de los españoles, y no mujeres ni muchachos, y que buenamente les enviasen a llamar, y ansí lo hicieron.

Y ciertos soldados de los que habían venido con Garay, que eran personas principales, que Sandoval halló en aquella villa, los cuales eran por quienes se había revuelto aquella provincia, que ya los he nombrado a todos los más de ellos en el capítulo pasado, vieron que no les encomendaban cosa ninguna para ir con soldados, como mandó a los siete conquistadores viejos de los de Cortés, comenzaron a murmurar entre ellos y aun convocaban a otros soldados a decir mal de Sandoval y de sus cosas, y aun ponían en plática de levantarse con la tierra so color que estaba allí con ellos el hijo de don Francisco de Garay como adelantado de ella.

Y como lo alcanzó a saber Sandoval, les habló muy bien, y les dijo: "Señores, en lugar de me lo tener a bien, como gracias a Dios os hemos venido a socorrer, me han dicho que decís cosas que para caballeros como sois no son de decir; yo no os quito vuestro ser y honra en enviar a los que aquí hallé por caudillos, capitanes; y si hallara a vuestras mercedes que erais caudillos, harto fuera yo de ruin si les quitara el cargo. Querría saber una cosa: ¿por qué no lo fuisteis cuando estabais cercados? Lo que me dijisteis todos a una es que si no fuera por aquellos siete soldados viejos, que tuvierais más trabajo; y como sabían la tierra mejor que vuestras mercedes, por esta causa los envié. Así que, señores, en todas nuestras conquistas de México no miramos en estas cosas y puntos, sino en servir bien y lealmente a Su Majestad, y ansí os pido por merced que desde aquí adelante lo hagáis. E yo no estaré en esta provincia muchos días, si no me matan en ella, que me iré a México; el que quedare por teniente de Cortés os dará muchos cargos, e a mí me perdonad".

Y con esto concluyó con ellos, y todavía no dejaron de tenerle mala voluntad.

Y esto pasado, luego otro día sale Sandoval con los que trajo en su compañía de México y con los siete que había enviado, y tiene tales modos, que prendió hasta veinte caciques, que todos habían sido en la muerte de más de seiscientos españoles que mataron de los de Garay y de los que quedaron poblados en la villa de los de Cortés. Y a todos los más pueblos envió a llamar de paz, y muchos de ellos vinieron, y con otros disimulaba, aunque no venían.

Y esto hecho, escribió muy en posta a Cortés dándole cuenta de todo lo acaecido y que qué mandaba que hiciese de los presos; y que porque Pedro Vallejo, que dejó Cortés por su teniente, era muerto de un flechazo, a quién mandaba que quedase en su lugar. Y también le escribió que lo habían hecho muy como varones los soldados ya por mí nombrados.

Y como Cortés vio la carta, se holgó mucho en que aquella provincia estuviese ya de paz; y en la sazón que se la dieron la carta a Cortés, estábanle acompañando muchos caballeros conquistadores y otros que habían venido de Castilla, y dijo Cortés delante de ellos: "¡Oh, Gonzalo de Sandoval, en qué gran cargo que os soy y cómo me quitáis de muchos trabajos!". Y allí todos le loaron mucho, diciendo que era un muy extremado capitán y que se podía nombrar entre los muy afamados.

Dejemos de estas loas. Y luego Cortés le escribió que, para que más justificadamente castigase por justicia a los que fueron en la muerte de tanto español y robos de hacienda y muertes de caballos, que enviaba al alcalde mayor Diego de Ocampo para que se hiciese información contra ellos, y lo que se sentenciase por justicia se ejecutase. Y le mandó que en todo lo que pudiese les aplaciese a todos los naturales de aquella provincia y que no consintiese que los de Garay ni otras personas ningunas los robasen ni les hiciesen malos tratamientos.

Y como Sandoval vio la carta y que venía Diego de Ocampo, se holgó de ello, y desde dos días allegó el alcalde mayor Ocampo. Y después que le dio Sandoval relación de lo que había hecho y pasado, hicieron proceso contra los capitanes y caciques que fueron en la muerte de los españoles, y por sus confesiones, por sentencia que contra ellos pronunciaron, quemaron y ahorcaron a ciertos de ellos, y a otros perdonaron; y los cacicazgos dieron a sus hijos y hermanos, a quien de derecho les convenían.

Y esto hecho, Diego de Ocampo parece ser traía instrucciones y mandamiento de Cortés para que inquiriese quién fueron los que entraban a robar la tierra y andaban en bandos y rencillas y convocando a otros soldados que se alzasen, y mandó que hiciesen embarcar en un navío y los enviasen a la isla de Cuba, y aun envió dos mil pesos para Juan de Grijalva, si se quería volver a Cuba; y si se quisiese quedar, que le ayudase y diese todo recaudo para venir a México. Y en fin de más razones, todos de buena voluntad se quisieron volver a la isla de Cuba, donde tenían indios, y les mandó dar muchos bastimentos de maíz y gallinas y de todas las cosas que había en la tierra, y se volvieron a sus casas e isla de Cuba. Y luego esto hecho, nombraron por capitán a un Fulano de Vallecillo, y dieron la vuelta Sandoval y Diego de Ocampo para México, y fueron bien recibidos de Cortés y de toda la ciudad, y desde en adelante no se tornó más a levantar aquella provincia. Y dejemos de hablar más en ello y digamos lo que le aconteció al licenciado Zuazo en el viaje que venía de Cuba a la Nueva España.

Como ya he dicho en el capítulo pasado, que habla de cuando el licenciado Zuazo fue a ver a Francisco de Garay al puerto de Jagua, que es en la isla de Cuba, junto a la villa de la Trinidad, y el Garay le importunó que fuese con él en su armada para ser medianero entre él y Cortés, porque bien entendido tenía que había de tener diferencias sobre la gobernación de Pánuco, y Alonso de Zuazo le prometió que así lo haría en dando cuenta de la residencia del cargo que tuvo de justicia en aquella isla de Cuba, donde al presente vivía. Y en hallándose desembarazado, luego procuró dar la residencia y hacerse a la vela e ir a la Nueva España, adonde lo había prometido.

Y embarcado en un navío chico, e yendo por su viaje, salidos de la punta que llaman de Sant Antón, y también se dice la tierra de los Guanatabeis, que son unos indios salvajes que no sirven a españoles. Y navegando en su navío, que era de poco porte, o porque el piloto erró la derrota o decayó con las corrientes, fue a dar en unas isletas que son entre unos bajos que llaman las Víboras, y no muy lejos de estos bajos están otros que llaman Los Alacranes. Y entre estas islas se suelen perder navíos grandes, y lo que le dio la vida al Zuazo fue ser su navío de poco porte.

Pues volviendo a nuestra relación, y porque pudiesen volver con el navío y llegar a una isleta que vieron que estaba cerca, que no bañaba la mar, echaron muchos tocinos al agua y otras cosas que traían para matalotaje, para aliviar el navío y poder ir sin tocar en tierra hasta la isleta. Y cargaron tantos tiburones a los tocinos, que a unos marineros que se echaron al agua a más de la cinta, los tiburones, encarnizados en los tocinos, apañaron a un marinero de ellos, que despedazaron y tragaron; y si de presto no se volvieran los demás marineros a la carabela, todos perecieran, según andaban los tiburones encarnizados en la sangre del marinero que mataron.

Pues lo mejor que pudieron, allegan con su carabela a la isleta; y como ya habían echado a la mar el bastimento y cazabi, y no tenían qué comer, ni tampoco agua que beber, ni lumbre ni otra cosa con que pudiesen sustentarse, salvo unos tasajos de vaca que dejaron de arrojar a la mar. Y fue ventura que traían en la carabela dos indios de Cuba, que sabían sacar lumbre con unos palillos secos que hallaron en la isleta adonde aportaron; con ellos sacaron lumbre, y cavaron en un arenal y sacaron agua salobre.

Y como la isleta era chica y de arenales, venían a ella a desovar muchas tortugas, que son tan anchas y redondas, y más que grandes adargas; y así como salían, las trastornaban los indios de Cuba con las conchas arriba. Y suele poner cada una sobre docientos huevos, tamaños como de patos; y con aquellas tortugas y muchos huevos tuvieron bien con qué sustentarse trece personas que escaparon en aquella isleta. Y también mataron lobos marinos, que salían de noche al arenal de las isletas, que fueron harto buenos para comer.

Pues estando de esta manera, como en la carabela acertaron a venir dos carpinteros de ribera, y tenían sus herramientas, acordaron hacer una barca para ir con ella a la vela; y con la tablazón, clavos, estopas, jarcias y velas que sacaron del navío que se perdió, hacen una buena barca, como batel, en que fueron tres marineros y un soldado, con más un indio de Cuba, a la Nueva España. Y para matalotaje llevaron de las tortugas y de los lobos marinos asados, y agua salobre; y con la carta y aguja de marear, después de encomendarse a Dios, fueron su viaje. Y unas veces con buen tiempo y otras con contrario, llegaron al puerto de Chalcocueca, que es el río de Banderas, adonde en aquella sazón se descargaban las mercaderías que venían de Castilla, y desde allí a Medellín, adonde estaba por teniente de Cortés un Simón de Cuenca.

Y como los marineros que venían en la barca le dijeron al teniente el gran peligro en que estaba el licenciado Alonso de Zuazo, luego sin más dilación el Simón de Cuenca buscó marineros y un navío de poco porte, y con mucho refresco lo despachó a la isleta adonde estaba el Zuazo; y el Simón de Cuenca escribió al mismo licenciado cómo Cortés se holgaría mucho con su venida, y asimismo lo hizo saber a Cortés, y todo lo acaecido, y cómo le envió el navío abastecido, de lo cual se alegró Cortés y del buen aviamiento que el teniente hizo, y mandó que, aportando allí al puerto, le diesen todo lo que hubiese menester, vestidos y cabalgaduras, y que lo enviasen a México.

Y volvamos a decir que el navío fue con buen viaje a la isleta, con el cual se holgó el Zuazo y su gente, y se embarcó en él, y de presto, con buen tiempo, vino a Medellín, y se le hizo mucha honra, y se fue a México; y Cortés mandó salir a recibirlo y lo llevó a sus palacios, y se regocijó con él, y lo hizo su alcalde mayor. Y en esto paró el viaje del licenciado Alonso de Zuazo.

Y dejemos de hablar de ello. Y digo que esta relación que doy es por una carta que nos escribió Cortés a la villa de Guazacualco, al cabildo de ella, donde declaraba lo por mí aquí dicho, y porque dentro de dos meses vino al puerto de aquella villa el mismo barco en que vinieron los marineros a dar aviso del Zuazo, e hicieron allí un barco del descargo de la misma barca, y de los mismos marineros nos lo contaban según y de la manera que aquí lo he escrito.

Dejemos esto y diré cómo Cortés envió a Pedro de Alvarado a pacificar las provincias de Guatimala.

CAPÍTULO IX: RICAS TIERRAS Y BUENAS MINAS EN LO DE HIGÜERAS E HONDURAS

Pues como Cortés siempre tuvo los pensamientos muy altos y en la ambición de mandar y señorear, quiso en todo remedar a Alejandre Macedonio, y con los buenos capitanes y extremados soldados que siempre tuvo. Y después que se hubo poblado la gran cibdad de México, y Guaxaca, y Zacatula, y Colimar, y la Veracruz, y Pánuco, y Guazacualco, y tuvo noticia que en la provincia de Guatimala había recios pueblos y de mucha gente, y que había minas, acordó enviar a conquistarlos y poblar a Pedro de Alvarado. Y aun el mismo Cortés había enviado a rogar a aquella provincia que viniesen de paz, mas no quisieron venir.

Y diole a Alvarado para aquel viaje sobre trescientos soldados, y entre ellos ciento veinte escopeteros y ballesteros. Y más le dio ciento treinta y cinco de a caballo, y cuatro tiros, y mucha pólvora, y un artillero que se decía Hulano de Usagre, y sobre doscientos tascaltecas y cholultecas, y cien mexicanos que iban por sobresalientes. Y después de dadas las instrucciones, en que le mandaba que con toda vigilancia procurase atraerlos de paz sin darles guerra, y con ciertas lenguas y clérigos que llevaba, les predicase las cosas tocantes a nuestra santa fe, y que no les consintiese sacrificios ni sodomías ni robarse unos a otros, y que las cárceles y redes que hallase hechas, adonde suelen tener presos indios para engordar y comer, que las quebrase, y que los sacasen de las prisiones, y que con amor y buena voluntad los atrajese a que diesen obediencia a Su Majestad, y en todo se les hiciese buenos tratamientos.

Pues ya despedido Pedro de Alvarado de Cortés y de todos los caballeros amigos suyos que en México había, se despidieron los unos de los otros. Partió de aquella cibdad en trece días del mes de noviembre de mil quinientos y veintitrés años. Y mandole Cortés que fuese por unos peñoles que cerca del camino estaban alzados, en la provincia de Teguantepeque, los cuales peñoles trajo de paz: llámase el peñol de Güélamo, que era entonces de la encomienda de un soldado que se decía Güélamo.

Y desde allí fue a Teguantepeque, pueblo grande, y son zapotecas, y lo recibieron muy bien, porque estaban de paz y ya habían ido de aquel pueblo, como dicho tengo en el capítulo pasado que dello habla, a México y dado la obediencia a Su Majestad, y aun le llevaron un buen presente de oro. Y desde Teguantepeque fue a la provincia de Soconusco, que era en aquel tiempo muy poblada, de más de quince mil vecinos, y también lo recibieron de paz y le dieron un presente de oro, y se dieron por vasallos de Su Majestad.

Y desde Soconusco llegó cerca de otras poblazones que se dicen Zapotitán, y en el camino, en un puente de un río, que hay allí un mal paso, halló muchos escuadrones de guerreros que lo estaban esperando para no dejarle pasar, y tuvo una batalla con ellos, en que le mataron un caballo, e hirieron un soldado en la cara y a otros muchos en el cuerpo, y dos de ellos murieron de las heridas. Y eran tantos indios los que se habían juntado contra Alvarado, no solamente los de Zapotitán, sino de otros pueblos comarcanos, que por muchos de ellos que herían no los podían apartar, y por tres veces tuvieron reencuentros; y quiso Nuestro Señor que los venció y le vinieron de paz.

Y desde Zapotitán iba camino de un recio pueblo que se dice Quetzaltenango, y antes de llegar a él tuvo otros reencuentros con los naturales de aquel pueblo y con otros sus vecinos, que se dicen Utlatán, que era cabecera de ciertos pueblos que están en su contorno, a la redonda del Quetzaltenango. Y le hirieron ciertos soldados, y mataron tres caballos, puesto que Pedro de Alvarado y su gente mataron e hirieron muchos indios.

Y luego estaba una mala subida de un puerto, que dura legua y media, y con los ballesteros y escopeteros y todos sus soldados puestos en gran concierto lo comenzó a subir. Y en la cumbre del puerto hallaron una india gorda que era hechicera, y un perro de los que ellos crían, que son buenos para comer, que no saben ladrar, sacrificados. Y más adelante halló tanta multitud de guerreros que lo estaban esperando, que comenzaron a cercarlo. Y como eran los pasos malos y en sierra, los de caballo no podían correr ni revolver ni aprovecharse de ellos, mas los ballesteros, y escopeteros, y soldados de espada y rodela, tuvieron reciamente con ellos pie con pie, y fueron peleando la cuesta y puerto abajo hasta llegar a unas barrancas, ...donde tuvo otra muy recia escaramuza con otros escuadrones de guerreros que allí en aquellas barrancas le esperaban. Y era con un ardid que entre ellos tenían acordado, que fue desta manera: que como fuese Pedro de Alvarado peleando, hacían que se iban retirando, y como los fuese siguiendo hasta donde lo estaban esperando sobre seis mil indios guerreros —y estos eran de Utlatán y de otros pueblos sus sujetos— allí los pensaban matar.

Y Pedro de Alvarado y todos sus soldados pelearon con ellos con grande ánimo, y hirieron seis soldados y dos caballos, mas todavía los venció y puso en huida. Y no fueron muy lejos, que luego se tornaron a rehacer con otros escuadrones y tornaron a pelear, creyendo desbaratar a Pedro de Alvarado. Fue cabe una fuente donde lo aguardaron, de arte que se venían ya pie con pie, y muchos indios hubo de ellos que aguardaban dos o tres juntos a un caballo, y se les ponían a fuerza para derribarlo, y otros los tomaban de las colas.

Y aquí se vio Pedro de Alvarado en gran aprieto, porque como eran muchos los contrarios, no podían sustentar a tantas partes de los escuadrones que les daban guerra. Y él y todos los suyos, desque vieron que habían de vencer o morir sobre ello, y temiendo no los desbaratase, porque se vio en gran aprieto, dan de tal suerte en ellos una mano con las escopetas y ballestas y a buenas cochilladas, que les hicieron que se apartaran algo. Pues los de a caballo no estaban despacio, sino alancear y atropellar y pasar adelante, hasta que los hubieron desbaratado, que no se juntaron en aquellos tres días.

Y como vio que ya no tenía contrarios con quien pelear, se estuvo en el campo sin ir a poblado dos días, rancheando y buscando de comer; y luego se fue con todo su ejército al pueblo de Quetzaltenango, y allí supo que en las batallas pasadas les había muerto dos capitanes, señores de Utlatán.

Y estando reposando y curando los heridos, tuvo aviso que venían otra vez contra él todo el poder de aquellos pueblos comarcanos, y se habían juntado muchos, y que venían con determinación de morir todos o vencer.

Y como Pedro de Alvarado lo supo, se salió con su ejército a un llano, y como venían tan determinados los contrarios, comenzaron a cercar al ejército y tirar vara, flecha, piedra y con lanzas. Y como era llano y podían correr muy bien a todas partes los caballos, da en los escuadrones contrarios, de manera que de presto los hizo volver las espaldas. Allí le hirieron muchos soldados, y también un caballo; y según pareció, murieron ciertos indios principales, ansí de aquel pueblo como de toda aquella tierra.

Por manera que de aquella victoria ya temían aquellos pueblos mucho a Alvarado. Y concertaron toda aquella comarca de enviarle a demandar paces, y le enviaron un presente de oro de poca valía para que aceptase las paces. Y fue buen acuerdo de todos los caciques de los pueblos de aquella provincia, porque otra vez se tornaron a juntar muchos más guerreros que de antes, y mandaron a sus guerreros que secretamente estuviesen entre las barrancas de aquel pueblo de Utlatán. Y que si enviaban a demandar paz, era porque, como Pedro de Alvarado y su ejército estaban en Quetzaltenango haciendo entradas y correderías y siempre traían presa de indios e indias, lo llevaran a otro pueblo muy fuerte y cercado de barrancas que se dice Utlatán, para que desque lo tuviesen dentro, y en parte donde ellos creían aprovecharse de sus soldados, dar en ellos con sus guerreros, que ya estaban aparejados y escondidos para ello.

Volvamos a decir que como fueron con el presente delante de Pedro de Alvarado muchos principales, y después de hecha su Cortésia a su usanza, le demandaron perdón por las guerras pasadas, ofreciéndose por vasallos de Su Majestad. Y le ruegan que, porque su pueblo es grande y está en parte más apacible, donde le puedan servir, y junto a otras poblaciones, que se vaya con ellos a él. Y Pedro de Alvarado lo recibió con mucho amor y no entendió las cautelas que traían. Y después de haberles reprendido lo mal que habían hecho en salir de guerra, aceptó sus paces.

Y otro día por la mañana se fue con su ejército con ellos a Utlatán, que ansí se dice el pueblo. Y desque hubo entrado dentro, vieron una cosa tan fuerte, porque tenía dos puertas, y la una de ellas tenía veinticinco escalones antes de entrar en el pueblo, y la otra puerta con una calzada que era muy mala y deshecha por dos partes, y las casas muy juntas y las calles angostas; y en todo el pueblo no había mujeres ni gente menuda, cercado de barrancas, y de comer no les proveían sino mal y tarde, y los caciques muy demudados en los parlamentos.

Y avisaron a Pedro de Alvarado unos indios de Quetzaltenango que aquella noche los querían quemar a todos en aquel pueblo, si allí se quedaban, y que tenían puestos entre las barrancas muchos escuadrones de guerreros para, en viendo arder las casas, juntarse con los de Utlatán y dar en ellos, los unos por una parte y los otros por otra, y con el fuego y humo no se podrían valer, y que entonces los quemarían vivos.

Y desque Pedro de Alvarado entendió el gran peligro en que estaban, de presto mandó a sus capitanes y a todo su real, sin más tardar, se saliesen al campo, y les dijo el peligro que tenían; y como lo entendieron, no tardaron en irse a lo llano, cerca de unas barrancas, porque en aquel tiempo no tuvieron más lugar de salirse a tierra llana de en medio de tan recios pasos.

Y a todo esto Pedro de Alvarado mostraba buena voluntad a los caciques y principales de aquel pueblo y de otros comarcanos, y les dijo que, porque los caballos eran acostumbrados a andar paciendo en el campo un rato del día, por esta causa se salió del pueblo, porque estaban muy juntas las casas y calles. Y los caciques estaban muy tristes porque así los vieron salir.

Y ya Pedro de Alvarado no pudo más disimular la traición que tenían urdida, y sobre los escuadrones que tenían juntos mandó prender al cacique de aquel pueblo, y por justicia lo mandó quemar, y dio el señorío a su hijo. Y luego se salió a tierra llana, fuera de las barrancas, y tuvo guerra con los escuadrones que tenían aparejados para el efecto que he dicho, y después que hubieron provocado sus fuerzas y mala voluntad, fueron desbaratados.

Y dejemos de hablar de esto. Y digamos cómo en aquella sazón, en un gran pueblo que se dice Guatimala, se supo las batallas que Pedro de Alvarado había tenido después que entró en la provincia, y que en todas había sido vencedor, y que al presente estaba en tierra de Utlatán, y que desde allí hacía entradas y daba guerra a muchos pueblos. Los de Utlatán y sus sujetos eran enemigos de los de Guatimala. Acordaron los de Guatimala enviar mensajeros con presentes de oro a Pedro de Alvarado y darse por vasallos de Su Majestad, y enviaron a decir que si había menester algún servicio de sus personas para aquella guerra, que ellos vendrían.

Y Pedro de Alvarado los recibió de buena voluntad y les envió dar muchas gracias por ello, y para ver si era como decían, y como no conocía la tierra, para que lo encaminasen, les envió a demandar dos mil guerreros, y esto por causa de muchas barrancas y pasos malos que estaban cortados para que no pudiesen pasar, y para que, si fuese menester, los adobasen y llevaran el fardaje. Y los de Guatimala se los enviaron con sus capitanes.

Y Pedro de Alvarado se estuvo en la provincia de Utlatán siete u ocho días haciendo entradas, y eran de los pueblos rebeldes que habían dado la obediencia a Su Majestad y, después de dada, se tornaban a alzar. Y herraron muchos esclavos e indias, y pagaron el real quinto; los demás los repartieron entre los soldados. Y luego se fue a la cibdad de Guatimala, y fue recibido y hospedado.

Y los caciques de aquella cibdad le dijeron que muy cerca de allí había unos pueblos junto a una laguna, y que tenían un peñol muy fuerte, y que eran sus enemigos y les daban guerra; y que bien sabían los de aquel pueblo —que no estaba lejos— cómo estaba allí Pedro de Alvarado, y no venía a dar la obediencia como los demás pueblos, y que eran muy malos y de peores condiciones. El cual pueblo se dice Atitán.

Y Pedro de Alvarado les envió a rogar que viniesen de paz y que serían de él muy bien tratados, y otras blandas palabras. Y la respuesta que enviaron fue que maltrataron a los mensajeros. Y viendo que no aprovechaba, tornó a enviar otros embajadores para traerlos de paz, porque tres veces les envió a demandar paces, y todas tres los maltrataron de palabra. Fue Pedro de Alvarado en persona a ellos, y llevó sobre ciento cuarenta soldados, y entre ellos veinte escopeteros y ballesteros, y cuarenta de a caballo, y con dos mil guatimaltecas.

Y cuando llegó junto al pueblo, les tornó a requerir con la paz, y no le respondieron sino con arcos y flechas, que comenzaron a disparar. Y desque aquello vio, y que no muy lejos de allí estaba, dentro del agua, un peñol muy poblado con gente de guerra, fue allá a orilla de la laguna, y salenle al encuentro dos buenos escuadrones de indios guerreros, con grandes lanzas y buenos arcos y flechas, y con otras muchas armas y cosetes, y tañendo sus atabales y con penachos y divisas.

Y peleó con ellos buen rato, y hubo muchos heridos de los soldados. Mas no tardaron mucho en el campo los contrarios, que luego fueron huyendo a acogerse al peñol. Y Pedro de Alvarado con sus soldados tras ellos, y de presto les ganó el peñol, y hubo muchos muertos y heridos. Y más hubiera si no se echaran todos al agua y se pasaran a una isleta. Y entonces se saquearon las casas que estaban pobladas junto a la laguna, y se salieron a un llano adonde había muchos maizales, y durmió allí aquella noche.

Otro día de gran mañana fueron al pueblo de Atitán, que ya he dicho que ansí se dice, y estaba despoblado; y entonces mandó que corriesen la tierra y las huertas de cacahuatales, que tenían muchos, y trajeron presos a dos principales de aquel pueblo. Y Pedro de Alvarado les envió luego a aquellos principales con los que estaban presos del día antes, a rogar a los demás caciques que viniesen de paz, y que les daría todos los prisioneros, y serían de él muy bien mirados y honrados. Y que si no venían, les daría guerra como a los de Quetzaltenango y Utlatán, y les cortaría sus árboles de cacahuatales, y haría todo el daño que pudiere.

En fin, de más razones, con estas palabras y amenazas luego vinieron de paz y trajeron un presente de oro y se dieron por vasallos de Su Majestad. Y luego Pedro de Alvarado y su ejército se volvió a Guatimala. Y estando algunos días sin hacer cosa que de contar sea, vinieron de paz todos los pueblos de la comarca y otros de la costa del sur, que se llaman los pipiles. Y muchos de aquellos pueblos que vinieron a darse de paz se quejaron que en el camino por donde venían estaba una población que se dice Izquintepeque, y que eran malos y que no los dejaban pasar por su tierra, y les iban a saquear sus pueblos; y dieron otras muchas quejas de ellos.

Mas no fueron verdaderas, porque personas dignas de fe y de creer dijeron que se lo levantaron, y que fue achaque por robarles muy hermosas indias, y que no los llamaron de paz. Y Pedro de Alvarado acordó ir a ellos con todos los más soldados que tenía, y de a caballo, y escopeteros, y ballesteros, y muchos amigos de Guatimala. Y sin ser sentidos, da una mañana en ellos, en que se hizo mucho daño y presa, que valiera más que no lo hicieran, sino conforme a justicia, y fue muy mal hecho y no conforme a lo que mandó Su Majestad.

Ya que hemos hecho relación de la conquista y pacificación de Guatimala y sus provincias —y más cumplidamente lo dice en una historia que dello tiene hecho un vecino de Guatimala, deudo de los Alvarados, que se dice Gonzalo de Alvarado, lo cual verán más por estenso, si yo en algo aquí faltare—, y esto digo porque no me hallé en estas conquistas hasta que pasamos por estas provincias, estando todo de guerra en el año de mil quinientos veinticuatro, que cuando veníamos de las Higüeras y Honduras con el capitán Luis Marín, nos encontramos con el mismo Alvarado, que nos volvíamos para México.

Y más digo: que tuvimos en aquella sazón con los naturales de Guatimala algunos reencuentros de guerra, y tenían hechos muchos hoyos y cortados en pasos malos pedazos de sierra, para que no pudiésemos pasar por las grandes barrancas. Y aun entre un pueblo que se dice Juanagazapa y Petapa, en unas quebradas hondas, estuvimos allí detenidos guerreando con los naturales de aquella tierra dos días, que no podíamos pasar un mal paso. Y entonces me hirieron de un flechazo, mas fue poca cosa, y pasamos con harto trabajo, porque estaban en el paso muchos guerreros guatimaltecas y de otros pueblos.

Y porque hay mucho que decir en esto, y por fuerza tengo de traer a la memoria algunas cosas que vengan en su tiempo y lugar —y esto fue en el tiempo que hubo fama que Cortés era muerto y todos los que con él fuimos a las Higüeras— lo dejaré agora, y digamos de la armada que Cortés envió a Higüeras y Honduras.

También digo que en esta provincia de Guatimala no eran guerreros los indios, porque no esperaban sino en las barrancas, y con sus flechas no hacían nada.

Como Cortés tuvo nueva de que había ricas tierras y buenas minas en lo de Higüeras e Honduras —y aun lo hicieron en creyente unos pilotos que habían estado en aquel paraje o bien cerca de él—, que habían hallado unos indios pescando en la mar y que les tomaron las redes, y que las plomadas que en ellas traían para pescar eran de oro revuelto con cobre. Y le dijeron que creían que había por aquel paraje un estrecho, y que pasaban por él de la banda del norte a la del sur. Y también, según entendimos, Su Majestad le encargó y mandó a Cortés que en todo lo que descubriese mirase y adquiriese con gran diligencia y solicitud el estrecho o puerto o pasaje para la Especiería.

Ahora, sea por lo del oro o por buscar el estrecho, Cortés acordó enviar por capitán para aquella jornada a un Cristóbal de Olí, que fue maestre de campo en lo de México: lo uno, porque lo había hecho de su mano, y era casado con una portuguesa que se decía doña Felipa de Arauz (ya la he nombrado otras veces), y tenía Cristóbal de Olí buenos indios de repartimiento cerca de México, creyendo que le sería fiel y haría lo que le encomendase. Y porque para ir por tierra tan largo viaje era gran inconveniente, y trabajo y gasto, acordó que fuese por mar, porque no era tan gran estorbo ni costa.

Y diole cinco navíos y un bergantín muy bien artillado y con mucha pólvora y bien abastecido, y diole trescientos setenta soldados, y entre ellos, cien ballesteros y escopeteros, y veintidós caballos. Y entre estos soldados fueron cinco conquistadores de los nuestros, que pasaron con el mismo Cortés la primera vez, habiendo servido a Su Majestad muy bien en todas las conquistas, y tenían ya sus casas y reposo. Y esto lo digo así porque no aprovechaba cosa decir a Cortés: "Señor, déjame descansar, que harto estoy de servir", que les hacía ir a donde mandaba, por fuerza o de grado.

Llevó consigo a un Briones, natural de Salamanca, que había sido capitán de bergantines y soldado en Italia, y este Briones era muy bullicioso y enemigo de Cortés. Y llevó otros muchos soldados que no estaban bien con Cortés porque no les dio buenos repartimientos de indios ni las partes del oro.

Y en las instrucciones que Cortés le dio, fue que desde el puerto de la Villa Rica fuese su derrota a La Habana, y que allí en La Habana hallaría a un Alonso de Contreras, soldado viejo de Cortés, natural de la villa de Orgaz, que llevaba seis mil pesos de oro para que comprase caballos, cazabi, puercos, tocinos y otras cosas pertenecientes para la armada. El cual soldado envió Cortés adelante de Cristóbal de Olí, por causa que si veían ir la armada los vecinos de La Habana, encarecerían los caballos y todos los demás bastimentos.

Y mandó a Cristóbal de Olí que, llegado a La Habana, tomase todos los caballos que estuviesen comprados, y desde allí fuese su derrota para Higüeras, que era buena navegación y muy cerca. Y le mandó que buenamente, sin haber muertes de indios ni guerras, desque hubiese desembarcado, procurase poblar una villa en algún buen puerto, y que a los naturales de aquellas provincias los atrajese de paz, y buscase oro y plata; y que procurase saber e inquirir si había estrecho o qué puertos había en la banda del sur, si a ella pasase.

Y le dio dos clérigos, que el uno de ellos sabía la lengua mexicana, y le encargó que con diligencia les predicasen las cosas de nuestra santa fe, y que no consintiesen sodomías ni sacrificios, sino que buena y mansamente se los desarraigasen. Y le mandó que todas las casas de madera adonde tenían indios o indias encarcelados para engordar, comer y sacrificar, que las quebrasen y soltasen a los tristes encarcelados. Y le mandó que en todas partes pusiese cruces, y le dio muchas imágenes de Nuestra Señora la Virgen Santa María para que pusiesen en los pueblos.

Y le dijo estas palabras: "Mirad, hermano Cristóbal de Olí, de la manera que habéis visto que lo hemos hecho en esta Nueva España, de esa manera procurad de hacerlo".

Y después de abrazados y despedidos con mucho amor y paz, se despidió Cristóbal de Olí de Cortés y de toda su casa, y fue a la Villa Rica, donde estaba toda su armada muy a punto. Y en ciertos días del mes y año se embarcó con todos sus soldados. Y con buen tiempo llegó a La Habana, y halló los caballos comprados y todo lo demás de bastimentos, y cinco soldados que eran personas de calidad, de los que habían sido echados de Pánuco por mandado de Diego de Ocampo, porque eran muy bandoleros y bulliciosos.

Y estos soldados —ya he nombrado algunos de ellos cómo se llamaban en el capítulo pasado, cuando la pacificación de Pánuco, y por esta causa los dejaré ahora de nombrar— aconsejaron a Cristóbal de Olí, pues que había fama de que la tierra donde iba era rica, y llevaba buena armada, y bien abastecida, y muchos caballos y soldados, que se alzase desde luego contra Cortés y que no lo reconociese desde allí por superior, ni le acudiese con cosa ninguna. Y Briones —otras veces por mí nombrado— se lo había dicho muchas veces secretamente.

E yendo con él en la nao capitana, y hecho este concierto, luego escribió sobre el caso al gobernador de aquella isla —que ya he dicho otras muchas veces que se decía Diego Velázquez, enemigo mortal de Cortés—. Y Diego Velázquez vino adonde estaba la armada, y lo que se concertó fue que entre él y Cristóbal de Olí tuviesen aquella tierra de Higüeras y Honduras por Su Majestad y, en su real nombre, Cristóbal de Olí; y que Diego Velázquez lo proveería de lo que hubiese menester, y haría sabedor de ello en Castilla a Su Majestad para que le diesen la gobernación. Y desta manera se concertó la compañía de la armada.

Y quiero aquí decir la condición y presencia de Cristóbal de Olí, que si fuera tan sabio y prudente como era esforzado y valiente por su persona, así a pie como a caballo, fuera extremado varón; mas no era para mandar, sino para ser mandado. Y era de edad de hasta treinta y seis años, y natural de cerca de Baeza o Linares, y su presencia y alzada era de buen cuerpo, muy membrudo y de grande espalda, bien entallado, y era algo rubio, y tenía muy buena presencia en el rostro, y traía en el labio de abajo siempre como hendido a manera de grieta. En la plática hablaba algo gruesa y espantosa, y era de buena conversación, y tenía otras buenas condiciones de ser franco.

Y era, al principio que estaba en México, gran servidor de Cortés, sino que esta ambición de mandar y no ser mandado lo cegó, y con los malos consejeros, y también como fue criado en casa de Diego Velázquez cuando mozo, y fue lengua de la isla de Cuba, reconocióle el pan que en su casa comió, aunque más obligado era a Cortés que no a Diego Velázquez.

Pues ya hecho este concierto con Diego Velázquez, vinieron en compañía con Cristóbal de Olí muchos vecinos de la isla de Cuba, especialmente los que he dicho que fueron en aconsejar que se alzase. Y de que no tenía más en qué entender en aquella isla, en los navíos metido todo su matalotaje, mandó alzar velas a toda su armada, y fue a desembarcar, y con buen tiempo, obra de quince leguas adelante de Puerto de Caballos, en una como bahía. Y llegó a tres de mayo, y a esta causa nombró a una villa que luego trazó Trunfo de la Cruz, y hizo nombramiento de alcaldes y regidores a los que Cortés le había mandado cuando estaba en México que honrase y diese cargos, y tomó la posesión de aquellas tierras por Su Majestad y de Hernando Cortés en su real nombre, e hizo otros autos que convenían.

Y todo esto que hacía era porque los amigos de Cortés no entendiesen que iba alzado, por si pudiese hacer de ellos buenos amigos desque alcanzasen a saber la cosa. Y también no sabía si la tierra acudiría tan rica y buena de minas como le decían. Y tiró a dos fines: el uno era, como dicho tengo, que si había buenas minas y la tierra muy poblada, alzarse con ella; y lo otro, que si no acudiese tan buena, volverse a México, a su mujer y repartimientos, y disculparse con Cortés diciéndole que la compañía que hizo con Diego Velázquez fue porque le diese bastimentos y soldados, y no acudirle en cosa ninguna; y que bien lo podía ver, pues tomó la posesión por Cortés.

Y esto tenía pensado, según muchos sus amigos dijeron, con quienes lo había comunicado. Y dejémosle ya poblado en el Triunfo de la Cruz, que Cortés nunca supo cosa ninguna hasta más de ocho meses. Y porque por fuerza tengo de volver otra vez a hablar en él, lo dejaré agora. Y diré lo que nos aconteció en Guazacualco, y cómo Cortés me envió con el capitán Luis Marín a pacificar la provincia de Chiapa.

Pues como estábamos poblados en aquella villa de Guazacualco muchos conquistadores viejos y personas de calidad, y teníamos grandes términos repartidos entre nosotros —que era la misma provincia de Guazacualco, y Citla, y lo de Tabasco, y Cimatán, y Chontalpa, y en las sierras arriba, lo de Cachula, y Zoques, y Quilenes, hasta Cinacantán y Chamula, y la cibdad de Chiapa de los indios, y Papanaguastla y Pinola, y de otra parte, hacia la banda de México, la provincia de Xaltepeque, y Guazpaltepeque, y Chinanta, y Tepeca, y otros muchos pueblos—, y como a los principios todas las más provincias que ha habido en la Nueva España, muchas de ellas se alzaban cuando les pedían tributo, y aun mataban a sus encomenderos, y a los españoles que podían tomar a su salvo los acapillaban, ansí nos aconteció en aquella villa, que casi no quedó provincia que no se rebelara. Y a esta causa siempre andábamos de pueblo en pueblo con una capitanía, atrayéndolos de paz.

Y como los de Cimatán no querían venir a la villa ni obedecer los mandamientos que se les enviaban, acordó el capitán Luis Marín que, por no enviar capitanía de muchos soldados contra ellos, que fuésemos cuatro vecinos a traerlos de paz. Yo fui uno de ellos, y los demás se decían Rodrigo de Henao, natural de Ávila; un Francisco Martín, medio vizcaíno; y el otro se decía Francisco Jiménez, natural de Inguijuela de Extremadura. Y lo que nos mandó el capitán fue que buenamente y con amor los llamásemos de paz, y que no les dijésemos palabras donde se enojasen.

E yendo que íbamos a su provincia —que son las poblaciones entre grandes ciénegas y caudalosos ríos—, y ya que llegábamos a dos leguas de su pueblo, les enviamos mensajeros a decir cómo íbamos. Y la respuesta que dieron fue que salen a nosotros tres escuadrones de flecheros y lanceros, que a la primera refriega de flechas mataron a dos de nuestros compañeros, y a mí me dieron la primera herida de un flechazo en la garganta, que con la mucha sangre que me salía, y en aquel tiempo no podía apretarla ni detener la sangre, estuvo mi vida en harto peligro.

Pues el otro mi compañero que quedaba por herir, que era Francisco Martín, vizcaíno, puesto que él y yo siempre hacíamos cara e heríamos a algunos contrarios, acordó de tomar calzas de Villadiego y acogerse en unas canoas que estaban cabe un río grande que se dice Mazapa. Y como quedaba yo solo y mal herido, porque no me acabasen de matar, y sin sentido y poco acuerdo, me fui a meter entre unos matorrales altos. Y volviendo en mí con fuerte corazón, dije: "¡Oh, válgame Nuestra Señora! ¿Y si es verdad que tengo de morir hoy aquí en poder destos perros?" Y tomé tal esfuerzo, que salgo otra vez de las matas y rompo por entre los indios, que a buenas cuchilladas y estocadas me dieron lugar, y salí de entre ellos, aunque me tornaron a herir.

Y me fui a las canoas, donde ya estaba dentro de una de ellas mi compañero Francisco Martín, vizcaíno, con cuatro indios amigos nuestros, que eran los que habíamos traído con nosotros y que nos llevaban nuestro hato. Que estos indios, cuando estábamos peleando con los cimatecas, dejando las cargas, se acogieron al río en las canoas. Y lo que nos dio la vida a mí y a Francisco Martín fue que los contrarios se embarazaron en robar nuestra ropa y petacas.

Y dejemos de más hablar en esto, y digamos que Nuestro Señor Jesucristo fue servido escaparnos de no morir allí, y en las canoas pasamos aquel río, que es muy grande y hondo, y hay en él muchos lagartos. Y porque no nos siguiesen los cimatecas —que ansí se llaman—, estuvimos ocho días por los montes. Y desde a pocos días se supo en Guazacualco esta nueva, y dijeron los indios que habíamos traído —que llevaron la misma nueva— que los otros cuatro que quedamos en las canoas, como dicho tengo, que todos cuatro éramos muertos.

Y estos indios que llevaron las nuevas, desque nos vieron heridos, se fueron huyendo y nos dejaron en la pelea, y en pocos días llegaron a la villa. Y como no parecíamos ni había nueva de nosotros, creyeron que éramos muertos. Y como es costumbre de Indias, y en aquella sazón se usaba, ya había repartido el capitán Luis Marín en otros conquistadores nuestros indios, y echó mensajero a Cortés para enviar las cédulas de encomiendas, y aun vendido nuestras haciendas.

Y al cabo de veinte días aportamos a la villa, de lo cual se holgaron algunos de nuestros amigos, mas a quienes habían dado los indios les pesó. ¡Mal acuerdo de capitán, y mal consejo, enviarnos a cuatro solos a la ventura!

Y viendo el capitán Luis Marín que no podíamos pacificar aquellas provincias por mí memoradas —antes mataban muchos de nuestros españoles—, acordó de ir a México a demandar a Cortés más soldados y socorros y pertrechos de guerra. Y mandó que, entretanto que iba, no saliésemos de la villa ningunos vecinos a los pueblos lejanos, si no fuese a los que estaban cuatro o cinco leguas de allí, para solamente traer comida.

Pues llegado a México, dio cuenta a Cortés de todo lo acaecido; y entonces le mandó que volviese a Guazacualco y envió con él obra de treinta soldados, y entre ellos a un Alonso de Grado, por mí muchas veces nombrado, y le mandó que con todos los vecinos que estábamos en la villa y los soldados que traía consigo fuésemos a la provincia de Chiapa, que estaba de guerra, que la pacificásemos y poblásemos una villa.

Y como el capitán hubo venido con aquellos despachos, nos apercibimos todos, ansí los que estábamos allí poblados como los que traía de nuevo, y comenzamos a abrir camino por unos montes y ciénegas muy malas, y echábamos en ellas maderos y ramos para poder pasar los caballos. Y con gran trabajo fuimos a salir a un pueblo que se dice Tepuzuntlán, que hasta entonces, por el río arriba, solíamos ir en canoas, que no había otro camino abierto. Y desde aquel pueblo fuimos a otro pueblo, la sierra arriba, que se dice Cachula.

Y para que bien se entienda: este Cachula es en la sierra, provincia de Chiapa, y esto lo digo porque está otro pueblo del mismo nombre junto a la Puebla de los Ángeles. Y desde Cachula fuimos a otros poblezuelos sujetos al mismo Cachula. Y fuimos abriendo caminos nuevos río arriba, que venía de la población de Chiapa, porque no había camino ninguno.

Y todos los alrededores que estaban poblados tenían gran miedo a los chiapanecas, porque ciertamente eran en aquel tiempo los mayores guerreros que yo había visto en toda la Nueva España, aunque entren en ellos tascaltecas ni mexicanos, ni zapotecas ni minjes. Y esto digo porque jamás México los pudo señorear, porque en aquella sazón era aquella provincia muy poblada, y los naturales de ella eran en gran manera belicosos, y daban guerra a sus comarcanos, que eran los de Cinacantlán, y a todos los pueblos de la lengua quilena, y asimismo a los que se dicen los zoques.

Y robaban y cautivaban a la continua otros poblezuelos donde podían hacer presa, y con los que de ellos mataban hacían sacrificios y hartazgas. Y demás desto, en los caminos de Teguantepeque tenían, en pasos malos, puestos muchos guerreros para saltear a los indios mercaderes que trataban de una provincia a otra; y a esta causa, de miedo de ellos, dejaban algunas veces de tratar unas provincias con otras. Y aun habían traído por fuerza a otros pueblos y hícholes poblar y estar junto a Chiapa, y los tenían por esclavos, y con ellos hacían sus sementeras.

Volvamos a nuestro camino, que fuimos río arriba hacia su cibdad, y era por Cuaresma, en el año de mil quinientos veintitrés años —y esto de los años no se me acuerda muy bien—. Y antes de llegar a la población de Chiapa, se hizo alarde de todos los de a caballo, escopeteros y ballesteros y soldados que íbamos en aquella entrada; y no se pudo hacer hasta entonces por causa de que algunos vecinos de nuestra villa y otros forasteros aún no se habían recogido, que andaban en los pueblos de la hacienda de Cachula demandando el tributo que les eran obligados a dar. Y con el favor de venir capitán con gente de guerra, como veníamos, se atrevían a ir a ellos, que de antes ni daban tributo ni se daban por nosotros dos castañetas.

Volvamos a nuestro alarde: que se hallaron veinte y siete de a caballo que podían pelear, y otros cinco que no eran para ello; y quince ballesteros, y ocho escopeteros, y un tiro, y mucha pólvora, y un soldado por artillero —que decía el mismo soldado que había estado en Italia—. Y esto digo aquí porque no era para cosa ninguna, y era muy cobarde.

Y llevábamos sesenta soldados de espada y rodela, y obra de ochenta mexicanos, y el cacique de Cachula con unos principales suyos. Y estos de Cachula que he dicho iban temblando de miedo, y por halagos los llevamos, para que nos ayudasen a abrir caminos y a llevar el fardaje.

Pues yendo nuestro camino en concierto, ya que llegábamos cerca de sus poblaciones, siempre íbamos adelante por espías y descubridores del campo cuatro soldados de los más sueltos que había —y yo era uno de ellos—, y dejaba mi caballo que lo llevasen otros, porque no era tierra por donde pudieran correr caballos. E íbamos siempre media legua adelante de nuestro ejército.

Y como los chiapanecas son grandes cazadores, andaban entonces a caza de venados, y desque nos sintieron, se apellidaron todos con grandes ahumadas. Y como llegamos a sus poblaciones, tenían muy anchos caminos y grandes sementeras de maíz y otras legumbres.

Y en el primer pueblo que topamos, que se dice Eztapa, que está de la cabecera obra de cuatro leguas, en aquel instante lo habían despoblado, y tenían mucho maíz y otros bastimentos, que tuvimos bien qué comer y cenar.

Y estando reposando en el puesto, que teníamos puestas nuestras velas y escuchas y corredores del campo, vienen dos de a caballo que estaban por corredores a dar mandado, diciendo: "¡Al arma, al arma, que vienen por todas las sabanas y caminos llenos de guerreros chiapanecos!". Y nosotros, que siempre estábamos muy apercibidos, les salimos al encuentro antes que llegasen al pueblo, y tuvimos una gran batalla con ellos, porque traían muchas varas tostadas con sus tiraderas, y arcos, y flechas, y lanzas muy mayores que las nuestras, con buenas armas de algodón y penachos, y otros traían unas porras como macanas.

Y allí donde estuvimos y fue la batalla, había mucha piedra, y con hondas nos hacían mucho daño. Nos comenzaron a cercar de arte que, de la primera rociada, mataron a dos de nuestros soldados y a cuatro caballos, e hirieron sobre trece soldados y a muchos de nuestros amigos, y al capitán Luis Marín le dieron dos heridas.

Estuvimos en aquella batalla desde la tarde hasta media hora después que anocheció; y como hacía oscuro, y habían sentido el cortar de nuestras espadas y escopetas y ballestas y las lanzadas, se retiraron, de lo cual nos holgamos. Hallamos quince de ellos muertos y otros muchos heridos que no se pudieron ir; y de dos de ellos, que nos parecieron principales y que allí prendimos, se tomó aviso y plática, y dijeron que estaba toda la tierra apercibida para dar otro día en nosotros.

Y aquella noche enterramos los muertos y curamos los heridos, y al capitán, que estaba malo de las heridas porque se había desangrado mucho, que por causa de no apartarse de la batalla para curárselas o apretárselas, se medio enfrió en ellas.

Pues ya hecho esto, pusimos buenas velas, espías y corredores del campo, y teníamos los caballos ensillados y enfrenados, y todos nuestros soldados muy a punto, porque tuvimos por muy cierto que vendrían de noche sobre nosotros.

Y como habíamos visto en la guerra y batalla pasada que ni por ballestas, ni lanzas, ni escopetas, ni estocadas los podíamos retraer ni hacer dar un paso atrás, tuvimoslos por muy buenos guerreros. Y así, luego en aquella noche, se dio orden cómo para el otro día los de a caballo, a una parte, bien prevenidos, de cinco en cinco y muy hermanados, y las lanzas terciadas, sin pararnos a dar lanzada hasta ponerlos en huida, poniendo las lanzas inhiestas por las caras y atropellar y pasar adelante sin haber desconcierto —como otras veces se lo habíamos dicho la mayor parte de los conquistadores viejos— se lo habíamos dado por aviso a los nuevamente venidos de Castilla.

Y algunos de ellos no curaron de guardar la orden, sino que pensaban que en dar una lanzada a los contrarios hacían algo, y salióles a cuatro de ellos al revés, porque les tomaron las lanzas y les hirieron a ellos, y a los caballos con sus mismas lanzas se los hirieron. Quiero decir que se juntaban seis o siete de los contrarios y se abrazaban con los caballos, creyendo tomarlos a mano; y aun derrocaron a un soldado del caballo, y si no le socorriéramos, ya lo llevaban a sacrificar. Y desde ahí a dos días se murió.

Volvamos a nuestra relación: y es que otro día de mañana acordamos de ir por nuestro camino para su cibdad de Chiapa —y verdaderamente se podía llamar cibdad, y bien poblada, y las casas y calles muy en concierto, y de más de cuatro mil vecinos, sin otros muchos pueblos sujetos a ella que estaban poblados a su rededor—. E íbamos con mucho concierto y el tiro puesto en orden y el artillero bien apercibido de lo que había de hacer. Y no habíamos caminado cuarto de legua, cuando nos encontramos con todo el poder de Chiapa, que campos y cuestas venían llenos de ellos, con grandes penachos y buenas armas y grandes lanzas. Pues flechas y varas con tiraderas, pues piedras y hondas, con grandes voces y grita y silbos.

Era cosa de espantar cómo se juntaron con nosotros pie con pie, y comenzaron a pelear como rabiosos leones. Y nuestro negro artillero que llevábamos —que bien negro se podrá llamar—, cortado de miedo y temblando, ni supo tirar ni poner fuego al tiro; y ya que, a poder de voces que le dábamos, pegó fuego, hirió a tres de nuestros soldados, que no aprovechó cosa ninguna.

Y desque el capitán vio de la manera que andábamos, rompimos todos los de a caballo puestos en cuadrillas, según lo habíamos concertado, y los escopeteros y ballesteros y de espada y rodela, hechos un cuerpo, nos ayudaron muy bien. Mas eran tantos los contrarios que sobre nosotros vinieron, que si no fuéramos de los que en aquellas batallas nos hallamos cursados a otras afrentas, pusiera a otros gran temor, y aun nosotros nos admiramos de ello.

Y como el capitán Luis Marín nos dijo: "¡Ea, señores, Santiago y a ellos, y tornémosles otra vez a romper con ánimos esforzados!", dímosles tal mano, que a poco rato iban vueltas las espaldas. Y como había allí donde fue esta batalla muy malos pedregales para correr caballos, no los podíamos seguir.

Y yendo en el alcance, y no muy lejos de donde comenzamos aquella pelea, ya que íbamos algo descuidados creyendo que por aquel día no se tornarían a juntar, estaban tras unos cerros otros mayores escuadrones de guerreros que los pasados, con todas sus armas. Y muchos de ellos traían sogas para echar lazos a los caballos y asir de las sogas para derribarlos, y tenían tendidas en todas partes muchas redes con que suelen tomar venados, para los caballos y para atarnos a nosotros.

Y todos los escuadrones que he dicho se vienen a encontrar con nuestro ejército y, como muy fuertes y recios guerreros, nos dan tal mano de flecha y vara y piedra, que tornaron a herir casi a todos los nuestros, y tomaron cuatro lanzas a los de a caballo, y mataron a dos soldados y cinco caballos.

Y entonces traían en medio de sus escuadrones una india algo vieja y muy gorda, y, según decían, aquella india la tenían por su diosa y adivina, y les había dicho que así como ella llegase adonde estábamos peleando, que luego habíamos de ser vencidos. Y traía en un brasero unos sahumerios y unos ídolos de piedra, y venía pintada todo el cuerpo y pegado algodón a las pinturas. Y sin miedo ninguno se metió entre los indios nuestros amigos, que venían hechos un cuerpo con sus capitanías, y luego fue despedazada la maldita diosa.

Volvamos a nuestra batalla: que, desque el capitán Luis Marín y todos nosotros vimos tanta multitud de guerreros contra nosotros y que tan osadamente peleaban, encomendándonos a Dios y arremetiendo a ellos con el concierto pasado, los fuimos rompiendo poco a poco y les pusimos en huida. Y se escondían entre unos grandes pedregales, y todos los más se echaron al río —que estaba cerca e hondo— y se fueron nadando, que son en gran manera buenos nadadores.

Y desque los hubimos desbaratado, dimos muchas gracias a Dios, y hallamos muertos, donde hubo esta batalla, muchos de ellos, y otros heridos. Y acordamos de irnos a un pueblo que estaba junto al río, cerca del pasaje de la cibdad, donde había muy buenas ciruelas, porque como era Cuaresma, y en aqueste tiempo las hay maduras, en aquella poblazón las hay muy buenas.

Allí nos estuvimos todo lo más del día, enterrando a los muertos en partes donde no los pudiesen ver ni hallar los naturales de aquel pueblo, y curamos los heridos y diez caballos. Y allí acordamos de dormir con gran recaudo de velas y escuchas.

Y a poco más de medianoche pasaron de dos poblezuelos que estaban poblados junto a la cabecera y cibdad de Chiapa cinco canoas del mismo río —que es muy grande y hondo—, y venían a remo callado; y los que remaban eran diez indios, personas principales, naturales de los poblezuelos que estaban junto al río. Y como desembarcaron hacia la parte de nuestro real, en saltando en tierra, luego fueron presos por nuestras velas, y ellos lo tuvieron por bien que los prendiesen.

Y llevados ante el capitán, dijeron:

"Señor, nosotros no somos chiapanecos, sino de otras provincias que se dicen Xaltepeque, y estos malos de chiapanecas, con grandes guerras que nos dieron, nos mataron mucha gente, y todos los más de nuestros pueblos nos trajeron aquí a poblar con nuestras mujeres e hijos, y nos han tomado cuanta hacienda teníamos, y ha más de doce años que nos tienen por esclavos, y les labramos sus sementeras y maizales, y nos hacen ir a pescar y hacer otros oficios, y nos toman nuestras hijas y mujeres.

Venimos a daros aviso porque nosotros os traeremos esta noche muchas canoas en que paséis este río, y también os mostraremos un vado, aunque no va muy bajo. Y lo que, señor capitán, os pedimos de merced es que, pues os hacemos esta buena obra, que desque hayáis vencido y desbaratado a estos chiapanecas, que nos deis licencia para que salgamos de su poder e irnos a nuestras tierras.

Y para que mejor creáis lo que os decimos que es verdad, en las canoas que agora pasamos, que dejamos escondidas en el río con otros nuestros compañeros y hermanos, os traemos presentadas tres joyas de oro (que eran unas como diademas), y también traemos gallinas y ciruelas".

Y demandaron licencia para ir por ello, y dijeron que había de ser muy callando, no lo sintiesen los chiapanecas, que estaban velando y guardando los pasos del río.

Y desque el capitán entendió lo que los indios le dijeron y la gran ayuda que era para pasar aquel recio y corriente río, dio gracias a Dios y mostró buena voluntad a los mensajeros, y les prometió de hacerlo como lo pedían y aun de darles ropa y despojo de lo que hubiésemos de aquella ciudad. Y se informó de ellos cómo en las dos batallas pasadas les habíamos muerto y herido más de ciento y veinte chiapanecas, y que tenían aparejados para otro día otros muchos guerreros, y que a los de estos poblezuelos donde eran estos mensajeros los hacían salir a pelear contra nosotros, y que no temiéramos de ellos, que antes nos ayudarían, y que al pasar del río nos habían de guardar, porque tenían por imposible que tuviésemos atrevimiento de pasarlo, y que cuando lo estuviésemos pasando, que allí nos desbaratarían. Y dado este aviso, se quedaron dos de aquellos indios con nosotros y los demás fueron a sus pueblos a dar orden para que muy de mañana trajesen veinte canoas, lo cual cumplieron muy bien su palabra.

Y después que se fueron, reposamos algo de lo que quedó de la noche; y no sin mucho recaudo, ronda, velas y escuchas, porque oíamos el gran rumor de los guerreros que se juntaban ribera del río, y el tañer de sus trompetillas y atambores y cornetas. Y desque amaneció y vimos las canoas, que ya descubiertamente las traían, a pesar de los de Chiapa, porque, según pareció, ya habían sentido como los naturales de aquellos poblezuelos se les habían levantado y hecho fuertes, y eran de nuestra parte, y habían prendido algunos de ellos, y los demás se habían hecho fuertes en un gran causa, y a esta causa había revueltas y guerras entre los chiapanecas y los poblezuelos que dicho tengo.

Y luego nos fueron a mostrar el vado; y entonces nos daban mucha prisa aquellos amigos que pasásemos presto el río, por temor no sacrificasen a sus compañeros que habían prendido aquella noche. Pues desque llegamos al vado que nos mostraron, venía muy hondo, y puestos todos en gran concierto, así los ballesteros como escopeteros y los de a caballo y los indios de los dos poblezuelos nuestros amigos con sus canoas, y aunque nos daba el agua cerca de los pechos, todos hechos un tropel, para soportar el ímpetu y fuerza del agua, quiso Nuestro Señor que pasamos cerca de la otra parte de tierra.

Y antes de acabar de pasar, vienen contra nosotros muchos guerreros y nos dan una buena rociada de vara con tiraderas y flecha y piedras, y otros con grandes lanzas, que nos hirieron casi a todos los más, y algunos a dos y a tres heridas, y mataron dos caballos; y un soldado de a caballo que se decía Fulano Guerrero o Guerra se ahogó al pasar del río, que se metió con el caballo a un recio raudal, y era natural de Toledo, y el caballo salió a tierra sin el amo.

Volvamos a nuestra pelea, que nos estuvieron un buen rato dando guerra al pasar el río, que no les podíamos hacer retraer, ni nosotros podíamos llegar a tierra; y en aquel instante, los de los poblezuelos que se habían hecho fuertes contra los chiapanecas nos vinieron a ayudar, y dan en las espaldas a los que estaban al río batallando con nosotros, e hirieron y mataron muchos de ellos, porque les tenían grande enemistad, como les habían tenido presos muchos años. Y desque aquello vimos, de presto salimos a tierra los de a caballo, y luego ballesteros y escopeteros y los de espada y rodela y los amigos mexicanos, y dámoles una buena mano, que se van huyendo por su pueblo adelante, que no paró indio con indio. Y luego, sin más tardar, puestos en buen concierto, con nuestras banderas tendidas y muchos indios de los dos poblezuelos con nosotros, entramos en su ciudad. Y como llegamos en lo más poblado, donde estaban sus grandes cues y adoratorios, tenían las casas tan juntas, que no osamos asentar real sino en el campo y en parte que, aunque pusiesen fuego, no nos pudiese hacer daño.

Y luego nuestro capitán envió a llamar de paz a los caciques y capitanes de aquel pueblo, y fueron los mensajeros tres indios de los poblezuelos nuestros amigos, que el uno de ellos se decía Xaltepeque, y asimismo envió con ellos seis capitanes chiapanecos que habíamos preso en las batallas pasadas, y les envió a decir que vengan luego de paz y que se les perdonará lo pasado; y que si no vienen, que les iremos a buscar y les daremos mayor guerra que la pasada y les quemaremos su ciudad. Y con aquellas bravosas palabras luego a la hora vinieron, y aun trajeron un presente de oro y se disculparon por haber salido de guerra, y dieron la obediencia a Su Majestad y rogaron a Luis Marín que no consintiese a nuestros amigos que quemasen alguna casa, porque ya habían quemado antes de entrar en Chiapa, en un poblezuleo que estaba poblado antes de llegar al río, muchas casas. Y Luis Marín se lo prometió que ansí lo haría y mandó a los mexicanos amigos que traíamos y a los de Cachula que no hiciesen mal ni daño.

Quiero tornar a decir que este Cachula que aquí nombro no es la que está cerca de México, sino un pueblo que se dice como él, que está en las sierras camino de Chiapa, por donde pasamos. Y dejemos desto y digamos cómo en aquella ciudad hallamos tres cárceles de redes de madera llenas de prisioneros atados con collares al pescuezo, y estos eran de los que prendíamos por los caminos, y algunos de ellos eran de Teguantepeque; y otros, zapotecas; y otros, quilenes; otros, de Soconusco, los cuales prisioneros sacamos de las cárceles, y se fue cada uno a su tierra, y quebramos las redes. También hallamos en los cues muy malas figuras de los ídolos que adoraban y muchos indios y muchachos de dos días sacrificados, y hallamos muchas cosas malas de sodomías que usaban. Mandóles el capitán que luego fuesen a llamar a todos los pueblos comarcanos que vengan de paz a dar la obediencia a Su Majestad; los primeros que vinieron fueron los de una población que se dice Cinacantán, y Copanahuastla, y Pinola, y Guegueistlán, y Chamula (y otros pueblos que ya no se me acuerdan los nombres de ellos), quilenes y otros pueblos que eran de la lengua zoque.

Y todos dieron la obediencia a Su Majestad, y aun estaban espantados cómo tan pocos como éramos pudimos vencer a los chiapanecas, y ciertamente mostraron todos gran contento, porque estaban mal con ellos; y estuvimos en aquella ciudad cinco días. Y en aquel instante un soldado de los que traíamos en nuestro ejército desmandose del real y váse sin licencia del capitán a un pueblo que había venido de paz, que ya he dicho que se decía Chamula, y llevó consigo ocho indios mexicanos de los nuestros y demandó a los de Chamula que le diesen oro, y decía que lo decía el capitán; y los de aquel pueblo le dieron joyas de oro, y porque no le daban más, echó preso al cacique.

Y desque vieron los del pueblo hacer aquella demasía, quisieron matar al atrevido y desconsiderado soldado, y luego se alzaron, y no solamente ellos, que también hicieron alzar a los de otro pueblo que se dice Guegueistlán, sus vecinos. Y desque aquello alcanzó a saber el capitán Luis Marín, prende al soldado y luego le mandó en posta le llevasen a México para que Cortés le castigase; y esto hizo Luis Marín porque era un hombre el soldado que se tenía por principal, que por su honor no nombro su nombre hasta que venga a coyuntura en parte que hizo otra cosa peor; y como era malo y cruel con los indios, dende a obra de un año murió en lo de Xicalango en poder de indios, como adelante diré. Y después de esto hecho, el capitán envió a llamar al pueblo de Chamula que vengan de paz, y les envió a decir que ya había castigado y enviado a México al español que les iba a demandar oro y les hacía aquellas demasías; y la respuesta que dieron fue mala, y la tuvimos por muy peor por causa de los pueblos comarcanos que habían venido de paz no se alzasen, y fue acordado que luego fuésemos sobre ellos y hasta atraerles de paz no los dejar.

Y después de que se habló muy blandamente a los caciques chiapanecas y se les dijo con buenas lenguas las cosas tocantes a nuestra santa fe, y que dejasen ídolos y sacrificios y sodomías y robos, y se les puso cruces y una imagen de Nuestra Señora en un altar que les mandamos hacer y se les dio a entender cómo éramos vasallos de Su Majestad y otras muchas cosas que convenían, y aun les dejamos poblado más de la mitad de su ciudad. Y los dos pueblos nuestros amigos que nos trajeron las canoas para pasar el río y nos ayudaron en la guerra salieron de poder de ellos con todas sus haciendas y mujeres e hijos, y se fueron a poblar el río abajo, obra de diez leguas de Chiapa, donde ahora está poblado lo de Xaltepeque; y el otro poblezuleo, que se dice Istatan, se fue a su tierra, que eran de Teguantepeque.

Volvamos a nuestra partida para Chamula. Y es que luego enviamos a llamar a los de Cinacantán, que eran gente de razón y muchos de ellos mercaderes, y se les dijo que nos trajesen doscientos indios para llevar nuestro fardaje, y que íbamos a su pueblo porque por allí era el camino de Chamula. Asimismo demandó a los de Chiapa otros doscientos indios y guerreros con sus armas para ir en su compañía, y luego los dieron.

Y salimos de Chiapa una mañana y fuimos a dormir a unas salinas donde nos tenían hecho los de Cinacantán buenos ranchos; y otro día, a mediodía, llegamos a Cinacantán, y allí tuvimos la Santa Pascua de Resurrección. Y tornamos a enviar a llamar de paz a los de Chamula, y no quisieron venir, y hubimos de ir a ellos, que sería entonces desde donde estaban poblados los de Cinacantán obra de tres leguas. Tenían entonces las casas y el pueblo de Chamula en una fortaleza muy mala de ganar y con una cava muy honda por la parte que les habíamos de combatir, y por otras partes muy peor y más fuerte.

Y ansí como llegamos con nuestro ejército, nos tiran desde lo alto tanta piedra y vara y flecha, que cubría el suelo; pues lanzas muy largas con más de dos brazas de cuchilla de pedernales, que ya he dicho otras veces que cortan más que nuestras espadas, y unas rodelas hechas a manera de pavesinas, que se cubren todo el cuerpo cuando pelean, y cuando no las han menester las arrollan y doblan de manera que no les hacen estorbo ninguno. Y con hondas, mucha piedra. Y tal priesa se dan a tirar flecha y piedra, que hirieron a cinco de nuestros soldados y a dos caballos, y con muchas voces y gran grita y silbos y alaridos y trompetillas y atabales y caracoles, que era cosa de poner espanto a quien no los conociera.

Y desque aquello vio Luis Marín y entendió que los caballos allí no se podían aprovechar, que era sierra, mandó que se tornasen a bajar a lo llano, porque adonde estábamos era gran cuesta y fortaleza; y aquello que les mandó fue porque temíamos que vendrían allí a dar en nosotros los guerreros de otros pueblos que se dicen Guegueistlán, que estaba alzado, y porque hubiese resistencia en los de a caballo.

Y luego comenzamos a tirar a los de la fortaleza muchas saetas y escopetas, y no les podíamos hacer daño ninguno con los grandes mamparos que tenían, y ellos a nosotros sí, que siempre herían muchos de los nuestros. Y estuvimos aquel día de esta manera peleando, y no se daban cosa ninguna por nosotros; y si les procurábamos de les entrar donde tenían hechos unos mamparos y almenas, estaban sobre dos mil lanceros en los puestos para defensa de los que les probamos entrar; ya que quisiéramos aventurar las personas en arrojarnos dentro de la fortaleza, habíamos de caer de tan alto, que nos habíamos de hacer pedazos, y no era cosa para ponernos en aquella ventura.

Y después de bien acordado cómo y de qué manera habíamos de pelear, se concertó que trujésemos madera y tablas de un poblezuelo que allí junto estaba despoblado e hiciésemos burros o mantas, que ansí se decían, y en cada uno de ellos cabían veinte personas. Y con azadones y picos de hierro que traíamos, y con otros azadones de la tierra, de palo que allí había, les cavábamos y deshacíamos su fortaleza; y deshicimos un portillo para poderles entrar, porque de otra manera era excusado, porque otras dos partes tenían la misma dificultad, que todo lo miramos; más de una legua de allí alrededor estaba otra muy mala entrada y peor de ganar que adonde estábamos, por causa que era una bajada tan agria y tan mala, que a manera de decir era entrar en los abismos.

Volvamos a nuestros mamparos y mantas, que con ellas les estábamos deshaciendo sus fortalezas, y nos echaban de arriba mucha pez y resina ardiendo y agua y sangre toda revuelta, muy caliente, y otras veces lumbre y rescoldo, y nos hacían mala obra; y luego tras ello, mucha multitud de piedras muy grandes que nos desbarataron nuestros ingenios, que nos hubimos de retirar y tornárselos a adobar, y luego volvimos sobre ellos.

Y desque vieron que les hacíamos mayores portillos, se ponen cuatro papas y personas principales sobre una de sus almenas, y bien cubiertos con sus pavesinas y otros talabardones de madera, y dicen:

—"Pues que deseáis y queréis oro, entrad adentro, que aquí tenemos mucho."

Y nos echaron desde las almenas siete diademas de oro fino y muchas cuentas vaciadizas y otras joyas como caracoles y ánades, todo de oro; y tras ello, mucha flecha y vara y piedra. Ya les teníamos hecho dos grandes entradas; y como era ya noche y comenzó a llover en aquel instante, dejamos el combate para otro día, y allí dormimos aquella noche con buen recaudo, y mandó el capitán a ciertos de a caballo que estaban en tierra llana que no se quitasen de sus puestos y tuviesen los caballos ensillados y enfrenados.

Volvamos a los chamultecas, que toda la noche estuvieron tañendo atabales y trompetillas y dando voces y gritos, y decían que otro día nos habían de matar, que ansí se lo había prometido su ídolo. Y desque amaneció, volvimos con nuestros ingenios y mantas a hacer mayores entradas, y los contrarios con grande ánimo defendiendo su fortaleza, y aun hirieron aquel día a cinco de los nuestros, y aun a mí me dieron un buen bote de lanza, que me pasaron las armas; y si no fuera por el mucho algodón y bien colchadas que eran, me mataran, porque, con ser buenas, las pasaron y echaron buen pelote del algodón fuera y me dieron una chica herida.

Y en aquella sazón era más de mediodía, y vino muy grande agua y luego una muy oscura neblina, porque como eran sierras altas, siempre hay neblinas y aguaceros; y nuestro capitán, como llovía, se apartó del combate. Y como yo era acostumbrado a las guerras pasadas de México, bien entendí que en aquella sazón que vino la neblina no daban los contrarios tantas voces ni gritos como de antes, y veía que estaban arrimadas a los adarves y fortalezas y barbacanas muchas lanzas, y que no las veía menear sino hasta doscientas de ellas, sospeché lo que fue: que se querían ir o se iban.

Entonces, de presto los entramos por un portillo yo y otro mi compañero, y como estaban obra de doscientos guerreros, los cuales arremetieron a nosotros y nos dan muchos botes de lanzas. Y si de presto no fuéramos socorridos de unos indios de Cinacantán, que dieron voces a nuestros soldados, que entraron luego tras nosotros en su fortaleza, allí perdiéramos las vidas. Y como estaban aquellos chamultecas con sus lanzas haciendo cara y vieron el socorro, se van huyendo, porque los demás guerreros ya se habían huido con la neblina.

Y nuestro capitán con todos los soldados y amigos entraron dentro, y estaba ya alzado el hato, y aun la gente menuda y mujeres ya se habían ido por el paso muy malo, que he dicho que era muy hondo y de mala subida y de peor bajada; y fuimos en el alcance y se prendieron muchas mujeres y muchachos y niños y sobre treinta hombres, y no se halló despojo en el pueblo, salvo bastimento. Y hecho esto, nos volvimos con la presa camino de Cinacantán, y fue acordado que asentásemos nuestro real junto a un río, adonde está agora poblada la Ciudad Real, que por otro nombre llaman Chiapa de los Españoles.

Y desde allí soltó el capitán Luis Marín seis indios con sus mujeres, de los presos de Chamula, para que fuesen a llamar los de Chamula, y se les dijo que no hubiesen miedo y se les daría todos los prisioneros. Y fueron los mensajeros, y otro día vinieron de paz y llevaron toda su gente, que no quedó ninguna. Y después de haber dado la obediencia a Su Majestad, me depositó aquel pueblo el capitán Luis Marín, porque desde México se lo había escrito Cortés que me diese una buena cosa de lo que se conquistase, y también porque era yo mucho su amigo del Luis Marín y porque fui el primer soldado que les entró dentro. Y Cortés me envió cédula de encomienda de ellos, y hasta hoy en día tengo la cédula de encomienda guardada, y me tributaron más de ocho años. En aquella sazón no estaba poblada Ciudad Real, que después se pobló y se dio mi pueblo para la población.

Dejemos esto y volvamos a nuestra relación. Que como ya Chamula estaba de paz, y Guegueistlán, que estaba alzado, no quiso venir de paz, y aunque enviamos a llamar, acordó nuestro capitán que fuésemos a los buscar a sus pueblos; y digo aquí pueblos porque entonces eran tres poblezuelos, y todos puestos en fortalezas. Y dejamos allí, adonde estaban nuestros ranchos, los heridos y fardaje, que corrían riesgo si allá van, y ansí, los dejamos allí, y fuimos con el capitán los más sueltos y sanos soldados, y los de Cinacantán nos dieron sobre trescientos indios de guerra, que fueron con nosotros, y sería desde allí a los pueblos de Guegueistlán obra de cuatro leguas.

Y como íbamos a sus pueblos, hallamos los caminos cerrados, llenos de maderos y árboles cortados, y muy embarazados, que no podían pasar caballos, y con los amigos que llevábamos los desembarazamos y quitaron los maderos. Y fuimos a un pueblo de los tres, que ya he dicho que era fortaleza, y hallámosle lleno de guerreros, y comenzaron a darnos gritas y voces, y a tirar vara y flecha, y tenían grandes lanzas y pavesinas y espadas de a dos manos de pedernal, que cortan como navajas, según y de la manera de los de Chamula; y nuestro capitán con todos nosotros les íbamos subiendo en la fortaleza, que era muy más recia y mala de tomar que no la de Chamula; acordaron de ir huyendo y dejar el pueblo despoblado y sin cosa ninguna de bastimentos. Y los cinacantecas prendieron dos indios de ellos, que luego trajeron al capitán, los cuales mandó soltar para que llamasen de paz a todos los demás sus vecinos, y aguardamos allí un día que volviesen con la respuesta, y todos vinieron de paz, y trajeron un presente de oro de poca valía y plumajes de quetzales, que son unas plumas que se tienen entre ellos en mucho, y nos volvimos a nuestros ranchos.

Y porque pasaron otras cosas que no hacen a nuestra relación, se dejarán de decir. Y diremos cómo, desque hubimos vuelto a los ranchos, pusimos en pláticas que sería bien poblar allí adonde estábamos una villa, según que Cortés nos mandó que poblásemos. Y muchos soldados de los que allí estábamos decíamos que era bien; otros, que tenían buenos indios en lo de Guazacualco, eran contrarios. Y pusieron por achaque que no teníamos herraje para los caballos, y que éramos pocos, y todos los más heridos, y que la tierra muy poblada y los más pueblos estaban en fortalezas y en grandes sierras, y que no nos podíamos valer ni aprovechar de los caballos, y decían por ahí otras cosas.

Y lo peor de todo, que el capitán Luis Marín y un Diego de Godoy, que era escribano del rey, persona muy entremetida, no habían voluntad de poblar, sino volverse a nuestra villa. Y un Alonso de Grado, que ya le he nombrado otras veces en el capítulo pasado, el cual era más bullicioso que hombre de guerra, parece ser traía secretamente una cédula de encomienda firmada por Cortés en que le daba la mitad del pueblo de Chiapa desque estuviese pacificado, y por virtud de aquella cédula demandó al capitán Luis Marín que le diese el oro que se hubo en Chiapa, que dieron los indios, y otro que se tomó en los templos de los ídolos del mismo Chiapa, que serían mil e quinientos pesos; y Luis Marín decía que aquello era para ayuda a pagar los caballos que habían muerto en la guerra en aquella jornada.

Y sobre ello y sobre otras diferencias estaban muy mal el uno con el otro, y tuvieron tantas palabras, que el Alonso de Grado, como era mal acondicionado, se desconcertó en el hablar; y quien se metía en medio y lo revolvía todo era el escribano Diego de Godoy. Por manera que Luis Marín los echó presos al uno y al otro, y con grillos y cadenas los tuvo seis o siete días, y acordó de enviar al Alonso de Grado a México preso, y el Godoy, con ofertas y prometimientos y buenos intercesores, le soltó.

Fue peor, que se concertaron luego el Grado y el Godoy de escribir desde allí a Cortés muy en posta, diciendo muchos males de Luis Marín; y aun el Alonso de Grado me rogó a mí que de mi parte escribiese a Cortés y en la carta le desculpase al Grado, porque le decía el Godoy al Grado que Cortés, en viendo mi carta, le daría crédito, y que no dijese bien del Marín. Y yo escribí lo que me pareció que era verdad, y no culpando al capitán Marín. Y luego le envió preso a México al Alonso de Grado, con juramento que le tomó que se presentaría ante Cortés dentro de ochenta días, porque había desde Cinacantán por la vía y camino que venimos sobre ciento y noventa leguas hasta México.

Dejemos de hablar de todas estas revueltas y embarazos. Y ya partido el Alonso de Grado, acordamos de ir a castigar a los de Cimatan que fueron en matar los dos soldados ya por mí otra vez nombrados, cuando me escapé yo y Francisco Martín, vizcaíno, de sus manos. Y yendo caminando para unos pueblos que se dicen Tapelola, y antes de llegar a ellos, había unas sierras y pasos tan malos, así de subir como de bajar, que tuvimos por muy dificultosa cosa pasar por aquel puerto, y Luis Marín envió a rogar a los caciques de aquellos pueblos que lo adobasen de manera que pudiésemos ir por ellos, y así lo hicieron, y con mucho trabajo pasaron los caballos.

Y luego fuimos por otros pueblos que se dicen Silosuchiapa y Coyumelapa, y desde allí fuimos a este Panguaxoya; y llegados que fuimos a otros pueblos que se dicen Tecomayacate y Ateapan, que en aquella sazón todo era un pueblo y estaban juntas casas con casas, y era una población de las grandes que había en aquella provincia y estaba en mi encomienda por Cortés, y aun hoy en día tengo las cédulas de encomienda firmadas de Cortés.

Y como entonces eran muchas poblaciones, y con otros pueblos que con ellos se juntaron, salieron de guerra al pasar de un río muy hondo que pasa por el pueblo, hirieron a seis soldados y mataron tres caballos, y estuvimos buen rato peleando con ellos, y al fin pasamos el río y se huyeron, y ellos mismos pusieron fuego a las casas y se fueron al monte. Estuvimos cinco días curando los heridos y haciendo entradas, adonde se tomaron muy buenas indias, y se les envió a llamar de paz y que se les daría la gente que habíamos preso y que se les perdonaba lo de la guerra pasada, y vinieron todos los más indios y poblaron su pueblo, y demandaban sus mujeres e hijos, como les habíamos prometido.

Y el escribano Diego de Godoy aconsejaba al capitán Luis Marín que no las diese, sino que herrasen con el hierro del rey que se echaba a los que una vez habían dado la obediencia a Su Majestad y se tornaban a levantar sin causa ninguna. Y porque aquellos pueblos salieron de guerra y nos flecharon y mataron los tres caballos, que se pagasen los caballos con aquellas piezas de indias que estaban presas.

Yo repliqué que no se herrasen y que no era justo, porque vinieron de paz. Y sobre ello yo y el Godoy tuvimos grandes debates y palabras y aun cuchilladas, que entrambos salimos heridos, hasta que nos despartieron y nos hicieron amigos. Y el capitán Luis Marín, como era muy bueno y no era malicioso, y vio que no era justo hacer más de lo que le pedí por merced, mandó que diesen todas las mujeres y toda la más gente que estaba presa a los caciques de aquellos pueblos, y los dejamos en sus casas y muy de paz.

Y desde allí atravesamos al pueblo de Cimatan y a otros pueblos que se dicen Talatupan, y antes de entrar en el pueblo tenían hechas unas saetas y andamios junto a un monte, y luego estaban unas ciénagas; y así como llegamos, nos dan de repente una tan buena rociada de flecha con muy gran concierto y gran ánimo, que hirieron sobre veinte soldados y mataron dos caballos; y si de presto no les desbaratáramos y deshiciéramos sus cercados y saeteras, mataran e hirieran muchos más. Y luego se acogieron a las ciénagas. Y estos indios de estas provincias son grandes flecheros, que pasan con sus flechas y arcos dos dobleces de armas de algodón bien colchadas, que es mucha cosa.

Y estuvimos en su pueblo dos días y los enviamos a llamar, y no quisieron venir de paz; y como estábamos cansados y había muchas ciénagas que tiemblan, que no pueden entrar en ellas los caballos ni aun entrar ninguna persona sin que atuelle en ellas, y han de salir arrastrando y a gatas, y aun si salen es maravilla, tanto son de malas. Por no decir más palabras sobre este caso, por todos nosotros fue acordado que nos volviésemos a nuestra villa de Guazacualco, y volvimos por unos pueblos de la Chontalpa que se dicen Guymango y Nacaxuixuica y Teotitán Copilco, y pasamos otros pueblos y a Ulapa y al río de Agualulco y el de Tonalá, y luego a la villa de Guazacualco. Y del oro que se hubo en Chiapa y en Chamula, sueldo por libre, se pagaron los caballos que mataron en las guerras.

Dejemos esto y digamos que, como el Alonso de Grado llegó a México delante de Cortés, y desque supo de la manera que iba, le dijo muy enojado:

—"¿Cómo, señor Alonso de Grado, que no podéis caber en una parte ni en otra? Pésame de ello. Lo que os ruego es que mudéis esa mala condición, si no, en verdad que os envíe a la isla de Cuba, aunque sepa daros tres mil pesos con que allá viváis, porque yo no os puedo sufrir".

Y el Alonso de Grado se humilló de manera que tornó a estar bien con el Cortés, y el Luis Marín escribió a Cortés todo lo acaecido. Y dejadlo he aquí y diré lo que pasó en la corte sobre el obispo de Burgos, arzobispo de Rosano.

Ya he dicho que don Juan Rodríguez de Fonseca, obispo de Burgos y arzobispo de Rosano, que ansí se nombraba, hacía muy mucho por las cosas de Diego Velázquez y era contrario a las de Cortés y a todas las nuestras. Y quiso Nuestro Señor Jesucristo que en el año de mil quinientos veintiuno fue elegido en Roma por sumo pontífice nuestro muy santo padre el papa Adriano de Lovaina, y en aquella sazón estaba en Castilla por gobernador de ella y residía en la ciudad de Vitoria. Y nuestros procuradores fueron a besar sus santos pies. Y un gran señor alemán que era de la cámara de Su Majestad, que se decía mosior de Lasao, le vino a dar el parabién del pontificado por parte del emperador nuestro señor a Su Santidad. Y el mosior de Lasao tenía noticia de los heroicos hechos y grandes hazañas que Cortés y todos nosotros habíamos hecho en la conquista de esta Nueva España, y los grandes y muchos y buenos y notables servicios que siempre hacíamos a Su Majestad y de la conversión de tantos millares de indios que se convertían a nuestra santa fe; y parece ser aquel caballero alemán suplicó al santo padre Adriano que fuese servido en entender muy de hecho entre las cosas de Cortés y el obispo de Burgos.

Y Su Santidad lo tomó también muy a pechos, porque, allende de las quejas que nuestros procuradores propusieron ante nuestro muy santo padre, le habían ido otras muchas personas de calidad a quejarse del propio obispo de muchos agravios e injusticias que decían que hacía. Porque, como Su Majestad estaba en Flandes y el obispo era presidente de Indias, todo se lo mandaba, y era malquisto. Y, según entendimos, nuestros procuradores hallaron calor para osar recusarlo.

Por manera que se juntaron en la Corte Diego de Ordás y el licenciado Francisco Núñez, primo de Cortés, y Martín Cortés, padre del mismo Cortés, y con favor de otros caballeros y grandes señores que les favorecieron, y uno de ellos, el que más metió la mano, fue el duque de Béjar. Y con estos favores le recusaron con gran osadía y atrevimiento al obispo ya por mí otras veces dicho.

Y las causas que dieron, muy bien probadas, fueron: lo primero, que Diego Velázquez dio al obispo un muy buen pueblo en la isla de Cuba, y que con los indios del dicho pueblo le sacaban oro de las minas y se lo enviaba a Castilla, y que a Su Majestad no le dio ningún pueblo, siendo más obligado a ello que al obispo.

Y lo otro, que en el año de mil quinientos y diecisiete años, que nos juntamos ciento y diez soldados con un capitán que se decía Francisco Hernández de Córdoba, y que a nuestra costa compramos navíos y matalotaje y todo lo demás, y salimos a descubrir la Nueva España, que el obispo de Burgos hizo relación a Su Majestad que Diego Velázquez la descubrió, y no fue ansí.

Y lo otro, que envió el mismo Diego Velázquez a lo que habíamos descubierto a un sobrino suyo que se decía Juan de Grijalva, y que descubrió más adelante, y que hubo en aquella jornada sobre veinte mil pesos de oro de rescate, y que todo lo más envió Diego Velázquez al mismo obispo, y que no dio parte dello a Su Majestad.

Que cuando vino Cortés a conquistar la Nueva España, que le envió un presente a Su Majestad, que fue la luna de oro y el sol de plata, y mucho oro en granos sacado de las minas, y gran cantidad de joyas y tejuelos y cosas de oro de diversas maneras. Y escribió a Su Majestad el Cortés y todos nosotros, sus soldados, dándole cuenta y razón de lo que pasaba. Y envió con ello a Francisco de Montejo y a otro caballero que se decía Alonso Hernández Puertocarrero, primo del conde de Medellín, que no los quiso oír y les tomó todo el presente de oro que iba para Su Majestad y les trató mal de palabra, llamándoles de traidores y que venían a procurar por otro traidor. Y que las cartas que venían para Su Majestad las encubrió y escribió otras muy al contrario de ellas, diciendo que su amigo Diego Velázquez enviaba aquel presente, y que no lo envió todo lo que traían, que el obispo se quedó con la mitad y mayor parte dello.

Y porque Alonso Hernández Puertocarrero, que era uno de los dos procuradores que enviaba Cortés, le suplicó al obispo que le diese licencia para ir a Flandes, adonde estaba Su Majestad, le mandó echar preso, y que murió en las cárceles. Y que envió a mandar a la Casa de la Contratación de Sevilla al contador Pedro de Isásaga y a Juan López de Recalte, que estaban en ella por oficiales de Su Majestad, que no diesen ayuda ninguna para Cortés, ansí de soldados como de armas ni otra cosa. Y que proveía los oficios y cargos sin consultarlo con Su Majestad, a hombres soeces que no lo merecían ni tenían habilidad ni saber para mandar, como fue al Cristóbal de Tapia.

Y que por casar a su sobrina doña Petronila de Fonseca con el Tapia o con Diego Velázquez, le prometió la gobernación de la Nueva España. Que aprobaba por buenas las falsas relaciones y procesos que hacían los procuradores de Diego Velázquez, los cuales eran Andrés de Duero y Manuel de Rojas y el padre Benito Martín; y aquellas enviaba a Su Majestad por buenas, y las de Cortés y todos los que estábamos sirviendo a Su Majestad, siendo muy verdaderas, las encubría y torcía y las condenaba por malas.

Y le pusieron otros muchos cargos, y todo muy bien probado, que no se pudo encubrir cosa ninguna por más que alegaban por su parte. Y luego que esto fue hecho y sacado en limpio, fue llevado a Zaragoza, adonde Su Santidad estaba en aquella sazón que se recusó. Y desque vio los despachos y causas que se dieron en la recusación, y que las partes de Diego Velázquez, por más que alegaban que había gastado en navíos y costas, fueron rechazados sus dichos, que pues no acudió a nuestro rey y señor, sino solamente al obispo de Burgos, su amigo, y Cortés hizo lo que era obligado como leal servidor, mandó Su Santidad, como gobernador que era de Castilla, además de ser papa, al obispo de Burgos que luego dejase el cargo de entender en las cosas y pleitos de Cortés, ni entendiese en cosa ninguna de Indias, y declaró por gobernador de esta Nueva España a Hernando Cortés; y que si algo había gastado Diego Velázquez, que se lo pagásemos.

Y aun envió a la Nueva España bulas con muchas indulgencias para los hospitales e iglesias, y escribió una carta encomendando a Cortés y a todos nosotros los conquistadores que estábamos en su compañía que siempre tuviésemos mucha diligencia en la santa conversión de los naturales, y que fuese de manera que no hubiese muertes ni robos, sino con paz en cuanto mejor se pudiese hacer. Y que les vedásemos y quitásemos sacrificios y sodomías y otras torpezas. Y decía en la carta que, demás del gran servicio que hacíamos a Dios Nuestro Señor y a Su Majestad, Su Santidad, como nuestro padre y pastor, tenía cargo de rogar a Dios por nuestras ánimas, pues tanto bien por nuestra mano ha venido a toda la cristiandad. Y aun nos envió otras santas bulas para nuestras absoluciones.

Viendo nuestros procuradores lo que mandaba el Santo Padre, así como pontífice y gobernador de Castilla, enviaron luego correos muy en posta adonde Su Majestad estaba, que ya había venido de Flandes y estaba en Castilla, y aun llevaron cartas de Su Santidad para nuestro monarca.

Y después de muy bien informado de lo atrás por mí dicho, confirmó lo que el sumo pontífice mandó, y declaró por gobernador de la Nueva España a Cortés. Y a lo que Diego Velázquez gastó de su hacienda en la armada, que se le pagase, y aun le mandaba quitar la gobernación de la isla de Cuba, por cuanto había enviado la armada con Pánfilo de Narváez sin licencia de Su Majestad, no embargante que la Real Audiencia y los frailes jerónimos, que residían en Santo Domingo por gobernadores, se lo habían defendido; y aun sobre quitárselo enviaron un oidor de la misma Real Audiencia que se decía Lucas Vázquez de Ayllón, para que no consintiese ir la tal armada, y en lugar de obedecerle, le echaron preso y le enviaron con prisiones en un navío.

Dejemos de hablar desto. Y digamos que, como el obispo de Burgos supo todo lo por mí atrás dicho y lo que Su Santidad y Su Majestad mandaban y se lo fueron a notificar, fue muy grande el enojo que tomó, de que cayó muy malo, y se salió de la corte y se fue a Toro, adonde tenía su asiento y casas. Y por mucho que metió la mano en le favorecer su hermano don Antonio de Fonseca, señor de Coca y Alaejos, no le pudo volver en el mando que de antes tenía.

Y dejemos de hablar desto. Y digamos que, a gran bonanza que en favor de Cortés hubo, contrariedad, como luego le vino a Cortés otros contrastes de grandes acusaciones que le ponían Pánfilo de Narváez y Cristóbal de Tapia, y por el piloto Cárdenas, que hobe dicho en el capítulo que dello habla, que cayó malo de pensamiento como no le dieron la parte del oro de lo primero que se envió a Castilla; y también le acusó un Gonzalo de Umbría, piloto, a quien Cortés mandó cortar los pies porque se alzaban con el navío con Cermeño y Pedro de Escudero, que mandó ahorcar.

Ya he dicho cómo Su Santidad vio y entendió los grandes servicios que Cortés y todos nosotros, los conquistadores que en su compañía militábamos, habíamos hecho a Dios Nuestro Señor y a Su Majestad y a toda la cristiandad, y de cómo se le hizo merced a Cortés de hacerle gobernador de la Nueva España, y las bulas e indulgencias que envió para las iglesias y hospitales y las santas absoluciones para todos nosotros. Y visto por Su Majestad lo que el Santo Padre mandaba, después de bien informado de toda la verdad, lo confirmó con otros reales mandos; y en aquella sazón se quitó el cargo de presidente de Indias al obispo de Burgos, y se fue a vivir a la ciudad de Toro.

Y en este instante llegó a Castilla Pánfilo de Narváez, el cual había sido capitán de la armada que envió Diego Velázquez contra nosotros, y también en aquel tiempo llegó a Castilla Cristóbal de Tapia, el que había enviado el mismo obispo a tomar la gobernación de la Nueva España. Y trajeron en su compañía a un Gonzalo de Umbría y a otro soldado que se decía Cárdenas, y todos juntos se fueron a Toro a demandar favor al obispo de Burgos para se ir a quejar de Cortés delante de Su Majestad, porque ya Su Majestad había venido de Flandes. Y el obispo no deseaba otra cosa sino que hubiese quejas de Cortés y de nosotros; tales favores y promesas les dio para ello, que se juntaron los procuradores de Diego Velázquez, que estaban en la corte, que se decían Bernardino Velázquez, que ya le había enviado desde Cuba para que procurase por él, y Benito Martín y Manuel de

Rojas, y fueron todos juntos delante del Emperador nuestro señor y se quejan reciamente de Cortés.

Y los capítulos que contra él pusieron fueron que Diego Velázquez envió a descubrir y poblar la Nueva España tres veces, y que gastó gran suma de pesos de oro en navíos y armas y matalotaje y en cosas que dio a los soldados, y que envió con la armada a Hernando Cortés por capitán de ella, y se le alzó con toda, y que no le acudió con ninguna cosa.

También le acusaron que, no embargante todo esto, que tornó a enviar Velázquez a Pánfilo de Narváez por capitán de más de mil y cuatrocientos soldados con diez y ocho navíos y muchos caballos y escopeteros y ballesteros, y con cartas y provisiones de Su Majestad, firmadas de su presidente de Indias, que era el obispo de Burgos y arzobispo de Rosano, para que le diesen la gobernación de la Nueva España, y que no lo quiso obedecer, antes le dio guerra y desbarató, y mató a su alférez y a otros capitanes, y le quebró un ojo, y que le quemó cuanta hacienda tenía y le prendió al mesmo Narváez y a otros capitanes que tenía en su compañía.

Y que, no embargante este desbarate, que proveyó el mesmo obispo de Burgos para que fuese Cristóbal de Tapia, como fue, a tomar la gobernación de aquellas tierras en nombre de Su Majestad, y que no lo quiso obedecer y que por fuerza le hizo volver a embarcar. Y acusábanle que había demandado a los indios de todas las ciudades de la Nueva España mucho oro en nombre de Su Majestad, y se lo tomaba y encubría y lo tenía en su poder. Acusábanle que, a pesar de todos sus soldados, llevó quinto como rey de todas las partes que se habían habido en México.

Acusábanle que mandó quemar los pies a Guatemuz y a otros caciques porque diesen oro; y también le pusieron por delante la muerte de Catalina Juárez la Marcaida, su mujer de Cortés.

Acusábanle que no dio ni acudió con las partes del oro a sus soldados y que todo lo resumió en sí.

Acusábanle que hizo palacios y casas muy fuertes, y que eran tan grandes como una gran aldea, y que hacía servir en ella a todas las ciudades de la redonda de México, y que les hacía traer grandes cipreses y piedra desde tierras muy lejanas.

Acusábanle que dio ponzoña a Francisco de Garay, por tomarle su gente y armada.

Y pusieronle otras muchas quejas y acusaciones, y tantas, que Su Majestad estaba enojado de oír tantas injusticias como de Cortés decían, creyendo que era verdad. Y, además de esto, como Narváez hablaba muy entonado, dijo estas palabras que oirán:

—"Y porque Vuestra Majestad sepa cómo andaba la cosa la noche que me prendieron y desbarataron, que, teniendo vuestras reales provisiones en el seno, que las saqué de prisa, y mi ojo quebrado, porque no me quemasen, que ardía en aquella sazón el aposento en que estaba, me las tomó por fuerza del seno un capitán de Cortés que se dice Alonso de Ávila, y es el que agora está preso en Francia, y no me las quiso dar, y publicó que no eran provisiones, sino obligaciones que venía a cobrar".

Entonces, dizque se rio el Emperador, y la respuesta que dio fue que en todo mandaría hacer y haría justicia sobre ello.

Y luego mandó juntar ciertos caballeros de sus reales consejos y de su real cámara, personas de quien Su Majestad tuvo confianza que harían recta justicia, que se decían Mercurino Catirinario, gran canciller italiano; y mosior de Lasao y el doctor de la Rocha, flamencos; y Hernando de Vega, señor de Grajales y comendador mayor de Castilla; y el doctor Lorenzo Galíndez de Carvajal y el licenciado Vargas, tesorero general de Castilla. Y desque Su Majestad les dijeron que estaban juntos, les mandó que mirasen muy justificadamente los pleitos y debates que había entre Cortés y Diego Velázquez y aquellos querellosos, y que en todo hiciesen justicia, no teniendo afición a las personas ni favoreciesen a ninguno de ellos, excepto a la justicia.

Y luego, visto por aquellos caballeros el real mando, acordaron de juntarse en unas casas y palacios donde posaba el gran canciller y mandaron parecer al Narváez y al Cristóbal de Tapia y al piloto Umbría y a Cárdenas y a Manuel de Rojas y Benito Martín y a un Velázquez, que estos eran procuradores de Diego Velázquez; y asimismo parecieron por la parte de Cortés, su padre, Martín Cortés, y el licenciado Francisco Núñez y Diego de Ordás. Y mandaron a los procuradores de Diego Velázquez que propusiesen todas sus quejas y demandas y capítulos contra Cortés, y dan las mismas quejas que dieron ante Su Majestad.

A esto responden por Cortés sus procuradores que, a lo que decía que había enviado Diego Velázquez a descubrir la Nueva España de los primeros y que gastó muchos pesos de oro, que no fue así como dicen, que los que lo descubrieron fue un Francisco Hernández de Córdoba, con ciento y diez soldados a su costa, y que antes Diego Velázquez es digno de gran pena, porque mandaba a Francisco Hernández y a los compañeros que lo descubrieron que fuesen a la isla de los Guanajes a cautivar indios por fuerza para servirse de ellos como esclavos, y de esto mostraron probanzas, y no hubo contradicción en ello.

Y también dijeron que, si Diego Velázquez volvió a enviar a su pariente Grijalva con otra armada, que no le mandó Diego Velázquez poblar, sino a rescatar, y que todo lo más que se gastó en la armada lo pusieron los capitanes que traían cargo en los navíos y no Diego Velázquez; que rescataron veinte mil pesos, y que se quedó con todo lo más Diego Velázquez, y que lo envió al obispo de Burgos para que le favoreciese, y que no dio parte de ello a Su Majestad, sino lo que quiso. Y, además de aquello, le dio indios al mismo obispo en la isla de Cuba, que le sacaban oro, y que a Su Majestad no le dio ningún pueblo, siendo más obligado a ello que no al obispo, de lo cual hubo buena probanza y no hubo contradicción en ello.

También dijeron que, si envió a Hernando Cortés con otra armada, que fue elegido primeramente por gracia de Dios y en ventura del mismo Emperador. Y que tienen por cierto que, si otro capitán enviara, que le desbarataran, según la mucha multitud de guerreros que contra él se juntaban. Y que cuando le envió Diego Velázquez, no le enviaba a poblar, sino a rescatar, lo cual hubo probanza de ello; y que si quedó a poblar fue por los requerimientos que los compañeros le hicieron, y que, viendo que era servicio de Dios y de Su Majestad, pobló, y fue cosa muy acertada. Y que de ello se hizo relación a Su Majestad y se le envió todo el oro que se pudo haber, y que se le escribió sobre ello dos cartas haciéndole saber todo lo sobredicho; y que, para obedecer sus reales mandos, estaba Cortés con todos sus compañeros los pechos por tierra.

Y se le hizo relación de todas las cosas que el obispo de Burgos hacía por Diego Velázquez, y que enviamos nuestros procuradores con el oro y cartas, y que el obispo encubría nuestros muchos servicios, y que no enviaba a Su Majestad nuestras cartas, sino que otras, de la manera que él quería, y que el oro que enviamos se quedaba con todo lo más de ello y que torcía todas las más cosas que convenía que Su Majestad fuese sabedor, y que en cosa ninguna le decía verdaderamente lo que era obligado a nuestro rey y señor. Y que, porque nuestros procuradores querían ir a Flandes delante de su real persona, echó preso al uno de ellos, que se decía Alonso Hernández Puertocarrero, primo del conde de Medellín, y que murió; y que mandaba el mismo obispo a los oficiales de la Casa de la Contratación de Sevilla que no diesen ayuda ninguna a Cortés, así de armas como de soldados, sino que en todo le contradijesen, y que a boca llena nos llamaba de traidores.

Y que todo esto hacía el obispo porque tenía tratado casamiento con Diego Velázquez o con Tapia, de casar una sobrina o hija, que se decía doña Petronila de Fonseca, y le había prometido que le haría gobernador de México.

Y para todo esto que he dicho, mostraron traslados de las cartas que habíamos escrito a Su Majestad y otras grandes probanzas, y la parte de Diego Velázquez no contradijo en cosa ninguna, porque no había en qué.

A lo que decían del Pánfilo de Narváez, que envió Diego Velázquez con diez y ocho navíos y mil y cuatrocientos soldados y cien caballos y ochenta escopeteros y otros tantos ballesteros, y que había hecho mucha costa, a esto respondieron que Diego Velázquez es digno de pena de muerte por haber enviado aquella armada sin licencia de Su Majestad, y porque cuando enviaba sus procuradores a Castilla en cosa ninguna ocurría a nuestro rey y señor, como era obligado, sino solamente al obispo de Burgos; y que la Real Audiencia de Santo Domingo y los frailes jerónimos, que estaban por gobernadores, le enviaron a mandar a Diego Velázquez a la isla de Cuba que, so graves penas, no enviase aquella armada hasta que Su Majestad fuese sabedor de ella, y que con su real licencia la enviase, porque hacer otra cosa era gran deservicio de Dios y de Su Majestad: poner cizañas en la Nueva España en el tiempo que Cortés y sus compañeros estábamos en las conquistas y conversión de tantos cuentos de los naturales que se convertían a nuestra santa fe católica.

Y que, para detener la armada, le enviaron a un oidor de la misma Audiencia Real, que se decía el licenciado Lucas Vázquez de Ayllón, y en lugar de obedecerle y los reales mandos que llevaba, le echaron preso y sin ningún acato le enviaron en un navío. Y que, pues que Narváez estaba delante, que fue el que hizo aquel tan desacatado delito, por tocar en crimen legis majestatis es digno de muerte; y que suplicaban aquellos caballeros por mí memorados que estaban por jueces que le mandasen castigar, y respondieron que harían justicia sobre ello.

Volvamos a decir en los descargos que daban nuestros procuradores. Y es que, a lo que dicen que no quiso Cortés obedecer las reales provisiones que llevaba Narváez, y le dio guerra y le desbarató y le quebró el un ojo y le prendió a él y a todos sus capitanes, y les puso fuego a los aposentos. A esto respondieron que así como llegó Narváez a la Nueva España y desembarcó, que la primera cosa que hizo Narváez fue enviar a decir al gran cacique Montezuma, que Cortés tenía preso, que le venía a soltar y a matar a todos los que estábamos con Cortés, y que alborotó la tierra de manera que lo que estaba pacífico se volvió en guerra. Y como Cortés supo que había venido Narváez al puerto de la Veracruz, le escribió muy cortésmente, y que si traía provisiones de Su Majestad, que las quería ver y las obedecería con el acato que se debe a su rey y señor; y que no le quiso responder a sus cartas, sino siempre en su real, llamándole de traidor, no siéndolo, sino muy leal servidor de Su Majestad. Y que mandó pregonar Narváez en su real a fuego y a sangre y ropa franca contra Cortés y sus compañeros, y que le rogó muchas veces con la paz, y que mirase no revolviese la Nueva España de manera que diese causa que todos se perdiesen.

Y que se apartaría a una parte, cual él quisiese, a conquistar, y Narváez fuese por la parte que más le agradase, y que entrambos sirviesen a Dios y a Su Majestad y pacificasen aquellas tierras, y tampoco le quiso responder a ello. Y desque Cortés vio que no aprovechaban todos aquellos cumplimientos ni le mostraba las reales provisiones y supo el gran desacato que había hecho Narváez en prender al oidor de Su Majestad, que para castigarlo por aquel delito acordó ir a hablar con él para ver las reales provisiones y a saber por qué causa prendió al oidor. Y que Narváez tenía concertado prender a Cortés sobre seguro, y para esto presentaron probanzas y testimonios bastantes, y aun por testigo a Andrés de Duero, que se halló por la parte de Narváez cuando aquello pasó, y el mismo Duero fue el que dio aviso a Cortés de ello.

Y a todo esto, la parte del Diego Velázquez no había en qué contradecir cosa ninguna sobre ello. Y a lo que le acusaban, que vino a Pánuco Francisco de Garay con grande armada y provisiones de Su Majestad, en que le hacían gobernador de aquella provincia, y que Cortés tuvo astucias y gran diligencia para que se le amotinasen al Garay sus soldados, y los indios de la misma provincia mataron a muchos de ellos, y les tomó ciertos navíos e hizo otras demasías, hasta que el Garay se vio perdido y desamparado y sin capitanes ni soldados, y se fue a meter por las puertas de Cortés, y le aposentó en sus casas, y que, dentro de ocho días, le dio un almuerzo de que murió de ponzoña que le dieron en él.

A esto respondieron que no era así, porque no tenía Cortés necesidad de los soldados del Garay para les hacer amotinar, sino que, como el Garay no era hombre para la guerra, no se daba maña con los soldados; y como no toparon buena tierra cuando desembarcaron, sino grandes ríos y malas ciénagas, y mosquitos y murciélagos, y los que traía en su compañía tuvieron noticia de la gran prosperidad de México y la riqueza y la buena fama de la liberalidad de Cortés, que por esta causa se le iban a México.

Y que, por los pueblos de aquellas provincias, andaban a robar sus soldados a los naturales y les tomaban sus hijas y mujeres, y que se levantaron contra ellos y les mataron los soldados que dicen, y que los navíos no los tomó, sino que dieron al través. Y si envió sus capitanes el Cortés, fue para que hablasen al Garay, ofreciéndosele por Cortés, y para ver las reales provisiones, si eran contrarias de las que de antes tenía Cortés. Y que, viéndose el Garay desbaratado de sus soldados y navíos dados al través, que se vino a socorrer a México, y Cortés le mandó hacer mucha honra por los caminos y banquetes en Tezcuco; y cuando entró en México, salióle a recibir, y le aposentó en sus casas, y habían tratado casamiento de los hijos, y que le quería dar favor y ayuda para poblar el río de Palmas. Y que si cayó malo, que

Dios fue servido de llevarle de este mundo, que qué culpa tiene Cortés en ello. Y que se le hicieron muchas honras al enterramiento y se pusieron lutos, y que los médicos que lo curaban juraron que era dolor de costado; y que esta es la verdad, y no hubo otra contradicción.

A lo que decían que llevaba quinto como rey, respondieron que, cuando le hicieron capitán general y justicia mayor, hasta que Su Majestad mandase en ello otra cosa, le prometieron los soldados que le darían quinto de las partes, después de sacado el real quinto; y que lo tomó por causa que después gastaba cuanto tenía en servicio de Su Majestad, como fue en lo de la provincia de Pánuco, que pagó de su hacienda sobre sesenta mil pesos de oro, y envió en presentes a Su Majestad mucho oro de lo que le había cabido del quinto; y mostraron probanzas de todo lo que decían y no hubo contradicción por los procuradores del Diego Velázquez.

Y a lo que decían que a los soldados les había tomado Cortés sus partes del oro que les cabía, dijeron que les dieron conforme a la cuenta del oro que se halló en la toma de México, porque se halló muy poco, que todo lo habían robado los indios de Tlaxcala y Tezcuco y los demás guerreros que se hallaron en las batallas y guerras; y no hubo contradicción sobre ello. Y a lo que dicen de la muerte de Catalina Juárez la Marcaida, mujer de Cortés, negáronlo, sino que, como era dolienta de asma, amaneció muerta.

Y a lo que dijeron que Cortés había mandado quemar los pies con aceite a Guatemuz y a otros caciques porque diesen oro, a esto respondieron que los oficiales de Su Majestad se los quemaron, contra la voluntad de Cortés, porque descubriese el tesoro de Montezuma, y para esto dieron información bastante.

Y a lo que le acusaban que había labrado muy grandes casas y había en ellas una villa, y que hacía traer los árboles y cipreses y piedras de lejanas tierras, a esto respondieron que las casas, que es verdad que son muy suntuosas, las hizo fabricar en nombre de Su Majestad para su servicio; y que los árboles y cipreses, que están junto a su ciudad, los traían por agua; y que piedra había tantos de los adoratorios que deshicieron de los ídolos, que no había menester traerla de fuera. Y que para labrarlas no hubo menester más que mandar al gran cacique Guatemuz que las labrase con los indios oficiales, que hay muchos de hacer casas y carpinteros, el cual

Guatemuz llamó de todos sus pueblos para ello, y que así se usaba entre los indios hacer las casas y palacios de los señores.

Y a lo que se quejaba Narváez, que le sacó Alonso de Ávila las provisiones reales del seno por fuerza y no se las quiso dar, y publicó que eran obligaciones que venía a cobrar, y que fue por mandado de Cortés, a esto respondieron que no vieron provisiones, sino solamente tres obligaciones que le debían al Narváez de ciertos caballos y yeguas que había vendido fiadas, y que Cortés nunca tales provisiones vio ni le mandó tomar.

Y a lo que se quejaba el piloto Umbría, que Cortés le mandó cortar y deshojar los pies sin causa ninguna, a esto respondieron que por justicia y sentencia que sobre ello hubo, se los cortaron, porque se quería alzar con un navío y dejarle en la guerra a su capitán y venirse a Cuba él y otros dos hombres, que Cortés mandó ahorcar por justicia.

Y a lo que el Cárdenas demandaba, que no le habían dado parte del primero oro que se envió a Su Majestad, dijeron que él firmó, con otros muchos, que no quería parte de ello, sino que se enviase a Su Majestad. Y que, además de esto, le dio Cortés trescientos pesos para que trajese a su mujer e hijos, y que el Cárdenas no era hombre para la guerra, y que era mentecato y de poca calidad, y que con los trescientos pesos estaba muy bien pagado.

Y a la postre respondieron que si fue Cortés contra el Narváez y le desbarató y quebró el ojo y le prendió a él y a sus capitanes y se le quemó su aposento, que el Narváez fue causa de ello, por lo que dicho y alegado tienen y por castigar el gran desacato que tuvo de prender a un oidor de Su Majestad. Y que como la justicia era por la parte de Cortés y sus compañeros, que en aquella batalla que hubo con Narváez fue Nuestro Señor Dios servido dar victoria a Cortés, que con doscientos sesenta y seis soldados, sin caballos ni arcabuces ni ballestas, desbarató con buena maña y con dádivas de oro al Narváez, y le quebró el ojo y prendió a él y a sus capitanes, siendo contra Cortés mil trescientos soldados, y entre ellos cien de a caballo y otros tantos escopeteros y ballesteros. Y que si Narváez quedara por capitán, la Nueva España se perdiera.

Y a lo que decían del Cristóbal de Tapia, que venía para tomar la gobernación de la Nueva España con provisiones de Su Majestad y que no le quisieron obedecer, a esto responden que el Cristóbal de

Tapia, que delante estaba, fue contento de vender unos caballos y negros, y que si él fuera a México, adonde Cortés estaba, y le mostrara sus recaudos, que las obedeciera, mas que, viendo los caballeros y cabildos de todas las ciudades y villas que convenía que Cortés gobernase en aquella sazón, porque vieron que el Tapia no era capaz para ello, que suplicaron de las reales provisiones para ante Su Majestad, según parecía de los autos que sobre ello pasaron.

Y desque hubieron acabado de poner por la parte de Diego Velázquez y del Narváez sus demandas, y aquellos caballeros por mí memorados que estaban por jueces vieron las respuestas y lo que por la parte de Cortés fue alegado y todo probado, y sobre ello habían estado embarazados cinco días en oír los unos y los otros, acordaron de ponerlo todo en la consulta con Su Majestad. Y después de muy acordado por todos en ella, lo que fue sentenciado es esto: lo primero, dieron por muy bueno y leal servidor de Su Majestad a Cortés y a todos nosotros, los verdaderos conquistadores que con él pasamos, y tuvieron en mucho nuestra gran fidelidad y loaron y ensalzaron en gran manera las grandes batallas y osadía que contra los indios tuvimos, y no se olvidó de decir cómo, siendo nosotros tan pocos, desbaratamos al Narváez.

Y luego mandaron poner silencio al Diego Velázquez cerca del pleito de la gobernación de la Nueva España; y que si algo había gastado en las armadas, que por justicia lo pidiese a Cortés. Y luego declararon por sentencia que Cortés fuese gobernador de la Nueva España, según lo mandó el sumo pontífice, y que daban en nombre de Su Majestad por buenos los repartimientos que Cortés había hecho, y le dieron poder para repartir la tierra desde allí adelante y por bueno todo lo que había hecho, porque claramente era servicio de Dios y de Su Majestad.

En lo de Garay, ni en otras cosas de las acusaciones que le ponían acerca de su mujer, doña Catalina Juárez la Marcaida, que pues no daban informaciones acerca de ello, que lo reservaban para el tiempo andando, y le enviarían a tomar residencia. Y en lo que Narváez pedía, que le tomaron sus provisiones del seno, y que fue Alonso de Ávila, que estaba en aquella sazón preso en Francia, que le prendió Juan Florín, francés, gran corsario, cuando robó la recámara que llamábamos de Montezuma, dijeron aquellos caballeros que lo fuese a pedir a Francia o que le citasen o pareciese en la corte de Su Majestad, para ver lo que sobre ello respondía.

Y a los dos pilotos, Umbría y Cárdenas, les mandaron dar cédulas reales para que en la Nueva España les den indios que renten a cada uno mil pesos de oro. Y mandaron que a todos los conquistadores fuésemos antepuestos y nos diesen buenas encomiendas de indios y que nos pudiésemos asentar en los más preeminentes lugares, ansí en las santas iglesias como en otras partes.

Pues ya dada y pronunciada esta sentencia por aquellos caballeros que Su Majestad puso por jueces, lleváronlo a firmar a Valladolid, donde Su Majestad estaba, porque en aquel tiempo pasó de Flandes, y en aquella sazón mandó pasar allí toda su real corte y consejo, y firmóla Su Majestad. Y dio otras sus reales provisiones para echar los tornadizos de la Nueva España, porque no hubiese contradicción en la conversión de los naturales. Y asimismo mandó que no hubiese letrados por ciertos años, porque doquiera que estaban, revolvían pleitos y debates y cizañas.

Y diéronse todos estos recaudos, firmados de Su Majestad y señalados de aquellos caballeros que fueron jueces y de don Juan García de Padilla, en la misma villa de Valladolid, a diez y siete de mayo de mil y quinientos veinte y tantos años, y venían refrendados del secretario don Francisco de los Cobos, que después fue comendador mayor de León.

Y entonces escribió Su Majestad a Cortés y a todos los que con él pasamos, agradeciéndonos los muchos, buenos y notables servicios que le hacíamos. Y también, en aquella sazón, el rey don Hernando de Hungría y rey de Romanos, padre del emperador que ahora es, escribió otra carta en respuesta de lo que Cortés le había escrito y enviado, presentando muchas joyas de oro.

Y lo que decía el rey de Hungría en la carta que escribió, que ya tenía noticia de los muchos y grandes servicios que había hecho a Dios primeramente y a su señor y hermano, el Emperador, y a toda la cristiandad, y que en todo lo que se le ofreciese, que se lo haga saber, para que sea intercesor en ello con su señor y hermano, el Emperador, porque de mucho más era merecedora su generosa persona, y que diese sus encomiendas a sus fuertes soldados que le ayudaron. Y decía otras palabras de ofrecimientos.

Y acuérdaseme que en la firma decía: "Yo, el rey e infante de Castilla", y refrendada de su secretario, que se decía Fulano de Castillejo. Y esta carta yo la leí dos o tres veces en México, porque Cortés me la mostró para que viese en qué gran estima éramos tenidos los verdaderos conquistadores.

Pues como estos despachos tuvieron nuestros procuradores, luego envían con ellos en posta a un Rodrigo de Paz, primo de Cortés y deudo del licenciado Francisco Núñez, y también vino con ellos un hidalgo de Extremadura, pariente del mismo Cortés, que se decía Francisco de las Casas. Y trajeron un navío buen velero y vinieron camino de la isla de Cuba; y en Santiago de Cuba, donde Diego Velázquez estaba por gobernador, se le notificaron las provisiones y sentencia, para que se dejase del pleito de Cortés y le demandase los gastos que había hecho, y se pregonó con trompetas; y el Diego Velázquez, de pesar, cayó malo, y de allí a pocos meses murió muy pobre y descontento.

Y por no volver yo otra vez a recitar lo que en Castilla negoció el Francisco de Montejo y el Diego de Ordás, diré ahora que al Francisco de Montejo Su Majestad le hizo merced de la gobernación y adelantado de Yucatán y Cozumel, y trajo don y señoría; y el Diego de Ordás, Su Majestad confirmó los indios que tenía en la Nueva España y le dio una encomienda de señor Santiago, y el volcán que está cabe Guaxocingo por armas; y con ello se vinieron a la Nueva España. Y de allí a dos o tres años el mismo Ordás volvió a Castilla y demandó la conquista del Marañón, donde se perdió él y aun su hacienda.

Dejemos esto y digamos cómo el obispo de Burgos, que en aquella sazón supo los grandes favores que Su Majestad hizo a Cortés y a todos nosotros los conquistadores, y cómo muy claramente aquellos caballeros por mí ya memorados, que fueron jueces, habían alcanzado a saber los tratos que entre él y el Diego Velázquez había, y cómo tomaba el oro que enviábamos a Su Majestad, y encubría y torcía nuestros muchos servicios y aprobaba por buenos los de su amigo Diego Velázquez, si muy triste y pensativo estaba de antes, ahora desta vez cayó malo de ello y de otros enojos que tuvo con un caballero, su sobrino, que se decía don Alonso de Acebedo Fonseca, arzobispo que fue de Santiago, porque pretendía aquel arzobispado don Juan Rodríguez de Fonseca.

Dejemos de hablar de esto y digamos cómo Francisco de las Casas y Rodrigo de Paz llegaron a la Nueva España y entraron en México con las reales provisiones que de Su Majestad traían para ser gobernador Cortés. ¡Qué alegrías y regocijos se hicieron, y cuántos correos fueron por todas las provincias de la Nueva España a demandar albricias a las villas que estaban pobladas, y qué mercedes hizo Cortés a las Casas y a Rodrigo de Paz y a otros que venían en su compañía, que eran de su tierra de Medellín! Y es que a Francisco de las Casas le hizo capitán y le dio luego un pueblo que se dice Angüitlán, y a Rodrigo de Paz le dio otros muy buenos y ricos pueblos, y le hizo su mayordomo mayor y su secretario, y mandaba absolutamente al mismo Cortés. Y también a los que vinieron de su tierra de Medellín, a todos les dio indios, y al maestre del navío en que trajeron la nueva de cómo era Cortés gobernador, le dio oro con que volvió rico a Castilla.

Dejemos ahora esto de recitar las alegrías y albricias que se dieron por las nuevas por mí memoradas. Y quiero decir lo que me han preguntado algunos curiosos lectores, y tienen razón de poner plática sobre ello: que ¿cómo pude yo alcanzar a saber lo que pasó en España, así de lo que mandó Su Santidad como de las quejas que dieron de Cortés y las respuestas que sobre ello propusieron nuestros procuradores y la sentencia que sobre ello se dio y otras muchas particularidades que aquí digo y declaro, estando yo en aquella sazón conquistando en la Nueva España y otras sus provincias, no lo pudiendo ver ni oír? Yo les respondí que no solamente yo solo lo alcancé a saber, sino que todos los conquistadores que lo quisieron ver y leer en cuatro o cinco cartas y relaciones, por sus capítulos declarado cómo y cuándo y en qué tiempo acaecieron lo por mí dicho, las cuales cartas y memoriales escribieron de Castilla nuestros procuradores, porque conociésemos que entendían con mucho calor en nuestros negocios.

Yo dije en aquel tiempo muchas veces que solamente lo que procuraban, según pareció, era por las cosas de Cortés y las suyas de ellos, y que nosotros, los que lo ganamos y conquistamos y le pusimos en el estado que Cortés estaba, quedamos siempre con un trabajo sobre otro. Y porque hay mucho que decir sobre esta materia, se queda en el tintero, salvo rogar a Nuestro Señor Dios lo remedie y ponga en corazón a nuestro gran César que mande que su recta justicia se cumpla, pues que en todo es muy católico. Pasemos adelante y digamos en lo que Cortés entendió desde que le vino la gobernación.

CAPÍTULO X: CORTÉS ENVIÓ OCHENTA MIL PESOS EN ORO Y PLATA A SU MAJESTAD

Ya que le vino la gobernación de la Nueva España a Cortés, paréceme a mí y a otros conquistadores de los antiguos, de los de más maduro y prudente consejo, que lo que había de mirar Cortés era acordarse desde el día que salió de la isla de Cuba y tener atención en todos los trabajos que se vio cuando en lo de los arenales desembarcamos, qué personas fueron en le favorecer para que fuese capitán general y justicia mayor de la Nueva España; y lo otro, quién fueron los que se hallaron siempre a su lado en todas las guerras, ansí de Tabasco y Cingapacinga y en tres batallas de Tascala y en lo de Cholula, cuando tenían puestas las ollas con ají para nos comer cocidos; y también, quién fueron en favorecer su partido cuando por seis o siete soldados que no estaban bien con él le hacían requerimientos que se volviese a la Villa Rica y no fuese a México, poniéndole por delante la gran pujanza de guerreros y gran fortaleza de la cibdad; y quién fueron los que entraron con él en México y se hallaron en prender al gran Montezuma; y luego que vino Pánfilo de Narváez con su armada, qué soldados fueron los que llevó en su compañía y le ayudaron a prender y desbaratar al Narváez; y luego, quién fueron los que volvieron con él a México al socorro de Pedro de Alvarado y se hallaron en aquellas puentes y grandes batallas que nos dieron hasta que salimos huyendo de México, que de mil y trescientos soldados quedaron muertos sobre ochocientos y cincuenta, con los que mataron en Tustepeque e por los caminos, y no escapamos sino cuatrocientos, y cuarenta muy heridos ¡y a Dios y misericordia!

Y también se le había de acordar, de aquella muy temerosa batalla de Otumba, quién, después de Dios, se la ayudó a vencer y salir de aquel tan gran peligro; y después, quién y cuántos le ayudaron a conquistar lo de Tepeaca y Cachula y sus comarcas, como fue Ozúcar y Guacachula y otros pueblos, y la vuelta que dimos por Tezcuco para

México, y de otras muchas entradas que desde Tezcuco hicimos; ansí como la de Istapalapa, cuando nos quisieron anegar con echar el agua de la laguna, como echaron, creyendo de nos ahogar; y ansimismo las batallas que hubimos con los naturales de aquel pueblo y mexicanos que les ayudaron; y luego la entrada del Saltocán y los peñoles que llaman hoy día del Marqués, y otras muchas entradas; y el rodear de los grandes pueblos de la laguna, y de los muchos reencuentros y batallas que en aquel viaje tuvimos, ansí de los de Suchimilco como de los de Tacuba; y vueltos a Tezcuco, quién le ayudó contra la conjuración, que tenían concertado y ordenado de le matar, cuando sobre ello ahorcó a una Villafaña. Y pasado esto, quién fue los que le ayudaron a conquistar a México y en noventa y tres días a la contina, de día y de noche, tener batallas e muchas heridas y trabajos, hasta que se prendió a Guatémuz, que era el que mandaba en aquella sazón a México; y quién fueron en le ayudar y favorecer cuando vino a la Nueva España un Cristóbal de Tapia para que le diese la gobernación.

Y demás de todo esto, quién fueron los soldados que escribimos tres veces a Su Majestad en loor de los grandes y muchos y buenos e notables servicios que Cortés le había hecho, y que era dino de grandes mercedes y le hiciese gobernador de la Nueva España. No quiero aquí traer a la memoria otros servicios que siempre a Cortés hacíamos, pues los varones y fuertes soldados que en todo esto nos hallamos. Y agora que le vino la gobernación, que, después de Dios, con nuestra ayuda se la dieron, bien fuera que tuviera cuenta con Pedro y Sancho y Martín y otros que lo merecían; y el soldado e compañero que estaba por su ventura en Colima o Zacatula o en Pánuco a Guazacualco, y los que andaban huyendo cuando despoblaron a Tututepeque, y estaban pobres y no les cupo suerte de buenos indios.

Pues había bien que darles y sacarles de mala tierra, pues que Su Majestad muchas veces se lo mandaba y encargaba por sus reales cartas mensivas, y no daba Cortés nada de su hacienda; habíales de dar con qué se remediasen y en todo anteponerles, y siempre cuando escribiese a sus procuradores que estaban en Castilla en nuestro nombre, que procurasen por nosotros. Y el mismo Cortés había de escribir a Su Majestad muy afetuosamente para que nos diese para nosotros y nuestros hijos cargos y oficios reales, todos los que la

Nueva España hubiese; mas digo que "mal ajeno de pelo cuelga" e que no procuraba sino para él; lo uno, la gobernación que le trajeron antes que fuese marqués, y después que fue a Castilla, vino marqués.

Dejemos desto y pongamos aquí otra manera que fuera harto buena y justa para repartir todos los pueblos de la Nueva España, según dicen muy dotos conquistadores que lo ganamos, de prudente y maduro juicio. Y lo que había de hacer es esto: hacer cinco partes la Nueva España, y la quinta parte de las mejores ciudades y cabeceras de todo lo poblado della a Su Majestad de su real quinto, y otra parte dejalla para repartir, para que fuese la renta della para iglesias y hospitales y monasterios, y para que, si Su Majestad quisiese hacer algunas mercedes a caballeros que le hayan servido, de allí pudiera haber para todos; y las tres partes que quedaban, repartirlas en su persona de Cortés y en todos nosotros los verdaderos conquistadores, según y de la calidad que sentía que era cada uno; y dalles perpetuos, porque en aquella sazón Su Majestad lo tuviera por bien, porque como no había gastado cosa ninguna en estas conquistas ni sabía ni tenía noticia destas tierras, estando como estaba en aquella sazón en Flandes, y viendo una buena parte de las del Nuevo Mundo que le entregamos como muy leales vasallos, lo tuviera por bien y nos hiciera merced dellas. Y con ello quedáramos, y no anduviéramos como andamos agora, de mula coja y abatidos y de mal en peor, debajo de gobernadores que hacen lo que quieren, y muchos de los conquistadores no tenemos con qué nos sustentar, ¿qué harán los hijos que dejamos?

Quiero decir lo que hizo Cortés y a quién dio los pueblos. Primeramente al Francisco de las Casas, a Rodrigo de Paz, al fator y veedor y contador que en aquella sazón vinieron de Castilla, a un Ávalos y Sayavedra, sus deudos, a un Barrios, con quien casó a su cuñada, hermana de su mujer, la Marcaida, porque no le acusasen la muerte de su mujer, y a Alonso Lucas, a un Juan de la Torre y Luis de la Torre, a un Villegas y a un Alonso Valiente, a un Ribera el Tuerto; ¿y para qué cuento yo estos pocos? Que a todos cuantos vinieron de Medellín y otros criados de grandes señores que le contaban cuentos de cosas que le agradaban les dio lo mejor de la Nueva España. No digo yo que era mejor dejar de dar a todos, pues que había de qué; mas, que había de anteponer primero los que Su Majestad le mandaba, y a los soldados, quien le ayudó a tener el ser y valor que tenía, a ayudalles; y pues que ya es hecho, no quiero recitar más.

Acuérdome que se traía una plática entre nosotros, que cuando había alguna cosa de mucha calidad que repartir, que se traía por refrán, cuando había debates sobre ella, que solían decir: "No se lo reparta como Cortés", que se tomó todo el oro y lo más y mejor de la Nueva España para sí, y nosotros quedamos pobres en las villas que poblamos con la miseria que nos cayó en parte. Y para ir a entradas que le convenían, bien se acordaba adónde estábamos y nos enviaba a llamar para las batallas y guerras, como adelante diré.

Y dejaré de contar más lástimas y de cuán avasallados nos traía, pues no se puede ya remediar. Y no dejaré de decir lo que Cortés decía después que le quitaron la gobernación, que fue cuando vino Luis Ponce de León; y desque murió Luis Ponce, dejó por su teniente a Marcos de Aguilar, como adelante diré.

Y es que íbamos a Cortés a decirle algunos caballeros y capitanes de los antiguos que le ayudaron en las conquistas, que les diese de los indios de los muchos que en aquel instante tenía Cortés, pues que Su Majestad mandaba que le quitasen algunos de ellos, como se los habían de quitar, y luego se los quitaron, y la respuesta que daba era que se sufriesen como él se sufría, que si le volvía Su Majestad a hacer merced de la gobernación, que en su conciencia —que así juraba— que no lo errase como en lo pasado, y que daría buenos repartimientos a quien Su Majestad le mandase, y enmendaría el gran yerro pasado que hizo.

Y con aquellos prometimientos y con palabras blandas creía que quedaban contentos, e iban renegando de él, y aun maldiciéndole a él y a toda su generación y a cuanto poseía; ¡hubiese mal gozo de ello y de sus hijos!

Dejémoslo ya y digamos que en aquella sazón, o pocos días antes, vinieron de Castilla los oficiales de la hacienda de Su Majestad, que fue Alonso de Estrada, tesorero, y era natural de Ciudad Real; y vino el factor Gonzalo de Salazar (decía él mismo que fue el primer hijo de cristiano que nació en Granada, y decían que sus abuelos eran de Burgos); y vino Rodrigo de Albornoz por contador, porque ya había fallecido Julián de Alderete, y este Albornoz era natural de Paladinas o de Rágama; y vino el veedor Pedro Almírez Chirino, natural de Úbeda o Baeza, y vinieron otras muchas personas con cargos.

Dejemos esto, y quiero decir que en este instante rogó un Rodrigo Rangel a Cortés (el cual Rangel muchas veces le he nombrado) que, pues no se había hallado en la toma de México ni en ningunas batallas que hubo en la Nueva España, que porque hubiese alguna fama de él, que le hiciese merced de darle una capitanía para ir a conquistar a los pueblos de los zapotecas, que estaban de guerra, y llevar en su compañía a Pedro de Ircio, para ser su consejero en lo que había de hacer.

Y como Cortés conocía a Rodrigo Rangel (que no era para darle ningún cargo, a causa de que estaba siempre doliente y con grandes dolores y bubas, y muy flaco, y las zancas y piernas muy delgadas y todas llenas de llagas, cuerpo y cabeza abierta), denegaba aquella entrada diciendo que los indios zapotecas eran gente mala de domar, por las grandes y altas sierras adonde están poblados, y que no podían llevar caballos, y que siempre hay nieblas y rocíos; y que los caminos eran angostos y resbalosos, y que no podían andar por ellos sino, a manera de decir, los pies que por ellos caminan adelante junto a las cabezas de los que vienen atrás (entiéndase de la manera que aquí digo, que así es verdad, porque los que van arriba, los que vienen detrás, vienen cabezas juntos con pies), y que no era cosa de ir a ellos; y que ya que fuesen, que habían de llevar soldados bien sueltos, robustos y experimentados en las guerras.

Y como Rangel era muy porfiado y de su tierra de Cortés, que es Medellín, hóbole de conceder lo que pedía, y, según después supimos, Cortés lo hubo por bien envialle do se muriese, porque era de mala lengua y decía muchas malas palabras; y escribió a Guazacualco el mismo Cortés a diez o doce que nombró en la carta, que nos rogaba que fuésemos con Rangel a ayudarle, y entre los soldados que mandó ir me nombró a mí, y fuimos todos los vecinos que Cortés nos escribió.

Ya he dicho que hay grandes sierras en lo poblado de los zapotecas, y que los naturales de ellos son gente muy ligera y cenceña, y con unas voces y silbos que dan, retumbaban todos los valles como a manera de ecos. Y como habíamos de llevar a Rangel, no podíamos andar ni hacer cosa que buena fuese; y ya que íbamos a algún pueblo, hallábamoslo despoblado, y como no estaban juntas las casas, sino unas en un cerro y otras en un valle, y en aquel tiempo llovía; y el pobre de Rangel dando voces de dolor de las bubas, y la mala gana que todos teníamos de andar en su compañía, y viendo que era tiempo perdido. Y que si por ventura los zapotecas, como son ligeros y tienen grandes lanzas, muy mayores que las nuestras, y son grandes flecheros, y usan piedra con hondas, que si nos aguardaban e hicieran cara, como no podíamos ir por los caminos sino uno a uno, temíamos nos viniese algún desmán.

Y Rangel estaba más malo que cuando vino: acordó de dejar la negra conquista, que negra se podía llamar, y volverse cada uno a su casa; y Pedro de Ircio, que traía por consejero, fue el primero que se lo aconsejó, y le dejó y se fue a la Villa Rica, donde vivía. Y Rangel dijo que se quería ir a Guazacualco con nosotros, por ser tierra caliente, para prevalecer de su mal, y los que éramos vecinos de Guazacualco que allí estábamos por peor tuvimos llevar con nosotros aquel mal pelmazo que la venida que venimos con él a la guerra.

Y llegados a Guazacualco, luego dijo que quería ir a pacificar las provincias de Cimatán y Talatupán, que ya he dicho muchas veces en el capítulo que de ello habla, cómo no habían querido venir de paz a causa de los grandes ríos y ciénegas tembladoras entre quienes estaban pobladas; y, además de la fortaleza de las ciénegas, ellos de su naturaleza son grandes flecheros y tenían muy grandes arcos y tiran muy certero.

Volvamos a nuestro cuento: que mostró Rangel provisiones en aquella villa de Hernando Cortés, cómo le enviaba por capitán para que conquistase las provincias que estuviesen de guerra, y señaladamente la de Cimatán y Talapután, y apercibió a todos los más vecinos de aquella villa que fuésemos con él. Y era tan temido Cortés, que, aunque nos pesó, no osamos hacer otra cosa desque vimos sus provisiones.

Y fuimos con Rangel sobre cien soldados, de ellos de a caballo y a pie, con obra de veintiséis ballesteros y escopeteros, y fuimos por Tonalá, Ayagualulco y Copilco, Zacualco, y pasamos muchos ríos en canoas y en balsas, y pasamos por Teutitán, Copilco y por todos los pueblos que llamamos la Chontalpa, que estaban de paz, y llegamos obra de cinco leguas de Cimatán.

En unas ciénegas y malos pasos estaban juntos todos los más guerreros de aquella provincia, y tenían hechos unos cercados y grandes albarradas y palos y maderos gruesos, y ellos de dentro, y con unos pretiles y saeteras por donde podían flechar. De presto nos dan tan buena refriega de flecha y vara tostada con tiraderas, que mataron a siete caballos e hirieron a ocho soldados; y al mismo Rangel, que iba a caballo, le dieron un flechazo en el brazo izquierdo, y no le entró sino muy poco.

Y como los conquistadores viejos habíamos dicho a Rangel que siempre fuesen hombres sueltos a pie, descubriendo caminos y celadas, y le habíamos dicho de otras veces cómo aquellos indios solían pelear muy bien y con maña, y como él era hombre que hablaba mucho, dijo que votaba a tal, que si nos creyera, no le aconteciera aquello, y que de allí adelante que nosotros fuésemos los capitanes y le mandásemos en aquella guerra.

Y luego, desque fueron curados los soldados y ciertos caballos que también hirieron, además de los siete que mataron, mandóme a mí que fuese adelante descubriendo, y llevaba un lebrel muy bravo, que era del Rangel, y otros dos soldados muy sueltos y ballesteros. Y le dije que se quedase bien atrás con los de a caballo, y los soldados y ballesteros fuesen junto conmigo.

E yendo por nuestro camino para el pueblo de Cimatán, que era en aquel tiempo bien poblado, hallamos otras albarradas y fuerzas ni más ni menos que las pasadas, y tírannos a los que íbamos adelante tanta flecha y vara, que de presto mataron el lebrel; y si yo no fuera muy armado, allí quedara, porque me empendolaron siete flechas, que con el mucho algodón de las armas se detuvieron, y todavía salí herido en una pierna, y a mis compañeros, a todos hirieron.

Y entonces yo di voces a unos indios nuestros amigos que venían un poco atrás de socorro, para que viniesen de presto los ballesteros y escopeteros y peones, y que los de a caballo se quedasen atrás, porque allí no podían correr ni aprovecharse de los caballos y se los flecharían. Y luego acudieron así como lo envié a decir, porque de antes, cuando yo me adelanté, así lo tenía concertado: que los de a caballo quedasen muy atrás y que todos los demás estuviesen muy prestos, en teniendo señal o mandado.

Y como vinieron los ballesteros y escopeteros, les hicimos desembarazar las albarradas y se acogieron a unas grandes ciénegas que temblaban, y no había hombre que en ellas entrase que pudiese salir sino a gatas o con grande ayuda. En esto llegó Rangel con los de a caballo, y allí cerca estaban muchas casas que entonces despoblaron los moradores de ellas, y reposamos aquel día y se curaron los heridos.

Otro día caminamos para ir al pueblo de Cimatán, y hay grandes sabanas llanas y, en medio de las sabanas, muy malísimas ciénegas. Y en una de ellas nos aguardaron; y fue un ardid que entre ellos concertaron para aguardar en el campo raso de las sabanas, y propusieron que los de a caballo, por codicia de los alcanzar y alancear, irían corriendo tras ellos a rienda suelta y se atollarían en las ciénegas.

Y así fue: como lo concertaron, lo hicieron. Que por más que habíamos dicho y aconsejado al Rangel que mirase que había muchas ciénegas y que no corriese por aquellas sabanas a rienda suelta, que atollarían los caballos, y que suelen tener aquellos indios estas astucias y hechas saeteras y fuerzas junto a las ciénegas, no lo quiso creer. Y el primero que atolló en ellas fue el mismo Rangel y allí le mataron el caballo; y si de presto no fuera socorrido, ya se habían echado en aquellas malas ciénegas muchos indios para le apañar y llevar vivo a sacrificar, y todavía salió descalabrado en las llagas que tenía en la cabeza.

Y como toda aquella provincia era muy poblada, estaba allí junto otro poblezuelo y fuimos a él; entonces huyeron los moradores y se curó el Rangel y tres soldados que habían sido heridos; y desde allí fuimos a otras casas que también estaban sin gente, que entonces lo despoblaron sus dueños, y hallamos otra fuerza con grandes maderos y bien cercada y sus saeteras.

Y estando reposando, aún no habría un cuarto de hora, vienen tantos guerreros cimatecas y nos cercan en el poblezuelo, que mataron a un soldado y a dos caballos, y tuvimos harto en hacellos apartar.

Y entonces nuestro Rangel estaba muy doliente de la cabeza, y había muchos mosquitos, que no dormía de noche ni de día, y murciélagos muy grandes que le mordían y desangraban; y como siempre llovía, y algunos soldados que Rangel había traído consigo, de los que nuevamente habían venido de Castilla, vieron que en tres partes nos habían aguardado los indios de aquella provincia y habían muerto once caballos y soldados, y herido a otros muchos, aconsejaron al Rangel que se volviese desde allí, pues la tierra era mala de ciénegas y él estaba muy malo.

Y el Rangel, que lo tenía en gana, y porque pareciese que no era de su albedrío y voluntad aquella vuelta, sino por consejo de muchos, acordó llamar a consejo sobre ello a personas que eran de su parecer para que se volviesen.

Y en aquel instante habíamos ido veinte soldados a ver si podíamos tomar alguna gente de unas huertas de cacahuatales que allí junto estaban, y trajimos dos indios y tres indias.

Y entonces el Rangel me llamó a mí aparte y a consejo, porque éramos muy amigos desde la isla de Cuba, y dijo de su mal de cabeza y que le aconsejaban los demás soldados que se volviese, y me declaró todo lo que había pasado. Entonces le reprendí su vuelta, y como nos conocíamos de cuatro años atrás, de la isla de Cuba, le dije:

—¿Cómo, señor? ¿Qué dirán de vuestra merced, estando junto al pueblo de Cimatán, y quererse volver? Pues Cortés no lo tendrá a bien, y maliciosos que os quieren mal os lo echarán en cara: que en la entrada de los zapotecas ni aquí no habéis hecho cosa ninguna que buena sea, trayendo como traéis tan buenos conquistadores, que son los de nuestra villa de Guazacualco.

Pues por lo que toca a nuestra honra y a la de vuestra merced, yo y otros soldados somos del parecer que pasemos adelante, y yo iré con mis compañeros descubriendo ciénegas y montes, y con los ballesteros y escopeteros pasaremos hasta la cabecera de Cimatán, y mi caballo dele vuestra merced a otro caballero que sepa bien menear la lanza y tenga ánimo para mandarle, que yo no puedo servir en esto que aquí voy, y que se vengan con los de a caballo algo atrás.

Y desque Rodrigo Rangel aquello me oyó, como era hombre vocinglero y hablaba mucho, salió de la casilla en que estaba en el consejo, y a grandes voces llamó a todos los soldados y dijo:

—Ya es echada la suerte, que ya hemos de ir adelante; que voto a tal, o descreo de tal (que siempre este era su jurar y su hablar), si Bernal Díaz del Castillo no me ha dicho la verdad y lo que a todos conviene.

Y puesto que a algunos soldados les pesó, otros lo tuvieron por bueno.

Y luego comenzamos a caminar, puestos en gran concierto, los ballesteros y escopeteros junto conmigo, y los de a caballo detrás, por amor de los montes y ciénegas donde no podían correr caballos, hasta que llegamos a otro pueblo, que entonces lo despoblaron los naturales de él. Y desde allí fuimos a la cabecera de Cimatán, y tuvimos otra buena refriega de flecha y vara, y de presto les hicimos ir huyendo, y quemaron los vecinos naturales de aquel pueblo muchas de sus casas; y allí prendimos hasta quince hombres y mujeres, y les enviamos a llamar con ellos a los cimatecas para que viniesen de paz, y les dijimos que en lo de las guerras se les perdonaría.

Y vinieron los parientes y maridos de las mujeres y gente menuda que teníamos presos, y les dimos toda la presa, y dijeron que traerían de paz a todo el pueblo, y jamás volvieron con respuesta.

Y entonces me dijo a mí el Rangel:

—Voto a tal, que me habéis engañado; que habéis de ir a entrar con otros compañeros, y que me habéis de buscar otros tantos indios e indias como los que me hicisteis soltar por vuestro consejo.

Y luego fuimos cincuenta soldados, y yo por capitán, y dimos en unos ranchos que tenían entre unas ciénegas que temblaban, que no osamos entrar en ellas, y desde allí se fueron huyendo por unos grandes breñales y espinos que se llaman entre ellos xiguaquetlán, muy malos, que pasan los pies. Y en unas huertas de cacahuatales prendimos seis hombres y mujeres con sus hijos chicos, y nos volvimos adonde quedaba el capitán, y con aquello le apaciguamos, y les tornó luego a soltar para que llamasen de paz a los cimatecas; y, en fin de razones, no quisieron venir, y acordamos de volvernos a nuestra villa de Guazacualco.

Y en esto paró la entrada de zapotecas y la de Cimatán, y ésta es la fama que quería que hubiese de él Rangel cuando pidió a Cortés aquella conquista. Quiero decir algunas cosas que Rodrigo Rangel hizo en aquel camino, que son donaires y de reír.

Cuando estaban en las sierras de los zapotecas, parece ser que un soldado de los nuevamente venidos de Castilla le hizo un enojo, y Rangel dijo y juró y votó a tal que le había de atar en un pie de amigo, y dijo:

—¿No hay un bellaco que le eche mano y que le ayude a atar?

Entonces estaba allí un soldado, que vive ahora en Guaxaca, que se dice Hernando de Aguilar, y como era hombre sin malicia, dijo:

—Quiérome apartar de aquí, no me lo manden a mí que le eche mano.

Y Rangel tuvo tal risa de aquello, que luego perdonó al soldado que le había enojado por lo que Aguilar dijo.

Otra vez se soltó un caballo a un soldado que se decía Salazar, y no le podían tomar, y dijo Rangel:

—Ayúdenselo a tomar uno de los más bellacos ruines que ahí vienen.

Y vino un caballero, persona de calidad, que no entendió lo que Rangel dijo, y le tomó el caballo. Diole a Rangel tal risa, que a todos nos hizo reír de cosas que decía.

Entre dos soldados tenían diferencias sobre un tributo de cacao que les dio un poblecillo que tenían entrambos en compañía, depositado por Cortés, y aunque no quisieron los compañeros, les hizo echar suertes quién se llevaba el pueblo. Y hacía y decía otras cosas que eran más para reír que no de escribir.

Por este Rodrigo Rangel dijo Gonzalo de Ocampo, por los juramentos y sacramentos que juraba y cosas que decía y hacía, que tocaban en castigo en el Santo Oficio.

No quise hacer capítulo por sí sobre esta capitanía que dieron a este Rodrigo Rangel, porque no hicimos cosa buena por falta de tiempo, y el toque de todo: el capitán ser tan doliente y no poderse tener en los pies de malo y tullido, y no de la lengua.

Y de ahí a dos años y poco tiempo más, volvimos de hecho a los zapotecas y a las demás provincias y las conquistamos y trajimos de paz, lo cual diré adelante.

Y dejemos de esto y digamos cómo Cortés envió a Castilla, a Su Majestad, sobre ochenta mil pesos de oro con un Diego de Soto, natural de Toro, y paréceme que con un Ribera el Tuerto, que fue su secretario; y entonces envió el tiro muy rico, que era de oro bajo y plata, que le llamaban el Ave Fénix; y también envió a su padre, Martín Cortés, muchos millares de pesos de oro; y lo que sobre ello pasó diré adelante.

Pues como Cortés había recogido y allegado obra de ochenta mil pesos de oro, y la culebrina que se decía el Fénix ya era acabada de forjar, y salió muy extremada pieza para presentar a un tan alto Emperador como era nuestro gran César, decía en un letrero que tenía escrito en la misma culebrina:

Aquesta ave nació sin par;
yo en serviros, sin segundo;
y vos, sin igual en el mundo.

Todo lo envió a Su Majestad con un hidalgo natural de Toro que se decía Diego de Soto; y no me acuerdo bien si fue en aquella sazón un Juan de Ribera que era tuerto de un ojo, que tenía una nube, que había sido secretario de Cortés.

A lo que yo sentí del Ribera, era una mala hierba, porque cuando jugaba a naipes y a dados no parecía que jugaba bien; y, además de esto, tenía muchos malos reveses. Y esto digo porque, llegado a Castilla, se alzó con los pesos de oro que le dio Cortés para su padre, Martín Cortés, y porque se lo pidió el mismo Martín Cortés. Y por ser el Ribera de suyo mal inclinado, no mirando a los bienes que Cortés le había hecho, siendo un pobre hombre, en lugar de decir verdad y bien de su amo, dijo tantos males, y por tal manera los razonaba, que, como tenía gran retórica y había sido secretario del mismo Cortés, le daban crédito, especialmente el obispo de Burgos.

Y como el Narváez —por mí muchas veces nombrado— y Cristóbal de Tapia y los procuradores de Diego Velázquez y otros que les ayudaban (y había acaecido en aquella sazón la muerte de don Francisco de Garay), todos juntos tornaron a dar muchas quejas de Cortés ante Su Majestad, y tantas y de tal manera, que fueron parciales los jueces que puso Su Majestad, por dádivas que Cortés les envió para aquel efecto, que otra vez estaba revuelta la cosa.

Y Cortés tan desfavorecido, que si no fuera por el duque de Béjar, que le favoreció y quedó por su fiador, que le mandase Su Majestad tomar residencia, y que no le hallarían culpado. Y esto hizo el duque porque ya tenía tratado casamiento a Cortés con una señora sobrina suya, que se decía doña Juana de Zúñiga, hija del conde de Aguilar, don Carlos de Arellano, y hermana de unos caballeros y privados del Emperador.

Y como en aquella sazón llegaron los ochenta mil pesos de oro y las cartas de Cortés, dando en ellas muchas gracias y ofrecimientos a Su Majestad por las grandes mercedes que le había hecho en darle la gobernación de México y haber sido servido mandarle favorecer con justicia en la sentencia que dio en su favor cuando la junta que mandó hacer de los caballeros de su Real Consejo y Cámara —ya otras veces por mí memorados—, en fin de más razones, todo lo que estaba dicho contra Cortés se tornó a sosegar con que le fuesen a tomar residencia, y por entonces no se habló más en ello.

Y dejemos ya de decir de estos nublados que sobre Cortés estaban ya para descargar, y digamos del tiro y de su letrero, tan sublimado servidor como Cortés se mostró. Que, como se supo en la corte, y ciertos duques, marqueses y condes y hombres de gran valía se tenían por tan grandes servidores de Su Majestad, y tenían en sus pensamientos que otros caballeros tanto como ellos hubiesen servido a la corona real, tuvieron que murmurar del tiro; y aun de Cortés, porque tal blasón escribió.

También sé que otros grandes señores, como fue el almirante de Castilla, y el duque de Béjar y el conde de Aguilar, dijeron a los mismos caballeros que habían puesto en pláticas que era muy bravoso el blasón de la culebrina:

—No se maravillen que Cortés ponga aquel escrito en el tiro. Veamos, ¿ahora, en nuestros tiempos, ha habido capitán que tales hazañas y que tantas tierras haya ganado sin gastar ni poner en ello Su Majestad cosa ninguna, y tantos cuentos de gentes se hayan convertido a nuestra santa fe? Y, además de esto, no solamente él, sino los soldados y compañeros que tiene, que le ayudaron a ganar una tan fuerte ciudad, y de tantos vecinos y de tantas tierras, son dignos de que Su Majestad les haga muchas mercedes. Porque, si miramos en ello, nosotros heredamos de nuestros antepasados (que hicieron heroicos hechos y sirvieron a la corona real, a los reyes que en aquel tiempo reinaron, como Cortés y sus compañeros han hecho) nuestros blasones y tierras y rentas.

Y con estas palabras se olvidó lo del blasón.

Y porque no pasase de Sevilla la culebrina, tuvimos nueva que a don Francisco de los Cobos, comendador mayor de León, le hizo Su Majestad merced de ella, y que la deshicieron y afinaron el oro y lo fundieron en Sevilla, y dijeron que valió sobre veinte mil ducados.

Y en aquel tiempo, como Cortés envió aquel oro y el tiro, y las riquezas que había enviado la primera vez —que fueron la luna de oro y el sol de plata y otras muchas joyas de oro— con Francisco de Montejo y Alonso Hernández Puertocarrero, y lo que hubo enviado la segunda vez con Alonso de Ávila y Quiñones (que esto fue la cosa más rica que hubo en la Nueva España, que era la recámara de Montezuma y de Guatémuz y de los grandes señores de México), y lo robó Juan Florín, francés.

Y como esto se supo en Castilla, tuvo Cortés gran fama, así en Castilla como en otras partes de la Cristiandad, que en todas partes fue muy loado.

Dejemos de esto y digamos en qué paró el pleito de Martín Cortés con Ribera sobre los tantos mil pesos que enviaba Cortés a su padre. Y es que, andando en el pleito y pasando Ribera por la villa del Cadalso, comió o almorzó unos torreznos, y así como comió, murió súbitamente y sin confesión; ¡perdónelo Dios, amén!

Dejemos lo acaecido en Castilla y volvamos a decir de la Nueva España, cómo Cortés estaba siempre entendiendo en que la ciudad de México fuese muy poblada de los naturales mexicanos, como de antes estaban, y les dio franquezas y libertades: que no pagasen tributo a Su Majestad hasta que tuviesen hechas sus casas y aderezadas las calzadas y puentes y todos los edificios y caños por donde solía venir el agua de Chapultepec para entrar en México; y en la población de los españoles tuviesen hechas iglesias y hospitales y atarazanas y otras cosas que convenían.

Y en aquel tiempo vinieron de Castilla al puerto de la Veracruz doce frailes franciscos, y por vicario general de ellos a un muy buen religioso que se decía fray Martín de Valencia, y era natural de una villa de Tierra de Campos que se dice Valencia de Don Juan, y este muy reverendo religioso venía nombrado por el Santo Padre para ser vicario. Y lo que en su venida y recibimiento se hizo, diré adelante.

Ya he dicho en los capítulos pasados que sobre ello hablan, cómo habíamos escrito a Su Majestad suplicándole nos enviase religiosos franciscos de buena y santa vida para que nos ayudasen a la conversión y santa doctrina de los naturales de esta tierra, para que se volviesen cristianos y les predicasen nuestra santa fe, como se la dábamos a entender desde que entramos en la Nueva España.

Y sobre ello había escrito Cortés, juntamente con todos nosotros, los conquistadores que ganamos la Nueva España, a don fray Francisco de los Ángeles, que era general de los franciscos, y que después fue cardenal, para que nos hiciese merced de que los religiosos que enviase fuesen de santa vida, para que nuestra santa fe siempre fuese ensalzada y los naturales de estas tierras conociesen lo que les decíamos cuando estábamos batallando con ellos.

Que les decíamos que Su Majestad enviaría religiosos, y de mucho mejor vida que nosotros éramos, para que les diésemos a entender los razonamientos y predicaciones que les decíamos, que eran verdaderas.

Y el general don fray Francisco de los Ángeles nos hizo merced, que luego envió los doce religiosos que dicho tengo, y entonces vino con ellos fray Toribio Motolinía, y pusiéronle este nombre de Motolinía los caciques y señores de México, que quiere decir en su lengua el fraile pobre, porque cuanto le daban por Dios, lo daba a los indios y se quedaba algunas veces sin comer, y traía unos hábitos muy rotos y andaba descalzo, y siempre les predicaba; y los indios le querían mucho porque era una santa persona.

Volvamos a nuestra relación. Como Cortés supo que estaban en el puerto de la Veracruz, mandó en todos los pueblos, así de indios como donde vivían españoles, que por donde viniesen les barriesen los caminos, y donde posasen les hiciesen ranchos, si fuese en el campo; y en poblado, cuando llegasen a las villas o pueblos de indios, les saliesen a recibir y les repicasen las campanas que en aquella sazón había enviado a cada pueblo; y que todos comúnmente, después de haberlos recibido, les hiciesen mucho acato, y que los naturales llevasen candelas de cera encendidas, y con las cruces que hubiese.

Y por más humildad, y porque los indios lo viesen, para que tomasen ejemplo, mandó a los españoles que se hincasen de rodillas a besarles las manos y los hábitos, y aun les envió Cortés al camino mucho refresco, y les escribió muy amorosamente.

Y viniendo por su camino, ya que llegaban cerca de México, el mismo Cortés, acompañado de nuestros valerosos y esforzados soldados, los salimos a recibir; juntamente fueron con nosotros Guatémuz, el señor de México, con todos los más principales mexicanos y otros muchos caciques de otras ciudades.

Y cuando Cortés supo que llegaban cerca, se apeó del caballo, y todos nosotros juntamente con él. Y ya que nos encontramos con los reverendos religiosos, el primero que se arrodilló delante del fray Martín de Valencia y le fue a besar las manos fue Cortés; y no lo consintió, y le besó los hábitos y a todos los demás religiosos; y así hicimos todos los capitanes y soldados que allí íbamos, y el Guatémuz y los señores de México.

Y desque Guatémuz y los demás señores caciques vieron venir a Cortés de rodillas a besarles las manos, se espantaron en gran manera; y como vieron a los frailes descalzos y flacos, con los hábitos rotos, y no llevar caballo sino a pie, y muy amarillos, y ver a Cortés —que le tenían por ídolo o cosa como sus dioses— así arrodillado delante de ellos, desde entonces tomaron ejemplo todos los indios, que cuando ahora vienen religiosos les hacen aquellos recibimientos y acatos, según y de la manera que dicho tengo.

Y más digo: que cuando Cortés con aquellos religiosos hablaba, siempre tenía la gorra en la mano, quitada, y en todo les tenía gran acato; y ciertamente estos buenos religiosos franciscos hicieron mucho fruto en toda la Nueva España.

Dejémoslos en buena hora y digamos de otra materia. Y es que, de allí a tres años y medio, o poco tiempo más adelante, vinieron doce frailes dominicos, y venía por provincial o prior de ellos un religioso que se decía fray Tomás Ortiz; era vizcaíno, y decían que había estado por prior o provincial en unas tierras que se dicen La Punta; y quiso Dios que, cuando vinieron, les dio dolencia de mal de modorra, de que todos los más murieron, lo cual diré adelante: cómo, cuándo y con quién vinieron, y la condición que decían tenía el prior, y otras cosas que pasaron.

Y después han venido otros muchos y buenos religiosos, y de santa vida, de la misma orden de Santo Domingo, y han dado ejemplos muy santos, y han industriado a los naturales de estas provincias de Guatemala en nuestra santa fe muy bien, y han sido muy provechosos para todos.

Quiero dejar esta santa materia de los religiosos. Y diré que, como Cortés siempre temía que en Castilla, por parte del obispo de Burgos, se juntaran otra vez los procuradores de Diego Velázquez, gobernador de Cuba, y dijeran mal de él delante del emperador nuestro señor. Y como tuvo nueva cierta, por cartas que le escribieron su padre, Martín Cortés, y Diego de Ordás, que le trataban casamiento con la señora doña Juana de Zúñiga, sobrina del duque de Béjar, don Álvaro de Zúñiga, procuró enviar todos los más pesos de oro que podía allegar, así de sus tributos como de lo que le presentaban los caciques de toda la tierra; lo uno, para que conociese el duque de Béjar sus grandes riquezas, juntamente con sus heroicos hechos y hazañas; y lo más principal, para que Su Majestad le favoreciese e hiciese mercedes.

Y entonces le envió treinta mil pesos, y con ellos escribió a Su Majestad, lo cual diré adelante.

Teniendo ya Cortés en sí la gobernación de la Nueva España por mandado de Su Majestad, parecióle que sería bien hacerle sabedor de cómo estaba entendiendo en la santa conversión de los naturales y la reedificación de la gran ciudad de Tenustitlán, México. Y también le dio relación de cómo había enviado un capitán que se decía Cristóbal de Olí[2] a poblar unas provincias que se nombran Honduras, y que le

---

[2] El uso de "Cristóbal de Oli" en lugar de Cristóbal de Olid por parte de Bernal Díaz del Castillo en su Historia verdadera de la conquista de la Nueva España es un ejemplo de cómo los cronistas del siglo XVI empleaban variantes fonéticas, ortográficas o regionales que hoy nos parecen inconsistentes, pero que eran comunes en su época.
Explicación lingüística y cultural:
Ortografía inestable en el siglo XVI:
Durante la época de Bernal, no existía una ortografía normada como la conocemos hoy. Era común que los nombres propios, apellidos y topónimos se escribieran de diferentes maneras según la región, la educación del escriba o la fonética con la que cada uno percibía el sonido.
Fenómeno fonético:
En algunos dialectos del español antiguo, la "d" final de algunas palabras podía perderse en la pronunciación y pasar a escribirse como "i" o "í". Así, Olid podía sonar como Oli, especialmente en la lengua hablada. Esto es

dio cinco navíos bien abastecidos, y gran copia de soldados, bastimentos, muchos caballos, tiros, escopeteros y ballesteros, y todo género de armas, y que gastó muchos millares de pesos de oro en hacer la armada.

Y que Cristóbal de Olí se le alzó con todo ello, y quien le aconsejó que se alzase fue un Diego Velázquez, gobernador de Cuba, que hizo compañía con él en la armada; y que, si Su Majestad era servido, tenía determinado enviar con brevedad a otro capitán para que le tomase la misma armada y lo trajese preso, o ir él en persona por él. Porque si se quedaba sin castigo, se atreverían otros capitanes a levantarse con otras armadas que por fuerza había de enviar a conquistar y poblar otras tierras que están de guerra. Y a esta causa suplicaba a Su Majestad le diese licencia para ello.

Y también se envió a quejar del Diego Velázquez, no tan solamente por lo del capitán Cristóbal de Olí, sino por sus conjuraciones y escándalos que, por sus cartas que enviaba desde la isla de Cuba, incitaban a que matasen a Cortés. Causa por la cual, saliendo de aquella ciudad de México para ir a conquistar algunos pueblos recios que se levantaban, hacían conjuraciones los de la parte de Diego Velázquez para matarlo y levantarse con la gobernación. Y que había hecho justicia de uno de los más culpados. Y que este favor se lo daba el obispo de Burgos, que está por presidente de Indias, por ser muy amigo de Diego Velázquez.

Y escribió cómo le enviaba y servía con treinta mil pesos de oro, y que si no fuera por los bullicios y conjuraciones pasadas, hubiera recogido mucho más oro, y que, con la ayuda de Dios y la buena ventura de Su Real Majestad, en todos los navíos que de México fuesen enviaría lo que pudiese.

Y asimismo escribió a su padre, Martín Cortés, y a un su deudo que se decía el licenciado Francisco Núñez, que era relator del Real

---

comparable a cómo en el habla coloquial moderna se dice usted está → usté tá.
Uso coloquial y familiar:
Bernal, además de ser cronista, fue compañero de Cristóbal de Olid. Su uso de Oli podría tener un matiz de cercanía, costumbre o forma popular de referirse a él en los círculos de soldados y conquistadores.

Consejo de Su Majestad. Y también escribió a Diego de Ordás, en que les hacía saber todo lo por mí atrás dicho.

Y también dio noticia de cómo un Rodrigo de Albornoz, que estaba por contador, andaba secretamente murmurando en México de Cortés, porque no le dio indios como él quisiera, y también porque le demandó una cacica, hija del señor de Tezcuco, y no se la quiso dar, porque en aquella sazón la casó con una persona de calidad. Y les dio aviso de que había sabido que fue secretario del Estado de Flandes, y que era muy servidor de don Juan Rodríguez de Fonseca, obispo de Burgos, y que era hombre que tenía por costumbre escribir cosas nuevas, y aun por cifras, que por ventura escribiría al obispo —como era presidente de Indias— cosas contrarias a la verdad, porque en aquel tiempo no sabíamos que le habían quitado el cargo al obispo. Que tuviesen aviso de todo.

Y estas cartas las envió duplicadas, porque siempre se temió que el obispo de Burgos, como era presidente, había mandado a Pedro de Isásaga y a Juan López de Recalte, oficiales de la Casa de la Contratación de Sevilla, que todas las cartas y despachos de Cortés se los enviasen en posta, para saber lo que en ellas iba. Porque en aquella sazón Su Majestad había venido de Flandes y estaba en Castilla, para hacer relación el obispo a Su Majestad y ganarle la mano antes que nuestros procuradores le diesen las cartas de Cortés. Y aún en aquella sazón no sabíamos en la Nueva España que le habían quitado al obispo el cargo de presidente.

Dejemos de las cartas de Cortés, y diré que en este navío donde iba el pliego de Cortés, envió el contador Albornoz —ya por mí nombrado— otras cartas a Su Majestad y al obispo de Burgos y al Real Consejo de Indias.

Y lo que en ellas decía, por capítulos, hizo saber todas las causas y cosas por las cuales antes había sido acusado Cortés, cuando Su Majestad mandó poner jueces a los caballeros de su Real Consejo —ya otra vez por mí nombrados en el capítulo que de ello habla—, cuando por sentencia que sobre ello dieron, nos reconocieron por muy leales servidores de Su Majestad.

Y, además de aquellos capítulos, ahora de nuevo escribió que Cortés demandaba a todos los caciques de la Nueva España muchos tejuelos de oro, y les mandaba sacar oro de minas, y que esto decía

Cortés que era para enviar a Su Majestad, y que se quedaba con ello y no lo enviaba. Y que hizo unas casas muy fortalecidas, y que ha juntado muchas hijas de grandes señores para casarlas con españoles, y que se las piden hombres honrados por mujeres, y que no se las da por tenerlas por amigas.

Y dijo que todos los caciques y principales le tenían en tanta estima como si fuese rey, y que en esta tierra no conocen a otro rey ni señor sino a Cortés; y que como rey llevaba el quinto, y que tiene gran cantidad de barras de oro atesorado, y que no ha sentido bien de su persona si está alzado o será leal. Y que había necesidad de que Su Majestad con brevedad mandase venir a estas partes un caballero con gran copia de soldados muy apercibidos, para quitarle el mando y señorío.

Y escribió otras cosas sobre esta materia.

Y quiero dejar de más particularizar lo que iba en las cartas, y diré que fueron a manos del obispo de Burgos, que residía en Toro. Y como en aquella sazón estaban en la Corte Pánfilo de Narváez y Cristóbal de Tapia —ya otras veces por mí memorados— y todos los procuradores de Diego Velázquez, les avisó el obispo para que nuevamente se quejasen ante Su Majestad de Cortés, de todo lo que antes le habían dado en relación, y dijesen que los jueces que puso Su Majestad se mostraron por la parte de Cortés por dádivas que dio, y que Su Majestad fuese servido de ver ahora nuevamente lo que escribe el contador, su oficial, y para testigo de ello hicieron presentación de las cartas.

Pues viendo Su Majestad las cartas y palabras y quejas —que Narváez decía muy entonado, porque así hablaba, demandando justicia— creyó que eran verdaderas. Y el obispo, que les ayudó con otras cartas de favor, dijo Su Majestad:

—Yo quiero enviar a castigar a Cortés, que tanto mal dicen de él que hace; y aunque más oro envíe, más riqueza es hacer justicia que no todos los tesoros que puede enviar.

Y mandó proveer que luego despachasen al almirante de Santo Domingo, que viniese a costa de Cortés con seiscientos soldados; y si le hallase culpado, le cortase la cabeza y castigase a todos los que fuimos en desbaratar a Narváez. Y porque viniese el almirante, le habían prometido el almirantazgo de la Nueva España, que en aquella sazón traía pleito en la Corte sobre él.

Pues ya dadas las provisiones, pareció ser que el almirante se detuvo ciertos días, o no se atrevió a venir porque no tenía dineros; y asimismo porque le aconsejaron que mirase la buena ventura de Cortés, que, con haber traído Narváez toda aquella armada que trajo, lo desbarató, y que era aventurar su vida y estado, y no saldría con la demanda, especialmente porque no hallarían en Cortés ni en sus compañeros culpa ninguna, sino mucha lealtad.

Y además de esto, según pareció, dijeron a Su Majestad que era gran cosa dar el almirantazgo de la Nueva España por poco servicio que le podría hacer y en aquella jornada en que lo enviaba.

Ya que se andaba apercibiendo el almirante para venir, lo alcanzaron a saber los procuradores de Cortés, su padre Martín Cortés y un fraile que se decía fray Pedro Melgarejo de Urrea. Y como tenían las cartas que les envió Cortés duplicadas y entendieron por ellas que había trato doble en el contador Albornoz, todos juntos se fueron luego al duque de Béjar y le dieron relación de todo lo arriba por mí memorado, y le mostraron las cartas de Cortés.

Y como supo que enviaban al almirante tan de repente y con muchos soldados, hubo gran sentimiento de ello el duque, porque ya estaba concertado de casar a Cortés con la señora doña Juana de Zúñiga, sobrina del mismo duque. Y luego, sin más dilación, fue delante de Su Majestad, acompañado de ciertos condes deudos suyos; y con ellos iba el viejo Martín Cortés, padre del mismo Cortés, y fray Pedro Melgarejo de Urrea.

Y cuando llegaron delante del Emperador, nuestro señor, se le humillaron e hicieron todo el acato debido que eran obligados a nuestro rey y señor, y dijo el mismo duque que suplicaba a Su Majestad que no diese oídos a una carta de un hombre como era Albornoz, que era muy contrario a Cortés, hasta que hubiese otras informaciones de fe y de creer, y que no se enviase armada.

Y más dijo:

—¿Cómo, siendo tan cristianísimo Vuestra Majestad, y recto en hacer justicia, tan deliberadamente enviaba a mandar prender a Cortés y a sus soldados, habiéndole hecho tan buenos y leales servicios, que otros en el mundo no se han hecho, ni aun hallado en ningunas escrituras que hayan hecho otros vasallos a los reyes pasados? Y que ya una vez ha puesto la cabeza por fiadora por Cortés y sus soldados, que son muy leales y lo serán de aquí adelante, y que ahora la torna a poner de nuevo por fiadora, con todo su estado, y que siempre nos hallaría leales —lo cual Su Majestad vería adelante.

Y, además de esto, le mostraron las cartas que Cortés enviaba a su padre, en que en ellas daba relación de por qué causa escribía el contador mal contra Cortés, que fue, como dicho tengo, porque no le dio buenos indios, como él los demandaba, y una hija de un cacique.

Y más le dijo el duque que mirase Su Majestad cuántas veces le ha enviado y servido con mucha cantidad de oro, y otros descargos por Cortés. Y viendo Su Majestad la justicia clara que Cortés y todos nosotros teníamos, mandó proveer que le viniese a tomar residencia persona que fuese caballero y de calidad, y ciencia, y temeroso de Dios.

En aquella sazón estaba la corte en Toledo, y por teniente de corregidor del conde de Alcaudete, un caballero que se decía el licenciado Luis Ponce de León, primo del mismo conde don Martín de Córdoba —que así se llamaba porque en aquella sazón era corregidor de aquella ciudad—, y Su Majestad mandó llamar a este licenciado Luis Ponce y le mandó que fuese luego a la Nueva España y le tomase residencia a Cortés; y que si en algo fuese culpado de lo que le acusaban, que con rigor de justicia le castigase.

Y el licenciado dijo que él cumpliría el real mandato, y se comenzó a apercibir para el camino; y no vino con tanta prisa, porque tardó en llegar a la Nueva España más de dos años.

Y dejálo he aquí, así a los del bando de Diego Velázquez, que acusaban a Cortés, como al licenciado Luis Ponce de León, que se aderezaba para el viaje.

Y aunque vaya muy fuera de mi relación y pase adelante, es por lo que ahora diré: que al cabo de dos años alcanzamos a saber todo lo por mí aquí dicho de las cartas de Albornoz. Y para que sepan los curiosos lectores cómo siempre tenía por costumbre el mismo Albornoz de escribir a Su Majestad lo que no pasó, bien tendrán noticia las personas que han estado en la Nueva España y ciudad de México, cómo en el tiempo que era virrey de México don Antonio de Mendoza —que fue un muy ilustrísimo varón, digno de buena memoria, que haya santa gloria, y gobernaba tan justificadamente y con tan recta justicia—, Rodrigo de Albornoz escribió a Su Majestad diciendo males de su gobernación.

Y las mismas cartas que escribió a la Corte volvieron a la Nueva España a manos del mismo virrey. Y desque las hubo entendido, envió a llamar a Rodrigo de Albornoz, y con palabras muy despacio —que así hablaba el virrey— le mostró las cartas y dijo:

—Pues que tiene por costumbre de escribir a Su Majestad, escriba la verdad, y andad con Dios.

Y quedó muy vergonzoso y afrentado el contador.

Dejemos de hablar de esta materia. Y diré cómo Cortés, sin saber en aquella sazón cosa de todo lo pasado que en la Corte se había tratado contra él, envió una armada contra Cristóbal de Olí a Honduras, y lo que pasó diré adelante.

Es menester volver muy atrás en nuestra relación para que bien se entienda. Ya he dicho en el capítulo que de ello habla cómo Cortés envió a Cristóbal de Olí con una armada a lo de Honduras, y se alzó.

Como Cortés supo que Cristóbal de Olí se había alzado con la armada con favor de Diego Velázquez, gobernador de Cuba, estaba muy pensativo; y como era animoso y no se dejaba mucho burlar en tales casos, y como ya había hecho relación de ello a Su Majestad, como dicho tengo, en la carta que le escribió, y que entendía de ir o enviar contra Cristóbal de Olí a otros capitanes, en aquella sazón había venido de Castilla a México un caballero que se decía Francisco de las Casas, persona de quien se podía fiar, y su deudo. Acordó de enviarlo contra Cristóbal de Olí con cinco navíos bien artillados y abastecidos, y cien soldados.

Entre ellos iban conquistadores de México, de los que Cortés había traído desde la isla de Cuba en su compañía, que eran un Pedro Moreno Medrano, un Juan Núñez de Mercado, un Juan Bello y otros que aquí no nombro, que se murieron en el camino, por excusar prolijidad.

Pues ya despachado Francisco de las Casas con poderes muy bastantes y mandamientos para prender a Cristóbal de Olí, salió del puerto de la Veracruz con sus navíos buenos y abastecidos, y con sus pendones con las armas reales. Y con buen tiempo llegó a una bahía que llamaron El Triunfo de la Cruz, donde Cristóbal de Olí tenía su armada, y allí junto poblada una villa que se llamó Triunfo de la Cruz, según ya otras veces he dicho en el capítulo que de ello habla.

Y desque Cristóbal de Olí vio aquellos navíos surtos en su puerto —puesto que Francisco de las Casas, así como llegó, mandó poner banderas de paz— no lo tuvo por cierto Cristóbal de Olí; antes mandó apercibir dos carabelas muy artilladas, con muchos soldados, y defendió el puerto para no dejarles saltar en tierra.

Y desque aquello vio de las Casas, que era hombre animoso, mandó sacar y echar a la mar sus bateles, con muchos hombres bien apercibidos y con unos tiros, falconetes, escopetas y ballestas, y él con ellos, con pensamiento de que, de una manera o de otra, tomaría tierra. Y Cristóbal de Olí, por defendella, tuvieron en la mar buena pelea; y el de las Casas echó una de las dos carabelas del contrario a fondo, y mató cuatro soldados, e hirieron a otros.

Y desque Cristóbal de Olí vio que no tenía allí todos sus soldados —porque los había enviado pocos días antes en dos capitanías a entrar en un río que llaman de Pechín, a prender a otro capitán que estaba conquistando en aquella provincia, que se decía Gil González de Ávila—, porque aquel río de Pechín caía en la gobernación del Golfo Dulce, y los estaba aguardando por horas a sus gentes, acordó Cristóbal de Olí de demandar partido de paz a Francisco de las Casas, porque bien creído tenía que si tomaba tierra habrían de venir a las manos.

Y por tener sus soldados juntos, demandó las paces. Y el de las Casas acordó de estarse aquella noche con sus navíos en la mar, apartado de tierra, al reparo o pairando, con intención de irse a otra bahía a desembarcar; y también porque, cuando andaban las diferencias y pelea en la mar, le dieron al de las Casas una carta secretamente, que serían en su ayuda ciertos soldados de la parte de Cortés que estaban con Cristóbal de Olí, y que no dejase de venir por tierra para prender a Cristóbal de Olí.

Pues estando con este acuerdo, fue la ventura tal de Cristóbal de Olí, y desdicha del de las Casas, que hubo aquella noche un viento Norte muy recio, y como es travesía en aquella costa, dio con los navíos de Francisco de las Casas al través en tierra, de manera que se perdió cuanto traía, y se ahogaron treinta soldados, y todos los demás fueron presos.

Y estuvieron sin comer dos días y muy mojados del agua salada, porque en aquel tiempo llovía mucho, y tuvieron trabajo y frío. Y Cristóbal de Olí, muy gozoso y triunfante por tener preso a Francisco de las Casas y a los demás soldados que prendió, les hizo luego jurar que siempre serían en su ayuda y serían contra Cortés si viniese a aquella tierra en persona. Y desque hubieron jurado, los soltó de las prisiones; solamente tuvo preso a Francisco de las Casas.

Y de ahí a pocos días vinieron sus capitanías, que había enviado a prender a Gil González de Ávila, que, según pareció, Gil González había venido por gobernador y capitán del Golfo Dulce, y había poblado una villa que nombraron San Gil de Buenavista, que estaba obra de una legua del puerto que ahora llaman Golfo Dulce. Porque el río de Pechín en aquel tiempo era poblado de buenos pueblos, y Gil González no tenía consigo sino muy pocos soldados, porque habían adolecido todos los demás, y dejaba poblada con otros soldados la misma villa de Buenavista.

Y como Cristóbal de Olí tuvo noticia de ello, los envió a prender; y sobre no dejarse prender, le mataron ocho españoles de los de Gil González y a un su sobrino que se decía Gil de Ávila. Y como Cristóbal de Olí se vio con dos prisioneros que eran capitanes, estaba muy alegre y contento; y como tenía fama de esforzado —y ciertamente lo era por su persona—, para que se supiese en todas las islas, lo escribió a la isla de Cuba, a su amigo Diego Velázquez.

Y luego se fue desde el Triunfo de la Cruz tierra adentro, a un buen pueblo que en aquel tiempo estaba muy poblado, y había otros muchos pueblos en aquella comarca, el cual pueblo se dice Naco, que ahora está destruido, él y todos los demás. Y esto digo porque yo los vi y me hallé en ello, y en San Gil de Buenavista y en el río de Pechín y el río de Balaama, y lo he andado en el tiempo que fui con Cortés, según más largamente lo diré desque venga a su tiempo y lugar.

Volvamos a nuestra relación, que ya que Cristóbal de Olí estaba de asiento en Naco con sus prisioneros y gran copia de soldados, desde allí enviaba a hacer entradas a otras partes. Y envió por capitán a un Briones, otras veces por mí memorado, el cual Briones fue uno de los primeros consejeros para que se alzase Cristóbal de Olí, y de suyo era bulloso, y aun tenía cortadas las asillas bajas de las orejas; y decía el mismo Briones que, estando en una fortaleza, siendo soldado, se las habían cortado porque no se quería dar él ni otros capitanes. El cual Briones ahorcaron después en Guatimala por revolvedor y amotinador de ejércitos.

Volvamos a nuestra relación. Pues yendo por capitán aquel Briones, con gran copia de soldados, se tuvo fama en el real de Cristóbal de Olí que se había alzado Briones con todos los soldados que llevaba en su compañía y se iba a la Nueva España, y salió verdad. Y viendo esto Francisco de las Casas y Gil González de Ávila, que estaban presos, hallaron tiempo oportuno para matar a Cristóbal de Olí; y como andaban sueltos, sin prisiones, por no tenerles en nada —porque se tenía por muy valiente Cristóbal de Olí—, muy secretamente se concertaron con los soldados y amigos de Cortés que, en diciendo: "¡Aquí del Rey, y Cortés, en su real nombre, contra este tirano!", le diesen de cuchilladas.

Pues hecho este concierto, Francisco de las Casas, burlando y riendo, le decía a Cristóbal de Olí:

—Señor capitán, suéltame. Iré a la Nueva España a hablar con Cortés y darle razón de mi desbarate, y yo seré tercero para que vuestra merced quede con esta gobernación y por su capitán. Y mire que es su hechura; y pues mi prisión no hace a su caso, antes le estorbo en las conquistas.

Y Cristóbal de Olí respondió que él estaba bien así y que se holgaba de tener un tal varón en su compañía. Y desque aquello vio Francisco de las Casas, le dijo:

—Pues mire bien por su persona, que un día u otro he de procurar de matarle.

Y esto se lo decía medio burlando y riendo; y a Cristóbal de Olí no se le dio nada por lo que decía, y teníalo como cosa de burla. Y como el concierto que he dicho estaba hecho con los amigos de Cortés, estando cenando a una mesa y habiendo alzado los manteles, y se habían ido a cenar los maestresalas y pajes, estaban delante Juan Núñez de Mercado y otros soldados de la parte de Cortés que sabían del concierto; y Francisco de las Casas y Gil González de Ávila, cada uno tenía escondido un cuchillo de escribanía, muy agudos como navajas, porque ningunas armas les dejaban traer.

Y estando platicando con Cristóbal de Olí sobre las conquistas de México y la ventura de Cortés, y muy descuidado Cristóbal de Olí de lo que le avino, Francisco de las Casas le echó mano a las barbas y le dio por la garganta con el cuchillo, que traía hecho como una navaja para aquel efecto. Y juntamente con él, Gil González de Ávila y los soldados de Cortés, de presto, le dieron tantas heridas que no se pudo valer. Y como era muy recio y membrudo y de muchas fuerzas, se escabulló dando voces: "¡Aquí los míos!"; mas como todos estaban cenando, o su ventura fue tal que no acudieron tan presto, se fue huyendo a esconder entre unos matorrales, creyendo que los suyos le ayudarían.

Y puesto que vinieron de presto muchos de ellos a ayudarle, Francisco de las Casas daba voces, y apellidando:

"¡Aquí del Rey y de Cortés contra este tirano, que ya no es tiempo de más sufrir sus tiranías!".

Pues como oyeron el nombre de Su Majestad y de Cortés, todos los que venían a favorecer la parte de Cristóbal de Olí no osaron defenderle; antes, luego los mandó prender el de las Casas. Y después de hecho esto, se pregonó que cualquiera persona que supiese del paradero de Cristóbal de Olí y no lo descubriese, moriría por ello. Y luego se supo dónde estaba, y lo prendieron, y se hizo proceso contra él, y por sentencia que ambos (Francisco de las Casas y Gil González) dieron, lo degollaron en la plaza de Naco.

Y así murió, por haberse alzado por malos consejeros, siendo hombre muy esforzado, y sin mirar que Cortés le había hecho su maestre de campo y dado muy buenos indios. Y era casado con una portuguesa que se decía Felipa de Arauz, y tenía una hija.

Y porque en el capítulo pasado tengo dicho la estatura de Cristóbal de Olí, sus facciones, de qué tierra era y qué condición tenía, en esto no diré más, sino que, desque Francisco de las Casas y Gil González de Ávila se vieron libres y su enemigo muerto, juntaron sus soldados y entrambos fueron capitanes muy conformes. Y el de las Casas pobló a Trujillo, y púsole aquel nombre porque él era natural de Trujillo de Extremadura. Y Gil González envió mensajeros a San Gil de Buenavista, que dejaba poblada, a hacer saber lo que había pasado y a mandar a un su teniente, que se decía Armenta, que se estuviesen poblados como los había dejado, y no hiciesen alguna novedad, porque iba a la Nueva España a demandar socorro y ayuda de soldados a Cortés y que presto volvería.

Pues ya todo esto que he dicho concertado, acordaron entrambos capitanes venirse a México a hacer saber a Cortés todo lo acaecido.

Y dejallo he aquí hasta su tiempo y lugar. Y diré lo que Cortés concertó, sin saber cosa ninguna de lo pasado que se hizo en Naco, que arriba está referido.

CAPÍTULO XI: CORTÉS VIAJA A HONDURAS A BUSCAR A DE OLÍ

Cómo Hernando Cortés salió de México para ir camino de las Higüeras en busca de Cristóbal de Olí y de Francisco de las Casas y de los demás capitanes y soldados que envió, y de los caballeros y qué capitanes sacó de México para ir en su compañía, y del aparato y servicio que llevó hasta llegar a la villa de Guazacualco, y de otras cosas que pasaron

Como el capitán Hernando Cortés había pocos meses que había enviado a Francisco de las Casas contra Cristóbal de Olí, como dicho tengo en el capítulo pasado, parecióle que por ventura no habría buen suceso la armada que había enviado, y también porque le decían que aquella tierra era rica en minas de oro, y a esta causa estaba muy codicioso; y así por las minas como por estar pensativo en los contrastes que podían acaecer a la armada, poniéndosele por delante las desdichas que en tales jornadas la mala fortuna suele acarrear. Y como de su condición era de gran corazón, habíase arrepentido por haber enviado a Francisco de las Casas, y no haber ido él en persona; y no porque no conocía muy bien que el que envió era varón para cualquier cosa de afrenta.

Y estando en estos pensamientos, acordó ir, y dejó en México buen recaudo de artillería, así en la fortaleza como en las atarazanas, y dejó por gobernadores en su lugar tenientes al tesorero Alonso de Estrada y al contador Albornoz. Y si supiera de las cartas que Albornoz hubo escrito a Castilla a Su Majestad diciendo mal de él, no le dejara tal poder, y aun no sé yo cómo le aviniera por ello. Y dejó por su alcalde mayor al licenciado Zuazo, ya otra vez por mí nombrado, y por teniente de alguacil mayor y su mayordomo de todas sus haciendas a un Rodrigo de Paz, su deudo. Y dejó el mayor recaudo que pudo en México y encomendó a todos aquellos oficiales de la Hacienda del Rey a quien dejaba el cargo de la gobernación, que tuviesen gran cuidado de la conversión de los naturales; y asimismo lo encomendó a un fray Toribio Motolinía, de la orden del señor San Francisco, y a otros buenos religiosos; y que mirasen no se alzase México ni otras provincias. Y para que quedase más pacífico y sin cabeceras de los mayores caciques, trajo consigo al mayor señor de México, que se decía Guatémuz, otras muchas veces por mí nombrado, que fue el que nos dio guerra cuando ganamos México, y también al señor de Tacuba y a un Juan Velázquez, capitán del mismo Guatémuz, y a otros muchos principales, y entre ellos, a Tapiezuela, que era muy principal; y aun de la provincia de Mechuacán trajo otros caciques, y a doña Marina, la lengua, porque Jerónimo de Aguilar ya había fallecido.

Y trajo en su compañía muchos caballeros y capitanes vecinos de México, que fueron: Gonzalo de Sandoval, que era alguacil mayor; Luis Marín, Francisco Marmolejo, Gonzalo Rodríguez de Ocampo, Pedro de Ircio, Ávalos y Sayavedra, que eran hermanos; un Palacios Rubios, Pedro de Saucedo el Romo, Jerónimo Ruiz de la Mota, Alonso de Grado, Santa Cruz (burgalés), Pedro Solís "Casquete", Juan Jaramillo, Alonso Valiente, un Navarrete, un Serna, Diego de Mazariegos (primo del tesorero), Gil González de Benavides, Hernán López de Ávila, Gaspar de Garnica y otros muchos cuyos nombres no se me acuerdan. Y trajo un clérigo y dos frailes franciscos flamencos, grandes teólogos que predicaban en el camino. Y trajo por mayordomo a un Carranza; y por maestresala, a Juan de Jaso y a un Rodrigo Mañueco; y por botiller, a Serván Bejarano; y por repostero, a un Fulano de San Miguel que vivía en Guaxaca; por despensero, a un Guinea, que asimismo fue vecino de Guaxaca. Y trajo grandes vajillas de oro y de plata, y quien tenía el cargo de la plata, un Tello de Medina; y por camarero, un Salazar, natural de Madrid; y por médico, a un licenciado Pedro López, vecino que fue de México; y por cirujano, a maese Diego de Pedraza; y otros muchos pajes, y uno de ellos era don Francisco de Montejo (el que fue capitán en Yucatán, andando el tiempo; no digo el adelantado, su padre); y dos pajes de lanza, que el uno se decía Puebla; y ocho mozos de espuelas; y dos cazadores halconeros que se decían Perales y Garci Caro; y Alvarado Montañés. Y llevó cinco chirimías, sacabuches y dulzainas, y un volteador y otro que jugaba de manos y hacía títeres; y caballerizo,

Gonzalo Rodríguez de Ocano; y acémilas con tres acemileros españoles; y una gran manada de puercos que venía comiendo por el camino. Y venían con los caciques que dicho tengo sobre tres mil indios mexicanos con sus armas de guerra, sin otros muchos que eran de su servicio, de aquellos caciques.

Ya que estaban de partida para venir en su viaje, viendo el factor Salazar y el veedor Chirinos, que quedaban en México, que no les dejaba Cortés cargo ninguno ni se hacía tanta cuenta de ellos como quisieran, acordaron hacerse muy amigos del licenciado Zuazo y de Rodrigo de Paz y de todos los conquistadores viejos amigos de Cortés que quedaban en México, y todos juntos le hicieron un requerimiento a Cortés que no saliese de México, sino que gobernase la tierra, y le pusieron por delante que se alzaría toda la Nueva España.

Y sobre ello pasaron grandes pláticas y respuestas de Cortés a los que hacían el requerimiento. Y desque no le pudieron convencer que se quedase, dijo el factor y veedor que le querían venir a servir y acompañarle hasta Guazacualco, que por allí era su viaje.

Pues ya partidos de México de la manera que he dicho, saber yo decir los grandes recibimientos y fiestas que en todos los pueblos por donde pasaba se le hacían: fue cosa maravillosa. Y más se le juntaron en el camino otros cincuenta soldados y gente extravagante, nuevamente venidos de Castilla; y Cortés les mandó ir por dos caminos hasta Guazacualco, porque para todos juntos no habría tantos bastimentos.

Pues yendo por sus jornadas, el factor Gonzalo de Salazar y el veedor ibanle haciendo mil servicios a Cortés, en especial el factor, que cuando con Cortés hablaba, la gorra quitada hasta el suelo y con muy grandes reverencias y palabras delicadas y de grande amistad, con retórica muy subida, y le iba diciendo que se volviese a México y no se pusiese en tan largo y trabajoso camino, y poniéndole por delante muchos inconvenientes.

Y aun algunas veces, por complacerle, iba cantando por el camino junto a Cortés, y decía en los cantares:

"¡Ay, tío, y volvámonos!

¡Ay, tío, volvámonos, que esta mañana he visto una señal muy mala!

¡Ay, tío, volvámonos!".

Y respondíale Cortés, cantando:

"¡Adelante, mi sobrino!

¡Adelante, mi sobrino; y no creáis en agüeros, que será lo que Dios quisiere!

¡Adelante, mi sobrino!", etc.

Dejemos de hablar del factor y de sus blandas y delicadas palabras. Y diré cómo en el camino, en un poblezuelo de un Ojeda el Tuerto, que es cerca de otro pueblo que se dice Olizaba, se casó Juan Jaramillo con doña Marina, la lengua, delante de testigos.

Pasemos adelante, y diré cómo van camino de Guazacualco y llegan a un pueblo grande que se dice Guazpaltepeque, que era de la encomienda de Gonzalo de Sandoval. Y como lo supimos en Guazacualco que venía Cortés con tanto caballero, así alcalde mayor como capitanes y todo el cabildo y regidores, fuimos treinta y tres leguas a recibir a Cortés y a darle el parabién, como quien va a ganar beneficio. Y esto digo aquí para que los curiosos lectores y otras personas vean qué tan tenido y aun temido estaba Cortés, porque no se hacía más de lo que él quería, ahora fuese bueno o malo.

Y desde Guazpaltepeque fue caminando a nuestra villa; y en un río grande que había en el camino comenzó a tener contrastes, porque al pasar se le trastornaron dos canoas y se le perdió cierta plata y ropa, y aun a Juan Jaramillo se le perdió la mitad de su fardaje, y no se pudo sacar cosa ninguna a causa de que estaba el río lleno de lagartos muy grandes. Y desde allí fuimos a un pueblo que se dice Uluta, y hasta llegar a Guazacualco le fuimos acompañando, y todo por poblado.

Pues quiero decir el gran recaudo de canoas que teníamos ya mandado que estuviesen aparejadas, atadas de dos en dos en el gran río junto a la villa, que pasaban de trescientas. Pues el gran recibimiento que le hicimos, con arcos triunfales y con ciertas emboscadas de cristianos y moros y otros grandes regocijos e invenciones de juegos. Y le aposentamos lo mejor que pudimos, así a Cortés como a todos los que traía en su compañía, y estuvo allí seis días. Y siempre el factor le iba diciendo que se volviese a México del camino que iba, y que mirase a quién dejaba su poder; que tenía al contador por muy revoltoso y doblado, amigo de novedades, y que el tesorero se jactanciaba que era hijo del rey católico y que no sentía bien de algunas cosas y pláticas que en ellos vio que hablaban en secreto, después que les dio el poder ni aun de antes.

Y demás de esto, ya en el camino tenía Cortés cartas que enviaban desde México diciendo mal de su gobernación, de aquellos que dejaba. Y de ello avisaban al factor sus amigos, y sobre ello decía el factor a Cortés que también sabría él gobernar, y el veedor, que allí estaba delante, como los que dejaba en México, y se le ofrecieron por muy servidores. Y decía tantas cosas melosas y con tan amorosas palabras, que le convenció para que le diesen poder a él, factor, y a Chirinos, veedor, para que fuesen gobernadores. Y fue con esta condición: que si viesen que Estrada y Albornoz no hacían lo que debían al servicio de Dios y de Su Majestad, gobernasen ellos solos.

Estos poderes fueron causa de muchos males y revueltas que hubo en México, como adelante diré, desque haya pasado cuatro capítulos y hayamos hecho un muy trabajoso camino; y hasta lo haber acabado y estar en una villa que se llamaba Trujillo, no contaré en esta relación cosa de lo acaecido en México. Y quiero decir que a esta causa dijo Gonzalo de Ocampo en sus libelos infamatorios:

¡Oh, fray gordo de Salazar, factor de las diferencias!
Con tus falsas reverencias engañaste al provincial.
Un fraile de santa vida me dijo que me guardase
de hombre que ansí hablase retórica tan polida.

Dejemos de hablar de libelos, y diré que cuando se despidieron el factor y el veedor de Cortés para volverse a México, ¡oh, con cuántos cumplimientos y abrazos! Y tenía el factor una manera como de sollozos, que parecía que quería llorar al despedirse; y con sus provisiones en el seno de manera que él las quiso notar (y el secretario, que se decía Alonso Valiente, que era su amigo, las hizo), vuelven para México, y con ellos Hernán López de Ávila, que estaba malo de dolores y tullido de bubas.

Y dejémoslos ir su camino, que no tocaré en esta relación en cosa ninguna de los grandes alborotos y cizañas que en México hubo hasta su tiempo y lugar, desque hubiéremos llegado con Cortés todos los caballeros por mí nombrados, con otros muchos que salimos de

Guazacualco, y hasta que hayamos hecho esta tan trabajosa jornada, que estuvimos en puntos de perdernos, según adelante diré. Y porque en una sazón acaecen dos y tres cosas, y por no quebrar el hilo de lo uno por decir de lo otro, acordé de seguir nuestro trabajosísimo camino.

Después de despedidos el factor y veedor a México, lo primero que mandó Cortés fue escribir a la Villa Rica a un su mayordomo que se decía Simón de Cuenca, que cargasen dos navíos —que fuesen de poco porte— de bizcocho hecho de maíz (que en aquella sazón no se cogía pan de trigo en México), y seis pipas de vino, y aceite, y vinagre, y tocinos, herraje y otras cosas de bastimento. Y mandó que se fuese costa a costa del norte y que él le escribiría y le haría saber dónde había de aportar, y que el mismo Simón de Cuenca viniese por capitán.

Y luego mandó que todos los vecinos de Guazacualco fuésemos con él, que no quedaron sino los dolientes. Ya he dicho otras veces que estaba poblada aquella villa de los conquistadores más antiguos de México (y todos los más, hijosdalgo) que se habían hallado en las conquistas pasadas de México, y en el tiempo que habíamos de reposar de los grandes trabajos y procurar de haber algunos bienes y granjerías, nos manda ir jornada de más de quinientas leguas, y todas las más tierras por donde íbamos, de guerra. Y dejamos perder cuanto teníamos, y estuvimos en el viaje más de dos años y tres meses.

Pues volviendo a nuestra plática, ya estábamos todos apercebidos con nuestras armas y caballos, porque no le osábamos decir de no, y ya que alguno se lo decía, por fuerza lo hacía ir; y éramos por todos, así los de Guazacualco como los de México, sobre doscientos cincuenta soldados, y de ellos ciento treinta de a caballo, y los demás, escopeteros y ballesteros, sin otros muchos soldados nuevamente venidos de Castilla.

Y luego me mandó a mí que fuese por capitán de treinta españoles, con tres mil indios mexicanos, a unos pueblos que estaban de guerra que se decían Cimatán, y que en ello mantuviese los tres mil indios mexicanos; y si los naturales de aquella provincia estuviesen de paz o se viniesen a someter al servicio de Su Majestad, que no les hiciese enojo ni fuerza ninguna, salvo mandar dar de comer a aquellas gentes; y si no quisiesen venir, que los enviase a llamar tres veces de paz, de manera que lo entendiesen muy bien, y por ante un escribano que iba conmigo y testigos; y si no quisiesen venir, que les diese guerra. Y para ello me dio poder y sus instrucciones, las cuales tengo hoy día firmadas de su nombre y de su secretario Alonso Valiente. Y así hice aquel viaje como lo mandó, quedando de paz aquellos pueblos. Mas, dende a pocos meses, como vieron que quedaban pocos españoles en Guazacualco, y que íbamos los conquistadores con Cortés, se tornaron a alzar. Y luego salí con mis soldados españoles e indios mexicanos al pueblo donde Cortés me mandó que saliese, que se decía Iquinuapa.

Volvamos a Cortés y a su viaje. Salió de Guazacualco y fue a Tonalá, que hay ocho leguas; y luego pasó un río en canoas y fue a otro pueblo que se dice Ayagualulco, y pasó otro río en canoas; y desde el Ayagualulco, siete leguas de allí, pasó un estero que entra en la mar, y le hicieron una puente que había de largo cerca de medio cuarto de legua, cosa espantosa cómo la hicieron en el estero. Porque siempre Cortés enviaba adelante dos capitanes de los vecinos de Guazacualco, y uno de ellos se decía Francisco de Medina, hombre diligente que sabía muy bien mandar a los naturales de esta tierra.

Pasada aquella gran puente, fue por unos poblezuelos hasta llegar a otro gran río que se dice Mazapa —que es el que viene de Chiapa, que los marineros llaman Río de Dos Bocas—; allí tenía muchas canoas atadas de dos en dos. Y pasado aquel gran río, fue por otros pueblos adonde yo salí con mi compañía de soldados, que se dice Iquinuapa, como dicho tengo. Y desde allí pasó otro río en puentes que hicimos de maderos; y luego un estero, y llegó a otro gran pueblo que se dice Copilco. Y desde allí comienza la provincia que llaman la Chontalpa, y estaba toda muy poblada y llena de huertas de cacao y muy de paz.

Y desde Copilco pasamos por Nacaxuxuica y llegamos a Zaguatán, y en el camino pasamos otro río por canoas; aquí se le perdió a Cortés cierto herraje. Y a este pueblo, cuando a él llegamos, estaba de paz; y luego de noche se fueron huyendo los moradores de él y se pasaron de la otra parte de un gran río, entre unas ciénegas. Y mandó Cortés que les fuésemos a buscar por los montes, que fue cosa bien desconsiderada y sin provecho aquello que mandó. Y los soldados que los fuimos a buscar pasamos aquel gran río con harto trabajo, y trajimos siete principales y gente menuda; mas poco aprovecharon, que luego se volvieron a huir y quedamos solos y sin guías.

En aquella sazón vinieron allí los caciques de Tabasco con cincuenta canoas cargadas de maíz y bastimento. También vinieron unos indios de los pueblos de mi encomienda —que en aquella sazón yo tenía— cargados en ciertas canoas de bastimentos. Los cuales pueblos se dicen Teapa y Tecomajayaca.

Y luego fuimos camino de otros pueblos que se dicen Tepetitán e Iztapa, y en el camino había un río muy caudaloso que se dice Chilapa, y estuvimos cuatro días en hacer balsas. Yo dije a Cortés que río arriba, sabía por relación, había un pueblo que se dice Chilapa —que es el nombre del mismo río—, y que sería bien enviar cinco indios de los que traíamos por guías en una canoa quebrada que allí hallamos, y les enviase a decir que trajesen canoas. Y con los cinco indios fue un soldado; y como lo dije, así lo mandó. Iban río arriba, toparon dos caciques que traían seis grandes canoas y bastimento, y con aquellas canoas y balsas pasamos, y estuvimos cuatro días en el pasaje.

Y desde allí fuimos a Tepetitán y hallámosle despoblado y quemadas las casas, y, según supimos, habíanles dado guerra otros pueblos y llevado mucha gente cautiva, y quemado el pueblo pocos días antes. Y en todos los caminos que en tres días anduvimos después de pasado el río de Chilapa era muy cenagoso, y se atollaban los caballos hasta las cinchas, y había muy grandes sapos.

Y desde allí fuimos a otro pueblo que se dice Iztapa, y de miedo se fueron los indios y se pasaron de la otra parte de otro río muy caudaloso; y fuimos a buscarlos y trajimos a los caciques y muchos indios con sus mujeres e hijos. Y Cortés les habló con halagos y mandó que les volviésemos cuatro indias y tres indios que les habíamos tomado en los montes; y en pago de ello, y de buena voluntad, trajeron presentado a Cortés ciertas piezas de oro de poca valía.

Y estuvimos en este pueblo tres días, porque había buena yerba para los caballos y mucho maíz, y decía Cortés que era buena tierra para poblar allí una villa, porque tenía nueva que en los alrededores había buenas poblaciones para servicio de la tal villa.

Y en este pueblo de Iztapa se informó Cortés de los caciques y mercaderes naturales del mismo pueblo el camino que habíamos de llevar, y aun les mostró un paño de henequén que traía de Guazacualco, donde venían señalados todos los pueblos del camino por donde habíamos de ir hasta Güey Acala, que en su lengua se dice la Gran Acala, porque había otro pueblo que se dice Acala la Chica. Y allí dijeron que en todo lo más de nuestro camino había muchos ríos y esteros, y que para llegar a otro pueblo que se dice Tamaztepeque había otros tres ríos y un gran estero, y que habíamos de estar en el camino tres jornadas.

Y desde aquello entendió Cortés, desde que supo de los ríos, y les rogó que fuesen todos los caciques a hacer puentes y llevasen canoas, y no lo hicieron. Y con maíz tostado y otras legumbres hicimos mochila para los tres días, creyendo que era como lo decían. Y por echarnos de sus casas dijeron que no había más jornada, y había siete jornadas, y hallamos los ríos sin puentes ni canoas, y hubimos de hacer una puente de muy gordos maderos por donde pasaron los caballos. Y todos nuestros soldados y capitanes fuimos en cortar la madera y acarrearla, y los mexicanos ayudaban lo que podían. Y estuvimos en hacerla tres días, que no teníamos qué comer sino yerbas y unas raíces de unas que llaman en esta tierra quequexque, montesinas, con las cuales nos abrasaron las lenguas y bocas.

Pues ya pasado aquel estero, no hallábamos camino ninguno y hubimos de abrirlo con las espadas a mano, y anduvimos dos días por el camino que abríamos, creyendo que iba derecho al pueblo, y una mañana tornamos al mismo camino que abríamos. Y desde que Cortés lo vio, quería reventar de enojo; y desde que oyó murmurar del mal que decían de él y aun de su viaje, con la gran hambre que había y que no miraba más de su apetito, sin pensar bien lo que hacía, y que era mejor que nos volviésemos que no morir todos de hambre.

Pues otra cosa había: que eran los montes muy altos en demasía y espesos, y a mala vez podíamos ver el cielo. Pues ya que quisiesen subir en algunos de los árboles para atalayar la tierra, no veían cosa ninguna, según eran muy cerradas todas las montañas. Y las guías que traíamos, las dos se huyeron; y otra que quedaba estaba mala, que no sabía dar razón de camino ni de otra cosa. Y como Cortés en todo era diligente y por falta de solicitud no se descuidaba, traíamos una aguja de marear y a un piloto que se decía Pedro López; y con el dibujo del paño que traía de Guazacualco, donde venían señalados los pueblos, mandó que fuésemos con la aguja por los montes, y con las espadas abríamos camino hacia el este, que era la señal del paño donde estaba el pueblo. Y aun dijo Cortés que si otro día estábamos sin dar en poblado, que no sabía qué hiciésemos; y muchos de nuestros soldados, y aun todos los demás, deseábamos volvernos a la Nueva España.

Y todavía seguimos nuestra derrota por los montes, y quiso Dios que vimos unos árboles antiguamente cortados y luego una vereda chica. Y yo y el Pero López, piloto, que íbamos delante abriendo camino con otros soldados, volvimos a decir a Cortés que se alegrase, que había estancias, con lo cual todo nuestro ejército tomó mucho contento. Y antes de llegar a las estancias estaba un río y ciénega; mas con harto trabajo lo pasamos de presto y dimos en el pueblo, que aquel día se había despoblado, y hallamos mucho de comer: maíz y frijoles y otras legumbres.

Y como íbamos muertos de hambre, nos dimos buena hartazga, y aun los caballos se reformaron; y por todo dimos muchas gracias a Dios. Ya en el camino se había muerto el volteador que llevábamos, ya por mí nombrado, y otros tres españoles de los recién venidos de Castilla; pues indios de los de Mechuacán y mexicanos morían otros muchos y caían malos y se quedaban en el camino como desesperados.

Pues como estaba despoblado aquel pueblo y no teníamos lengua ni quien nos guiase, mandó Cortés que fuésemos dos capitanías por los montes y estancias a buscarlos. Y en unas canoas que en un gran río que junto al pueblo estaba fueron otros soldados y dieron con muchos vecinos de aquel pueblo, y con buenas palabras y halagos vinieron sobre treinta de ellos, y todos los más, caciques y papas. Y Cortés les habló amorosamente con doña Marina, y trajeron mucho maíz y gallinas y señalaron el camino que habíamos de llevar hasta otro pueblo que se dice Ciguatepecad, el cual estaba tres jornadas, que serían hasta dieciséis leguas; y antes de llegar a él estaba otro poblezuelo sujeto de este Temaztepeque donde salimos.

Antes que más pase adelante quiero decir que, con la gran hambre que traíamos, así españoles como mexicanos, pareció ser que ciertos caciques de México apañaron dos o tres indios de los pueblos que dejábamos atrás y tráianlos escondidos con sus cargas, a manera y traje como ellos, y con la hambre, en el camino los mataron y los asaron en hornos que para ello hicieron debajo de tierra, y con piedras, como en su tiempo lo solían hacer en México, y se los comieron; y asimismo habían apañado las dos guías que traíamos que se fueron huyendo, y se los comieron. Y alcanzáronlo a saber y dijéronselo a Cortés, el cual mandó llamar a los caciques mexicanos y riñó malamente con ellos: que si otra tal hacían, que los castigaría. Predicó un fraile francisco de los que traíamos, ya por mí otra vez memorado, cosas muy santas y buenas. Y desde que hubo acabado el sermón, mandó Cortés por justicia quemar a un indio mexicano por la muerte de los indios que comieron, puesto que supo que todos eran culpantes en ello, porque pareciese que hacía justicia y que él no sabía de otros culpantes sino el que quemó.

Dejemos de contar muy por extenso otros muchos trabajos que pasábamos, y cómo las chirimías y sacabuches y dulzainas que Cortés traía, que otra vez he hecho memoria de ello, como en Castilla eran acostumbrados a regalos y no sabían de trabajos, y con la hambre habían enflaquecido y no le daban música a Cortés, excepto uno, y renegábamos todos los soldados de lo oír y decíamos que parecía zorros y adives que aullaban, que valiera más tener maíz que comer que música.

Volvamos a nuestra relación, y diré cómo algunas personas me han preguntado que cómo, habiendo tanta hambre como dicho tengo, por qué no comíamos la manada de los puercos que traían para Cortés, pues a la necesidad de hambre no hay ley, y que viendo la hambre, que Cortés los mandara repartir por todos en tales tiempos. A esto digo que ya había echado fama uno que venía por despensero y mayordomo de Cortés, que se decía Guinea, y era hombre doblado y hacía en creyente que en los ríos, al pasar de ellos, los habían comido los tiburones y lagartos, y porque no los viésemos, venían siempre cuatro jornadas atrás, rezagados. Y demás de esto, para tantos soldados como éramos, para un día no había en todos ellos; y a esta causa no comieron de ellos; y además de esto, por no enojar a Cortés.

Dejemos esta plática, y diré que siempre por los pueblos y caminos por donde pasábamos quedaban puestas cruces, donde había buenos árboles para ser labradas, en especial ceibas, y quedaban señaladas las cruces; y son más fijas hechas en aquellos árboles que no de maderos, porque crece la corteza y quedan más perfectas. Y quedaban cartas en partes donde las pudiesen leer, y decía en ellas: "Por aquí pasó Cortés en tal tiempo"; y esto se hacía porque, si viniesen otras personas en nuestra busca, supiesen cómo íbamos adelante.

Volvamos a nuestro camino para ir a Ciguatepecad, que fueron con nosotros sobre veinte indios de aquel pueblo de Mamazetepeque y nos ayudaron a pasar tres ríos en balsas y en canoas, y aun fueron por mensajeros a decir a los caciques del pueblo donde íbamos que no hubiesen miedo, que no les haríamos ningún enojo; y así aguardaron en sus casas muchos de ellos. Y lo que allí pasó diré adelante.

Pues como hubimos llegado a este pueblo que dicho tengo, Cortés halagó mucho a los caciques y principales y les dio buenos chalchihuites de México, y se informó a qué parte salía un río muy caudaloso y recio que junto a aquel pueblo pasaba, y le dijeron que iba a dar en unos esteros donde había una poblazón que se dice Güeyatasta, y que junto a él estaba otro gran pueblo que se dice Xicalango. Parecióle a Cortés que sería bien enviar luego dos españoles en canoas para que saliesen a la costa del norte y supiesen del capitán Simón de Cuenca y sus dos navíos que hubo mandado cargar de vituallas para el camino, según dicho tengo en el capítulo que de ello habla; y escribióle, haciéndole saber de nuestros trabajos y que saliese por la costa adelante.

Y después de bien informado cómo podría ir por aquel río hasta las poblazones por mí dichas, envió dos españoles, y el más principal de ellos, que ya le he nombrado otras veces, se decía Francisco de Medina, y diole poder para ser capitán juntamente con el Simón de Cuenca, a causa que este Medina era muy diligente y tenía lengua de toda la tierra. Y éste fue el soldado que hizo levantar el pueblo de Chamula cuando fuimos con el capitán Luis Marín a la conquista de Chiapa, como dicho tengo en el capítulo que de ello habla; y valiera más que tal poder nunca le diera Cortés, por lo que adelante acaeció. Y es que fue por el río abajo hasta que llegó adonde el Simón de Cuenca estaba con sus dos navíos en lo de Xicalango, esperando nuevas de Cortés; y después de dadas las cartas de Cortés, presentó sus provisiones para ser capitán, y sobre el mandar tuvieron palabras entrambos capitanes, de manera que vinieron a las armas y, de la parte del uno y del otro, murieron todos los españoles que iban en el navío, que no quedaron sino seis o siete. Y desde que vieron los indios de Xicalango y Güeyatasta aquella revuelta, dan en ellos y acabáronlos de matar a todos y queman los navíos, que nunca supimos cosa ninguna de ellos hasta de ahí a dos años y medio.

Dejemos más de hablar en esto y volvamos al pueblo donde estábamos, que se dice Ciguatepecad. Y diré cómo los indios principales dijeron a Cortés que había desde allí a Güeyacala tres jornadas y que era el camino que habíamos de ir, y que había dos ríos que pasar, y el uno de ellos era muy hondo y ancho, y luego había unos malos tremedales y grandes ciénegas; y que si no tenía canoas, que no podría pasar caballos ni aun ninguno de su ejército. Y luego Cortés envió dos soldados con tres indios principales de aquel pueblo para que se los mostrasen y tanteasen el río y ciénegas, y viesen de qué manera podríamos pasar, y que trajesen buena relación de ello. Y llamábanse los soldados que envió Martín García —y era valenciano y alguacil de nuestro ejército— y el otro se decía Pedro de Ribera. Y el Martín García, que era al que más se lo encomendó Cortés, vio los ríos y, con unas canoas chicas que tenían en el mismo río, lo vio y miró que, con hacer puentes, podría pasarse, y no curó de ver las malas ciénegas que estaban una legua adelante; y volvió a Cortés y le dijo que con hacer puentes podrían pasar, creyendo que las ciénegas no eran trabajosas, como después las hallamos.

Y luego Cortés me mandó a mí y a un Gonzalo Mejía, que por sobrenombre le llamábamos Rapapelo; y mandó que fuésemos con ciertos principales de Ciguatepecad a los pueblos de Acala y que halagásemos a los caciques y con buenas palabras los atrajésemos para que no huyesen, porque aquella poblazón de Acala eran sobre veinte poblezuelos, dellos en tierra firme y otros en unas como isletas, y todo se andaba en canoas por ríos y esteros. Y llevábamos con nosotros tres indios de los de Ciguatepecad por guías, y la primera noche que dormimos en el camino se nos huyeron, que no osaron ir con nosotros, porque, según después supimos, eran sus enemigos y tenían guerra los unos con los otros; y sin guías hubimos de ir, y con trabajo pasamos las ciénegas.

Y llegados al primer pueblo de Acala, puesto que estaban alborotados y parecían estar de guerra, con palabras amorosas y con darles unas cuentas los halagamos y les rogamos que fuesen a Ciguatepecad a ver a Malinche y le llevasen de comer. Pues pareció ser que el día que llegamos a aquel pueblo no sabían nuevas ningunas de cómo era venido Cortés y traía mucha gente, así de a caballo como mexicanos. Y otro día tuvieron nueva de indios mercaderes del gran poder que traía, y los caciques mostraron más voluntad de enviar comida que cuando llegamos, y dijeron que desde que hubiese llegado a aquellos pueblos le servirían y harían lo que pudiesen en darle de comer; y en cuanto a ir a donde estaba, que no querían ir porque eran sus enemigos.

Pues estando en estas pláticas con los caciques, vinieron dos españoles con cartas de Cortés, en que me mandaba que con todo el bastimento que pudiese haber saliese desde allí a tres días al camino con ello, por causa que ya habían despoblado e huido toda la gente de aquel pueblo donde le había dejado, y me hizo saber que venía ya camino de Acala y que no había traído maíz ninguno, ni lo hallaba, y que pusiese mucha diligencia en que los caciques no se ausentasen. Y también los españoles que me trajeron las cartas me dijeron cómo Cortés había enviado río arriba de Ciguatepecad a cuatro españoles, y los tres de ellos de los nuevamente venidos de Castilla, a demandar bastimento a otros pueblos que decían que estaban allí cerca, y que no habían vuelto, y que creían que los habían muerto; y salió así verdad.

Volvamos a Cortés, que comenzó de caminar y en dos días llegó al gran río que ya otra vez he dicho, y luego puso diligencia en hacer una puente; y fue con tanto trabajo, y con maderos gruesos y grandes, que después de hecha se admiraron los indios de Acala de ver de tal manera puestos los maderos; y estuvo en hacerla cuatro días. Y como salió Cortés del pueblo ya por mí otras muchas veces nombrado con todos sus soldados, no traían maíz ni bastimento, y con los cuatro días que estuvimos en aquel pueblo, y Cortés en hacer la puente, morían de hambre, y aunque algunos soldados de los viejos se remediaban con cortar unos árboles muy altos que parecen palmas, que tienen por fruto unas al parecer nueces muy encarceladas, aquellas asaban y quebraban y comían.

Dejemos de hablar en esta hambre, y diré cómo la misma noche que acabaron de hacer la puente llegué yo con mis tres compañeros y con ciento treinta cargas de maíz, ochenta gallinas, miel, frijoles, sal, huevos y otras frutas. Y como llegué de noche, ya que oscurecía, estaban todos los más soldados aguardando el bastimento, porque ya sabían que yo había ido a traerlo. Y Cortés decía a los capitanes y soldados que tenía esperanza en Dios que presto tendrían todos de comer, pues que yo había ido a Acala para traerlo, si no me habían muerto los indios como a los otros cuatro españoles que envió. Y así como llegué con el maíz y bastimento a la puente, y como era de noche, cargan todos los soldados de ello y lo tomaron todo, que no dejaron a Cortés ni a ningún capitán cosa ninguna, con dar voces: "¡Dejadlo, que es para el capitán Cortés!". Y asimismo su mayordomo Carranza, que así se llamaba, y el despensero Guinea daban voces y se abrazaban con el maíz y decían que les dejasen siquiera una carga. Y como era de noche, decíanle los soldados: "Buenos puercos habéis comido vos y Cortés", y no curaban de cosa que les decían, sino que todo se lo apañaban.

Pues desque Cortés supo cómo se lo habían tomado y que no le dejaron cosa ninguna, renegaba de la paciencia y pateaba, y estaba tan enojado, que decía que quería hacer pesquisa de quién se lo tomó y dijo lo de los puercos. Y desque vio y consideró que el enojo era por demás y dar voces en desierto, me mandó llamar a mí, y muy enojado me dijo que cómo puse tal cobro en el bastimento. Yo le dije que procurase su merced de enviar adelante guardas para ello, y aunque él en persona estuviera guardándolo, se lo tomaran, porque le guarde Dios de la hambre, que no tiene ley.

Y desque vio que no había remedio ninguno y que tenía mucha necesidad, me halagó con palabras melosas, estando delante el capitán Gonzalo de Sandoval, y me dijo: "¡Oh, señor y hermano Bernal Díaz del Castillo, por amor de mí, que si dejaste algo escondido en el camino, que partáis conmigo, que bien creído tengo de vuestra buena diligencia que traeríades para vos y para vuestro amigo Sandoval!". Y desque vi sus palabras y de la manera que lo dijo, hube mancilla de él. Y también Sandoval me dijo: "Pues yo, juro a tal, que tampoco yo tengo un puño de maíz de qué hacer cazalote".

Entonces concerté y dije que conviene que esta noche al cuarto de la modorra, después que esté reposado el real, vamos por doce cargas de maíz, veinte gallinas, tres jarros de miel, frijoles y sal, y dos indias para hacer pan, que me dieron en aquellos pueblos para mí; y hemos de venir de noche, que nos lo arrebatarán en el camino, y esto hemos de partir entre vuestra merced y Sandoval, y yo y mi gente. Y él se holgó en el alma y me abrazó, y Sandoval dijo que quería ir aquella noche conmigo por el bastimento, y lo trajimos, con que pasaron aquella hambre; y también le di una de las dos indias al Sandoval.

He traído aquí esto a la memoria para que vean en cuánto trabajo se ponen los capitanes en tierras nuevas, que a Cortés, que era muy temido, no le dejaron maíz que comer, y que el capitán Sandoval no quiso fiar de otro la parte que le había de caber, que él mismo fue conmigo por ello, teniendo muchos soldados que pudiera enviar.

Dejemos de contar del gran trabajo del hacer de la puente y de la hambre pasada, y diré cómo, obra de una legua adelante, dimos en las ciénegas muy malas por mí memoradas. Y eran de tal manera, que no se aprovechaban poner maderos ni ramas ni hacer otra manera de remedios para poder pasar los caballos, que atollaban todo el cuerpo sumido en las grandes ciénegas, que creímos no escapar ninguno de ellos, sino que todos quedaran allí muertos. Y todavía porfiamos a ir adelante porque estaba, obra de medio tiro de ballesta, tierra firme y buen camino, y como iban los caballos, se hizo un callejón por la ciénega de lodo y agua, que pasaron sin tanto trabajo, puesto que iban a veces medio a nado entre aquella ciénega y el agua.

Pues ya llegados en tierra firme, dimos gracias a Dios por ello. Y luego Cortés me mandó que con brevedad volviese a Acala y que pusiese gran recaudo en los caciques que estuviesen de paz, y que luego enviase al camino bastimento; y así lo hice, que el mismo día que llegué a Acala, de noche, envié tres españoles que iban conmigo con más de cien indios cargados de maíz y otras cosas. Y cuando Cortés me envió por ello, le dije que mirase su merced que él en persona lo aguardase, no lo tomasen como la otra vez. Y así lo hizo, que se adelantó juntamente con Sandoval y Luis Marín, y lo hubieron todo en su poder y lo repartieron.

Y otro día, a obra de mediodía, llegaron a Acala, y los caciques le fueron a dar el bienvenido y le llevaron bastimento. Y dejallo he aquí, y diré lo que más pasó.

Desde que Cortés hubo llegado a Güeyacala, que ansí se llamaba, y los caciques de aquel pueblo le vinieron de paz, les habló con doña Marina, la lengua, de tal manera que, al parecer, se holgaban; y Cortés les daba cosas de Castilla, y trajeron maíz y bastimento. Y luego mandó llamar a todos los caciques y se informó de ellos del camino que habíamos de llevar, y les preguntó que si sabían de otros hombres como nosotros, con barbas y caballos, y si habían visto navíos ir por la mar. Y dijeron que, a ocho jornadas de allí, había muchos hombres con barbas y mujeres de Castilla, y caballos, y tres acales (que en su lengua acales llaman a los navíos), de la cual nueva se holgó Cortés de saber.

Y preguntando por los pueblos y camino por donde habíamos de pasar, todo se lo trajeron figurado en unas mantas, y aun los ríos y ciénegas y atolladeros; y les rogó que en los ríos pusiesen puentes y llevasen canoas, pues tenían mucha gente y eran grandes poblazones. Y los caciques dijeron que, puesto que eran sobre veinte pueblos, que no les querían obedecer todos los más de ellos, en especial unos que estaban entre unos ríos, y que era necesario que luego enviase de sus teules —que ansí nos llamaban a los soldados— a hacerles traer maíz y otras cosas, y que les mandase que los obedeciesen, pues que eran sujetos.

Y desde que aquello entendió Cortés, luego mandó a un Diego de Mazariegos, primo del tesorero Alonso de Estrada, que quedaba por gobernador en México, que, porque viese y conociese que Cortés tenía mucha cuenta de su persona, le hacía honra de enviarlo por capitán a aquellos pueblos y a otros comarcanos. Y cuando le envió, secretamente le dijo que, porque no entendía bien las cosas de la tierra por ser nuevamente venido de Castilla, y no tenía tanta experiencia por ser cosa de indios, que me llevase a mí en su compañía, y lo que yo le aconsejase, no saliese de ello; y así lo hizo.

Y no quisiera escribir esto en esta relación, porque no pareciese que me jactaba de ello, y no lo escribiera sino porque fue público en todo el real, y aun después lo vi escrito de molde en unas cartas y relaciones que Cortés escribió a Su Majestad haciéndole saber de todo lo que pasaba y del viaje de Honduras, y por esta causa [226r] lo escribo.

Volvamos a nuestra materia. Y fuimos con el Mazariegos hasta ochenta soldados en canoas que nos dieron los caciques. Y desde que hubimos llegado a las poblaciones, todos, de buena voluntad, nos dieron de lo que tenían, y trajimos sobre cien canoas de maíz y bastimento, y gallinas y miel y sal, y diez indias que tenían por esclavas, y vinieron los caciques a ver a Cortés; de manera que todo el real tuvo muy bien de comer.

Y de allí a cuatro días se huyeron todos los más caciques, que no quedaron sino tres guías, con los cuales fuimos nuestro camino, y pasamos dos ríos: el uno en puentes, que luego se quebraron al pasar, y el otro en balsas. Y fuimos a otro pueblo sujeto del mismo Acala, y estaba ya despoblado, y allí buscamos comida y maíz, que tenían escondido por los montes.

Dejemos de contar nuestros trabajos y camino. Y digamos cómo Guatémuz, gran cacique de México, y otros principales mexicanos que iban con nosotros habían puesto en plática, o lo ordenaban, de nos matar a todos y volverse a México, y que, llegados a su ciudad, juntar sus grandes poderes y dar guerra a los que en México quedaban, y tornarse a levantar. Y quien lo descubrió a Cortés fueron dos grandes caciques mexicanos que se decían Tapia y Juan Velázquez. Este Juan Velázquez fue capitán general de Guatémuz cuando nos dieron guerra en México.

Y como Cortés lo alcanzó a saber, hizo informaciones sobre ello, no solamente de los dos que lo descubrieron, sino de otros caciques que eran en ello. Y lo que confesaron era que, como nos veían ir por los caminos descuidados y descontentos, y que muchos soldados habían fallecido, y que siempre faltaba la comida, y que ya se habían muerto de hambre cuatro chirimías y el volteador y otros doce soldados, y también se habían vuelto otros tres soldados camino de México, y se iban a su aventura por los caminos de guerra por donde habían venido, y que más querían morir que ir adelante, que sería bien que cuando pasásemos algún río o ciénaga dar en nosotros, porque eran los mexicanos sobre tres mil y traían sus armas y lanzas, y algunos con espada.

El Guatémuz confesó que ansí era como lo habían dicho los demás; empero, que no salió de él aquel concierto y que no sabe si todos fueron en ello se efectuara, y que nunca tuvo pensamiento de salir con ello, sino solamente la plática que sobre ello hubo. Y el cacique de Tacuba dijo que entre él y Guatémuz habían dicho que valía más morir de una vez que morir cada día en el camino viendo la gran hambre que pasaban sus maceguales y parientes.

Y sin haber más probanzas, Cortés mandó ahorcar al Guatémuz y al señor de Tacuba, que era su primo. Y antes que los ahorcasen, los frailes franciscos les fueron esforzando y encomendando a Dios con la lengua doña Marina. Y cuando le ahorcaban, dijo el Guatémuz: "¡Oh, Malinche!, días había que yo tenía entendido que esta muerte me habías de dar, y había conocido tus falsas palabras. ¿Por qué me matas sin justicia? Dios te lo demande, pues yo no te la di cuando me entregaste tu persona en mi ciudad de México".

El señor de Tacuba dijo que él daba por bien empleada su muerte por morir junto con su señor Guatémuz. Y antes que los ahorcasen, los fueron confesando los frailes franciscos con la lengua doña Marina.

Y verdaderamente yo tuve gran lástima de Guatémuz y de su primo, por haberles conocido tan grandes señores, y aun ellos me hacían honra en el camino en cosas que se me ofrecían, especial en darme algunos indios para traer yerba para mi caballo. Y fue esta muerte que les dieron muy injustamente dada, y pareció mal a todos los que veníamos en aquella jornada.

Volvamos a ir nuestro camino, con gran concierto, por temor que los mexicanos, viendo ahorcar a sus señores, no se alzasen; mas traían tanta mala ventura de hambre y dolencia, que no se les acordaba de ello. Y después que los hubieron ahorcado, según dicho tengo, luego fuimos camino de otro poblezuelo, y antes de entrar en él pasamos un río bien hondable en balsas, y hallamos el pueblo sin gente, que aquel día se habían ido. Y buscamos de comer por las estancias y hallamos ocho indios que eran sacerdotes de ídolos, y de buena voluntad se vinieron a su pueblo con nosotros. Y Cortés les habló con doña Marina para que llamasen a sus vecinos y que no hubiesen miedo y que trajesen de comer. Y ellos dijeron a Cortés que le rogaban que mandase que no les llegasen a unos ídolos que estaban junto a una casa adonde Cortés posaba, y que traerían comida y harían lo que pudiesen. Y Cortés dijo que él haría lo que decían y que no les llegarían a cosa ninguna; mas que para qué querían aquellas cosas de ídolos, que son de barro y maderos viejos, y que eran cosas malas que les engañaban. Y tales cosas les predicó con los frailes y con doña Marina, que respondieron muy bien a lo que les decía, que los dejarían; y trajeron veinte cargas de maíz y unas gallinas.

Y Cortés se informó de ellos si sabían cuántos soles de allí estaban los hombres con barbas como nosotros y caballos. Y dijeron que siete soles, y que se decía el pueblo donde estaban de caballo Nito, y que ellos irían por guías hasta otro pueblo, y que habíamos de dormir una noche en despoblado antes de llegar a él. Y Cortés les mandó hacer una cruz en un árbol muy grande que se dice ceiba, que estaba junto a las casas adonde tenían los ídolos.

También quiero decir que, como Cortés andaba mal dispuesto y aun muy pensativo y descontento del trabajoso camino que llevábamos, y como había mandado ahorcar a Guatémuz y a su primo, señor de Tacuba, y había cada día hambre y que fallecían españoles y morían muchos mexicanos, pareció ser que de noche no reposaba de pensar en ello y salía de la cama donde dormía a pasear en una sala adonde había ídolos, que era aposento principal de aquel poblezuelo, adonde tenían otros ídolos; y descuidose y cayó más de dos estados abajo y se descalabró en la cabeza, y cayó, que no dijo cosa buena ni mala sobre ello, salvo curarse la descalabradura, y todo se lo pasaba y sufría.

Y otro día muy de mañana comenzamos a caminar con nuestras guías, y sin acontecer cosa que de contar sea, fuimos a dormir cabe un estero y cerca de unos montes muy altos. Y otro día fuimos por nuestro camino, y a hora de misas mayores allegamos a un pueblo nuevo, y en aquel día se había despoblado y metido en unas ciénegas, y eran nuevamente hechas las casas y de pocos días, y tenían en el pueblo hechas muchas albarradas de maderos gruesos, y todo cercado de otros maderos muy recios, y hechas cavas hondas antes de la entrada en él. Y dentro, dos cercas: la una como barbacana, y con sus cubos y troneras; y tenían a otra parte por cerca unas peñas muy altas, llenas de piedras hechizas a mano, con grandes mamparos; y por otra parte, una gran ciénega que era fortaleza.

Pues desque hubimos entrado en las casas, hallamos tantos gallos de papada y gallinas cocidas como los indios las comen, con sus ajíes y de pan maíz, que se dice entre ellos tamales, que por una parte nos admirábamos de cosa tan nueva y por otra nos alegramos con la mucha comida, y nos dio que pensar; y también hallamos una gran casa llena de lanzas chicas y flechas. Y buscamos por los rededores de aquel pueblo si había maizales y gente, y no había ninguna, ni aun grano de maíz.

Estando de esta manera, vinieron hasta quince indios que salieron de las ciénegas, que tenían canoas, que eran principales de aquel pueblo, y pusieron las manos en el suelo y besaron la tierra. Dicen a Cortés medio llorando que le piden por merced que aquel pueblo ni cosa ninguna no se le quemen, porque son nuevamente venidos allí a hacerse fuertes por causa de sus enemigos, que me parece que dijeron que se decían lacandones, porque les han quemado y destruido dos pueblos en tierra llana, de donde venían, y les han robado y muerto mucha gente, los cuales pueblos veríamos abrasados adelante por el camino donde habíamos de ir, que están en tierra muy llana.

Y allí dieron cuenta cómo y de qué manera les daban guerra y la causa por qué eran sus enemistades. Cortés les preguntó que cómo tenían tanto gallo y gallina a cocer, y dijeron que por horas aguardaban a sus enemigos que les habían de venir a dar guerra, y que si los vencían, que les habían de tomar sus haciendas y gallos y llevárselos cautivos; que porque no lo hubiesen ni gozasen, se lo querían antes comer, y que si ellos desbarataban a los enemigos, que irían a sus pueblos y les tomarían sus haciendas.

Y Cortés dijo que le pesaba de ello y de su guerra, y por ir de camino, no lo podía remediar. Llamábase aquel pueblo y otras grandes poblaciones por donde otro día pasamos los mazatecas, que quiere decir en su lengua "los pueblos o tierras de venados"; y tuvieron razón de ponerles aquel nombre, por lo que adelante diré. Y desde allí fueron con nosotros dos indios de ellos, y nos fueron mostrando sus poblaciones quemadas y dieron relación a Cortés de cómo estaban los españoles adelante. Y dejadlo he aquí, y diré cómo otro día salimos de aquel pueblo y lo que más acaeció en el camino.

Como salimos del "pueblo cercado", que ansí le llamábamos desde allí adelante, entramos en un buen y llano camino, y todo sabanas y sin árboles; y hacía un sol tan caluroso y recio, que otro mayor resestero no habíamos tenido en todo el camino. E yendo por aquellos campos rasos, había tantos venados, y corrían tan poco, que luego los alcanzábamos a caballo, por poco que corriésemos con los caballos tras ellos, y se mataron sobre veinte.

Y preguntando a los guías que llevábamos cómo corrían tan poco aquellos venados, y no se espantaban de los caballos ni de otra cosa ninguna, dijeron que en aquellos pueblos, que ya he dicho que se decían los mazatecas, los tienen por sus dioses, porque les ha parecido en su figura, y que les ha mandado su ídolo que no los maten ni espanten, y que ansí lo han hecho, y que a esta causa no huyen.

Y en aquella caza, a un pariente de Cortés que se decía Palacios Rubios, se le murió un caballo porque se le derritió la manteca en el cuerpo con el gran calor, y corrió mucho.

Dejemos la caza, y digamos que luego llegamos a las poblaciones por mí ya nombradas y quemadas: ¡era mancilla verlo todo destruido y quemado!

E yendo por nuestras jornadas, como Cortés siempre enviaba adelante corredores del campo a caballo y sueltos peones, alcanzaron dos indios naturales de otro pueblo que estaba adelante, por donde habíamos de ir, que venían de caza y cargaban un gran león y muchas iguanas, que son hechura de sierpes chicas, que en estas partes ansí las llaman: iguanas, que son muy buenas de comer.

Y les preguntaron que si estaba cerca su pueblo, y dijeron que sí, y que ellos guiarían hasta el pueblo. Y estaba en una isleta cercada de agua dulce, que no podían pasar por la parte que íbamos sino en canoas, y rodeamos poco más de media legua, y tenían paso que daba el agua hasta la cinta; y hallámosle poblado con más de la mitad de los vecinos, porque los demás se habían dado buena prisa a esconderse con sus haciendas entre unos carrizales que tenían cerca de sus sementeras, donde durmieron muchos de nuestros soldados, que se quedaron en los maizales y tuvieron bien de cenar y se abastecieron para otros días.

Y llevamos guías hasta otro pueblo, que estuvimos en llegar a él dos días, y hallamos en él sábalos, muy desabridos, que tienen muchas espinas; y con unas mantas viejas y con redes rotas que hallamos en aquel pueblo, porque ya estaba despoblado, se pescaron todos los peces que había en el agua, que eran más de mil. Y allí buscamos guías, las cuales se tomaron en unas labranzas.

Y desque Cortés les hubo hablado con doña Marina que nos encaminasen a los pueblos a donde había hombres con barbas y caballos, se alegraron, desque no les hacíamos mal ninguno, y dijeron que ellos nos mostrarían el camino de buena voluntad, que de antes creían que los queríamos matar. Y fueron cinco de ellos con nosotros por un camino bien ancho; y mientras más adelante íbamos, se iba ensangostando a causa de un gran río y estero que allí cerca estaba, que parece ser en él se embarcaban y desembarcaban en canoas e iban por agua al pueblo a donde habíamos de ir, que se dice Tayasal, el cual está en una isleta cercada de agua; y si no es en canoas, no pueden entrar en él por tierra. Y blanqueaban las casas y adoratorios: de más de dos leguas se parecían, y era cabecera de otros pueblos chicos que allí cerca están.

Volvamos a nuestra relación. Que como vimos que el camino ancho que antes traíamos se había vuelto vereda muy angosta, bien entendimos que por el estero se mandaban, y así nos lo dijeron las guías que traíamos. Acordamos dormir cerca de unos altos montes, y aquella noche fueron cuatro capitanías de soldados por las veredas que salían al estero a tomar guías. Y quiso Dios que se tomaron dos canoas, con diez indios y dos mujeres, y traían las canoas cargadas con maíz y sal. Y luego las llevaron a Cortés, y les halagó y habló muy amorosamente con la lengua doña Marina. Y dijeron que eran naturales del pueblo que estaba en la isleta, y que estaría de allí, a lo que señalaban, obra de cuatro leguas.

Y luego Cortés mandó que se quedasen con nosotros la mayor canoa y cuatro indios y las dos mujeres, y la otra canoa envió al pueblo con seis indios y dos españoles a rogar al cacique que trajese canoas al pasar del río, y que no se les haría ningún enojo, y le envió unas cuentas de Castilla. Y luego fuimos nuestro camino por tierra hasta el gran río, y la una canoa fue por el estero hasta llegar al río, y ya estaba el cacique con otros muchos principales aguardando el pasaje con cinco canoas. Y trajeron cuatro gallinas y maíz, y Cortés les mostró gran voluntad.

Y después de muchos razonamientos que hubo de los caciques a Cortés, acordó ir con ellos a su pueblo en aquellas mismas canoas y llevó consigo treinta ballesteros. Y llegado a las casas, le dieron de comer y un poco de oro bajo y de poca valía y unas mantas, y le dijeron que había españoles así como nosotros en dos pueblos, que el uno ya he dicho que se decía Nito, que es en San Gil de Buenavista, junto al Golfo Dulce, y ahora le dan nuevas que hay otros muchos españoles en Naco, y que habrá de un pueblo a otro diez días de andadura; y que el Nito está en la costa del norte y el Naco, tierra adentro. Y Cortés nos dijo que por ventura Cristóbal de Olid habría repartido su gente en dos villas, que entonces no sabíamos de los de Gil González de Ávila, que pobló San Gil de Buenavista.

Volvamos a nuestro viaje. Que todos pasamos aquel gran río en canoas y dormimos obra de dos leguas de allí, y no anduvimos más porque aguardamos a Cortés que viniese del pueblo de Tayasal. Y desque vino, mandó que dejásemos en aquel pueblo un caballo morcillo que estaba malo de la caza de los venados y se le había derretido el unto en el cuerpo y no se podía tener. Y en este pueblo se huyó un negro y dos indios naborías, y se quedaron tres españoles, que no se echaron de menos hasta de ahí a tres días, que más querían quedar entre enemigos que venir con tanto trabajo con nosotros.

Este día estuve yo muy malo de calenturas, y del gran sol que se me había entrado en la cabeza y en todo el cuerpo. Ya he dicho otra vez que entonces hacía recio sol, y bien se pareció, porque luego comenzó a llover tan recias aguas, que en tres días con sus noches no dejó de llover; y no nos paramos en el camino porque, aunque quisiéramos aguardar que hiciera buen tiempo, no teníamos bastimento de maíz, y por temor de que faltase, íbamos caminando.

CAPÍTULO XII: SE BUSCA A CRISTÓBAL DE OLI

Volvamos a nuestra relación. Que desde a dos días dimos en una sierrezuela de unas piedras que cortaban como navajas. Y puesto que fueron nuestros soldados a buscar otros caminos (para desechar aquella sierra de los pedernales) más de una legua a una parte y a otra, no hallaron otro camino sino pasar por el que íbamos. E hicieron tanto daño aquellas piedras a los caballos; y como llovía, resbalaban y caían y se cortaban piernas y brazos y aun en los cuerpos; y mientras más abajo íbamos, peores pedernales había, porque ya era la bajada de la sierrezuela. Allí se nos quedaron ocho caballos muertos y los más que escaparon, jarretados; y se le quebró una pierna a un soldado que se decía Palacios Rubio, deudo de Cortés. Y desque nos vimos fuera de aquella sierra de los Pedernales, que ansí la llamamos desde allí adelante, dimos muchas gracias y loores a Dios.

Pues ya que llegábamos cerca de un pueblo que se dice Taica, íbamos gozosos creyendo hallar bastimentos, y antes de llegar a él había un río que venía de una sierra entre grandes peñascos y derrumbaderos; y como había llovido tres días y tres noches, venía tan furioso y con tanto ruido, que bien se oía a dos leguas, por caer entre grandes peñas; y demás desto, venía muy hondo y pasarlo era por demás. Y acordamos hacer una puente desde unas peñas a otras. Y tanta prisa nos dimos en tenerla hecha con árboles muy gruesos, que en tres días comenzamos a pasar para ir al pueblo.

Y como estuvimos allí en el río en hacer la puente los tres días, los indios naturales de él tuvieron lugar de esconder el maíz y todo el bastimento y ponerse en cobro, que no los podíamos hallar en todos los rededores; y con la hambre que ya nos aquejaba, estábamos todos como atónitos, pensando en la comida y trabajos.

Yo digo que verdaderamente nunca había sentido tanto dolor en mi corazón como todos padecían entonces, viendo que no tenía qué comer ni qué dar a mi gente, y estar con calenturas, puesto que con diligencia lo buscábamos más de dos leguas del pueblo en todos los rededores. Y esto era víspera de Pascua de la Santa Resurrección de Nuestro Salvador Jesucristo. Miren los lectores qué Pascua podíamos tener sin comer, que con maíz fuéramos muy contentos.

Pues desque esto vio Cortés, luego envió a sus criados y mozos de espuelas con las guías a buscar por los montes y labranzas maíz el primer día de Pascua, y trajeron obra de una hanega. Y desque vio la gran necesidad, mandó llamar a ciertos soldados, todos los más vecinos de Guazacualco, y entre ellos me nombró a mí, y nos dijo que nos rogaba mucho que trastornásemos toda la tierra y buscásemos de comer, que ya veíamos en qué estado estaba todo el real. Y en aquella sazón estaba delante de Cortés, cuando nos lo mandaba, un Pedro de Ircio, que hablaba mucho, y dijo que le suplicaba que le enviase por nuestro capitán; y le dijo Cortés: "Id en buena hora".

Y desque aquello yo entendí, y sabía que Pedro de Ircio no podía andar a pie y nos había de estorbar antes que ayudar, secretamente dije a Cortés y al capitán Sandoval que no fuese Pedro de Ircio, que no podría andar por los lodos y ciénegas con nosotros, porque era paticorto y no era para ello, sino para mucho hablar, y que no era para ir a entradas, que se pararía y sentaría en el camino de rato en rato. Y luego mandó Cortés que se quedase, y fuimos cinco soldados con dos guías por dos ríos bien hondos. Y después de pasados los ríos, dimos en unas ciénegas y luego en unas estancias, donde estaba recogida toda la mayor parte de la gente de aquel pueblo. Y hallamos cuatro casas llenas de maíz y muchos frijoles y sobre treinta gallinas y melones de la tierra, que se dicen en esta tierra ayotes, y apañamos cuatro indios y tres mujeres; y tuvimos buena Pascua.

Y esa noche llegaron a aquellas estancias sobre mil mexicanos que mandó Cortés que fuesen tras nosotros y nos siguiesen, porque tuviesen de comer, y todos muy alegres cargamos a los mexicanos todo el maíz que pudieron llevar, y que Cortés lo repartiese. Y también le enviamos veinte gallinas para Cortés y Sandoval, y los indios y las indias, y quedamos guardando dos casas de maíz para que no las quemasen o llevasen de noche los naturales del pueblo. Y luego, otro día pasamos más adelante con otras guías y topamos otras estancias, y había maíz y gallinas y otras cosas de legumbres. Y luego escribí a Cortés que enviase muchos indios, porque había hallado otras estancias con maíz.

Y como le envié las indias y los indios y lo por mí dicho, y lo supieron en todo el real, otro día vinieron sobre treinta soldados y más de quinientos indios, y todos llevaron recaudo. Y de esta manera, gracias a Dios, se proveyó el real; y estuvimos en aquel pueblo cinco días; ya he dicho que se dice Taica.

Dejemos de esto, y quiero decir que como hicimos esta puente y en todos los caminos habíamos hecho las grandes puentes ya por mí memoradas, después que aquellas tierras y provincias estuvieron de paz, los españoles que por aquellos caminos pasaban, y hasta hoy día, hallaban algunas de las puentes sin haberse deshecho a cabo de muchos años; y los grandes árboles que en ellas poníamos, se admiraban de ello; y suelen decir ahora: "Aquí son los puentes de Cortés", como, digamos ahora, si dijeran las columnas de Hércules.

Dejemos estas memorias, pues no hacen a nuestro caso, y digamos cómo fuimos por nuestro camino hasta otro pueblo que se dice Tania.

Y estuvimos en llegar a él dos días y hallámosle despoblado, y buscamos de comer y hallamos maíz y otras legumbres, mas no muy abastado. Y fuimos por los rededores de él a buscar caminos, y no los hallamos, sino todo ríos y arroyos, y las guías que habíamos traído del pueblo que dejamos atrás se huyeron una noche de ciertos soldados que las guardaban, que eran de los recién venidos de Castilla, que pareció ser se durmieron. Y desque Cortés lo supo, quiso castigar a los soldados por ello; y, por ruegos, lo dejó.

Y entonces envió a buscar guías y camino, y era por demás hallarlo por tierra enjuta, porque todo el pueblo estaba cercado de ríos y arroyos, y no se podían tomar ningunos indios ni indias.

Y demás de esto, llovía a la continua y no nos podíamos valer de tanta agua, y Cortés y todos nosotros estábamos espantados y penosos de no saber ni hallar camino por dónde ir. Y entonces, muy enojado, dijo Cortés a Pedro de Ircio y a otros capitanes que eran de México: "Ahora quisiera yo que hubiese quien dijese que quería ir a buscar guías o camino, y no dejallo todo a los vecinos de Guazacualco".

Y Pedro de Ircio, como oyó aquellas palabras, se apercibió con seis soldados, sus conocidos y amigos, y fue por una parte; y Francisco Marmolejo, que era persona de calidad, con otros seis soldados, por otra; y un Santa Cruz, burgalés, regidor que fue de México, fue por otra con otros soldados. Y anduvieron todos tres días y no hallaron camino ni guías, sino todo agua y arroyos y ríos caudalosos.

Y desque hubieron venido sin recaudo ninguno, quería reventar Cortés de enojo, y dijo a Sandoval que me dijese a mí el gran trabajo en que estábamos y que me rogase de su parte que fuese a buscar guías y camino. Y esto lo dijo con palabras amorosas y a manera de ruegos, por causa que supo cierto que yo estaba malo; y aun me habían apercibido antes que Sandoval me hablase para ir con Francisco Marmolejo, que era mi amigo, y dije que no podía ir por estar muy malo y cansado, y que siempre me daban a mí el trabajo y que enviasen a otro.

Y luego vino Sandoval otra vez a mi rancho y me dijo por ruegos que fuese con otros dos compañeros, los que yo escogiese, porque decía Cortés que, después de Dios, en mí tenía confianza que traería recaudo. Y puesto que yo estaba malo, no le pude perder vergüenza y demandé que fuese conmigo un Hernando de Aguilar y un Hinojosa, hombres que sabía que eran de sufrir trabajos; y todos tres salimos y fuimos por unos arroyos abajo. Y fuera de los arroyos, en el monte, había unas señales de ramas cortadas y seguimos aquel rastro más de una legua; y luego salimos del arroyo y dimos en unos ranchos pequeños, despoblados de aquel día, y seguimos el rastro; y desde lejos, en una cuesta, vimos unos maizales y una casa y sentimos gente en ella; y como era ya a puesta del sol, estuvimos en el monte hasta buen rato de la noche, que nos pareció que deberían de dormir los moradores de aquellas milpas.

Y muy callando dimos muy de presto en la casa y prendimos tres indios y dos mujeres mozas, y hermosas para ser indias, y una vieja; y tenían dos gallinas y un poco de maíz; y trajimos el maíz y gallinas con los indios e indias, y muy alegres volvimos al real. Y desque Sandoval lo supo, que fue el primero que estaba aguardando en el camino sobre tarde, de gozo no podía caber, y fuimos delante de Cortés, que lo tuvo en más que si le dieran otra buena cosa.

Entonces dijo Sandoval a Pedro de Ircio, que vino con el Sandoval, delante de muchos caballeros: "¿Paréceos, señor Pedro de Ircio, si tuvo Bernal Díaz del Castillo razón el otro día, cuando fue a buscar maíz, en decir que no quería ir sino con hombres sueltos, y no quien vaya todo el camino muy despacio, contando lo que les acaeció al conde de Ureña y don Pedro Girón, su hijo (porque estos cuentos decía el Pedro de Ircio muchas veces)? ¿No tenéis razón de quejaros en decir que él os revolvía con el señor capitán y conmigo?".

Y todos se rieron de ello.

Y esto dijo Sandoval porque el Pedro de Ircio estaba mal conmigo. Y luego Cortés me dio las gracias por ello y dijo: "Siempre tuve que habíais de traer recaudo, y yo os empeño estas (que fueron sus barbas) que yo tenga cuenta con vuestra persona".

Quiero dejar estas alabanzas, pues son vaciadizas, que no traen provecho ninguno, que otros las dijeron en México cuando contaban de este trabajoso viaje. Volvamos a decir que Cortés se informó de las guías y de las dos mujeres, y todos conformaron que por un río abajo habíamos de ir a un pueblo que estaba de allí dos días de andadura. El nombre del pueblo se decía Oculizte, que era de más de doscientas casas y estaba despoblado de pocos días pasados.

E yendo por nuestro camino río abajo, topamos unos grandes ranchos que eran de indios mercaderes, donde hacían jornadas, y allí dormimos. Y otro día entramos en el mismo río y arroyo, y fuimos obra de media legua por él y dimos en buen camino; y aquel día allegamos al pueblo de Ocoliste, y había mucho maíz y legumbres. Y en una casa de adoratorios de ídolos se halló un bonete viejo colorado y un alpargate ofrecido a los ídolos, y ciertos soldados que fueron por las labranzas trajeron a Cortés dos indios viejos y cuatro indias que se tomaron en los maizales de aquel pueblo.

Y Cortés les preguntó con nuestra lengua doña Marina por el camino y qué tanto estaban de allí los españoles, y dijeron que dos días y que no había poblado ninguno hasta allá y que tenían las casas junto a la costa de la mar. Y luego incontinente mandó Cortés al Sandoval que fuese a pie con otros seis soldados y que saliese a la mar, y que de una manera o de otra procurase saber e inquirir si eran muchos españoles los que allí estaban poblados con Cristóbal de Olí, porque en aquella sazón no creíamos que hubiese otro capitán en aquella tierra.

Y esto quería saber Cortés para que diésemos sobre el Cristóbal de Olí de noche, si allí estuviese, y prenderle a él y a sus soldados. Y el Gonzalo de Sandoval fue con los seis soldados y tres indios por guías que para ello llevaba de aquel pueblo de Uculizte.

Y yendo por su costa adelante, vio que venía por la mar una canoa a remo y a vela, y se escondió de día en un monte, porque vieron venir por la mar la canoa, la cual era de indios mercaderes, y venía costa a costa y traían mercaderías de sal y maíz, e iban a entrar en el río grande del Golfo Dulce. Y de noche la tomaron en un ancón que era puerto de canoas, y en la misma canoa se metió Sandoval con dos compañeros y con los indios remeros que traía la misma canoa y con las tres guías, y se fue costa a costa; y los demás soldados se fueron por tierra, porque supo que estaba cerca el río grande.

Y llegados que hubieron cerca del río grande, quiso la ventura que habían venido aquella mañana cuatro vecinos de la villa que estaba poblada, y un indio de Cuba de los del Gil González de Ávila, en una canoa, habían pasado de la parte del río a buscar una fruta que se llaman zapotes para comer asados, porque en la villa donde salieron pasaban mucha hambre, a causa que estaban todos los más dolientes y no osaban salir a buscar bastimentos a los pueblos, porque les habían dado guerra los indios cercanos y muerto diez soldados después que los dejó allí Gil González de Ávila.

Pues estando los del Gil González de Ávila derribando los zapotes del árbol, y estaban encima del árbol los dos hombres, y desque vieron venir la canoa por la mar en que venía Gonzalo de Sandoval y sus compañeros, de lo cual se espantaron y admiraron de cosa tan nueva, y no sabían si huir o esperar. Y como llegó Sandoval a ellos, les dijo que no hubiesen miedo, que era gente de paz; y así estuvieron quedos y muy espantados.

Y después de muy bien informados Sandoval y sus compañeros de los dos españoles, cómo y de qué manera estaban allí poblados los del Gil González de Ávila y del mal suceso de la armada del de las Casas, que se perdió, y cómo Cristóbal de Olí les tuvo presos al de las Casas y al Gil González de Ávila, y cómo le degollaron en Naco a Cristóbal de Olí por sentencia que dieron contra él, y cómo eran ya partidos para México, y supieron quién y cuántos estaban en la villa y la gran hambre que pasaban, y cómo había pocos días que habían ahorcado en aquella villa al teniente y capitán que les dejó allí Gil González de Ávila, que se decía Armenta, y por qué causa le ahorcaron, que fue porque no les dejaba ir a Cuba.

Acordó Sandoval de llevar luego aquellos hombres a Cortés y no hacer novedad ni ir a la villa sin él, para que de sus personas fuese informado. Y entonces un soldado que se decía Alonso Ortiz, vecino que después fue de una villa que se dice San Pedro, suplicó a Sandoval que le hiciese merced de darle licencia para adelantarse una hora, para llevarle las nuevas a Cortés y a todos nosotros que con él estábamos, porque le diésemos albricias, y así lo hizo.

De las cuales nuevas se holgó Cortés y todo nuestro real, creyendo que allí acabáramos de pasar tantos trabajos como pasábamos; y se nos doblaron muchos más, según adelante diré. Y a Alonso Ortiz, que llevó estas nuevas, Cortés le dio luego un caballo muy bueno, rosillo, que llamaban Cabeza de Moro, y todos le dimos de lo que entonces teníamos.

Y luego llegó el capitán Sandoval con los soldados y el indio de Cuba y dieron relación a Cortés de todo lo por mí dicho y de otras muchas cosas que les preguntaba, y cómo tenían en aquella villa un navío que estaban calafateando en un puerto obra de media legua de allí, el cual tenían en él para embarcarse todos e irse a Cuba; y que porque no les había dejado embarcar el teniente Armenta, le ahorcaron, y también porque mandaba dar garrote a un clérigo que revolvía la villa. Y alzaron por teniente a un Antonio Nieto, en lugar del Armenta que ahorcaron.

Dejemos de hablar de las nuevas de los dos españoles. Y digamos los lloros que en su villa se hizo, viendo que no volvían aquella noche los dos vecinos y el indio de Cuba que habían ido a buscar la fruta zapotes, que ansí se llamaban, que creyeron que indios los habían muerto o tigres o leones; y el uno de los vecinos era casado, y su mujer lloraba mucho por él. Y todos los vecinos, y también el clérigo, que se decía el bachiller Fulano Velázquez, se juntaron en la iglesia y rogaban a Dios que les ayudase y que no viniesen más males sobre ellos; y no hacía la mujer sino rogar a Dios por el alma de su marido.

Volvamos a nuestra relación. Que luego Cortés nos mandó a todo nuestro ejército ir camino de la mar, que sería seis leguas, y aun en el camino había un estero muy crecido e hondo que crecía y menguaba; y estuvimos aguardando que menguase medio día y lo pasamos a vuelapié y a nado. Y llegados al gran río del Golfo Dulce, el primero que quiso ir a la villa, que estaba de allí dos leguas, fue el mismo Cortés, con seis soldados, sus mozos de espuelas. Y fue en las dos canoas atadas, que la una era en que habían venido los soldados del Gil González a buscar zapotes y la otra que Sandoval había tomado en la costa a los indios, que para aquel menester de pasar en ellas las habían varado en tierra y escondido en el monte. Y las tornaron a echar en el agua y se ataron una con otra de manera que estaban bien fijas, y en ellas pasó Cortés y sus criados.

Y luego en las mismas canoas mandó que le pasasen dos caballos; y es desta manera: que las canoas remando y los caballos de cabestro nadando junto a las canoas, y con maña y no dar mucho largor al caballo porque no trastorne la canoa. Y mandó que hasta que no viésemos su carta y mandado, que no pasásemos ningunos en las mismas canoas, por el gran riesgo que había en el pasaje, que Cortés se hubo arrepentido de haber ido en ellas, porque venía el río con gran furia. Y dejallo he aquí, y diré lo que más nos avino.

Desde que hubo pasado Cortés el gran río del Golfo Dulce, de la manera que dicho tengo, fue a la villa adonde estaban poblados los españoles de Gil González de Ávila, que sería de allí dos leguas, que estaban junto a la mar, y no adonde solían estar primero poblados, que llamaron San Gil de Buenavista. Y desde que vieron entre sus casas a un hombre a caballo y otros seis a pie, se espantaron en gran manera. Y desde que supieron que era Cortés, que tan mentado era en todas partes de las Indias y en Castilla, no sabían qué hacer de placer. Y después de venir todos los vecinos a besarle las manos y darle el parabién, Cortés les habló muy amorosamente y mandó al teniente, que se decía Nieto, que fuese donde daban carena al navío y trajesen dos bateles que tenían, y que, si había canoas, que asimismo las trajesen atadas de dos en dos. Y mandó que se buscase todo el pan cazabe que allí tenían y lo llevasen al capitán Sandoval, que otro pan de maíz no había para que comiesen, y lo repartiese entre todos nosotros los de su ejército. Y el teniente lo buscó luego, y no se hallaron cincuenta libras de ello, porque no comían sino zapotes asados y legumbres y algún marisco que pescaban; y aun aquel cazabe que dieron lo guardaban para el matalotaje para irse a Cuba, desde que estuviese calafateado el navío.

Y con dos bateles y ocho marineros que luego vinieron, escribió Cortés luego a Sandoval que él mismo en persona y el capitán Luis Marín fuesen los postreros que pasasen aquel gran río y que mirasen que no se embarcasen más de los que él mandase, y que los bateles pasasen sin mucha carga, por causa de la gran corriente del río, que venía muy crecido y recio; y con cada batel, dos caballos; y en las canoas no pasase caballo ninguno, que se perderían y trastornarían, según la gran furia de la corriente.

Y sobre el pasar adelante, uno que se decía Sayavedra, hermano de otro Ávalos, parientes de Cortés, quería pasar primero, puesto que Sandoval decía que en la primera barcada pasarían, porque pasaban en aquella sazón los religiosos franciscos, y que era justo tener primero cumplimiento con ellos. Y como Sayavedra era pariente de Cortés, y esta envidia de mandar vino desde Lucifer, no quisiera que Sandoval le pusiera impedimento, sino que callara, y le respondió no tan bien mirado como convenía. Y Sandoval, que no se las sufría, tuvieron palabras, de manera que Sayavedra echó mano a un puñal; y puesto que Sandoval, como estaba dentro en el río, a más de la rodilla el agua, deteniendo que en los bateles no se cargase demasiado, así como estaba, arremetió al Sayavedra y le tenía tomada la mano donde tenía el puñal, y le derribó en el agua. Y si de presto no nos metiéramos entre ellos y los despartiéramos, ciertamente Sayavedra librara mal, porque todos los más soldados nos mostramos de la parte de Sandoval.

Dejemos esta cuestión, y diré cómo cuatro días estuvimos en pasar aquel río; y de comer, ni por pensamiento, si no era de unas pacayas que nacen de unas palmilas chicas y otras como nueces, que asábamos y las partíamos y los meollos de ellas comíamos. Y en aquel río se ahogó un soldado con su caballo, el cual soldado se decía Tarifa, que pasaba en una canoa, y no pareció más él ni el caballo. También se ahogaron dos caballos, y el uno era de un soldado que se decía Solís "Casquete", que hacía bramuras por él y maldecía a Cortés y su viaje.

Y quiero decir de la gran hambre que allí en el pasar del río hubo, y aun del murmurar de Cortés y de su venida, y aun de todos nosotros que le seguíamos. Pues desde que hubimos llegado al pueblo, no había bocado de cazabe que comer, ni aun los vecinos lo tenían ni sabían caminos, si no era de dos pueblos que allí cerca solían estar, que se habían ya despoblado. Y luego Cortés mandó al capitán Luis Marín que con los vecinos de Guazacualco fuésemos a buscar maíz, lo cual adelante diré.

Cómo otro día, después de haber llegado a aquella villa, que yo no le sé otro nombre sino San Gil de Buenavista, fuimos con el capitán Luis Marín hasta ochenta soldados, todos a pie, a buscar maíz y descubrir la tierra; y lo que pasó diré adelante

Ya he dicho que, como llegamos a aquella villa que Gil González de Ávila tenía poblada, no tenían qué comer, y eran hasta cuarenta hombres y cuatro mujeres de Castilla, y las dos mulatas; y todos dolientes y los colores muy amarillos. Y como no teníamos qué comer nosotros ni ellos, no veíamos la hora que íbamos a buscar. Y Cortés mandó que saliese el capitán Luis Marín y buscásemos maíz. Y fuimos con él sobre ochenta soldados, a pie, hasta ver si había caminos para caballos. Y llevábamos con nosotros un indio de Cuba que nos fue guiando a unas estancias y pueblos que estaban de allí ocho leguas, donde hallamos mucho maíz e infinitos cacahuatales y frijoles y otras legumbres, donde tuvimos bien qué comer, y aun enviamos a decir a Cortés que enviase a todos los indios mexicanos y llevarían maíz. Y le socorrimos entonces con otros indios con diez hanegas de ello y enviamos por nuestros caballos.

Y desde que Cortés supo que estábamos en buena tierra y se informó de indios mercaderes que entonces se habían prendido en el río del Golfo Dulce, que para ir a Naco, adonde degollaron al Cristóbal de Olí, era camino derecho donde estábamos, envió a Gonzalo de Sandoval con toda la mayor parte de su ejército, que nos siguiese y que nos estuviésemos en aquella estancia hasta ver su mandado. Y como llegó Sandoval adonde estábamos y vio que había abastadamente de comer, se holgó mucho, y luego envió a Cortés sobre treinta hanegas de maíz con indios mexicanos, lo cual repartió a los vecinos que en aquella villa quedaban. Y como estaban hambrientos y no eran acostumbrados sino a comer zapotes asados y cazabe, y como se hartaron de tortillas con el maíz que les enviamos, se les hincharon las barrigas; y como estaban dolientes, se murieron siete de ellos.

Y estando de esta manera con tanta hambre, quiso Dios que aportó allí un navío que venía cargado de las islas de Cuba con siete caballos y cuarenta puercos y ocho pipas de tasajos salados y pan cazabe. Y venían hasta quince pasajeros y ocho marineros, y cuya era toda la más cargazón de aquel navío se decía Antón de Carmona el Borceguero, y Cortés compró fiado todo cuanto bastimento en él venía y repartió de ello a los vecinos. Y como estaban de antes en tanta necesidad y debilitados, se hartaron de la carne salada y dio a muchos de ellos cámaras, de que murieron catorce.

Pues como vino aquel navío con la gente y marineros, parecióle a Cortés que era bien ir a ver y calar y bojar aquel tan poderoso río, si había poblazones arriba y qué tierra era. Y luego mandó calafatear un bergantín que estaba al través, que era de los de Gil González de Ávila, y adobar un batel y hacerle como barco del descargo. Y con cuatro canoas atadas unas con otras, y con treinta soldados y los ocho hombres de la mar de los nuevamente venidos en el navío, y Cortés por su capitán, y con veinte indios mexicanos, se fue río arriba.

Y, obra de diez leguas que hubo ido río arriba, halló una laguna muy ancha que tenía de bojo, el largo y ancho, seis leguas, y no había poblazón ninguna alrededor de ella, porque todo era anegadizo. Y siguiendo el río arriba, venía ya muy corriente, más que de antes, y había unos saltaderos que no podían ir con el bergantín y bateles y canoas. Y acordó dejarlas allí en el río, en un remanso, con seis españoles en guarda de ellas. Y fue por tierra, por un camino angosto, y llegó a unos pueblezuelos despoblados. Y luego dio en unos maizales y de allí tomó tres indios por guías, que le llevaron a unos pueblos chicos, donde tenían mucho maíz y gallinas, y aun tenían faisanes, que en estas tierras llaman sacachules, y perdices de la tierra y palomas. Y esto de tener perdices de esta manera yo lo he visto y hallado en pueblos que están en comarca de estos del Golfo Dulce, cuando fui en busca de Cortés, como adelante diré.

Volvamos a nuestra relación, que allí tomó Cortés guías y pasó adelante, y fue a otros pueblezuelos que se dicen Cinacantencintle, donde tenían grandes cacahuatales y maizales y algodón. Y antes que a ellos llegase, oyeron tañer atabalejos y trompetillas haciendo fiestas y borracheras; y por no ser sentido, Cortés estuvo escondido con sus soldados en un monte. Y desde que vio que era tiempo de ir a ellos, arremeten todos a una y prendieron hasta diez indios y quince mujeres. Y todos los demás indios de aquel pueblo de presto se fueron a tomar sus armas, y vuelven con arcos y flechas y lanzas y comenzaron a flechar a los nuestros. Y Cortés con los suyos fue contra ellos y acuchillaron ocho indios que eran principales. Y desde que veían el pleito mal parado y las mujeres tomadas, enviaron cuatro hombres viejos, y los dos eran sacerdotes de ídolos, y vinieron muy mansos a rogar a Cortés que les diese los presos, y trajeron ciertas joyezuelas de oro de poca valía.

Y Cortés les habló con doña Marina, que allí iba con Juan Jaramillo, su marido, porque Cortés sin ella no podía entender a los indios. Y les dijo que le llevasen el maíz y gallinas y sal y todo el bastimento que allí les señaló, y dio a entender que había ido en canoas y bergantines y la parte adonde había quedado, y que, hecho esto, luego les daría los presos. Y ellos dijeron que sí harían, y que cerca de allí está uno como estero que salía al río. Y luego hicieron balsas y medio nadando lo llevaron hasta que dieron en fondo que pudieron nadar muy bien.

Pues como Cortés había quedado de les dar todos los presos, pareció ser que mandó Cortés que se quedasen tres mujeres con sus maridos para hacer pan y servirse de los indios, y no se las dieron. Y sobre ello se apellidaron todos los indios de aquel pueblo, y sobre las barrancas del río dan una buena mano de vara y piedra y flecha a Cortés y a sus soldados, de manera que hirieron al mismo Cortés en la cara y a otros doce de sus soldados. Allí se le desbarató una balsa y aun se perdió la mitad de lo que traía, y se ahogó un mexicano. Y en aquel río hay tantos mosquitos, que no se podían valer. Y Cortés todo lo sufría. Y da vuelta para su villa, que yo no sé cómo se la nombró, y bastecióla mucho más de lo que estaba.

Ya he dicho que el pueblo donde llegó Cortés se decía Sinacatencintle, y me han dicho ahora que estará de Guatemala hasta setenta leguas, y tardó Cortés en este viaje y volver a la villa veinte y seis días. Y desde que vio que no era bien poblar allí, por no haber pueblos de indios, y como tenía mucho bastimento, así de lo que antes estaba como de lo que al presente traía, acordó de escribir a Gonzalo de Sandoval que luego se fuese a Naco y le hizo saber todo lo por mí dicho de su viaje del Golfo Dulce, según lo tengo aquí relatado, y cómo iba a poblar a Puerto de Caballos y que le enviase diez soldados de los de Guazacualco, que sin ellos no se hallaba en las entradas.

Cómo Cortés se embarcó con todos los soldados que había traído en su compañía y los que habían quedado en San Gil de Buenavista, y fue a poblar adonde ahora llaman Puerto de Caballos, y le puso nombre La Natividad, y lo que ende hizo.

Pues como Cortés vio que en aquel asiento que halló poblados a los de Gil González de Ávila no era bueno, acordó de se embarcar en los dos navíos y bergantín con todos cuantos en aquella villa estaban, que no quedó ninguno, y en ocho días de navegación fue a desembarcar adonde ahora llaman Puerto de Caballos. Y como vio aquella bahía buena para puerto y supo de indios que había cerca poblaciones, acordó de poblar una villa, que la nombró Natividad, y puso por su teniente a un Diego de Godoy. Y desde allí hizo dos entradas en la tierra adentro, a unos pueblos cercanos que ahora están despoblados, y tomó lengua de ellos cómo había otros pueblos, y basteció la villa de maíz, y supo que estaba el pueblo de Naco, donde degollaron a Cristóbal de Olí, cerca, y escribió a Gonzalo de

Sandoval, creyendo que ya había llegado y estaba de asiento en el Naco, que le enviase diez soldados de los de Guazacualco, y decía en la carta que sin ellos no se hallaba en hacer entradas. Y le escribió cómo quería irse desde allí a Puerto de Honduras, adonde estaba poblada la villa de Trujillo, y que el Sandoval con sus soldados pacificasen aquellas tierras y poblasen una villa. La cual carta vino a poder de Sandoval estando que estábamos en las estancias por mí ya dichas, que no habíamos llegado a Naco.

Y dejemos de decir de lo de Cortés y sus entradas que hacía desde Puerto de Caballos y de los muchos mosquitos que en ellas les picaban así de día como de noche, que, a lo que después le oía decir, tenía con ellos tan malas noches, que estaba la cabeza sin sentido de no dormir. Pues como Gonzalo de Sandoval vio las cartas de Cortés, luego se fue desde aquellas estancias que dicho tengo a unos poblezuelos que se decían Cuyuacán, que estaban de allí siete leguas, y no se pudo ir luego a Naco, como Cortés le había mandado, por no dejar atrás en los caminos muchos soldados que se habían apartado a otras estancias por tener qué comer ellos y sus caballos, y por causa de que al pasar de un río muy hondo, de dos que había, que no se podía vadear, y era camino de las estancias, y por dejar recaudo de una canoa con que pasaban los españoles que quedaban rezagados y muchos indios mexicanos que venían dolientes. Y esto fue también por temor de unos pueblos cercanos de las estancias que confinaban en el río y Golfo Dulce; venían cada día allí de guerra muchos indios de los pueblos.

Y porque no hubiese algún mal recaudo y muertes de españoles y de indios mexicanos, mandó Sandoval que quedásemos en aquel paso ocho soldados; y a mí me dejó por caudillo de ellos, y que tuviésemos una canoa del pasaje siempre varada en tierra y que estuviésemos alerta si daban voces los pasajeros de los que estaban en las estancias, para luego pasarles. Y una noche vinieron muchos indios guerreros de los pueblos cercanos y de las estancias, creyendo que no nos velábamos, y por tomarnos la canoa dan de repente en los ranchos en que estábamos y les pusieron fuego. Y no vinieron tan secreto, que ya les habíamos sentido, y nos recogimos todos ocho soldados y cuatro mexicanos de los que estaban sanos. Y arremetimos a los guerreros, y a cuchilladas los hicimos volver por donde habían venido, puesto que flecharon a dos soldados y a un indio, mas no fueron mucho las heridas. Y desque aquello vimos, fuimos tres compañeros a las estancias adonde sentíamos que habían quedado indios y españoles dolientes, que sería una legua de allí, y trajimos a un Diego de Mazariegos, ya otras veces por mí nombrado, y a otros españoles que estaban en su compañía y a indios mexicanos que estaban dolientes, y luego les pasamos el río y fuimos adonde Sandoval estaba.

E yendo que íbamos nuestro camino, como un español de los que habíamos recogido en las estancias iba muy malo, y era de los nuevamente venidos de Castilla y medio isleño, hijo de genovés, y como iba malo y sin tener qué le dar de comer sino tortillas y pinol, y ya que llegábamos obra de media legua de donde estaba Sandoval, se murió en el camino, y no tuve gente para llevar el cuerpo muerto hasta el real. Y llegado adonde el Sandoval estaba, le dije de nuestro viaje y del hombre que se quedó muerto, y hubo enojo conmigo porque entre todos nosotros no le trajimos a cuestas o en un caballo. Y le dije que traíamos dos dolientes en cada caballo y nos veníamos a pie, y que por esta causa no se pudo traer. Y un soldado que se decía Bartolomé de Villanueva, que era mi compañero, respondió al Sandoval muy soberbio que harto teníamos con traer nuestras personas sin traer muertos a cuestas, y que renegaba de tanto trabajo y pérdida como Cortés nos había causado. Y luego mandó el Sandoval que, a mí y al Villanueva, sin más nos parar, le fuésemos a enterrar. Y llevamos dos indios y un azadón e hicimos su sepultura y lo enterramos y le pusimos una cruz, y hallamos en la cabecera del muerto una taleguilla con muchos dados y un papel escrito: una memoria de dónde era natural y cuyo hijo era y qué bienes tenía en Tenerife. Y después, andando el tiempo, se envió aquella memoria. ¡Perdónelo Dios, amén!

Dejemos de contar cuentos. Y quiero decir que luego Sandoval acordó que fuésemos a otros pueblos que ahora están cerca de unas minas que se descubrieron dentro de dos años, y desde allí fuimos a otro pueblo que se dice Quimiztán; y otro día, a la hora de misa, fuimos a Naco, y en aquella sazón era buen pueblo, y hallámosle despoblado de aquel mismo día. Y después de nos aposentar en unos patios grandes, donde habían degollado a Cristóbal de Olí, que estaba el pueblo bien abastecido de maíz y de frijoles y ají, y también hallamos un poco de sal, que era la cosa que más deseábamos; y allí asentamos con nuestro fardaje, como si hubiéramos de estar en él para siempre. Hay en este pueblo la mejor agua que habíamos visto en la Nueva España y un árbol que en mitad de la siesta, por recio sol que hiciese, parecía que la sombra del árbol refrescaba el corazón, y caía de él uno como rocío muy delgado que confortaba las cabezas. Y este pueblo en aquella sazón fue muy poblado y en buen asiento, y había fruta de zapotes colorados y de los chicos, y estaban en comarca de otros pueblos. Y dejadlo he aquí, y diré lo que allí nos avino.

Desque hubimos allegado al pueblo de Naco y recogido maíz, frijoles y ají, y con tres principales de aquel pueblo que allí en los maizales prendimos —los cuales Sandoval halagó y dio cuentas de Castilla y les rogó que fuesen a llamar a los demás caciques, no se les haría enojo ninguno—, y fueron así como se lo mandó, y vinieron dos caciques, mas no pudo con ellos que se poblase el pueblo, salvo traer de cuando en cuando poca comida, ni nos hacían bien ni mal, ni nosotros a ellos; y así estuvimos los primeros días.

Y Cortés había escrito a Sandoval, como de antes dicho tengo, que luego le enviase a Puerto de Caballos diez soldados de los de Guazacualco; y todos nombrados por sus nombres, y entre ellos era yo uno. Y en aquella sazón estaba algo malo; dije a Sandoval que me excusase, pues estaba mal dispuesto, y él que de ello había gana; así quedé. Y envió ocho soldados, muy buenos varones para cualquiera afrenta, y aun fueron de tan mala voluntad, que renegaban de Cortés y aun de su viaje, y tenían mucha razón. Y porque no sabían si la tierra por donde habían de ir estaba de paz, acordó Sandoval de demandar a los caciques de Naco cinco principales indios que fuesen con ellos hasta Puerto de Caballos, y les puso temores de que si algún enojo recibían algunos de los soldados, que les quemaría el pueblo y que les iría a buscar y dar guerra; y mandó que en todos los pueblos por donde pasasen les diesen muy bien de comer.

Y fueron su viaje hasta Puerto de Caballos, adonde hallaron a Cortés que se quería embarcar para ir a Trujillo, y se holgó con ellos y supo cómo quedábamos buenos, y les llevó consigo en los navíos y luego se embarcó. Y dejó en aquella villa del Puerto de Caballos a un Diego de Godoy por su capitán, con hasta cuarenta vecinos, que eran todos los más de los que solían ser de Gil González de Ávila y de los nuevamente venidos de las islas. Y desque Cortés se hubo embarcado y su teniente Godoy se quedó en la villa, con los soldados que más sanos tenía hacían entradas en los pueblos comarcanos. Trujo dos de ellos de paz; mas como los indios vieron que los soldados que allí quedaban estaban todos los más de ellos dolientes y se morían cada día, no hacían cuenta de ellos, y a esta causa no les acudían con comida, ni ellos eran para irla a buscar, y pasaban gran necesidad de hambre, y aun en pocos días se murieron la mitad de ellos, y despoblaron otros tres soldados, que se vinieron huyendo a donde estábamos con Sandoval.

Y déjalo he aquí en este estado, y volveré a Naco. Que como Sandoval había visto que no querían venir a poblar el pueblo los indios vecinos y naturales de Naco, y aunque los enviaba a llamar muchas veces, y que los más pueblos comarcanos no venían ni hacían cuenta de nosotros, acordó de ir en persona y hacer de manera que viniesen. Y fuimos luego a unos pueblos que se decían Girimonga y Azula, y a otros pueblos que estaban cerca de Naco, y todos vinieron a dar la obediencia a Su Majestad. Y luego fuimos a Quismistán y a otros pueblos de la sierra, y asimismo vinieron. Por manera que todos los indios de aquella comarca venían, y como no se les demandaba cosa ninguna más de lo que ellos querían dar, no tenían pesadumbre de venir; y de esta manera estaba todo de paz, hasta donde pobló Cortés la villa que ahora se dice Puerto de Caballos. Y dejemos esta materia, porque por fuerza tengo de volver a decir de Cortés, que fue a desembarcar al puerto de Trujillo; y porque en una sazón acaecen dos y aun tres cosas, como otras veces he dicho en los capítulos pasados, tengo de meter la pluma por los pasos contados: dónde y de qué manera conquistábamos y poblamos. Y aunque se deje por ahora de decir de Sandoval y lo que en Naco le avino, quiero decir lo que Cortés hizo en Trujillo.

Como Cortés hubo embarcado en el Puerto de Caballos, y llevó en su compañía muchos soldados de los que trajo de México y los que le envió Gonzalo de Sandoval, y con buen tiempo, en seis días llegó al puerto de Trujillo. Y desque los vecinos que allí vivían, que dejó poblados Francisco de las Casas, supieron que era Cortés, todos fueron a la mar, que estaba cerca, a recibirle y a besarle las manos, porque muchos de aquellos vecinos eran bandoleros de los que echaron de Pánuco y fueron quienes dieron consejo a Cristóbal de Olí para que se alzase, y los habían desterrado de Pánuco, según dicho tengo en el capítulo que de ello habla. Y como se hallaban culpables, suplicaron a Cortés que les perdonase. Y Cortés, con muchas caricias y ofrecimientos, los abrazó a todos y les perdonó.

Y luego se fue a la iglesia, y después de hecha oración, le aposentaron lo mejor que pudieron y le dieron cuenta de todo lo acaecido a Francisco de las Casas y a Gil González de Ávila, y por qué causa degollaron a Cristóbal de Olí y cómo se habían ido camino de México y cómo habían pacificado algunos pueblos de aquella provincia. Y desque Cortés bien lo hubo entendido, a todos los honró de palabra y con dejarlos en los cargos según y de la manera que los tenían, excepto que hizo capitán general de aquellas provincias a su primo Sayavedra, que así se llamaba, lo cual todos tuvieron por bien.

Y luego envió a llamar a todos los pueblos comarcanos, y como tuvieron nueva de que era el capitán Malinche, que así le llamaban, y sabían que había conquistado a México, luego vinieron a su llamado y le trajeron presentes de bastimento.

Y desque se hubieron juntado los caciques de cuatro pueblos más principales, Cortés les habló con doña Marina y les dijo las cosas tocantes a nuestra santa fe y que todos éramos vasallos del gran Emperador que se dice don Carlos de Austria, y que tiene muchos grandes señores por vasallos, y que nos envió a estas partes para quitar sodomías y robos e idolatrías, y para que no se consintiese comer carne humana ni hubiese sacrificio ni se robasen ni se diesen guerra unos a otros, sino que fuesen hermanos y como tales se tratasen.

Y también venía para que diesen la obediencia a tan alto rey y señor como les ha dicho que tenemos y le contribuyan con servicios y de lo que tuvieren, como hacemos todos sus vasallos; y les dijo otras muchas cosas doña Marina, que las sabía bien decir. Y a los que no quisiesen venir a someterse al dominio de Su Majestad, que les castigaría. Y aun los dos religiosos franciscanos que Cortés traía les predicaron cosas muy santas y buenas, lo cual se lo declaraban dos indios mexicanos que sabían la lengua española, con otros intérpretes de aquella lengua.

Y más les dijo: que en todo les guardaría justicia, porque así lo mandaba nuestro rey y señor. Y porque hubo otros muchos razonamientos, y los entendieron muy bien los caciques, dijeron que se daban por vasallos de Su Majestad y que harían lo que Cortés les mandaba. Y luego les dijo que trajesen bastimento a aquella villa, y también les mandó que viniesen muchos indios y trajesen hachas y que talasen un monte que estaba dentro en la villa para que desde ella se pudiese ver la mar y el puerto. Y también les mandó que fuesen en canoas a llamar a tres o cuatro pueblos que están en unas isletas que se llaman los Guanajes, que en aquella sazón estaban poblados, y que trajesen pescado, pues tenían mucho. Y así lo hicieron, que dentro de cinco días vinieron los pueblos de las isletas y todos traían presentes de pescado y gallinas.

Y Cortés les mandó dar unas puercas y un verraco que halló en Trujillo y de los que traía de México para que hicieran casta, porque le dijo un español que era buena tierra para multiplicar con soltarlos en la isleta sin ponerles guarda; y así fue como dijo, que dentro de dos años hubo muchos puercos y los iban a montear.

Dejemos esto, pues no hace a nuestra relación, y no me lo tengan por prolijidad en contar cosas viejas. Y diré que vinieron tantos indios a talar los montes de la villa que Cortés les mandó, que en dos días se vio claramente muy bien la mar, e hicieron quince casas, y una para Cortés, muy buena. Y esto hecho, se informó Cortés qué pueblos y tierras estaban rebeldes y no querían venir de paz. Y unos caciques de un pueblo que se dice Papayeca, que era cabecera de otros pueblos, que en aquella sazón era grande pueblo (que ahora está con muy poca gente o casi que ninguna), le dio a Cortés una memoria de muchos pueblos que no querían venir de paz, que estaban en grandes sierras y tenían fuerzas hechas.

Y luego Cortés envió al capitán Sayavedra con los soldados que le pareció que convenía que fuesen con él, y con los ocho de Guazacualco fue por su camino hasta que llegó a las poblaciones que solían estar de guerra; y le salieron de paz los más de ellos, excepto tres pueblos que no quisieron venir. Y tan temido era Cortés de los naturales y tan nombrado, que hasta los pueblos de Olancho, donde fueron las minas ricas que después se descubrieron, era temido y acatado; y le llamaban en todas aquellas provincias el capitán Huehue de Marina, y lo que quiere decir es el capitán viejo que trae a doña Marina.

Dejemos a Sayavedra, que estaba con su gente sobre los pueblos que no se querían dar, que me parece que se decían los Acaltecas, y volvamos a Cortés, que estaba en Trujillo. Y ya le habían adolecido los frailes franciscanos y un su primo que se decía Ávalos, y el licenciado Pero López, y Carranza el mayordomo, y Guinea el despensero, y un Juan Flamenco, y otros muchos soldados, así de los que Cortés traía como de los que halló en Trujillo, y aun el Antón de Carmona, que trajo el navío con el bastimento.

Y acordó de enviarlos a la isla de Cuba, a La Habana o a Santo Domingo, si veían que el tiempo hacía bueno en la mar, y para ello les dio un navío bien aderezado y calafateado, con el mejor matalotaje que se pudo haber. Y escribió a la Audiencia Real de Santo Domingo y a los frailes jerónimos y a La Habana, dando cuenta de cómo había salido de México en busca de Cristóbal de Olí, y cómo dejó sus poderes a los oficiales de Su Majestad, y del trabajoso camino que había traído.

Y cómo Cristóbal de Olí hubo preso a un capitán que se decía Francisco de las Casas, que Cortés había enviado para tomarle la armada a Cristóbal de Olí, y que también había preso a un Gil González de Ávila, siendo gobernador del Golfo Dulce; y que, teniéndolos presos, los dos capitanes le dieron de cuchilladas y, por sentencia, después que tuvieron preso a Cristóbal de Olí, le degollaron.

Y que al presente estaba poblando la tierra y pueblos sujetos a aquella villa de Trujillo, y que era tierra rica de minas, y que enviasen soldados, que en aquella isla de Santo Domingo no tenían con qué sustentarse. Y para dar crédito de que había oro envió muchas joyas y piezas de las que traía en su recámara y vajilla, de lo que trajo de México y aun de la vajilla de su aparador.

Y envió por capitán de aquel navío a un su primo que se decía Ávalos, y le mandó que de camino tomase a veinticinco soldados que había dejado un capitán, que tuvo nueva que andaba a saltear indios en las isletas, los cuales dejó en lo de Cozumel.

Y partido del puerto de Honduras, que así se llamaba, unas veces con buen tiempo, otras veces con contrario, pasaron adelante de la punta de San Antón, que está junto a las sierras que llaman de Guaniguanico, que será de La Habana sesenta o setenta leguas; y con temporal dieron con el navío en tierra, de manera que se ahogaron los frailes y el capitán Ávalos y muchos soldados; y de ellos se salvaron en el batel y en tablas, y con mucho trabajo aportaron a La Habana.

Y desde allí fue la fama volando en toda la isla de Cuba de cómo Cortés y todos nosotros éramos vivos. Y en pocos días fue la nueva a Santo Domingo, porque el licenciado Pedro López, médico, que iba allí, escapó en una tabla y escribió a la Real Audiencia de Santo Domingo, en nombre de Cortés, todo lo acaecido y cómo estaba poblado en Trujillo, y que había menester bastimento y vino y caballos, y que para comprarlos traía mucho oro, y que se perdió en la mar de la manera que ya dicho tengo.

Y desde que aquella nueva se supo, todos se alegraron, porque ya había gran fama y lo tenían por cierto que Cortés y todos nosotros, sus compañeros, éramos muertos, las cuales nuevas supieron en la Española de un navío que fue de la Nueva España. Y como en Santo Domingo se supo que estaba de asiento poblando las provincias que dicho tengo, luego los oidores y mercaderes comenzaron a cargar dos navíos viejos con caballos, potros, camisas, bonetes y cosas de bujería, y no trajeron cosa de comer sino una pipa de vino, ni fruta, salvo los caballos y lo demás de tarrabusterías.

Entretanto que se arman los navíos para venir, que aún no han llegado al puerto, quiero decir que como Cortés estaba en Trujillo, se le vinieron a quejar ciertos indios de las islas de los Guanajes, que sería de allí ocho leguas, y dijeron que estaba anclado un navío junto a su pueblo y con el batel del navío lleno de españoles con escopetas y ballestas, y que les querían tomar por fuerza sus maceguales, que se dice entre ellos vasallos, y que, a lo que han entendido, son robadores, y que así les tomaron los años pasados muchos indios y los llevaron presos en otro navío como aquel que estaba surto, que enviase a poner cobro en ello.

Y desde que Cortés lo supo, luego mandó armar un bergantín con la mejor artillería que había y con veinte soldados y con un buen capitán, y les mandó que en todo caso tomasen el navío que los indios decían y se lo trajesen preso con todos los españoles que dentro andaban, pues que eran robadores de los vasallos de Su Majestad. Y mandó a los indios que armasen sus canoas y, con varas y flechas, fuesen junto al bergantín y que ayudasen a prender aquellos hombres, y para ello dio poder al capitán.

Pues yendo con su bergantín armado y muchas canoas de los naturales de aquellas isletas, y desde que los del navío que estaba surto los vieron ir a la vela, no aguardaron mucho, que alzaron velas y se fueron huyendo, porque bien entendieron que iban contra ellos, y no los pudo alcanzar el bergantín.

Y después se alcanzó a saber que era un bachiller Moreno, que había enviado la Audiencia Real de Santo Domingo a cierto negocio a Nombre de Dios, y parece ser que descayeron del viaje, o vino de hechos sobre cosa pensada, a robar los indios de la Guanaja.

Y volvamos a Cortés, que se quedó en aquella provincia pacificándola, y a volver a decir lo que a Sandoval le acaeció en Naco.

CAPÍTULO XIII: CUARENTA SOLDADOS ESPAÑOLE Y SU CAPITÁN HACÍAN PILLERÍAS

Estando Sandoval en el pueblo de Naco, atrayendo de paz todos los más pueblos de aquella comarca, vinieron ante él cuatro caciques de dos pueblos que se dicen Quequespán y Talchinalchapa, y dijeron que estaban en sus pueblos muchos españoles de la manera de los que con él estábamos, con armas y caballos, y que les tomaban sus haciendas e hijas y mujeres, y que las echaban en cadenas de hierro; de lo cual hubo gran enojo el Sandoval.

Y preguntado que qué tanto sería de allí donde estaban, dijeron que en un día temprano llegaríamos. Y luego nos mandó apercibir a los que habíamos de ir con él lo mejor que podíamos, con nuestras armas y caballos, y ballestas y escopetas, y fuimos con él setenta hombres.

Y llegados a los pueblos adonde estaban, hallámosles muy de reposo, sin pensamiento de que les habíamos de prender. Y desde que nos vieron ir de aquella manera, se alborotaron y echaron mano a las armas, y de presto prendimos al capitán y a otros muchos de ellos sin que hubiese sangre de una parte ni de otra.

Y Sandoval les dijo, con palabras algo desabridas, si les parecía bien andar robando a los vasallos de Su Majestad y que si era buena conquista y pacificación aquella. Y a unos indios e indias que traían en cadenas con colleras, se las hizo sacar de ellas y se las dio al cacique de aquel pueblo, y a los demás mandó que se fuesen a su tierra, que era cerca de allí.

Pues como aquello fue hecho, mandó al capitán que allí venía, que se decía Pedro de Garro, que él y sus soldados fuesen presos y se fuesen luego con nosotros al pueblo de Naco, lo cual caminamos con ellos.

Y traían muchas indias de Nicaragua, y algunas hermosas, e indias naborías que tenían para su servicio, y todos los más de ellos traían caballos. Y como nosotros estábamos tan trillados y deshechos de los caminos pasados y no teníamos indias que nos hiciesen pan, sino muy pocas, eran ellos unos condes en el servirse según nuestra pobreza.

Pues como llegamos con ellos a Naco, Sandoval les dio posadas en parte conveniente, porque venían entre ellos ciertos hidalgos y personas de calidad. Pues desde que hubieron reposado un día, su capitán Garro vio que éramos de los de Cortés, que tan mentado era; hízose muy amigo de Sandoval y de todos nosotros, y se holgaban con nuestra compañía.

Y quiero decir cómo y de qué manera y por qué causa venía aquel capitán con aquellos soldados, y es de esta manera que diré. Pareció ser que Pedrarias de Ávila, gobernador que fue en aquella sazón de Tierra Firme, envió un capitán que se decía Francisco Hernández, persona muy principal entre ellos, a conquistar y pacificar las tierras de Nicaragua, que descubriese otras, y le dio copia de soldados, así de a caballo como de ballesteros. Y llegó a las provincias de Nicaragua y León, que así las llamaban, las cuales pacificó y pobló.

Y como se vio con muchos soldados y próspero y apartado de Pedrarias de Ávila, y por consejeros que tuvo para ello, y también, según entendí, un bachiller Moreno, por mí ya nombrado, que la Audiencia Real de Santo Domingo y los frailes jerónimos que gobernaban en las Indias le habían enviado a Tierra Firme a cierto pleito —que tengo en mi pensamiento que era sobre la muerte de Balboa, yerno de Pedro Arias, el cual degolló sin justicia después que lo hubo casado con su hija doña Isabel Arias de Peñalosa, que así se llamaba—, y el bachiller Moreno dijo al capitán Francisco Hernández que, como conquistase cualquiera tierra y acudiese a nuestro rey y señor para que le hiciese gobernador de ella, que no hacían traición; y que el Balboa que degolló Pedrarias, siendo su yerno, fue contra toda justicia, pues que Balboa primero envió procuradores a Su Majestad para ser adelantado.

Y so color de estas palabras que tomó del bachiller Moreno, envió Francisco Hernández a su capitán Pedro de Garro para que por la banda del norte le buscase puerto para hacer sabedor a Su Majestad de las provincias que había pacificado y poblado, para que le hiciese merced de que fuese gobernador de ellas, pues estaban tan apartadas de la gobernación de Pedrarias; y viniendo que venía Pedro de Garro para aquel efecto, le prendimos, como dicho tengo.

Y desde que Sandoval entendió el intento a lo que venían, platicó con Garro y Garro con Sandoval secretamente, y diose orden de que lo hiciésemos saber a Cortés, que estaba en Trujillo; y que Sandoval tenía por cierto que Cortés le ayudaría para que quedase Francisco Hernández por gobernador de Nicaragua.

Pues ya esto concertado, envían Sandoval y Garro diez hombres, cinco de los nuestros y otros cinco soldados de los de Garro, para que costa a costa fuesen a Trujillo con las cartas, porque allí residía Cortés entonces, como dicho tengo en el capítulo que de ello habla; y llevaron sobre veinte indios de Nicaragua de los que traía Garro para que ayudasen a pasar los ríos.

Y yendo por sus jornadas, no pudieron pasar el río de Pichín ni otro que se dice de Balaama, porque venían muy crecidos. Y a cabo de quince días vuelven los soldados a Naco sin hacer cosa ninguna de lo que les fue mandado, de lo cual hubo tanto enojo el Sandoval, que de palabras trató mal al que iba por caudillo.

Y luego, sin más tardar, ordena que vaya por la tierra adentro el capitán Luis Marín con diez soldados y los cinco de Garro y los demás de los nuestros, y yo fui uno de ellos; y fuimos todos a pie y atravesamos muchos pueblos que estaban de guerra.

Y si hubiese de escribir por extenso los grandes trabajos y reencuentros que con indios de guerra tuvimos, y los ríos y ancones que pasamos en balsas y a nado, y el hambre que en algunos días tuvimos, era para no acabar tan pronto, y cosas muy de notar; mas digo que había días en que pasábamos tres ríos caudalosos en balsas y a nado. Y desde que llegamos a la costa, hubo muchos esteros donde había lagartos, y en un río que se dice Jagua, que está del Triunfo de la Cruz a diez leguas, estuvimos dos días en pasarlo en balsas, según venía de recio.

Y allí hallamos calaveras y huesos de siete caballos que se habían muerto de mala hierba que habían pacido, y fueron de los de Cristóbal de Olí. Y desde allí fuimos al Triunfo de la Cruz y hallamos naves quebradas dadas al través. Y desde allí fuimos en cuatro días a un pueblo que se dice Quemara, y salieron muchos indios de guerra contra nosotros, y traían unas lanzas grandes y gruesas y con sus rodelas, y las mandaban con la mano derecha y sobre el brazo izquierdo, y jugaban de la manera que nosotros peleamos con las picas, y se nos venían a juntar pie con pie. Y con las ballestas que llevábamos y a cuchilladas nos dieron lugar para que pasásemos adelante, y allí hirieron a dos de nuestros soldados.

Y estos indios que he dicho que salieron de guerra no creyeron que éramos de los de Cortés, sino de otros capitanes que les iban a robar sus indios.

Dejemos de contar trabajos pasados. Y digo que en otros dos días de camino llegamos a Trujillo, y antes de entrar en él, que sería hora de vísperas, vimos a cinco de a caballo, y era Cortés, y a otros caballeros a caballo que se habían ido a pasear por la costa; y cuando nos vieron desde lejos no sabían qué cosa nueva podía ser. Y desde que nos conoció Cortés, se apeó del caballo y con las lágrimas en los ojos nos vino a abrazar, y nosotros a él, y nos dijo: "¡Oh, hermanos y compañeros míos, qué deseo tenía de veros y saber qué tales estabais!" Y estaba tan flaco, que tuvimos mancilla de verle, porque según supimos había estado a punto de muerte de calenturas y tristezas que en sí tenía, y aun en aquella sazón no sabía cosa buena ni mala de lo de México; y dijeron otras personas que estaba ya tan a punto de muerte, que le tenían ya hechos unos hábitos de señor San Francisco para enterrarlo con ellos.

Y luego a pie se fue con todos nosotros a la villa y nos aposentó y cenamos con él; y tenía tanta pobreza, que aun de cazabe no nos hartamos. Y desde que le hubimos dado relación de lo que veníamos y leído las cartas sobre lo de Francisco Hernández para que le ayudase, dijo que haría cuanto pudiese por él.

Y en aquella sazón que llegamos a Trujillo, había tres días que habían venido los dos navíos chicos con las mercaderías que otras veces he dicho y memorado que enviaban de Santo Domingo, que eran caballos y potros muy ruines y mulas, y armas viejas, y unas camisas y bonetes colorados, y cosas de poca valía, y no trajeron sino una pipa de vino, ni fruta ni cosa de provecho; que valiera más que aquellos navíos no vinieran, según todos nos endeudamos en comprar aquellas bujerías y potros.

Pues estando con Cortés dando cuenta de nuestro camino trabajoso, vieron venir en alta mar un navío a la vela. Y llegado a puerto, venía de La Habana, que lo enviaba el licenciado Zuazo, el cual licenciado había dejado Cortés en México por alcalde mayor, y enviaba un poco de refresco para Cortés con una carta, la cual es esta que se sigue; y si no dijere las palabras formales que en ella venían, al menos diré la sustancia de ella.

Pues como hubo tomado puerto el navío que dicho tengo, y un hidalgo que venía por capitán de él, desde que saltó en tierra fue a besar las manos a Cortés y le dio una carta del licenciado Zuazo, que había dejado en México por alcalde mayor. Y desde que Cortés la hubo leído, tomó tanta tristeza, que luego se metió en su aposento y comenzó a sollozar, y no salió de donde estaba hasta otro día por la mañana, que era sábado, y mandó que se dijesen misas de Nuestra Señora muy de mañana. Y desde que hubieron dicho misa, nos rogó que le escuchásemos y sabríamos nuevas de la Nueva España: cómo echaron fama de que todos éramos muertos y cómo nos habían tomado nuestras haciendas y las habían vendido en almoneda, y quitado nuestros indios y repartido en otros españoles sin tener méritos, y comenzó a leer la carta, y decía así:

Lo primero que leyó en ella fueron las nuevas que vinieron de Castilla de su padre Martín Cortés y de Ordás, cómo el contador Albornoz le había sido contrario en las cartas que escribió a Su Majestad y al obispo de Burgos, y lo que Su Majestad sobre ellas había mandado proveer: de enviar al almirante con seiscientos hombres, según ya lo tengo dicho en el capítulo que de ello habla. Y cómo el duque de Béjar quedó por fiador y puso su estado y cabeza por Cortés y por nosotros, que éramos muy leales servidores de Su Majestad, y otras cosas que ya he mencionado en el capítulo correspondiente.

Y cómo al capitán Narváez le dieron una conquista del río de Palmas y que a un Nuño de Guzmán le dieron la gobernación de Pánuco, y que el obispo de Burgos había fallecido. Y sobre las cosas de la Nueva España, decía que, como Cortés había dado en Guazacualco los poderes y provisiones al factor Gonzalo de Salazar y a Pedro Almírez Chirinos para ser gobernadores de México si veían que el tesorero Alonso de Estrada y el contador Albornoz no gobernaban bien: así como llegaron a México el factor y el veedor con sus poderes, fueron a hacerse muy amigos del mismo licenciado Zuazo, que era alcalde mayor, y de Ramiro de Paz, que era alguacil mayor, y de Andrés de Tapia y Jorge de Alvarado y de todos los demás conquistadores de México.

Y desde que se vio el factor con tantos amigos de su banda, dijo que el factor y el veedor habían de gobernar, y no el tesorero ni el contador, y sobre ello hubo muchos ruidos y muertes de hombres: unos por favorecer al factor y veedor, y otros por ser amigos del tesorero y contador; de manera que quedaron con el cargo de gobernadores el factor y el veedor, y echaron presos a los contrarios, tesorero y contador, y a otros muchos que eran de su favor, y cada día había cuchilladas y revueltas. Y que los indios que vacaban los daban a sus amigos, aunque no tenían méritos, y que al mismo licenciado Zuazo no le dejaban hacer justicia, y que a Rodrigo de Paz lo habían echado preso porque le iba a la mano, y que el mismo licenciado Zuazo los volvió a concertar y hacer amigos, así al factor y al tesorero y contador como a Rodrigo de Paz, y que estuvieron ocho días en concordia.

Y que en esa sazón se levantaron ciertas provincias que se decían los zapotecas y minjes, y un pueblo y fortaleza donde había un gran peñol que se dice Coatlán, y que enviaron a él muchos soldados de los que habían venido nuevamente de Castilla y de otros que no eran conquistadores, y envió por capitán de ellos al veedor Chirinos. Y que gastaban muchos pesos de oro de las haciendas de Su Majestad y lo que estaba en su real caja; y que llevaban tantos bastimentos al real donde estaban, que todo era behetrías y juegos de naipes, y que los indios no les daban por ellos cosa ninguna.

Y que de repente de noche se salían los indios del peñol y daban en el real del veedor y le mataron ciertos soldados y le hirieron a otros muchos. Y a esta causa envió el factor con el mismo cargo a un capitán que fue de los de Cortés, que se decía Andrés de Monjaraz, para que estuviese en compañía del veedor, porque este Monjaraz se había hecho muy amigo del factor, y en aquella sazón estaba tullido de bubas el Monjaraz, que no era para hacer cosa que buena fuese. Y los indios estaban muy victoriosos y que México estaba cada día para alzarse. Y que el factor procuró por todas vías enviar oro a Castilla, a Su Majestad y al comendador mayor de León, don Francisco de los Cobos, porque en aquella sazón echó fama de que Cortés y todos nosotros estábamos muertos en poder de indios en un pueblo que se dice Xicalango.

Y en aquel tiempo había venido de Castilla un Diego de Ordás, muchas veces por mí nombrado, que es el que Cortés hubo enviado por procurador de la Nueva España, y lo que procuró fue para él una encomienda de señor Santiago, y trajo por cédula de Su Majestad sus indios y unas armas del volcán que está junto a Guaxocingo. Y que como llegó a México, dijo Ordás que quería ir a buscar a Cortés, y esto fue porque vio las revueltas y cizañas. Y que se hizo muy amigo del factor y fue por mar, para saber si era vivo o muerto Cortés, con un navío grande y un bergantín, y costa a costa hasta que llegó a un pueblo que se dice Xicalango, adonde habían muerto a Simón de Cuenca y al capitán Francisco de Medina y a los españoles que consigo estaban, según más largamente lo tengo escrito en el capítulo que de ello habla.

Y desde que aquellas nuevas supo Ordás, se volvió a la Nueva España y, sin desembarcar en tierra, escribió al factor con unos pasajeros que tiene por cierto que Cortés es muerto. Y desde que echó esta nueva el Ordás, en el mismo navío que fue en busca de Cortés, luego atravesó a la isla de Cuba a comprar becerras y yeguas.

Y desde que el factor vio la carta de Ordás, la anduvo mostrando en México a unos y a otros, y echó fama de que era muerto Cortés y todos los que con él fuimos, y se puso luto e hizo hacer un túmulo y monumento en la iglesia mayor de México, e hizo las honras por Cortés. Y luego se hizo pregonar con trompetas y atabales por gobernador y capitán general de la Nueva España, y mandó que todas las mujeres cuyos maridos habían muerto en compañía de Cortés hiciesen bien por sus ánimas y se casasen, y aun lo envió a decir a Guazacualco y a otras villas.

Y porque una mujer de un Alonso Valiente, que se decía Juana de Mansilla, no se quiso casar y dijo que su marido y Cortés y todos nosotros estábamos vivos, y que no éramos los conquistadores verdaderos y viejos de tan poco ánimo como los que estaban en el peñol de Coatlán con el veedor Chirinos, y que los indios les daban guerra, y no ellos a los indios, y que tenía esperanza en Dios que presto vería a su marido y a Cortés y a todos los demás conquistadores de vuelta para México, y que no se quería casar.

Porque dijo estas palabras, la mandó azotar el factor por las calles públicas de México por hechicera.

Y también, como hay en este mundo traidores y emuladores, y era uno de ellos uno que le tenían por hombre honrado —que por su honor aquí no le nombro—, dijo al factor, delante de otras muchas personas, que estaba malo de espanto porque yendo una noche pasada cerca del Tatelulco, que es adonde solía estar el ídolo mayor, que se decía Huichilobos, donde está ahora la iglesia del Señor Santiago, que vio en el patio que se ardían en vivas llamas el alma de Cortés y doña Marina, y la del capitán Sandoval, y que de espanto de ello estaba muy malo.

También vino otro hombre —que no nombro, que también le tenían en buena reputación— y dijo al factor que andaban en los patios de Tezcuco unas cosas malas y que decían los indios que eran el alma de doña Marina y la de Cortés. Y todas eran mentiras y traiciones, sino por congraciarse con el factor dijeron aquello, o el factor se lo mandó decir.

Y en aquel tiempo había llegado a México Francisco de las Casas y Gil González de Ávila, que son los capitanes por mí muchas veces memorados, que degollaron a Cristóbal de Olí. Y desde que De las Casas vio aquellas revueltas y que el factor se había hecho pregonar por gobernador, dijo públicamente que era mal hecho y que no se había de consentir tal cosa, porque Cortés era vivo y que él así lo creía; y que ya que eso fuese, lo cual Dios no permitiese, que para gobernador más persona y caballero y más méritos tenía Pedro de Alvarado que no el factor, y que enviasen a llamar al Pedro de Alvarado.

Y que secretamente su hermano Jorge de Alvarado y aun el tesorero y otros vecinos mexicanos le escribieron para que se viniese en todo caso a México con todos los soldados que tenía, y que procurarían darle la gobernación hasta saber si Cortés era vivo, y enviar a hacer saber a Su Majestad si fuese servido mandar otra cosa. Y que ya que Pedro de Alvarado, con aquellas cartas, se venía para México, tuvo temor del factor, según las amenazas que le envió a decir al camino, que le mataría. Y como supo que habían ahorcado a Rodrigo de Paz y preso al licenciado Zuazo, se volvió a su conquista.

Y en aquel tiempo había recogido el factor cuanto oro pudo haber en México y Nueva España para hacer con ello mensajero a Su Majestad y enviar con ello a un su amigo que se decía Peña, con sus cartas secretas. Y Francisco de las Casas y el licenciado Zuazo y Ramiro de Paz se lo contradijeron, y aun también el tesorero y contador, que hasta saber nuevas ciertas si Cortés no era vivo, que no hiciese relación de que era muerto, pues no lo tenían por cierto. Y que si oro quería enviar a Su Majestad de sus reales quintos, que era muy bien, más que fuese juntamente con parecer y acuerdo del tesorero y contador, y no solo en su nombre.

Y porque lo tenía ya en los navíos y para hacerse a la vela con ello, fue De las Casas con mandamientos del alcalde mayor Zuazo, y con favor de Rodrigo de Paz y de los demás oficiales de la hacienda de Su Majestad y conquistadores, que detuviesen el navío hasta que otros escribiesen a nuestro rey y señor de la manera que estaba la Nueva España, porque, según pareció, el factor no consentía que otras personas escribiesen, sino solamente sus cartas.

Y después que el factor vio que en De las Casas ni en el licenciado Zuazo no tenía buenos amigos y le iban a la mano, luego los mandó prender e hizo proceso contra Francisco de las Casas y contra Gil González de Ávila sobre la muerte de Cristóbal de Olí, y los sentenció a degollar, y de hecho quería la sentencia ejecutar, por más que apelaban para ante Su Majestad, y con gran importunidad les otorgó la apelación, y a Gil González de Ávila los envió a Castilla presos con los procesos que contra ellos hizo.

Y esto hecho, da tras el mismo Zuazo, y que, en justo y en creyente, le arrebataron y le llevaron en una acémila al puerto de

Veracruz y le embarcaron para la isla de Cuba, diciendo que fuese a dar residencia del tiempo que fue en ella juez.

Y que a Rodrigo de Paz le echó preso y le demandó el oro y la plata que era de Cortés, porque como su mayordomo sabía de ello, diciendo que lo tenía escondido porque lo quería enviar a Su Majestad, pues era de los bienes que tenía Cortés usurpados a Su Majestad; y porque no lo dio, pues era claro que no lo tenía, sobre ello le dio tormento, y con aceite y fuego le quemó los pies y aun parte de las piernas, y estaba tan flaco y malo de las prisiones, para morir; y no contento con los tormentos, viendo el factor que si le dejaba con vida se iría a quejar de él a Su Majestad, le mandó ahorcar por revoltoso y bandolero.

Y que a todos los más soldados y vecinos de México que eran de la banda de Cortés los mandaba prender, y se retrujeron en el monasterio del Señor San Francisco Jorge de Alvarado y Andrés de Tapia y todos los más que eran por Cortés, puesto que otros muchos conquistadores se allegaron al factor porque les daba buenos indios, y andaban a "viva quien vence".

Y que la casa de la munición, todas las armas las sacó el factor y las mandó poner en sus palacios, y que la artillería, que estaba en la fortaleza y atarazanas, la mandó asestar delante de sus casas, e hizo capitán de ella a un don Luis de Guzmán, deudo del duque de Medina Sidonia. Y que puso por capitán de su guarda a un Archiaga o Artiaga, que ya no se me acuerda el nombre, y que eran para guardar su persona un Ginés Nortes y un Pero González Sabiote y otros soldados.

Y más decía en la carta que le escribió Zuazo, que mirase Cortés que fuese luego a poner recaudo en México, porque además de todos estos males y escándalos, había otros mayores: que había escrito el factor a Su Majestad que le habían hallado en su recámara a Cortés un cuño falso con que marcaba el oro que los indios le traían a escondidas y que no pagaba quinto de ello.

Y también dijo que, para que viese cuál andaba la cosa en México, que un vecino de Guazacualco que vino a aquella ciudad a demandar unos indios que en aquel tiempo vacaron por muerte de otro vecino de los que estaban poblados en aquella villa —y por muy secretamente que dijo el vecino de Guazacualco a una mujer donde posaba que por qué se había casado, que ciertamente era vivo su marido y todos los que fueron con Cortés, y dio causas y razones para ello—, como lo supo el factor, que luego le fueron con la parlería, envió por el que lo había dicho a cuatro alguaciles y lo llevaron engrilletado a la cárcel y lo quería mandar ahorcar por revoltoso, hasta que el pobre vecino, que se decía Gonzalo Hernández, tornó a decir que como vio llorar a la mujer por su marido, que por consolarla le había dicho que era vivo, más que ciertamente todos éramos muertos.

Y luego le dio los indios que demandaba y le mandó que no estuviese más en México y que no dijese otra cosa, porque lo mandaría ahorcar.

Y más decía, al cabo de su carta: "Esto que aquí escribo a vuestra merced pasa así, y déjelos allá y enviáronme preso en una acémila y con grillos aquí donde estoy".

Pues desde que Cortés la hubo leído, estábamos tristes y enojados, así de Cortés que nos trajo con tantos trabajos, como del factor, y echábamosle dos mil maldiciones, así al uno como al otro, y se nos saltaban los corazones de coraje.

Pues Cortés no pudo tener las lágrimas, que con la misma carta se fue luego a encerrar a su aposento y no quiso que lo viésemos hasta más de mediodía. Y todos nosotros a una le dijimos y rogamos que luego se embarcase en tres navíos que allí estaban y que nos fuésemos a la Nueva España. Y él nos respondió muy amorosa y mansamente, y nos dijo:

"¡Oh, hijos y compañeros míos! Que veo por una parte a aquel mal hombre del factor que está muy poderoso, y temo que, desde que sepa que estamos en el puerto, no haga otras desvergüenzas y atrevimientos más de los que ha hecho, o me mate o me ahogue o eche preso, así a mí como a vuestras personas. Yo me embarcaré luego con la ayuda de Dios, y ha de ser solamente con cuatro o cinco de vuestras mercedes, y tengo de ir muy secretamente a desembarcar a puerto que no sepan en México de nosotros, hasta que, desconocidos, entremos en la ciudad. Y además de esto, Sandoval está en Naco con pocos soldados y ha de ir por tierra de guerra, en especial por Guatemala, que no está de paz. Conviene que vos, señor Luis Marín, con todos los compañeros que aquí vinisteis en mi busca, os volváis y os juntéis con Sandoval y se vayan camino de México".

Dejemos esto, y quiero volver a decir que luego Cortés escribió al capitán Francisco Hernández, que estaba en Nicaragua —que fue el que enviaba a buscar puerto con Pedro de Garro, ya por mí memorado—, y se le ofreció Cortés que haría por él todo lo que pudiese. Y le envió dos acémilas cargadas de herraje, porque sabía que tenía falta de ello, y también le envió herramientas de minas y ropas ricas para su vestir, y cuatro tazas y jarros de plata de su vajilla y otras joyas de oro, lo cual entregó todo a un hidalgo que se decía Fulano de Cabrera, que fue uno de los cinco soldados que fueron con nosotros en busca de Cortés.

Y este Cabrera fue después capitán de Benalcázar; fue muy esforzado capitán y extremado hombre por su persona, natural de Castilla la Vieja, el cual fue maestre de campo de Vasco Núñez Vela y murió en la misma batalla en que murió el virrey.

Quiero dejar cuentos viejos y quiero decir que, como yo vi que Cortés se había de ir a la Nueva España por la mar, le fui a pedir por merced que en todo caso me llevase en su compañía, y que mirase que en todos sus trabajos y guerras me había hallado siempre a su lado y le había ayudado, y que ahora era tiempo que yo conociese de él si tenía respeto a los servicios que le he hecho y amistad y ruegos de ahora.

Entonces me abrazó y dijo: "Pues si os llevo conmigo, ¿quién irá con Sandoval? Ruégoos, hijo, que vayáis con vuestro amigo Sandoval, que yo os empeño estas barbas que os haré muchas mercedes, que bien os lo debo desde antes".

En fin, no aprovechó cosa ninguna, que no me dejó ir consigo.

También quiero decir cómo, estando que estábamos en aquella villa de Trujillo, un hidalgo que se decía Rodrigo Mañueco, maestresala de Cortés, hombre del palacio, por dar contento y alegrar a Cortés, que estaba muy triste —y tenía razón—, apostó con otros caballeros que se subiría armado de todas armas a unas casas que nuevamente habían hecho los indios de aquella provincia para Cortés, según lo he declarado en el capítulo que de ello habla, las cuales casas estaban en un cerro algo alto, y subiendo armado reventó al subir la cuesta y murió de ello.

Y asimismo, como vieron ciertos hidalgos de los que halló Cortés en aquella villa que no les dejaba cargos como ellos quisieran, estaban revolviendo bandos, y Cortés los apaciguó con decir que los llevaría en su compañía a México y que allá les daría cargos honrosos.

Y dejémoslo aquí, y diré lo que Cortés más hizo. Y es que mandó que un Diego de Godoy, que había puesto por capitán en el Puerto de Caballos, con ciertos vecinos que estaban malos y no se podían valer por pulgas y mosquitos y no tenían con qué mantenerse —que todas estas materias de miseria tenían—, que se pasasen a Naco, pues era buena tierra, y que nosotros nos fuésemos con el capitán Luis Marín camino de México.

Y si hubiese lugar, que fuésemos a ver la provincia de Nicaragua, para demandarla a Su Majestad en gobernación, que aun de aquello tenía codicia Cortés para tomarla por gobernación, el tiempo andando, si arribase a México.

Y después que Cortés nos abrazó y nosotros a él, y le dejamos embarcado y se fue a la vela para México, nosotros nos partimos para Naco, y muy alegres en saber que habíamos de caminar la vía de México. Y con muy gran trabajo de falta de comida llegamos a Naco, y Sandoval se holgó con nosotros.

Y cuando llegamos, ya Pedro de Garro con todos sus soldados se había despedido de Sandoval y se fue muy gozoso a Nicaragua a dar cuenta a su capitán Francisco Hernández de lo que había concertado con Sandoval.

Y luego, otro día que llegamos a Naco, nos partimos y fuimos camino de México, y los soldados de la compañía de Garro que habían ido con nosotros a Trujillo se fueron camino de Nicaragua con el presente y cartas que Cortés enviaba a Francisco Hernández.

Dejaré de decir de nuestro camino y diré lo que sobre aquel presente sucedió a Francisco Hernández con el gobernador Pedrarias de Ávila.

Como un soldado que se decía Fulano Garabito, y un Compañón y otro que se decía Zamorano, eran íntimos amigos de Pedrarias de Ávila, gobernador de Tierra Firme, vieron que Cortés había enviado presentes a Francisco Hernández y habían entendido que Pedro de Garro y otros soldados hablaban secretamente con Francisco Hernández, tuvieron sospecha de que quería dar aquellas provincias y tierras a Cortés.

Y además de esto, el Garabito era enemigo de Cortés, porque, siendo mancebos, en la isla de Santo Domingo, Cortés lo había acuchillado por amores de una mujer. Y como Pedrarias de Ávila lo alcanzó a saber por cartas y mensajeros, vino más que de paso con gran copia de soldados a pie y a caballo, y prendió a Francisco Hernández; y Pedro de Garro, como alcanzó a saber que Pedrarias venía muy enojado contra él, de presto se huyó y se vino con nosotros.

Y si Francisco Hernández hubiera querido venir, tiempo tuvo para hacer lo mismo, y no quiso, creyendo que Pedrarias lo haría de otra manera con él, porque habían sido muy grandes amigos. Y después que Pedrarias hubo hecho proceso contra Francisco Hernández y halló que se le alzaba, por sentencia lo degolló en la misma villa donde estaba poblado.

Y en esto paró la venida de Garro y los presentes de Cortés.

Déjolo aquí, y diré cómo Cortés volvió al puerto de Trujillo con tormenta.

Pues, como dicho tengo en el capítulo pasado, que Cortés se embarcó en Trujillo para ir a México, pareció ser que tuvo tormenta en la mar, unas veces con tiempo contrario, otra vez que se le quebró el mástil del trinquete, y mandó arribar a Trujillo. Y como estaba flaco y mal dispuesto y quebrantado de la mar, y muy temeroso de ir a Nueva España por temor de que no le prendiese el fator, parecióle que no era bien ir en aquella sazón a México, y desembarcando en Trujillo, mandó decir misas al Espíritu Santo y procesión y rogativas a Nuestro Señor Dios y a Nuestra Señora la Virgen Santa María, que le encaminase lo que más fuese para su santo servicio. Y pareció ser que el Espíritu Santo le alumbró de no ir por entonces en aquel viaje, sino que conquistase y poblase aquellas tierras.

Y luego, sin más dilación, envía en posta a matacaballo tres mensajeros tras nosotros, que íbamos camino con sus cartas, rogándonos que no pasásemos más adelante y que conquistásemos y poblásemos la tierra, porque el buen ángel de la guarda se lo ha metido y alumbrado en el pensamiento, y que él así lo piensa hacer. Y desque vimos la carta y que tan de hecho lo mandaba, no lo pudimos sufrir y le echábamos mil maldiciones y que no hubiese ventura en todo cuanto pusiese mano: se le perdiese como nos había echado a perder.

Y además de esto, dijimos todos a una al capitán Sandoval que si Cortés quería poblar, que se quedase con los que quisiese, que harto conquistados y perdidos nos traía, y que jurábamos de no le aguardar más, sino irnos a las tierras de México que ganamos. Y asimismo el Sandoval era de nuestro parecer; y lo que con nosotros pudo acabar fue que le escribiésemos en posta con los mismos que nos trajeron las cartas dándole a entender nuestra voluntad, y en pocos días recibió nuestras cartas con firmas de todos.

Y la respuesta que ellas nos dio fue ofrecerse en gran manera a los que quisiésemos quedar a poblar aquella tierra; y en cabo de la carta traía una cortapisa: que si no le querían obedecer como lo mandaba, que en Castilla y en todas partes había soldados. Y desque aquella respuesta vimos, todos nos queríamos ir camino de México y perdelle la vergüenza. Y desque aquello vio el Sandoval, muy afetuosamente y con grandes ruegos nos importunó que aguardásemos algunos días, que él en persona iría a hacer embarcar a Cortés.

Y le escribimos en respuesta de la carta que ya había de tener compasión y otro miramiento que el que tiene, habernos traído de aquella manera, y por su causa nos han robado y vendido nuestras haciendas y tomados los indios, y los que allí con nosotros estaban, que eran casados, dijeron que ni saben de sus mujeres e hijos. Y le suplicamos que luego se volviese a embarcar y se fuese camino de México, porque así como dice que hay soldados en Castilla y en todas partes, que también sabe que hay gobernadores y capitanes puestos en México, y que doquiera que lleguemos nos darán indios.

Y luego Sandoval se fue, y llevó en su compañía a un Pedro de Saucedo el Romo y a un herrador que se decía Francisco Donaire, y llevó consigo su buen caballo que se decía Motilla, y juró que había de hacer embarcar a Cortés y que se fuese a México.

Y porque he traído aquí a la memoria del caballo Motilla, fue de mejor carrera y revuelto, y en todo de buen parecer, castaño algo oscuro, que hubo en la Nueva España, y tanto fue de bueno, que Su Majestad tuvo noticia de él, y aun el Sandoval se lo quiso enviar presentado. Dejemos de hablar del caballo Motilla y volvamos a decir que Sandoval se lo quiso enviar a Su Majestad y me demandó a mí mi caballo, que era muy bueno, así de juego como de carrera y de camino, y este caballo hube en seiscientos pesos, que solía ser de un Ávalos, hermano de Sayavedra, porque otro que traje me lo mataron en una entrada de un pueblo que se dice Zulaco, que me había costado en aquella sazón sobre otros seiscientos pesos. Y el Sandoval me dio otro de los suyos a trueco del que le di, que no me duró el que me dio dos meses, que también me le mataron en otra guerra, que no me quedó sino un potro muy ruin que había comprado de los mercaderes que vinieron a Trujillo, como otras veces he dicho en el capítulo que de ello habla.

Volvamos a nuestra relación y dejemos de contar de las averías de caballos y de mi trabajo. Y antes que Sandoval de nosotros partiese, nos habló a todos con mucho amor y dejó a Luis Marín por capitán, y nos fuimos luego a unos pueblos que se dicen Maniani, y desde allí a otro pueblo, que en aquella sazón era de muchas casas, que se decía Acalteca, y allí esperábamos la respuesta de Cortés. Y en pocos días llegó Sandoval a Trujillo, y se holgó mucho Cortés de ver a Sandoval. Y desque vio lo que le escribimos, no sabía qué consejo tomar, porque ya había mandado a su primo Sayavedra, que era capitán, que fuese con todos los soldados a pacificar los pueblos que estaban de guerra. Y por más palabras e importunaciones que Sandoval dijo a Cortés, y Pedro Saucedo el Romo, para que se fuese a la Nueva España, nunca se quiso embarcar. Y lo que pasó diré adelante.

Cómo Cortés envió un navío a la Nueva España y por capitán de él a un criado suyo que se decía Martín de Orantes, y con cartas y poderes para que gobernase Francisco de las Casas y Pedro de Alvarado, si ahí estuviese; y si no, el Alonso de Estrada y el Albornoz

Pues como Gonzalo de Sandoval no pudo acabar que Cortés se embarcase, sino que todavía quería conquistar y poblar aquella tierra, que en aquella sazón era bien poblada y había fama de minas de oro, fue acordado que luego sin más dilación enviase un navío a México con un criado suyo que se decía Martín de Orantes, hombre diligente, que se podía fiar de él cualquier negocio de importancia. Y fue por capitán del navío y llevó poderes para Pedro de Alvarado y Francisco de las Casas, si hubiese vuelto a México, para que fuesen gobernadores de la Nueva España hasta que Cortés fuese; y si no estaban en México, que gobernase el tesorero Alonso de Estrada y el contador Albornoz, según y de la manera que les había de antes dado el poder. Y revocó los poderes del fator y veedor y escribió muy amorosamente así al tesorero como al Albornoz, puesto que supo de las cartas contrarias que hubo escrito a Su Majestad contra Cortés, y también escribió a todos sus amigos los conquistadores y a los monasterios de San Francisco y frailes.

Y mandó al Martín de Orantes que fuese a desembarcar a una bahía entre Pánuco y la Veracruz, y así se lo encomendó al piloto y marineros, y aun se lo pagó muy bien, y que no echasen en tierra a otra persona salvo a Martín de Orantes, y que luego, en echándole en tierra, alzasen anclas y diesen velas y se fuesen a Pánuco. Pues ya dado uno de los mejores navíos de los tres que allí estaban y metido matalotaje, y después de haber oído misa, dan vela, y quiere Nuestro Señor darles tan buen tiempo, que en pocos días llegaron a la Nueva España; y vanse derechamente a la bahía cerca de Pánuco, la cual sabía muy bien el Martín de Orantes.

Y como saltó en tierra, dando muchas gracias a Dios por ello, luego se disfrazó el Martín de Orantes porque no le conociesen, y quitó sus vestidos y tomó otros como de labrador, porque así le fue mandado por Cortés, y aun llevó hechos los vestidos desde entonces. Y con todas sus cartas y poderes bien amplicados y liados en el cuerpo de manera que no hiciesen bulto, iba a más andar por su camino, a pie, que era suelto peón. Y cuando llegaba a los pueblos de indios en que había españoles, metíase entre los indios por no tener pláticas ni le conociesen; y ya que no podía menos de tratar con españoles, no le podían conocer, porque ya había dos años y tres meses que salimos de México y le habían crecido las barbas. Y cuando le preguntaban algunos cómo se llamaba o dónde iba o venía, que acaso no podía menos de responderles, decía que se decía Juan de Flechilla. Por manera que en cuatro días que salió de la bahía, entró a México de noche y se fue al monasterio de señor San Francisco, donde halló a muchos retraídos, y entre ellos a Jorge de Alvarado y Andrés de Tapia y a Juan Núñez de Mercado y a Pedro Moreno Medrano y otros muchos conquistadores y amigos de Cortés.

Y desque vieron al de Orantes y supieron que Cortés era vivo y vieron sus cartas, no podían estar de placer los unos y los otros y saltaban y bailaban. Pues los frailes franciscos, y entre ellos fray Toribio Motolinía y un fray Diego de Altamirano, daban todos saltos de placer y muchas gracias a Dios por ello. Y luego sin más dilación cierran todas sus puertas del monasterio para que ninguno de los retraídos, que había muchos, salga a dar mandado ni hubiese pláticas sobre ello, y a medianoche lo hacen saber al tesorero y al contador y a otros amigos de Cortés. Y así como lo supieron, sin hacer ruido vinieron a San Francisco y vieron los poderes que Cortés les enviaba y acordaron, sobre todas cosas, de ir a prender al fator. Y toda la noche se les fue en apercibir amigos y armas para otro día por la mañana prenderlo, porque el veedor en aquel tiempo estaba sobre el Peñón de Coatlán.

Y desque amaneció, fue el tesorero con todos los del bando de Cortés, y el Martín de Orantes con ellos, para que le conociesen iba con ellos, y fueron a las casas del fator diciendo por las calles: "¡Viva el rey nuestro señor y Hernando Cortés en su real nombre, que es vivo y viene ahora a esta ciudad, y caten aquí su criado Dorantes!" Y desque oían aquel ruido los vecinos, y tan de mañana, y oían decir "¡Viva el rey!", todos acudieron, como eran obligados, a tomar armas, creyendo que había alguna otra cosa, para favorecer las cosas de Su Majestad. Y desque oyeron decir que Cortés era vivo y vieron al Dorantes, se holgaban. Y luego se juntaron con el tesorero para ayudarle muchos vecinos de México, porque, según pareció, el contador no ponía en ello mucha calor, que andaba doblado, hasta que el Alonso de Estrada se lo reprendió; y aun sobre ello tuvieron palabras muy sentidas y feas, que no le contentaron al contador.

Y yendo que iban a las casas del fator, ya estaba muy apercibido, porque luego lo supo, que le avisó de ello el mismo contador, cómo le iban a prender. Y mandó asentar su artillería delante de sus casas, y era capitán de ella don Luis de Guzmán, primo del duque de Medinasedonia, y tenía sus capitanes apercibidos con muchos soldados. Decíanse los capitanes Archilaga y Ginés Nortes y Pedro González Sabiote. Y así como llegó el tesorero y Jorge de Alvarado y Andrés de Tapia con todos los demás conquistadores, y el contador, aunque flojamente y de mala gana, con todas sus gentes apellidando: "¡Aquí del rey, y Hernando Cortés en su real nombre!", les comenzaron a entrar unos por las azoteas y otros por las puertas de los aposentos y por otras dos partes. Todos los que eran de la parte del fator desmayaron, porque el capitán de la artillería, que fue don Luis de Guzmán, tiró por su parte; los artilleros, por la suya, y desamparan los tiros; pues el capitán Archilaga dio prisa en esconderse y el Ginés Nortes se descolgó y se echó por unos corredores abajo, que no quedó con el fator sino Pedro González Sabiote y otros cuatro criados del fator. Y desque se vio desamparado, el mismo fator tomó un tizón para poner fuego a los tiros; mas diéronle tanta prisa, que no pudo más, y allí le prendieron y le pusieron guardas hasta que hicieron una red de maderos gruesos y le metieron dentro, y allí le daban de comer; y en esto paró la cosa de su gobernación.

Y luego hicieron mensajeros a todas las villas de la Nueva España, dando relación de todo lo acaecido. Y estando de esta manera, a unas personas les placía y a los que el fator había dado indios y cargos, les pesaba. Y fue la nueva al Peñol Coatlán y a Guaxaca, donde estaba el veedor. Y como el veedor y sus amigos lo supieron, fue tan grande la tristeza y pesar que tomó, que luego cayó malo y dejó el cargo de capitán a Andrés de Monjaraz, que estaba malo de bubas, ya otras veces por mí nombrado, y se vino en posta a la ciudad de Tezcuco y se metió en el monasterio del señor San Francisco.

Y como el tesorero y el contador, que ya eran gobernadores, lo supieron, le envían a prender al monasterio, porque de antes habían enviado alguaciles con mandamientos y soldados a prenderle doquiera que le hallasen, y aun quitarle el cargo de capitán. Y como supieron que estaba en Tezcuco, le sacaron del monasterio y lo trajeron a México, y le echaron en otra jaula como al fator. Y luego en posta enviaron mensajeros a Guatimala a Pedro de Alvarado, y le hacen saber de la prisión del fator y veedor. Y cómo Cortés estaba en Trujillo, que no es muy lejos de su conquista, que fuese luego en su busca y le hiciese venir a México; y le dieron cartas y relación de todo lo por mí arriba dicho y memorado, según y de la manera que pasó.

Y demás de esto, la primera cosa que el tesorero hizo fue mandar honrar a Juana de Mansilla, que había mandado azotar el fator por hechicera, mujer de Alonso Valiente. Y fue de esta manera: que mandó cabalgar a caballo a todos los caballeros de México, y el mismo tesorero la llevó a las ancas de su caballo por las calles de México. Y decían que, como matrona romana, hizo lo que hizo, y la volvió en su honra de la afrenta que el fator le había hecho. Y con mucho regocijo le llamaron desde ahí adelante la señora doña Juana de Mansilla. Y dijeron que era digna de mucho loor, pues no la pudo hacer el fator que se casase ni dijese menos que lo primero había dicho: que su marido y Cortés y todos éramos vivos. Y por aquella honra y don que le pusieron, dijo Gonzalo de Ocampo, el de los libelos infamatorios, que sacó don de las espaldas como narices de brazo.

Dejallo he aquí, y diré lo que más pasó.

Como el tesorero y otros caballeros de la parte de Cortés vieron que convenía que luego viniese Cortés a la Nueva España, porque ya se comenzaban bandos y chirinolas, y el contador no estaba de buena voluntad para que el fator ni el veedor estuviesen presos, y sobre todo temía el contador a Cortés en gran manera desde que supiese lo que había escrito de él a Su Majestad, según lo tengo ya dicho en dos partes en los capítulos pasados que de ello hablan, acordaron de ir a rogar a los frailes franciscos que diesen licencia a fray Diego Altamirano que, en un navío que le tenían presto y bien abastecido y con buena compañía, fuese a Trujillo y que hiciese venir a Cortés, porque aqueste religioso era su pariente y hombre que antes que se metiese a fraile había sido soldado, hombre de guerra, y sabía de negocios. Y los frailes lo hubieron por bien, y el fray Diego Altamirano lo tenía en voluntad.

Dejemos de hablar en el viaje del fraile, que se está apercibiendo. Y diré cómo el fator y veedor estaban presos, y pareció ser, como dicho tengo otras veces, que el contador andaba muy doblado de la mala voluntad que tenía, y viendo que las cosas de Cortés se hacían prósperamente. Y como el fator solía tener por amigos a muchos hombres bandoleros que siempre quisieran cuestiones y revueltas, y porque tenía buena voluntad al fator y al Chirinos, porque les daban pesos de oro e indios, acordaron de juntarse muchos de ellos y aun algunas personas de calidad y de todos jaeces, y tenían concertado de soltar al fator y veedor y de matar al tesorero y a los carceleros; y dicen que lo sabía el contador y se holgaba de ello.

Y para ponerlo en efecto, hablaron muy secretamente a un cerrajero que hacía ballestas, que se decía Guzmán, hombre soez que decía gracias y chocarrerías, y le dijeron muy secreto que les hiciese unas llaves para abrir las puertas de la cárcel y de las redes donde estaba el fator, y que se lo pagarían muy bien, y le dieron un pedazo de oro en señal de la hechura de las llaves, y le previnieron y encargaron que lo tuviese muy secreto.

Y el cerrajero dijo con palabras muy halagüeñas y alegres que le placía, que tuviesen ellos más secreto de lo que mostraban, pues aquel caso en que tanto iba se lo descubrieron a él, sabiendo quién era, que no lo descubriesen a otros, y que se holgaba que el fator y veedor saliesen de la prisión. Y preguntóles que quién y cuántos eran en el negocio, y adónde se habían de allegar cuando fuesen a hacer aquella buena obra, y qué día y a qué hora; y todo se lo decían claramente, según lo tenían acordado.

Y comenzó a forjar unas llaves según la forma de los moldes que le traían para hacerlas, y no para que las hiciese perfectas, ni pudieran abrir con ellas. Y esto hacía adrede, y por tres veces hacía las llaves de aquella manera que no pudieran abrir, porque fuesen y viniesen a su tienda a la obra de las llaves para que las hiciese buenas, y entretanto saber más de raíz el concierto que estaba hecho. Y mientras más se dilató la hechura de las llaves, más por entero lo alcanzó a saber.

Y venido el día que habían de ir con sus llaves, que había hecho buenas, y todos puestos a punto con sus armas, fue el cerrajero de presto a casa del tesorero Alonso de Estrada y le da relación de ello. Y sin más dilación, desde que lo supo el tesorero, envía secretamente a apercibir a todos los del bando de Cortés, sin hacerlo saber al contador, y van a la casa donde estaban recogidos los que habían de soltar al fator, y de presto prenden hasta veinte hombres de ellos que estaban armados, y otros se huyeron, que no se pudieron haber.

Y hecha la pesquisa de a qué se habían juntado, hallóse que era para soltar a los por mí nombrados y matar al tesorero. Y allí también supo que el contador lo había por bien, y cómo había entre ellos tres o cuatro hombres muy revoltosos y bandoleros, y en todas las revueltas y cizañas que en México en aquella sazón habían pasado, se habían hallado; y aun uno de ellos había hecho fuerza a una mujer de Castilla.

Después que se hizo proceso contra ellos, el cual hizo un bachiller que se decía Ortega, que estaba por alcalde mayor y era de su tierra de Cortés, sentenció a tres de ellos a ahorcar, y a otros a azotar. Y decíanse los que ahorcaron: el uno Pastrana, el otro Valverde y el otro Escobar. Y los que azotaron, no me acuerdo sus nombres, etc.

Y el cerrajero se escondió por muchos días, que hubo miedo no le matasen la parcialidad del fator por haber descubierto aquello que con tanto secreto se lo dijeron.

Dejemos de hablar de esto, pues que ya son muertos, y aunque vaya tan gran salto, como diré, fuera de nuestra relación, también lo que ahora diré viene a coyuntura. Y es que como el fator hubo enviado la nao con todo el oro que pudo haber para Su Majestad, según dicho tengo en los capítulos pasados, y escribió a Su Majestad que Cortés era muerto y cómo se le hicieron las honras e hizo saber otras cosas que le convenían, y enviaba a suplicar a Su Majestad que le hiciese merced de la gobernación, pareció ser que en la misma nao que le envió sus despachos iban otras cartas muy encubiertas, que el fator no pudo saber de ellas, las cuales cartas eran para Su Majestad; y supiese de todo lo que pasaba en la Nueva España y de las injusticias y atrocidades que el fator y veedor habían hecho.

Y demás de esto, ya tenía Su Majestad relación de ello, por parte de la Audiencia Real de Santo Domingo y de los frailes jerónimos que estaban por gobernadores de las Indias, cómo Cortés era vivo y que estaba sirviendo a su real corona en conquistar y poblar la provincia de Honduras. Y desde que el Real Consejo de Indias y el comendador mayor de León lo supieron, lo hicieron saber a Su Majestad. Y entonces dicen que dijo el emperador nuestro señor: "Mal hecho ha sido todo lo que han hecho en la Nueva España en haberse levantado contra Cortés, y mucho me han deservido, pues es vivo; téngolo por tal, que serán castigados por justicia los malhechores en llegando que llegue a México."

Volvamos a nuestra relación. Y es que el fraile Altamirano se embarcó en el puerto de la Veracruz, según estaba acordado, y con buen tiempo en pocos días llegó al puerto de Trujillo, donde estaba Cortés. Y desde que los de la villa y Cortés vieron un navío poderoso venir a la vela hacia su puerto, luego pensaron lo que fue: que venía de la Nueva España para llevarle a México. Y desde que hubo tomado puerto y salió el fraile a tierra muy acompañado de los que traía en su compañía, y Cortés conoció a algunos de ellos que había visto en México; y todos le fueron a besar las manos, y el fraile le abrazó, y con palabras muy santas y buenas se fueron a la iglesia a hacer oración, y de ahí a los aposentos, adonde el fray Diego Altamirano le dijo que era su primo y le contó lo acaecido en México, según más largamente lo tengo escrito, y lo que Francisco de las Casas había hecho por Cortés y cómo era ido a Castilla.

Todo lo cual que le dijo el fraile lo sabía Cortés por la carta del licenciado Zuazo, como dicho tengo en el capítulo que de ello habla, y mostró gran sentimiento de ello y dijo que Nuestro Señor Dios fue servido que aquello pasase; que le daba muchas gracias por ello y por estar México ya en paz, que él se quería ir luego por tierra, porque por mar no se atrevía, porque como se supo luego por la carta de Zuazo, que habiéndose embarcado la otra vez dos veces, no pudo navegar porque las aguas venían muy corrientes y contrarias, y habían de ir siempre con trabajo, y también como estaba flaco.

Y luego le dijeron los pilotos que en aquel tiempo era en el mes de abril, y que no hay corrientes y la mar, bonanza; por manera que se acordó de embarcar.

Y no se pudo hacer luego a la vela hasta que viniese el capitán Gonzalo de Sandoval, que le había enviado a unos pueblos que se dicen Olancho, que estaban de allí hasta cincuenta y cinco leguas, porque había ido pocos días antes a echar de aquella tierra a un capitán de Pedrarias que se decía Rojas, el que había enviado Pedrarias a descubrir tierras y buscar minas desde Nicaragua después que hubo degollado a Francisco Hernández, como dicho tengo.

Porque según pareció, los indios de aquella provincia de Olancho se vinieron a quejar a Cortés cómo ciertos soldados de los de Nicaragua les tomaban sus hijas y mujeres, les robaban sus gallinas y todo lo que tenían.

Y el Sandoval fue con brevedad y llevó sesenta hombres y quiso prender al Rojas, y por ciertos caballeros que se metieron en medio de la una parte y de la otra los hicieron amigos, y aun le dio el Rojas al Sandoval un indio paje para que le sirviese.

Y luego en aquella sazón llegó la carta de Cortés para que luego sin más dilación se viniese con todos sus soldados, y le dio relación de cómo vino el fraile y todo lo acaecido en México.

Y desde que lo entendió, hubo mucho placer y no veía la hora de dar vuelta; y vino en posta después de haber echado de allí al Rojas.

Y luego Cortés, desde que vio a Sandoval, hubo mucho placer y da sus instrucciones al capitán Sayavedra, que quedaba por su teniente en aquella provincia, y lo que tenía de hacer; y escribió al capitán Luis Marín y a todos nosotros que luego nos fuésemos camino de Guatemala, y nos hizo saber de todo lo acaecido en México según y de la manera que aquí se hace mención, y de la venida del fraile y de la prisión del fator y veedor; y también mandó que el capitán Godoy, que quedaba en Puerto de Caballos poblado, que se pasase a Naco con toda su gente.

Las cuales cartas dio al Sayavedra para que con gran diligencia nos las enviase; y él no quiso y se descuidó; y supimos que de hecho no quiso darlas, que nunca supimos de ellas.

Y volviendo a nuestra relación, Cortés se embarcó con todos sus amigos y con buen tiempo llegó en la derrota para ir a La Habana, porque le hizo mejor tiempo que para la Nueva España.

Y fue al puerto y, desembarcado, con él se holgaron todos los vecinos de La Habana, sus conocidos, y tomaron refresco, y supo nuevas de un navío que allí a La Habana había pocos días que había aportado, venido de Nueva España, que estaba sosegado México y que el peñol de Coatlán, desde que supieron los indios que en él estaban hechos fuertes y daban guerra a los españoles que Cortés y los conquistadores éramos vivos, vinieron de paz al tesorero debajo de ciertas condiciones.

Y pasaré adelante.

Como Cortés hubo descansado en La Habana cinco días, no veía la hora que estaría en México, y luego manda embarcar toda su gente y se hace a la vela; y en doce días con buen tiempo llegó cerca del puerto de Medellín, enfrente de la isla de Sacrificios, y allí mandó anclar los navíos, porque para pasar adelante no hacía buen viento.

Y por no dormir en la mar aquella noche, Cortés, con veinte soldados, sus amigos, saltaron en tierra y vanse a pie obra de media legua; quiso su ventura que toparon una arria de caballos que venía a aquel puerto con ciertos pasajeros para embarcarse para Castilla.

Y va a la Veracruz en los caballos y mulas de la arria, que serían cinco leguas de andadura, y mandó que no fuesen a avisar cómo venía por tierra.

Y antes que amaneciese, con dos horas, llegó a la villa y fue derecho a la iglesia, que estaba abierta la puerta, y se mete dentro en ella con toda su compañía.

Y como era muy de mañana, vino el sacristán, que era nuevamente venido de Castilla, y desde que vio la iglesia toda llena de gente y no conocía a Cortés ni a los que con él estaban, salió dando voces a la calle llamando a la justicia: "¡Justicia, justicia!", que estaban en la iglesia muchos hombres forasteros, para que les mandasen salir de ella.

Y a las voces que dio el sacristán vino el alcalde mayor y otros alcaldes ordinarios con tres alguaciles y otros muchos vecinos con armas, pensando que era otra cosa, y entraron de repente y comenzaron a decir con palabras airadas que se saliesen de la iglesia, y como Cortés estaba flaco del camino, no le conocieron hasta que le oyeron hablar.

Y desde que vieron que era Cortés, van todos a besarle las manos y darle la buena venida; pues a los conquistadores que vivían en aquella villa, Cortés los abrazaba y los nombraba por sus nombres, qué tales estaban, y les decía palabras amorosas.

Y luego se dijo misa y los llevaron a aposentar, y a Cortés en las mejores casas que había, de Pedro Moreno Medrano, y estuvo allí ocho días y le hicieron muchas fiestas y regocijos, y luego por posta envían mensajeros a México a decir cómo había llegado.

Y Cortés escribió al tesorero y al contador, puesto que supo que no era su amigo, y a todos sus amigos y al monasterio de San Francisco, de las cuales nuevas todos se alegraron.

Y desde que lo supieron todos los indios de la redonda, tráenle presentes de oro y mantas y cacao y gallinas y frutas.

Y luego se partió de Medellín, y yendo por sus jornadas en el camino, le tenían limpio y hechos aposentos con grandes ramadas, con mucho bastimento para Cortés y todos los que iban en su compañía.

Pues ¡saber yo decir lo que los mexicanos hicieron de alegrías!, que se juntaron con todos los pueblos de la redonda de la laguna y le enviaron al camino gran presente de joyas de oro y ropa y gallinas y todo género de frutas de la tierra que en aquella sazón había.

Y le enviaron a decir que les perdone, por ser de repente su llegada, que no le envían más; que de que vaya a su ciudad harán lo que son obligados y le servirán como a su capitán que los conquistó, que los tiene en justicia.

Y de aquella misma manera vinieron otros pueblos.

Pues la provincia de Tlaxcala no se olvidó mucho, que todos los principales le salieron a recibir con danzas y bailes y regocijos y mucho bastimento.

Y desde que llegó obra de tres leguas de la ciudad de Tezcuco, que es casi aquella ciudad tamaña poblazón con sus sujetos como México, de allí salió el contador Albornoz, que a aquel efecto había venido para recibir a Cortés, por estar bien con él, que le temía en gran manera.

Y juntó muchos españoles de todos los pueblos de la redonda, y con los que estaban en su compañía y los caciques de aquella ciudad, con grandes invenciones de juegos y danzas, fueron a recibir a Cortés más de dos leguas, con lo cual se holgó.

Y desde que llegó a Tezcuco le hicieron otro gran recibimiento, y durmió allí aquella noche y otro día de mañana fue camino de México.

Y le escribió el cabildo y el tesorero y todos los caballeros conquistadores amigos de Cortés que se detuviese en unos pueblos dos leguas de Tenochtitlán, México, que bien pudiera entrar aquel día, y que lo dejase hasta otro día por la mañana, porque gozasen todos del gran recibimiento que le hicieron.

Y salido el tesorero con todos los caballeros y conquistadores y cabildo de aquella ciudad, y todos los oficiales en ordenanza, y llevaron los más ricos vestidos y calzas y jubones que pudieron, con todo género de instrumentos, y con los caciques mexicanos por su parte con muchas maneras de invenciones y divisas y libreas que pudieron haber, y la laguna llena de canoas e indios guerreros en ellas, según y de la manera que solían pelear con nosotros en el tiempo de Guatémuz; y los que salieron por las calzadas fueron tantos juegos y regocijos, que se quedarán por decir.

Pues en todo el día por las calles de México todo era bailes y danzas; y después que anocheció, muchas lumbres a las puertas.

Pues aun lo mejor quedaba por decir: que los frailes franciscos, otro día después que Cortés hubo llegado, hicieron procesiones dando muchos loores a Dios por las mercedes que les había hecho en haber venido Cortés.

Pues volviendo a su entrada en México, se fue luego al monasterio de señor San Francisco, adonde hizo decir misas y daba loores a Dios que le sacó de los trabajos pasados de Honduras y le trajo a aquella ciudad.

Y luego se pasó a sus casas, que están muy bien labradas con ricos palacios, y allí era servido y tenido de todos como un príncipe, y los indios de todas las provincias le venían a ver y le traían presentes de oro, y aun los caciques del peñol de Coatlán, que se habían alzado, le vinieron a dar la bienvenida y le trajeron presentes.

Y fue su entrada de Cortés en México por el mes de junio, año de mil quinientos veinticuatro o veinticinco.

Y desde que Cortés hubo descansado, luego mandó prender a los bandoleros y comenzó a hacer pesquisas sobre los tratos del fator y veedor, y también prendió a Gonzalo de Campo o Diego de Campo, que no sé bien el nombre de pila, que fue el que hallaron los papeles de los libelos infamatorios; y también se prendió a un Ocaña, escribano, que era muy viejo, que le llamaban cuerpo y alma del fator.

Y presos, tenía pensamiento Cortés, viendo la justicia que para ello había, de hacer proceso contra el fator y veedor y por sentencia despacharlos; y si de presto lo hiciera, no hubiera en Castilla quien dijera "¡mal hizo!", y Su Majestad lo tuviera por bien hecho.

Y esto lo oí decir a los del Real Consejo de Indias, estando presente el obispo fray Bartolomé de las Casas, en el año de mil quinientos cuarenta, cuando allá fui sobre mis pleitos, que se descuidó mucho Cortés en ello, y se lo tuvieron a flojedad y descuido.

Hay necesidad de volver algo atrás para que bien se entienda lo que ahora diré. Ya he dicho en los capítulos pasados las grandes quejas que de Cortés dieron ante Su Majestad, estando la corte en Toledo, y los que dieron las quejas fueron los de la parte de Diego Velázquez, con todos los por mí otras muchas veces memorados, y también ayudaron a ellas las cartas de Albornoz. Y como Su Majestad creyó que era verdad, había mandado al almirante de Santo Domingo que viniese con gran copia de soldados a prender a Cortés y a todos los que fuimos a desbaratar a Narváez.

Y también he dicho que, como lo supo el duque de Béjar, don Álvaro de Zúñiga, fue a suplicar a Su Majestad que, hasta saber la verdad, no se creyese de cartas de hombre que estaba muy mal con Cortés. Y cómo no vino el almirante y las causas por qué Su Majestad proveyó que viniese un hidalgo que en aquella sazón estaba en Toledo, que se decía el licenciado Luis Ponce de León, primo del conde de Alcaudete, y le mandó que viniese a tomarle residencia; y si le hallase culpado en las acusaciones que le pusieron, que lo castigase de manera que en todas partes fuese sonada la justicia que sobre ello hiciese.

Y para que tuviese noticia de todas las acusaciones que le hacían a Cortés, trajo consigo las memorias de las cosas que decían que había hecho e instrucciones por donde le había de tomar residencia.

Y luego se puso en la jornada y viaje con tres navíos (que esto no se me acuerda bien si eran tres o cuatro) y, con buen tiempo que le hizo, llegó al puerto de San Juan de Ulúa, y luego se desembarcó y se vino a la villa de Medellín. Y como supieron quién era y a qué venía —por juez a tomar residencia a Cortés—, luego un mayordomo de Cortés que allí residía, que se decía Gregorio de Villalobos, en posta se lo hizo saber a Cortés, y en cuatro días lo supo en México, de lo cual se admiró Cortés porque de tan de repente le tomaba su venida, porque quisiera saberlo más temprano para irle a hacer la mayor honra y recibimiento que pudiera.

Y en el tiempo que le vinieron las cartas, estaba en el monasterio de señor San Francisco, que quería recibir el cuerpo de Nuestro Señor Jesucristo, y con mucha humildad rogaba a Dios que en todo le ayudase. Y desde que tuvo las nuevas por muy ciertas, de presto despachó mensajeros para saber quiénes eran los que venían y si traían cartas de Su Majestad.

Y después que vino la primera nueva, al cabo de dos días llegaron tres mensajeros que enviaba el licenciado Luis Ponce con cartas para Cortés, y una era de Su Majestad, por las cuales supo que Su Majestad le mandaba que le tomasen residencia. Y vistas las reales cartas, con mucho acato y humildad las besó y puso sobre su cabeza, y dijo que recibía gran merced de que Su Majestad enviase quien le oyese de justicia.

Y luego despachó mensajeros con respuesta para el mismo Luis Ponce, con palabras sabrosas y ofrecimientos, muy mejor dichas que yo las sabré escribir, y que le diese aviso por cuál de los dos caminos quería venir, porque para México había un camino por una parte y otro por un atajo, para que tuviese aparejado lo que convenía a criado de tan alto rey y señor. Y desde que el licenciado vio tal respuesta, respondió que venía muy cansado de la mar y que quería reposar algunos días, y dándole muchas gracias y mercedes por la gran voluntad que mostraba.

Pues como algunos vecinos de aquella villa que eran enemigos de Cortés, y otros de los que trajo Cortés consigo de lo de Honduras, que no estaban bien con él —que fueron de los que hubo desterrado de Pánuco—, y por cartas que a Luis Ponce escribieron de México, y otros contrarios de Cortés, le dijeron que Cortés quería hacer justicia del factor y veedor antes que llegase a México el licenciado. Y más le dijeron: que mirase bien por su persona, que si Cortés le escribió con tantos ofrecimientos y para saber por cuál de los dos caminos quería venir, que era para despacharle, y que no se fiase de sus palabras ni ofertas.

Y le dijeron otras muchas cosas de males que había hecho Cortés, así a Narváez como a Garay y al Tapia, y de los soldados que dejaba perdidos en Honduras; y sobre tres mil mexicanos que murieron en el camino, y que un capitán que se decía Diego de Godoy, que dejó allá poblado con treinta soldados, todos dolientes, que cree que serán muertos —y salió verdad, así como se lo dijeron lo del Godoy—. Y que le suplicaban que luego en posta fuese a México y que no curase de hacer otra cosa, y que tomase ejemplo en lo del capitán Narváez y en lo del adelantado Garay y en lo de Cristóbal de Tapia, que no lo quiso obedecer y le hizo embarcar y se volvió por donde vino. Y le dijeron otros muchos daños y desatinos que había hecho Cortés por ponerle mal con él, y aun le hicieron creer que no le obedecería.

Y desde que aquello vio el licenciado Luis Ponce —y traía en su compañía otros hidalgos, que fueron el alguacil mayor Proaño, natural de Córdoba, y un su hermano, y a Salazar de la Pedrada, que venía por alcaide de la fortaleza (que murió luego de dolor de costado), y un licenciado o bachiller que se decía Marcos de Aguilar, y a un Bocanegra, de Córdoba, y ciertos frailes dominicos, y por provincial de ellos, un fray Tomás Ortiz, que decían que había estado ciertos años por prior en una tierra que no se me acuerda el nombre)—. Y de este religioso que venía por prior, decían todos los que venían en su compañía que era más desenvuelto para entender en negocios que para el santo cargo que traía.

Pues volviendo a nuestra relación, el Luis Ponce tomó consejo con estos caballeros si iría luego a México o no, y todos le aconsejaron que no se parase de día ni de noche, creyendo que era verdad lo que decían de los males de Cortés. De manera que cuando los mensajeros de Cortés llegaron con otras cartas en respuesta de las que escribió el licenciado, y mucho refresco que le traían, ya estaba el licenciado cerca de Iztapalapa, tres leguas de México, donde se le hizo un gran recibimiento, con mucha alegría y gran contento que Cortés tenía con su venida. Y le mandó hacer un banquete muy cumplido.

Y después de bien servido en la comida de muchos y buenos manjares, dijo Andrés de Tapia —que así se decía, que sirvió en aquella fiesta de maestresala— que, por ser cosa de apetito y nueva para en aquel tiempo en estas tierras, porque era cosa nueva, que si quería su merced que le sirviesen de natas y requesones. Y todos los caballeros que allí comían con el licenciado se holgaron que los trujesen y comieron de las natas y requesones, y estaban muy buenos; y comieron algunos tantos de ellos, que se les revolvió la voluntad y revesó uno. Y esto digo porque es verdad, que cuando los como se me revuelve la voluntad, porque son fríos y pesados.

Y otros no tuvieron sentimiento de que les hubiese hecho ningún daño en el estómago. Y entonces dijo aquel religioso que venía por prior o provincial, que se decía fray Tomás Ortiz, que las natas y requesones venían revueltas con rejalgar, y que él no las quiso comer por aquel temor, y otros que allí comieron dijeron que le vieron comer al fraile hasta hartarse de ellas y había dicho que estaban muy buenas; y por haber servido de maestresala Andrés de Tapia, sospecharon lo que nunca por el pensamiento le pasó.

Y volvamos a nuestra relación. Que en este recibimiento de Iztapalapa no se halló Cortés, que en México se quedó. Pues como Iztapalapa está a dos leguas de México, y tenían puestos hombres para que les avisaran a qué hora venían a México para salirle a recibir, fue Cortés con toda la caballería que en México había, en la que iban el mismo Cortés y Gonzalo de Sandoval y el tesorero Alonso de Estrada y el contador y todo el cabildo, y los conquistadores, y Jorge de Alvarado y Gómez de Alvarado, porque Pedro de Alvarado en aquella sazón no estaba en México, sino en Guatemala, que había ido en busca de Cortés; y salieron otros muchos caballeros que nuevamente habían venido de Castilla.

Y cuando se encontraron en la calzada, se hicieron grandes acatos entre él y Cortés, y el licenciado en todo pareció muy bien mirado, que se hizo muy de rogar sobre que Cortés le dio mano derecha y él no la quería tomar; estuvieron en Cortésías hasta que la tomó.

Y como entraron en la ciudad, el licenciado iba admirado de la gran fortaleza que en ella había y de las muchas ciudades y poblaciones que había visto en la laguna, y decía que tenía por cierto no haber habido capitán en el universo que, con tan pocos soldados, hubiera ganado tantas tierras ni tomado tan fuerte ciudad.

E yendo hablando en esto, se fueron derechos al monasterio del señor San Francisco, adonde luego les dijeron misa; y después de acabada de decir, Cortés dijo al licenciado Luis Ponce que presentase las reales provisiones y entendiese en hacer lo que Su Majestad le mandaba, porque él tenía que pedir justicia contra el factor y veedor; y respondió que se quedase para otro día.

Y desde allí le llevó Cortés, acompañado de toda la caballería que le había salido a recibir, a aposentar a sus palacios, donde le tenían todo entapizado y una muy solemne comida, y servida con tantas vajillas de oro y plata y por tal concierto, que el mismo Luis Ponce dijo secretamente al alguacil mayor, Proaño, y a un Bocanegra, que ciertamente le parecía que Cortés, en todos los cumplimientos y en sus palabras y obras, era de muchos años atrás gran señor.

Y dejaré de hablar de estas loas, y diré que al otro día fueron a la iglesia mayor; y después de dicha misa, mandó que el cabildo de aquella ciudad estuviese presente, y los oficiales de la real hacienda, y los capitanes y conquistadores de México. Y desque todos los vio juntos delante de los escribanos —y el uno era de los del cabildo y el otro que Luis Ponce consigo traía— presentó sus reales provisiones. Y Cortés, con mucho acato, las besó y puso sobre su cabeza y dijo que las obedecía como mandamiento y cartas de su rey y señor, y que las cumpliría de los pechos por tierra; y así hicieron todos los caballeros conquistadores y cabildo y oficiales de Su Majestad.

Y después que esto fue hecho, tomó el licenciado las varas de la justicia al alcalde mayor y alcaldes ordinarios y de la hermandad y alguaciles. Y desque las tuvo en su poder, se las volvió a dar a todos y dijo a Cortés:

—Señor capitán, esta gobernación de vuestra merced me manda Su Majestad que tome para mí, no porque deja de ser merecedor de otros muchos y mayores cargos, mas hemos de hacer lo que nuestro rey y señor nos manda.

Y Cortés, con mucho acato, le dio gracias por ello y dijo que él está presto para lo que en servicio de Su Majestad le fuere mandado, lo cual vería su merced muy presto y conocería cuán lealmente ha servido a nuestro rey y señor, por las informaciones y residencia que de él tomaría, y reconocería las malicias de algunas personas que ya le habían ido al oído con consejas y cartas llenas de malicia.

Y el licenciado respondió que donde hay hombres buenos también hay otros que no son tales, que así es el mundo: que los que ha hecho buenas obras dirán bien de él, y los que malas, al contrario; y en esto se pasó aquel día.

Y otro día, después de haber oído misa, que se le dijo en los mismos palacios donde posaba el licenciado, con mucho acato envió con un caballero a que llamasen a Cortés. Estando delante el fray Tomás Ortiz, que venía por prior, sin haber otras personas delante sino todos tres en secreto, con mucho acato le dijo el licenciado Luis Ponce:

—Señor capitán, sabrá vuestra merced que Su Majestad me mandó y encargó que a todos los conquistadores que pasaron desde la isla de Cuba y que se hallaron en ganar estas tierras y ciudades, y a todos los más conquistadores que después vinieron, que les dé buenos indios en encomienda, y anteponga y favorezca algo más a los primeros. Y esto digo porque soy informado que muchos de los conquistadores que con vuestra merced pasaron están con pobres repartimientos, y los ha dado a personas que ahora nuevamente han venido de Castilla y que no tienen méritos. Si así es, no le dio Su Majestad la gobernación para este efecto, sino para cumplir sus reales mandos.

Y Cortés dijo que a todos había dado indios, y que la ventura de cada uno era que a unos cupieron buenos indios y a otros no tales, y que lo podrá enmendar, pues para ello es venido, y los conquistadores son merecedores de ello.

Y también le preguntó que qué era de todos los conquistadores que había llevado a Honduras en su compañía, que cómo los dejaba por allá perdidos y muertos de hambre; en especial, que le informaron que un Diego de Godoy, que dejó por caudillo de treinta o cuarenta hombres en Puerto de Caballos, que le habrán muerto los indios, porque todos estaban muy malos (y así como se lo dijeron, salió verdad, como adelante diré); y que fuera bueno que, pues habían ganado aquella gran ciudad y la Nueva España, que quedaran a gozar el provecho y a descansar, y a los que habían nuevamente venido, que aquellos llevara a trabajar y poblar por allá. Y preguntó por el capitán Luis Marín y por muchos soldados y por mí.

Y le respondió que para cosas de afrenta y guerras no se atreviera a ir a tierras largas si no llevara soldados conocidos, y que presto vendrían a aquella ciudad, porque ya deben de venir de camino, y que en todo su merced les ayudase y les diese buenas encomiendas de indios.

Y también le dijo el licenciado Luis Ponce, algo con palabras ásperas, que cómo había ido contra el Cristóbal de Olid tan lejos y largos caminos sin tener licencia de Su Majestad, y dejar a México en condiciones de perderse. A esto respondió que, como gobernador y capitán general de Su Majestad, le pareció que convenía aquello a su real servicio, porque otros capitanes no se alzasen, y que de ello hizo relación primero a Su Majestad.

Y, además de esto, le preguntó sobre la prisión y desbarate de Narváez, y de cómo se perdió la armada y soldados de Francisco de Garay y de qué murió, y de cómo hizo embarcar a Cristóbal de Tapia. Y le preguntó de otras muchas cosas que aquí no relato, y aun de la muerte de su mujer, Catalina Suárez la Marcaida. Y Cortés a todo le respondió dándole razones muy buenas, de que Luis Ponce en algo pareció que quedaba contento. Y todo esto que le preguntaba traía por memoria desde Castilla, y de otras muchas cosas que ya le habían dicho en el camino y en México le habían informado.

Y como a estas preguntas que he dicho estaba presente el fray Tomás Ortiz, desque las hubieron acabado de decir y se fue Cortés a su posada, el fraile secretamente apartó a tres conquistadores amigos de Cortés y dijo que Luis Ponce quería cortar la cabeza a Cortés, porque así lo traía mandado por Su Majestad, y aquel efecto le había preguntado lo por mí memorado. Y aun el mismo fraile, otro día muy de mañana, muy secreto, se lo dijo a Cortés por estas palabras:

—Señor capitán, por lo mucho que os quiero, y de oficio y religión es avisar en tales casos, hágole, señor, saber que Luis Ponce trae provisiones de Su Majestad para degollaros.

Y cuando Cortés esto oyó, y habían pasado los razonamientos por mí dichos, estaba muy penoso y pensativo; y por otra parte, le habían dicho que aquel fraile era de mala condición y bullicioso, y que no le creyese muchas cosas de lo que decía. Y, según pareció, dijo aquellas palabras a Cortés con el efecto de que le echase por intercesor y rogador para que no ejecutase el tal mandato, y porque le diese por ello algunas barras de oro. Otras personas dijeron que el Luis Ponce lo dijo por meterle temor a Cortés y que le echase rogadores para que no lo degollase.

Y como aquello sintió Cortés, respondió al fraile con mucha Cortésía y con grandes ofrecimientos de que le daría con qué se volviese a Castilla, y le dijo que antes tenía creído que Su Majestad, como cristianísimo rey que es, le enviaría a hacer mercedes por ser muchos y buenos servicios los que siempre le ha hecho, y que no se hallaría deservicio ninguno que haya hecho, y que con esta confianza estaba, y que él tenía al licenciado Luis Ponce por persona que no saldría de lo que Su Majestad le mandaba; y que se fuese, que haga justicia.

Y desque aquello oyó el fraile y no le rogó que fuese su intercesor para con el Luis Ponce, quedó confuso. Y diré lo que más pasó, porque Cortés jamás le dio ningunos dineros de lo que le había prometido.

Después que hubo presentado las reales provisiones, y con mucho acato de Cortés, el cabildo y los demás conquistadores fue obedecido, mandó pregonar residencia general contra Cortés y contra los que habían tenido cargo de justicia y habían sido capitanes. Y luego muchas personas que no estaban bien con Cortés, y otros que tenían justicia sobre lo que pedían, ¡qué prisa se daban en dar quejas de

Cortés y en presentar testigos! Que en toda la ciudad andaban pleitos, ¡y las demandas que le ponían! Unos decían que no les dio parte del oro como era obligado; otros le demandaban que no les dio indios conforme a lo que Su Majestad mandaba, y que los dio a criados de su padre Martín Cortés y a otras personas sin méritos, criados de señores de Castilla; otros le demandaban caballos que les mataron en las guerras, que, puesto que habían recibido mucho oro con el que se les pudiera pagar, no se los satisfizo, por quedarse con el oro; otros demandaban afrentas contra sus personas que, por mandado de Cortés, les habían hecho.

Y un Juan Juárez, cuñado suyo, le puso una mala demanda por su mujer, doña Catalina Juárez la Marcaida, hermana del Juan Juárez, diciendo que la había ahogado una noche el mismo Cortés. Y en aquella sazón había venido de Castilla un fulano de Barrios, con quien casó Cortés a una hermana de Juan Juárez y cuñada suya; se apaciguó por entonces aquella demanda que le había puesto Juan Juárez. Este Barrios es con quien tuvo pleitos un Miguel Díaz sobre la mitad del pueblo de Mestitán, como dicho tengo en el capítulo que de ello trata.

Volvamos a nuestra residencia. Que luego que se comenzó a tomar la residencia, quiso Nuestro Señor Jesucristo que, por nuestros pecados y desdicha, cayera enfermo de modorra el licenciado Luis Ponce. Y fue de esta manera: que viniendo del monasterio del señor San Francisco de oír misa, le dio una muy recia calentura y se echó en la cama, y estuvo cuatro días amodorrado, sin tener el sentido que convenía, y todo lo más del día y de la noche era dormir. Y luego que aquello vieron los médicos que lo curaban, que se decían el licenciado Pero López y el doctor Ojeda y otro médico que él traía de Castilla, todos a una les pareció que era bien que se confesase y recibiese los santos sacramentos, y el mismo licenciado lo tuvo en gran voluntad. Y después de recibirlos con humildad y con gran contrición, hizo testamento y dejó por su teniente de gobernador al licenciado Marcos de Aguilar, que había traído consigo desde la isla Española.

A este Marcos de Aguilar otros decían que era bachiller y no licenciado, y que no tenía autoridad para mandar. Y le dejó el poder de esta manera: que todas las cosas de pleitos y debates y residencias y la prisión del factor y veedor se estuviesen en el estado en que él lo dejaba hasta que Su Majestad fuese sabedor de lo que pasaba, y que luego se le enviasen mensajeros en un navío a Su Majestad. Y ya hecho su testamento y ordenada su ánima, al noveno día desde que cayó enfermo, entregó el alma a Nuestro Señor Jesucristo.

Y luego que falleció, fueron grandes los lutos y tristezas que todos los conquistadores a una sintieron; como si fuera padre de todos, así lo lloraban. Porque ciertamente él venía para remediar a los que hallase que derechamente habían servido a Su Majestad, y antes que muriese así lo publicaba, y lo hallaron en los capítulos e instrucciones que de Su Majestad traía: que les diese de los mejores repartimientos de indios a los conquistadores, de manera que conociesen en todo mejoría.

Y Cortés, con todos los más caballeros de aquella ciudad, se pusieron luto y lo llevaron a enterrar con gran pompa al señor San Francisco, y con toda la cera que entonces se pudo haber; fue su enterramiento muy solemne para en aquel tiempo.

Oí decir a ciertos caballeros que se hallaron presentes cuando cayó enfermo que, como Luis Ponce era músico y de inclinación de suyo regocijado, que por alegrarle le iban a tañer con una vihuela y a dar música, y que mandó que le tañesen una baja, y con los pies, estando en la cama, hacía sentido con los dedos de los pies y los meneaba hasta acabar la baja; y acabada y perdida la habla, que fue todo uno.

Pues como fue muerto y enterrado de la manera que dicho tengo, ¡oír el murmurar que en México había de las personas que estaban mal con Cortés y con Sandoval! Que decían y afirmaban que le dieron ponzoña con que murió, que así había hecho al Francisco de Garay. Y quien más lo afirmaba era el fray Tomás Ortiz, ya otras veces por mí nombrado, que venía por prior de ciertos frailes que traía, o en su compañía, que también murió de modorra el mismo prior de ahí a dos meses, y otros frailes.

Y también quiero decir que parece ser que en los navíos en que vino Luis Ponce dio pestilencia en ellos, porque de más de cien personas que en ellos venían les dio modorra y dolencia, de que murieron en la mar; y después que desembarcaron en la villa de Medellín, murieron muchos de ellos. Y aun de los frailes quedaron muy pocos, y con ellos murió su prior de ahí a pocos meses; y fue fama que aquella modorra se cundió en México.

Pues como Marcos de Aguilar tomó la gobernación de la Nueva España, según lo había dejado en el testamento Luis Ponce, muchas personas de las que estaban mal con Cortés y con todos sus amigos, los más conquistadores, quisieron que la residencia siguiera adelante, como la había comenzado a tomar el licenciado Luis Ponce de León; y Cortés dijo que no se podía entender en ella, conforme al testamento de Luis Ponce de León; mas que si quería tomársela Marcos de Aguilar, que fuese mucho en buena hora.

Y había otra contradicción por parte del cabildo de México, en que decían que no podía mandar Luis Ponce en su testamento que gobernase el licenciado Aguilar solo: lo uno, porque era muy viejo y caducaba, y estaba tullido de bubas y era de poca autoridad, y así lo mostraba en su persona; y no sabía las cosas de la tierra ni tenía noticia de ellas ni de las personas que tenían méritos; y que, además de esto, no le tendrían respeto ni le acatarían; y que sería bien que, para que todos temiesen y la justicia de Su Majestad fuese de todos muy acatada, que tomase por acompañado en la gobernación a Cortés, hasta que Su Majestad mandase otra cosa.

Y Marcos de Aguilar dijo que no saldría poco ni mucho de lo que Luis Ponce mandó en el testamento, y que él solo había de gobernar, y que si querían poner otro gobernador por fuerza, que no hacían lo que Su Majestad mandaba. Y, además de esto que dijo Marcos de Aguilar, Cortés temió que, si otra cosa se hiciese, por más palabras que le decían los procuradores de las ciudades y villas de la Nueva España —que procurase de gobernar, y que ellos atraerían con buenas palabras al Marcos de Aguilar para ello, pues que estaba claro que estaba muy doliente y era servicio de Dios y de Su Majestad—, por más que le decían a Cortés, nunca quiso tocar más en aquella tecla, sino que el viejo Aguilar solo gobernase, y aunque estaba tan doliente y ético, que le daba de mamar una mujer de Castilla; y tenía unas cabras cuya leche también bebía. Y en aquella sazón se le murió un hijo que traía consigo, de modorra, según y de la manera que murió Luis Ponce.

Dejaré esto hasta su tiempo, y quiero volver muy atrás de lo de mi relación. Y diré lo que el capitán Luis Marín hizo, que quedaba con toda su gente en Naco, esperando respuesta de Sandoval para saber si Cortés era embarcado o no, y nunca habíamos tenido respuesta ninguna. Ya he dicho cómo Sandoval se partió de nosotros para ir a hacer embarcar a Cortés, que fuese a la Nueva España, y que nos escribiría de lo que sucediese, para que nos fuésemos con Luis Marín camino de México. Y, puesto que escribieron Sandoval y Cortés, por dos partes, nunca tuvimos respuesta, porque Sayavedra nunca nos quiso escribir.

Y fue acordado por Luis Marín y por todos los que con él veníamos, que con brevedad fuésemos diez soldados a caballo hasta Trujillo a saber de Cortés, y fue Francisco Marmolejo por nuestro capitán, y yo fui uno de los diez. Y fuimos por tierra adentro de guerra, hasta llegar a Olancho —que ahora llaman Guayape—, donde fueron las minas ricas de oro. Y allí tuvimos nuevas de dos españoles que estaban dolientes y de un negro, cómo Cortés era embarcado pocos días había, con todos los caballeros y conquistadores que consigo tenía en Trujillo, y que lo había enviado a llamar la ciudad de México, que todos los vecinos mexicanos estaban con voluntad de servirle; y que vino un fraile francisco por él, y que su primo de Cortés, Sayavedra, quedaba por capitán cerca de allí, en unos pueblos de guerra; de lo cual nueva nos alegramos mucho.

Y luego escribimos al capitán Sayavedra con indios de aquel pueblo de Olancho, que estaba de paz, y en cuatro días vino la respuesta y nos hizo relación de algunas cosas de lo que aquí va recordado, y dimos muchas gracias a Dios por ello. Y a buenas jornadas volvimos adonde Luis Marín estaba. Y acuérdome que tiramos piedras a la tierra que dejamos atrás y decíamos:

—"¡Aquí quedarás, tierra mala, y con el ayuda de Dios iremos a México!"

Y yendo por nuestras jornadas hallamos a Luis Marín en un pueblo que se dice Acalteca; y así como llegamos con aquellas nuevas, tomó mucha alegría. Y luego tiramos camino a un pueblo que se dice Maniani, y hallamos en él a seis soldados que eran de la compañía de Pedro de Alvarado, que andaban en nuestra busca, y uno de ellos fue un Diego López de Villanueva, vecino que ahora es de Guatemala. Y luego que nos conocimos, nos abrazamos los unos a los otros; y preguntando por su capitán Pedro de Alvarado, dijeron que allí cerca venía con muchos caballeros que venían en busca de Cortés y de nosotros.

Y nos contaron todo lo acaecido en México, por mí ya atrás dicho, y cómo habían enviado a llamar a Pedro de Alvarado para que fuese gobernador y la causa por la cual no fue, por temor del factor, según he recordado en el capítulo que de ello habla. Y yendo por nuestro camino, luego de ahí a dos días nos encontramos con Pedro de Alvarado y sus soldados, que fue junto a un pueblo que se dice Choluteca Malalaca. Pues, ¡saber decir cómo se holgó cuando supo que Cortés era ido a México, porque excusaba el trabajoso camino que había de llevar en su busca! Fue harto descanso para todos.

Y estando allí en el pueblo de la Choluteca, habían llegado en aquella sazón ciertos capitanes de Pedrarias de Ávila, que se decían Garabito y Compañón, y de otros que no se me acuerdan los nombres, que, según ellos decían, venían a descubrir tierras y a partir términos con Pedro de Alvarado. Y luego que llegamos a aquel pueblo con el capitán Luis Marín, todos estuvimos juntos tres días: los de Pedrarias de Ávila, Pedro de Alvarado y nosotros. Y desde allí envió Pedro de Alvarado a un Gaspar Arias de Ávila, vecino que fue de Guatemala, a tratar ciertos negocios con el gobernador Pedro Arias de Ávila; y oí decir que era sobre casamientos, porque Gaspar Arias era gran servidor de Pedro de Alvarado.

Y volviendo a nuestro viaje, en aquel pueblo se quedaron los de Pedrarias, y nosotros fuimos camino de Guatemala. Y antes de llegar a la provincia de Cuzcatán, en aquella sazón llovía mucho y venía un río muy crecido que se decía Lempa, y no lo podíamos pasar de ninguna manera; y acordamos cortar un árbol que se llama ceiba, y era de tal grosor, que se hizo una canoa como otra mayor en estas partes no habíamos visto, y con gran trabajo estuvimos cinco días en pasar el río, y aun hubo mucha falta de maíz.

Y pasado el río, dimos en unos pueblos que pusimos por nombre los Chaparrastiques, que era así su nombre, adonde mataron los indios naturales de aquellos pueblos a un soldado que se decía Nicuesa e hirieron a otros tres de los nuestros que habían ido a buscar de comer, y los fuimos a socorrer y venían ya desbaratados, y por no detenernos se quedaron sin castigo; y esto es en la provincia donde ahora está poblada la villa de San Miguel.

Y desde allí entramos en la provincia de Cuzcatán, que estaba de guerra, y hallamos buen sustento. Y desde allí veníamos a unos pueblos cerca de Petapa, y en el camino tenían los guatemaltecos unas sierras cortadas y unas barrancas muy hondas donde nos aguardaron, y estuvimos en se las tomar y pasar tres días; allí me hirieron de un flechazo, mas no fue nada la herida. Y luego venimos a Petapa; y otro día dimos en este valle que llamaban del Tuerto, donde ahora está poblada esta ciudad de Guatemala, que entonces todo estaba de guerra, y hallamos muchas albarradas y hoyos, y teníamos guerra con los naturales para pasarlos.

Acuérdome que, viniendo por un repecho abajo, comenzó a temblar la tierra de manera que muchos soldados cayeron en el suelo, porque duró gran rato el temblor. Y luego seguimos camino del asiento de la ciudad de Guatemala, "la vieja", donde solían estar los caciques que se decían Cinacán y Sacachul.

Y antes de entrar en la ciudad estaba una barranca muy honda, y aguardándonos los escuadrones de guatemaltecos para no dejarnos pasar; y les hicimos ir con la mala ventura y pasamos a dormir en la ciudad. Y estaban los aposentos y casas tan buenas y de tan ricos edificios, en fin, como de caciques que mandaban todas las provincias comarcanas. Y desde allí nos salimos a lo llano e hicimos ranchos y chozas, y estuvimos en ellos diez días, porque Pedro de Alvarado envió dos veces a llamar de paz a los de Guatemala y a otros pueblos que estaban en aquella comarca, y hasta ver su respuesta aguardamos los días que he dicho.

Y, de que no quisieron venir ningunos de ellos, fuimos por nuestras jornadas largas sin parar hasta donde Pedro de Alvarado había dejado poblado su ejército, porque estaba toda la tierra de guerra, y estaba en él por capitán un su hermano que se decía Gonzalo de Alvarado. Llamábase aquella población donde los hallamos Olintipeque, y estuvimos descansando ciertos días, y luego fuimos a Soconusco y desde allí a Tehuantepec.

Y entonces fallecieron en el camino dos vecinos españoles de los de México que venían de aquella trabajosa jornada con nosotros, y un cacique mexicano que se decía Juan Velázquez, capitán que fue de Guatémuz, ya por mí mencionado. Y en posta fuimos a Oaxaca, porque entonces alcanzamos a saber la muerte de Luis Ponce y otras cosas por mí ya dichas; y decían mucho bien de su persona y que venía para cumplir lo que Su Majestad le mandaba, y no veíamos la hora de haber llegado a México.

Pues como veníamos sobre ochenta soldados, y entre ellos Pedro de Alvarado, y llegamos a un pueblo que se dice Chalco, desde allí enviamos mensajeros a hacer saber a Cortés cómo habíamos de entrar en México otro día, que nos tuviesen aparejadas posadas, porque veníamos muy destrozados, pues hacía más de dos años y tres meses que salimos de aquella ciudad.

Y luego que se supo en México que llegábamos a Iztapalapa, a las calzadas, salió Cortés con muchos caballeros y el cabildo a recibirnos. Y antes de ir a parte ninguna, así como veníamos fuimos a la iglesia mayor a dar gracias a Nuestro Señor Jesucristo, que nos volvió a aquella ciudad. Y desde la iglesia, Cortés nos llevó a sus palacios, donde nos tenían aparejada una solemne comida, y muy bien servida; y ya tenían aderezada la posada de Pedro de Alvarado, que entonces era su casa la fortaleza, porque en aquella sazón estaba nombrado por alcaide de ella y de las atarazanas.

Y al capitán Luis Marín lo llevó Sandoval a posar a sus casas; y a mí y a otro amigo que se decía el capitán Miguel Sánchez nos llevó Andrés de Tapia a las suyas y nos hizo mucha honra. Y Sandoval me envió ropas para ataviarme, y oro y cacao para gastar; y así hizo Cortés y otros vecinos de aquella ciudad a soldados y amigos conocidos de los que allí veníamos.

Y otro día, después de encomendarnos a Dios, salimos por la ciudad yo y mi compañero, el capitán Miguel Sánchez, y llevamos por intercesores al capitán Sandoval y Andrés de Tapia, y fuimos a ver y hablar al licenciado Marcos de Aguilar, que, como he dicho, estaba por gobernador por el poder que para ello le dejó Luis Ponce. Y los intercesores que fueron con nosotros —que ya he dicho que eran el capitán Sandoval y Andrés de Tapia— hicieron relación al Marcos de Aguilar de nuestras personas y servicios, para suplicarle que nos diese indios en México, porque los de Guazacualco no eran de provecho.

Y después de muchas palabras y ofertas que sobre ello nos dio Marcos de Aguilar, con prometimiento dijo que no tenía poder para dar ni quitar indios ningunos, porque así lo dejó en el testamento Luis Ponce de León al tiempo que falleció: que todas las cosas y pleitos y vacaciones de indios de la Nueva España estuviesen en el estado en que estaban hasta que Su Majestad enviase a mandar otra cosa; y que si le enviaban poder para dar indios, que nos daría de lo mejor que hubiese en la tierra. Y luego nos despedimos de él.

En este tiempo vino de la isla de Cuba un Diego de Ordás, muchas veces por mí mencionado; y como fue el que hubo escrito las cartas al factor diciendo que todos éramos muertos, cuantos habíamos salido de México con Cortés, Sandoval y otros caballeros, con palabras muy desabridas, le dijeron que por qué había escrito lo que no sabía, no teniendo noticia de ello; y que fueron aquellas cartas que envió al factor tan malas, que se hubiera de perder la Nueva España por ellas.

Y Diego de Ordás respondió con grandes juramentos que nunca tal escribió, sino solamente que tuvo nueva de un pueblo que se dice Xicalango, que habían reñido los pilotos y capitanes y marineros de dos navíos, y se habían muerto los de un bando con el otro, y que los indios acabaron de matar a ciertos marineros que quedaban en los navíos. Y que pareciesen las mismas cartas y verían si era así; que si el factor las glosó e hizo otras, que no tenía la culpa, pues para saber Cortés la verdad, el factor y veedor estaban presos en las jaulas; no se atrevía a hacer justicia de ellos, según lo dejó mandado Luis Ponce de León.

Y como Cortés tenía otros muchos debates, acordó callar en lo del factor hasta que viniese mandado de Su Majestad, y temió que no le viniesen más males sobre ello. Y porque entonces pusieron demanda de que volviesen mucha cantidad de sus haciendas que le vendieron y tomaron para decir misas y honras por su alma; y después que fueron hechas aquellas honras y misas, con malicia y por dar crédito a toda la ciudad de que éramos muertos —que, pues hacían bienes y honras por Cortés y por nosotros, era para que creyesen que era verdad que todos éramos muertos—.

Y andando en estos pleitos, un vecino de México que se decía Juan Cáceres el Rico compró los bienes y misas que habían hecho por el alma de Cortés como si fuesen por la del Cáceres.

Y dejaré de contar cosas viejas y diré cómo Diego de Ordás, como era hombre de buenos consejos, y viendo que a Cortés ya no le tenían acato ni se daba a nadie por él un cantar después que vino Luis Ponce de León y le habían quitado la gobernación, y que muchas personas se le desvergonzaban y no le tenían en nada, le aconsejó que se sirviese como señor y se llamase "señoría" y pusiese dosel; y que no solamente se nombrase Cortés, sino don Hernando Cortés.

También le dijo Ordás que mirase que el factor fue criado del comendador mayor don Francisco de los Cobos, y que ese era quien mandaba en toda Castilla, y que algún día le habría de menester a don Francisco de los Cobos; y que el mismo Cortés no estaba bien acreditado con Su Majestad ni con los del Real Consejo de Indias, y que no se apurase en matar al factor hasta que por justicia fuese sentenciado, porque había grandes sospechas en México de que lo quería despachar y matar en la misma jaula.

Y pues viene ahora a coyuntura, quiero decir —antes que más pase adelante en esta mi relación— por qué tan secamente en todo lo que escribo, cuando viene a pláticas decir de Cortés, no le he nombrado ni nombro don Hernando Cortés, ni otros títulos de marqués ni capitán, salvo "Cortés" a boca llena. La causa de ello es porque él mismo se preciaba de que le llamasen solamente Cortés, y en aquel tiempo no era marqués, porque era tan tenido y estimado este nombre de Cortés en toda Castilla como en tiempo de los romanos solían tener a Julio César o a Pompeyo, y en nuestros tiempos teníamos a Gonzalo Hernández, por sobrenombre "el Gran Capitán", y entre los cartagineses a Aníbal, o a aquel valiente, nunca vencido caballero, Diego García de Paredes.

Dejemos de hablar en los blasones pasados. Y diré cómo el tesorero Alonso de Estrada en aquella sazón casó dos hijas: la una con Jorge de Alvarado, hermano de don Pedro de Alvarado, y la otra con un caballero que se decía don Luis de Guzmán, hijo de don Juan de Sayavedra, conde de Castellar.

Y entonces se concertó que Pedro de Alvarado fuese a Castilla a suplicar a Su Majestad que le hiciese merced de la gobernación de Guatemala. Y entretanto que iba, envió a Jorge de Alvarado por su capitán a las pacificaciones de Guatemala; y cuando Jorge de Alvarado vino, trajo de camino consigo sobre doscientos indios de Tlaxcala y de Cholula y mexicanos y de Guacachula y de otras provincias, y le ayudaron en las guerras.

Y también en aquella sazón envió Marcos de Aguilar a poblar la provincia de Chiapa, y fue un caballero que se decía don Juan de

Enríquez de Guzmán, deudo muy cercano del duque de Medina Sidonia. Y también envió a poblar la provincia de Tabasco —que es el río que llaman de Grijalva—, y fue por capitán un hidalgo que se decía Baltasar Osorio, natural de Sevilla. Y asimismo envió a pacificar los pueblos de los zapotecas, que están en muy altas sierras, y fue por capitán un Alonso de Herrera, natural de Jerez, y este capitán fue de los soldados de Cortés.

Y por no contar al presente lo que cada uno de estos capitanes hizo en sus conquistas, lo dejaré de decir hasta que venga a tiempo y sazón, y quiero hacer relación de cómo en este tiempo falleció Marcos de Aguilar y lo que pasó sobre el testamento que hizo para que gobernase el tesorero.

CAPÍTULO XIV: DON MARCOS FALLECIÓ DE CALENTURAS

Teniendo en sí la gobernación Marcos de Aguilar, como dicho tengo, y estando muy ético y doliente de bubas, los médicos mandaron que mamase de una mujer de Castilla, y con leche de cabras se sostuvo cerca de ocho meses; y de aquellas dolencias y calenturas que le dieron, falleció. Y en el testamento que hizo, mandó que solo gobernase el tesorero Alonso de Estrada, ni más ni menos que como tuvo el poder Luis Ponce de León.

Y viendo el cabildo de México y otros procuradores de ciertas ciudades que en aquella sazón se hallaron en México que Alonso de Estrada solo no podría gobernar tan bien como convenía —por causa de que Nuño de Guzmán, que había dos años que vino de Castilla por gobernador de la provincia de Pánuco, se metía en los términos de México, y decían que eran sujetos de su provincia—, y como venía furioso y no mirando a lo que Su Majestad le mandaba en las provisiones que de ello traía, sucedió que un vecino de México, que se decía Pero González de Trujillo, persona muy noble, dijo que no quería estar debajo de su gobernación, sino de la de México, pues los indios de su encomienda no eran de los de Pánuco. Y por otras palabras que pasaron, sin ser más oído, le mandó ahorcar. Y, además de esto, hizo otros desatinos, que ahorcó a otro español por hacerse temer, y no tenía acato ni se daba nada de Alonso de Estrada, el tesorero, aunque era gobernador, ni lo tenía en tanta estima como era obligado.

Y viendo aquellos desatinos de Nuño de Guzmán, el cabildo de México y otros caballeros vecinos, para que le temiese Nuño de Guzmán e hiciese lo que Su Majestad mandaba, suplicaron al tesorero que juntamente con él gobernase Cortés, pues convenía al servicio de Dios Nuestro Señor y de Su Majestad. Pero el tesorero no quiso, y otras personas dijeron que Cortés no lo quiso aceptar, para que no dijesen los maliciosos que por fuerza quería señorear. Y también porque hubo murmuraciones, ya que se tenía sospecha de que la muerte de Marcos de Aguilar fuese por causa de Cortés, y que él le dio con qué muriese.

Y lo que se concertó fue que juntamente con el tesorero gobernase Gonzalo de Sandoval, que era alguacil mayor y persona muy estimada; y lo tuvo a bien el tesorero. Mas otras personas dijeron que si lo aceptó fue por casar una hija con Sandoval; y que, si se hubiera casado con ella, fuera mucho más estimado el Sandoval y, por ventura, hubiera tenido la gobernación, porque en aquella sazón no se tenía en tanta estima esta Nueva España como ahora.

Pues estando gobernando el tesorero y Gonzalo de Sandoval, pareció ser —como en este mundo hay hombres muy desatinados— que un fulano Proaño, que dicen que se fue en aquella sazón a lo de Jalisco huyendo de México, y que después fue hombre muy rico, púsose a palabras con el gobernador Alonso de Estrada; y tuvo tal desacato, que por ser de tal calidad aquí no lo digo. Y Sandoval, como gobernador que era, que había de hacer justicia sobre ello y prender a Proaño, no lo hizo; antes, según fama, lo favoreció para hacer aquel atroz delito e ir huyendo adonde no pudo ser habido, por mucha diligencia que sobre ello puso el tesorero para prenderlo.

Y, además de esto, de ahí a pocos días después de este desacato que pasó, hubo otro malísimo delito: que pusieron en las puertas de las casas del tesorero unos libelos infamatorios muy malos; y, puesto que claramente se supo quién los puso, viendo que no podía alcanzar justicia, lo disimuló. Y desde allí en adelante estuvo muy mal el tesorero con Cortés y con Sandoval, y renegaba de ellos como de cosas muy malas.

Dejemos esto. Y quiero decir que en aquellos días en que anduvieron los conciertos —ya por mí mencionados— para que Cortés gobernase con el tesorero, y pusieron a Sandoval por compañero, según dicho tengo, aconsejaron a Alonso de Estrada que luego en posta fuese en navío a Castilla e hiciese relación de ello a Su Majestad. Y aun le indujeron a que dijese que por fuerza le pusieron a Sandoval por compañero, según ya dicho tengo, desde que no quiso ni consintió que Cortés gobernase juntamente con él.

Y además de esto, ciertas personas que no estaban bien con Cortés escribieron otras cartas por su cuenta, y en ellas decían que Cortés había mandado dar ponzoña a Luis Ponce de León y a Marcos de Aguilar, y que asimismo al adelantado Garay, que en unos requesones que les dieron en un pueblo que se dice Iztapalapa creían que estaba en ellos rejalgar, y que por esa causa no quiso comer de ellos un fraile de la Orden de Santo Domingo. Y todo lo que escribían de Cortés eran maldades y traiciones que le levantaron.

Y también escribieron que Cortés quería matar al factor y al veedor. Y en aquella sazón también fue a Castilla el contador Albornoz, que jamás estuvo bien con Cortés.

Y como Su Majestad y los de su Real Consejo de Indias vieron las cartas que he dicho, en que enviaron diciendo lo de Albornoz, lo de Luis Ponce y lo de Marcos de Aguilar, y se informaron con el contador —el cual ayudó muy de mala manera contra Cortés—, y habían oído lo del desbarate de Narváez, y lo del Garay, y lo del Tapia, y lo de Catalina Juárez la Marcaida, su primera mujer, y estaban mal informados de otras cosas y creyeron ser verdad lo que ahora escribían, luego mandó Su Majestad proveer que solo Alonso de Estrada gobernase, y dio por bueno cuanto había hecho y en los indios que encomendó.

Y también mandó que se sacasen de las prisiones y jaulas al factor y veedor, y se les devolviesen sus bienes; y en posta vino un navío con las provisiones. Y para castigar a Cortés por lo que le acusaban, mandó que luego viniese un caballero que se decía don Pedro de la Cueva, comendador mayor de Alcántara, y que a costa de Cortés trujese trescientos soldados; y que si lo hallase culpado, le cortase la cabeza, y a los que juntamente con él hubieran hecho algún deservicio a Su Majestad; y que a los verdaderos conquistadores se les diesen de los pueblos que le quitasen a Cortés.

Y asimismo mandó proveer que viniese Audiencia Real, creyendo que con ella habría recta justicia. Y ya que se estaba apercibiendo el comendador don Pedro de la Cueva para venir a la Nueva España, por ciertas pláticas que después hubo en la corte —o porque no le dieron tantos mil ducados como pedía para el viaje, y porque con la Audiencia Real creyeron que se pondría orden en justicia—, se estorbó su jornada. Y también porque el duque de Béjar quedó por nuestro fiador otra vez.

Y quiero volver al tesorero. Que como se vio tan favorecido de Su Majestad, y haber sido tantas veces gobernador, y ahora de nuevo le mandaba Su Majestad gobernar solo, y aun le hicieron creer al tesorero que habían informado al Emperador nuestro señor que era hijo del Rey Católico, estaba muy ufano y tenía razón.

Y lo primero que hizo fue enviar a Chiapa por capitán a un su primo que se decía Diego de Mazariegos, y mandó tomar residencia a don Juan Enríquez de Guzmán, al que había enviado por capitán Marcos de Aguilar. Y más robos y quejas se hallaron que había hecho en aquella provincia que bienes.

Y también envió a conquistar y pacificar los pueblos de los zapotecas y minjes, y que fuesen por dos partes, para que mejor los pudiesen atraer de paz. Por la banda del norte envió a un fulano de Barrios, que decían que había sido capitán en Italia y que era muy esforzado, que nuevamente había venido de Castilla a México (no digo por Barrios el de Sevilla, el cuñado que fue de Cortés), y le dio sobre cien soldados, y entre ellos muchos escopeteros y ballesteros.

Y llegado este capitán con sus soldados a los pueblos de los zapotecas, que se decían los Tiltepeques, una noche salieron los indios naturales de aquellos pueblos y dieron sobre el capitán y sus soldados, y tan de repente dieron en ellos, que mataron al capitán Barrios y a otros siete soldados, y a todos los demás hirieron; y si de presto no tomaran calzas de Villadiego y se vinieran a acoger a unos pueblos de paz, todos hubieran muerto. Aquí verán cuánto va de los conquistadores viejos a los recién venidos de Castilla, que no saben qué cosa es guerra de indios ni sus astucias. En esto paró aquella conquista.

Digamos ahora del otro capitán que fue por la parte de Oaxaca, que se decía Figueroa, natural de Cáceres, que también dijeron que había sido muy esforzado capitán en Castilla y era muy amigo del tesorero Alonso de Estrada, y llevó otros cien soldados de los nuevamente venidos de Castilla a México, y muchos escopeteros y ballesteros, y aun diez de a caballo.

Y como llegaron a las provincias de los zapotecas, envió a llamar a un Alonso de Herrera, que estaba en aquellos pueblos por capitán de treinta soldados por mandado de Marcos de Aguilar, en el tiempo que gobernaba, según lo tengo dicho en el capítulo que de ello hace mención. Y venido Alonso de Herrera a su llamado —porque según pareció, traía poder el Figueroa para que estuviese debajo de su mano—, sobre ciertas pláticas que tuvieron, o porque no quiso quedar en su compañía, vinieron a echar mano a las espadas y el Herrera acuchilló a Figueroa y a otros tres de los soldados que traía que le ayudaban.

Pues viendo Figueroa que estaba herido y manco de un brazo, y no se atrevía a entrar en las sierras de los minjes, que eran muy altas y malas de conquistar, y los soldados que traía no sabían conquistar aquellas tierras, acordó dedicarse a desenterrar sepulturas de los enterramientos de los caciques de aquellas provincias, porque en ellas halló cantidad de joyas de oro, pues antiguamente tenían por costumbre enterrar a los principales de aquellos pueblos con sus riquezas. Y diose tal maña, que sacó de ellas sobre cinco mil pesos de oro. Y con otras joyas que obtuvo de dos pueblos, acordó dejar la conquista y los pueblos en que estaban, y dejólos muy más de guerra algunos de ellos que como los halló.

Y fue a México, y desde allí se iba a Castilla; y los soldados, cada uno se fue por su parte. Y ya que se iba a Castilla el Figueroa con su oro, y embarcado en la Veracruz, fue su ventura tal, que el navío en que iba dio con recio temporal al través junto a la Veracruz, de manera que se perdió él y su oro, y se ahogaron quince pasajeros, y todo se perdió.

Y en eso pararon las capitanías que envió el tesorero a conquistar, y nunca aquellos pueblos vinieron de paz hasta que los vecinos de Guazacualco los conquistamos. Y como tienen tan altas sierras y no pueden ir caballos, me quebranté el cuerpo en tres ocasiones en que me hallé en aquellas conquistas, porque, puesto que en los veranos los atraíamos de paz, en entrando las lluvias se tornaban a levantar y mataban a los españoles que podían haber quedado desmandados; y como siempre les seguíamos, vinieron de paz, y está poblada una villa que se dice San Alfonso.

Pasemos adelante y dejemos de traer más a la memoria desastres de capitanes que no han sabido conquistar. Y digo que, como el tesorero supo que habían acuchillado a su amigo el capitán Figueroa, envió luego a prender a Alonso de Herrera; y no se pudo haber, porque se fue huyendo a unas sierras. Y los alguaciles que envió trajeron preso a un soldado de los que solía tener el Herrera consigo; y así como llegó a México, sin más ser oído, le mandó el tesorero cortar la mano derecha. Llamábase el soldado Cortejo y era hijodalgo.

Y además de esto, en aquel tiempo un mozo de espuela de Gonzalo de Sandoval tuvo otra cuestión con otro criado del mismo tesorero, y lo acuchilló, de lo cual hubo muy gran enojo el tesorero y mandó cortarle la mano. Y esto fue en tiempo que Cortés ni Sandoval estaban en México, pues se habían ido a un gran pueblo que se dice Cuernavaca, y se fueron por quitarse de México de bullicios y parlerías, y también por apaciguar ciertos debates que había entre los caciques de aquel pueblo.

Pues luego que supieron Cortés y Sandoval, por cartas, que al Cortejo y al mozo de espuelas los tenían presos y les querían cortar las manos, de presto vinieron a México; y luego que hablaron y no hubo remedio en ello, sintieron mucho aquella afrenta que el tesorero hizo a Cortés y contra Sandoval. Y dicen que le dijo Cortés tales palabras al tesorero en su presencia, que no las quisiera oír, y aun tuvo temor de que le quería mandar matar; y con este temor, el tesorero allegó soldados y amigos para tener en su guarda, y sacó de las jaulas al factor y al veedor para que, como oficiales de Su Majestad, se favoreciesen los unos a los otros contra Cortés.

Y luego que los hubo sacado, después de ahí a ocho días, por consejo del factor y de otras personas que no estaban bien con Cortés, le dijeron al tesorero que en todo caso lo desterrase de México, porque, mientras estuviese en aquella ciudad, jamás podría gobernar bien ni habría paz, y siempre habría cherinolas y bandos.

Pues ya este destierro firmado del tesorero, se lo fueron a notificar a Cortés, y dijo que lo cumpliría muy bien, y que daba gracias a Dios, que de ello era servido; que de las tierras y ciudad que él con sus compañeros había descubierto y ganado, derramando de día y de noche mucha sangre y con la muerte de tantos soldados, que viniesen ahora a desterrarlo personas que no eran dignas de bien ninguno ni de tener los oficios que tienen de Su Majestad; y que él iría a Castilla a dar relación de ello a Su Majestad y a demandar justicia contra ellos, y que era gran ingratitud la del tesorero, desconocido del bien que le había hecho Cortés.

Y luego se salió de México y se fue a una villa suya que se dice Coyoacán, y desde allí a Tezcoco, y de ahí a pocos días, a Tlaxcala. Y en aquel instante, la mujer del tesorero, que se decía doña Marina Gutiérrez de la Caballería —cierta dama de buena memoria por sus muchas virtudes—, como supo lo que su marido había hecho en sacar de las jaulas al factor y al veedor y haber desterrado a Cortés, con gran pesar que tenía, le dijo al tesorero, su marido:

—"¡Plega a Dios que estas cosas que habéis hecho no nos vengan a mal!"

Y le trajo a la memoria los bienes y mercedes que Cortés con ellos había hecho, y los indios que les dio, y que procurase volver a hacer amistades con él para que volviese a la ciudad de México, o que se guardase muy bien, no lo matasen.

Y tantas cosas le dijo, que, según muchas personas después platicaban, se había arrepentido el tesorero de haberlo desterrado, y aun de haber sacado de las jaulas a los por mí mencionados, porque en todo le iban a la mano y eran muy contrarios a Cortés.

Y en aquella sazón vino de Castilla don fray Julián Garcés, primer obispo que fue de Tlaxcala, y era natural de Aragón, y por honra del cristianísimo emperador nuestro señor se llamó Carolense, y fue gran predicador, y se vino por su obispado de Tlaxcala. Y luego que supo lo que el tesorero había hecho en el destierro de Cortés, le pareció muy mal, y por poner concordia entre ellos se vino a una ciudad —ya otras veces por mí nombrada— que se dice Tezcoco; y como está junto a la laguna, se embarcó en dos canoas grandes y con dos clérigos y un fraile y su equipaje, se vino a la ciudad de México.

Y antes de entrar en ella, supieron de su venida en México y le salieron a recibir con toda la pompa y cruces y clerecía y religiosos, y cabildo y conquistadores, y caballeros y soldados que en México se hallaron. Y luego que el obispo hubo descansado dos días, el tesorero lo envió por intercesor para que fuese adonde Cortés en aquella sazón estaba y los hiciese amigos, y le alzase el destierro y volviese a México.

Y fue el obispo y trató las amistades, y nunca pudo acabar cosa ninguna con Cortés; antes, como dicho tengo, se fue a Tezcoco o a Tlaxcala, muy acompañado de caballeros y de otras personas.

Y en lo que entendía Cortés era en allegar todo el oro y plata que podía para ir a Castilla; y además de lo que le daban de los tributos de sus pueblos, empeñaba otras rentas, y de amigos e indios que le prestaban. Y asimismo se aparejaban el capitán Gonzalo de Sandoval y Andrés de Tapia, y allegaban y recogían todo el oro y plata que podían de sus pueblos, porque estos dos capitanes fueron en compañía de Cortés a Castilla.

Pues como estaba Cortés en Tlaxcala, íbanlo a ver muchos vecinos de México y de otras villas, y soldados que no tenían encomiendas de indios, y los caciques de México, y lo iban a servir. Y aun, como hay hombres bulliciosos y amigos de escándalos y novedades, le iban con consejas para que, si se quería alzar por rey con la Nueva España — que en aquel tiempo tenía lugar—, que ellos serían los primeros en ayudarle.

Y Cortés echó presos a dos hombres de los que le vinieron con aquellas pláticas y los trató mal, llamándolos traidores, y estuvo por ahorcarlos. Y también le trajeron una carta de otros bandoleros que le enviaron desde México, en la que le decían lo mismo. Y esto era, según dijeron, para tentar a Cortés y tomarle en algunas palabras que dijese sobre aquel mal caso.

Y como Cortés en todo era servidor de Su Majestad, con amenazas les dijo a los que venían con aquellos tratos que no le viniesen más delante con aquellas parlerías de traiciones, porque los mandaría ahorcar. Y luego lo escribió al obispo para que le dijese al tesorero que, como gobernador, mandase castigar a los traidores que venían con aquellas consejas; si no, que él los mandaría ahorcar.

Dejemos a Cortés en Tlaxcala, aderezando para irse a Castilla, y volvamos al tesorero, al factor y al veedor. Que así como venían a Cortés hombres y bandoleros que deseaban ruidos y andar en bullicios, también iban y decían al tesorero y al factor que ciertamente Cortés estaba allegando gente para venirles a matar, aunque hacía correr fama de que se preparaba para ir a Castilla. Y que a ese efecto estaban todos los caciques mexicanos, y de Tezcoco, y de todos los más pueblos alrededor de la laguna, en su compañía, esperando a ver cuándo les mandaba dar guerra.

Entonces temieron mucho el factor y el veedor, creyendo que los quería matar. Y para saber e inquirir si era verdad, volvieron a importunar al mismo obispo para que fuese a ver qué cosa era, y le escribieron a Cortés con grandes ofertas y demandándole perdón. Y el obispo lo tuvo por bueno, y fue a visitar Tlaxcala.

Y luego que llegó adonde estaba Cortés, después de salirle a recibir toda aquella provincia, y de ver la gran lealtad y lo que había hecho Cortés en prender a los bandoleros, y las palabras que sobre aquel caso le había escrito, luego hizo mensajero al tesorero y le dijo que Cortés era muy leal caballero y gran servidor de Su Majestad, y que en nuestros tiempos se podía contar entre los más afamados servidores de la corona real; y que lo que estaba haciendo era aderezarse para ir ante Su Majestad, y que podía estar sin sospecha de lo que pensaban.

Y también le escribió que tuvo mala consideración en haberlo desterrado, y que no lo acertó. Entonces, dicen que le dijo en la carta que le escribió:

—"¡Oh, señor tesorero Alonso de Estrada, y cómo ha dañado y estragado esta cosa!".

Dejemos esto de la carta, que no me acuerdo bien si volvió Cortés a México para dejar recaudo a las personas a quienes había de dar los poderes para entender en su estado y casa y demandar los tributos de los pueblos de su encomienda; salvo que sé que dejó el poder mayor al licenciado Juan Altamirano, que era persona de mucha calidad, y a Diego de Campo, y a Alonso Valiente, y a Santacruz, burgalés, y sobre todos al Altamirano.

Y ya tenía allegadas muchas aves, diferentes de las que hay en Castilla, que era cosa muy de ver, y dos tigres, y muchos barriles de liquidámbar y bálsamo cuajado y otro como aceite, y cuatro indios maestros de jugar el palo con los pies —que en Castilla y en todas partes es cosa de ver— y otros indios grandes bailadores que suelen hacer una manera de ingenio que, al parecer, vuelan por alto bailando. Y llevó tres indios corcovados de tal manera que era cosa monstruosa, porque estaban quebrados del cuerpo y eran muy enanos. Y también llevó indios e indias muy blancos, que por el gran blancor no veían bien.

Y entonces los caciques de Tlaxcala le rogaron que llevase en su compañía tres hijos de los más principales de aquella provincia, y entre ellos fue un hijo de Xicotenga el Ciego Viejo, que después se llamó don Lorenzo de Vargas, y llevó otros caciques mexicanos.

Y estando aderezando su partida, le llegaron nuevas desde Veracruz de que habían venido dos navíos muy buenos y veleros, y en ellos le trajeron cartas de Castilla; lo que se contenía en ellas, lo diré adelante.

Ya he dicho en el capítulo pasado lo acaecido entre Cortés y el tesorero, el factor y el veedor, y por qué causa lo desterraron de México, y cómo vino dos veces el obispo de Tlaxcala a entender en las amistades, y Cortés nunca quiso responder a cartas ni a cosa ninguna, y se apercibió para ir a Castilla.

Y en aquel instante le vinieron cartas del presidente de Indias, don García de Loaysa, y del duque de Béjar y de otros caballeros, en que le decían que, como estaba ausente, daban quejas de él ante Su Majestad, y decían en las quejas muchos males y muertes que había hecho dar a los gobernadores que Su Majestad enviaba; que fuese en todo caso a volver por su honra. Y le trajeron nuevas de que su padre, Martín Cortés, había fallecido.

Y luego que vio las cartas, le pesó mucho, así por la muerte de su padre como por las cosas que de él decían que había hecho, no siendo así. Y se puso luto, aunque ya lo traía en aquel tiempo por la muerte de su mujer, doña Catalina Juárez la Marcaida, e hizo gran sentimiento por su padre y las honras lo mejor que pudo.

Y si mucho deseo tenía de antes de ir a Castilla, desde allí en adelante se dio mayor prisa, porque luego mandó a un su mayordomo, que se decía Pedro Ruiz de Esquivel, natural de Sevilla, que fuese a Veracruz, y de dos navíos que habían llegado —que tenían fama de ser nuevos y veleros—, que los comprase. Y estaba apercibiendo bizcocho y cecina, tocinos y lo perteneciente para el matalotaje muy cumplidamente, como para un gran señor, rico, que Cortés era; y cuantas cosas se pudieron haber en la Nueva España que eran buenas para la mar y conservas que de Castilla vinieron. Y fueron tantos y de tanto género, que para dos años se pudiera mantener a otros dos navíos, aunque tuviesen mucha más gente, con lo que en Castilla les sobró.

Pues yendo el mayordomo por la laguna de México en una canoa grande para ir hasta un pueblo que se dice Ayozingo, que es donde desembarcan las canoas —porque por ir más de presto a hacer lo que Cortés mandaba fue por allí—, llevaba seis indios mexicanos remeros, un negro y ciertas barras de oro. Y quienquiera que fuese, lo aguardó en la misma laguna y lo mató, que nunca se supo quién; ni apareció canoa ni indios que la remaban, ni aun el negro. Salvo que desde ahí a cuatro días hallaron a Esquivel en una isleta de la laguna, y el medio cuerpo comido de aves carniceras.

Sobre la muerte de este mayordomo hubo grandes sospechas, porque unos decían que era hombre que se alababa de cosas que decía él mismo que pasaban con damas y con otras señoras; y como decían otras cosas malas que dizque hacía, y por esa causa estaba malquisto, se ponían sospechas de muchas cosas más, que aquí no declaro, de manera que no se supo de su muerte, ni aun se pesquisó muy a fondo quién lo mató. ¡Perdónelo Dios!

Y luego Cortés volvió a enviar de presto a otros mayordomos para que le tuviesen aparejados los navíos y metido todo el bastimento y pipas de vino; y mandó dar pregones que cualesquier persona que quisiese ir a Castilla, les daría pasaje y comida de balde, yendo con licencia del gobernador.

Y luego Cortés, acompañado de Gonzalo de Sandoval y de Andrés de Tapia y otros caballeros, se fue a Veracruz, y luego que se hubo confesado y comulgado, se embarcó. Y quiso Nuestro Señor Dios darle tal viaje, que en cuarenta y dos días llegó a Castilla, sin parar en La Habana ni en isla ninguna, y fue a desembarcar cerca de la villa de Palos, junto a Nuestra Señora de La Rábida.

Y luego que se vieron en salvamento en aquella tierra, hincaron las rodillas en el suelo y alzaron las manos al cielo, dando muchas gracias a Dios por las mercedes que siempre les hacía. Y llegaron a Castilla en el mes de diciembre del año mil quinientos veintisiete.

Pareció ser que Gonzalo de Sandoval iba muy doliente; y a grandes alegrías, hubo tristezas, pues fue Dios servido que desde ahí a pocos días lo llevase de esta vida, en la villa de Palos. Y la posada en que estaba era de un cordonero de hacer jarcias, cables y maromas, y antes que falleciese, le hurtó trece barras de oro, lo cual vio Sandoval con sus propios ojos: que se las sacaron de una caja.

Porque aguardó el cordonero a que no estuviese persona alguna en compañía de Sandoval, o tuvo tales astucias que envió a los criados de Sandoval en posta a La Rábida a llamar a Cortés. Y Sandoval, puesto que lo vio, no osó dar voces, porque como estaba muy debilitado y flaco y malo, temió que aquel cordonero —que le pareció mal hombre— no le echase el colchón o almohada sobre la boca y lo ahogase.

Y luego se fue el huésped a Portugal, huyendo con las barras de oro, y no se pudo cobrar cosa ninguna.

Volvamos a Cortés, que, luego que supo que estaba muy malo Sandoval, vino en posta adonde estaba, y Sandoval le dijo la maldad que el huésped le había hecho y cómo le hurtó las barras de oro y se fue huyendo; de lo cual, puesto que pusieron gran diligencia para que se cobrasen, como se acogió a Portugal, se quedó con ello.

Y Sandoval cada día iba empeorando de su mal, y los médicos que le curaban le dijeron que luego se confesase y recibiese los santos sacramentos e hiciese testamento; y él lo hizo con gran devoción, y mandó muchas mandas, así a pobres como a monasterios, y nombró por su albacea a Cortés, y heredera a una su hermana o hermanas, la cual hermana se casó, con el tiempo, con un hijo bastardo del conde de Medellín.

Y luego que hubo ordenado su ánima y hecho testamento, dio el alma a Nuestro Señor Dios, que la crió; y por su muerte se hizo gran sentimiento, y con toda la pompa que pudieron le enterraron en el monasterio de Nuestra Señora de la Rábida, y Cortés con todos los caballeros que iban en su compañía se pusieron luto. ¡Perdónelo Dios, amén!

Y luego Cortés envió correo a Su Majestad y al cardenal de Sigüenza y al duque de Béjar y al conde de Aguilar y a otros caballeros, e hizo saber que había llegado a aquel puerto y de cómo Gonzalo de Sandoval había fallecido, e hizo relación de la calidad de su persona y de los grandes servicios que había hecho a Su Majestad, y que fue capitán de mucha estima, así para mandar ejércitos como para pelear por su persona.

Y luego que aquellas cartas llegaron ante Su Majestad, recibió alegría por la venida de Cortés, aunque le pesó de la muerte de Sandoval, porque ya tenía gran noticia de su generosa persona, y asimismo les pesó al cardenal don García de Loaysa y al Real Consejo de Indias; y el duque de Béjar y el conde de Aguilar y otros caballeros se holgaron en gran manera, aunque a todos les pesó de la muerte de Sandoval.

Y luego fue el duque de Béjar, juntamente con el conde de Aguilar, a dar más relación a Su Majestad, aunque ya tenía la carta de Cortés. Y dijo que bien sabía la gran lealtad de quien había fiado, y que caballero que tan grandes servicios le había hecho, que en todo lo demás lo había de mostrar en lealtad, como era obligado a su rey y señor, lo cual se ha parecido ahora muy bien por la obra.

Y esto dijo el duque porque en el tiempo que ponían las acusaciones y decían muchos males contra Cortés delante de Su Majestad, puso tres veces su cabeza y su estado por fiador de Cortés y de todos los soldados que estábamos en su compañía, que éramos muy leales y grandes servidores de Su Majestad y dignos de grandes mercedes, porque en aquel tiempo no estaba descubierto el Pirú ni había la fama de él que después hubo.

Y luego Su Majestad mandó que por todas las ciudades y villas por donde Cortés pasase le hiciesen muchas honras, y el duque de Medina Sidonia le hizo gran recibimiento en Sevilla y le presentó caballos muy buenos.

Y después que reposó allí dos días, fue a jornadas largas a Nuestra Señora de Guadalupe para hacer novenas. Y fue su ventura tal, que en aquella sazón había allí llegado la señora doña María de Mendoza, mujer del comendador mayor de León, don Francisco de los Cobos, y había traído en su compañía muchas señoras de gran estado, y entre ellas una señora doncella, hermana suya.

Y luego que Cortés lo supo, hubo gran placer, y luego que llegó, después de haber hecho oración delante de Nuestra Señora y dado limosna a pobres y mandado decir misas —puesto que llevaba luto por su padre y su mujer y por Gonzalo de Sandoval—, fue muy acompañado de los caballeros que llevó de la Nueva España y con otros que se le habían allegado para su servicio, y fue a hacer gran acato a la señora doña María de Mendoza y a la señora doncella su hermana, que era muy hermosa, y a todas las demás señoras que con ellas venían.

Y como Cortés en todo era muy cumplido y regocijado, y la fama de sus grandes hechos volaba por toda Castilla, pues plática y agraciada expresiva no le faltaba, y sobre todo mostrarse muy franco y tener riquezas de qué dar, comenzó a hacer grandes presentes de muchas joyas de oro de diversidades de hechuras a todas aquellas señoras; y después de las joyas dio penachos de plumas verdes llenos de argentería y de oro y de perlas, y en todo lo que dio fue muy aventajado a la señora doña María de Mendoza y a la señora su hermana.

Y después que hubo hecho aquellos ricos presentes, dio por sí sola a la señora doncella ciertos tejuelos de oro muy fino para que hiciese joyas. Y tras esto mandó dar mucho liquidámbar y bálsamo para que se sahumasen, y mandó a los indios maestros de jugar el palo con los pies que delante de aquellas señoras les hiciesen fiesta y trujesen el palo de un pie a otro, que fue cosa de que se contentaron y aun se admiraron de lo ver.

Y demás de todo esto, supo Cortés que de la litera en que había venido la señora doncella se le mancó una acémila, y secretamente mandó comprar dos muy buenas y que las entregasen a los mayordomos que traían cargo de su servicio.

Y aguardó en aquella villa de Guadalupe hasta que partiesen para la corte, que en aquella sazón estaba en Toledo, y fue les acompañando y sirviendo y haciendo banquetes y fiestas. Y tan gran servidor se mostró, que lo sabía muy bien hacer y representar, que la señora doña María de Mendoza le movió casamiento con la señora su hermana. Y si Cortés no fuera desposado con la señora doña Juana de Zúñiga, sobrina del duque de Béjar, ciertamente tuviera grandísimos favores del comendador mayor de León y de la señora doña María de Mendoza, su mujer, y Su Majestad le diera la gobernación de la Nueva España.

Dejemos de hablar en este casamiento, pues todas las cosas son guiadas y encaminadas por la mano de Dios. Y diré cómo escribió luego en posta la señora doña María de Mendoza al comendador mayor de León, su marido, sublimando en gran manera las cosas de Cortés y que no era nada la fama que tiene de sus heroicos hechos para lo que ha visto y conocido de su persona y conversación y franqueza; y le representó otras gracias que en él había conocido y los servicios que le había hecho, y que le tenga por su gran servidor y que Su Majestad le haga sabedor de todo y le suplique que le haga mercedes.

Y luego que el comendador vio la carta de su mujer, se holgó con ella; y como era el más privado que hubo ni ha habido en nuestros tiempos del Emperador nuestro señor, llevóle la misma carta a Su Majestad, de gloriosa memoria, y de su parte le suplicó que en todo le favoreciese, y así Su Majestad lo hizo, como adelante diré.

Dijeron el duque de Béjar y el almirante al mismo Cortés, como por pasatiempo, después que hubo llegado a la corte, que habían oído decir a Su Majestad, luego que supo que había venido a Castilla, que tenía deseo de ver y conocer su persona, de quien tantos buenos servicios le ha hecho y de quien tantos males le han informado que hacía con mañas y astucias.

Pues llegado Cortés a la corte, Su Majestad le mandó señalar posada. Pues por parte del duque de Béjar y del conde de Aguilar y otros grandes señores sus deudos le salieron a recibir y se le hizo mucha honra. Y otro día, con licencia de Su Majestad, fue a besarle sus reales pies, llevando en su compañía por intercesores, por más le honrar, al almirante de Castilla y al duque de Béjar y al comendador mayor de León.

Y Cortés, después de demandar licencia para hablar, se arrodilló en el suelo, y Su Majestad le mandó levantar, y luego representó sus muchos y notables servicios y todo lo acaecido en las conquistas e ida de Honduras, y las tramas que hubo en México del fator y veedor. Y recontó todo lo que llevaba en la memoria, y porque era muy larga relación y por no embarazar más a Su Majestad en otras pláticas, dijo:

"Ya Vuestra Majestad estará cansado de me oír, y para un tan gran emperador y monarca de todo el mundo como Vuestra Majestad es, no es justo que un vasallo como yo tenga tanto atrevimiento, y mi lengua, no acostumbrada a hablar con Vuestra Majestad, podría ser que mi sentido no diga con aquel tan debido acato que debo todas las cosas acaecidas; aquí tengo este memorial, por donde Vuestra Majestad podrá ver, si fuere servido, todas las cosas muy por extenso como pasaron."

Y entonces se hincó de rodillas para besarle los pies por las mercedes que fue servido hacerle en haberle oído.

Y el Emperador nuestro señor le mandó levantar, y el almirante y el duque de Béjar dijeron a Su Majestad que era digno de grandes mercedes. Y luego le hizo marqués del Valle y le mandó dar ciertos pueblos, y aun le mandaba dar el hábito de señor Santiago; y como no se lo señalaron con renta, se calló por entonces, que esto yo no lo sé bien de qué manera fue; y le hizo capitán general de la Nueva España y mar del Sur. Y Cortés se tornó a humillar para besarle sus reales pies, y Su Majestad le tornó a mandar levantar.

Y después de hechas estas grandes mercedes, desde ahí a pocos días que había llegado a Toledo, adoleció Cortés, que llegó a estar tan al cabo, que creyeron que se muriera. Y el duque de Béjar y el comendador mayor, don Francisco de los Cobos, suplicaron a Su Majestad que, pues que Cortés tan grandes servicios le había hecho, que le fuese a visitar a su posada antes de su muerte; y Su Majestad fue acompañado de duques, marqueses y condes, y del don Francisco de los Cobos, y le visitó, que fue muy gran favor, y por tal se tuvo en la corte.

Y después que estuvo bueno Cortés, como se tenía por tan privado de Su Majestad y el conde de Nasao le favorecía, y el duque de Béjar y el almirante, un domingo, yendo a misa, ya Su Majestad estaba en la iglesia mayor, acompañado de duques, marqueses y condes, y estaban asentados en sus asientos conforme al estilo y calidad que entre ellos se tenía por costumbre de se asentar, vino Cortés algo tarde a misa, sobre cosa pensada, y pasó delante de algunos de aquellos señores ilustrísimos, con su halda de luto alzada, y se fue a sentar cerca del conde de Nasao, que estaba su asiento más cercano del Emperador.

Y desde que así lo vieron pasar delante de aquellos grandes señores de salva, murmuraron de su gran presunción y osadía, y tuviéronlo por desacato y que no se le había de atribuir a la policía lo que de él decían. Y entre aquellos duques y marqueses estaba el duque de Béjar y el almirante de Castilla y el conde de Aguilar, y respondieron que aquello no se le había de tener a Cortés a mal miramiento, porque Su Majestad, por le honrar, le había mandado que se fuese a asentar cerca del conde de Nasao; porque, además de aquello que Su Majestad mandó, que mirasen y tuviesen noticia que Cortés con sus compañeros habían ganado tantas tierras, que toda la cristiandad les era en cargo; y que ellos los estados que tenían los habían heredado de sus antepasados por servicios que habían hecho; y que por estar desposado Cortés con su sobrina, Su Majestad le mandaba honrar.

Volvamos a Cortés, y diré que viéndose Cortés tan sublimado en privanza con el Emperador nuestro señor y con el duque de Béjar y conde de Nasao y aun del almirante, y ya con título de marqués, comenzó a tenerse en tanta estima, que no tenía cuenta, como era razón, con quien le había favorecido y ayudado para que Su Majestad le diese el marquesado, que ni al cardenal fray García de Loaysa, ni a Cobos, ni a la señora doña María de Mendoza, ni a los del Real Consejo de Indias, a todos se pasaba por ellos por alto, y todos sus cumplimientos eran con el duque de Béjar y conde de Nasao y el almirante, creyendo que tenía muy entablado su juego con tener privanza con tan grandes señores.

Y comenzó a suplicar con mucha importancia a Su Majestad que le hiciese merced de la gobernación de la Nueva España, y para ello representó otra vez sus servicios, y que siendo gobernador entendía descubrir por la mar del Sur islas y tierras muy ricas, y se ofreció con otros muchos cumplimientos, y aun les echó otra vez por intercesores al conde de Nasao y al duque de Béjar y al almirante.

Y Su Majestad le respondió que se contentase, que le había dado el marquesado de más renta, y que también había de dar a los que le ayudaron a ganar la tierra, que eran merecedores de ello, que pues que los conquistaron, que lo gocen.

Y desde allí adelante comenzó a decaer de la gran privanza que tenía, porque, según dijeron muchas personas, el cardenal, que era presidente del Real Consejo de Indias, y los demás señores de él, habían entrado en consulta con Su Majestad sobre las cosas y mercedes de Cortés, y les pareció que no fuese gobernador. Otros dijeron que el comendador mayor y la señora doña María de Mendoza le fueron algo contrarios, pues que no hacía cuenta de ellos. Ora sea por lo uno o por lo otro, el Emperador nuestro señor no le quiso más oír, por más que le importunaban sobre la gobernación. Y en este instante se fue Su Majestad a embarcar en Barcelona para pasar a Flandes, y fueron acompañándole muchos duques y marqueses y condes y grandes señores. Y asimismo fue Cortés hasta Barcelona, ya con título de marqués, y siempre echaba por intercesores a aquellos duques y marqueses para suplicar a Su Majestad que le diese la gobernación; y Su Majestad respondió al conde de Nasao que no le hablase más en aquel caso, porque ya le había dado un marquesado que tenía más renta de él que el del conde de Nasao tenía con todo su estado.

Dejemos a Su Majestad embarcado con buen viaje y vamos a Cortés. Y digamos de las grandes fiestas que se hicieron a sus velaciones, y de las ricas joyas que dio a la señora doña Juana de Zúñiga, su mujer; y tales que, según dijeron quienes las vieron y las riquezas de ellas, que en Castilla no se habían dado más estimadas; y de algunas de ellas la serenísima emperatriz doña Isabel, nuestra señora, tuvo voluntad de las haber, según lo que de ellas le contaban los lapidarios. Y aun dijeron que ciertas piedras que Cortés le hubo presentado, que se descuidó o no quiso darle de las más ricas, como las que dio a la marquesa, su mujer.

No quiero dejar de traer a la memoria otras cosas que a Cortés le acontecieron en Castilla en el tiempo que estuvo en la corte, y fue que triunfaba con mucha alegría; y según dijeron personas que vinieron de allá, que estaban en su compañía, que hubo fama que la serenísima emperatriz doña Isabel, nuestra señora, no estaba tan bien en los negocios de Cortés como al principio que llegó a la corte, desde que alcanzó a saber que había sido ingrato al cardenal y Real Consejo de Indias, y aun con el comendador mayor de León y con la señora doña María de Mendoza, y alcanzó a saber que tenía otras muy ricas piedras, mejores que las que le hubo dado. Y con todo esto que le informaron, mandó a los del Real Consejo de Indias que en todo fuese ayudado.

Y entonces capituló Cortés que enviaría por ciertos años (que no sé qué tiempo) por la mar del Sur dos navíos de armada bien abastecidos, y con sesenta soldados y capitanes con todo género de armas a su costa, a descubrir islas y otras tierras; y que de lo que descubriese le harían ciertas mercedes, a las cuales capitulaciones me remito, porque ya no se me acuerdan.

Y también en aquel instante estaba en la corte don Pedro de la Cueva, comendador mayor de Alcántara, hermano del duque de Alburquerque, porque este caballero fue el que Su Majestad había mandado que fuese a la Nueva España con gran copia de soldados a cortar la cabeza a Cortés, si le hallase culpado, y a otras cualesquier personas que hubieren hecho alguna cosa en deservicio de Su Majestad. Y desde que vio a Cortés y supo que Su Majestad le había hecho marqués y era casado con la señora doña Juana de Zúñiga, se holgó mucho de ello, y se comunicaban cada día don Pedro de la Cueva con el marqués Cortés, al cual le dijo que si por ventura fuera a la Nueva España y llevara los soldados que Su Majestad le mandaba, que por más leal y justificado que le hallase, que por fuerza había de pagar la costa de los soldados y aun su ida, y que serían más de trescientos mil pesos, y que lo hizo mejor de venir ante Su Majestad.

Y porque tuvieron otras muchas pláticas que aquí no relato, las cuales de Castilla nos escribieron personas que se hallaron presentes a ellas y de todo lo más por mí memorado en el capítulo que de ello habla. Y demás de esto, nuestros procuradores lo escribieron por capítulos, y aun el mismo marqués escribió de los grandes favores que de Su Majestad alcanzó, y no declaró la causa por que no le dieron la gobernación.

Dejemos desto y digo que desde ahí a pocos días después que fue marqués, envió a Roma a besar los santos pies de nuestro santo padre el papa Clemente, porque Adriano, que hacía por nosotros, ya había fallecido tres o cuatro años antes, y envió por su embajador a un hidalgo que se decía Juan de Herrada, y con él envió un rico presente de piedras ricas y joyas de oro y dos indios maestros de jugar el palo con los pies, y le hizo relación de su llegada a Castilla y de las tierras que había ganado y de los servicios que hizo a Dios primeramente y a nuestro gran emperador; y le dio toda relación por un memorial de las tierras, cómo son muy grandes y la manera que en ellas hay, y todos los indios eran idólatras y que se han vuelto cristianos, y otras muchas cosas que se convenían decir a nuestro santo padre. Y porque yo no lo alcancé a saber tan por extenso como en la carta iba, lo dejaré aquí de escribir. Y aun esto que aquí digo después lo alcanzamos a saber del mismo Juan de Herrada, desde que vino de Roma a la Nueva España, y supimos que enviaba a suplicar al santo padre que se quitasen parte de los diezmos.

Y para que bien lo entiendan los curiosos lectores quién es este Juan de Herrada, fue un buen soldado que hubo ido en nuestra compañía a lo de Honduras cuando fue Cortés, y después que vino de Roma fue al Pirú y le dejó don Diego de Almagro por ayo de su hijo don Diego el Mozo. Y este fue tan privado de don Diego de Almagro, el capitán de los que mataron a don Francisco Pizarro el Viejo, y después maestre de campo de Almagro el Mozo, y se halló en dar la batalla a Vaca de Castro, cuando desbarataron a don Diego de Almagro el Mozo.

Volvamos a decir lo que le aconteció en Roma a Juan de Herrada. Que después que fue a besar los santos pies a Su Santidad y presentó los dones que Cortés le envió y los indios que traían el palo con los pies, Su Santidad lo tuvo en mucho y dijo que daba gracias a Dios que en su tiempo tan grandes tierras se hubiesen descubierto y tantos números de gentes se hubiesen vuelto a nuestra santa fe, y mandó hacer procesiones y que todos diesen loores y gracias a Dios por ello, y dijo que Cortés y todos sus soldados habíamos hecho grandes servicios a Dios primeramente y al emperador don Carlos nuestro señor y a toda la cristiandad, y que éramos dignos de grandes mercedes. Y entonces nos envió bula para absolvernos a culpa y a pena de todos nuestros pecados, y otras indulgencias para los hospitales e iglesias, con grandes perdones. Y dio por muy bueno todo lo que Cortés había hecho en la Nueva España, según y conforme a lo que había hecho su antecesor el papa Adriano, y escribió a Cortés en respuesta de su carta, y lo que en ella se contenía yo no lo sé, porque, como dicho tengo, de este Juan de Herrada y de un soldado que se decía Campo, que volvieron desde Roma, lo alcancé a saber lo que aquí escribo. Porque, según dijeron, después que hubo estado en Roma diez días y habían los indios maestros de jugar con el palo en los pies delante de Su Santidad y los sacros cardenales, de que se holgaron mucho de lo ver, Su Santidad le hizo merced a Juan de Herrada de hacerle conde palatino, y le mandó cierta cantidad de ducados para que se volviese y una carta de favor para el emperador nuestro señor que le hiciese su capitán y le diese buenos indios de encomienda. Y como Cortés ya no tenía mando en la Nueva España, no le dio cosa ninguna de lo que el santo padre mandaba; se pasó al Pirú, donde fue capitán.

Pues estando Cortés en Castilla con título de marqués, en aquel instante llegó la Real Audiencia a México, según Su Majestad lo había mandado, como dicho tengo en el capítulo que de ello atrás habla, y vino por presidente Nuño de Guzmán, que solía estar por gobernador en Pánuco, y cuatro licenciados por oidores; los nombres de ellos se decían: Matienzo, decían que era natural de Vizcaya o cerca de Navarra; y Delgadillo, de Granada; y un Maldonado, de Salamanca: no es este el licenciado Alonso Maldonado el Bueno, que fue gobernador de Guatemala; y vino el licenciado Parada, que solía estar en la isla de Cuba. Y así como llegaron estos cuatro oidores a México, después que les hicieron gran recibimiento en la entrada de la ciudad, en obra de quince o veinte días que habían llegado se mostraron muy justificados en hacer justicia, y traían los mayores poderes que nunca a la Nueva España después trajeron virreyes ni presidentes, y era para hacer el repartimiento perpetuo y anteponer a los conquistadores y hacerles muchas mercedes, porque así se lo mandó Su Majestad.

Y luego hacen saber de su venida a todas las ciudades y villas que en aquella sazón estaban pobladas en la Nueva España para que envíen procuradores con las memorias y copias de los pueblos de indios que hay en cada provincia, para hacer el repartimiento perpetuo, y en pocos días se juntaron en México los procuradores de todas las ciudades y villas, y aun de Guatemala, y otros muchos conquistadores.

Y en aquella sazón estaba yo en la ciudad de México por procurador síndico de la villa de Guazacualco, donde en aquel tiempo era vecino; y como vi lo que el presidente y oidores mandaron, fui en posta a nuestra villa para elegir quién había de venir por procuradores para hacer el repartimiento perpetuo. Y desde que llegué hubo muchas contrariedades en elegir los que habían de venir, porque unos vecinos querían que viniesen sus amigos y otros no lo consentían, y por votos hubimos de salir elegidos el capitán Luis Marín y yo. Pues llegados a México, demandamos todos los procuradores de las más villas y ciudades que se habían juntado el repartimiento perpetuo, según Su Majestad mandaba; ya en aquella sazón estaba trastrocado el Nuño de Guzmán y el Matienzo y Delgadillo, porque los otros dos oidores, que fueron Maldonado y Parada, luego que a aquella ciudad llegaron fallecieron de dolor de costado; y si allí estuviera Cortés, según hay maliciosos, también le infamarían y dirían que él los había muerto.

Y volviendo a nuestra relación, quién fue causa de los mudar el propósito de que no hiciesen el repartimiento según Su Majestad mandaba, dijeron muchas personas, que lo entendieron muy bien, fue el factor Salazar, porque se hizo tan íntimo amigo del Nuño de Guzmán y de Delgadillo, que no se hacía otra cosa sino lo que él mandaba; y tal como el consejo dieron, en tal paró todo. Y lo que aconsejaron fue que no hiciese el repartimiento perpetuo por vía ninguna, porque si lo hacía, que no serían tan señores ni los tendrían en tanto acato los conquistadores y pobladores, con decir que no les podía dar ni quitar más indios de los que entonces les diese, y de otra manera, que los tendría siempre debajo de su mano y podía dar y quitar a quien quisiese, y serían muy ricos y poderosos. También trataron entre el factor y Nuño de Guzmán y Delgadillo que fuese el mismo factor a Castilla por la gobernación de la Nueva España para Nuño de Guzmán, porque ya sabían que Cortés no tenía tanto favor con Su Majestad como al principio que fue a Castilla y que no se la habían dado por más intercesores que echó ante Su Majestad para que se la diesen. Pues ya embarcado el factor en una nao que llamaban La Sornosa, dio al través con gran tormenta en la costa de Guazacualco, y se salvó en un batel y volvió a México y no hubo efecto su ida a Castilla.

Dejemos desto y diré en lo que entendieron luego que a México llegaron, así Nuño de Guzmán como Matienzo y Delgadillo: fue en tomar residencia al tesorero Alonso de Estrada, la cual dio muy buena. Y si se mostrara tan varón como creímos que lo fuera, él se quedara por gobernador, porque Su Majestad no le mandaba quitar la gobernación; antes, como dicho tengo en el capítulo pasado, había venido mandado, pocos meses hacía, de Su Majestad que gobernase solo el tesorero, y no juntamente con Gonzalo de Sandoval, ya otras veces por mí memorado. Y dio por muy buenas las encomiendas que había de antes dado, y al Nuño de Guzmán no le nombraban en las provisiones más que por presidente y repartidor, juntamente con los oidores. Y demás desto, si se pusiera de hecho en tener la gobernación en sí, todos los vecinos de México y los conquistadores que en aquella sazón estábamos en la ciudad le favoreciéramos, pues veíamos que Su Majestad no le quitaba el cargo que tenía. Y además de esto, vimos en el tiempo que gobernó que hacía justicia y tenía mucha voluntad y buen celo de cumplir lo que Su Majestad mandaba; y desde a pocos días falleció de enojo de ello.

Dejemos de hablar en esto y diré en lo que luego entendió la Audiencia Real. Y fue en ser muy contrarios a las cosas del marqués, y enviaron a Guatemala a tomar residencia a Jorge de Alvarado, y vino un Orduña el Viejo, natural de Tordesillas, y lo que pasó en la residencia yo no lo sé. Y luego ponen en México muchas demandas a Cortés por vía de fiscal, y el factor Salazar asimismo le puso otras demandas, y en los escritos que daban en los estrados eran con muy gran desacato y palabras muy mal dichas; lo que en los escritos decían que era Cortés tirano y traidor, y que había hecho muchos deservicios a Su Majestad, y otras muchas cosas, y tan malas, que el licenciado Juan Altamirano, ya por mí otras veces nombrado, que era la persona que Cortés hubo dejado con su poder cuando fue a Castilla, se levantó en pie, con su gorra quitada, en los mismos estrados y dijo al presidente y oidores con mucho acato que suplicaba a Su Alteza que mandasen al factor Salazar que en los escritos que diese que sea bien mirado, y que no le consientan que diga del marqués, pues es buen caballero y tan gran servidor de Vuestra Alteza, tan malas y feas palabras, y que demande su justicia como debe.

Y no aprovechó cosa ninguna en lo que el licenciado Altamirano allí en los estrados les suplicó, según después alcanzamos a saber, el Nuño y Delgadillo le daban lugar a ello, porque para otro día tuvo el factor otros más feos escritos. Y fue la cosa de tal manera, que el licenciado Altamirano y el factor allí delante del presidente y oidores, sobre los escritos, vinieron a palabras muy feas y sentidas que entre ellos dijeron, y el Altamirano echó mano a un puñal para el factor, y le iba a dar, si no se abrazaran con él Nuño de Guzmán y Matienzo y Delgadillo. Y luego toda la ciudad revuelta, y llevaron preso a las atarazanas al licenciado Altamirano, y al factor a su posada, y los conquistadores fuimos al presidente a suplicar por el Altamirano, y desde a tres días le sacaron de la prisión y les hicimos amigos con el factor.

Dejemos este ruido, que ya estaba pacificado y hechos amigos, y pasemos adelante. Que hubo luego otra tormenta mayor, y fue que en aquella sazón había aportado allí a México un deudo del capitán Pánfilo de Narváez, el cual se decía Zaballos, que le enviaba desde Cuba su mujer del Narváez, la cual se decía María de Valenzuela, en busca de su marido, Narváez, que había ido gobernador al río de Palmas, porque ya tenía fama que era perdido o muerto, y trajo su poder para haber sus bienes doquiera que los hallase, y también creyendo que había aportado a la Nueva España. Y como llegó a México este Zaballos secretamente, según el Zaballos dijo, y así fue fama, el Nuño de Guzmán y el Matienzo y Delgadillo le hablaron para que ponga demanda y dé queja de todos los conquistadores que fuimos juntamente con Cortés en desbaratar a Narváez, y que se le quebró el ojo y se quemó su hacienda, y también demandó la muerte de los que allí murieron. Y el Zaballos, dada su queja como se lo mandaron y grandes informaciones de ello, prendieron a todos los más conquistadores que en aquella ciudad nos hallamos, que en las probanzas vieron que fueron en ello, que pasaron de más de trescientos y cincuenta. Y a mí también me prendieron, y nos sentenciaron en ciertos pesos de oro de tipuzque y nos desterraron cinco leguas de México, y luego nos alzaron el destierro, y aun muchos de nosotros no nos demandaron dinero de la sentencia porque era poca cosa.

Y tras esta tormenta ponen a Cortés otra demanda las personas que mal le querían, y fue que se había alzado con mucho oro y joyas y plata de gran valía que se hubo en la toma de México, y aun la recámara de Guatémuz, y que no dio parte de ello a los conquistadores sino a ochenta pesos, y que en su nombre lo envió a Castilla, diciendo que servía con ello a Su Majestad; y que se quedó con la mayor parte de ello, que no lo envió todo, y eso que envió que lo robó en la mar un Juan Florín, francés corsario, que fue el que ahorcaron en el puerto El Pico, como dicho tengo en los capítulos pasados. Y que era obligado el Cortés a pagar todo aquello que el Juan Florín robó, y más lo que escondió. Y le pusieron otras demandas; y en todas le condenaban que lo pagase de sus bienes, y se los vendían. Y también tuvieron manera y concertaron para que un Juan Juárez, cuñado de Cortés, ya por mí muchas veces memorado, demandase públicamente en los estrados la muerte de su hermana, doña Catalina Juárez la Marcaida, la cual demandó en los estrados, como se lo mandaron, y presentó testigos cómo y de qué manera dicen que fue su muerte.

Y luego tras esto hubo otro embarazo, y fue que, como le pusieron a Cortés la demanda que dicho tengo de la recámara de Guatémuz y del oro y plata que se hubo en México, muchos de los que éramos amigos de Cortés nos juntamos, con licencia de un alcalde ordinario, en casa de un García Holguín, y firmamos que no queríamos parte de aquellas demandas del oro ni de la recámara ni por nuestra parte fuese compelido Cortés a que pagase ninguna cosa de ello, y decíamos que sabíamos cierto y claramente que lo enviaba a Su Majestad, y lo hubimos por bueno hacer aquel servicio a nuestro rey y señor. Y desde que el presidente y los oidores vieron que dimos peticiones sobre ello, nos mandan prender a todos diciendo que sin su licencia no nos habíamos de juntar ni firmar cosa ninguna. Y desde que vieron la licencia del alcalde, puesto que nos desterraron de México cinco leguas, luego nos le alzaron, y todavía lo recibíamos por grandes molestias y agravios.

Y luego tras esto se pregonó que todos los que venían de linaje de judíos o de moros, que hubiesen sido quemados o sambenitados por la Santa Inquisición en el cuarto grado a sus padres o abuelos, que dentro de seis meses saliesen de la Nueva España, so pena de perdimiento de la mitad de sus bienes. Y en aquel tiempo, ¡vieran el acusar que acusaban unos a otros, y el infamar que hacían! Y no salió de la Nueva España sino solos dos: el uno era mercader de la Veracruz y el otro era un escribano de México. Y desde un año trajo licencia el escribano para estar en la Nueva España, y casó una hija que trajo de Castilla muy honradamente porque alegó que había servido a Su Majestad.

Y con todas estas cosas que hacían presidente y oidores, no eran tan ejecutivos que lo llevaban con rigor, ni sentenciaban sino en muy pocos pesos de un oro bajo que se dice tepuzque, y aun lo dejaban de cobrar, que no lo pagaban, y para los conquistadores eran tan buenos y cumplían lo que Su Majestad mandaba en cuanto al dar indios a los verdaderos conquistadores, que a ninguno dejaban de dar indios de lo que vacaba, y les hacían muchas mercedes. Lo que les echó a perder fue la demasiada licencia que daban para herrar esclavos, porque daban licencias a despuertas y las vendían los criados del Nuño de Guzmán y del Delgadillo y Matienzo; pues en lo de Pánuco se herraron tantos, que casi despoblaron aquella provincia.

Y demás de esto, como no residían en sus oficios ni se sentaban en los estrados todos los días que eran obligados, y se andaban en banquetes y tratando en amores y en mandar echar suertes, y que para ello se embarazaban algunos días. Y el Nuño de Guzmán era franco y de noble condición: envió en aguinaldo una cédula de un pueblo que se dice Guazpaltepeque al contador Albornoz, que había pocos días que volvió de Castilla, y vino casado con una señora que se decía doña Catalina de Loaysa, y aun trajo Rodrigo de Albornoz licencia de Su Majestad para hacer un ingenio de azúcar en un pueblo que se dice Cempoal, el cual pueblo en pocos años destruyó.

Volvamos a nuestro cuento. Que como el Nuño de Guzmán hacía aquellas franquezas y herraba tantos indios por esclavos, e hizo muchas molestias a Cortés. Y del licenciado Delgadillo decían que hacía dar indios a personas que le acudían con cierta renta y hacía compañías, y también porque puso por alcalde mayor en la villa de Guaxaca a un su hermano que se decía Berrio, y le hallaron que el hermano llevaba cohechos y hacía muchos agravios a los vecinos, y también se halló que en la villa de los Zapotecas puso otro teniente que se decía Delgadillo como él, que también llevaba cohechos e hacía injusticias.

Y el licenciado Matienzo era viejo, y pusieron que era vicioso de beber mucho vino y que iba muchas veces a las huertas a hacer banquetes y llevaba consigo tres o cuatro hombres alegres que bebían bien; y desde que todos estaban como convenía y asidos, que tomaba uno de ellos una bota con vino y que desde lejos hacía con la misma bota "¡huichochu!", como cuando llaman al señuelo a los gavilanes, y el viejo licenciado iba como desalado a la bota y la empinaba y bebía de ella. Y también se le pusieron por cargos que toda la semana y algunos días de fiesta se les iba en mandar echar suertes, y que el mismo Nuño de Guzmán y Delgadillo y Matienzo eran jueces de ello, y que más querían estar en las suertes que en los estrados, y aun sospecharon que salían muchas suertes a quien ellos querían ser aficionados.

Y fueron tantas las quejas que de ellos decían, con probanzas y aun cartas de los prelados y religiosos, que viendo Su Majestad y los señores de su Real Consejo de Indias las informaciones y cartas que contra ellos fueron, mandó que luego, sin más dilaciones, se quitase redondamente toda la Real Audiencia y los castigasen, y pusiesen otro presidente y oidores que fuesen de ciencia y buena conciencia, y rectos en hacer justicia. Y mandó que luego fuesen a la provincia de Pánuco a saber cuántos miles de esclavos habían herrado, y fue el mismo Matienzo por mandado de Su Majestad, que a este viejo oidor le hallaron con menos cargos y mejor juez que a los demás.

Y además de esto, luego se dieron por ningunas las cédulas que habían dado para herrar esclavos, y se mandó quebrar todos los hierros con que herraban, y que desde allí adelante no se hiciesen más esclavos; y aun se mandó hacer memoria de los que había en toda la Nueva España, para que no se vendiesen ni se sacasen de una provincia a otra. Y demás de esto mandó que todos los repartimientos y encomiendas de indios que habían dado el Nuño de Guzmán y los demás oidores a deudos y paniaguados, o a sus amigos o a otras personas que no tenían méritos, que luego, sin ser más oídos, se los quiten y los diesen a las personas que Su Majestad había mandado que lo hubiesen.

Quiero traer aquí a la memoria qué de pleitos y debates hubo sobre este tornar a quitar los indios de encomienda que ya les habían dado el Nuño de Guzmán juntamente con los oidores: unos alegaban ser conquistadores, no siéndolo; otros, pobladores de tantos años, y que si entraban o salían en casa del presidente y oidores, que era para servirles y honrarles y acompañarles y hacer lo que por ellos les fuese mandado en cosas que fuesen cumplideras al servicio de Su Majestad, y no entraban en sus casas por criados ni paniaguados; y cada uno defendía y alegaba lo que más a su provecho convenía y podía.

Y fue de tal manera la cosa, que a pocos de los que les habían dado los indios se los tornaban a quitar, si no fue a los que aquí diré: el pueblo de Guazpalteque, al contador Rodrigo de Albornoz, que lo hubo enviado como aguinaldo el Nuño de Guzmán; y también se los quitaron a un Villarroel, marido que fue de Isabel de Ojeda, otro pueblo de Cornavaca; y también se los quitaron a un mayordomo del Nuño de Guzmán que se decía Villegas, y a otros deudos y criados de los mismos oidores, y otros se quedaron con ellos.

Pues como se supo esta nueva en México, que vino de Castilla, que les quitaban redondamente toda la Audiencia Real, en lo que entendieron el Nuño de Guzmán y Delgadillo y Matienzo fue luego enviar procuradores a Castilla para abonar sus cosas con probanzas de testigos que ellos quisieron tomar como quisieron, para que dijesen que eran muy buenos jueces y que hacían lo que Su Majestad les mandaba, y otros abonos que les convenía decir para que en Castilla los diesen por buenos jueces.

Pues para elegir a las personas que habían de ir con los poderes, así para que procurasen por ellos como para cosas que convenían a aquella ciudad y Nueva España y a la gobernación de ella, mandaron que nos juntásemos en la iglesia mayor todos los procuradores que teníamos poder de las ciudades y villas que en aquella sazón nos hallamos en México, y con nosotros juntamente algunos conquistadores, personas de cuenta: por nuestros votos creyeron que eligiéramos para que fuese por procurador a Castilla al factor Salazar, porque, como ya he dicho otra vez, puesto que el Nuño de Guzmán y el Matienzo y Delgadillo hacían algunos desatinos, ya atrás por mí memorados, por otra parte eran tan buenos para todos los conquistadores y pobladores, que nos daban de los indios que vacaban, y con esta confianza creyeron que votáramos por el factor, que era la persona que ellos querían enviar en su nombre.

Pues como nos hubimos juntado en la iglesia mayor de aquella ciudad, como nos fue mandado, eran tantas las voces y algarabía y behetría que daban muchas personas de las que no eran llamadas para aquel efecto, que se entraron por fuerza en la iglesia, que aunque les mandábamos salir fuera de ella, no querían ni aun callar; en fin, como cosa de comunidad, dar voces.

Y desque aquello vimos, nos salimos de la junta los que estábamos nombrando que lo habíamos de votar, y fuimos a decir al presidente y oidores que para otro día lo dejábamos, y que en casa del mismo presidente, donde hacían la Real Audiencia, elegiríamos a quien viésemos que convenía. Y después nos pareció que solamente querían nombrar personas amigas del Nuño de Guzmán, Delgadillo y

Matienzo; acordamos que se eligiese una persona por parte de los mismos oidores y otra por la parte de Cortés, y fueron nombrados a Bernaldino Vázquez de Tapia por la parte de Cortés, y por la parte de los oidores a un Antonio Carvajal, que fue capitán de bergantines.

Mas a lo que entonces a mí me pareció, así el Bernaldino Vázquez de Tapia como el Carvajal eran aficionados a las cosas del Nuño de Guzmán mucho más que a las de Cortés, y tenían razón, porque ciertamente nos hacían más bien y cumplían algo de lo que Su Majestad mandaba en dar indios, que no Cortés. Por esto, y que los pudiera dar mejor que todos en el tiempo que tuvo el mando; mas como somos tan leales los españoles, que por haber sido Cortés nuestro capitán le teníamos afición más que él tuvo voluntad de hacernos bien, habiéndoselo mandado Su Majestad, pudiendo cuando era gobernador.

Pues ya elegidos los por mí memorados, sobre los capítulos que habían de llevar hubo otras contiendas, porque decían el presidente y oidores que era cumplidero al servicio de Dios y de Su Majestad, y con parecer de todos los procuradores, que no volviese Cortés a la Nueva España, porque estando en ella siempre había bandos y revueltas, y que no habría buena gobernación, y por ventura se alzaría con ella; y todos los más procuradores lo contradecíamos, y que era muy leal y gran servidor de Su Majestad.

Y en aquella sazón llegó don Pedro de Alvarado a México, que había venido de Castilla y traía la gobernación de Guatimala, y era adelantado y comendador de Santiago, y casado con una señora que se decía doña Francisca de la Cueva, y falleció aquella señora así como llegó a la Veracruz. Pues como dicho tengo, llegado a México con mucho luto él y todos sus criados, y desque entendió los capítulos que enviaban por parte del presidente y oidores, tuvose orden que el mismo adelantado, con los demás procuradores y algunos conquistadores, escribiésemos a Su Majestad todo lo que la Audiencia Real intentaba.

Y como fueron los procuradores por mí nombrados a Castilla con los recaudos y capítulos que habían de poner, y los del Real Consejo de Indias conocieron que todo iba guiado contra Cortés por pasión, no quisieron hacer cosa que conviniese al Nuño de Guzmán ni a los demás oidores, porque estaba ya mandado por Su Majestad que de hecho les quitasen el cargo.

Y también en este instante Cortés estaba en Castilla, que en todo les fue muy contrario, y volvía por su honra y estado; y luego se apercibió Cortés para venir a la Nueva España con la señora marquesa, su mujer, y casa. Y entretanto que viene, diré cómo Nuño de Guzmán fue a poblar una provincia que se dice Jalisco, y acertó en ello muy mejor que Cortés en lo que envió a descubrir, como adelante verán.

Pues como Nuño de Guzmán supo por cartas ciertas que le quitaban el cargo de ser presidente a él y a los oidores, y venían otros, y como en aquella sazón todavía era presidente el Nuño de Guzmán, allegó todos los más soldados que pudo, así de a caballo como escopeteros y ballesteros, para que fuesen con él a una provincia que se dice Jalisco. Y a los que no querían ir de grado, apremiábalos a que fuesen de grado o por fuerza, o habían de dar dineros a otros soldados que fuesen en su lugar; y si tenían caballos se los tomaban y, cuando mucho, no les pagaban sino la mitad menos de lo que valían, y los vecinos ricos de México ayudaron con lo que podían.

Y llevó muchos indios mexicanos cargados, y otros de guerra para que le ayudasen, y por los pueblos que pasaba con su fardaje hacíales grandes molestias. Y fue a la provincia de Mechuacán, que por allí era su camino, y tenían los naturales de aquella provincia, desde tiempos pasados, mucho oro, que aunque era bajo, porque estaba revuelto con plata, le dieron cantidad de ello. Y porque el Cazoncín, que era el mayor cacique de aquella provincia —que ansí se llamaba— no le dio tanto oro como le demandaba, el Nuño de Guzmán le atormentó y quemó los pies; y porque le demandaba indios e indias para su servicio, y por otras trancanillas que le levantaron al pobre cacique, lo ahorcó, que fue una de las malas y feas cosas que el presidente ni otras personas podían hacer, y todos los que iban en su compañía se lo tuvieron a mal y por crueldad.

Y llevó de aquella provincia muchos indios cargados hasta donde pobló la ciudad que ahora llaman Santiago de Compostela, con harta costa de la hacienda de Su Majestad y de los vecinos de México que llevó por fuerza. Y porque yo no me hallé en esta jornada, se quedará aquí. Mas sé cierto que Cortés ni el Nuño de Guzmán jamás se hobieron bien, y también sé que siempre se estuvo en aquella provincia el Nuño de Guzmán, hasta que Su Majestad mandó que enviasen por él a Jalisco a su costa y lo trujesen a México preso, a dar cuenta de las demandas y sentencias que contra él dieron en la Real Audiencia, que nuevamente en aquella sazón vino, y lo pusiesen a pedimento de Matienzo y Delgadillo.

Quiérolo dejar en este estado, y diré cómo llegó la Real Audiencia a México y lo que hizo.

Ya he dicho en el capítulo pasado cómo Su Majestad mandó quitar toda la Real Audiencia de México y dio por ningunas las encomiendas de indios que habían dado el presidente y oidores que en ella residían; porque los daban a sus deudos y paniaguados y a otras personas que no tenían méritos, mandó Su Majestad que se los quitasen y los diesen a los conquistadores que estaban con pobres repartimientos, y porque tuvieron noticia de que no hacían justicia ni cumplían sus reales mandatos.

Y mandó venir otros oidores que fuesen personas de ciencia y de conciencia y les encargó que en todo hiciesen justicia, y por presidente vino don Sebastián Ramírez de Villaescusa, que en aquella sazón era obispo de Santo Domingo, y cuatro licenciados por oidores, que se decían: el licenciado Alonso Maldonado, de Salamanca; el licenciado Zaynos, de Toro o de Zamora; el licenciado Vasco de Quiroga, de Madrigal, que después fue obispo de Mechuacán; y el licenciado Salmerón, de Madrid. Y primero llegaron a México los oidores antes que viniese el obispo de Santo Domingo, y se les hicieron dos grandes recibimientos, así a los oidores, que vinieron primero, como al presidente, que vino de ahí a pocos días.

Y luego mandan pregonar residencia general, y de todas las ciudades y villas vinieron muchos vecinos y procuradores, y aun caciques y principales, y dan tantas quejas del presidente y oidores pasados, de agravios, cohechos y sinjusticias que les habían hecho, que estaban espantados el presidente y oidores que les tomaban residencia. Pues los procuradores de Cortés les pusieron tantas demandas por los bienes y hacienda que le hicieron vender en las almonedas, como dicho tengo antes de ahora, que si todo en lo que los condenaban hubieran de pagar, montaba sobre doscientos mil pesos de oro.

Y como el Nuño de Guzmán estaba en Jalisco y no quería venir a la Nueva España a dar su residencia, respondieron Delgadillo y Matienzo, en la residencia que se les tomaba, que todas aquellas demandas que les ponían eran a cargo de Nuño de Guzmán, que como presidente lo mandaba de hecho, y no era a su cargo, y que mandasen enviar por él para que viniese a México a descargarse de los cargos que le ponían. Y puesto que ya habían enviado a Jalisco la Real Audiencia provisiones para que compareciese personalmente en México, no quiso venir. Y el presidente y oidores, por no alborotar la Nueva España, disimularon la cosa y hacen sabedor de ello a Su Majestad, y luego enviaron sobre ello al Real Consejo de Indias a un licenciado que se decía Fulano de la Torre, natural de Badajoz, para que le tomase residencia en la provincia de Jalisco y para que lo trajese preso a México, y que lo echase preso en la cárcel pública. Y trajo comisión para que nos pagase el Nuño de Guzmán todo en lo que nos sentenció a los conquistadores sobre lo de Narváez, y lo de las firmas cuando nos echaron presos, como dicho tengo en el capítulo pasado que de ello habla.

Y dejaré apercibiendo a este licenciado de la Torre para venir a la Nueva España, y diré en qué paró la residencia. Y es que a Delgadillo y a Matienzo les vendieron sus bienes para pagar las sentencias que contra ellos dieron y los echaron presos en la cárcel pública por lo que más debían, que no alcanzó a pagar con sus bienes. Y a un hermano de Delgadillo que se decía Berrio, que estaba por alcalde mayor en Guaxaca, hallaron contra él tantos agravios y cohechos que había llevado, que le vendieron sus bienes para pagar a quienes los había tomado y lo echaron preso por lo que no alcanzaba, y murió en la cárcel. Y otro tanto hallaron contra otro pariente de Delgadillo que estaba por alcalde mayor en los Zapotecas, que también se llamaba Delgadillo como el pariente, y murió en la cárcel.

Y ciertamente eran tan buenos jueces y rectos en hacer justicia los nuevamente venidos, que no entendían sino solamente en hacer lo que Dios y Su Majestad mandaban, y en que los indios conociesen que les favorecían y que fuesen bien doctrinados en la santa doctrina; y además de esto, luego quitaron que no se herrasen esclavos e hicieron otras buenas cosas.

Cómo el licenciado Salmerón y el licenciado Zaynos pidieron licencia para volver a Castilla; del destino posterior del presidente Ramírez de Villaescusa y de otros oidores; y de cómo el virrey Mendoza hizo apresar a Nuño de Guzmán conforme al mandato real

Y como el licenciado Salmerón y el licenciado Zaynos eran viejos, acordaron pedir licencia a Su Majestad para ir a Castilla, porque ya habían estado cuatro años en México y estaban ricos, y habían servido bien en los cargos que trajeron. Su Majestad les envió la licencia después de haber dado residencia, que fue muy buena.

Al presidente don Sebastián Ramírez de Villaescusa, obispo que entonces era de Santo Domingo, también lo mandó llamar Su Majestad para informarse de las cosas de la Nueva España y para ponerlo por presidente de la Real Chancillería de Granada; de allí pasó a la de Valladolid. Y así como llegó, le dieron el obispado de Tuy; y poco después vacó el de León y se lo dieron; y, estando en la chancillería, vacó el obispado de Cuenca y se lo dieron también, de modo que se alcanzaban unas bulas a otras. Por ser buen juez llegó a tan alto estado; y en esta sazón lo llamó la muerte. Paréceme, según nuestra santa fe, que está en la gloria con los bienaventurados, porque, a lo que conocí y traté con él cuando era presidente en México, en todo era muy recto y bueno; y, como tal persona, había sido antes inquisidor en Sevilla.

Volvamos a nuestra relación y diré del licenciado Alonso Maldonado, a quien Su Majestad mandó que viniese a las provincias de Guatemala, Honduras y Nicaragua por presidente y gobernador. En todo fue buen y recto juez y gran servidor de Su Majestad; aun tuvo título de adelantado de Yucatán por capitulación que había hecho su suegro, don Francisco de Montejo. El licenciado Quiroga fue tan bueno, que le dieron el obispado de Mechuacán.

Dejemos de contar de estos prosperados por sus virtudes y volvamos a decir de Delgadillo y Matienzo, que fueron a Castilla y a sus tierras muy pobres y sin buenas famas, y al cabo de dos o tres años dijeron que murieron.

Ya en esta sazón Su Majestad había mandado que viniese a la Nueva España por virrey el ilustrísimo y digno de loable memoria don Antonio de Mendoza, hermano del marqués de Mondéjar, y vinieron por oidores el doctor Quesada, natural de Ledesma, y el licenciado

Tejada, de Logroño; aún estaba de oidor el licenciado Maldonado, que todavía no había partido para ser presidente de Guatemala. También vino por oidor un licenciado anciano llamado Loaysa, natural de Ciudad Real; y, como era hombre viejo, estuvo tres o cuatro años en México, allegó pesos de oro para volverse a Castilla y retornó a su casa. Poco después llegó un licenciado de Sevilla, Santillana —más tarde doctor—; todos fueron muy buenos jueces. Tras los grandes recibimientos que se les hicieron en la entrada de la ciudad, se pregonó residencia general contra el presidente y oidores pasados, y a todos los hallaron muy rectos y buenos, pues obraban conforme a justicia.

Volviendo a nuestra relación acerca de Nuño de Guzmán, que se estaba en Jalisco: cuando el virrey don Antonio de Mendoza supo que Su Majestad había mandado venir al licenciado de la Torre a tomarle residencia en Jalisco y a echarlo preso en la cárcel pública, y a hacer que pagase al marqués del Valle lo que se hallase deberle, y a los conquistadores lo que nos sentenció sobre lo de Narváez, quiso favorecerlo para que no fuese afrentado. Por ello lo mandó llamar, asegurándole palabra de honor y señalándole posada en sus palacios. Nuño de Guzmán vino luego; el virrey le hizo mucha honra y comía con él.

En ese instante llegó a México el licenciado de la Torre, y, como traía mandado de Su Majestad que encarcelase a Nuño de Guzmán y cumpliese la justicia, aunque primero lo comunicó con el virrey y no halló en él tanta voluntad, resolvió sacarlo de la posada del virrey diciendo en alta voz: «Esto manda Su Majestad; así se ha de hacer, y no otra cosa». Llevó a Nuño de Guzmán a la cárcel pública de la ciudad, donde estuvo preso ciertos días, hasta que, rogando el propio virrey don Antonio de Mendoza, lo sacaron de la prisión.

Y como conocieron en el de la Torre que traía recios aceros para no dejar de ejecutar la justicia y tomar residencia muy a las derechas al Nuño de Guzmán, y como la malicia humana muchas veces no deja cosa en que pueda infamar que no infame, parece ser que, como el licenciado de la Torre era algo aficionado al juego —en especial a los naipes—, puesto que no jugaba sino al truco y a la primera, por pasatiempo, quienquiera que fue por parte del Nuño de Guzmán, y como en aquel tiempo se usaban traer unos tabardos con mangas largas (en especial traían los juristas), metieron en una de las mangas del tabardo del licenciado de la Torre una baraja de naipes de los chicos, y ataron la manga de tal arte que no se pudiesen salir.

Y en aquella sazón, yendo el licenciado por la plaza de México acompañado de personas de calidad, quienquiera que fue el que metió los naipes en la manga tuvo manera de desatarle el nudo, y saliéronse los naipes poco a poco y dejaron rastro de ellos en el suelo, por la plaza por donde iba.

Y las personas que le iban acompañando, después que le vieron salir de aquella manera los naipes, se lo dijeron: que mirase lo que traía en la manga del tabardo; y cuando el licenciado vio tan gran burla, dijo con gran enojo:

—Bien parece que no quieren que yo haga justicia a las derechas; mas si no me muero, yo la haré de manera que Su Majestad sepa de este desacato que conmigo se ha hecho.

Y desde a pocos días cayó malo, y de pensamiento de ello o de otras cosas que le ocurrieron, de calenturas murió.

Y luego proveyó la Audiencia Real, juntamente con el virrey, del poder que traía el de la Torre, a un hidalgo que se decía Francisco Vázquez Coronado, natural de Salamanca, y era muy íntimo amigo del virrey, y todo se hizo de la manera que el Nuño de Guzmán quiso en la residencia que le tomaron.

Este Francisco Vázquez Coronado fue desde cierto tiempo por capitán a la conquista de Cíbola, que en aquel tiempo llamaban las Siete Ciudades, y dejó en su lugar, en la gobernación de Jalisco, a un Cristóbal de Oñate, persona de calidad. Y el Francisco Vázquez estaba recién casado con una señora hija del tesorero Alonso de Estrada, y además de ser llena de virtudes, era muy hermosa.

Y como fue a aquellas ciudades de la Cíbola, tuvo gana de volver a la Nueva España y a su mujer. Y dijeron algunos soldados de los que fueron en su compañía que quiso remedar a Ulises, capitán greciano, que se hizo loco cuando estaba sobre Troya por venir a gozar de su mujer Penélope; así hizo Francisco Vázquez Coronado, que dejó la conquista que llevaba y le dio ramo de locura y se volvió a México a su mujer; y como se lo echaban en cara por haberse vuelto de aquella manera, falleció desde a pocos días.

Como había mucho tiempo que Cortés estaba en Castilla, y ya casado, como dicho tengo, y con título de marqués y capitán general de la Nueva España y de la mar del Sur, tuvo gran deseo de volverse a la Nueva España, a su casa y estado y marquesado, y tomar posesión en su marquesado.

Y como supo que estaban en el estado que he dicho las cosas en México, se dio prisa y se embarcó con toda su casa en ciertos navíos y, con buen tiempo que le hizo en la mar, llegó al puerto de la Veracruz, y se le hizo recibimiento, y luego se fue por las villas de su marquesado. Y llegado a México, se le hizo otro recibimiento, mas no tanto como solía.

Y en lo que entendió fue presentar sus provisiones de marqués y hacerse pregonar por capitán general de la Nueva España y de la mar del Sur, y demandar al virrey y Audiencia Real que le contasen sus vasallos.

Y esto me parece a mí que vino mandado de Su Majestad para que se los contasen, porque, a lo que yo entendí, cuando le dieron el marquesado, demandó a Su Majestad que le hiciese merced de ciertas villas y pueblos con tantos mil vecinos tributarios.

Y porque esto yo no lo sé bien, me remito a los caballeros y a otras personas que saben mejor los pleitos que sobre ello se han traído, porque tenía el marqués en el pensamiento, cuando demandó a Su Majestad aquella merced de los vasallos, que se habían de contar cada casa de vecino o cacique o principal de aquellas villas por un tributario, como si dijésemos ahora que no se habían de contar los hijos varones que eran ya casados, ni yernos ni otros muchos indios que estaban en cada casa en servicio del dueño de ella, sino solamente que cada vecino, un tributario, ora tuviese muchos hijos o yernos u otros allegados o criados.

Y la Audiencia Real de México proveyó que los fuese a contar un oidor de la misma Real Audiencia que se decía doctor Quesada. Y comenzó a contar de esta manera: que el dueño de cada casa, por un tributario; y si tenía hijos de edad, cada hijo, un tributario; y si tenía yernos, cada yerno, un tributario; y los indios que tenía en su servicio, y aunque fuesen esclavos, cada uno contaban por un tributario; de manera que en muchas de las casas contaban diez y doce y quince y más tributarios.

Y Cortés tenía por sí, y así lo proponía y demandó a la Real Audiencia, que cada casa era un vecino y se había de contar sólo un tributario. Y si cuando el marqués suplicó a Su Majestad que le hiciese merced del marquesado, le declarara que le daba tal villa y tal villa con los vecinos y moradores que tenía, Su Majestad le hiciera merced de ellas; y el marqués creyó y tenía por cierto que, demandando los vasallos, acertaba en ello, y salióle al contrario.

De manera que nunca le faltaron pleitos, y a esta causa estuvo muy mal con las cosas del doctor Quesada, que se los fue a contar, y aun con el virrey y Audiencia Real no le faltaron cosquillas. Y se hizo relación de ello a Su Majestad por parte de la Real Audiencia, para saber de qué manera se habían de contar, y estuvo suspenso el contar de los vasallos ciertos años, que siempre el marqués llevó sus tributos de ellos sin haber cuenta.

Volvamos a nuestra materia. Y desque esto pasó, de ahí a pocos días se fue desde México a una villa de su marquesado que se dice Cornavaca, y llevó a la marquesa e hizo allí su asiento, que nunca más lo trajo a la ciudad de México.

Y además de esto, como dejó capitulado con la serenísima emperatriz doña Isabel, nuestra señora, de gloriosa memoria, y con los del Real Consejo de Indias que había de enviar armadas por la mar del Sur a descubrir islas y tierras, y todo a su costa, comenzó a hacer navíos en un puerto de una su villa, que era en aquel tiempo del marquesado, que se dice Teguantepeque, y en otros puertos de Zacatula y Acapulco.

Y las armadas que envió diré adelante, que nunca tuvo ventura en cosa que pusiese la mano, sino todo se le tornaba espinas, que mucho mejor acertó Nuño de Guzmán.

Y ha menester volver mucho atrás de mi relación para que bien se entienda lo que ahora dijere. En el tiempo que gobernaba la Nueva España Marcos de Aguilar, por virtud del poder que para ello le dejó el licenciado Luis Ponce de León al tiempo que falleció, según ya lo he declarado muchas veces, antes que Cortés fuese a Castilla, envió el mismo marqués del Valle cuatro navíos que había labrado en una provincia que se dice Zacatula, bien bastecidos de bastimento y artillería, con buenos marineros y con doscientos cincuenta soldados, y mucho rescate de cosas de mercerías de Castilla, y todo lo que era menester de vituallas y pan bizcocho para más de un año.

Y envió en ellos por capitán general a un hidalgo que se decía Álvaro de Saavedra Cerón, y su viaje y derrota fue para las islas de los Malucos y Especiería, o la China; y esto fue por mandado de Su Majestad, que se lo hubo escrito a Cortés desde la ciudad de Granada, en veinte y dos de junio de mil quinientos veintiséis años. Y porque Cortés me mostró la misma carta a mí y a otros conquistadores que le estábamos teniendo compañía, lo digo y declaro aquí.

Y aun le mandó Su Majestad a Cortés que a los capitanes que enviase les encargase buscar una armada que había salido de Castilla para la China, e iba en ella por capitán un don fray García de Loaysa, comendador de San Juan de Rodas. Y en esta sazón que se apercibía Saavedra para el viaje, aportó a la costa de Teguantepeque un pataje que era de los que habían salido de Castilla con la armada del mismo comendador que dicho tengo, y venía en el mismo pataje por capitán un Ortuño de Lango, natural de Portugalete, del cual capitán y pilotos que en el pataje venían se informó Álvaro de Saavedra Cerón de todo lo que quiso saber, y aun llevó en su compañía a un piloto y a dos marineros, y se lo pagó muy bien para que volviesen otra vez con él, y tomó plática de todo el viaje que habían traído y de las derrotas que habían de llevar.

Y después de haber dado las instrucciones y avisos que los capitanes y pilotos que van a descubrir suelen dar en sus armadas, y de haber oído misa y encomendarse a Dios, se hicieron a la vela en el puerto de Ciguatanejo, que es en la provincia de Colima o Zacatula, que no lo sé bien, y fue en el mes de diciembre, en el año de mil quinientos veintisiete o veintiocho. Y quiso Nuestro Señor Jesucristo encaminarles, que fueron a los Malucos y a otras islas. Y los trabajos y dolencias que pasaron, y aun muchos que se murieron en aquel viaje, yo no lo sé; mas yo vi, desde tres años después en México, a un marinero de los que habían ido con Saavedra, y contaba cosas de aquellas islas y ciudades donde fueron que yo me estaba admirado. Y estas son las tierras e islas que ahora van desde México con armada a descubrir y tratar; y aun oí decir que los portugueses que estaban por capitanes en ellas prendieron a Saavedra, o a gente suya, y que los llevaron a Castilla, o que tuvo de ello noticia Su Majestad. Y como ha tantos años que pasó y yo no me hallé en ello, más de, como dicho tengo, haber visto la carta que Su Majestad escribió a Cortés en esto, no diré más.

Quiero decir ahora cómo en el mes de mayo de mil quinientos treinta y dos años, después que Cortés vino de Castilla, envió desde el puerto de Acapulco otra armada con dos navíos bien bastecidos con todo género de bastimentos y marineros los que eran menester, y artillería y rescate, y con ochenta soldados escopeteros y ballesteros, y envió por capitán general a un Diego Hurtado de Mendoza; y estos dos navíos envió a descubrir por la costa del sur, a buscar islas y tierras nuevas. Y la causa de ello es porque, como dicho tengo en el capítulo que de ello habla, así lo tenía capitulado con los del Real Consejo de Indias cuando Su Majestad se fue a Flandes.

Y volviendo a decir del viaje de los dos navíos, fue que yendo el capitán Hurtado, sin ir a buscar islas ni meterse mucho en la mar ni hacer cosa que de contar sea, se apartaron de su compañía, amotinados, más de la mitad de los soldados que llevaba con él un navío. Y dicen ellos mismos que, por concierto que entre el capitán y los amotinados se hizo, fue darles el navío en que iban para volverse a la Nueva España; mas no es de creer que el capitán les diera licencia, sino que se le amotinaron.

Y ya que daban vuelta, les hizo el tiempo contrario y los echó en tierra, y fueron a tomar agua, y con mucho trabajo vinieron a Jalisco y dieron nuevas de ello en Jalisco, y desde allí voló la nueva a México, de lo cual le pesó mucho a Cortés. Y Diego Hurtado corrió siempre la costa, y nunca se oyó decir más de él ni del navío, ni jamás pareció.

Quiero dejar de decir de esta armada, pues se perdió, y diré cómo Cortés despachó otros dos navíos que estaban ya hechos en el puerto de Teguantepeque, los cuales abasteció muy cumplidamente, así de pan como de carne y todo lo necesario que en aquel tiempo se pudo haber, y con mucha artillería y buenos marineros y setenta soldados y cierto rescate, y por capitán general de ellos a un hidalgo que se decía Diego Becerra de Mendoza, de los Becerras de Badajoz o Mérida; y fue en el otro navío por capitán un Hernando de Grijalva, y este Grijalva iba debajo de la mano del Becerra; y fue por piloto mayor un vizcaíno que se decía Ortuño Jiménez, gran cosmógrafo.

Y Cortés mandó al Becerra que fuese por la mar en busca del Diego Hurtado, y que si no le hallase, se metiese todo lo que pudiese en mar alta, y buscasen islas y tierras nuevas, porque había fama de ricas islas de perlas. Y el piloto Ortuño Jiménez, cuando estaba platicando con otros pilotos en las cosas de la mar antes que partiese para aquella jornada, decía y prometía de les llevar a tierras bien afortunadas de riquezas, que así las llamaban, y decía tantas cosas cómo serían todos ricos, que algunas personas lo creían.

Y después que salieron del puerto de Teguantepeque, a la primera noche se levantó un viento contrario que apartó los dos navíos el uno del otro, que nunca más se vieron, y bien se pudieran tornar a juntar, porque luego hizo buen tiempo, salvo que el Hernando de Grijalva, por no ir debajo de la mano del Becerra, se hizo luego a la mar y se apartó con su navío, porque el Becerra era muy soberbio y mal acondicionado; y en tal paró, según adelante diré. Y también se apartó el Hernando de Grijalva porque quiso ganar honra por sí mismo, si descubría alguna buena isla, y se metió dentro en la mar más de docientas leguas y descubrió una isla que le puso por nombre Santo Tomé, y estaba despoblada.

Dejemos al Grijalva y a su derrota, y volveré a decir lo que le aconteció al Diego Becerra con el piloto Ortuño Jiménez. Es que riñeron en el viaje, y como el Becerra iba malquisto con todos los más soldados que iban en la nao, se concertó el Ortuño con otros vizcaínos marineros y con los soldados con quienes había tenido palabras el Becerra, de dar en él una noche y matarle; y así lo hicieron: que estando durmiendo, le despacharon al Becerra y a otros soldados.

Y si no fuera por dos frailes franciscos que iban en aquella armada, que se metieron en despartillos, más males hubiera. Y el piloto Jiménez con sus compañeros se alzaron con el navío y, por ruego de los frailes, les fueron a echar en tierra de Jalisco, así a los religiosos como a otros heridos; y el Ortuño Jiménez dio vela y fue a una isla que la puso por nombre Santa Cruz, donde dijeron que había perlas, y estaba poblada de indios como salvajes.

Y como saltó en tierra, y los naturales de aquella bahía o isla estaban de guerra, los mataron, que no quedaron salvo los marineros que quedaban en el navío. Y desque vieron que todos eran muertos, se volvieron al puerto de Jalisco con el navío, y dieron nuevas de lo acaecido y certificaron que la tierra era buena y bien poblada y rica de perlas, y luego fue esta nueva a México.

Y como Cortés lo supo, hubo gran pesar de lo acaecido; y como era hombre de corazón, que no reposaba con tales sucesos, acordó no enviar más capitanes, sino ir él en persona. Y en aquel tiempo tenía ya sacados de astillero tres navíos de buen porte en el puerto de Teguantepeque; y como le dieron las nuevas de que había perlas adonde mataron al Ortuño Jiménez, y porque siempre tuvo en pensamiento descubrir por la mar del Sur grandes poblazones, tuvo voluntad de ir a poblar, porque así lo tenía capitulado con la serenísima emperatriz doña Isabel, de gloriosa memoria, como ya dicho tengo, y con los del Real Consejo de Indias, cuando Su Majestad pasó a Flandes.

Y como en la Nueva España se supo que el marqués iba en persona, creyeron que era a cosa cierta y rica, y viniéronle a servir tantos soldados, así de a caballo como arcabuceros y ballesteros, y entre ellos treinta y cuatro casados que se le juntaron, y por todos fueron sobre trescientas y veinte personas, con las mujeres casadas. Y después de bien abastecidos los tres navíos de mucho bizcocho y carne y aceite, y aun vino y vinagre y otras cosas pertenecientes para bastimentos; y llevó mucho rescate y tres herreros con sus fraguas y dos carpinteros de ribera con sus herramientas y otras muchas cosas que aquí no relato por no detenerme; y con buenos y expertos pilotos y marineros, mandó que los que se quisiesen ir a embarcar al puerto de Teguantepeque, donde estaban los tres navíos, que se fuesen —y esto por no llevar tanto embarazo por tierra—, y él se fue desde México con el capitán Andrés de Tapia y otros capitanes y soldados; y llevó clérigos y religiosos que le decían misa, y llevó médicos y cirujanos y botica.

Y llegados al puerto donde se habían de hacer a la vela, ya estaban allí los tres navíos, que vinieron de Teguantepeque. Y desque todos los soldados se vieron juntos con sus caballos y a pique, Cortés se embarcó con los que le pareció que podían ir de la primera barcada hasta la isla o bahía que nombraron Santa Cruz, adonde decían que había las perlas.

Y como Cortés llegó con buen viaje a la isla —y fue en el mes de mayo de mil quinientos treinta y seis o treinta y siete años—, luego despachó los navíos para que volviesen por los demás soldados y mujeres casadas y caballos que quedaban aguardando con el capitán Andrés de Tapia, y luego se embarcaron. Y alzadas las velas, yendo por su derrota, les dio un temporal que los echó cabe un gran río que le pusieron por nombre San Pedro y San Pablo. Y asegurado el tiempo, volvieron a seguir su viaje, y les dio otra tormenta que despartió a los tres navíos: y uno de ellos fue al puerto de Santa Cruz, adonde Cortés estaba; otro fue a encallar y dar al través en tierra de Jalisco, y los soldados que en él iban, estando muy descontentos del viaje y de muchos trabajos, se volvieron a la Nueva España, y otros se quedaron en Jalisco; y el otro navío aportó a una bahía que llamaban el Guayabal, y le pusieron este nombre porque había allí mucha fruta que llaman guayabas.

Y como habían dado al través, tardaban tanto y no acudían donde Cortés estaba, y los aguardaban por horas —porque se les habían acabado los bastimentos, y en el navío que dio al través en tierra de Jalisco iba la carne y bizcocho y todo el más bastimento—, a esta causa estaban muy congojados así Cortés como todos los soldados, porque no tenían qué comer, y en aquella tierra no cogen los naturales maíz, que son gente salvaje y sin policía, y lo que comen son frutas de las que hay entre ellos, y pesquerías y mariscos.

Y de los soldados que estaban con Cortés, de hambre y de dolencias se murieron veintitrés, y muchos más estaban dolientes y maldecían a Cortés y a su isla y bahía y descubrimiento. Y desque aquello vio, acordó ir en persona con el navío que allí aportó, y con cincuenta soldados y dos herreros y carpinteros y tres calafates, en busca de los otros dos navíos, porque, por los tiempos y vientos que habían corrido, entendió que habían dado al través. E yendo en busca de ellos, halló a uno encallado, como dicho tengo, en la costa de Jalisco y sin soldados ningunos, y el otro estaba cerca de unos arrecifes. Y con grande trabajo y tras tornarlos a aderezar y calafatear, volvió a la isla de Santa Cruz con sus tres navíos y bastimento, y comieron tanta carne los soldados que lo aguardaban, que —como estaban debilitados de no comer cosa de sustancia desde muchos días atrás— les dio cámaras y tanta dolencia, que se murieron la mitad de los que quedaban.

Y por no ver Cortés delante de sus ojos tantos males, fue a descubrir otras tierras, y entonces toparon con la California, que es una bahía. Y como Cortés estaba ya tan trabajado y flaco, deseaba volverse a la Nueva España, sino que de empacho —porque no dijesen de él que había gastado gran cantidad de pesos de oro y no había topado tierras de provecho, ni tenía ventura en cosa que pusiese la mano, y que eran maldiciones de los soldados—, a este efecto no se fue.

Y en aquel instante, como la marquesa doña Juana de Zúñiga, su mujer, no sabía ningunas nuevas de él más que había dado al través un navío en la costa de Jalisco, estaba muy penosa, creyendo que se hubiese muerto o perdido, y luego envió en su busca dos navíos. El uno de ellos fue en el que había vuelto a la Nueva España Grijalva, que había ido con Becerra, y el otro navío era nuevo, que le acababan de labrar en Teguantepeque; los cuales dos navíos cargaron de bastimento los que en aquella sazón se pudieron haber. Y envió por capitán de ellos a un Fulano de Ulloa; y escribió muy afetuosamente al marqués, su marido, con palabras y ruegos que luego se volviese a México a su estado y marquesado, y que mirase los hijos e hijas que tenía, y dejase de porfiar más con la fortuna y se contentase con los heroicos hechos y fama que en todas partes hay de su persona.

Asimismo le escribió el ilustrísimo virrey don Antonio de Mendoza muy sabrosa y amorosamente, pidiéndole por merced que se volviese a la Nueva España. Los cuales dos navíos, con buen viaje, llegaron donde Cortés estaba; y desque vio las cartas del virrey y los ruegos de su mujer, la marquesa, e hijos, dejó por capitán con la gente que allí tenía a Francisco de Ulloa y todos los bastimentos que para él traía. Y luego se embarcó y vino al puerto de Acapulco, y, tomando tierra, a buenas jornadas vino a Cuernavaca, donde estaba la marquesa. Con el cual hubo mucho placer, y todos los vecinos de México se holgaron de su venida, y aun el virrey y la Audiencia Real, porque había fama que se decía en México que se querían alzar todos los caciques de la Nueva España viendo que no estaba en la tierra Cortés. Y además de esto, luego se vinieron todos los soldados y capitanes que había dejado en aquellas islas o bahía que llaman la California. Y esto de su venida no sé de qué manera fue, o porque ellos de hecho se vinieron, o el virrey y la Audiencia Real les dio licencia para ello.

Y desde a pocos meses, como Cortés estaba algo más reposado, envió otros dos navíos bien bastecidos, así de pan y carne como de buenos marineros, y sesenta soldados y buenos pilotos, y fue en ellos por capitán Francisco de Ulloa, otras veces por mí nombrado. Y estos navíos que envió fue porque la Audiencia Real de México se lo mandaba expresamente, que los enviase para cumplir lo que había capitulado con Su Majestad, según dicho tengo en los capítulos pasados que de ello hablan.

Volvamos a nuestra relación. Y es que salieron del puerto de la Natividad por el mes de junio de mil quinientos treinta y tantos años (y esto de los años no me acuerdo), y le mandó Cortés al capitán que corriesen la costa adelante y acabasen de bojar la California, y procurasen de buscar al capitán Diego Hurtado, que nunca más pareció. Y tardó en el viaje, en ir y venir, siete meses, y de que no hizo cosa que de contar sea, se volvió al puerto de Jalisco. Y desde a pocos días, ya que Ulloa estaba en tierra descansando, un soldado de los que había llevado en su capitanía le aguardó en parte, que le dio de estocadas, donde le mató.

Y en esto que he dicho pararon los viajes y descubrimientos que el marqués hizo; y aun le oí decir muchas veces que había gastado en las armadas sobre trescientos mil pesos de oro. Y para que Su Majestad le pagase alguna cosa de ello, y sobre el contar de los vasallos, determinó ir a Castilla, y para demandar a Nuño de Guzmán cierta cantidad de pesos de oro de los que la Real Audiencia le hubo sentenciado que pagase, de cuando le mandó vender sus bienes, porque en aquel tiempo Nuño de Guzmán fue preso a Castilla. Y si miramos en ello, en cosa ninguna tuvo ventura después que ganamos la Nueva España.

En el año de treinta y ocho vino nueva a México que el cristianísimo emperador nuestro señor, de gloriosa memoria, fue a Francia, y el rey de Francia, don Francisco, le hizo gran recibimiento en un puerto que se dice Aguas Muertas, donde se hicieron paces y se abrazaron los reyes con grande amor, estando presente madama Leonor, reina de Francia, mujer del mismo rey don Francisco y hermana del emperador, de gloriosa memoria, nuestro señor, donde se hizo gran solemnidad y fiestas en aquellas paces. Y por honra y alegrías de ellas, el virrey don Antonio de Mendoza y el marqués del Valle y la Real Audiencia y ciertos caballeros conquistadores hicieron grandes fiestas.

En esta sazón, habiendo hecho amistades el marqués del Valle y el virrey don Antonio de Mendoza —que estaban algo amordazados sobre el contar de los vasallos del marquesado y sobre que el virrey favoreció mucho a Nuño de Guzmán para que no pagase la cantidad de pesos de oro que debía a Cortés desde el tiempo que fue el Nuño de Guzmán presidente en México— acordaron hacer grandes fiestas y regocijos.

Y fueron tales, que otras como ellas, a lo que a mí me parece, no las he visto hacer en Castilla, así de justas y juegos de cañas, correr toros, encontrarse unos caballeros con otros, y otros grandes disfraces que había en todo. Esto que he dicho no es nada para las muchas invenciones de otros juegos, como solían hacer en Roma cuando entraban triunfando los cónsules y capitanes que habían vencido batallas, y los epígrafes y carteles que sobre cada cosa había. Y el inventor de hacer aquellas cosas fue un caballero romano que se decía Luis de León, persona que decían que era de linaje de los patricios, natural de Roma.

Y volviendo a nuestra fiesta, amaneció hecho un bosque en la plaza mayor de México, con tanta diversidad de árboles, tan natural como si allí hubieran nacido. Había en medio unos árboles como que estaban caídos de viejos y podridos, y otros llenos de moho, con unas yerbecitas que parece que nacían de ellos; y otros árboles colgaban uno como vello; y otros de otra manera, tan perfectamente puestos, que era cosa de notar. Y dentro en el bosque había muchos venados y conejos y liebres y zorros y adives y muchos géneros de alimañas chicas de las que hay en esta tierra, y dos leoncillos y cuatro tigres pequeños, y teníanlos en corrales que hicieron en el mismo bosque, que no podían salir hasta que fuese menester echarlos fuera para la caza.

Porque los indios naturales mexicanos son tan ingeniosos de hacer estas cosas, que en el universo, según han dicho muchas personas que han andado por el mundo, no han visto otros como ellos. Porque encima de los árboles había tanta diversidad de aves pequeñas de cuantas se crían en la Nueva España, que son tantas y de tantas raleas, que sería larga relación si las hubiese de contar. Y había otras arboledas muy espesas algo apartadas del bosque, y en cada una de ellas un escuadrón de salvajes con sus garrotes anudados y retorcidos, y otros salvajes con arcos y flechas. Y vanse a la caza, porque en aquel instante las soltaron de los corrales, y corren tras ellas por el bosque y salen a la plaza mayor, sobre matar la caza. Los unos salvajes con otros revuelven una cuestión soberbia entre ellos, que fue harto de ver cómo batallaban a pie; y desque hubieron peleado un rato, se volvieron a su arboleda.

Dejemos esto, que no fue nada para la invención que hubo de jinetes hechos de negros y negras con su rey y reina, y todos a caballo, que eran más de cincuenta, y de las grandes riquezas que traían sobre sí de oro y piedras ricas y aljófar y argentería. Y luego van contra los salvajes y tienen otra cuestión sobre la caza, que cosa era de ver la diversidad de rostros que llevaban las máscaras que traían, y cómo las negras daban de mamar a sus negritos y cómo hacían fiestas a la reina.

Después de esto, amaneció otro día en mitad de la misma plaza mayor hecha la ciudad de Rodas con sus torres, almenas, troneras, cubos y cavas, y alrededor cercada, y tan al natural como es Rodas, y con cien comendadores con sus ricas encomiendas, todas de oro y perlas; muchos de ellos a caballo a la jineta, con sus lanzas y adargas, y otros a la estradiota, para romper lanzas, y otros a pie con sus arcabuces; y por gran capitán general de ellos y gran maestre de Rodas era el marqués Cortés.

Y traían cuatro navíos con sus mástiles, trinquetes y mesanas y velas; y tan al natural, que se embelesaban en ello algunas personas de ver ir a la vela por mitad de la plaza y dar tres vueltas, y soltar tanta artillería como la que de los navíos tiraban; y venían allí unos indios al bordo, vestidos al parecer como frailes dominicos, que es como cuando vienen de Castilla, pelando unas gallinas, y otros frailes venían pescando.

Dejemos los navíos y su artillería y trompetería. Y quiero decir cómo estaban en una emboscada metidas dos capitanías de turcos muy al natural, a la turquesa, con riquísimos vestidos de seda y de carmesí y grana con mucho oro y ricas caperuzas, como ellos los traen en su tierra, y todos a caballo, y estaban en celada para hacer un salto y llevar ciertos pastores con sus ganados que pacían cabe una fuente, y uno de los pastores que los guardaban se huyó y dio aviso al gran maestre de Rodas. Ya que llevaban los turcos los ganados y pastores, salen los comendadores y tienen una batalla entre los unos y los otros, que les quitaron la presa del ganado. Y vienen otros escuadrones de turcos por otra parte sobre Rodas y tienen otras batallas con los comendadores, y prendieron muchos de los turcos; y sobre esto, luego sueltan toros bravos para los despartir.

Pues quiero decir de las muchas señoras, mujeres de conquistadores y otros vecinos de México, que estaban a las ventanas de la gran plaza, y de las riquezas que sobre sí tenían de carmesí y sedas y damascos y oro y plata y pedrería, que era cosa riquísima; a otros corredores estaban otras damas muy ricamente ataviadas, que las servían galanes. Pues las grandes colaciones que se daban a todas aquellas señoras, así a las de las ventanas como a las que estaban en los corredores, y las sirvieron de mazapanes, alcorzas y diacitrón, almendras y confites; y otras de mazapanes con las armas del marqués, y otras con las armas del virrey, y todas doradas y plateadas, y entre algunas iban con mucho oro, sin otra manera de conservas; pues frutas de la tierra no las escribo aquí porque es cosa espaciosa para acabarlas de relatar. Y demás de esto, vinos los mejores que se pudieron haber; pues aloja y clarea y cacao con su espuma y suplicaciones; y todo servido con ricas vajillas de oro y plata. Y duró este servicio desde una hora después de vísperas, y después otras dos horas, que la noche los despartió, y cada uno se fue a su casa.

Dejemos de contar colaciones y las invenciones y fiestas pasadas, y diré de dos solemnísimos banquetes que se hicieron. El uno hizo el marqués en sus palacios y otro hizo el virrey en los suyos y casas reales, y estos fueron cenas. Y la primera hizo el marqués, y cenó en ella el virrey con todos los caballeros y conquistadores de quien se tenía cuenta con ellos, y con todas las señoras mujeres de los caballeros y conquistadores, y de otras damas, y se hizo muy solemnísimamente. Y no quiero poner aquí por memoria todos los servicios que se dieron, porque será gran relación; basta que diga que se hizo muy copiosamente.

Y la otra cena, que hizo el virrey, la cual fiesta hizo en los corredores de las casas reales, hechos unos como vergeles y jardines entretejidos por arriba de muchos árboles con sus frutas, al parecer que nacían de ellos; encima de los árboles, muchos pajaritos de cuantos se pudieron haber en la tierra, y tenían hecha la fuente de Chapultepec; y tan al natural como ella es, con unos manaderos chicos de agua que reventaban por algunas partes de la misma fuente. Y allí, cabe ella, estaba un gran tigre atado con unas cadenas, y a otra parte de la fuente estaba un bulto de hombre de gran cuerpo vestido como arriero con dos cueros de vino, cabe el que se adormía de cansado, y otros bultos de cuatro indios que le desataban el un cuero y se emborrachaban, y parecía que estaban bebiendo y haciendo gestos. Y estaba hecho todo tan al natural, que venían muchas personas de todas jaeces con sus mujeres a verlo.

Pues ya puestas las mesas, había dos cabeceras muy largas, y en cada una su cabecera: en la una estaba el marqués y en la otra el virrey, y para cada cabecera sus maestresalas y pajes y grandes servicios con mucho concierto.

Quiero decir lo que se sirvió. Aunque no vaya aquí escrito por entero, diré lo que se me acordare, porque yo fui uno de los que cenaron en aquellas grandes fiestas. Al principio fueron sus ensaladas hechas de dos o tres maneras, y luego cabritos y perniles de tocino asado a la ginovesca; tras esto, pasteles de codornices y palomas, y luego gallos de papada y gallinas rellenas; luego manjar blanco; tras esto, pepitoria; luego torta real; luego pollos y perdices de la tierra y codornices en escabeche; y luego alzan aquellos manteles dos veces y quedan otros limpios con sus pañizuelos.

Luego traen empanadas de todo género de aves y de caza; estas no se comieron, ni aun de muchas cosas del servicio pasado; luego sirven de otras empanadas de pescado, tampoco se comió cosa de ello; luego traen carnero cocido y vaca y puerco y nabos y coles y garbanzos; tampoco se comió cosa ninguna; y entre medio de estos manjares ponen en las mesas frutas diferenciadas para tomar gusto. Y luego traen gallinas de la tierra cocidas enteras, con picos y pies plateados; tras esto, anadones y ansarones enteros con los picos dorados; y luego cabezas de puercos y de venados y de terneras enteras, por grandeza.

Y con ello, grandes músicas de cantares a cada cabecera, y la trompetería y géneros de instrumentos: arpas, vihuelas, flautas,

403

dulzainas, chirimías; en especial cuando los maestresalas servían las tazas, traían a las señoras que allí estaban y cenaron —que fueron muchas más que las que fueron a la cena del marqués— muchas copas doradas: unas con aloja, otras con vino, otras con agua, otras con cacao y con clarea.

Y tras esto sirvieron a otras señoras más insignes de unas empanadas muy grandes, y en algunas de ellas venían dos conejos vivos, y en otras conejos vivos chicos, y otras llenas de codornices y palomas y otros pajaritos vivos; y cuando se las pusieron fue en una sazón y a un tiempo. Y desque les quitaron los cobertores, los conejos se fueron huyendo sobre las mesas y las codornices y pájaros volaron.

Aún no he dicho del servicio de aceitunas y rábanos y queso y cardos y fruta de la tierra; no hay que decir sino que toda la mesa estaba llena de servicio de ello.

Entre estas cosas había truhanes y decidores que decían en loor de Cortés y del virrey cosas muy de reír. Y aún no he dicho las fuentes de vino blanco y tinto, hechas de industria que corrían.

Pues abajo, en los patios, otros servicios para gentes y mozos de espuelas y criados de todos los caballeros que cenaban arriba en aquel banquete, que pasaron de trescientos, y más de doscientas señoras. Pues aún se me olvidaba los novillos asados enteros llenos de dentro de pollos y gallinas y codornices y palomas y tocino. Esto fue en el patio abajo, entre los mozos de espuelas y mulatos e indios.

Y digo que duró este banquete desde que anocheció hasta dos horas después de medianoche, que las señoras daban voces que no podían estar más a las mesas y otras se congojaban, y por fuerza alzaron los manteles, que otras cosas había que servir. Y todo esto se sirvió con oro y plata y grandes vajillas muy ricas. Una cosa vi: que con estar cada sala llena de españoles que no eran convidados, y eran tantos que no cabían en los corredores, que vinieron a ver la cena y banquete. Y no faltó en toda aquella cena del virrey plata ninguna, y en la del marqués faltaron más de cien marcos de plata; y la causa que no faltó en la del virrey fue porque el mayordomo mayor, que se decía Agustín Guerrero, mandó a los caciques mexicanos que para cada pieza pusiese un indio de guarda; y aunque se enviaban a todas las casas de México muchos platos y escudillas con manjar blanco y pasteles y empanadas y otras cosas de este arte, iba con cada pieza de plata un indio y lo traía; lo que faltó fue saleros de plata, muchos manteles y pañizuelos y cuchillos, y esto el mismo Agustín Guerrero me lo dijo otro día; y también contaba el marqués por grandeza que le faltaba sobre cien marcos de plata.

Dejemos las cenas y banquetes, y diré que para otro día hubo toros y juegos de cañas, y dieron al marqués un cañazo en un empeine del pie, de que estuvo malo y cojeaba; y para otro día corrieron a caballo desde una plaza que llaman el Tatelulco hasta la plaza mayor, y dieron ciertas varas de terciopelo y raso para el caballo que más corriese y primero llegase a la plaza. Y asimismo corrieron unas mujeres desde debajo de los portales del tesorero Alonso de Estrada hasta las casas reales, y se le dio ciertas joyas de oro a la que más presto llegó al puesto. E hicieron muchas farsas, y fueron tantas, que ya no se me acuerda, y de noche hicieron disfraces.

Y porque de estas grandes fiestas hubo dos cronistas que lo escribieron según y de la manera que pasó, y quién fueron los capitanes y gran maestre de Rodas; y aun lo enviaron a Castilla para que en el Real Consejo de Indias se viese, porque Su Majestad en aquella sazón estaba en Flandes.

Quiero poner una cosa de donaire, y es que un vecino de México que se dice el maestre de Roa, ya hombre viejo que tiene un gran lobanillo en el pescuezo e era de oficio catepasmo; como tiene nombre de maestre de Roa, le nombraron adrede maese de Rodas, porque este cirujano fue el que el marqués hubo enviado a llamar a Castilla para que le curase el brazo derecho, que tenía quebrado de una caída de un caballo después que vino de Honduras, y porque viniese a curarle el brazo se lo pagó muy bien y le dio unos pueblos de indios.

Y cuando se acabaron de hacer las fiestas que dicho tengo, como tuvo nombre de maestre de Rodas y fue uno de los cronistas y tenía buena plática, fue a Castilla en aquella sazón y tuvo tal conocimiento con la señora doña María de Mendoza, mujer del comendador mayor de León, don Francisco de los Cobos, que la convocó y le prometió de le dar cosas con que pariese; y de tal manera se lo decía, que le creyó. Y la señora doña María le dijo que si paría le daría dos mil ducados y le favorecería en el Real Consejo de Indias para haber otros pueblos de indios, y asimismo le prometió el mismo maestre de Roa al cardenal de Sigüenza, que era presidente de Indias, que le sanaría de la gota, y el presidente se lo creyó; y luego le proveyeron, por mandado del cardenal y por favor de la señora doña María de Mendoza, de muy buenos indios, mejores que los que tenía.

Y lo que hizo en las curas fue que ni sanó el marqués de su brazo —antes se le quedó más manco, puesto que se lo pagó muy bien y le dio los indios por mí memorados—, ni la señora doña María de Mendoza nunca parió, por más letuarios calientes de zarzaparrilla que le mandó comer, ni el cardenal sanó de su gota; y quedóse con las barras de oro que le dio Cortés y con los indios que le hubo dado el Real Consejo de Indias. Y volvióse a la Nueva España rico y con buenos indios, y dejó en Castilla, entre los negociantes que habían ido a pleitos, unos chistes que el maestre de Roa, que por sólo el nombre que le pusieron maestre de Rodas y ser plático, les fue a engañar, así al presidente como a la señora doña María de Mendoza; y otros conquistadores, con cuanto sirvieron a Su Majestad, no recaudaron nada; y que valió más un poco de zarzaparrilla que llevó que cuantos servicios hicimos los verdaderos conquistadores a Su Majestad.

Dejemos de contar vidas ajenas, que bien sé que tendrán razón de decir que para qué me meto en estas cosas, que por contar una antigüedad y cosa de memoria acaecida dejo mi relación; volvamos a ella. Y es que desde que se acabaron de hacer las fiestas, mandó el marqués apercibir navíos y matalotaje para ir a Castilla para suplicar a Su Majestad que le mandase pagar algunos pesos de oro de los muchos que había gastado en las armadas que envió a descubrir, y porque tenía pleitos con Nuño de Guzmán, que en aquella sazón le envió al Nuño de Guzmán la Audiencia Real preso a España, y también tenía pleitos sobre el contar de los vasallos.

Y entonces Cortés me rogó a mí que fuese con él, y que en la corte demandaría mejor mis pueblos ante los señores del Real Consejo de Indias que no en la Audiencia Real de México. Y luego me embarqué y fui a Castilla; y el marqués no fue de ahí a dos meses, porque dijo que no tenía allegado tanto oro como quisiera llevar y porque estaba malo del empeine del pie, del cañazo que le dieron. Y esto fue en el año de quinientos y cuarenta, y porque el año pasado de quinientos y treinta y nueve se había muerto la serenísima emperatriz, nuestra señora, doña Isabel, de gloriosa memoria, la cual falleció en Toledo en primero día de mayo y fue llevada a sepultar su cuerpo a la ciudad de Granada; y por su muerte se hizo gran sentimiento en la Nueva España y se pusieron todos los más conquistadores grandes lutos, e yo, como regidor de la villa de Guazacualco e conquistador más antiguo, me puse grandes lutos, y con ellos fui a Castilla; y llegado a la corte, me los torné a poner como era obligado por la muerte de nuestra reina y señora.

Y en aquel tiempo también llegó a la corte Hernando de Pizarro, que vino del Perú, y fue cargado de luto con más de cuarenta hombres que llevaba consigo que le acompañaban; y también en esta sazón llegó Cortés a la corte con luto, él y sus criados. Y los señores del Real Consejo de Indias, desde que supieron que Cortés llegaba cerca de Madrid, le mandaron salir a recibir y le señalaron por posada las casas del comendador don Juan de Castilla. Y cuando algunas veces iba al Real Consejo de Indias, salía un oidor hasta una puerta donde hacían el acuerdo del Real Consejo y llevábalo a los estrados donde estaba el presidente, don fray García de Loaysa, cardenal de Sigüenza, y después fue arzobispo de Sevilla, y oidores: el licenciado Gutierre Velázquez y el obispo de Lugo y el doctor don Juan Bernal Díaz de Luco y el doctor Beltrán, y un poco apartado de las sillas de aquellos caballeros le ponían a Cortés otra silla.

Y desde entonces nunca más volvió a la Nueva España, porque entonces le tomaron residencia y Su Majestad no le quiso dar licencia para que se volviese a la Nueva España, puesto que echó por intercesores al almirante de Castilla y al duque de Béjar y al comendador mayor de León, y aun también echó por intercesora a la señora doña María de Mendoza. Y nunca le quiso dar licencia Su Majestad; antes mandó que le detuviesen hasta acabar de dar la residencia, y nunca la quisieron concluir, y la respuesta que le daban en el Real Consejo de Indias, que hasta que viniese de Flandes de hacer el castigo de Gante, no podían darle licencia.

Y también en aquella sazón al Nuño de Guzmán le mandaron desterrar de su tierra y que siempre anduviese en la corte, y le sentenciaron en cierta cantidad de pesos de oro, mas no le quitaron los indios de su encomienda de Jalisco; y también andaba él y sus criados cargados de luto. Y como en la corte nos veían, así al marqués Cortés como al Pizarro y al Nuño de Guzmán y todos los más que venimos de la Nueva España a negocios, y otras personas del Perú, tenían por chiste de llamarnos "los indianos peruleros enlutados".

Volvamos a nuestra relación, que también en aquel tiempo a Hernando Pizarro le mandaron echar preso en la Mota de Medina. Y entonces me vine yo a la Nueva España y supe que hacía pocos meses que se había alzado en las provincias de Jalisco unos peñoles que se llaman Cochiztlán, y que el virrey don Antonio de Mendoza los envió a pacificar con ciertos capitanes y a un Oñate, y los indios alzados daban grandes combates a los españoles y soldados que de México enviaron; y viéndose cercados de los indios, enviaron a demandar socorro al adelantado don Pedro de Alvarado, que en aquella sazón estaba en unos navíos de una gran armada que hizo en lo de Guatemala para la China, en el puerto de la Purificación. Y fue a favorecer a los españoles que estaban sobre los peñoles por mí ya nombrados, y llevó gran copia de soldados; y de allí a pocos días murió de un caballo que le tomó debajo y le machucó el cuerpo, como adelante diré.

Y quiero dejar esta plática y traeré a la memoria dos armadas que salieron de la Nueva España: la una era la que hizo el virrey don Antonio de Mendoza y la otra fue la que hizo don Pedro de Alvarado, según dicho tengo.

CAPÍTULO XV: PEDRO DE ALVARADO ENVÍA UNA ARMADA A GUATEMALA

Ya he dicho en el capítulo pasado que dello habla, que el virrey don Antonio de Mendoza y la Real Audiencia de México enviaron a descubrir las Siete Ciudades, que por otro nombre se llama Cíbola, y fue por capitán general un hidalgo que se decía Francisco Vázquez Coronado, natural de Salamanca, que en aquella sazón se había casado con una señora que, además de ser muy virtuosa, era hermosa, hija del tesorero Alonso de Estrada, y en aquel tiempo estaba el Francisco Vázquez por gobernador de Jalisco, porque a Nuño de Guzmán, que solía estar por gobernador, ya lo habían quitado.

Pues partido por tierra con muchos soldados de a caballo y escopeteros y ballesteros, y había dejado por su teniente en lo de Jalisco a un hidalgo que se decía Fulano de Oñate, y después, desde ciertos meses que hubo llegado a las Siete Ciudades, pareció ser que un fraile franciscano que se dice fray Marcos de Niza había ido de antes a descubrir aquellas tierras, o fue en aquel viaje con el mismo Francisco Vázquez Coronado, que esto no lo sé bien.

Y desque llegaron a las tierras de la Cíbola y vieron los campos tan llanos y llenos de vacas y toros disformes de los nuestros de Castilla, y los pueblos y casas con sobrados, y subían por escaleras, parecióle al fraile que sería bien volver a la Nueva España, como luego vino, para dar relación al virrey don Antonio de Mendoza que enviase navíos por la costa del Sur con herraje y tiros y pólvora y ballestas y armas de todas maneras, y vino y aceite y bizcocho, porque le hizo relación que las tierras de Cíbola estaban en la comarca de la costa del sur, y que con los bastimentos y herraje serían ayudados el Francisco Vázquez y sus compañeros, que ya quedaban en aquella tierra.

Y a esta causa envió los tres navíos que dicho tengo, y fue por capitán general un Hernando de Alarcón, maestresala que fue del mismo virrey, y asimismo fue por capitán de otro navío un hidalgo que se dice Marcos Ruiz de Rojas, natural de Madrid. Otras personas dijeron que había ido por capitán del otro navío un Fulano de Maldonado Portillo; y porque yo no fui en aquella armada, más de por oídas lo digo desta manera.

Pues dadas todas las instrucciones a los pilotos y capitanes de lo que habían de hacer y cómo se habían de regir y navegar, se hicieron a la vela para su viaje.

Razón es que se traiga a la memoria y no quede por olvido otra armada que hizo el adelantado don Pedro de Alvarado en el año de mil quinientos treinta y siete, en la provincia de Guatemala, donde era gobernador, en un puerto que se dice Acaxutla, en la banda de la mar del Sur. Y fue para cumplir ciertas capitulaciones que con Su Majestad hizo la segunda vez que volvió a Castilla y vino casado con una señora que se decía doña Beatriz de la Cueva, hermana que fue de una doña Francisca de la Cueva, hermosa en extremo, primera mujer que fue del don Pedro de Alvarado, que falleció en la Veracruz de la Nueva España.

Y fue el concierto que se capituló con Su Majestad que don Pedro de Alvarado pusiese ciertos navíos y pilotos y marineros y soldados y bastimentos y todo lo que se hubiese menester para aquella armada a su costa, y se profirió que había de enviar a descubrir por la banda del poniente a la China o Malucos y otras cualesquier islas de la Especiería; y para lo que descubriese, Su Majestad le prometió que en las mismas tierras le haría ciertas mercedes. Y porque yo no he visto lo capitulado.

Y volviendo a esta mi relación, puso en la mar del Sur doce navíos de buen porte, bien abastecidos de pan y carne y pipas de agua y todas las cosas que en aquel tiempo pudieron haber, y bien artillados y con buenos pilotos y marineros. Pues para ser tan pujante armada, y estando tan apartados del puerto de la Veracruz, que son más de ciento cincuenta leguas hasta donde se labraron los navíos, porque en aquella sazón de la Veracruz se trajo el hierro para la clavazón y anclas y pipas y lo demás necesario para aquella flota, porque en aquel tiempo aún no se trataba Puerto de Caballos, gastó en ellos muchos millares de pesos de oro, que en Sevilla se pudieran labrar más de ochenta navíos; que no le bastó la riqueza que trajo del Perú ni el oro que le sacaban de las minas en la provincia de Guatemala, ni los tributos de sus pueblos, ni lo que le prestaron sus deudos y amigos, ni lo que tomó fiado de mercaderes. Pues lo que gastó en caballos y capitanes y soldados y arcabuces y ballestas y todo género de armas fue gran suma de pesos de oro.

Pues ya puestos a punto sus naos para navegar, y en cada una sus estandartes reales, y señalados pilotos y capitanes, y las instrucciones de lo que habían de hacer, así de noche como de día, y derrotas que habían de llevar y las señas de los faroles para si de noche hubiese alguna tormenta. Y después de oída misa del Espíritu Santo y bendecidas sus banderas por un obispo de aquella provincia, y el mismo adelantado por capitán general del armada, dan velas en el año de mil quinientos treinta y siete o treinta y ocho años, que esto no se me acuerda bien. Y fue navegando por su derrota hasta el puerto que llaman de la Purificación, que es en la provincia de Jalisco, y en aquel puerto había de tomar agua y bastimentos y más soldados, puesto que llevaba ya en los navíos sobre quinientos cincuenta soldados.

Pues como lo supo el virrey don Antonio de Mendoza, de esta tan pujante armada, que para en estas partes se puede decir muy grande, y de los muchos soldados y caballos que llevaba y artillería, túvolo por muy gran cosa, como es razón de tener, de cómo pudo juntar y armar trece navíos en la costa del Sur y que pudiesen allegar tantos soldados estando tan apartado del puerto de la Veracruz y de México, porque, como he memorado, no venían navíos de Castilla con mercadurías a Puerto de Caballos como ahora vienen, y es cosa de pensar en ello a las personas que tienen noticia de estas tierras y saben los gastos que se hacen.

Pues como el virrey don Antonio de Mendoza supo y se informó que era para descubrir la China, y alcanzó a saber de pilotos y cosmógrafos que se podía descubrir muy bien por el poniente, y se lo certificó un deudo suyo que se decía Villalobos, que sabía mucho de alturas y del arte de navegación, y también porque alcanzó a saber que había enviado tres navíos a descubrir las mismas islas el valeroso don Hernando Cortés antes que fuese a Castilla ni fuese marqués, acordó de escribir de México a don Pedro de Alvarado con ofertas y buenos prometimientos para que se diese orden en que en la armada hiciese compañía con él.

Y para lo efectuar fueron a hacer el concierto don Luis de Castilla y un mayordomo del virrey que se decía Agustín Guerrero. Y desque el adelantado vio los recaudos que llevaban para ello, y bien platicado sobre el negocio, se concertó que se viesen el virrey y el adelantado en un pueblo que se dice Chiribitio, que es en la provincia de Mechoacán, que era de la encomienda de un Juan de Alvarado, deudo del mismo don Pedro de Alvarado; y en el mismo pueblo se concluyó que fuesen entrambos a dos a ver la armada. Y desque la hubieron visto, sobre enviar quién iría por capitán general de ella tuvieron diferencias, porque don Pedro quería que fuese un su sobrino que se decía Juan de Alvarado (no lo digo por el de Chiribitio, sino por otro que tenía el mismo nombre), y el virrey don Antonio de Mendoza quería que fuese su deudo, que era gran cosmógrafo, que se decía Villalobos. Y todavía se concertó que fuesen Alvarado y Villalobos por capitanes.

Y luego don Pedro de Alvarado fue al puerto de la Navidad, que así se nombra, donde en aquella sazón estaban todos sus navíos y soldados, para que por su mano fuesen despachados.

Y ya que estaban para hacerse a la vela, le vino una carta que le envió un Cristóbal de Oñate, que estaba por capitán de ciertos soldados en unos peñoles que llaman de Cochistlán. Y lo que le envió a decir fue que, pues es servicio de Su Majestad, que le vaya a socorrer con su persona y soldados, porque está cercado en partes que, si no son socorridos, no se podrá defender de muchos escuadrones de indios guerreros y demasiado esforzados que están en muy grandes fuerzas y peñoles, y que le han muerto muchos españoles de los que estaban en su compañía, y se temía en gran manera no le acabasen de desbaratar, y le significó en la carta otras muchas lástimas, y que, a salir los indios de aquellos peñoles victoriosos, la Nueva España estaba en gran peligro.

Y como don Pedro de Alvarado vio la carta y las palabras por mí memorizadas, y otros españoles le dijeron el peligro en que estaban, luego sin más dilación mandó apercibir ciertos soldados que llevó en su compañía, así de caballo como arcabuceros y ballesteros, y fue en posta a hacer aquel socorro. Y cuando llegó al real, estaban tan afligidos los cercados, que si no fuera por su ida estuvieran en mucho más, y con su llegada aflojaron algo los indios guerreros de dar combate, mas no para que se dejasen de dar muy bravosa guerra como de antes daban.

Y estando una capitanía de soldados sobre unos peñoles para que no les entrasen por allí los guerreros, defendiendo aquel paso, parece ser que a uno de los soldados se le derriscó el caballo, y vino rodando por el peñol abajo con tan gran furia y saltos por donde don Pedro de Alvarado estaba, que no se pudo ni tuvo tiempo de apartarse a cabo ninguno, sino que el caballo le encontró de arte que le trató mal y le magulló el cuerpo, porque le tomó debajo. Y luego se sintió muy malo, y para guarecerle y curarle, creyendo no fue tanto su mal, le llevaron en andas a curar a una villa, la más cercana del real, que se dice La Purificación, y en el camino se pasmó. Y llegado a la villa, luego se confesó y recibió los santos sacramentos, mas no hizo testamento, y falleció, y allí le enterraron con la mayor pompa que pudieron.

Dejemos de hablar de su muerte; ¡perdónelo Dios, amén! Volvamos a decir que se vio en muy grande aprieto Cristóbal de Oñate en aquellos peñoles, que estuvo en punto de ser desbaratado si de presto no enviara el virrey al licenciado Maldonado, oidor de la Real Audiencia de México, con muchos soldados.

Dejemos de hablar de esto, y digamos qué se hizo y en qué paró la armada. Y es que, como vieron los de la armada que su capitán había fallecido, cada uno tiró por su cabo; y desde un año después, el virrey don Antonio de Mendoza mandó que tomasen tres navíos de los mejores y más nuevos de los trece que enviaba el adelantado a descubrir, y envió por capitán de ellos a un su deudo, ya por mí memorizado, que se decía Fulano de Villalobos, y que llevase la misma derrota que tenían concertado de enviar a descubrir.

Y lo que pasó en este viaje yo no lo sé bien más que por oídas, y se tiene por cierto que fue a ciertas islas adonde había capitanes del rey de Portugal que trataban en ellas, y que le prendieron y fue a Castilla. Y asimismo fue cuando el valeroso don Hernando Cortés envió por capitán de otros tres navíos a un capitán que se decía Álvaro de Sayavedra Cerón, por manera que todo lo más que gastó el adelantado se perdió, que nunca cobraron nada sus herederos.

Como Su Majestad volvió a Castilla de hacer el castigo de Gante e hizo la grande armada para ir sobre Argel, lo fue a servir en ella el marqués del Valle y llevó en su compañía a su hijo el mayorazgo, el que hereda el estado; también llevó a don Martín Cortés, el que hubo con doña Marina, y llevó muchos escuderos y criados y caballos y gran compañía y servicio, y se embarcó en una buena galera en compañía de don Enrique Enríquez. Y como Dios fue servido hubiese tan recia tormenta que se perdió mucha parte de la real armada, también dio al través la galera en que iba Cortés y sus hijos, los cuales escaparon, y todos los más caballeros que en ella iban, con gran riesgo de sus personas.

Y en aquel instante, como no hay tanto acuerdo como debería haber, especialmente viendo la muerte al ojo, dijeron los criados de Cortés que le vieron que se ató en unos paños revueltos al brazo ciertas joyas de piedras muy riquísimas que llevaba como gran señor; y con la revuelta de salir en salvo de la galera y con la mucha multitud de gentes que había, se le perdieron todas las joyas y piedras que llevaba, que, a lo que decían, valían muchos pesos de oro.

Y volveré a decir de la gran tormenta y pérdida de caballeros y soldados que se perdieron. Aconsejaron a Su Majestad los maestres de campo y capitanes que eran del Real Consejo de guerra que luego, sin más dilatar, alzase el real de sobre Argel y se fuese por tierra por

Bujía, pues que veían que Nuestro Señor Dios fue servido de darles aquel tiempo contrario, y no se podía hacer más de lo hecho, del cual acuerdo y consejo no llamaron a Cortés para que diese su parecer. Y de que lo supo, dijo que si Su Majestad fuese servido, que él entendería, con la ayuda de Dios y con la buenaventura de nuestro césar, que con los soldados que estaban en el campo tomarían Argel, y también dijo a vueltas de estas palabras muchos loores de sus capitanes y compañeros que nos hallamos con él en la toma y conquista de México, diciendo que fueron para sufrir hambres y trabajos y tormentas, y que dondequiera que se hallaba y los llamase hacían con ellos heroicos hechos; y que, heridos y ensangrentados, no dejaban de pelear y tomar cualquier ciudad y fortaleza, aunque sobre ello aventurasen perder las vidas.

Y como muchos caballeros le oyeron aquellas bravosas palabras, dijeron a Su Majestad que fuera bien haberle llamado al consejo de la guerra y que se tuvo a un gran descuido no haberle llamado. Otros caballeros dijeron que si no fue llamado fue porque sentían en el marqués que sería de contrario parecer, y que en aquel tiempo de tornar tanta tormenta no daba lugar a muchos consejeros, salvo que Su Majestad y los de la real armada se pusiesen en salvo, porque estaban en muy gran peligro, y que, el tiempo andando, con la ayuda de Dios, volverían a poner cerco a Argel. Y ansí se fueron por Bujía.

Dejemos desta materia, y diré cómo volvieron a Castilla de aquella trabajosa jornada. Y como el marqués estaba ya muy cansado, ansí de estar en Castilla en la corte y haber venido por Bujía, deshecho y quebrantado del viaje ya por mí dicho, deseaba en gran manera volver a la Nueva España si le dieran licencia. Y como había enviado a México por su hija la mayor, que se decía doña María Cortés, que tenía concertado de la casar con don Álvaro Pérez Osorio, hijo del marqués de Astorga y heredero del marquesado, y le había prometido sobre cien mil ducados de oro en casamiento y otras muchas cosas de vestidos y joyas, vino a recibirla a Sevilla. Y este casamiento se desconcertó, según dijeron muchos caballeros, por culpa de don Álvaro Pérez Osorio, de la cual el marqués recibió tan grande enojo, que de calenturas y cámaras, que tuvo recias, estuvo muy al cabo. Y andando con sus dolencias, que siempre iba empeorando, acordó de salirse de Sevilla por quitarse de muchas personas que le visitaban y le importunaban en negocios, y se fue a Castilleja de la Cuesta para allí entender en su ánima y ordenar su testamento. Y después que lo hubo ordenado como convenía y haber recibido los santos sacramentos, fue Nuestro Señor Jesucristo servido llevarle desta trabajosa vida, y murió en dos días del mes de diciembre de mil y quinientos y cuarenta y siete años. Y llevose su cuerpo a enterrar con gran pompa y mucha clerecía y gran sentimiento de muchos caballeros de Sevilla, y fue enterrado en la capilla de los duques de Medinacedonia; y después fueron traídos sus huesos a la Nueva España, y están en un sepulcro en Cuyuacán o en Tezcuco, esto no lo sé bien, porque ansí lo mandó en su testamento.

Quiero decir la edad que tenía; a lo que a mí se me acuerda, lo declararé por esta cuenta: en el año que pasamos con Cortés desde Cuba a la Nueva España fue el de quinientos y diez y nueve, y entonces solía decir, estando en conversación de todos nosotros, los compañeros que con él pasamos, que había treinta y cuatro años, y veinte y ocho que habían pasado hasta que murió, que son sesenta y dos.

Y las hijas e hijos que dejó legítimos fueron don Martín Cortés, marqués que agora es, y doña María Cortés, la que he dicho que estaba concertada en el casamiento con don Álvaro Pérez Osorio, heredero del marquesado de Astorga, que después casó esta doña María con el conde de Luna, de León; y doña Juana, que casó con don Hernando Enríquez, que ha de heredar el marquesado de Tarifa; y doña Catalina de Arellano, que murió en Sevilla doncella; mas sé que la llevó la señora marquesa doña Juana de Zúñiga a Castilla cuando vino por ellas un fraile que se dice fray Antonio de Zúñiga, el cual fraile era hermano de la misma marquesa.

Y también se casó otra señora doncella que estaba en México, que se decía doña Leonor Cortés, con un Juanes de Tolosa, vizcaíno, persona muy rica, que tenía sobre cien mil pesos y unas minas, del cual casamiento hubo mucho enojo el marqués, cuando vino a la Nueva España.

Y también dejó dos hijos varones bastardos, que se decían don Martín Cortés, comendador de Santiago —este caballero hubo en doña Marina, la lengua—, y don Luis Cortés, también fue comendador de Santiago, que hubo en otra señora que se decía doña

Juliana de Hermosilla. Y hubo otras tres hijas: la una hubo en una india de Cuba que se decía doña Juliana Pizarro; y la otra con otra india mexicana; y otra que nació contrecha, que hubo en otra mexicana. Y sé que estas señoras doncellas tenían buen dote, porque desde niñas les dio buenos indios, que fueron unos pueblos que se dicen Chinanta.

Y en el testamento y mandas que hizo, yo no lo sé bien, mas tengo en mí que, como sabio, y tuvo mucho tiempo para ello; y porque era viejo, que lo haría con mucha cordura, mandaría descargar su conciencia. Y mandó que hiciesen un hospital y un colegio en México; y también mandó que en una su villa que se dice Cuyuacán, que está obra de dos leguas de México, que se hiciese un monasterio de monjas, y que le trajesen sus huesos a la Nueva España; y dejó buenas rentas para cumplir su testamento y las mandas, que fueron muchas y buenas y de buen cristiano. Y por excusar prolijidad no declaro; por no acordarme de todas, aquí no las relato.

La letra y blasón que traía en sus armas y reposteros fueron de muy esforzado varón y conforme a sus heroicos hechos, y estaban en latín, y como yo no sé latín, no lo declaro, y traía en ellos siete cabezas de reyes presos en una cadena. Y a lo que a mí me parece, según vi y entiendo, fueron los reyes que ahora diré: Montezuma, gran señor de México; y a Cazamacin, su sobrino de Montezuma, que también fue gran señor de Tezcuco; y Coadlavaca, asimismo señor de Iztapalapa y de otro pueblo; y al señor de Tacuba y al señor de Cuyuacán y a otro gran cacique, señor de dos provincias que decían Tulapa, junto a Matalcingo; este que dicho tengo decían que era hijo de una su hermana de Montezuma y muy propinco heredero de México después de Montezuma; y el postrer rey fue Guatémuz, el que nos dio guerra y defendía la ciudad cuando ganamos la gran ciudad de México y sus provincias. Y estos siete grandes caciques son los que el marqués traía en sus reposteros y blasones por armas, porque de otros reyes yo no me acuerdo que se hubiesen preso que fuesen reyes, como dicho tengo en el capítulo que de ello habla.

Pasaré adelante y diré de su proposición y condición de Cortés. Fue de buena estatura y cuerpo, y bien proporcionado y membrudo, y el color de la cara tiraba algo a cenicienta, y no muy alegre; y si tuviera el rostro más largo, mejor le pareciera, y era en los ojos en el mirar algo amoroso, y por otra parte grave. Las barbas tenía algo prietas y pocas y ralas; y el cabello, que en aquel tiempo se usaba, de la misma manera que las barbas. Y tenía el pecho alto y la espalda de buena manera, y era cenceño y de poca barriga y algo estevado, y las piernas y manos bien sacadas. Y era buen jinete y diestro de todas armas, ansí a pie como a caballo, y sabía muy bien menearlas; y, sobre todo, corazón y ánimo, que es lo que hace al caso. Oí decir que cuando mancebo en la isla Española fue algo travieso sobre mujeres y que se acuchilló algunas veces con hombres esforzados y diestros, y siempre salió con victoria. Y tenía una señal de cuchillada cerca de un beso de abajo, que si miraban bien en ello, se le parecía, mas cubríaselo con las barbas, la cual señal le hicieron cuando andaba en aquellas cuestiones.

En todo lo que mostraba, ansí en su persona como en pláticas y conversación, y en comer y en el vestir, en todo daba señales de gran señor. Los vestidos que se ponía eran según el tiempo y usanza, y no se le daba nada de traer muchas sedas ni damascos ni rasos, sino llanamente y muy pulido; ni tampoco traía cadenas de oro grandes, salvo una cadenita de oro de prima hechura con un joyel con la imagen de Nuestra Señora la Virgen Santa María con su Hijo precioso en los brazos, y con un letrero en latín en loor de Nuestra Señora; y de la otra parte del joyel al señor San Juan Bautista, con otro letrero; y también traía en el dedo un anillo muy rico con un diamante. Y en la gorra, que entonces se usaba de terciopelo, traía una medalla, no me acuerdo el rostro que en la medalla traía figurado ni la letra de él; mas después, el tiempo andando, siempre traía gorra de paño sin medalla.

Servíase muy ricamente, como gran señor, con dos maestresalas y mayordomos y muchos pajes, y todo servicio de su casa muy cumplido, y grandes vajillas de plata y de oro. Comía bien y bebía una buena taza de vino aguado que cabría un cuartillo, y también cenaba; y no era nada regalado ni se le daba nada por comer manjares delicados ni costosos, salvo cuando veía que había necesidad que se gastase y los hubiese menester.

Era de muy afable condición con todos nuestros capitanes y compañeros, en especial con los que pasamos con él de la isla de Cuba la primera vez. Y era latino, y oí decir que era bachiller en leyes, y cuando hablaba con letrados y hombres latinos, respondía a lo que le decían en latín. Era algo poeta: hacía coplas en metros y en glosas, y en lo que platicaba lo decía muy apacible y con muy buena retórica; y rezaba por las mañanas en unas horas y oía misa con devoción.

Tenía por su muy abogada a la Virgen María, Nuestra Señora, la cual todos los fieles cristianos la debemos tener por nuestra intercesora y abogada; y también tenía al señor San Pedro, a Santiago y al señor San Juan Bautista; y era limosnero. Cuando juraba decía: "En mi conciencia"; y cuando se enojaba con algún soldado de los nuestros, sus amigos, le decía: "¡Oh, mal pese a vos!"; y cuando estaba muy enojado se le hinchaba una vena de la garganta y otra de la frente; y aun algunas veces, de muy enojado, arrojaba un lamento al cielo; y no decía palabra fea ni injuriosa a ningún capitán ni soldado. Y era muy sufrido, porque soldados hubo muy desconsiderados que le decían palabras descomedidas, y no les respondía cosa muy sobrada ni mala; y aunque había materia para ello, lo más que les decía: "Callá y oíd"; o "id con Dios, y de aquí adelante tened más miramiento en lo que dijéredes, porque os castigaré por ello".

Era muy porfiado, en especial en las cosas de la guerra, que por más consejo y palabras que le decíamos en cosas desconsideradas de combates y batallas, que nos mandaba dar cuando rodeamos en los pueblos grandes de la laguna; y en los peñoles que ahora llaman del Marqués le dijimos que no subiéramos arriba en unas fuerzas y peñoles, sino que los tuviésemos cercados, por causa de las muchas galgas que desde lo alto de la fortaleza venían derriscando, que nos echaban, porque era imposible defendernos del golpe y ímpetu con que venían, y era aventurar a morir todos, porque no bastaría esfuerzo ni consejo ni cordura. Y todavía porfió contra todos nosotros, y hubimos de comenzar a subir y corrimos harto peligro, y murieron ocho soldados y todos los más salimos descalabrados y heridos sin hacer cosa que de contar sea, hasta que mudamos otro consejo. Y demás desto, en el camino que fuimos a las Hibueras a lo de Cristóbal de Olí, cuando se alzó con la armada, yo le dije muchas veces que fuésemos por las sierras, y porfió que mejor era por la costa, y tampoco acertó, porque si fuéramos por donde yo decía, era toda la tierra poblada. Y para que bien se entienda quien no lo ha andado, es desde Guazacualco camino derecho de Chiapa, y de Chiapa a

Guatemala, y de Guatemala a Naco, que es adonde en aquella sazón estaba el Cristóbal de Olí.

Dejemos esta plática, y diré que cuando luego venimos con nuestra armada a la Villa Rica y comenzamos a hacer la fortaleza, el primero que cavó y sacó tierra en los cimientos fue Cortés; y siempre en las batallas le vi que entraba en ellas juntamente con nosotros. Y comenzaré por las batallas de Tabasco, que él fue por capitán de los de a caballo y peleó muy bien; vamos a la Villa Rica: ya he dicho acerca de la fortaleza. Pues en dar, como dimos, con once navíos al través por consejo de nuestros valerosos capitanes y fuertes soldados, y no como lo dice Gómara.

Pues en las guerras de Tlaxcala, en tres batallas se mostró muy esforzado; y en la entrada de México con cuatrocientos soldados, cosa es de pensar en ello, y más tener atrevimiento de prender al gran Montezuma dentro de sus palacios, teniendo tan grandes números de guerreros; y también digo que lo prendimos por consejo de nuestros capitanes y de todos los más soldados.

Y otra cosa que no es de olvidar: que mandó quemar delante de sus palacios a capitanes del Montezuma porque fueron en la muerte de un nuestro capitán que se decía Juan de Escalante y de otros siete soldados, los cuales indios capitanes se decían Quezalpopoca y el otro no me acuerdo su nombre; poco va en ello, que no hace a nuestro caso.

Y también ¡qué atrevimiento y osadía fue que con dádivas de oro y ardides de guerra ir contra Pánfilo de Narváez, capitán de Diego Velázquez, que traía sobre mil y trescientos soldados, y traía noventa de a caballo y otros tantos ballesteros y ochenta espingarderos, que ansí se llamaban! Y nosotros, con doscientos sesenta y seis compañeros, sin caballos ni escopetas ni ballestas, sino solamente nuestras picas y espadas y puñales y rodelas, los desbaratamos y se prendió a Narváez y otros capitanes.

Pasemos adelante, y quiero decir que cuando entramos otra vez en México al socorro de Pedro de Alvarado, y antes que saliésemos huyendo, cuando subimos en el alto cu de Huichilobos, vi que se mostró muy varón, puesto que no nos aprovecharon nada sus valentías ni las nuestras. Pues en la derrota y muy nombrada guerra de Otumba, cuando nos estaban esperando toda la flor y valientes guerreros mexicanos y todos sus sujetos para matarnos, allí también se mostró muy esforzado cuando dio un encuentro al capitán y alférez de Guatémuz, que le hizo abatir sus banderas y perder el gran brío de su valeroso pelear de todos sus escuadrones que con tanto esfuerzo contra nosotros peleaban.

Y después de Dios, nuestros esforzados capitanes que le ayudaron, que fueron Gonzalo de Sandoval y Cristóbal de Olí y Diego de Ordás y Gonzalo Domínguez y un Lares y otros esforzados soldados que aquí no nombro, de los que no teníamos caballos. Y de los de Narváez también hubo animosos varones que ayudaron muy bien, y quien luego mató al capitán del estandarte fue un Juan de Salamanca, natural de Ontiveros, y le quitó un rico penacho y se le dio a Cortés.

Pasemos adelante, y diré que también se halló Cortés juntamente con nosotros en una batalla bien peligrosa, en lo de Iztapalapa, y lo hizo como buen capitán; y en la de Xochimilco, cuando le habían derribado los escuadrones mexicanos del caballo Romo y le ayudaron ciertos tlaxcaltecas nuestros amigos, y sobre todos un nuestro esforzado soldado que se decía Cristóbal de Olea, natural de Castilla la Vieja.

Tengan atención a esto que diré: que uno era Cristóbal de Olí, que fue maestre de campo, y otro era Cristóbal de Olea, de Castilla la Vieja; y esto declaro aquí porque no arguyan sobre ello y digan que voy errado.

También se mostró nuestro Cortés muy como esforzado cuando estábamos sobre México en una calzadilla: le desbarataron los mexicanos y le llevaron a sacrificar sesenta y dos soldados, y al mismo Cortés le tenían asido y engarrafado para le llevar a sacrificar, y le habían herido en una pierna; y quiso Dios que por su buen esfuerzo, y porque le socorrió el mismo valentísimo soldado Cristóbal de Olea —que fue el que la otra vez en Xochimilco le libró de los mexicanos—, le ayudó a cabalgar y salvó a Cortés la vida, y el esforzado Olea quedó allí muerto con los demás que dicho tengo.

Y agora que lo estoy escribiendo, se me representa la manera y proposición de la persona del Cristóbal de Olea y de su muy gran esfuerzo, y aun se me pone tristeza, por ser de mi tierra y deudo de mis deudos.

No quiero decir de otras muchas proezas y valentías que vi que hizo nuestro marqués don Hernando Cortés, porque son tantas y de tal manera, que no acabaré tan presto de relatarlas. Y volveré a decir de su condición, que era muy aficionado a juegos de naipes y de dados, y cuando jugaba era muy afable en el juego y decía ciertos remoquetes que suelen decir los que juegan a los dados.

Y era en demasía dado a mujeres, y celoso en guardar las suyas. Era muy cuidadoso en todas las conquistas que hicimos, y una noche y muchas noches rondaba y andaba requiriendo las velas y entraba en los ranchos y aposentos de nuestros soldados, y al que hallaba sin armas o estaba descalzo los alpargates, le reprendía y le decía que "a la oveja ruin le pesa la lana", y se lo reprendía con palabras agras.

Cuando fuimos a las Hibueras, vi que había tomado una maña o condición que no solía tener en las guerras pasadas: que cuando había comido, si no dormía un sueño, se le revolvía el estómago y revesaba y estaba malo. Y por excusar este mal, cuando íbamos camino le ponían debajo de un árbol o de otra sombra una alfombra que llevaban a mano para aquel efecto, o una capa, y aunque más sol hiciese, o lloviese, no dejaba de dormir un poco, y luego caminar.

Y también vi que cuando estábamos en las guerras de la Nueva España era cenceño y de poca barriga, y después que volvimos de las Hibueras engordó mucho y de gran barriga, y también vi que se le paraba la barba prieta, siendo de antes que blanqueaba.

También quiero decir que solía ser muy franco cuando estaba en la Nueva España y la primera vez que fue a Castilla. Y cuando volvió la segunda vez, en el año de mil quinientos cuarenta, le tenían por escaso y le pusieron pleitos un criado suyo que se decía Ulloa, hermano de otro que mataron, que no le pagaba su servicio.

Y también, si bien se quiere considerar y miramos en ello, después que ganamos la Nueva España siempre tuvo trabajos y gastó muchos pesos de oro en las armadas que hizo en la California; ni en la ida de las Hibueras no tuvo ventura, ni tampoco me parece ahora que la tiene su hijo don Martín Cortés: ¡siendo señor de tanta renta, haberle venido el gran desmán que dicen de su persona y de sus hermanos! ¡Nuestro Señor Jesucristo lo remedie, y al marqués don Hernando Cortés le perdone Dios sus pecados!

Bien creo que se me habrán olvidado otras cosas que escribir sobre las condiciones de su valerosa persona; lo que se me acuerda y vi, eso escribo. De la otra señora doncella, su hija, no sé si la metieron monja o la casaron. Oí decir que en Valladolid se casó un caballero con ella; no lo sé bien. Y la otra su hija que estaba contrecha de un lado, oí decir que la metieron monja en Sevilla o en Sanlúcar. No sé sus nombres, y por esto no los nombro, ni tampoco diré qué se hicieron tantos mil pesos de oro que tenían para sus casamientos.

Primeramente, el marqués don Hernando Cortés; murió junto a Sevilla, en una villa o lugar que se dice Castilleja de la Cuesta. Y pasó don Pedro de Alvarado, que, después de ganado México, fue comendador de Santiago y adelantado y gobernador de Guatimala; murió en lo de Jalisco, yendo que fue a socorrer un ejército que estaba sobre los peñoles de Sochiztlán. Y pasó un Gonzalo de Sandoval, que fue capitán muy preeminente y alguacil mayor en lo de México y fue gobernador cierto tiempo en la Nueva España en compañía del tesorero Alonso de Estrada; tuvo de él gran noticia Su Majestad, y murió en Castilla, en la villa de Palos, yendo que iba con don Hernando Cortés a besar los pies a Su Majestad.

Y pasó un Cristóbal de Olí, esforzado capitán y maestre de campo que fue en las guerras de México, y murió en lo de Naco degollado por justicia, porque se alzó con una armada que le hubo dado Cortés.

De estos tres capitanes que dicho tengo, fueron muy loados delante de Su Majestad cuando Cortés fue a la corte y dijo al Emperador nuestro señor que tuvo en su ejército, cuando conquistó México, tres capitanes que podían ser contados entre los muy afamados que hubo en el mundo: el primero, que era don Pedro de Alvarado, además de ser muy esforzado, tenía gracia así en su persona y parecer y razonamientos para hacer gente de guerra. Y dijo por el Cristóbal de Olí que era un Héctor en el esfuerzo para combatir persona por persona; y que si, como era esforzado, tuviera consejo, fuera muy más tenido, mas que había de ser mandado. Y dijo por el Gonzalo de Sandoval que era tan valeroso, así en esfuerzo como en consejo, que podía ser coronel de ejércitos, y que en todo era tan bastante, que osara decir y hacer; y también loó Cortés que tuvo muy buenos y osados soldados.

Y a esto dice Bernal Díaz del Castillo, el autor de esta relación, que si esto escribiera Cortés la primera vez que le hizo relación de las cosas de la Nueva España, bueno fuera, mas en aquella sazón que escribió a Su Majestad, toda la honra y prez de nuestras conquistas se daba a sí mismo y no hacía relación de nosotros.

Y volviendo a nuestra materia, pasó otro buen capitán y bien animoso que se decía Juan Velázquez de León; murió en las Puentes. Y pasó don Francisco de Montejo, que, después de ganado México, fue adelantado y gobernador de Yucatán y tuvo otros ditados; murió en Castilla. Y pasó Luis Marín, capitán que fue en lo de México, persona preeminente y bien esforzado; murió de su muerte. Y pasó un Pedro de Ircio, era ardid de corazón y era algo de mediana estatura, y hablaba mucho que haría y acontecería por su persona, y no era para nada, y llamábamosle que era otro Agrayes sin obras, en el hablar; fue capitán en el real de Sandoval.

Y pasó otro buen capitán que se decía Andrés de Tapia, fue muy esforzado; murió en México. Pasó un Juan de Escalante, capitán que fue en la Villa Rica entretanto que fuimos a México; murió en poder de indios en la que nombramos la de Armería, que son unos pueblos que están entre Tuzapán y Cempoal, y también murieron en su compañía siete soldados que ya no se me acuerda su nombre, y le mataron el caballo; este fue el primer desmán que tuvimos en la Nueva Españ

Y también pasó un Alonso de Ávila; fue capitán y el primer contador que hubo en la Nueva España, persona muy esforzada; fue algo amigo de ruidos; y don Hernando Cortés, conociendo su inclinación, porque no hubiese cizañas, procuró de le enviar por procurador a la Española, donde residían la Audiencia Real y los frailes jerónimos, y cuando le envió le dio buenas barras y joyas de oro por contentarle.

Pasó un Francisco de Lugo, capitán que fue de entradas, hombre bien esforzado; fue hijo bastardo de un caballero que se decía Álvaro de Lugo el Viejo, señor de unas villas que están cabe Medina del Campo que se dicen Fuencastín y Zufraga y Villalba, y murió de su muerte. Y pasó un Andrés de Monjaraz, capitán que fue en lo de México; estaba muy doliente de bubas, y no le ayudaba su dolencia para la guerra.

Y pasó un Diego de Ordás, capitán que fue en la primera vez que fuimos sobre México, y después de ganado México, fue comendador de Santiago; murió en el Marañón. Y pasaron cuatro hermanos de don

Pedro de Alvarado, que se decían Jorge de Alvarado, fue capitán en lo de México y en lo de Guatimala, murió en Madrid en el año de mil quinientos cuarenta; y el otro su hermano se decía Gonzalo de Alvarado, murió de su muerte en Guaxaca; el otro se decía Gómez de Alvarado, murió en el Perú; y el Juan de Alvarado era bastardo, murió en la mar yendo a la isla de Cuba.

Pasó un Juan Jaramillo, capitán que fue de un bergantín cuando estábamos sobre México, fue persona preeminente; murió de su muerte. Pasó un Cristóbal Flores, persona que fue de valía; murió en lo de Jalisco yendo que fue con Nuño de Guzmán. Y pasó un Cristóbal Martín de Gamboa, caballerizo que fue de Cortés; murió de su muerte. Pasó un Caicedo, fue hombre rico; murió de su muerte. Y pasó un Francisco de Saucedo, natural de Medina de Ruiseco, y porque era muy pulido le llamábamos el Galán; decían que fue maestresala del almirante de Castilla; murió en las Puentes en poder de indios.

Pasó un Gonzalo Domínguez, muy esforzado y gran jinete; murió en poder de indios. Y pasó un Hulano Morón, bien esforzado y buen jinete; murió en poder de indios. Y pasó un Francisco de Morla, muy esforzado soldado y buen jinete, natural de Jerez; murió en las Puentes en poder de indios. Y también pasó otro buen soldado que se decía Mora, natural de Ciudad Rodrigo; murió en los peñoles que están en la provincia de Guatimala. Y pasó un Francisco de Bonal, persona que valía mucho; murió en la Veracruz. Y pasó un Hulano de Lares, bien esforzado y buen jinete; matáronle indios. Y pasó otro Lares, ballestero; murió en poder de indios.

Pasó un Simón de Cuenca, fue mayordomo de Cortés; murió en lo de Xicalango en poder de indios, y también murieron en su compañía otros diez soldados que no se me acuerdan sus nombres. Y también pasó un Francisco de Medina, natural de Aracena, fue capitán en una entrada; murió en lo de Xicalango en poder de indios, y también murieron en su compañía otros soldados. Y pasó un Maldonado el Ancho, natural de Salamanca, persona preeminente y había sido capitán de entradas; murió de su muerte.

Y pasaron dos hermanos que se decían Francisco Álvarez Chico y Juan Álvarez Chico, naturales de Fregenal: el Francisco Álvarez era hombre de negocios y estaba doliente, murió en la isla de Santo Domingo; el Juan Álvarez murió en lo de Colimar en poder de indios.

Y pasó un Francisco de Terrazas, mayordomo que fue de Cortés, persona preeminente; murió de su muerte. Y pasó un Cristóbal del Corral, el primer alférez que tuvimos en lo de México, persona bien esforzada; fuese a Castilla y allí murió.

Y pasó un Antonio de Villarreal, marido que fue de Isabel de Ojeda, que después se mudó el nombre y dijo que se decía Antonio Serrano de Cardona; murió de su muerte. Y pasó un Francisco Rodríguez Magariño, persona preeminente; murió de su muerte. Y pasó un Francisco Flores de Guaxaca, persona muy noble; murió de su muerte. Y pasó un Alonso de Grado; este casó con una hija de Montezuma que se decía doña Isabel, y murió de su muerte.

Y pasaron cuatro soldados que tenían por sobrenombres Solises: el uno, que era hombre anciano, murió en poder de indios; el otro se decía Solís Casquete, porque era algo arrebatacuestiones, murió de su muerte en Guatimala; el otro se decía Pedro de Solís "tras la puerta", porque estaba siempre en su casa tras la puerta mirando los que pasaban por la calle y él no podía ser visto; fue yerno de un Orduña el Viejo, de la Puebla, y murió de su muerte; el otro Solís se decía "el de la huerta", porque tenía una muy buena huerta y sacaba buena renta de ella, y también le llamaban "sayo de seda", porque se preciaba mucho de traer seda; murió de su muerte.

Y pasó un esforzado soldado que se decía Benítez; murió en poder de indios. Y pasó otro esforzado soldado que se decía Juan Ruano; murió en las Puentes en poder de indios. Y pasó un Bernaldino Vázquez de Tapia, persona muy preeminente y rico; murió de su muerte.

Pasó un Santos Hernández, hombre anciano, natural de Coria, que por sobrenombre le llamábamos el Buen Viejo; jinete, murió de su muerte. Y pasó un Pedro Moreno Medrano, vecino que fue de la Veracruz, y muchas veces fue en ella alcalde ordinario, y era recto en hacer justicia, y después se fue a vivir a la Puebla; fue hombre que sirvió muy bien a Su Majestad, así de soldado como en hacer justicia; murió de su muerte.

Y pasó un Juan de Limpias Carvajal, buen soldado, capitán que fue de bergantines, y ensordeció estando en la guerra; murió de su muerte. Y pasó un Melchior de Álavez, vecino que fue de Guaxaca; murió de su muerte. Y pasó un Román López, que, después de ganado

México, se le quebró un ojo; persona preeminente, murió en Guaxaca. Pasó un Villandrando, decían que era deudo del conde de Ribadeo, persona preeminente; murió de su muerte.

Y pasó un Osorio, natural de Castilla la Vieja; fue buen soldado y persona de mucha cuenta; murió en la Veracruz. Y pasó un Rodrigo de Castañeda, fue nahuatato y buen soldado; murió en Castilla. Y pasó un Hulano de Pilar, fue buena lengua; murió en lo de Cuyuacán cuando fue con Nuño de Guzmán. Y pasó otro muy esforzado soldado que se dice Hulano Granado; vive en México.

Pasó un Martín López, fue muy buen soldado; este fue el maestro de hacer los trece bergantines, que fue harta ayuda para ganar a México, y de soldado sirvió muy bien a Su Majestad; vive en México. Y pasó un Juan de Nájera, buen soldado y ballestero; sirvió bien en la guerra. Y pasó un Ojeda, vecino de los zapotecas, y quebráronle un ojo en lo de México. Y pasó un Hulano de la Serna que tuvo unas minas de plata; tenía una cuchillada por la cara que le dieron en la guerra; no me acuerdo qué se hizo de él.

Y pasó un Alonso Hernández Puertocarrero, primo del conde de Medellín, caballero preeminente; y este fue a Castilla la primera vez que enviamos presentes a Su Majestad, y en su compañía fue don Francisco de Montejo, antes que fuese adelantado, y llevaron mucho oro en granos sacado de las minas, como joyas de diversas hechuras, y el sol de oro y la luna de plata. Y según pareció, el obispo de Burgos, que se decía don Juan Rodríguez de Fonseca, arzobispo de Rosano, mandó prender al Alonso Hernández Puertocarrero porque decía al mismo obispo que quería ir a Flandes con el presente ante Su Majestad y porque procuraba por las cosas de Cortés, y tuvo achaque el obispo para prenderle porque le acusaron que había traído a la isla de Cuba una mujer casada; y en Castilla murió; y puesto que era uno de los principales compañeros que con nosotros pasaron, se me olvidaba poner en esta cuenta hasta que me acordé de él.

Y pasó otro buen soldado que se decía Luis de Zaragoza. Y vamos adelante, que también pasó un Hulano de Villalobos, natural de Santa Olalla, que se fue a Castilla rico. Y pasó un Tirado de la Puebla, era hombre de negocios; murió de su muerte. Y pasó un Juan del Río, fue a Castilla. Y pasó un Juan Rico de Alanís, buen soldado; murió en poder de indios. Y pasó un Gonzalo Hernández de Alanís, bien esforzado soldado. Y pasó un Juan Ruiz de Alanís; murió de su muerte.

Y pasó un Hulano Navarrete, vecino que fue de Pánuco; murió de su muerte. Y pasó un Francisco Martín Vendaval, vivo le llevaron los indios a sacrificar, y asimismo otro su compañero que se decía Pedro Gallego; y de esto echamos mucha culpa a Cortés, porque quiso echar una celada a unos escuadrones mexicanos, y los mexicanos le engañaron y se la echaron al mismo Cortés, y le arrebataron los dos soldados por mí declarados y los llevaron a sacrificar delante de sus ojos, que no se pudieron valer.

Y pasaron tres soldados que se decían Trujillos: el uno, natural de Trujillo, y era muy esforzado; murió en poder de indios; y el otro era natural de Huelva o de Moguer, también fue de mucho ánimo; murió en poder de indios; y el otro era natural de León; también murió en poder de indios.

Y pasó un soldado que se decía Juan Flamenco; murió de su muerte. Y pasó un Francisco del Barco, natural del Barco de Ávila, capitán que fue en la Chuluteca; murió de su muerte. Y pasó un Juan Pérez, que mató a su mujer, que se decía la mujer "la hija de la vaquera"; murió de su muerte.

Y pasó otro buen soldado que se decía Rodrigo de Jara el Corcovado, extremado hombre por su persona; murió en Colimar o en Zacatula. Y pasó otro buen soldado que se decía Madrid el Corcovado; murió en Colimar o en Zacatula. Y pasó otro soldado que se decía Juan de Inís; este fue ballestero; murió de su muerte. Y pasó un Hulano de Alamillo, vecino que fue de Pánuco, buen ballestero; murió de su muerte.

Y pasó un Hulano Morón, gran músico, vecino de Colimar o Zacatula; murió de su muerte. Pasó un Hulano de Varela, buen soldado, vecino que fue de Colimar o Zacatula; murió de su muerte. Y pasó un Hulano de Valladolid, vecino de Colimar o Zacatula; murió en poder de indios.

Y pasó un Hulano de Villafuerte, persona que valía, que casó con una deuda de la mujer que primero tuvo don Hernando Cortés, y era vecino de Zacatula o de Colimar; murió de su muerte. Y pasó un Juan Ruiz de la Parra, vecino que fue de Colimar o de Zacatula; murió de su muerte. Y pasó un Hulano Gutiérrez, vecino de Colimar o Zacatula;

murió de su muerte. Y pasó otro buen soldado que se decía Valladolid el Gordo; murió en poder de indios.

Y pasó un Pacheco, vecino que fue de México, persona preeminente; murió de su muerte. Y pasó un Hernando de Lerma o de Lema, hombre anciano que fue capitán; murió de su muerte. Y pasó un Hulano Juárez el Viejo, que mató a su mujer con una piedra de moler maíz; murió de su muerte. Y pasó un Hulano de Angulo, un Francisco Gutiérrez y otro mancebo que se decía Santa Clara, vecinos que fueron de La Habana; todos murieron en poder de indios.

Y pasó un Garci Caro, vecino que fue de México; murió de su muerte. Y pasó un mancebo que se decía Larios, vecino que fue de México, que tuvo pleitos sobre sus indios; murió de su muerte. Y pasó un Juan Gómez, vecino que fue de Guatimala; fue rico a Castilla. Y pasaron dos hermanos que se decían los Jiménez, naturales que fueron de Linguijuela de Extremadura; el uno murió en poder de indios y el viejo de su muerte. Y pasaron dos hermanos que se decían los Florianes; murieron en poder de indios.

Y pasó un Francisco González de Nájera y un su hijo que se dice Pero González de Nájera, y dos sobrinos del Francisco González que se decían los Ramírez; el Francisco González murió en los peñoles que están en lo de la provincia de Guatimala y los dos sobrinos en las puentes de México. Y pasó otro buen soldado que se decía Amaya, vecino que fue de Guaxaca; murió de su muerte. Y pasaron dos hermanos que se decían Carmonas, naturales de Jerez; murieron de su muerte. Y pasaron otros dos hermanos que se decían los Vargas, naturales de Sevilla; el uno murió en poder de indios y el otro de su muerte.

Y pasó un muy buen soldado que se decía Gaspar de Polanco, natural de Ávila, vecino que fue de Guatimala; murió de su muerte. Y pasó un Hernán López de Ávila, tenedor que fue de los bienes de difuntos; fue a Castilla rico. Y pasó un Juan de Aragón, vecino de Guatimala. Y pasó un Andrés de Rodas, vecino de Guatimala; murió de su muerte. Y un Hulano de Cieza, que tiraba muy bien una barra; murió en poder de indios.

Y pasó un Santisteban el Viejo, de Chiapa; murió de su muerte. Y pasó un Bartolomé Pardo; murió en poder de indios. Y pasó Bernaldino de Coria, vecino que fue de Chiapa, padre de uno que se decía Centeño; murió de su muerte. Y pasó un Pedro Escudero y un Juan Cermeño y otro su hermano de este Cermeño, que también se decía Cermeño, buenos soldados; al Pedro Escudero y al Juan Cermeño mandó don Fernando Cortés ahorcar porque se alzaban en un navío para ir a la isla de Cuba a dar mandado a Diego Velázquez, gobernador de ella, de cómo enviamos los procuradores y oro y plata a Su Majestad, para que lo saliesen a tomar en La Habana, y quien lo descubrió fue el Bernaldino de Coria, vecino que fue de Chiapa; y, como digo, murieron ahorcados.

Y pasó un Gonzalo de Umbría, muy buen soldado; a este también mandó Cortés que le cortasen los dedos de los pies porque se iba con los demás; fue a Castilla a quejarse delante de Su Majestad, y le fue muy contrario a Cortés, y Su Majestad le mandó dar su real cédula para que en la Nueva España le diesen mil pesos de renta, y nunca vino de Castilla, que allá murió.

Y pasó un Rodrigo Rangel, que fue persona preeminente y estaba muy tullido de bubas; nunca fue en la guerra para que de él se hiciese memoria, y de dolores murió. Y pasó un Francisco de Orozco, que también estaba malo de bubas y había sido soldado en Italia, guerra que estuvo ciertos días por capitán en lo de Tepeaca, entretanto que estuvimos en la guerra de México; no sé qué se hizo ni dónde murió.

Y pasó un soldado que se decía Mesa y había sido artillero y soldado en Italia, y así lo fue en esta Nueva España, y murió ahogado en un río después de ganado México. Y pasó otro muy esforzado soldado que se decía Hulano Arbolanche, natural de Castilla la Vieja; murió en poder de indios. Y pasó otro buen soldado que se decía Luis Velázquez, natural de Arévalo; murió en lo de las Higüeras. Y pasó un Martín García, valenciano, buen soldado; murió en lo de las Higüeras. Y pasó otro buen soldado que se decía Alonso de Barrientos; este se fue desde Tustepeque a acoger entre los de Chinanta cuando se alzó México; y en lo de Tustepeque murieron sesenta y seis soldados y cinco mujeres de Castilla, de los de Narváez y de los nuestros, que mataron los mexicanos que estaban en guarnición en aquella provincia.

Y también pasó otro muy buen soldado que se decía Alonso Luis o Juan Luis, y era muy alto de cuerpo, y le decíamos por sobrenombre el Niño; murió en poder de indios. Y pasó otro buen soldado que se decía Hernando Burgueño, natural de Aranda de Duero; murió de su muerte. Y pasó otro buen soldado que se decía Alonso de Monroy, y porque se decía que era hijo de un comendador de Santisteban, para que no le conociesen se llamaba Salamanca; murió en poder de indios. Y pasó un Almodóvar el Viejo, y un hijo suyo que se decía Álvaro de Almodóvar, y dos sobrinos que tenían el mismo sobrenombre de Almodóvar; el un sobrino murió en poder de indios y el Viejo y el Álvaro y el sobrino murieron de su muerte.

Y pasaron dos hermanos que se decían los Martínez, naturales de Fregenal, buenos hombres por sus personas; murieron en poder de indios. Y pasó un buen soldado que se decía Juan del Puerto; murió tullido de bubas. Y pasó otro buen soldado que se decía Lagos; murió en poder de los indios. Y pasó un fraile de Nuestra Señora de las Mercedes que se decía fray Bartolomé de Olmedo, y era teólogo y gran cantor; murió de su muerte. Y pasó un clérigo presbítero que se decía Juan Díaz, natural de Sevilla; murió de su muerte. Y pasó otro soldado que se decía ------, natural de las Garrobillas; este, según decían, había llevado a Castilla desde la isla de Santo Domingo cinco mil pesos de oro que cogió en unas minas ricas, y como llegó a Castilla, lo gastó y jugó y se vino con nosotros, e indios le mataron.

Y pasó un Alonso Hernández Paulo, ya hombre viejo, y dos sobrinos: el uno se decía Alonso Hernández, buen ballestero, y el otro su sobrino, no se me acuerda el nombre; el Alonso Hernández murió en poder de indios, y el viejo y el otro su sobrino murieron de sus muertes. Y pasó otro buen soldado que se decía Alonso de Almesta, natural de Sevilla o de Lajarabe; murió en poder de indios. Y pasó otro buen soldado que se decía Rabanal, montañés; murió en poder de indios. Y pasó otro muy buen hombre por su persona que se decía Pedro de Guzmán, y se casó con una valenciana que se decía doña Francisca de Valterra; se fue al Perú y hubo fama que murieron helados él y la mujer.

Y pasó un buen ballestero que se decía Cristóbal Díaz, natural del Colmenar de Arenas; murió de su muerte. Y pasó otro soldado que se decía Retamales; murió en poder de indios en lo de Tabasco. Y pasó otro esforzado soldado que se decía Ginés Nortes; murió en lo de Yucatán en poder de indios. Y pasó otro muy diestro soldado y bien esforzado que se decía Luis Alonso, y cortaba muy bien con una espada; murió en poder de indios. Y pasó un Alonso Catalán, buen soldado; murió en poder de indios. Y otro soldado que se decía Juan Ceceliano, vecino que fue de México; murió de su muerte. Y murió otro buen soldado que pasó con nosotros que se decía Hulano de Canillas, que fue en Italia atambor, y así lo fue en esta Nueva España, como he dicho; murió en poder de indios.

Y pasó un Pedro Hernández, secretario que fue de Cortés, natural de Sevilla; murió en poder de indios. Y pasó un Juan Díaz, que tenía una gran nube en el ojo, natural de Burgos, y traía a cargo el rescate y vituallas que traía Cortés; murió en poder de indios. Y pasó un Diego de Coria, vecino que fue de México; murió de su muerte. Pasó otro buen soldado mancebo que se decía Juan Núñez de Mercado; decían que era natural de Cuéllar, y otros decían que era natural de Madrigal; este soldado cegó de los ojos, vecino que ahora es de la Puebla.

Y pasó otro buen soldado, y el más rico de todos los que pasamos con Cortés, que se decía Juan Sedeño, natural de Arévalo, y trajo un navío suyo, y una yegua, y un negro, y tocinos, y mucho pan cazabi; murió de su muerte y fue persona preminente. Y pasó un Hulano de Baeza, vecino que fue de la Trinidad; murió en poder de indios. Y pasó un Zaragoza, ya hombre viejo, padre que fue del Zaragoza, escribano de México; murió de su muerte. Y pasó un buen soldado que se decía Diego Martín, de Ayamonte; murió de su muerte. Y pasó otro soldado que se decía Cárdenas; decía él mismo que era nieto del comendador mayor don Hulano Cárdenas; murió en poder de indios.

Y pasó otro soldado que se decía Cárdenas, era hombre de la mar y piloto, natural de Triana; este fue el que dijo que no había visto tierra donde hubiese dos reyes como en la Nueva España, porque Cortés llevaba quinto como rey, después de sacado el real quinto; y de pensamiento de ello cayó malo y fue a Castilla y dio relación de ello a Su Majestad, y de otras cosas de agravios que le habían hecho, y fue muy contrario a las cosas de Cortés; y Su Majestad le mandó dar su real cédula para que le diesen indios que rentasen mil pesos; y así como vino con ella a México, murió de su muerte.

Y pasó otro muy buen soldado que se decía Argüello, natural de León; murió en poder de indios. Y pasó otro soldado que se decía Diego Hernández, natural de Saelices de los Gallegos, y ayudó a aserrar la madera de los bergantines; cegó y murió de su muerte. Y pasó otro buen soldado de muchas fuerzas y animoso, que se decía Hulano Vázquez; murió en poder de indios. Y pasó otro buen soldado, y era ballestero, que se decía Arroyuelo, decían que era natural de Olmedo; murió en poder de indios. Y pasó un Hulano Pizarro, capitán que fue en entradas; decía Cortés que era su deudo. En aquel tiempo no había nombre de Pizarros ni el Perú estaba descubierto; murió en poder de indios.

Y pasó un Álvar López, vecino que fue de la Puebla; murió de su muerte. Y pasó otro buen soldado que se decía Alonso Yáñez, natural de Córdoba; y este soldado fue con nosotros a las Hibueras, y entretanto que fue, se le casó la mujer con otro marido, y desque volvimos de aquel viaje no quiso tomar a la mujer; murió de su muerte. Y pasó un buen soldado y bien suelto peón que se decía Magallanes, portugués; murió en poder de indios. Y pasó otro portugués, platero; murió en poder de indios. Y pasó otro portugués, ya hombre anciano, que se decía Alonso Martín de Alpedrino; murió de su muerte. Y pasó otro portugués que se decía Juan Álvarez Rubazo; murió de su muerte. Y pasó otro muy esforzado portugués que se decía Gonzalo Sánchez; murió de su muerte. Y pasó otro portugués, vecino que fue de la Puebla, que se decía Gonzalo Rodríguez, persona preminente; murió de su muerte. Y pasaron otros dos portugueses, vecinos de la Puebla, que se decían los Villanuevas, altos de cuerpos; no sé qué se hicieron o dónde murieron.

Y pasaron tres soldados que tenían por sobrenombre Hulanos de Ávila: el uno sé que se decía Gaspar de Ávila, fue yerno de Ortigosa el escribano; murió de su muerte; y el otro Ávila se allegaba con el capitán Andrés de Tapia; murió en poder de indios, y el otro Ávila no me acuerdo adónde fue a ser vecino. Y también pasaron dos hermanos, ya hombres ancianos, que se decían Bandadas; decían que eran naturales de tierra de Ávila; murieron en poder de indios. Y pasaron tres soldados que tenían por sobrenombre todos tres Espinosas: el uno era vizcaíno y murió en poder de indios; el otro se decía Espinosa "de la bendición", porque siempre traía por plática "con la buena bendición", y era muy buena aquella plática, y murió de su muerte; y el otro Espinosa era natural de Espinosa de los Monteros; murió en poder de indios.

Y pasó un Pedro Perón, de Toledo; murió de su muerte. Y vino otro buen soldado que se decía Villasinda, natural de Portillo; murió de su muerte. Y pasaron dos buenos soldados que se decían por sobrenombre Sanjuanes: al uno llamábamos Sanjuán el Entonado, porque era muy presuntuoso, y murió en poder de indios; y el otro se decía Sanjuán de Uchila, era gallego, murió de su muerte. Y pasó otro buen soldado que se decía Martín Izquierdo, natural de Castromocho; fue vecino en la villa de San Miguel, sujeta a Guatimala; murió de su muerte. Y pasó un Aparicio Martín, que se casó con una que se decía la Medina, natural de Medina de Ríoseco, vecino que fue de San Miguel; murió de su muerte. Y pasó un buen soldado que se decía Cáceres, natural de Trujillo; murió en poder de indios. Y pasó otro buen soldado que se decía Alonso de Herrera, natural de Jerez: este fue capitán en los zapotecas y acuchilló a otro capitán que se decía Figueroa sobre ciertas contiendas de las capitanías, y por temor del tesorero Alonso de Estrada, que en aquella sazón era gobernador, porque no lo prendiese, se fue a lo del Marañón, y allá murió en poder de indios; y el Figueroa se ahogó en el mar yendo a Castilla.

Y también pasó un mancebo que se decía Maldonado, natural de Medellín, y estaba muy malo de bubas y no sé si murió de su muerte; no lo digo por Maldonado el de Veracruz, marido que fue de doña María del Rincón. Y pasó otro soldado que se decía Morales, ya hombre anciano, que renqueaba de una pierna; decían que fue soldado del comendador Solís; fue alcalde ordinario en la Villa Rica y hacía recta justicia. Y pasó otro soldado que se decía Escalona el Mozo; murió en poder de indios. Y pasaron tres soldados que todos tres fueron vecinos de la Villa Rica y nunca fueron a guerra ni a entrada ninguna de la Nueva España; al uno decían Arévalo, al otro Juan León y al otro Madrigal; murieron de su muerte. Y pasó también otro soldado que se decía por sobrenombre Lencero, cuya fue la venta que ahora se dice "de Lencero", que está entre la Veracruz y la Puebla; fue buen soldado y murió de su muerte. Y pasó un Pedro Gallego, hombre gracioso y decidor, y también tuvo otra venta camino de México, cuando van de la Veracruz a México; murió de su muerte.

Y pasó un Alonso Durán, que era algo bisojo, que no veía bien, que ayudaba de sacristán; murió de su muerte. Y pasó otro soldado que se decía Navarro, que se allegaba en casa del capitán Sandoval, y después se casó en la Veracruz; murió de su muerte. Y pasó otro buen soldado que se decía Alonso de Talavera, que murió en poder de indios. Y pasaron dos soldados que se decían: el uno Juan de Manzanilla y el otro Pedro de Manzanilla; el Pedro de Manzanilla murió en poder de indios y el Juan de Manzanilla fue vecino de la Puebla, murió de su muerte. Y pasó un soldado que se decía Benito de Begal; fue atambor y tamborino de ejércitos de Italia, y también lo fue en esta Nueva España; murió de su muerte. Y pasó un Alonso Romero, vecino que fue de la Veracruz, persona rica y preminente; murió de su muerte. Y pasó un Nuño Pinto, su cuñado, vecino que fue de la Veracruz, preminente persona y rico; murió de su muerte. Y pasó un buen soldado que se decía Sindos de Portillo, natural de Portillo, y tenía muy buenos indios y estaba rico, y dejó sus indios y vendió sus bienes y los repartió a pobres, y se metió a fraile francisco y fue de santa vida.

Y otro buen soldado que se decía Francisco de Medina, natural de Medina del Campo, se metió fraile francisco y fue buen religioso. Y otro buen soldado que se decía Quintero, natural de Moguer, y tenía buenos indios y estaba rico, y lo dio por Dios y se metió a fraile francisco, y fue buen religioso. Y otro buen soldado que se decía Alonso de Aguilar, cuya fue la venta que ahora llaman "de Aguilar", que está entre la Veracruz y la Puebla, y estaba rico y tenía buen repartimiento de indios; todo lo vendió y lo dio por Dios, y se metió fraile dominico y fue muy buen religioso. Y otro buen soldado que se decía Hulano Burguillos, tenía buenos indios y estaba rico, y lo dejó y se metió a fraile francisco; y este Burguillos después se salió de la orden y no fue tan buen religioso como debiera. Y otro buen soldado que se decía Escalante, era muy galán y buen jinete, se metió a fraile francisco y después se salió del monasterio; y desde allí a obra de un mes tornó a tomar los hábitos y fue muy buen religioso. Otro buen soldado que se decía Lintorno, natural de Guadalajara, se metió a fraile francisco y fue buen religioso, y solía tener indios de encomienda y era hombre de negocios. Otro buen soldado que se decía Gaspar Díez, natural de Castilla la Vieja, y estaba rico, así de sus indios como de tratos; todo lo dio por Dios y se fue a los pinares de Guaxalcingo en parte muy solitaria, y hizo una ermita y se puso en ella por ermitaño; y fue de tan buena vida y se daba ayunos y disciplinas, que se paró muy flaco y debilitado, y decían que dormía en el suelo en unas pajas, y que desque lo supo el buen obispo don fray Juan de Zumárraga lo envió a llamar y le mandó que no se diese tan áspera vida; y tuvo tan buena fama de ermitaño Gaspar Díez, que se metieron en su compañía otros dos ermitaños y todos hicieron buena vida, y a cabo de cuatro años que allí estaban fue Dios servido llevarle. Y pasó otro buen soldado que se decía Alonso Bellido; murió en poder de indios. Y vino un Hulano Peinado, que se tulló de mal de bubas después de ganado México; murió en la Veracruz. Y pasó otro buen soldado que se decía Ribadeo, gallego; murió en poder de indios en lo de Almería. Y pasó otro soldado que se decía el Galleguillo, porque era chico de cuerpo; murió en poder de indios. Y pasó un esforzado y osado soldado que se decía Lerma; se fue entre los indios como aburrido, porque Cortés le mandó afrentar sin culpa; nunca se supo de él, muerto ni vivo.

Y también pasó otro buen soldado que se decía Pineda o Pinedo, criado que había sido del gobernador de Cuba, Diego Velázquez, y cuando vino Narváez se iba para el Narváez desde México, y en el camino lo mataron indios; se sospechó que Cortés mandó que lo matasen. Y pasó otro buen soldado y buen ballestero que se decía Pedro López; murió de su muerte. Y asimismo pasó otro Pedro López, ballestero, que fue con el Alonso de Ávila a la isla Española, y allá se quedó.

Y pasaron tres herreros: el uno se llamaba Juan García, el otro Hernán Martín, que casó con la Bermuda, y el otro no me acuerdo su nombre; el uno murió en poder de indios y los dos de sus muertes. Y pasó otro soldado que se decía Álvaro Gallego, vecino que fue de México, cuñado de unos Zamoras; murió de su muerte. Y pasó otro soldado, ya hombre anciano, que se decía Paredes, padre de un Paredes que ahora está en lo de Yucatán; murió en poder de indios. Y pasó otro soldado que se decía Gonzalo Mejía, "Rapalpelo", porque decía él mismo que era nieto de un Mejía que andaba a robar en el tiempo del rey don Juan, en compañía de un Centeno; murió en poder de indios. Y pasó un Pedro de Tapia, y murió tullido después de ganado México.

Y pasaron ciertos pilotos que se decían Antón de Alaminos y un su hijo, que también tenía el mismo nombre que su padre; eran naturales de Palos; y un Camacho de Triana, y un Juan Álvarez el Manquillo, de Huelva; y un Sopuerta del Condado, ya hombre anciano; y un Cárdenas —éste fue el que estuvo malo del pensamiento, como sacaban dos quintos del oro, el uno para Cortés— ; y un Gonzalo de Ombría; y hubo otro piloto que se decía Galdín; y también hubo más pilotos, que ya no se me acuerdan sus nombres. Mas el que yo vi que se quedó por vecino en México fue el Sopuerta, que todos los demás se fueron a Cuba y a Jamaica y a otras islas y a Castilla a ganar pilotajes, por temor del marqués Cortés, porque estaba mal con ellos porque dieron aviso a Francisco de Garay de las tierras que demandó a Su Majestad que le hiciesen mercedes; y aun fueron cuatro pilotos de ellos a quejarse de Cortés delante de Su Majestad, los cuales se decían los Alaminos y el Cárdenas y el Gonzalo de Ombría, y les mandó dar cédulas reales para que en la Nueva España diesen a cada uno mil pesos de renta, y el Cárdenas vino y los demás nunca acá vinieron.

Y pasó otro soldado que se decía Lucas, ginovés, y era piloto; murió en poder de indios. Y pasó otro soldado que se decía Juan, ginovés; murió en poder de indios. Y también pasó otro ginovés, vecino que fue de Guaxaca, marido de una portuguesa vieja; murió de su muerte. Y pasó otro soldado que se decía Enrique, natural de tierra de Palencia; este soldado se ahogó de cansado y del peso de las armas y del calor que le daban. Y pasó otro soldado que se decía Cristóbal, de Jaén, y era carpintero; murió en poder de indios. Y pasó un Ochoa, vizcaíno, hombre rico y preminente, vecino que fue de Guaxaca; murió de su muerte. Y pasó un bien esforzado soldado que se decía Zamudio; se fue a Castilla porque acuchilló a uno en México, y en Castilla fue capitán de una compañía de hombres de armas; murió en lo de Castilnovo con otros muchos caballeros español.

Y pasó otro soldado que se decía Cervantes el Loco, era chocarrero y truhán; murió en poder de indios. Y pasó un Plazuela; murió en poder de indios. Y pasó un buen soldado que se decía Alonso Pérez "el Maite", que vino casado con una india muy hermosa del Bayamo; murió en poder de indios. Y pasó un Martín Vázquez, natural de Olmedo, hombre rico y preminente, vecino que fue de México; murió de su muerte. Y pasó un Sebastián Rodríguez, buen ballestero y, después de ganado México, fue trompeta; murió de su muerte. Y pasó otro ballestero que se decía Peñalosa, compañero del mismo Sebastián Rodríguez; murió de su muerte. Y pasó un soldado que se decía Álvaro, hombre de la mar, natural de Palos, que dicen que tuvo en indias de la tierra treinta hijos e hijas; murió entre indios en lo de las Hibueras. Y pasó otro soldado que se decía Juan Pérez Malinche, que después le oí nombrar Arteaga, vecino de la Puebla, persona que fue rica; murió de su muerte. Y pasó un buen soldado que se decía Pedro González Sabiote; murió de su muerte.

Y pasó otro buen soldado que se decía Jerónimo de Aguilar; este Aguilar pongo en esta cuenta porque fue el que hallamos en la punta de Cotoche, que estaba en poder de indios, y fue nuestra lengua; murió de mal de bubas. Y pasó otro soldado que se decía Pedro Valenciano, vecino que fue de México; murió de su muerte. Y pasaron dos soldados que tenían por sobrenombre Tarifas: el uno fue vecino de Guaxaca, marido de la Muñiz, murió de su muerte; el otro se decía Tarifa "de las Manos Blancas", natural de Sevilla; pósosele aquel nombre porque no era para la guerra ni para cosas de trabajo, sino hablar de cosas pasadas; murió en el río del Golfo Dulce, ahogado él y su caballo, que nunca parecieron. Y pasó otro buen soldado que se decía Pero Sánchez Farfán, persona que valía y estuvo por capitán en Tezcuco entretanto que estábamos sobre México; murió de su muerte. Y pasó otro buen soldado que se decía Alonso de Escobar el Paje, de quien se tuvo mucha cuenta con su persona; murió en poder de indios. Y pasó otro soldado que se decía el bachiller Escobar; era boticario y curaba de cirujano; murió de su muerte. Y pasó otro soldado que se decía también Escobar, y fue bien esforzado; mas fue tal y tan bullicioso y de malas maneras, que murió ahorcado, porque forzó a una mujer y por revoltoso.

Y pasó otro soldado que se decía Hulano de Santiago, natural de Huelva, y se fue rico a Castilla. Y pasó otro su compañero del Santiago que se decía Ponce; murió en poder de indios. Y pasó un Hulano Méndez, ya hombre anciano; murió en poder de indios. Y pasaron otros tres soldados que murieron en las guerras que tuvimos en lo de Tabasco: el uno se decía Saldaña, los otros dos no me acuerdo sus nombres. Y pasó otro buen soldado y ballestero, y era hombre anciano, que jugaba mucho a los naipes; murió en poder de indios. Y pasó otro soldado anciano que trujo un su hijo que se decía Orteguilla, paje que fue del gran Montezuma; así el viejo como el hijo murieron en poder de indios.

Y pasó otro soldado que se decía Hulano de Gaona, natural de Medina de Rioseco; murió en poder de indios. Y pasó otro soldado que se decía Juan de Cáceres, que, después de ganado México, fue hombre rico, vecino de México; murió de su muerte. Y pasó otro soldado que se decía Hurones, natural de las Garrobillas; murió de su muerte. Y pasó otro soldado, ya hombre anciano, que se decía Ramírez el Viejo, que renqueaba de una pierna, vecino que fue de México; murió de su muerte. Y pasó otro soldado y bien esforzado que se decía Luis Farfán; murió en poder de indios. Y pasó otro soldado que se decía Morillas; murió en poder de indios. Y pasó otro soldado que se decía Hulano de Rojas, que después pasó al Pirú, que allá murió. Y pasó un Astorga, hombre anciano, vecino que fue de Guaxaca; murió de su muerte. Y pasó un Pedro Tostado y un su hermano que tenía el mismo nombre: el un Tostado murió en poder de indios y el otro de su muerte.

Y pasó otro buen soldado que se decía Baldovinos; murió en poder de indios. También quiero poner aquí a Guillén de la Loa, a Andrés Núñez y al maestre Pedro el de la Arpa, y a otros tres soldados. Este Guillén de la Loa fue persona preminente y era de los que Francisco de Garay había enviado a descubrir lo de Pánuco, y venía a tomar posesión en la tierra por el Garay, y le prendimos a él y a los que traía en su compañía, y por esta causa le pongo en esta relación de los de Cortés; el Guillén de la Loa murió de un cañazo que le dieron en México en un juego de cañas, y el maestre Pedro de la Arpa era valenciano y murió de su muerte; también el Andrés Núñez murió de su muerte, y los demás murieron en poder de indios. Y pasó un Porras, muy bermejo y gran cantor; murió en poder de indios.

Y pasó un Ortiz, gran tañedor de vihuela y amostraba a danzar; y vino otro su compañero que se decía Bartolomé García, y fue minero en la isla de Cuba; y este Ortiz y el Bartolomé García pasaron el mejor caballo que pasó en nuestra compañía, el cual les tomó Cortés y se lo pagó; murieron entrambos compañeros en poder de indios. Y pasó otro buen soldado que se decía Serrano, era ballestero; murió en poder de indios. Y pasó un hombre anciano que se decía Pedro de Valencia; era natural de un lugar cerca de Plasencia. Y pasó un buen soldado que se decía Quintero; fue maestre de navío; murió en poder de indios. Y pasó un Alonso Rodríguez, que dejó buenas minas en la isla de Cuba y estaba rico, y murió en poder de indios en los peñoles que ahora nombran "los peñoles que ganó el marqués"; también allí murió otro buen soldado que se decía Gaspar Sánchez, sobrino del tesorero de Cuba, con otros soldados que fueron de los de Narváez.

También pasó un Pedro de Palma, primer marido que tuvo Elvira López la Larga; murió ahorcado, y juntamente con él otro soldado de los de Cortés que se decía Trebejo, natural de Fuenteginaldo, los cuales mandó ahorcar Gil González de Ávila o Francisco de las Casas, y juntamente con ellos ahorcaron a un clérigo de misa, por revolvedores y amotinadores de ejércitos, cuando se venían a la Nueva España desde Naco, después que hubieron degollado a Cristóbal de Olí; y estos soldados y el clérigo eran de los del Cristóbal de Olí, y a mí me mostraron un árbol, una ceiba, donde los ahorcaron, viniendo yo de las Hibueras en compañía del capitán Luis Marín.

Y volviendo a nuestro primer cuento, también pasó un Andrés de Mola, levantisco; murió en poder de indios. También pasó un buen soldado que se decía Alberca, natural de la Villanueva de la Serena; murió en poder de indios. Y pasaron otros muy buenos soldados que solían estar en Cuba y ser hombres de la mar, como fueron pilotos y maestres y contramaestres, de los más mancebos de los navíos que dimos al través, y muchos de ellos fueron animosos soldados en las guerras y batallas, y por no acordarme de todos no pongo aquí sus nombres. También pasaron otros soldados, hombres de la mar, que se decían los Peñates, y otros, Pinzones; los unos, naturales de Gibraleón, y otros, de Palos; de ellos murieron en poder de indios, y otros de sus muertes naturales.

También me quiero yo poner aquí en esta relación, a la postre de todos, puesto que vine a descubrir dos veces primero que don Hernando Cortés, según lo tengo ya dicho en el capítulo que de ello habla, y tercera vez con el mismo Cortés; mi nombre es Bernal Díaz del Castillo, y soy vecino y regidor de la ciudad de Santiago de Guatemala, y natural de la muy noble, insigne y muy nombrada villa de Medina del Campo, hijo de Francisco Díaz del Castillo, regidor de ella, que por otro nombre le nombraban el Galán, que haya santa gloria. Y doy muchas gracias y loores a Nuestro Señor Jesucristo y a

Nuestra Señora la Virgen Santa María, su bendita madre, que me ha guardado que no sea sacrificado, como en aquellos tiempos se sacrificaron todos los más de mis compañeros que nombrados tengo, para que ahora se descubran y se vean muy claramente nuestros heroicos hechos y quiénes fueron los valerosos capitanes y fuertes soldados que ganamos esta parte del Nuevo Mundo, y no se refiera la honra de todos a un solo capitán.

El marqués don Hernando Cortés, ya he dicho en el capítulo que de él habla, en el tiempo que falleció en Castilleja de la Cuesta, de su edad y proposiciones de su persona y qué condiciones tenía y otras cosas que hallarán escritas en esta relación, si lo quisieren ver. También he dicho, en el capítulo que de ello habla, del capitán Cristóbal de Olí, de cuando fue con la armada a las Hibueras, de la edad que tenía y de sus condiciones y proposiciones; allí lo hallarán.

Quiero ahora poner la edad y proposiciones de don Pedro de Alvarado; fue comendador de señor Santiago y adelantado y gobernador de Guatemala, Honduras y Chiapa; sería de obra de treinta y cuatro años cuando acá pasó; fue de muy buen cuerpo y bien proporcionado, y tenía el rostro y cara muy alegre y en el mirar muy amoroso, y por ser tan agraciado le pusieron por nombre los indios mexicanos Tonatiuh, que quiere decir el sol; era muy suelto y buen jinete, y sobre todo, ser franco y de buena conversación, y en el vestirse era muy pulido y con ropas costosas y ricas; y traía al cuello una cadenita de oro con un joyel y un anillo con una esmeralda; y porque he dicho adónde falleció y otras cosas acerca de su persona, en ésta no quiero poner más.

El adelantado don Francisco de Montejo fue algo de mediana estatura, y el rostro alegre y amigo de regocijos, y hombre de negocios y buen jinete; y cuando acá pasó sería de treinta y cinco años, y era franco y gastaba más de lo que tenía de renta; fue adelantado y gobernador de Yucatán, y tuvo otros títulos; murió en Castilla.

El capitán Gonzalo de Sandoval fue capitán muy esforzado, y sería cuando acá pasó de hasta veinte y cuatro años; fue alguacil mayor de la Nueva España y obra de diez meses fue gobernador de la Nueva España, juntamente con el tesorero Alonso de Estrada; era del cuerpo y estatura no muy alto, sino bien proporcionado y membrudo, el pecho alto y ancho, y asimismo tenía la espalda, y de las piernas era algo estevado, y muy buen jinete; el rostro tiraba algo a rebusto, y la barba y el cabello que se usaba, algo crespa y acastañada, y en la voz no la tenía muy clara, sino algo espantosa, y ceceaba tanto cuanto.

No era hombre que sabía letras, sino a las buenas llanas, ni era codicioso, sino solamente tener fama y hacer como buen capitán esforzado; y en las guerras que tuvimos en la Nueva España siempre tenía cuenta con los soldados que le parecían a él que lo hacían como varones, y los favorecía y ayudaba; no era hombre que trajera ricos vestidos, sino muy llanamente.

Tuvo el mejor caballo, y de mejor carrera y revuelto a una mano y a otra, que decían se había visto días había en Castilla ni en otras partes, y era castaño y una estrella en la frente, y un pie izquierdo calzado; decíase Motilla, y cuando ahora hay diferencias sobre buenos caballos se suele decir: "En bondad es tan bueno como fue Motilla". Dejaré lo del caballo y diré de este valeroso capitán, que falleció en la villa de Palos cuando fue con don Hernando Cortés a besar los pies de Su Majestad. Y de este Gonzalo de Sandoval fue por quien dijo el marqués Cortés a Su Majestad que, demás de los fuertes soldados que tuvo en su compañía, que fueron tan esforzados y animosos que se podrían contar entre los muy nombrados que hubo en el mundo, y que entre todos el Sandoval era para ser coronel de muchos ejércitos y para decir y hacer. Fue natural de Medellín, hijodalgo; su padre fue alcaide de una fortaleza.

Pasemos a decir de otro buen capitán que se decía Juan Velázquez de León, natural de Castilla la Vieja: sería de hasta treinta y seis años cuando acá pasó; era de buen cuerpo y derecho, y membrudo, y buena espalda y pecho, y todo bien proporcionado y bien sacado; de rostro robusto, y la barba algo crespa y aleñada, y la voz espantosa y gorda, y algo tartamuda; fue muy animoso y de buena conversación, y si algunos bienes tenía en aquel tiempo, los repartía con sus compañeros. Díjose que en la isla Española mató a un caballero, persona por persona, en desafío, y era hombre rico el que mató, que se decía Ribas Altas o Altas Ribas; y desque lo hubo muerto, la justicia de aquella isla ni la Audiencia Real nunca le pudo haber para hacer sobre el caso justicia, y que, aunque le iban a prender, por su persona se defendía de los alguaciles. Y se vino a la isla de Cuba, y de Cuba a la Nueva España; y fue muy buen jinete, y a pie y a caballo era extremado varón; murió en las puentes cuando salimos huyendo de México.

Diego de Ordás fue natural de Tierra de Campos, de Valverde o Castroverde; sería de edad de cuarenta años cuando acá pasó; fue capitán de soldados de espada y rodela, porque no era hombre de a caballo; fue muy esforzado y de buenos consejos; era de buena estatura y membrudo, y tenía el rostro muy robusto, y la barba algo prieta y no mucha; en el habla no acertaba bien a pronunciar algunas palabras, sino algo tartajoso; era franco y de buena conversación; fue comendador de Santiago y murió en lo del Marañón, siendo capitán o gobernador de él, que esto no lo sé muy bien.

El capitán Luis Marín fue de buen cuerpo y membrudo y esforzado; era estevado, y la barba algo rubia y el rostro largo y alegre, excepto que tenía unas señales como que había tenido viruelas; sería de hasta treinta años cuando acá pasó; era natural de Sanlúcar y ceceaba un poco como sevillano; fue buen jinete y de buena conversación; murió en lo de Mechuacán.

El capitán Pedro de Ircio era de mediana estatura y paticorto, y tenía el rostro alegre y muy plático en demasía: qué haría y acontecería, y siempre contaba cuentos de don Pedro Girón y del conde de Ureña, y era ardid, y a esta causa le llamábamos Agrajes sin obras y sin hacer cosas que de contar sean; murió en México.

Alonso de Ávila fue capitán ciertos días en lo de México, y el primer contador, que le eligió Cortés hasta que el rey nuestro señor mandase otra cosa; era de buen cuerpo y rostro alegre, y en la plática expresiva, muy clara y de buenas razones, y muy osado y esforzado; sería de hasta treinta y tres años cuando acá pasó. Y tenía otra cosa: que era franco con sus compañeros; mas era tan soberbio y amigo de mandar y no ser mandado, y algo envidioso, y era orgulloso y bullicioso, que Cortés no lo podía sufrir; y a esta causa lo envió a Castilla por procurador, juntamente con un Antonio de Quiñones, natural de Zamora, y con ellos envió la recámara y riquezas de Montezuma y de Guatémuz, y franceses lo robaron y prendieron al Alonso de Ávila, porque Quiñones ya era muerto en la Tercera, y desde a dos años volvió el Alonso de Ávila a la Nueva España, y en Yucatán o en México murió. Este Alonso de Ávila fue tío de los caballeros que degollaron en México, hijos de Gil González de Ávila.

Degollaron en México, hijos de Gil González de Ávila.

Andrés de Monjaraz fue capitán cuando la guerra de México; era de razonable estatura, el rostro alegre, la barba prieta y de buena conversación, y estaba muy malo de bubas; y a esta causa no hizo cosas que de contar sean, mas póngolo en esta relación para que sepan que fue capitán; y sería de hasta treinta años cuando acá pasó; murió del dolor de las bubas.

Pasemos a un muy esforzado soldado que se decía Cristóbal de Olea, natural de tierra de Medina del Campo; sería de edad de veintiséis años cuando acá pasó; era de buen cuerpo y membrudo, ni muy alto ni bajo, tenía buen pecho y espalda, y el rostro algo robusto, mas era apacible, y la barba y el cabello tiraban algo como crespo, y la voz clara. Este soldado fue en todo lo que le veíamos hacer tan esforzado y presto en las armas, que le teníamos muy buena voluntad y le honrábamos; y él fue el que escapó de muerte a don Hernando Cortés en lo de Suchimilco, cuando los escuadrones mexicanos le habían derribado del caballo el Romo y lo tenían asido para llevarlo a sacrificar, y asimismo lo libró otra vez, cuando en la calzadilla de México lo tenían engarrafado muchos mexicanos para llevarlo vivo a sacrificar, y le habían ya herido en una pierna al mismo Cortés, y se lo llevaban sesenta y dos soldados. Este esforzado soldado hizo cosas por su persona que, aunque estaba muy malherido, mató, acuchilló y dio de estocadas a todos los indios que llevaban a Cortés, que les hizo que lo dejasen; y así le salvó la vida, y el Cristóbal de Olea quedó allí muerto por salvarlo.

Quiero decir de dos soldados que se decían Gonzalo Domínguez y un Lares. Digo que fueron tan esforzados y osados, que los teníamos en tanto como a Cristóbal de Olí; eran de buenos cuerpos y membrudos, los rostros alegres, bien hablados y de muy buenas condiciones, y por no gastar más palabras en sus loas, podían contarse con los más esforzados soldados que ha habido en Castilla. Murieron en las batallas: el Lares en Otumba, y el Domínguez en lo de Guastepeque, de un caballo que lo tomó debajo.

Vamos a otro buen capitán y esforzado soldado que se decía Andrés de Tapia; sería de obra de veinticuatro años cuando acá pasó; era de color, el rostro algo ceniciento y no muy alegre, de buen cuerpo, de poca barba y rala, y fue buen capitán así a pie como a caballo; murió de su muerte.

Si hubiera de escribir todas las facciones y proposiciones de todos nuestros capitanes y fuertes soldados que pasamos con Cortés, era gran prolijidad, porque, según todos eran esforzados y de mucha cuenta, debíamos de estar escritos con letras de oro. Y no pongo aquí otros capitanes que fueron de los de Narváez, porque mi intento desde que comencé a hacer mi relación no fue sino para escribir nuestros heroicos hechos y hazañas de los que pasamos con Cortés. Sólo quiero poner aquí al capitán Pánfilo de Narváez, que fue el que vino contra nosotros desde la isla de Cuba con mil y trescientos soldados, contados en ellos, y con doscientos sesenta y seis soldados los desbaratamos, según se verá en mi relación en cómo, cuándo y de qué manera pasó aquel hecho. Y volviendo a mi materia, era el Narváez, al parecer, de obra de cuarenta años, alto de cuerpo y de recios miembros, tenía el rostro largo, la barba rubia, y agradable presencia; y en la plática y voz muy entonada, como que salía de bóveda; era buen jinete, y decían que era esforzado. Era natural de Valladolid o de Tudela de Duero; era casado con una señora que se decía María de Valenzuela; fue en la isla de Cuba capitán y hombre rico, decían que era muy escaso; y cuando lo desbaratamos se le quebró un ojo; y tenía buenas razones en lo que hablaba. Fue a Castilla delante de Su Majestad a quejarse de Cortés y de nosotros, y Su Majestad le hizo merced de la gobernación de cierta tierra en lo de la Florida, y allá se perdió y gastó cuanto tenía.

Dos caballeros curiosos han visto y leído la memoria atrás dicha de todos los capitanes y soldados que pasamos con el venturoso y esforzado don Hernando Cortés, marqués del Valle, a la Nueva España desde la isla de Cuba, y pongo por escrito sus proposiciones, así de cuerpos como de rostros y edades, y las condiciones que tenían, y en qué parte murieron y de qué tierras eran. Me han dicho que se maravillan de mí, que cómo, a cabo de tantos años, no se me ha olvidado y tengo memoria de ellos. A esto respondo y digo que no es mucho que se me acuerden ahora sus nombres, pues éramos quinientos cincuenta compañeros, pues siempre conversábamos juntos, así en las entradas como en las velas y en las batallas y reencuentros de guerras, y los que mataban de nosotros en las tales batallas, y cómo los llevaban a sacrificar; por manera que comunicábamos los unos con los otros, en especial cuando salíamos heridos de algunas muy sangrientas y dudosas batallas, echábamos menos los que allá quedaban muertos; y a esta causa los pongo en esta relación.

Y no es de maravillar de ello, pues en los tiempos pasados hubo reyes y valerosos capitanes que, andando en las guerras, sabían los nombres de sus soldados y los conocían y los nombraban, y aun sabían de qué provincias, tierras y naciones eran naturales; y comúnmente eran en aquellos tiempos cada uno de los ejércitos que traían de más de treinta mil hombres. Y dicen las historias que de ello han escrito que Mitrídates, rey de Ponto, fue uno de los que conocían a sus ejércitos; y otro fue el rey Epiro, rey de los ipirotas, que por otro nombre se decía Alejandro; también dicen que Aníbal, gran capitán de Cartago, conocía a sus soldados; y en nuestros tiempos, el esforzado y gran capitán Gonzalo Hernández de Córdoba. Y así han hecho otros muchos y valerosos capitanes.

Y más digo, que si como ahora los tengo en la mente y sentido y memoria, supiera pintar y esculpir sus cuerpos y figuras y talles y meneos y rostros y facciones, como hacía aquel muy nombrado Apeles y los de nuestros tiempos, Berruguete y Miguel Ángel, o el muy afamado burgalés, que dicen que es otro Apeles, dibujara a todos los que dicho tengo al natural, y aun según cada uno entraba en las batallas y el gran ánimo que mostraban. Y gracias a Nuestro Señor Jesucristo, que me escapó de no ser sacrificado a los ídolos y me libró de muchos y peligrosos trances, para que ahora haga esta memoria y relación.

Ya he recontado los soldados que pasamos con Cortés y dónde murieron. Y si bien se quiere tener noticia de nuestras personas, éramos todos los demás hijosdalgo, aunque algunos no podían ser de tan claros linajes, porque vista cosa es que en este mundo no nacen todos los hombres iguales, así en generosidad como en virtudes. Dejando esta plática aparte, además de nuestras antiguas noblezas, con heroicos hechos y grandes hazañas que en las guerras hicimos, peleando de día y de noche, sirviendo a nuestro rey y señor, descubriendo estas tierras y hasta ganar esta Nueva España y gran ciudad de México y otras muchas provincias a nuestra costa, estando tan apartados de Castilla, ni tener otro socorro ninguno, salvo el de Nuestro Señor Jesucristo, que es el socorro y ayuda verdadera, nos ilustramos mucho más que de antes.

Y si miramos las escrituras antiguas que de ello hablan, si son así como dicen, en los tiempos pasados fueron ensalzados y puestos en grande estado muchos caballeros, así en España como en otras partes, sirviendo como en aquella sazón sirvieron en las guerras y por otros servicios que eran aceptos a los reyes que en aquella sazón reinaban. Y también he notado que algunos de aquellos caballeros que entonces subieron a tener títulos de estados y de ilustres no iban a las tales guerras ni entraban en las batallas sin que primero les pagasen sueldos y salarios; y no obstante que se los pagaban, les dieron villas y castillos y grandes tierras perpetuos y privilegios con franquezas, las cuales tienen sus descendientes. Y demás de esto, cuando el rey don Jaime de Aragón conquistó y ganó de los moros mucha parte de sus reinos, los repartió a los caballeros y soldados que se hallaron en lo ganar, y desde aquellos tiempos tienen sus blasones y son valerosos; y también cuando se ganó Granada, y del tiempo del Gran Capitán a Nápoles, y también el príncipe de Orange en lo de Nápoles, dieron tierras y señoríos a los que les ayudaron en las guerras y batallas.

He traído esto aquí a la memoria para que se vean nuestros muchos y buenos y notables servicios que hicimos al rey nuestro señor y a toda la cristiandad, y se pongan en una balanza y medida cada cosa en su cantidad, y hallarán que somos dignos y merecedores de ser puestos y remunerados como los caballeros por mí atrás dichos. Y aunque entre los valerosos soldados que en estas hojas pasadas he puesto por memoria, hubo otros muchos esforzados y valerosos compañeros, todos me tenían a mí en reputación de buen soldado.

Y volviendo a mi materia, miren los curiosos lectores con atención esta mi relación y verán en cuántas batallas y reencuentros de guerra muy peligrosos me he hallado desde que vine a descubrir, y dos veces estuve asido y engarrafado de muchos indios mexicanos con quienes en aquella sazón estaba peleando para llevarme a sacrificar, como en aquel instante llevaron a otros muchos mis compañeros; sin otros grandes peligros y trabajos así de hambres y sed y infinitas fatigas que suelen recrudecer a los que semejantes descubrimientos van a hacer en tierras nuevas, lo cual hallarán escrito parte por parte en esta mi relación. Y quiero dejar esto, y diré los bienes que se han seguido de nuestras ilustres conquistas.

CAPÍTULO XVI: ESPAÑOLES IMPONEN COSAS "SANTAS Y DE BUENA DOCTRINA"

Pues he dado cuenta de cosas que se conviene decir, bien es que diga los bienes que se han hecho así para el servicio de Dios y de Su Majestad con nuestras ilustres conquistas, y aunque fueron tan costosas de las vidas de todos los más de mis compañeros, porque muy pocos quedamos vivos, y los que murieron fueron sacrificados, y con sus corazones y sangre ofrecidos a los ídolos mexicanos, que se decían Tezcatepuca y Huichilobos.

Quiero comenzar a decir de los sacrificios que hallamos por las tierras y provincias que conquistamos, las cuales estaban llenas de sacrificios y maldades, porque mataban en cada un año, solamente en México y ciertos pueblos que están en la laguna, sus vecinos, según se halló por cuenta que de ello hicieron religiosos franciscos, que fueron los primeros que vinieron a la Nueva España, cuatro años y medio antes que viniesen los dominicos. Fueron los franciscos muy buenos religiosos y de santa doctrina; y hallaron sobre dos mil personas, chicas y grandes; pues en otras provincias, a esta cuenta, mucho más serían. Y tenían otras maldades de sacrificios, y por ser de tantas maneras no las acabaré de escribir todas por extenso, mas los que yo vi y entendí pondré aquí por memoria.

Tenían por costumbre que se sacrificaban las frentes y las orejas, lenguas y labios, los pechos y brazos y muslos, y las piernas y aun sus partes naturales; y en algunas provincias eran circuncidados y tenían pedernales de navajas con que se hacían Cortés.

Pues los adoratorios, que son cúes —que así los llaman entre ellos—, eran tantos, que los doy a la maldición, y me parece que eran casi al modo como tenemos en Castilla, que en cada ciudad hay nuestras santas iglesias y parroquias y ermitas y humilladeros; así tenían en esta tierra de la Nueva España sus casas de ídolos llenas de demonios y diabólicas figuras. Y además de estos cúes, tenía cada indio e india dos altares, uno junto donde dormía y otro a la puerta de su casa; y en ellos muchas arquillas de madera y otras que llaman petacas, llenas de ídolos, unos chicos y otros grandes, y pedrezuelas y pedernales, y librillos de un papel de cortezas de árbol que llaman amatl, y en ellos hechos sus señales del tiempo y de cosas pasadas.

Y además de esto, eran todos los más de ellos sodomitas, en especial los que vivían en las costas y tierra caliente; en tanta manera, que andaban vestidos en hábito de mujeres, muchachos, a ganar en aquel diabólico y abominable oficio.

Pues comer carne humana, así como nosotros traemos vaca de las carnicerías; y tenían en todos los pueblos cárceles de madera gruesa hechas a manera de casas, como jaulas, y en ellas metían a engordar muchos indios, indias y muchachos, y estando gordos los sacrificaban y comían. Y además de esto, las guerras que se daban unas provincias y pueblos a otros, y los que capturaban y prendían, los sacrificaban y comían.

Pues tener excesos carnales: hijos con madres, y hermanos con hermanas, y tíos con sobrinas; halláronse muchos que tenían este vicio de esta torpeza. Pues de borrachos, no lo sé decir, tantas suciedades que entre ellos pasaban. Sola una quiero aquí poner, que hallamos en la provincia de Pánuco: que se embudaban por el ano con unos cañutos, y se hinchían los vientres de vino de lo que entre ellos se hacía, como cuando entre nosotros se echa una medicina; torpeza jamás oída. Pues tener mujeres cuantas querían. Y tenían otros muchos vicios y maldades.

Y todas estas cosas por mí recontadas quiso Nuestro Señor Jesucristo que con su santa ayuda nosotros, los verdaderos conquistadores que escapamos de las guerras y batallas y de peligros de muerte, ya otras veces por mí dichos, se las quitamos y les pusimos en buena policía de vivir, y les enseñamos la santa doctrina. Verdad es que después, desde a dos años pasados, ya que todas las más tierras teníamos de paz, y con la policía y manera de vivir que he dicho, vinieron a la Nueva España unos buenos religiosos franciscos que dieron muy buen ejemplo y doctrina; y desde ahí a otros cuatro años vinieron otros buenos religiosos del señor Santo Domingo, que se lo han quitado muy de raíz y han hecho mucho fruto en la santa doctrina.

Mas si bien se quiere notar, después de Dios, a nosotros, los verdaderos conquistadores que lo descubrimos y conquistamos, y desde el principio les quitamos sus ídolos y les dimos a entender la santa doctrina, se debe a nosotros el premio y galardón de todo ello primero que a otras personas, aunque sean religiosos, porque cuando el principio es bueno, y medio y el fin y el cabo, todo es digno de loor; lo cual pueden ver los curiosos lectores de la policía y cristiandad y justicia que les mostramos en la Nueva España.

Y dejaré esta materia, y diré los más bienes que, después de Dios, por nuestra causa han venido a los naturales de la Nueva España.

Después de quitadas las idolatrías y todos los malos vicios que usaban, quiso Nuestro Señor Dios que con su santa ayuda y con la buena ventura y santas cristiandades del cristianísimo emperador don Carlos, de gloriosa memoria, y de nuestro rey y señor, el felicísimo y invictísimo rey de las Españas don Felipe, nuestro señor, su muy amado y querido hijo —que Dios le dé muchos años de vida, con acrecentamiento de más reinos para que en este su santo y feliz tiempo lo goce con sus sucesores—, se han bautizado desde que lo conquistamos todas cuantas personas había, así hombres como mujeres y niños, y los que después han nacido, que de antes iban perdidas sus ánimas a los infiernos y ahora, como hay muchos y buenos religiosos de señor San Francisco y Santo Domingo y de otras órdenes, andan en los pueblos predicando. Y, en siendo la criatura de los días que manda nuestra santa madre iglesia de Roma, los bautizan. Y además de esto, con los santos sermones que les hacen, el santo Evangelio está muy bien plantado en sus corazones y se confiesan cada año, y algunos de ellos que tienen más conocimiento en nuestra santa fe se comulgan.

Y además de esto, tienen sus iglesias muy ricamente adornadas de altares y todo lo perteneciente para el santo culto divino, con cruces y candeleros y ciriales y cáliz y patenas y platos —unos grandes y otros chicos— de plata, e incensario todo labrado de plata. Pues capas y casullas y frontales en pueblos ricos los tienen, comúnmente en razonables pueblos, de terciopelo y de damasco y raso y de tafetán, diferenciados en los colores y labores, y las mangas de las cruces muy labradas de oro y seda; y las cruces de los difuntos de raso negro, y en ella figurada la misma cara de la muerte, con su disforme semejanza y huesos, y el cobertor de las mismas andas —unos tienen buenas y otros no tan buenas. Pues campanas, las que han menester, según la calidad que es cada pueblo. Pues cantores de capilla de voces bien concertadas —así tenores como tiples y contras altas y bajas—

no hay falta, y en algunos pueblos hay órganos, y en todos los más tienen flautas y chirimías y sacabuches y dulzainas; pues trompetas altas y sordas, no hay tantas en mi tierra, que es Castilla la Vieja, como hay en esta provincia de Guatemala. Y es dar gracias a Dios y cosa muy de contemplación ver cómo los naturales ayudan a beneficiar una santa misa, en especial si la dicen los franciscos o dominicos, que tienen a cargo el curato del pueblo donde la dicen.

Otra cosa buena tienen: que así hombres como mujeres y niños que son de edad para lo aprender, saben todas las santas oraciones en sus mismas lenguas, que están obligados a saber. Y tienen otras buenas costumbres acerca de su santa cristiandad, que cuando pasan junto a un santo altar o cruz, bajan la cabeza con humildad y se hincan de rodillas y dicen la oración del Pater noster. Y más que les mostramos los conquistadores: a tener candelas de cera encendidas delante los santos altares y cruces, porque de antes no se sabían aprovechar de ella para hacer candelas. Y además de lo que dicho tengo, les mostramos a tener mucho acato y obediencia a todos los religiosos y a clérigos, y que cuando fuesen a sus pueblos, les saliesen a recibir con candelas de cera encendidas y repicasen las campanas y les diesen bien de comer; y así lo hacen con los religiosos. Y tenían estos cumplimientos con los clérigos, mas después que han conocido y visto de algunos de ellos y los demás sus codicias, y hacen en los pueblos desatinos, pasan por alto y no los querrían por curas en sus pueblos, sino franciscos o dominicos. Y no aprovecha cosa que sobre este caso los pobres indios digan al prelado, que no los oyen. ¡Oh, qué habría que decir sobre esta materia!

Mas se quedará en el tintero, y volveré a mi relación. Que además de las buenas costumbres por mí dichas, tienen otras santas y buenas, porque cuando es el día de Corpus Christi o de Nuestra Señora, o de otras fiestas solemnes que entre nosotros hacemos procesiones, salen todos los más pueblos cercanos de esta ciudad de Guatemala en procesión con sus cruces y con candelas de cera encendidas, y traen en los hombros en andas la imagen del santo o santa de quien es advocación su pueblo, lo más ricamente que pueden, y vienen cantando letanías y otras oraciones, y tañen sus flautas y trompetas. Y otro tanto hacen en sus pueblos cuando es el día de las tales solemnes fiestas, y tienen por costumbre de ofrecer los domingos y pascuas, especialmente el día de Todos Santos. Y esto del ofrecer, los clérigos les dan tal prisa donde son curas y tienen tales modos, que no se les quedará a los indios por olvido, porque dos o tres días antes que venga la fiesta les mandan apercibir para la ofrenda; y también ofrecen a los religiosos, mas no con tanta solicitud.

Pasemos adelante y digamos cómo todos los más indios naturales de estas tierras han aprendido muy bien todos los oficios que hay en Castilla entre nosotros, y tienen sus tiendas de los oficios y obreros y ganan de comer de ello.

Y los plateros de oro y de plata, así de martillo como de vaciadizo, son muy extremados oficiales, y asimismo lapidarios y pintores. Y los entalladores hacen tan primas obras con sus sutiles alegres de hierro, especialmente entallan esmeriles, y dentro de ellos figurados todos los pasos de la santa Pasión de Nuestro Señor Redentor y Salvador Jesucristo, que si no las hubiese visto, no pudiera creer que indios lo hacían, que se me significa a mi juicio que era aquel tan nombrado pintor como fue el muy antiguo Apeles, y los de nuestros tiempos, que se decían Berruguete y Micael Ángel, ni otro moderno ahora nuevamente muy nombrado natural de Burgos, el cual tiene gran fama como Apeles, no harán con sus muy sutiles pinceles las obras de los esmeriles ni relicarios que hacen tres indios maestros de aquel oficio, mexicanos, que se dicen Andrés de Aquino, Juan de la Cruz y el Crespillo.

Y demás de esto, todos los más hijos de principales solían ser gramáticos, y lo aprendían muy bien, si no se lo mandaran quitar en el santo sínodo que mandó hacer el reverendísimo arzobispo de México. Y muchos hijos de principales saben leer y escribir y componer libros de canto llano. Y hay oficiales de tejer seda, raso y tafetán y hacer paños de lana, aunque sean veintecuatrenes, hasta frisas y sayal, y mantas y frazadas, y son cardadores y perailes y tejedores, según y de la manera que se hace en Segovia y en Cuenca, y otros son sombrereros y jaboneros.

Sólo dos oficios no han podido entrar en ellos, aunque lo han procurado, que es hacer el vidrio y ser boticarios; mas yo los tengo de tan buenos ingenios, que lo aprenderán muy bien, porque algunos de ellos son cirujanos y herbolarios. Y saben jugar de manos y hacer títeres, y hacen vihuelas muy buenas.

Pues labradores, de su naturaleza lo son antes que viniésemos a la Nueva España, y ahora crían ganado de todas suertes y doman bueyes y aran las tierras y siembran trigo y lo benefician y cogen y lo venden y hacen pan y bizcocho, y han plantado sus tierras y heredades de todos los árboles y frutas que hemos traído de España y venden el fruto que procede de ellos. Y han puesto tantos árboles, que, porque los duraznos no son buenos para la salud y los platanales les hacen mucha sombra, han cortado y cortan muchos, y lo ponen de membrillales y manzanos y perales, que los tienen en más estima.

Pasemos adelante, y diré de la justicia que les hemos mostrado a guardar y cumplir, y cómo cada año eligen sus alcaldes ordinarios y regidores y escribanos y alguaciles fiscales y mayordomos, y tienen sus casas de cabildo donde se juntan dos días en la semana, y ponen en ellas sus porteros y sentencian y mandan pagar deudas que se deben unos a otros, y por algunos delitos de crímenes azotan y castigan; y si es por muerte o cosas atroces, lo remiten a los gobernadores, si no hay Audiencia Real.

Y según me han dicho personas que lo saben muy bien, que en Tlaxcala y en Texcoco y en Cholula y en Huaxocingo y Tepaca y en otras ciudades grandes, cuando los indios hacen cabildo, que salen, delante de los que están de gobernadores y alcaldes, maceros con mazas doradas, según sacan los virreyes de la Nueva España. Y hacen justicia con tanto primor y autoridad como entre nosotros, y se precian y desean saber mucho de las leyes del reino, por donde sentencian.

Y demás de esto, todos los más caciques tienen caballos y son ricos, traen jaeces con buenas sillas y se pasean por las ciudades y villas y lugares donde se van a holgar o son naturales, y llevan sus indios por pajes que los acompañan, y aun en algunos pueblos juegan cañas y corren toros y ponen sortija, especial si es día de Corpus Christi o de señor San Juan o señor Santiago o de Nuestra Señora de Agosto, o la advocación de la iglesia del santo de su pueblo. Y hay muchos que aguardan los toros, aunque sean bravos, y muchos de ellos son jinetes, en especial en un pueblo que se dice Chiapa, de los indios.

Y los que no lo son, ni caciques, todos los más tienen caballos y algunos hatos de yeguas y mulas, y se ayudan con ello a traer leña y maíz y cal y otras cosas de este arte, y lo venden por las plazas; y son muchos de ellos arrieros, según y de la manera que en nuestra Castilla se usa. Y por no gastar más palabras, todos los oficios hacen muy perfectamente; hasta paños de tapicería saben tejer.

Y dejaré de hablar más en esta materia, y diré otras muchas grandezas que por nuestra causa ha habido y hay en esta Nueva España.

Ya habrán oído en los capítulos pasados todo lo que por mí recontado acerca de los bienes y provechos que se han hecho en nuestras ilustres y santas hazañas y conquistas. Diré ahora del oro y plata y piedras preciosas y otras riquezas de grana, hasta zarzaparrilla y cueros de vacas que de esta Nueva España han ido y van cada año a Castilla, a nuestro rey y señor, así de sus reales quintos como de otros muchos presentes que le hubimos enviado, así como le ganamos estas sus tierras, sin las grandes cantidades que llevan mercaderes y pasajeros; que después que el sabio rey Salomón fabricó y mandó hacer el santo templo de Jerusalén con el oro y plata que le trajeron de las islas de Tarsis y Ofir y Saba, no se ha oído ninguna escritura antigua que más oro y plata y riquezas hayan ido cotidianamente a Castilla que de estas tierras.

Y esto digo así porque ya que del Perú, como es notorio, han ido innumerables millares de pesos de oro y plata, en el tiempo que ganamos esta Nueva España no había nombre del Pirú ni estaba descubierto ni se conquistó hasta diez años después, y nosotros siempre desde el principio comenzamos a enviar a Su Majestad presentes riquísimos.

Y por esta causa, y por otras que diré, antepongo a la Nueva España, porque bien sabemos que en las cosas acaecidas del Perú siempre los capitanes y gobernadores y soldados han tenido guerras civiles, y todo revuelto en sangre y en muertes de muchos soldados bandoleros, porque no han tenido el acato y obediencia que son obligados a nuestro rey y señor, y en gran disminución a los naturales; y en esta Nueva España siempre tenemos y tendremos para siempre jamás el pecho por tierra, como somos obligados, y ponemos nuestras vidas y haciendas en cualquier cosa que se ofrezca para servir a Su Majestad.

Y demás de esto, miren los curiosos lectores qué de ciudades y villas y lugares están poblados en estas partes de españoles, que por ser tantos y no saber yo los nombres de todos, se quedarán en silencio; y tengan atención a los obispados que hay, que son diez, sin el arzobispado de la muy insigne ciudad de México, y cómo hay tres audiencias reales, todo lo cual diré adelante, así de los que han gobernado como de los arzobispos y obispos que ha habido; y miren las santas iglesias catedrales y los monasterios donde están frailes franciscos y dominicos, y mercedarios y agustinos. Y miren qué hay de hospitales, y los grandes perdones que tienen. Y la santa iglesia de Nuestra Señora de Guadalupe, que está en lo de Tepeaquilla, donde solía estar asentado el real de Gonzalo de Sandoval cuando ganamos a México, y miren los santos milagros que ha hecho y hace cada día, y démosle muchas gracias a Dios y a su bendita madre Nuestra Señora, y loores por ello, que nos dio gracia y ayuda para que ganásemos estas tierras donde hay tanta cristiandad.

Y también tengan cuenta cómo en México hay colegio universal donde se estudian y aprenden gramática y teología y retórica y lógica y filosofía y otras artes y estudios. Y hay moldes y maestros de imprimir libros, así en latín como en romance, y se gradúan de licenciados y doctores. Y otras muchas grandezas y riquezas pudiera decir, así de minas ricas de plata que en ellas están descubiertas y se descubren continuamente, por donde nuestra Castilla es prosperada y tenida y acatada.

Y porque bastan los bienes que ya he propuesto que de nuestras heroicas conquistas han crecido, quiero decir que miren las personas sabias y leídas esta mi relación desde el principio hasta el fin, y verán que ningunas escrituras que estén escritas en el mundo, ni en hechos hazañosos humanos, han habido hombres que más reinos y señoríos hayan ganado como nosotros, los verdaderos conquistadores, para nuestro rey y señor. Y entre los fuertes conquistadores, mis compañeros, puesto que los hubo muy esforzados, a mí me tenían en la cuenta de ellos, y el más antiguo de todos. Y digo otra vez que yo, yo, yo, lo digo tantas veces, que yo soy el más antiguo, y lo he servido como muy buen soldado a Su Majestad. Y lo digo con tristeza de mi corazón, porque me veo pobre y muy viejo, y con una hija para casar, y los hijos varones ya grandes y con barbas, y otros por criar, y no puedo ir a Castilla ante Su Majestad para representarle cosas convenientes a su real servicio; y también para que me haga mercedes, pues se me deben bien debidas. Dejaré esta plática, porque si más en ello meto la pluma, me será muy odiosa de personas envidiosas.

Y quiero proponer una cuestión a manera de diálogo, y es que, habiendo visto la buena e ilustre Fama que suena en el mundo de nuestros muchos y buenos y notables servicios que hemos hecho a Dios y a Su Majestad y a toda la cristiandad, da grandes voces, y dice que fuera justicia y razón que tuviéramos buenas rentas y más aventajadas que las que tienen otras personas que no han servido en estas conquistas ni en otras partes a Su Majestad. Y asimismo pregunta que dónde están nuestros palacios y moradas, y qué blasones tenemos en ellas diferenciadas de las demás, y si están en ellas esculpidos y puestos por memoria nuestros heroicos hechos y armas, según y de la manera que tienen en España los caballeros que dije en el capítulo pasado que sirvieron en los tiempos pasados a los reyes que en aquella sazón reinaban, pues nuestras hazañas no son menores que las que aquellos señores hicieron; antes son de memorable fama y se pueden contar entre los más nombrados que ha habido en el mundo. Y demás de esto, pregunta la ilustre Fama por los conquistadores que hemos escapado de las batallas pasadas y por los muertos, dónde están sus sepulcros y qué blasones tienen en ellos.

A estas cosas se le puede responder con mucha verdad: "¡Oh, excelente y muy sonante, ilustre Fama, y entre buenos y virtuosos deseada y loada, y entre maliciosos y personas que han procurado oscurecer nuestros heroicos hechos no querrían ver ni oír vuestro tan ilustrísimo nombre, porque nuestras personas no ensalcéis como conviene! Hago, señora, saber que de quinientos y cincuenta soldados que pasamos con Cortés desde la isla de Cuba, no somos vivos en toda la Nueva España de todos ellos, hasta este año de mil quinientos sesenta y ocho, que estoy trasladando esta mi relación, sino cinco, que todos los más murieron en las guerras ya por mí dichas en poder de indios, y fueron sacrificados a los ídolos, y los demás murieron de sus muertes. Y los sepulcros que me preguntas dónde los tienen, digo que son los vientres de los indios, que se comieron las piernas y muslos y brazos y molledos y pies y manos; y los demás fueron sepultados y sus vientres echados a los tigres y sierpes y halcones que en aquel tiempo tenían por grandeza en casas fuertes, y aquellos fueron sus sepulcros y allí estaban sus blasones. Y a lo que a mí se me figura, con letras de oro habían de estar escritos sus nombres, pues murieron aquella crudelísima muerte por servir a Dios y a Su Majestad y dar luz a los que estaban en tinieblas, y también por haber riquezas, que todos los hombres comúnmente venimos a buscar".

Y además de haberle dado cuenta a la ilustre Fama, me pregunta por los que pasaron con Narváez y con Garay. Digo que los de Narváez fueron mil trescientos, sin contar entre ellos hombres de la mar, y no son vivos de todos ellos sino diez u once, que todos los más murieron en las guerras y sacrificados y sus cuerpos comidos de indios, ni más ni menos que los nuestros. Y de los que pasaron con Garay de la isla de Jamaica, a mi cuenta, con las tres capitanías que vinieron a San Juan de Ulúa, antes que pasase el Garay, con los que trajo a la postre cuando él vino, serían por todos otros mil doscientos soldados, y todos los más de ellos fueron sacrificados a los ídolos en la provincia de Pánuco y comidos sus cuerpos por los naturales de las mismas provincias.

Y demás de esto, pregunta la loable Fama por otros quince soldados que aportaron a la Nueva España, que fueron de los de Lucas Vázquez de Ayllón, cuando lo desbarataron y él murió en la Florida, que qué se habían hecho. A esto digo que no he visto ninguno, que todos son muertos.

"Y hágoos saber, excelente Fama, que de todos los que he recontado y ahora somos vivos, de los de Cortés, cinco, y estamos muy viejos y dolientes de enfermedades, y lo peor de todo, muy pobres y cargados de hijos e hijas para casar y nietos, y con poca renta; y así, pasamos nuestras vidas con trabajos y miserias. Y pues ya he dado cuenta de todo lo que me habéis preguntado, y de nuestros palacios y blasones y sepulcros, os suplico, ilustrísima Fama, que de aquí en adelante alcéis más vuestra excelente y virtuosísima voz, para que en todo el mundo se vean claramente nuestras grandes proezas, porque hombres maliciosos con sus sacudidas y esparcidas y envidiosas lenguas no las oscurezcan ni las aniquilen; y procuréis que a los que por Su Majestad le ganaron estas sus tierras y se les debe el premio de ello, no se dé a los que no se les debe, porque ni Su Majestad tiene cuenta con ellos, ni ellos con Su Majestad, sobre servicios que le hayan hecho".

A esto que he suplicado a la virtuosísima Fama, me responde y dice que lo hará de muy buena voluntad, y dice que se espanta de cómo no tenemos los mejores repartimientos de indios de la tierra, pues que la ganamos y Su Majestad lo manda dar, como lo tiene el marqués Cortés; no se entiende que sea tanto, sino moderadamente. Y más dice la loable Fama, que las cosas del venturoso y animoso Cortés han de ser siempre muy estimadas y contadas entre los hechos que han hecho valerosos capitanes. Y más dice la verdadera Fama, que no hay memoria de ninguno de nosotros en los libros e historias que están escritas del cronista Francisco López de Gómara ni en la del doctor Illescas, que escribió El Pontifical, ni en otros modernos cronistas. Y sólo al marqués Cortés dicen en sus libros que es el que lo descubrió y conquistó, y que los capitanes y soldados que lo ganamos quedamos en blanco, sin haber memoria de nuestras personas ni conquistas. Y que ahora se ha holgado mucho en saber claramente que todo lo que he escrito en mi relación es verdad y que la misma escritura trae consigo al pie de la letra lo que pasó, y no lisonjas y palabras viciosas, ni por sublimar a un solo capitán quiere deshacer a muchos capitanes y valerosos soldados, como ha hecho Francisco López de Gómara y los demás cronistas modernos, que siguen en escribir su propia historia sin poner ni quitar más de lo que él dice. Y más me prometió la buena Fama que, por su parte, lo propondrá con voz muy clara y sonante a doquiera que se hallare. Y además de lo que ella declarará, que mi historia, si se imprime, desde que la vean y oigan, le darán fe verdadera y oscurecerá las lisonjas que escribieron los pasados.

Y aparte de lo que he propuesto a manera de diálogo, me preguntó un doctor oidor de la Audiencia Real de Guatemala que cómo Cortés, cuando escribió a Su Majestad y fue la primera vez a Castilla, por qué no procuró por nosotros, pues por nuestra causa, después de Dios, fue marqués y gobernador. A esto respondí entonces, y ahora lo digo, que como tomó para sí al principio, cuando Su Majestad le hizo merced de la gobernación, todo lo mejor de la Nueva España, creyendo que siempre sería señor absoluto y que por su mano nos daría indios o los quitaría, y a esta causa se presume que no lo hizo ni quiso escribir. Y también porque en aquel tiempo Su Majestad le dio el marquesado que tiene, y como le importunaba que le volviesen la gobernación de la Nueva España como antes la había tenido, y le respondieron que ya él tenía el marquesado, no se preocupó por demandar cosa ninguna para nosotros que bien nos hiciese, sino solamente para él. Y además de esto, habían informado el factor y el veedor y otros caballeros de México a Su Majestad que Cortés había tomado para sí las mejores provincias y pueblos de la Nueva España y que había dado a sus amigos y parientes que recientemente habían venido de Castilla otros buenos pueblos, y que no dejaba para el real patrimonio sino poca cosa. Después alcanzamos a saber que mandó Su Majestad que de lo que tenía sobrado diese a los que con él pasamos, y en aquel tiempo Su Majestad se embarcó en Barcelona para ir a Flandes.

Y si Cortés, en el tiempo que ganamos la Nueva España, como otras veces he dicho en el capítulo que de ello habla, la hubiera hecho en cinco partes y las mejores y más ricas provincias y ciudades diera la quinta parte a nuestro rey y señor de su real quinto, bien hecho fuera, y tomara para sí una parte, y media parte dejara para iglesias y monasterios y propios de ciudades, y que Su Majestad tuviera qué dar y hacer mercedes a caballeros que le sirvieron en las guerras, y las dos partes y media nos repartiera perpetuas, con ellos nos quedáramos, así Cortés con la una parte como nosotros. Porque, como nuestro César fue muy cristianísimo y no le costó conquistar cosa ninguna, nos hiciera estas mercedes.

Y demás de esto, como en aquella sazón no sabíamos los verdaderos conquistadores qué cosa era demandar justicia, ni a quién la pedir sobre nuestros servicios, ni otras cosas de agravios y fuerzas que pasaban en las guerras, sino solamente al mismo Cortés, como capitán, que lo mandaba muy de hecho, nos quedamos en blanco con lo poco que nos habían depositado, hasta que vimos a don Francisco de Montejo, que fue a Castilla ante Su Majestad, y le hizo merced de ser adelantado y gobernador de Yucatán, y le dio los indios que tenía en México y le hizo otras mercedes. Y Diego de Ordás, que asimismo fue ante Su Majestad, le dio una encomienda de señor Santiago y los indios que tenía en la Nueva España. Y a don Pedro de Alvarado, que también fue a besar los pies a Su Majestad, le hizo adelantado y gobernador de Guatemala y Chiapa y comendador de Santiago y otras mercedes de los indios que tenía. Y a la postre fue Cortés, y le dio el marquesado y capitán general de la mar del Sur.

Y desde que los conquistadores vimos y entendimos que los que no parecen ante Su Majestad no hay memoria de nos hacer mercedes, enviamos a suplicar que de lo que desde allí adelante vacase nos lo mandase dar perpetuo. Y como se vieron nuestras justificaciones, cuando envió la primera Audiencia Real a México, y vino en ella por presidente Nuño de Guzmán y por oidores el licenciado Delgadillo, natural de Granada, y Matienzo, de Vizcaya, y otros dos oidores que en llegando a México murieron. Y mandó Su Majestad expresamente a Nuño de Guzmán que todos los indios de la Nueva España se hiciesen un cuerpo, a fin de que las personas que tenían repartimientos grandes, que les había dado Cortés, que no les quedasen tanto y les quitasen de ello, y que a los verdaderos conquistadores nos diesen los mejores pueblos y de más renta, y que para su real patrimonio dejasen las cabeceras y mejores ciudades. Y también mandó Su Majestad que a Cortés le contasen los vasallos y que le dejasen los que tenía capitulados en su marquesado; y de los demás no me acuerdo qué mandó sobre ello.

Y la causa por donde no hizo el repartimiento Nuño de Guzmán y los oidores fue por malos consejeros, que por su honor aquí no nombro otra vez, porque ya los he nombrado, que le dijeron que si repartían la tierra, que después que los conquistadores y pobladores se viesen con sus indios perpetuos no los tendrían en tanto acato ni serían tan señores de les mandar, porque no tendrían qué quitar ni poner, ni les vendrían a suplicar que les diese de comer; y de otra manera, que tendrían que dar de lo que vacase a quien quisiesen, y que ellos serían ricos y tendrían mayores poderes; y a este fin se dejó de hacer. Verdad es que Nuño de Guzmán y los oidores, en cuanto vacaban indios, luego los depositaban a conquistadores y a pobladores; y no eran tan malos como los hacían para los vecinos y pobladores, que a todos les contentaban y daban de comer. Y si les quitaron redondamente de la Real Audiencia fue por las contrariedades que tuvieron con Cortés y sobre el herrar de los indios libres por esclavos.

Quiero dejar este capítulo y pasaré en otro, y diré acerca del repartimiento perpetuo.

En el año de mil quinientos cincuenta vino del Perú el licenciado de la Gasca y fue a la corte, que en aquella sazón estaba en Valladolid, y trajo en su compañía a un fraile dominico que se decía don Martín —el Regente—, y en aquel tiempo Su Majestad le mandó hacer merced al mismo Regente del obispado de las Charcas. Y entonces se juntaron en la corte don fray Bartolomé de las Casas, obispo de Chiapa, y don Vasco de Quiroga, obispo de Mechuacán, y otros caballeros que vinieron por procuradores de la Nueva España y del Perú, y ciertos hidalgos que venían a pleitos ante Su Majestad, que todos se hallaron en aquella sazón en la corte; y juntamente con ellos, a mí me mandaron llamar como a conquistador más antiguo de la Nueva España.

Y como el de la Gasca y todos los más peruleros habían traído cantidad de millares de pesos de oro, así para Su Majestad como para ellos, lo que traían de Su Majestad se lo enviaron desde Sevilla a Augusta, de Alemania, donde en aquella sazón estaba Su Majestad, y en su real compañía nuestro felicísimo e invictísimo don Felipe, rey de las Españas, nuestro señor, su muy amado y querido hijo —que Dios lo guarde.

Y en aquel tiempo fueron ciertos caballeros con el oro y por procuradores del Perú a suplicar a Su Majestad que fuese servido de hacernos mercedes para que mandase hacer el repartimiento perpetuo. Y, según pareció, otras veces antes de aquella se lo habían suplicado por parte de la Nueva España, cuando fueron un Gonzalo López y un Alonso de Villanueva, que fueron con otros caballeros por procuradores de México. Y Su Majestad mandó en aquel tiempo dar el obispado de Palencia al licenciado de la Gasca, que fue obispo y conde de Pernia, porque tuvo ventura, que así como llegó a Castilla había vacado, y se traía en la corte por plática que tuvo ventura y dicha, además de la que tuvo en dejar de paz el Perú y en tornar a haber el oro y plata que le habían robado los Contreras.

Y volviendo a mi relación, lo que proveyó Su Majestad sobre la perpetuidad de los repartimientos de los indios, envió a mandar al marqués de Mondéjar, que era presidente en el Real Consejo de Indias, y al licenciado Gutiérrez Velázquez y al licenciado Tello de Sandoval y al doctor Hernán Pérez de la Fuente y al licenciado Gregorio López y al doctor Rivadeneyra y al licenciado Briviesca, que eran oidores del mismo Real Consejo de Indias, y a otros caballeros de otros reales consejos, que todos se juntasen y que viesen y platicasen cómo y de qué manera se podría hacer el repartimiento, de arte y de manera que en todo fuese bien mirado el servicio de Dios y el real patrimonio no viniese a menos.

Y desde que todos estos perlados y caballeros estuvieron juntos en las casas de Pero González de León, donde residía el Real Consejo de Indias, lo que se dijo y platicó en aquella muy ilustrísima junta fue: que se diesen los indios perpetuos en la Nueva España y en el Perú; no me acuerdo bien si se nombró el nuevo reino de Granada y Bobotá, mas paréceme a mí que también entraron con los demás. Y las causas que se propusieron en aquel negocio fueron santas y buenas.

Lo primero que se platicó fue que, siendo perpetuos, serían mucho mejor tratados e instruidos en nuestra santa fe; y que si algunos adoleciesen, los curarían como a hijos y les quitarían parte de sus tributos, y que los encomenderos se perpetuarían mucho más en poner heredades y viñas y sementeras y criarían ganados, y cesarían pleitos y contiendas sobre indios, y no habría menester de visitadores en los pueblos, y habría paz y concordia entre los soldados al saber que ya no tienen poder los presidentes y gobernadores para, en vacando indios, dárselos por vías de parentescos ni por otras maneras que en aquella sazón los daban. Y que con darlos perpetuos a los que han servido a Su Majestad, descargaba su real conciencia; y se dijeron otras muy buenas razones. Y más se dijo: que se habían de quitar en el Perú a hombres bandoleros, los que se hallasen que habían deservido a Su Majestad.

Y después que por todos aquellos de la ilustre junta fue muy bien platicado lo que dicho tengo, todos los más procuradores, con otros caballeros, dimos nuestros pareceres y votos que se hiciesen perpetuos los repartimientos.

Luego en aquella sazón hubo votos contrarios, y fue el primero el obispo de Chiapa, y lo ayudó su compañero fray Rodrigo, de la orden de Santo Domingo, y asimismo el licenciado Gasca, que era obispo de Palencia y conde de Pernia, y don fray don Martín de ———, obispo, que entonces le dieron el obispado de las Charcas, y el marqués de Mondéjar y dos oidores del Consejo Real de Su Majestad. Y lo que propusieron en la contradicción aquellos caballeros por mí dichos —salvo el marqués de Mondéjar, que no se quiso mostrar a una parte ni a otra, sino que se estuvo a la mira a ver lo que decían y a ver los que más votos tenían— dijeron que ¿cómo habían de dar indios perpetuos? Ni aun de otras maneras por sus vidas no los habían de tener, sino quitárselos a los que en aquella sazón los tenían, porque personas había entre ellos en el Perú que tenían buena renta de indios, que merecían que los hubieran hecho cuartos, cuánto y más dárselos ahora perpetuos. Y que donde creerían que había en el Perú paz y asentada la tierra, habría soldados que, como viesen que no había qué les dar, se amotinarían y habría más discordias.

Entonces respondió don Vasco de Quiroga, obispo de Michoacán, que era de nuestra parte, y dijo al licenciado de la Gasca que por qué no castigó a los bandoleros y traidores, pues que conocía y le eran notorias sus maldades, y que él mismo les dio indios. Y a esto respondió el de la Gasca, y se paró a reír y dijo: "¿Creerán, señores, que no hice poco en salir en paz y en salvo de entre ellos?" Y que a algunos descuartizó e hizo justicia. Y pasaron otras razones sobre aquella materia.

Y entonces dijimos nosotros y muchos de aquellos señores que allí estábamos juntos, que se diesen perpetuos en la Nueva España a los verdaderos conquistadores que pasamos con Cortés y a los del capitán Pánfilo de Narváez y a los de Garay, pues habíamos quedado muy pocos, porque todos los demás murieron en las batallas peleando en servicio de Su Majestad, y lo habíamos muy bien servido, y que con los demás hubiese otra moderación.

Y ya que teníamos esta plática por nuestra parte en la orden que dicho tengo, no faltó de aquellos perlados y de los señores del consejo de Su Majestad quienes dijeron que cesase todo hasta que el Emperador y el Príncipe, nuestros señores, viniesen a Castilla, que se esperaba cada día, para que en una cosa de tanto peso y calidad se hallasen presentes.

Y puesto que por el obispo de Michoacán y ciertos caballeros, y yo juntamente con ellos, que éramos de la Nueva España, fue tornado a replicar que, pues estaban ya dados los votos conformes, se diesen perpetuos en la Nueva España, y que los procuradores del Perú procurasen por sí. Pues Su Majestad, como cristianísimo, lo había enviado a mandar, y en su real mando mostraba afición para que en la Nueva España se diesen perpetuos. Y sobre ello hubo muchas pláticas y alegaciones, y dijimos que, ya que en el Perú no se diesen, que mirasen los muchos y grandes y leales servicios que hicimos a Su Majestad y a toda la cristiandad.

Y no aprovechó cosa ninguna con los señores del Real Consejo de Indias y con el obispo fray Bartolomé de las Casas y fray Rodrigo, su compañero, y con el obispo de las Charcas, don fray Martín de ——— —, y dijeron que en viniendo Su Majestad de Augusta se proveería de manera que los conquistadores serían muy contentos; ansí se quedó por hacer.

Dejaré esta plática, y diré que en posta se escribió en un navío a la Nueva España; y como se supo en la Nueva España y ciudad de México las cosas arriba dichas que pasaron en la corte, concertaban los conquistadores de enviar por sí solos procuradores ante Su Majestad, y aun a mí me escribió desde México a esta ciudad de Guatemala el capitán Andrés de Tapia y un Pedro Moreno Medrano y Juan de Limpias Carvajal el Sordo, desde la Puebla, porque ya en aquella sazón era yo venido de la corte; y lo que me escribían fue dándome cuenta y relación de los conquistadores que enviaban su poder, y en la memoria me contaban a mí por uno de ellos, y más antiguo, y yo mostré las cartas en la ciudad de Guatemala a otros conquistadores para que les ayudásemos con dineros para enviar los procuradores. Y según pareció, no se concertó la ida por falta de pesos de oro.

Y lo que se tornó a concertar en México, que los conquistadores, juntamente con toda la comunidad, enviaron a Castilla procuradores, y nunca se negoció cosa que buena sea. Y de esta manera andamos de mula coja y de mal en peor, y de un virrey en otro, y de gobernador en gobernador. Y después que esto pasó, mandó el invictísimo nuestro rey y señor don Felipe (que Dios le guarde y deje vivir muchos años, con aumento de más reinos), en sus reales ordenanzas y provisiones que para ello ha dado, que a los conquistadores y sus hijos en todo conozcamos mejoría, y luego, los antiguos pobladores casados, según se verá en sus reales cédulas.

Como acabé de sacar en limpio esta mi relación, me rogaron dos licenciados que se la emprestase por dos días, para saber muy por extenso las cosas que pasamos en las conquistas de México y Nueva España y ver en qué diferían de lo que tienen escrito los coronistas Gómara y el doctor Illescas acerca de los heroicos hechos y hazañas que hicimos en compañía del valeroso marqués Cortés; y yo les presté un borrador. Parecióme que de varones sabios siempre se pega algo de su ciencia a los sin letras como yo soy; y les dije que no enmendasen cosa ninguna, porque todo lo que escribo es muy verdadero.

Y después que lo hubieron visto y leído, dijo uno de ellos, que era muy retórico y tal presunción tiene de sí mismo, después de sublimar y alabar la gran memoria que tuve para no se me olvidar cosa ninguna de todo lo que pasamos desde que vinimos a la Nueva España, desde el año de diez y siete hasta el de sesenta y ocho, y dijo que, cuanto a la retórica, que va según nuestro común hablar de Castilla la Vieja, y que en estos tiempos se tiene por más agradable, porque no van razones hermoseadas ni policía dorada, que suelen poner los que han escrito, sino todo a las buenas llanas, y que debajo de esta verdad se encierra todo buen hablar. Y que le parece que me alabo mucho en lo de las batallas y guerras en que me hallé y servicios que he hecho a Su Majestad, y que otras personas lo habían de decir, no yo. Y también que, para dar más crédito a lo que escribo, diese testigos, como suelen poner y alegar los coronistas, que aprueban con otros libros de cosas pasadas lo que de ello han dicho otras personas que lo vieron, y no decir secamente "esto hice" o "tal me acaeció", porque yo no soy testigo de mí mismo.

A esto se puede responder que en el primer capítulo de mi relación, que en una carta que escribió el marqués del Valle a Su Majestad en el año de cuarenta, haciéndole relación de mi persona y servicios, le hizo saber cómo vine a descubrir la Nueva España dos veces primero que no él, y la tercera vez volví en su compañía; y como testigo de vista me vio batallar en las guerras como muy esforzado soldado y salir malamente herido, así en la toma de México como en otras muchas conquistas. Y después que ganamos la Nueva España y sus provincias, y como fue en su compañía a Honduras e Higüeras, que así se nombra en esta tierra, y otras particularidades que en la carta se contenían, que por ser tan larga relación aquí no declaro. Y asimismo escribió a Su Majestad don Antonio de Mendoza, virrey de la Nueva España, digno de loable memoria por sus muchas virtudes, haciéndole relación de cómo había sido informado de los capitanes en cuya compañía yo militaba; conformaba todo con lo que el marqués escribió. Y también por probanzas muy bastantes que por mi parte fueron presentadas en el Real Consejo de Indias en el año de cuarenta.

Y estas cartas doy por testigos, y los traslados de ellas están presentados ante Su Majestad y los originales están [286v] guardados. Y si no son buenos testigos el marqués y el virrey y los capitanes y mis probanzas, quiero dar otro testigo que no lo habrá mejor en todo el mundo, que fue nuestro muy gran monarca, el cristianísimo emperador don Carlos, nuestro señor, de muy celebrada y gloriosa memoria, que sobre ello envió sus cartas selladas, en que mandaba a los virreyes y presidentes y gobernadores que en todo sea antepuesto y se me conozca mejoría como criado suyo; y otras recomendaciones que en las reales cartas se contenían, y a esta causa he estado de propósito de incorporarlas en esta relación, y más quiero que estén guardadas en mi poder.

Y volviendo a la plática, que me dijo el licenciado a quien hube prestado mi borrador, que para qué me alababa tanto de mis conquistas. A esto digo que hay cosas de las que no es bien que los hombres se alaben a sí mismos, sino sus vecinos suelen decir las virtudes y bondades que hay en las personas que las tienen; y también digo que los que no lo saben ni vieron ni entendieron ni se hallaron en ello, en especial cosas de guerras y batallas y tomas de ciudades, ¿cómo lo pueden loar y escribir sino solamente los capitanes y soldados que se hallaron en tales guerras juntamente con nosotros? Y a esta causa lo puedo decir tantas veces, y aun me jactancio de ello. Si yo quitase su honor y estado a otros valerosos soldados que se hallaron en las mismas guerras y lo atribuyese a mi persona, mal hecho sería y tendrían razón de ser reprendido; mas si digo la verdad y lo atestiguan Su Majestad y su virrey, el marqués y testigos y probanzas, y la misma relación da testimonio de ello, ¿por qué no lo diré? Y aun con letras de oro había de estar escrito. ¿Quisieran que lo digan las nubes o los pájaros que en aquellos tiempos pasaron por alto? ¿Y que lo escribiesen Gómara ni Illescas ni Cortés cuando escribía a Su Majestad? Lo que veo de estos escritos en sus crónicas solamente es en alabanza de Cortés, y callan y encubren nuestras ilustres y famosas hazañas, con las cuales ensalzamos al mismo capitán en ser marqués y tener la mucha renta y fama y nombradía que tiene. Y estos que escribieron es que ni se hallaron presentes en la Nueva España; y sin tener verdadera relación ¿cómo lo podían escribir sino a sabor de su paladar, sin ir errados, salvo que en las pláticas que tomaron del mismo marqués?

Y esto digo, que cuando Cortés, a los principios, escribía a Su Majestad, siempre por tinta le salían perlas y oro de la pluma, y todo en su loor, y no de nuestros valerosos soldados. ¿Quieren verlo? Miren a quién eligieron para escribir su historia sino a su hijo, el heredero del marquesado. Puesto que don Hernando Cortés en todo fue muy valeroso y esforzado capitán, y puede ser contado entre los más nombrados que ha habido en el mundo de aquellos tiempos, ¿no habían de considerar los coronistas que también nos habían de entremeter y hacer relación en sus historias de nuestros esforzados soldados, y no dejarnos a todos en blanco, como quedáramos si yo no metiera la mano en recitar y dar a cada uno su prez y honra? Y si yo no hubiera declarado cómo verdaderamente pasó, las personas que vieran lo que han escrito los coronistas Illescas y Gómara creerían que era verdad.

Y además de lo declarado, es bien que haga esta relación para que haya memorable memoria de mi persona y de los muchos y notables servicios que he hecho a Dios y a Su Majestad y a toda la cristiandad, como hay escrituras y relaciones de los duques y marqueses y condes e ilustres varones que sirvieron en las guerras, y también para que mis hijos y nietos y descendientes osen decir con verdad: "Estas tierras vino a descubrir y ganar mi padre a su costa, y gastó la hacienda que tenía en ello y fue en lo de conquistar de los primeros".

Y además de esto, quiero poner aquí otra plática, porque vean que no me alabo tanto como debo. Y es que me hallé en muchas más batallas y encuentros de guerra que dicen los escritores que se halló Julio César: en cincuenta y tres batallas. Y para escribir sus hechos tuvo extremados coronistas; no se contentó con lo que de él escribieron, que el mismo Julio César, por su mano, hizo memoria en sus Comentarios de todo lo que por su persona guerreó; y así, no es mucho que yo escriba los heroicos hechos del valeroso Cortés y los míos y los de mis compañeros que se hallaron juntamente peleando. Y más digo: que de todos los loores y sublimados hechos que el mismo marqués hizo y de las siete cabezas de reyes que tiene por armas, y del blasón y letras que puso en un tiro que se decía el Ave

Fénix, que se forjó en México para enviar a Su Majestad, el cual era de oro, plata y cobre, y decían las letras que en ella iban:

"Esta ave nació sin par;
yo, en serviros, sin segundo;
y vos, sin igual en el mundo".

Parte me cabe de las siete cabezas de reyes y de lo que dice en la culebrina: "Yo, en serviros, sin segundo", pues yo le ayudé en todas las conquistas y a ganar aquella prez y honra y estado; y es muy bien empleado en su muy valerosa persona.

Y volviendo a mi plática, como he dicho que me hallé en más batallas que Julio César, otra vez lo torno a afirmar, las cuales verán y hallarán los curiosos lectores en esta mi relación, en los capítulos que de ello hablan, cómo y de qué manera pasaron, porque no se puede encubrir cosa que allí no se diga y declare. Y para que más claramente se vea, los quiero poner aquí por memoria, para que no digan que hablo secamente de mi persona, porque si no lo hubieran visto muchos conquistadores, y si en esta Nueva España no hubiera mucha fama de ellos, como hay maliciosos detractores, por ventura me hubieran puesto algún objeto de oscuridad en ello.

La de Cholula, cuando nos quisieron matar y comer nuestros cuerpos, y no la cuento por batalla.

Otra, cuando vino el capitán Pánfilo de Narváez desde la isla de Cuba con mil cuatrocientos soldados, así a caballo como escopeteros y ballesteros y con mucha artillería, y nos venía a prender y a tomar la tierra por Diego Velázquez; y con doscientos sesenta y seis soldados le desbaratamos y prendimos al mismo Narváez y a sus capitanes. Y yo soy uno de los sesenta soldados que mandó Cortés que arremetiésemos a tomarles la artillería, que fue la cosa de más peligro, lo cual está escrito en el capítulo que de ello habla.

Más en tres batallas muy peligrosas que nos dieron en México, en las puentes y calzadas, cuando fuimos al socorro de Pedro de Alvarado, cuando salimos huyendo, porque de mil trescientos soldados que fuimos con Cortés y con los mismos de Narváez al socorro que dicho tengo, en nueve días no quedamos de todos sino cuatrocientos sesenta y ocho, que todos los más murieron en las mismas puentes, y fueron sacrificados y comidos por los indios.

Otra batalla muy dudosa, que se dice la de Otumba, con el mismo Cortés. Otra, cuando fuimos sobre Tepeaca, con el mismo Cortés.

Otra, cuando fuimos a correr los alrededores de Cachula.

Otra, cuando fuimos a Tezcuco y nos salieron al encuentro los mexicanos y los de Tezcuco, con el mismo Cortés.

Otra, cuando fuimos con Cortés a lo de Iztapalapa, que nos quisieron anegar.

Otras tres batallas, cuando fuimos con el mismo Cortés a rodear todos los pueblos grandes alrededor de la laguna, y me hallé en Suchimilco en las tres batallas que dicho tengo, y bien peligrosas, cuando derrocaron los mexicanos a Cortés del caballo y lo hirieron y se vio bien fatigado.

Más otras dos batallas en los peñoles que llaman "de Cortés", y nos mataron nueve soldados y salimos todos heridos por mala consideración de Cortés.

Otra, cuando me envió Cortés con muchos soldados a defender las milpas, que eran de los pueblos nuestros amigos, que nos tomaban los mexicanos.

Además de todo esto, cuando pusimos cerco a México: en noventa y tres días que lo tuvimos cercado me hallé en más de ochenta batallas, porque cada día teníamos sobre nosotros gran multitud de mexicanos; hagamos cuenta que serán ochenta.

Después de conquistado México me hallé en la provincia de Cimatlán, que es ya tierra de Guazacualco, en dos batallas; salí de una con tres heridas, en compañía del capitán Luis Marín.

En las sierras de los zapotecas y minjes me hallé en dos batallas, con el mismo Luis Marín.

En lo de Chiapa, en dos batallas, con los mismos chiapanecas y con el mismo Luis Marín.

Otra, en lo de Chamula, con el mismo Luis Marín.

Otra, cuando fuimos a las Higüeras con Cortés, en una batalla que tuvimos en un pueblo que se dice Zulaco; allí mataron mi caballo.

Después de vuelto a la Nueva España de lo de Honduras e Higüeras, que así se nombra, volví a ayudar a traer en paz las provincias de los zapotecas y minjes y otras tierras. Y no cuento las batallas ni encuentros que con ellos tuvimos, aunque había bien qué decir; ni los encuentros que me hallé en esta provincia de Guatemala, porque ciertamente no era gente de guerra, sino de dar voces y gritos y ruido y hacer hoyos, y en barrancos muy hondos; y aun con todo esto, me dieron un flechazo en una barranca, entre Petapa y Juanagasapa, porque allí nos aguardaron.

Y en todas estas batallas que he recontado que me hallé, se hallaron el valeroso capitán Cortés y todos sus capitanes y esforzados soldados, y allí murieron todos los más, puesto que otros murieron en lo de Pánuco, que yo no me hallé en ello, y en Colima y Zacatula, que tampoco me hallé, ni en lo de Mechoacán. Todas aquellas provincias vinieron de paz, y también en lo de Tutultepeque y en lo de Jalisco, que llaman la Nueva Galicia, que también vino de paz. Ni en toda la costa del Sur me hallé, porque harto teníamos en qué entender en otras partes. Y como la Nueva España es tan grande, no podíamos ir todos los soldados juntos a unas partes ni a otras, sino que Cortés enviaba a conquistar lo que estaba en guerra. Y para que claramente se conozca dónde mataron los más españoles, lo diré paso por paso en las batallas y encuentros de guerras.

En la punta de Cotoche y en lo de Champotón, cuando vine con Francisco Hernández, primer descubridor, en dos batallas nos mataron cincuenta y ocho soldados, que son más de la mitad de los que veníamos.

En otra batalla, en lo de la Florida, cuando íbamos a tomar agua, nos llevaron vivo a un soldado; salimos todos heridos.

En otra, cuando lo de Juan de Grijalva, en lo del mismo Champotón, murieron diez soldados, y el capitán salió bien herido y con dos dientes quebrados.

Cuando vino el muy valeroso y esforzado capitán Hernando Cortés, en dos batallas en lo de Tabasco, con el mismo Cortés, murieron seis o siete soldados.

En tres batallas que tuvimos en lo de Tascala, bien dudosas y peligrosas, murieron cuatro soldados.

Otra, cuando vino el capitán Narváez desde la isla de Cuba con mil cuatrocientos soldados, así a caballo como escopeteros y ballesteros, y nos venía a prender y tomar la tierra por Diego Velázquez, y con doscientos sesenta y seis soldados los desbaratamos y prendimos al mismo Narváez y a sus capitanes, y con la artillería que tenía puesta Narváez contra nosotros mató a cuatro soldados.

Más en tres batallas muy peligrosas que nos dieron en México, y en las puentes y calzadas, y en la de Otumba, cuando fuimos al socorro de Pedro de Alvarado y salimos huyendo de México, de mil trescientos soldados, contados con los mismos de Narváez, que fuimos con Cortés, en nueve días que nos dieron guerra no quedamos de todos mil trescientos, sino cuatrocientos sesenta y ocho, que todos los más murieron en las mismas puentes y fueron sacrificados y comidos por los indios, y todos los más salimos heridos. ¡A Dios misericordia!

Otra batalla, cuando fuimos sobre Tepeaca con el mismo Cortés; nos mataron dos soldados.

Otra, cuando fuimos a correr los alrededores de Cachula y Teconachalco; murieron otros dos españoles.

Otra, cuando fuimos a Tezcuco y nos salieron al encuentro los mexicanos y los de Tezcuco, con el mismo Cortés; nos mataron un soldado.

Otra, cuando fuimos con Cortés a lo de Iztapalapa, que nos quisieron anegar, murieron dos o tres de las heridas, que no me acuerdo bien cuántos fueron.

Otras tres batallas, cuando fuimos con el mismo Cortés a todos los pueblos grandes que están alrededor de la laguna; y estas tres batallas fueron bien peligrosas, porque derrocaron los mexicanos a Cortés del caballo y lo hirieron, y se vio bien fatigado, y esto fue en lo de Suchimilco, y murieron ocho españoles.

Otras dos batallas en los peñoles que llaman "de Cortés", y nos mataron nueve soldados y salimos todos heridos por mala consideración de Cortés.

Otra, cuando me envió Cortés con muchos soldados a defender las milpas del maíz que les tomaban los mexicanos, las cuales eran de nuestros amigos de Tezcuco; murió un español, de sus heridas, a los nueve días.

Además de todo esto que arriba he declarado, cuando pusimos cerco a México: en noventa y tres días que lo tuvimos cercado me hallé en más de ochenta batallas, porque cada día teníamos, desde que amanecía hasta que anochecía, sobre nosotros gran multitud de guerreros mexicanos que nos daban guerra. Murieron por todos los soldados que en aquellas batallas nos hallamos: de los de Cortés, sesenta y tres; de Pedro de Alvarado, nueve; de Sandoval, seis. Hagamos cuenta que fueron ochenta batallas que nos dieron en noventa y tres días.

Después de conquistado México, me hallé en la provincia de Cimatlán, que es tierra de Guazacualco, en dos batallas, y en ellas nos mataron tres soldados, en compañía del capitán Luis Marín.

En las sierras de los zapotecas y minjes, que son muy altas y no hay caminos, en dos batallas, con el mismo Luis Marín, nos mataron dos soldados.

En la provincia de Chiapa, en dos batallas bien peligrosas con los mismos chiapanecos y en compañía del mismo Marín, nos mataron dos soldados.

Otra batalla en lo de Chamula, en compañía del mismo Luis Marín, murió un soldado de las heridas.

Otra, cuando fuimos a las Higüeras y Honduras con Cortés, en una batalla con un pueblo que se decía Zulaco, mataron a un soldado.

Ya he declarado en las batallas en que me hallé los que en ellas murieron, y no cuento lo de Pánuco, porque no me hallé en ellas; mas fama muy cierta es que mataron, de los de Garay y de otros nuevamente venidos de Castilla, más de trescientos soldados de los que llevó Cortés a pacificar aquella provincia, como de los que llevó Sandoval cuando se volvieron a alzar.

Y en la que llamamos de Almería, yo no me hallé en ella, mas sé cierto que mataron al capitán Juan de Escalante y a siete soldados. También digo que en lo de Colima y Zacatula y Michoacán y Jalisco y Tututepeque mataron ciertos soldados.

Olvidado se me había de escribir de otros sesenta y seis soldados y tres mujeres de Castilla que mataron los mexicanos en un pueblo que se dice Tustepeque, y quedaron en aquel pueblo creyendo que les habían de dar de comer, porque eran de los de Narváez y estaban dolientes. Y para que bien se entienda los nombres de los pueblos, uno es Tustepeque, en la costa del norte, y otro es Tututepeque, en la costa del sur; y esto digo para que no me arguyan que voy errado, que pongo a un pueblo dos nombres.

También dirán ahora que es gran prolijidad lo que escribo acerca de poner en una parte las batallas en que me hallé y tornar a referir los que murieron en cada batalla, que lo pudiera significar de una vez. También dirán los curiosos lectores que cómo pude yo saber los que murieron en cada parte, en las batallas que tuvimos. A esto digo que es muy bueno y claro darlo a entender. Pongamos aquí una comparación: hagamos cuenta que sale de Castilla un valeroso capitán y va a dar guerra a los moros y turcos, o a otras batallas de contrarios, y lleva sobre veinte mil soldados; después de asentado su real, envía un capitán con soldados a tal parte, y otro, a otra parte, y va con ellos por capitán. Después que ha dado las batallas y encuentros, que vuelve con su gente al real, tienen cuenta de los que murieron en la batalla o están heridos o quedan presos; así, cuando íbamos con el valeroso Cortés, íbamos todos juntos, y en las batallas sabíamos los que quedaban muertos o volvían heridos, y asimismo de otros que enviaban a otras provincias. Y así, no es mucho que yo tenga memoria de todo lo que dicho tengo y lo escriba tan claramente. Dejemos esto aparte.

CAPÍTULO XVII: LOS INDIOS MEXICANOS VIERON UNA SEÑAL EN EL CIELO

Dijeron los indios mexicanos que poco tiempo había, antes que viniésemos a Nueva España, que vieron una señal en el cielo que era como entre verde y colorado y redonda como rueda de carreta, y que junto a la señal venía otra raya y camino de hacia donde sale el sol, y se venía a juntar con la raya colorada; y Montezuma, gran cacique de México, mandó llamar a sus papas y adivinos para que mirasen aquella cosa y señal, nunca entre ellos vista ni oída que tal hubiese. Y según pareció, los papas lo comunicaron con el ídolo Huichilobos; y la respuesta que dio fue que tendrían muchas guerras y pestilencias, y que habría sacrificación de sangre humana. Y como vinimos aquel tiempo con Cortés, y desde a diez meses vino Narváez y trajo un negro lleno de viruelas, el cual las pegó a todos los in dios que había en un pueblo que se decía Cempoal, y desde aquel pueblo cundió en toda Nueva España y hubo grande pestilencia. Y además de esto, las guerras que nos dieron en México cuando fuimos al socorro de Pedro de Alvarado, que de mil y trescientos soldados que en ella entramos, mataron y sacrificaron ochocientos y cincuenta; de manera que los que lo dijeron salieron ciertos en lo de las señales. Nosotros nunca las vimos, sino por dicho de mexicanos lo pongo aquí, porque así lo tienen en sus pinturas, las cuales hallamos verdaderas.

Lo que yo vi, y todos cuantos quisieron ver, en el año del veinte y siete, estaba una señal del cielo, de noche, a manera de espada larga, como entre la provincia de Pánuco y la ciudad de Tezcuco, y no se mudaba del cielo a una parte ni a otra en más de veinte días; y dijeron los papas e indios mexicanos que era señal que habría pestilencia, y desde a pocos días hubo sarampión y otra enfermedad como lepra que hedía muy mal, de lo cual murió mucha gente, pero no tanto como de la viruela.

También quiero decir cómo en la villa de Guazacualco, en el año veinte y ocho, llovió un aguacero de terrones, y no era de la manera que otras veces suele llover; y en cayendo en el suelo, aquello que parecía agua se congelaba en sapos poco mayores que moscardones y se cuajó el suelo de ellos, y luego comenzaron a saltar hacia el río que estaba cerca; y sin ir unos hacia donde iban otros ni torcer la vía derecha, se entraron en el río. Y como eran muchos, y la tierra calurosa y hacía muchos soles, no pudieron llegar todos los sapos al río, y así quedaron muchos en el suelo, y aves carniceras y de rapiña comieron todos los más, y los que no llegaron dieron mal olor, y los mandamos limpiar para quitar la hedentina.

Asimismo dijeron otras personas de fe y de creer que en un pueblo cerca de la Veracruz que se dice Cempoal llovió en aquel instante muchos sapillos junto a un ingenio de azúcar que había en aquella sazón en Cempoal, que era del contador Albornoz. Y como esto de llover sapos parece que no son cosas que todos los hombres las ven con los ojos, estuve por no escribirlas, porque, como dicen los sabios, qué cosas de admiración que no se cuenten. Y leyendo esta relación un caballero vecino de esta ciudad, persona de calidad, que se dice Juan de Guzmán, dijo que es verdad, que vinieron él y otro hidalgo por la provincia del Yucatán, que llovió tantos sapos, que en los capotes que llevaban de camino, del agua que cayó en ellos, se congeló gran cantidad de sapos pequeños, y que los sacudieron. Y asimismo dijo otro vecino de Guatemala que se llama Cosme Román, que en la ciudad vieja llovió sapillos, y era en el tiempo que dijo Guzmán.

Volvamos a una gran tormenta y tempestad que acaeció en Guatemala. Y es que en el año de mil quinientos cuarenta y uno, por el mes de septiembre, llovió tanta agua tres días con sus dos noches, que se hinchó una boca de un volcán que estaba obra de una legua de la ciudad de Guatemala y reventó por un lado de la abertura del volcán, y del gran ímpetu del agua trajo muchas piedras y árboles, de tal manera que, si no lo hubiera visto, no lo pudiera creer, porque dos yuntas de bueyes no las podrían arrancar, las cuales piedras están hoy día por señal; y además de ellas, los árboles con sus raíces muy grandes, y muchos maderos y piedras chicas. El agua era a manera de lama y cieno cuajado, y hubo tan gran viento, que hacía alzar olas al agua, puesto que era como lama; y con esta agua, grandísimo ruido: no se oían unos a otros vecinos, ni padres a hijos se podían valer.

Y esta tormenta fue en sábado en la noche, a obra de las diez, en once de septiembre del año ya por mí dicho. Y toda aquella tempestad de piedras, maderos, agua y cieno vino por mitad de lo poblado de Guatemala y llevó y derribó todas las casas que halló, por fuertes y recias que eran, y murieron en ellas muchos hombres, mujeres y niños, y se perdieron cuantas alhajas y haciendas tenían los vecinos; y otras muchas casas que estaban en parte que la tormenta no las llevó quedaron llenas hasta las ventanas de lama, lodo y piedras, atravesados muchos árboles.

Y en aquella sazón que esto pasaba, se recogió a rezar en un oratorio una ilustre señora que se decía doña Beatriz de la Cueva, mujer del adelantado don Pedro de Alvarado, y tenía consigo algunas damas y doncellas que había traído de Castilla para casarlas; y estando rezando y rogando a Dios que las guardase de la tempestad, cuando no se cató vino el agua y cieno con tanto sonido y fuerza, que derribó la casa y oratorio, y las ahogó y llevó el agua, que no se escaparon sino una señora que se dice doña Leonor de Alvarado, hija del adelantado, la cual hallaron entre unos árboles y piedras grandes. Y desde que la conocieron sus criados, la sacaron medio muerta y sin sentido; y ahora en esta sazón está casada con un caballero que se dice don Francisco de la Cueva, que es primo del duque de Alburquerque y tiene hijos varones, muy buenos caballeros, e hijas doncellas, muy generosas, para casar; y también escaparon otras dos señoras de las que no recuerdo sus nombres.

Volveré a tratar de esta materia, que después, día claro, muchas personas dijeron que cuando andaba la tormenta oyeron silbos y voces y aullidos muy espantables, y decían que venían envueltos con las piedras muchos demonios, que de otra manera era cosa imposible venir tantas piedras y árboles sobre sí, y que andaba en las olas una vaca con un cuerno y dos bultos de hombre como negros de malas caras y gestos, y que decían a grandes voces: "¡Dejadlo, dejadlo, que todo ha de perecer y acabar!". Y cuando salían los vecinos a las puertas o se asomaban a las ventanas a ver qué cosa era, tomaban en sí gran pavor y se porfiaban de salir de una calle a otra para guarecerse, los padres a los hijos y los maridos a sus mujeres, los arrebataba la ola de agua y del cieno y los llevaba hasta el río, que estaba muy cerca. Y además de estos desastres, hizo otros peores males a los indios que estaban poblados y vivían más arriba en aquel pasaje donde venían las piedras y maderas, agua y cieno, y a todos los ahogó. ¡Dios perdónelos, así a unos como a los otros!

Fama fue que aquella señora, ya por mí nombrada otras veces, que allí se ahogó, que pocos días había que le habían traído nuevas de que el adelantado, su marido, le habían muerto en socorro que fue a hacer en los soldados de Cochistlán, españoles, según más largamente lo he recontado y está escrito. Y como le trajeron tan tristes nuevas, se mesó los cabellos y lloró mucho y se rasguñó su cara, y por más sentimiento mandó que todas las paredes de su casa se pintasen negras con una tinta y betún negro. Y después de hechas las honras por su querido marido, pareció que echaba menos cada día al adelantado, su marido, y daba gritos y voces y hacía muchos sentimientos y no quería comer ni recibir consolación. Y como se suele usar consolar a los tristes y viudas, iban a verla muchos caballeros de esta ciudad y le decían palabras con que se consolase y no tuviese tanta pena, pues Dios fue servido de llevarse aquel caballero; y que hiciese bien por su alma y diese gracias a Dios por ello, y le decían otras palabras de consuelo que en tales cosas se suelen decir. Y dicen que respondió que daba gracias a Dios por ello, pero que no tenía otro consuelo en este mundo en que Dios Nuestro Señor la pudiese hacer más daño de lo hecho en llevarle a su marido. Y dijeron muchas personas que, si fueron dichas aquellas palabras de todo corazón, que fueron muy malas y que Dios Nuestro Señor no se pagó de ellas, y que fue servido por aquella blasfemia que la tempestad viniese y que feneciese en ella con sus doncellas, y que muriesen así vecinos, mujeres y niños e indios e indias, y casas y haciendas, y que todo se perdiese. Secretos son de Dios, por todo lo que es servido de hacer, y le hemos de dar gracias y loores, y con corazones contritos suplicarle nos perdone nuestros pecados. Después que he estado en Guatemala, he oído decir que nunca aquella señora dijo tan malas palabras, sino que tan solamente deseaba morirse con su marido; y lo demás, que se lo levantaron.

Y volviendo a decir de las piedras que trajo la avenida, son tan grandes, que cuando vienen a esta ciudad forasteros las van a ver y quedan espantados. Después que pasó aquella desdicha de la tormenta, los vecinos que escaparon de ella buscaron los cuerpos de los muertos y los enterraron y no osaron vivir en la ciudad, porque muchos de ellos y casi todos se fueron a estar a sus estancias, y otros hicieron ranchos y chozas en el campo, hasta que se acordó por todos los vecinos que se poblase esta ciudad donde ahora está, que solía ser labranza de maizales. Y cierto, no fue buen acuerdo tomar tan mal asiento, porque mejor estuviera en Petapa y más conveniente para todos los vecinos mercaderes, o en los llanos de Chimaltenango. Y si miramos bien en ello, en esta ciudad, desde que aquí se asentó, nunca faltan trabajos de venir el río crecido o temblores.

Y dejando esto del mal asiento, quiero traer a la memoria lo que se acordó y ordenó en esta ciudad por el obispo pasado, de buena memoria, y otros caballeros: que se hiciese una procesión cada año a once de septiembre y que saliese de la iglesia mayor y fuese de madrugada a la ciudad vieja, y llevasen todas las cruces y dignidades y clérigos y religiosos, todos con gran contrición, cantando las letanías y otras santas oraciones, y todos los demás rezando y demandando a Dios misericordia para que nos perdone nuestros pecados y los de los que murieron en aquella tormenta, hasta llegar con la procesión a la iglesia que solía ser en la ciudad vieja, y la tienen bien adornada y enramada y con paños de tapicería y aderezados los altares. Y allí dicen misa los sacerdotes y religiosos, y desde que acaban de decir las misas, dicen sus responsos por los difuntos que allí están enterrados y ponen en las sepulturas de personas insignes algunas tumbas con hachas de cera encendidas, y ofreciendo pan y vino y carneros, y en otras lo que pueden, según la calidad de los difuntos que allí están enterrados. Y todas las más veces hay sermones, y el obispo, ya otra vez por mí nombrado, iba con la procesión, el cual murió, y en su testamento dejó ciertas rentas para que se pagase a los sacerdotes las misas que dijesen; remítome al testamento. Y después que se ha dicho misa y oído sermón, muchos vecinos de esta ciudad y caballeros y señoras tienen allí sus ollas, meriendas y comidas suntuosas, según se usa en Castilla, y se van a holgar a algunas huertas y jardines, o en el campo; o como cuando tenemos una procesión fuera de la ciudad o promesa o advocación de santos, se tiene por costumbre en Castilla llevar el almuerzo.

Esto que aquí he dicho y relatado yo no me hallé en ello, mas dígolo porque entre los papeles y memorias que dejó el buen obispo don Francisco Marroquín estaban escritos los temblores, cómo y cuándo y de qué manera pasaron, según aquí va declarado, y lo demás me dijeron personas de fe y de creer que se hallaron presentes en la avenida, porque en aquel tiempo estaba en Chiapas. Y después de esto pasado, han corrido otros tiempos, que dicen los curas y dignidades de esta santa Iglesia de Guatemala que no dejó renta el obispo Francisco Marroquín, de buena memoria, para hacer la procesión que se solía hacer; y así está ya olvidado de tantos años a esta parte ya pasados.

Hanme rogado ciertos religiosos que les dijese y declarase por qué causa se herraron muchos indios e indias por esclavos en toda la Nueva España, si los herramos sin hacer de ello relación a Su Majestad. A esto les dije, y aun digo ahora, que Su Majestad lo envió a mandar dos veces. Y para que esto bien se entienda, sepan los curiosos lectores que fue de esta manera: que Diego Velázquez, gobernador de la isla de Cuba, envió una armada contra nosotros, y en ella por capitán a uno que se decía Pánfilo de Narváez, y trajo sobre mil y trescientos soldados, y entre ellos fueron noventa de a caballo y noventa espingarderos —porque espingardas se llamaban en aquel tiempo— y ochenta ballesteros. Y venía a prendernos y tomar la tierra por Diego Velázquez, lo cual tengo ya escrito en mi relación en el capítulo que de ello habla, y conviene que ahora lo refiera otra vez para que bien se entienda.

Pues volviendo a mi materia, desde que supo nuestro capitán Cortés y todos nuestros soldados la manera en que venía Narváez furioso y de las palabras descomedidas que contra nosotros decía, acordamos de salir de México a vernos con él, doscientos sesenta y seis soldados, a procurar de desbaratarlo antes que él nos prendiese. Y porque en aquella sazón teníamos preso al gran Montezuma, señor de México, dejamos en su guarda a un capitán —ya otras veces por mí nombrado— que se decía Pedro de Alvarado, con el cual dejamos en su compañía ochenta soldados, que nos pareció que algunos de ellos eran sospechosos de que no tendríamos de ellos ayuda, por haber sido amigos de Diego Velázquez y nos serían contrarios.

Y entretanto que fuimos contra Narváez, se alzó la ciudad de México y sus sujetos.

Y quiero decir las causas y razones que el gran Montezuma daba de por qué se rebelaron, y fueron verdaderas así como lo dijo. Porque, según parece, en aquel tiempo tenían los mexicanos por costumbre hacer gran fiesta a sus ídolos, que se decían Huchilubus y Tezcatepuca; y para hacerles regocijos y danzas y salir con sus riquezas de joyas de oro y penachos, como solían danzar, demandó licencia el gran Montezuma a Pedro de Alvarado, y él se la dio con muestras de buena voluntad.

Y desde que vio que estaban bailando y cantando todos los más caciques de aquella ciudad y otros principales que habían venido de otras partes a ver aquellas danzas, salió de repente Pedro de Alvarado de su aposento con todos sus ochenta soldados bien armados y dio en los caciques estando bailando en el patio principal del cu mayor, y mató y hirió a ciertos de ellos, habiéndole estos demandado licencia para ello.

Y desde que esto vio el gran Montezuma y sus principales, hubo muy grande enojo de cosa tan mala y fea, y luego en aquel instante le dieron guerra. El primer día le mataron ocho soldados y hirieron a casi todos los que tenía, y le quemaron los aposentos y le cercaron de manera que se vio en grande aprieto; y ciertamente los hubieran acabado de matar si les dieran guerra otro día.

Mas el gran Montezuma mandó a sus principales y capitanes que cesase la guerra por entonces, porque en aquella sazón Pedro de Alvarado amenazaba mucho al Montezuma que lo mataría allí en la prisión donde estaba si más lo guerreaban. Y también dejaron de dar guerra porque le vinieron en posta a decir sus espías y principales —que siempre enviaba sobre nosotros desde que salimos de México para ir sobre Narváez para saber cómo nos iba con él— y supo cómo lo habíamos desbaratado, de lo cual lo tuvo por grande cosa él y todos sus capitanes, porque tenían por cierto que, como éramos los de Cortés pocos y los de Narváez cuatro veces más que nosotros, que nos prendieran o mataran.

Volvamos a nuestra plática, y diré que después que hubimos preso a Narváez volvimos a México a socorrer a Alvarado.

Y Cortés supo cómo le había demandado licencia el gran Montezuma a Pedro de Alvarado para hacer aquel areito y fiesta. Y desde que vio aquello, se lo riñó muy malamente con palabras desabridas, y también se lo dijo un capitán que se decía Alonso de Ávila —muchas veces por mí ya nombrado— que estaba muy mal con Pedro de Alvarado, que siempre quedaría mala memoria en esta Nueva España de haber hecho aquella cosa tan mala.

A lo cual Pedro de Alvarado dio por descargo, con juramentos que sobre ello hizo, que supo muy ciertamente de tres papas y principales y de otros caciques que estaban en compañía del gran Montezuma, que aquella fiesta que hacían a su Huchilubus —que era el dios de la guerra— que fue porque les diese victoria contra él y sus soldados, y sacar de prisión a Montezuma, y después dar guerra a los que venían con Narváez y a los que quedásemos vivos de Cortés. Y porque supo de cierto que le habían de dar guerra al día siguiente, se adelantó primero a dar en ellos, porque estuviesen medrosos y tuviesen que curar de las heridas que les dieron.

Quiero volver a mi materia. Que como alcanzamos a saber cómo lo tenían cercado y el aprieto en que estaba, acordamos de irlo a socorrer con presteza, y nos hicimos amigos los de Cortés con los de Narváez, y fuimos al socorro sobre mil y trescientos soldados, y los noventa de a caballo, y sobre cien espingarderos y noventa ballesteros. Y estos que aquí digo, todos los más fueron de los de Narváez, porque nosotros, los de Cortés, no llegábamos a trescientos cincuenta, y hase de entender contados en ellos los ochenta que tenía Pedro de Alvarado consigo; y también fueron con nosotros sobre dos mil amigos tlaxcaltecas; y con este poder, que nos pareció grande, entramos en México, y Cortés muy soberbio con la victoria de Narváez.

Y otro día, después que hubimos llegado, nos dieron los mexicanos tantos combates y sangrientas guerras, que de los mil y trescientos soldados que entramos, en ocho días nos mataron, sacrificaron y comieron a más de ochocientos sesenta y dos españoles, así de los que pasamos con Cortés como de los que trajo Narváez, y también sacrificaron y comieron a más de mil tlaxcaltecas. Y esto fue en la misma ciudad y sus calzadas y puentes, y en una batalla campal, que en esta tierra llamamos la de Otumba, y escapamos de aquella derrota cuatrocientos cuarenta soldados y veintidós caballos. Y si no saliéramos huyendo a medianoche, allá quedáramos todos; y esos que salimos, muy mal heridos. Y con la ayuda de Dios, que nos favoreció, con mucho trabajo nos fuimos a socorrer a Tlaxcala, que nos recibieron como buenos y leales amigos.

Y desde cinco meses después tuvimos ciertas ayudas de soldados, que vinieron en tres veces navíos con capitanes que envió un don Francisco de Garay desde la isla de Jamaica al río de Pánuco, para ayudar a una su armada. Y desde tres meses después tuvimos otras ayudas de otros dos navíos que vinieron de Cuba, en que venían veinte y tantos soldados y caballos que enviaba Diego Velázquez en favor de su capitán Pánfilo de Narváez, creyendo que nos había ya desbaratado y preso.

Y como teníamos las ayudas y navíos por mí ya dichos, y con oro que se hubo en la salida de México, acordó Cortés con todos nuestros capitanes y soldados que hiciésemos relación de todas nuestras conquistas a la Real Audiencia y frailes jerónimos que estaban por gobernadores en la isla de Santo Domingo. Y para ello enviamos dos embajadores, personas de calidad, que se decían el capitán Alonso de Ávila y un Francisco Álvarez Chico, que era hombre de negocios, y les enviamos a suplicar, atento a las relaciones ya por mí dichas y de las guerras que nos dieron, diesen licencia para que de los indios mexicanos y naturales de los pueblos que se habían alzado y muerto españoles, que si los tornásemos a requerir tres veces que viniesen de paz, y que si no quisiesen venir y diesen guerra, que les pudiésemos hacer esclavos y echar un hierro en la cara, que fue G como ésta.

Y lo que sobre ello proveyeron la Real Audiencia y los frailes jerónimos fue dar la licencia conforme a una provisión, con ciertos capítulos, de la orden que se había de tener para echarles el hierro por esclavos; y de la misma manera que nos fue enviado a mandar por su provisión, se herraron en la Nueva España. Y además de esto que dicho tengo, la misma Real Audiencia y frailes jerónimos lo enviaron a hacer saber a Su Majestad cuando estaba en Flandes, y lo dio por bien hecho, y los de su Real Consejo de Indias enviaron otra provisión sobre ello.

También quiero traer aquí a la memoria cómo, desde ahí a obra de un año, enviamos desde México nuestros embajadores a Castilla, y se hizo relación a Su Majestad cómo, antes que viniésemos con Cortés a la Nueva España, y aun en aquella sazón, los indios y caciques, comúnmente, tenían cantidad de indios e indias por esclavos, y que los vendían y contrataban con ellos como se contrata cualquier mercadería, y andaban indios mercaderes de plaza en plaza y de mercado en mercado vendiéndolos y trocándolos por oro, mantas y cacao, y que traían sobre quince o veinte juntos a vender, atados con colleras y cordeles, muy peor que los portugueses traen los negros de Guinea.

Y de todo esto llevaron nuestros embajadores probanzas de fe y de creer, y por testigos ciertos indios mexicanos. Y con aquellos recaudos enviamos a suplicar a Su Majestad que nos hiciese merced de darnos licencia que por tributo nos los diesen y les pudiésemos comprar por nuestro rescate, según y de la manera que los indios los vendían y compraban; y Su Majestad fue servido de hacernos merced de ello y mandó señalar personas que fuesen de confianza y suficientes para tener el hierro con que se habían de herrar. Y después que hubieron traído a la Nueva España y a México la real provisión que sobre ello Su Majestad mandaba, se ordenó que, para que no hubiera engaño ninguno en el herrar, que tuviese el hierro un alcalde y un regidor, el más antiguo, y un beneficiado que en aquel tiempo hubiese, de cualquier ciudad o villa, y que fuesen personas de buena conciencia. Y el hierro que entonces se hizo para herrar a los esclavos que habían de rescate era una R como ésta.

Quiero también escribir aquí que valiera más que muchas mercedes enviáramos a suplicar a Su Majestad nos hiciese, porque si lo alcanzaba a saber, como era cristianísimo, o los señores que mandaban en aquel tiempo en el consejo de Indias supieran lo que después sucedió sobre ello, y como en todo lo que proveen desean acertar, nunca tal licencia Su Majestad mandara dar, ni en su Real Consejo se proveyera. Porque ciertamente hubo grandes fraudes sobre el herrar de los indios. Porque como los hombres no somos todos muy buenos, antes hay algunos de mala conciencia, y como en aquel tiempo vinieron de Castilla y de las islas muchos españoles pobres y de gran codicia, caninos y hambrientos por haber riquezas y esclavos, tenían tales maneras, que herraban a los libres.

Y para que mejor se entienda esta materia, en el tiempo que gobernaba Cortés, antes que fuésemos con él a las Higüeras, había rectitud sobre el herrar de los esclavos, porque no se herraban sin primero saber muy de cierto si eran libres; y después que salimos de México y fuimos con Cortés al cabo de Honduras, que así se llaman en esta tierra, y tardamos en ir y volver a México dos años y tres meses, que estuvimos conquistando y trayendo de paz aquellas provincias, en aquel tiempo que estuvimos ausentes hubo en la Nueva España tantas injusticias y revueltas y escándalos entre los que dejó Cortés por sus tenientes de gobernadores, que no tenían cuidado si se herraban los indios con justo título o con malo, sino entender de sus bandos e intereses. Y a las personas que en aquel tiempo encargaron el hierro los que gobernaban, no miraron si eran de mala conciencia y codiciosos, y les daban aquel cargo a sus amigos, por les aprovechar, y echaban el hierro a muchos indios libres.

Y además de esto, hubo otras maldades entre los caciques que daban tributo a sus encomenderos, que tomaban de sus pueblos indios e indias, muchachos pobres y huérfanos, y los daban por esclavos.

Y fue tanta la disolución que sobre esto hubo, que los primeros que en la Nueva España quebramos el hierro del rescate fue en la villa de Guazacualco, donde en aquel tiempo era yo vecino, porque cuando esto pasó había más de un año que había vuelto a aquella villa de la jornada que hicimos con Cortés; y como regidor más antiguo y persona de confianza me entregaron el hierro para que lo tuviese yo y un beneficiado de aquella villa que se decía Benito López. Y como vimos que la provincia se disminuía y las cautelas que los caciques y algunos encomenderos traían para que les herrásemos los indios por esclavos, no siéndolo, muy secretamente quebramos el hierro sin dar parte de ello al alcalde mayor ni al cabildo, y en posta hicimos mensajero a México al presidente don Sebastián Ramírez, obispo que entonces era de Santo Domingo, que fue muy buen presidente, recto y de buena vida; y le hicimos sabedor de cómo quebramos el hierro, y le suplicamos, por vía de buen consejo, que luego expresamente mandase que no se herrasen más esclavos en toda la Nueva España. Y vistas nuestras cartas, nos escribió que lo habíamos hecho como muy buenos servidores de Su Majestad, agradeciéndonoslo mucho, con ofertas de que nos ayudaría; y luego mandó, juntamente con la Real Audiencia, que no se herrasen más indios en toda la Nueva España, ni en Jalisco, ni en Tabasco, ni en Yucatán, ni en Guatemala; y fue santo y bueno esto que mandó.

Y como hay hombres que no tienen aquel celo que son obligados a tener, así para el servicio de Dios como al de Su Majestad, y no mirando el mal que se hacía en herrar indios libres por esclavos, desde que alcanzaron a saber en nuestra villa de Guazacualco que yo y el beneficiado Benito López, mi compañero, quebramos el hierro, decían que por nuestra causa les quitamos que no gozasen de las mercedes que Su Majestad nos había hecho; y más decían que éramos malos republicanos y que no ayudábamos a la villa y que merecíamos ser apedreados. Y de todo lo que decían nos reíamos y pasábamos por ello, y nos preciábamos de haber hecho tan buena obra.

Y entonces, el mismo presidente, juntamente con la Real Audiencia, me enviaron provisión a mí y al beneficiado ya por mí nombrado para ser visitadores generales de dos villas, que eran Guazacualco y Tabasco, y nos enviaron la instrucción de qué manera habían de ser nuestras visitas y en qué tantos pesos podíamos condenar en las sentencias que diésemos, que fue hasta cincuenta mil maravedís; y por delitos y muertes y otras cosas atroces lo remitiésemos a la misma Real Audiencia. Y también nos enviaron provisión para hacer la descripción de las tierras de los pueblos de las dos villas, lo cual visitamos lo mejor que pudimos, y les enviamos traslado de los procesos y descripción de las provincias y relación de todo lo que habíamos hecho. Y respondió que lo daba por muy bueno y que haría sabedor de ello a Su Majestad para que nos hiciese mercedes; y que si en alguna cosa algo se me ofreciese, le hiciese relación de ello, porque él me ayudaría, y siempre me tuvo buena voluntad.

Y en aquel tiempo le mandó enviar a llamar Su Majestad que fuese a Castilla; y cuando yo estaba en México por procurador síndico de la villa de Guazacualco, platicando con él sobre negocios y la conquista de la Nueva España, de una plática en otra, que vino a coyuntura, me dijo que antes que fuese obispo de Santo Domingo había sido inquisidor en Sevilla. Quiero dejar esta materia, y aunque ha sido muy larga y prolija, en la cual por ella verán las licencias de Su Majestad que para herrar esclavos teníamos, y de los señores de su Real Consejo de Indias.

Diré de los gobernadores que gobernaron la Nueva España.

CAPÍTULO XVIII: LOS GOBERNADORES DE LA NUEVA ESPAÑA

El primer capitán y gobernador fue el valeroso y buen capitán Hernando Cortés, que después, con el tiempo, fue marqués del Valle y tuvo otros ditados, y los tres bien merecidos; y gobernó muy bien y pacíficamente más de tres años. Y luego fue a las Higüeras y cabo de Honduras, y dejó por gobernadores y tenientes para que gobernasen al tesorero Alonso de Estrada, natural de Ciudad Real, y en su compañía al contador Rodrigo de Albornoz o de Ramaga, y gobernaron obra de tres meses.

Y luego gobernaron el factor Gonzalo de Salazar, natural de Granada, y en su compañía el veedor Peralmírez Chirinos, de Úbeda. Y de la manera que fueron gobernadores ya lo he escrito otra vez en el capítulo que de ello habla, y de los escándalos que en México hubo sobre si habían de gobernar o no, y estuvieron gobernando más de año y medio. Y como Cortés alcanzó a saber las alteraciones que en México había por su mala gobernación, les envió a revocar el poder desde la provincia de Honduras, y volvieron a gobernar otra vez el tesorero y contador, según y de la manera que Cortés les había dejado el poder. Y entonces echaron presos los mismos gobernadores al factor y veedor en unas jaulas de maderos gruesos; y desde obra de un año y medio volvió Cortés desde Honduras para México; y así como llegó, tomó en sí la gobernación.

Y aún no habían pasado quince días que estaba entendiendo en cosas que convenían sobre las alteraciones pasadas, cuando en aquel tiempo vino de Castilla por gobernador, o juez de residencia, un licenciado que se decía Luis Ponce de León, natural de Córdoba, y trajo provisión para tomar residencia a Cortés y a los capitanes y justicias que había en aquella sazón en la Nueva España. Y estando tomando la residencia, falleció de modorra, y dejó su poder en el testamento a un licenciado que se decía Marcos de Aguilar, el cual el mismo Luis Ponce había traído en su compañía cuando pasó por la isla de Santo Domingo; otras personas de las que el Luis Ponce traía consigo le llamaban el bachiller Aguilar. Y el poder que le dejó en su testamento decía que en ninguna cosa de la gobernación hiciese mudanza, ni pudiese quitar indios a ningún encomendero ni sacase de las prisiones al factor y veedor, sino que estuviesen presos ansimismo de la manera que los halló. Y más le encargó que luego hiciese relación de ello a Su Majestad para que enviase a mandar lo que sobre ello más fuese servido.

Y de esta manera gobernó el Marcos de Aguilar diez meses, y murió de ético y de mal de bubas, y dejó en el testamento poder para que gobernase el tesorero Alonso de Estrada; por manera que son tres veces las que gobernó el tesorero. Y cuando le dieron esta gobernación, se concertó con los procuradores de la Nueva España que, para que tuviese más autoridad en su gobernación, gobernase juntamente con él Gonzalo de Sandoval, que era alguacil mayor y había sido capitán, persona muy preeminente; y el tesorero lo hubo por bien; dijeron ciertas personas que porque quería casar una hija con él. Y estando gobernando entrambos a dos obra de diez meses, vino mandado de Su Majestad que sólo el tesorero gobernase, y quitaron de la gobernación al Sandoval.

También vino cédula real que sacasen de las prisiones al factor y veedor y les volviesen sus bienes, que estaban secuestrados; y desde a pocos días mandó Su Majestad que viniese Audiencia Real, y por presidente de ella vino un Nuño de Guzmán, natural de Guadalajara, gobernador que en aquel tiempo era de la provincia de Pánuco. Y también vinieron por oidores cuatro licenciados que se decían Delgadillo, natural de Granada; Matienzo, decían era de hacia Vizcaya; un licenciado Parada, a estar en la isla de Cuba; y un

Maldonado, de Salamanca. No lo digo por el licenciado Alonso Maldonado el Bueno, que así le llamamos, que fue gobernador de Guatemala y adelantado de Yucatán.

Volvamos a nuestra plática. Que así como llegaron a México los licenciados que he dicho que venían por oidores, falleció el Parada y el Maldonado, y estuvo asentada la Real Audiencia con el presidente, ya por mí nombrado, y con los dos oidores más, por más de dos años. Y porque Su Majestad fue informado que no hacían lo que eran obligados, los mandó quitar redondamente.

Y luego vino por presidente don Sebastián Ramírez de Villaescusa, obispo que en aquella sazón era de la isla de Santo Domingo, y cuatro oidores que se decían: el licenciado Salmerón, de Madrid; Alonso Maldonado, de Salamanca; el licenciado Ceinos, de Zamora; y el licenciado Bernaldo de Quirova, de Madrigal. Y fueron muy rectos y buenos jueces. Y desde que a ciertos años Su Majestad mandó llamar para que fuese a Castilla al presidente don Sebastián Ramírez, para informarse de él sobre las cosas de la Nueva España; y así como llegó, le dieron el obispado de Tuy y le pusieron por presidente en la Audiencia Real de Granada, y en aquel tiempo vacó el obispado de León y le mejoraron y le pasaron a la chancillería de Valladolid, y luego vacó el obispado de Cuenca y se lo dieron, y en aqueste instante quiso Dios llevarle para su santa gloria.

Digamos ahora del licenciado Salmerón, que había más de cuatro años que estaba en la Nueva España por oidor y estaba rico; envió a demandar licencia para irse a Castilla, y después de dada buena residencia, se fue, y le pusieron en el Real Consejo de Indias, y desde que era viejo Su Majestad le mandó jubilar. Y al licenciado Bernaldo de Quirova le dieron el obispado de Michoacán. Al licenciado Maldonado, por ser muy bueno y recto juez, vino por presidente y gobernador a esta provincia de Guatemala y Honduras, y sirvió muy bien a Su Majestad en los cargos que tuvo.

Volvamos a decir que en aquel tiempo mandó Su Majestad que viniese por virrey y presidente de la Nueva España don Antonio de Mendoza, hermano del marqués de Mondéjar; y por oidores cuatro licenciados que se decían Tejada, de Logroño; un licenciado anciano que se decía Loaysa, de Ciudad Real; el licenciado Santillán, que después fue doctor, natural de Sevilla; y el doctor Quesada, de

Ledesma. Y desde a pocos días vino el licenciado Mejía, que después fue doctor, natural de San Martín de Valdeiglesias; y el doctor Herrera, decían que era natural de cerca de Guadalajara.

No se me acuerda del tiempo que estuvieron por oidores, porque unos iban a Castilla y otros venían, y otros quedaban; no hace mucho al caso a nuestra relación no declararlo. En aquel tiempo vino por visitador de toda la Nueva España, y para hacer guardar las reales ordenanzas, el licenciado Tello de Sandoval, natural de Sevilla, y tomó residencia al virrey don Antonio de Mendoza y a los oidores, y halló que eran rectos jueces, puesto que tuvo ciertos pundonores y cosquillas con el virrey. Y después que tomó la residencia se volvió a Castilla a ser oidor; y desde a poco tiempo fue presidente del Real Consejo de Indias y después obispo de Osma o de ———.

Y en aquellos tiempos vino a México por juez de residencia de Nuño de Guzmán, y para hacer ciertas averiguaciones en lo de Jalisco, un licenciado que se decía De la Torre, natural de Badajoz..., licenciado que traía buenas ganas de hacer justicia sobre el caso que venía. Fue él a quien le habían metido unos naipes en la manga del tabardo, según dicho tengo en el capítulo que de ello habla, y de enojo de aquello murió.

También en aquella sazón vino de Castilla un licenciado que se decía Vena, e hizo creer al virrey y a toda la Audiencia Real que Su Majestad le enviaba para tomar residencia al licenciado Tejada y quedar por visitador de la Nueva España. Y sobre ello tuvo tales embustes, que el virrey y la Audiencia Real se lo creían y le mandaron asentar un día en los estrados juntamente con ellos; y después vieron que no mostraba las provisiones, sino unos papeles falsos que traía sellados, y decían en ellas y en los sobrescritos títulos y provisiones reales que Su Majestad le dio para ser visitador y tomar residencia al Tejada y todo lo demás, de dentro venían en blanco. Y desde que alcanzaron a saber sus maldades le mandaron dar doscientos azotes muy bien pegados, porque además de esto tenía otra maña con sus embustes: le prestaron ciertas personas que tenían pleitos dineros, y por todo lo desterraron de México después de azotado.

En este tiempo mandó Su Majestad ir al Perú al virrey don Antonio de Mendoza para pacificar aquel reino, que estaba alterado; y así como llegó y comenzó a hacer justicia, quiso Dios llevarle para su santa gloria, y de su muerte se hizo gran sentimiento, y tuvieron mucha razón, porque en lo que vimos cuando era virrey en la Nueva España, la gobernó muy bien y es digno de muy loable memoria por sus muchas virtudes.

Luego vino en su lugar por virrey don Luis de Velasco, natural de Palenzuela, Tierra de Campos; nunca con él comuniqué sino por cartas misivas que le escribí y me respondía luego acerca de un hijo mío que residía en su casa. Y dicen que tuvo el cargo de virrey y gobernador dieciséis años, al cabo de los cuales falleció. Y pocos meses antes que Dios le llevase de esta vida, había enviado Su Majestad a México a un licenciado o doctor que se decía ——— de Valderrama, natural de Talavera; dicen que vino por visitador de la Nueva España, y según oí decir, que después que falleció el virrey don Luis de Velasco quiso ser supremo en el mando, y los señores oidores de la Real Audiencia no se lo consintieron y hicieron relación de ello a Su Majestad, y le envió a mandar que se volviese a Castilla a ser oidor, como de antes era, en el Real Consejo de Indias; y así como llegó, falleció.

También en aquel tiempo, o medio año antes, volvió de Castilla el licenciado Zainos a ser oidor, como lo había sido antes, de la Real Audiencia de México.

Y volviendo a nuestro cuento, como en Castilla se supo que había fallecido don Luis de Velasco, mandó Su Majestad venir por virrey y gobernador a un caballero que se decía don Gastón de Peralta, marqués de Falces, conde de Santisteban, mayordomo mayor de Su Majestad, del reino de Navarra. Estuvo cierto tiempo en la ciudad de México; dicen que era apacible y de buena conversación. Y en el tiempo que estuvo en aquella ciudad no hubo tantas alteraciones sobre las cosas que el marqués don Martín Cortés y un Alonso de Ávila y un su hermano que se decía Gil González de Benavides, hijos que fueron de Gil González de Benavides el viejo, y sobrinos de un capitán que pasó con Cortés de los primeros a la Nueva España que se decía Alonso de Ávila, otras veces ya por mí nombrado.

Y volviendo a la plática, estos sus dos sobrinos fueron los que degollaron, y se hicieron otras muchas justicias sobre las alteraciones y rebeliones.

Y para que más claramente se entienda sobre qué fueron, es de la manera que ahora diré: el capitán Alonso de Ávila, tío de los dos sobrinos de quien hicieron justicia, tenía depositado, por cédula de encomienda que le dio el marqués don Hernando Cortés, un buen pueblo e indios que se dice Cuautitlán, cerca de México; y como falleció el Alonso de Ávila, cuyo de antes era el pueblo, le demandó el fiscal de Su Majestad por estar vaco y ser de la corona real, porque el Gil González de Benavides, hermano de Alonso de Ávila, no tuvo título ni cédula de encomienda del pueblo, sino que se servía de él por poder que le había dado su hermano, el capitán Alonso de Ávila, y porque el Gil González de Ávila de Benavides, padre de los que degollaron, nunca fue conquistador de México, que en la isla de Cuba se había quedado, porque cuando vino a México ya estaba conquistada la Nueva España, salvo que fue en compañía de Cortés cuando fuimos a las Higüeras.

Y porque otras personas sabrán muy más por extenso contar los trances que en México hubo sobre ello mejor que no yo, me remito a lo que en aquella causa está escrito, y porque yo vivo en la ciudad de Santiago de Guatemala, donde soy regidor, y no voy a México ni tengo allá en qué entender con virreyes ni la Real Audiencia, no tocaré más en estas teclas.

Volvamos ahora a la provincia de Jalisco, que el primer capitán que en ella hubo se decía Nuño de Guzmán, natural de Guadalajara, y siempre estuvo sujeta aquella provincia a la Audiencia Real de México. Y desde hace ciertos años mandó Su Majestad que hubiese Real Audiencia en ella sin que tuviese su real sello y... cosas que convenían, era suprema en el mando la Real Audiencia de México. Ahora me han dicho en esta sazón que está sobre sí, con el sello real, y porque yo... provincias, no tengo más noticia de ellas de lo que aquí digo.

Volvamos... de Yucatán, que es en la banda del norte, que los primeros capitanes se decían el adelantado don Francisco de Montejo y su hijo, que se... Montejo, naturales de Salamanca, y estuvo ciertos años debajo de... y en el año de quinientos cincuenta mandó Su Majestad que estuviese sujeta [293v] a Guatemala, y desde cuatro o cinco años que estuvo de la manera que he dicho, mandó Su Majestad que volviese a estar sujeta a México.

Y en aquel tiempo fue a Castilla un licenciado que se decía Quijada, que después fue doctor, natural de Sevilla, el cual solía ser vecino de Guatemala y tenía pueblos de indios en encomienda que le rentaban setecientos pesos. Y por codicia de ser gobernador, suplicó a Su Majestad que le hiciese merced de la gobernación de Yucatán, con tal que dejó los indios que tenía y los pusieron en cabeza de Su Majestad, y tuvo la gobernación ciertos años; y en la residencia que le tomaron parece ser que no gobernó como debía: le privaron de la gobernación, por manera que por codicia de querer mandar perdió los indios que tenía ciertos, y fue condenado en costas, y fue a Castilla sobre ello y allá murió.

Y en su lugar vino por gobernador de Yucatán un Luis de Céspedes, natural de Ciudad Real, y tuvo la gobernación cuatro años; y según entendí, no gobernó bien y se la quitaron; dicen que se fue huyendo a Castilla.

Dejemos lo de Yucatán, pues siempre ha ido desde el principio de mal en peor en la mala gobernación, y pasemos a la gobernación de Guatemala, que el primer capitán y gobernador que en ella fue se decía don Pedro de Alvarado, natural de Badajoz, y en el año de veinte y seis fue a Castilla a suplicar a Su Majestad le hiciese merced de la gobernación por más años, y entretanto que fue dejó por su lugarteniente a un su hermano que se decía Jorge de Alvarado, el cual en aquella sazón se había casado con una hija del tesorero Alonso de Estrada, el cual tesorero en aquel tiempo era gobernador de México.

Y desde hace obra de un año que estaba el Jorge de Alvarado gobernando a Guatemala, envió Su Majestad la primera Real Audiencia que hubo en México, según dicho y declarado tengo. Y así como llegaron a México, enviaron a tomar residencia al Jorge de Alvarado, y el que vino para tomársela se decía Francisco Orduña, y era hombre anciano, natural de Tordesillas.

Lo que en la residencia pasó no lo alcancé a saber, salvo que me han dicho que mandaba como gobernador, y desde hace obra de tres meses que estaba el Orduña tomando la residencia, volvió de Castilla don Pedro de Alvarado con título de gobernador y trajo una encomienda de Santiago. Entonces vino casado con una señora que se decía doña Francisca de la Cueva, la cual murió así como llegó a la Veracruz.

Volvamos a nuestra plática. Que llegado el adelantado a Guatemala, luego con mucha presteza hizo una buena armada, con la cual fue al Perú, y entretanto que fue, dejó por su teniente de gobernador al propio su hermano Jorge de Alvarado, y desde ciertos años volvió el adelantado del Perú muy rico. Y en aquella sazón envió la Real Audiencia de México otra vez para tomar residencia, y por juez de agravios al licenciado Alonso Maldonado, natural de Salamanca, que era oidor de la Real Audiencia de México. Y según pareció en la residencia y cosas que acusaron al adelantado, hubo de volver a Castilla ante Su Majestad; y como nuestro rey y señor era cristianísimo y tuvo noticia de los servicios que le hizo, le dio por libre de los agravios y casos que le pusieron en las cosas que convenía, y tocaba que pagase a Su Majestad.

Y en aquella sazón se casó con otra señora, hermana de la primera mujer, la cual se decía doña Beatriz de la Cueva, y como le favorecía el duque de Alburquerque y el comendador mayor de Alcántara, don Pedro de la Cueva, y don Alonso de la Cueva, con todo favor Su Majestad le hizo merced que fuese gobernador, como lo era antes, por ciertos años. Y venido a Guatemala, hizo una muy grande armada para ir por el poniente a la China, islas de la Especiería, todo lo cual tengo declarado en el capítulo que de ello habla... armadas, y entretanto que fue con su flota dejó por su teniente de gobernador a don Francisco de la Cueva, que era licenciado y primo de la mujer, y aun he oído decir que no hiciese cosa alguna cerca de la gobernación si no fuese con parecer y acuerdo... moría don Francisco Marroquín.

Y yendo ya el adelantado con trece navíos y sobre seiscientos soldados, llegó con toda su armada a la provincia de Jalisco, y estando para hacerse a la vela y seguir su derrota, le trajeron cartas, las cuales le envió un capitán que se decía Cristóbal de Oñate, enviándole a suplicar con grandes ruegos, y en nombre de Su Majestad le pedía que luego le fuese a socorrer, que estaba para perderse él con un su ejército de españoles en unos pueblos o fortalezas que se dicen Nochiztlán, y que de día y de noche le herían y mataban muchos españoles, que no se podía valer y que estaba en grande aprieto y necesidad, porque si los indios de Nochiztlán quedasen con victoria, toda la Nueva España corría riesgo.

Y desde que don Pedro de Alvarado oyó y entendió aquellas nuevas tan ciertas, mandó a sus capitanes y soldados que con brevedad le fuesen a socorrer, y con mucha presteza fue a los peñoles y con su socorro aflojó alguna cosa el combate que los indios de aquella provincia daban a los españoles, mas no de manera que les quitasen de hacer con grande esfuerzo como valientes guerreros; y no obstante el socorro, estaban en grande necesidad los españoles, porque les mataban muchos soldados.

Pues desde que comienza la adversa fortuna, viene un desmán tras otro; y es que estando don Pedro de Alvarado peleando contra los escuadrones de los indios guerreros, pareció ser que un soldado, estando peleando, se le derriscó un caballo y vino rodando por el peñol abajo, con tan gran ímpetu por donde el adelantado estaba, que no se pudo apartar a cabo ninguno sin que el caballo lo tomase debajo, de arte que le magulló el cuerpo. Y fue de tal manera, que se sintió de ello muy malo, y para guarecerle y curarle le llevaron en andas a una villa que allí había más cercana de aquellos peñoles que se dice La Purificación. Y yendo por el camino se comenzó a pasmar, y llegado a la villa, después de haberse confesado y comulgado, dio el ánima a Dios que la crió; algunas personas dijeron que hizo testamento.

Como murió el adelantado, envió la Real Audiencia de México por gobernador al licenciado Alonso Maldonado, ya otra vez por mí nombrado; y desde hace obra de un año que esto pasó, mandó Su Majestad que viniese Audiencia Real a esta provincia de Guatemala, y vino por presidente de ella el mismo licenciado Alonso Maldonado. La cual asentaron en una villa que se dice Gracias a Dios, y vinieron tres oidores que se decían el licenciado Rogel, de Olmedo; el licenciado Pedro Ramírez de Quiñones, natural de León, y el doctor Herrera, de Toledo. Y desde cierto tiempo mandó Su Majestad que se pasase la misma Real Audiencia a esta ciudad de Santiago de Guatemala.

Y porque el licenciado Alonso Maldonado había muchos años que había estado por oidor de México y presidente en estas provincias, y tenía necesidad de ir a negociar ante Su Majestad que le hiciese merced del adelantazgo de Yucatán y pueblos de indios que fueron de su suegro, el adelantado don Francisco de Montejo, que en aquella sazón había fallecido, envió a suplicar a Su Majestad le diese licencia para ir a Castilla, la cual licencia le mandó dar con tal que primero diese residencia, en la cual le hallaron y dieron por muy buen juez.

Y en su lugar mandó Su Majestad venir por presidente al licenciado que se decía Alonso López Cerrato, natural de Extremadura, y por oidores al licenciado Tomás López, natural de Tendilla, y al licenciado Zorita, de Granada. Y como dicho tengo, estaba antes por oidor el licenciado Pedro Ramírez de Quiñones. Y desde que el presidente Cerrato hubo estado cuatro años, y estaba y era recto en hacer justicia... como era viejo, y de la Iglesia, envió a suplicar a Su Majestad le diese licencia para ir a Castilla... que estaba bien acreditado en el Real Consejo de Indias... que el... ocupado otro mayor ruego en que pudiese servir a Su Majestad luego... con que diese residencia, y para se la tomar vino... y doctor Quesada, natural de Ledesma, y estando tomándosela fue Dios servido de llevarlo de esta vida y... el doctor Quesada, que se la estaba tomando, y quedó por presidente el oidor más antiguo, el cual fue el licenciado Pedro Ramírez.

Y desde hace poco tiempo Su Majestad mandó venir por presidente al licenciado Juan Martínez de Landecho, natural de Vizcaya, y en aquel tiempo o pocos meses antes vino por oidor el licenciado Loaysa, natural de Talavera, y también en aquel tiempo vino por oidor el doctor Antonio Mejía, natural de San Martín de Valdeiglesias, que solía estar con el mismo cargo en la Real Audiencia de México.

Y porque el doctor Mejía y otro doctor que se decía Herrera, que también era oidor de la Real Audiencia de México, tuvieron ciertos debates o cosquillas, y por meterlos en paz Su Majestad mandó que el doctor Mejía viniese a esta provincia por oidor, y el doctor se fue a Castilla. Y según pareció, desde cierto tiempo mandó Su Majestad que tomasen residencia al doctor Mejía, la cual le tomó el presidente Landecho, y por ciertos cargos que le puso le privó de oficio real por ciertos años, y sobre ello fue a Castilla y se libró de ellos. Y entretanto que le proveían de otro real cargo fue corregidor de Talavera, y después fue proveído por presidente de la Real Audiencia de Santo Domingo, donde murió con el cargo de presidente.

Y en lugar del doctor Mejía, vino por oidor de esta Real Audiencia el doctor Barros de Sanmillán, natural de Segovia; y si tuviera algunas barbas, como decían que tenía letras, le autorizaran mucho su persona. Y desde a pocos años que estaba por presidente el licenciado Landecho, mandó Su Majestad que la misma Audiencia Real que estaba en esta ciudad de Santiago se pasase a Panamá, porque dizque informaron que estaría allá mejor, y por otras causas que yo no alcancé bien a saber. Y demás de esto mandó Su Majestad que tomasen residencia al licenciado Landecho y a todos los demás oidores que en ella residían; y si los hallasen culpables, los quitasen.

Y para tomar la residencia vino proveído el licenciado Francisco Briceño, natural del Corral de Almaguer, que de antes había sido oidor en el Nuevo Reino de Granada, y trajo comisión para tomar esta residencia y pasar el real sello a Panamá; y para tener cargo del real sello fuese proveído al oidor que más sin cargos hallase y se sintiese ser más justificado. También trajo comisión para tomar cuenta a los oficiales de la real hacienda y a los bienes de los difuntos, y para que los pleitos que estuviesen comenzados por la Real Audiencia pasada los acabasen de fenecer y concluir.

Y volviendo a nuestra materia, tomó residencia al licenciado Landecho, que era presidente, y al licenciado Loaysa, oidor, y al doctor Barros; y vistos sus cargos y descargos, les privó de oficio real por ciertos años y les condenó en cierta cantidad de moneda al presidente Landecho y al Loaysa, y dejó libre al doctor Barros. Hubieron de ir sobre ello a Castilla. Y Su Majestad mandó que el licenciado Landecho fuese con cargo de oidor al Perú (yo no sé otro cargo que dicen que llevaba), y llegado a Panamá, falleció. Y el licenciado Loaysa vino a esta ciudad por oidor, y desde aquí le mandó Su Majestad que fuese por oidor a lo de Chile; al doctor Barros proveyó para que fuese con el real sello hasta Panamá y que estuviese allí por presidente de la Real Audiencia hasta que Su Majestad otra cosa mandase; y la causa porque le envió con el real sello fue porque le halló el licenciado Briceño con menos cargos.

Y después que el licenciado Briceño hubo despachado el real sello, salió con el ilustre cabildo de esta ciudad y otros caballeros; fue a la villa de la Trinidad a partir ciertos términos y jurisdicciones, y luego fue a ver ciertas tierras de labor de trigo que habían tomado a unos pueblos y se las hizo volver a cuyos eran, y visitó toda su provincia; y esto hacía sin llevar salario de parte alguna. Y si hubiese de decir, en todo el tiempo que estuvo por gobernador, cuán bien lo hacía, sería larga relación, y quedará en silencio. Mas lo que a mí me parecía era de consideración, en que tuviera sufrimiento, y con los negociantes era buen juez; mas todo lo borraba con su... y estas personas que le parecía a él ser bien dicho...

Fue en el año de mil quinientos sesenta y seis, siendo mes de mayo, entre la una y las dos del día, comenzó a temblar de tal arte la tierra, que levantaba las casas y paredes y aun tejados, y cayeron en el suelo muchas de ellas y otras quedaron sin tejas, acostadas a un lado, que pensamos que la tierra se abría para sorbernos; y puesto que todos salimos al campo, no estábamos seguros, ni tampoco osábamos dormir dentro de nuestras casas, que en el campo y en los patios y en la plaza de esta ciudad hacíamos nuestros ranchos.

Y porque de estos recios temblores hay mucho que decir, como que duraron nueve días, y toda esta ciudad, juntamente con la clerecía y religiosos y todas las señoras con grandes procesiones, disciplinándonos todos los más, demandando a Dios misericordia, y se entendieron en hacer paces y amistades y otras santas y pías obras. Y fue cosa de admiración ver cómo, cuando íbamos en estas santas procesiones, dando gemidos y llorando, corriendo sangre de las espaldas, no podíamos ir adelante ni tenernos en los pies, porque como era a medianoche, caían casas con tejados con el gran ruido que la tierra hacía cuando temblaba, y las tapias que venían sobre nosotros; y aunque íbamos por mitad de las calles, temimos que era venido el fin de nuestros días. Y con oraciones y contritas confesiones y penitencias que en todo esto hacíamos, quiso Dios que echásemos suertes a muchos santos, y entre ellos a señor San Sebastián, para que abogase a Dios Nuestro Señor por su santa misericordia.

Cayó la suerte por nuestro abogado al bienaventurado mártir San Sebastián, y desde entonces comenzó a aflojar el recio temblor, y prometimos ir cada año en procesión a una iglesia que hicimos en el campo de señor San Sebastián y celebrar su fiesta, víspera y día. Mucho había que decir sobre estos recios temblores, y cómo luego vino una avenida de mucha agua, que salió de medio un arroyo, que quiso anegar esta ciudad, y desde entonces hicimos un puente muy bueno.

Dejemos esta plática y volvamos a decir de la rebelión y alborotos que en aquella sazón en México hubo sobre lo del marqués don Martín Cortés y los hijos de un Gil González de Ávila, que degollaron. Como somos en esta ciudad muy leales vasallos y servidores de Su Majestad, el ilustre cabildo de ella, con todos los demás caballeros, ofrecimos todas nuestras haciendas y personas por si menester fuera ir contra los de la rebelión, y pusimos guardas y asechanzas y buen recaudo de soldados por los caminos, por si algunos de los deservidores de Su Majestad por acá aportasen, prenderlos. Y demás de esto hicimos un real alarde para ver y saber qué arcabuceros y hombres de a caballo con todo su aparejo de armas había; que cierto fue cosa muy de ver las ricas armas que salieron, y más la pronta voluntad que todos teníamos para ir, si menester fuera, a México en servicio de Su Majestad.

Y paréceme a mí que es tan leal esta ciudad, que, en naciendo, los hijos de los conquistadores tienen escritos en el pecho y corazón la lealtad que deben tener a nuestro rey y señor.

Pues ya que estábamos muy a punto, como dicho tengo, vinieron cartas de México, de fe y de creer, cómo eran degollados los dos hermanos que se decían Alonso de Ávila y Benavides, y desterrados y hecho justicia de otros de la rebelión, y que todo estaba en alguna manera seguro, mas no muy pacífico. Y cuando lo supimos en el ilustre cabildo de esta ciudad, puesto que como cristianos nos pesó así de la rebelión como de la muerte de los que por mí ya nombrados; por otra parte descansaron nuestros corazones en estar segura México y haber recta justicia en ella. Y desde a pocos días nos vinieron otras cartas que Su Majestad había enviado a México ciertos jueces de sus reales consejos, personas de calidad y de ciencia y conciencia, para saber de raíz quién y cuántos y por qué causas habían hecho la rebelión, y quién se hallase culpado, quitasen las vidas y haciendas... que esto... muy rectos y justificados oidores, y entre ellos... a hacer justicia a los jueces que vinieron... oidor que fue en Castilla, y trajo tales... halló justicia a ciertos hombres... declaró por su honor que habían... servicio que se debe a Su Majestad, así... y ser obligado a ello como... siempre procuraba de ser muy... no quedó con buena fama. Dios lo remedie todo, ansí lo uno como lo otro. En Castilla pasan estos pleitos, allá lo sabrán más por extenso que yo lo escribo.

Mucho me he detenido de traer a la memoria cosas que en cinco años que gobernó esta provincia el licenciado Briceño pasaron; dejarlo he aquí. Y diré de la gobernación de la provincia de Honduras, que enviaron los frailes jerónimos, que estaban por gobernadores en la isla de Santo Domingo, que plugiera a Dios que nunca tales hombres enviaran, porque fueron tan malos y no hacían justicia ninguna, porque además de tratar mal a todos los indios de aquella provincia, herraron muchos dellos por esclavos y los enviaban a vender a la Española y a Cuba y a la isla de San Juan de Baruquén. Y decíanse aquellos malos gobernadores: el primero, Fulano de Albitez; y el segundo, Cereceda, natural de Sevilla; y el tercero, Diego Díaz de Herrera, que también era de Sevilla; y estos tres fueron principio de echar a perder aquella provincia. Y esto que aquí digo sélo porque cuando vine con Cortés a lo de Honduras me hallé en Trujillo, que se decía en nombre de indios Guaimura, y me hallé en Naco y en el río de Pichín y en el de Balama y en el de Ulúa y en todos los más pueblos de aquellas comarcas, y estaba muy poblado y de paz, y en sus casas con sus mujeres y hijos. Y desde que fueron aquellos malos gobernadores, los destruyeron, de manera que en el año de mil quinientos cincuenta y un años, cuando por allí pasé, que vine de Castilla, como me conocieron dos caciques del tiempo pasado, me contaron sus desventuras y malos tratamientos con lágrimas de sus ojos; yo hube mancilla de ver la tierra de aquel arte.

Y en el año de mil quinientos cincuenta había estado por gobernador un hidalgo que se decía Juan Pérez de Cabrera, el cual murió desde a dos años; no hizo mal ni bien, y volvió a estar aquella provincia sujeta a Guatemala, y en todo lo que se pudo remediar le ayudaban y favorecían los presidentes y gobernadores de Guatemala. Y en aquel tiempo vino a ella por gobernador un licenciado que se dice Alonso Ortiz de Argueta, natural de Almendralejo, y gobernó ciertos años; no dejó buena fama en la residencia que le tomaron. Después vino otro gobernador que se decía Juan de Vargas Carvajal; según dicen, lo hizo peor que los pasados. Y si no muriera antes que le tomasen la residencia, librara muy mal.

Volvamos a la provincia de Soconusco, que está entre Guatemala y Guaxaca. Digo que en el año de veinte y cinco estuve en ella de pasada ocho o diez días, y solía ser poblada de más de quince mil vecinos, y tenían sus casas y huertas y cacaotales muy buenas, y toda la provincia hecha un vergel de árboles de cacaotales, y era muy apacible; y ahora, en este año de mil quinientos sesenta y ocho, está tan fatigada y despoblada, que no hay en ella mil doscientos vecinos. Y preguntando cómo se había despoblado y por qué había tan pocos vecinos, me dijeron que unos se murieron de pestilencia y otros porque no les dejan reposar los alcaldes mayores y corregidores y alguaciles que tienen, y de muchos clérigos y curas que les ponen los prelados, y ciertamente, hay tantos, que la mitad sobran.

Mas, ¡pecador de mí!, que no habían de ser tan codiciosos como son, que por el trato de unas como almendras que se dice cacao, de que hacen una cosa a manera de brebaje que beben, que es muy bueno, sano y sustancioso, y como en aquella provincia lo hay muy bueno, andan muchos mercaderes a comprárselo, y así los curas y clérigos y alcaldes y alguaciles; a este efecto no les dejan reposar, y está tan destruida, que cuán próspera la vi antaño... A los señores que mandan en el Real Consejo tocará entender en ello; y como no me hallo presente en la corte, y de cada día vienen de mal en peor, sería bien proveer de gobernador justo. Pedro Ordóñez de Villaquirán, natural de..., decía que fue el que mal los trató y les vendía vino y otras muchas cosas de mercaderías a precios muy subidos, y cometieron ciertos desatinos y malos tratamientos, que los indios no se podían valer de ellos y eran los que más reclamaban que se les hiciese justicia.

Y así como llegó a la Nueva España por virrey el ilustrísimo marqués de Falces, etcétera, tuvo noticia de ello, por quejas que dieron de aquel Pero Ordóñez, que estaba por gobernador, y le envió a tomar residencia, y estándosela tomando, se huyó a parte que no se pudo haber tan presto, porque hizo muchos delitos muy probados; hanme dicho que se ha ido huyendo a Castilla.

Y después de esto vino por gobernador de la misma provincia un Pedro de Pacheco, natural de Ciudad Rodrigo; fama tenía que era buen gobernador; y sobre ciertas cosas la Audiencia Real de esta ciudad le envió a tomar residencia, y sobre tratos que dicen que tenía con los indios, le mandaron venir preso a esta ciudad, y de dolencia y enojos dicen que murió. Y de esta manera que he dicho ha pasado en aquella provincia y gobernación.

Vamos adelante a la provincia de Nicaragua, que el primero que la comenzó a poblar y la conquistó fue un capitán que allá envió Pedrarias de Ávila en el tiempo que fue gobernador de Tierra Firme, el cual capitán se decía Francisco Hernández, hombre de calidad. Y hase de entender que no lo digo por el primer descubridor de Yucatán, que también se decía Francisco Hernández de Córdoba, sino por el que envió Pedrarias de Ávila, el cual mandó degollar en el año de mil quinientos veinticuatro, porque fue informado por cosa muy cierta que se alzaba con aquella provincia, con favor que para ello le prometió Cortés cuando estábamos en lo de Honduras, según lo tengo escrito en el capítulo que de ello habla. Por manera que Pedrarias de Ávila tenía ya degollados dos capitanes: el primero se decía Vasco Núñez de Balboa, el cual hubo desposado con una su hija, y el segundo fue este Francisco Hernández de quien hemos hecho mención. Y después que hubo mandado hacer justicia de él, envió a suplicar a Su Majestad que le hiciese merced de aquella gobernación de Nicaragua para un yerno suyo que se dice Rodrigo de Contreras, natural de Segovia, con quien había poco tiempo que casó a una su hija que se decía doña Mari Arias de Peñalosa. Habiendo gobernado Rodrigo de Contreras ciertos años, vino mandado de Su Majestad que le quitasen la gobernación; estuvo mucho tiempo debajo de la Real Audiencia de Guatemala.

Y desde hacía ciertos años, Su Majestad hizo merced de la gobernación de ella y de la Costa Rica, que aún no estaba conquistada, a un hidalgo que se decía Juan Vázquez Coronado, natural de Salamanca, y viniendo por la mar se perdió el navío en que venía y se ahogó. ¡Perdónele Dios! Y después acá ha habido otros gobernadores, que aquí no declaro, porque como aquella provincia es de muy pocos indios y viene cada día a menos, valdría más que no tuviese tantos gobernadores.

Dejaré de contar tantas cosas acaecidas en aquella provincia, ni de sus volcanes, que echan grandes llamaradas de fuego, ni tampoco quiero poner por memoria la entrada que fue desde México Francisco Vázquez Coronado a las ciudades que dicen Cíbola, porque yo no fui con él, no tengo que hablar en ello; los soldados que fueron en aquel viaje lo sabrán mejor relatar. Mas sé decir que en aquella sazón o pocos meses antes fue casado Francisco Vázquez con una señora doncella muy virtuosa y hermosa, hija que fue del tesorero Alonso de Estrada. Y desde que hubo llegado a la provincia de Cíbola, no le contentó la voluntad, que no halló en los soldados lo que esperaba... personas dijeron que por quererse volver a su tierra, cayó malo de modorra y se paró... no faltó quien dijo que quiso remedar la guerra de Troya y se hizo el loco... En aquella entrada se gastaron muchos pesos de oro de Su Majestad y los suyos, y se volvieron a México perdidos.

He dicho lo mejor que he podido de todos los gobernadores que ha habido en todas estas provincias de la Nueva España. Bien es que diga en otro capítulo de los arzobispos y obispos que ha habido.

CONTENIDO